ACADEMIA SCIENTIARVM GERMANICA
BEROLINENSIS

BIBLIOTHECA
SCRIPTORVM GRAECORVM ET ROMANORVM
TEVBNERIANA

EDITA CONSILIO ATQVE AVCTORITATE
INSTITVTI
GRAECOROMANAE ANTIQVITATIS
STVDIIS COLENDIS DESTINATI

LIPSIAE IN AEDIBVS B.G.TEVBNERI MCMLXVIII

XENOPHONTIS
INSTITVTIO CYRI

EDIDIT

W. GEMOLL

EDITIONEM CORRECTIOREM

CVRAVIT

J. PETERS

LIPSIAE IN AEDIBVS B. G. TEVBNERI MCMLXVIII

BIBLIOTHECAE TEVBNERIANAE
HVIVS TEMPORIS
REDACTOR: JOHANNES IRMSCHER

HOC VOLVMEN IMPRIMENDVM
CVRAVIT
VRSVLA PETERS

ADMONEBVNTVR, QVI HVNC LIBRVM LEGENT,
VT ADDENDA ET CORRIGENDA CONSVLANT
LATERCVLO ☐ IN MARGINE APPICTO

VLN 294-375/5/68 · ES 7 M

PRINTED IN THE GERMAN DEMOCRATIC REPVBLIC
ZWICKOWAE: TYPIS F. VLLMANNI (III/29/2)

PRAEFATIO

Tres librorum Cyropaediae manu scriptorum familias facile dignoscas, x = C (Parisin. 1640 s. XIV) et E(tonens. s. XV), y = F (Erlangens. s. XV) et D (Bodleian. lib. Canon. 39 s. XV), z = A (Paris. 1635 s. XIV), G(uelferbyt. 71, 19 s. XV), H (Escorialens. T. III 14 s. XII). V(atican. 1335 s. XII) proxime ad z accedit, Π_2 (fragm. Oxyrh. s. III) ad y, R (Bremensis s. XV) saepe ad x, sed non ita, ut desinat sui iuris esse. P (fragmenta Hermopol. s. II) et Π_1, ut omnes fere, qui Xenophontem citant testes, inter familias variant.

Quaenam vero harum trium familiarum maximi aestimanda est? Usque ad hoc tempus, si non omnia, attamen pleraque tulit puncta x. Sed velim conferas hos locos:

I 6, 5 ὦ παῖ Π_1 Ry, ὁ πατήρ z, ὦ παῖ ὁ πατήρ x
II 4, 27 μεταθεὶς z, μεμάθηκας μετιέναι y, μεταθεὶς μεμάθηκας μετιέναι x
II 4, 31 ἀπίης y, οἴσοις z, ἀπύης καὶ οἴσης x
III 2, 28 φείδεσθαι y, ἀπέχεσθαι φαίνεται z, φείδεσθαι φαίνεται x
III 3, 58 αὖ ὁ κῦρος z, αὖ διοσκούροις y C, ὁ κῦρος ἅμα διοσκόροις E
IV 5, 49 ἐλλείψομεν D, ἂν λείψωμεν z, ἂν ἐλλείψωμεν x
IV 5, 54 περιτεθείη D, περιτιθείητε z, περιτεθείητε x
V 1, 13 ὡς ED, ὅτι z, ὅτι ὡς C
V 4, 6 χρὴ ἀσμένους καὶ F, χρησαμένους καὶ ἡδέως z, χρὴ ἀσμένους καὶ ἡδέως C
V 5, 14 ὡς ἐγὼ Cz, ὁπόσα y, ὡς ἐγὼ ὁπόσα E
VI 3, 27 ὑμᾶς δὲ y, καὶ ὑμᾶς z, καὶ ὑμᾶς δὲ x
VII 1, 34 ἄκραις y, ἴσαις z, ἴσαις ἄκραις x

VII 5, 58 ὡς πολεμιωτάτη ἄν E (ὡς ἀπολεμωτάτη ἂν z), ὡς ἂν πολεμιωτάτη y, ὡς ἂν πολεμιωτάτη ἂν C
VII 5, 71 οὕτως ἐμμένοιεν y, οὕτως συμμένοιεν z, οὕτω συνεμμένειεν x
VIII 1. 17 παρ' z, γὰρ y, γὰρ παρ' x
VIII 2, 24 πάνυ y, πάντας z, πάνυ πάντας x
VIII 6, 1 φυλάρχους C, φρουράρχους yz, φρουράρχους καὶ φυλάρχους E
VIII 6, 5 εἰσιν ἔτι V corr. (ἔτι εἰσὶ y), εἰσιν ἐπὶ z, εἰσιν ἔτι ἐπὶ x
VIII 7, 22 κάλλους καὶ μεγέθους z, τάχους καὶ μεγέθους y, κάλλους καὶ τάχους καὶ μεγέθους C (κάλλους κ. μ. κ. τάχους E).

Apparet duplicem fuisse his locis recensionem, quarum altera plerumque exstat in y, altera in z, sed *quam exhibet lectionem x, ex utraque recensione fuisse mixtam* et interdum (cf. VIII 6, 10 αὐτὸν ἑώρων ποιοῦντα D, ἑαυτὸν ἑώρων ποιοῦντα F, δυνατὸν ἑώρων ποιοῦντα ἑαυτόν xz) invita Minerva correctam.

At idem dici potest de familia z (cf. VII 5, 45 τούτους x, τοὺς τοιούτους y, τούτους τοὺς τοιούτους z, VIII 4, 28 τούτων x, τότε y, τούτων τότε z) et de familia y (cf. VIII 5, 7 ταῦτα κτήματα xF, τὰ κτήματα z, ταῦτα τὰ κτήματα D). Concedam? Sed eiusmodi exempla raro in z, rarissime in y inveniuntur. Constare igitur debet haud raro minime genuinam in x inesse lectionem.

Iam vero cum lectiones in codicibus sibi oppositas consideramus, alteram quasi aliquam *interpretationem* alterius esse hic illic cognoscimus cf. I 5, 2 βασιλείαν ἔσχε x, ἀρχὴν ἔλαβε y

I 5, 9 ἐσθλοὶ x, ἀγαθοὶ y
I 5, 10 ἀσκητὴς x, ἀθλητὴς y
V 5, 10 ὦ κυαξάρη xz, ἔφη ὦ θεῖε y
VI 1, 1 ἕως xz, ἐν ᾧ y.

Omnibus his locis lectio classis x antiquior putanda est.

Sed confer I 4, 4 μανοτέροις y, βραχυτέροις cet.

I 4, 12 τὴν ἥραν y, τὸν δία cet.
II 4, 20 ὤγμενον αὐτῷ y, ὥρμησεν xz
III 3, 64 κατεστρώννυσαν z, ἀπέκτεινον xy
IV 2, 12 ἐνετείλατο z, ἐκέλευ(σ)εν xy
IV 2, 37 μαλακοῦ z, ἀγαθοῦ xD
IV 3, 3 θεωρῶν Fz, ὁρῶν xD
V 5, 9 ὑπαντιάζουσι y, ἀπαντῶσι xz
VI 3, 27 μαλακυνομένοις y, κακυνομένοις xz
VIII 1, 26 ἀθρῶν y, ὁρῶν xz

Sine dubio his locis lectio classis x nihil nisi interpretamentum antiquioris quae in y (haud saepe in z) exstat lectionis est.

Denique alteram ex altera lectionem *ortam* esse saepe videmus. Ac primum quidem velim compares hos locos:

IV 4, 4 οἰῶν CD, ὑῶν zE
VII 4, 16 ἐξώπλισε xy, ἐξέπλησε z
VIII 4, 33 ἀλλὰ ἡττῶνται xz, ἀλλ' ἀπατῶνται y

Lectio classis x potior putanda est; fortasse etiam IV 1, 11 νέονται xF, ἔσονται zD, unde conieci <κι>νοῦνται, certissime I 6, 1 οὐδένα ἂν λήσαντα xAH, οὐδένα ἂν λύσαντα GR, οὐδὲν ἄλλο ἀύσαντα D, ubi facili mutatione restitui οὐδένα ἀγνοήσαντα, et VII 5, 56 οὐχ οὕτω τρόπον (τρόπου D) μόνον ἔχεις xy, οὖν τρόπῳ μόνῳ ἔχεις z, quo loco propter verba quae paullo antecedunt τὸ δὲ πλῆθος ἔδει ἀνακτᾶσθαι ἐκ παντὸς τρόπου meo iure scripsisse mihi videor οὐχ ἕνα τρόπον κτλ.

Sed recenseas quaeso haec exempla:

I 6, 12 δεῆσον RHF, δὲ ἧσσον C, δεῆσσον E
I 6, 16 μὴ ἀμελῆσαι y, ἐπιμελεῖσθαι x
II 2, 4 δεῦρο τυχεῖν y, δευτεροτυχεῖν xz
II 4, 22 ὅσον μέτριον y, εἰς τὸ ὅριον (ὅριον) xz
V 4, 1 τὰ γαδάτου (-τα) y, τὰ ἀγαθὰ (τἀγαθά) xz
VII 1, 5 ἀλλήλοις y, ἕλληνες xz
VII 2, 11 νομίζω y, μείζω x
VII 3, 10 γενήσοιτο F, λόγου φανήσοιτο D, λόγου φανείη xz.

Merae coniecturae in x his locis sunt: III 1, 39 ἀμαθεστέρας y C, σωφρονεστέρας cet.

V 3, 42 ἰόντων ἀλκεῦνα y, ἀγόντων στράτευμα xz

VII 3, 3 αἰγυπτίους y, πολεμίους x

VIII 2, 8 στολαῖς yz, εἰς πολέμους x

Ex eis quae exposui elucet, primum classem z ad textum recensendum minus valere quam x et y, deinde duas quidem recensiones multo ante quam putavimus exstitisse, sed x et y non meras et genuinas harum recensionum esse imagines, tum classes x et y alteram ab altera pendere, sed saepius x a b y quam vice versa.

Nulla classis prorsus contempta et abiecta videtur, sed principatu classis x concusso vel fracto omnes ex aequo classes ad recensionem adhibendae sunt semperque videndum, unde plurimum opis redundet, ne multa, ratio eclectica et subiectiva quam dicunt crisis plus in Cyropaedia recensenda quam in aliis libris valebit.

Scr. Lignicii 1911.

Guilel. Gemoll

PRAEFATIO

EDITIONIS CORRECTIORIS

Quanti aestimandae sint singulae codicum classes, post priorem huius libri editionem denuo scrutatus adhibitis qui Xenophontem citant scriptoribus A. W. Persson (Zur Textgeschichte Xenophons, Lund, Leipzig 1915) censuit lectionum stirpis y multo maiorem quam antea rationem esse habendam, classem x omnino esse spernendam, ad textum constituendum ergo codices tantum stirpium y et z adhibendos esse. idem fere arbitratur H. Erbse (Geschichte der Textüberlieferung der antiken und mittelalterlichen Literatur, Band I, Zürich 1961, 269–270). qui Byzantinorum aetate doctum quendam virum usum quos potuit inspicere codicibus textum suspicatur constituisse adnotatis in margine variis lectionibus, recensiones autem quas litteris y et z significare solemus medio demum aevo esse ortas; quibus ex recensionibus redactorem stirpis x denique lectiones suo arbitrio elegisse. recte ergo egit W. Gemoll, quod multis locis lectiones classis y praetulit; haud scio an hoc etiam saepius faciendum sit.

E papyris quae hoc semisaeculo inde a priore editione a. 1912 in lucem prodierunt non ita saepe ad textum emendandum fructus capitur.

Nuper in Bibliothecam Vaticanam inter alios libros manuscriptos, quos legato ei impertiverat F. Patetta v. d., transiit codex Graecus s. XV medii, qui continet Cyri institutionis textum inde a I 2, 2 (*ἐθέλουσι διάγειν* = ed. Gem. p. 5, 7) usque ad VI 1, 36 (*καλοῖς ἀμελεῖν*

= ed. Gem. p. 291, 18), de quo rettulit P. Canart (Trois manuscrits grecs dans le fonds Patetta de la Bibliothèque Vaticane. Scriptorium. Revue internationale des Études relatives aux Manuscrits XVI, Anvers 1962, 363–365). quem codicem, quia nondum collatus est, adhibere me non potuisse doleo.

Suidae nomen in hac editione stereotypa retinendum erat, quoniam anno quo prodiit editio prior titulum operis Sudam fuisse, quod recte demonstravit F. Dölger (Sitzungsberichte der Bayerischen Akademie der Wissenschaften, Phil.-hist. Klasse, 1936, Heft 6), nondum innotuerat.

Textum et apparatum non semper usitata in hac Bibliotheca Teubneriana diligentia curatos (cf. Revue critique d'histoire et de littérature, Tome LXXX, 1915, 177–179, Persson, Zur Textgeschichte Xenophons p. 8[4], L. Castiglioni, Osservazioni critiche al testo della „Ciropedia". Studi Ital. di Filol. Class., N. S. 3, 1923, 163) plus mille mendis liberavi.

In apparatu permultis locis, quibus Gemoll codicem tantum aut stirpem adnotavit, unde prompsit textus sui lectionem quam putabat esse praeferendam, ceterorum codicum lectiones ab eo omissas adhibitis aliis Institutionis Cyri editionibus, inprimis ea quam recognovit E. C. Marchant (Oxonii 1910), supplevi.

Scr. Dresdae 1967

J. Peters

CONSPECTVS LIBRORVM

EDITIONES

1474 Cyropaediae libb. VIII. Lat., interprete Francisco Philelpho. Praeced. Fr. Philelphi praefatio ad Paulum II, P. M.... Romae

1516 Sine titulo; incipit: *Τάδε ἔνεστιν ἐν τῇδε τῇ βίβλῳ· Ξενοφῶντος Κύρου παιδείας βιβλία η'* .... Florentiae. In aedibus P. Iuntae („Iuntina")

1548 *Ξενοφῶντος ἅπαντα.* Xenophontis ... opera quae extant omnia ... a S. Castalione ... repurgata et ... recognita, Basileae, Vol. I

1572 De Cyri regis Persarum vita atque disciplina libri VIII nec non alia quaedam eiusdem auctoris scripta ... explicationibus additis studio Ioach. Camerarii, Parisiis

1581 Xenophontis ... quae extant opera. Annotationes Henrici Stephani ... Editio secunda. Excudebat Henricus Stephanus, pp. 1–143

1765 *Κύρου παιδείας βιβλία ὀκτώ.* De Cyri institutione libri VIII. Graeca recogn., ... versionem Lat. reform., ... notas ... adiunxit Th. Hutchinson. Ed. VI, Oxonii

1780 *Κύρου παιδείας βιβλία ὀκτώ.* Not. crit. illustr. I. C. Zeunius, Lipsiae

1790 Xenophontis quae extant. Ex libror. scriptor. fide et viror. doctor. coniecturis recens. et interpretatus est Ioa. G. Schneider, Lipsiae, Vol. I

1798 Xenophontis Atheniensis scripta in usum lectorum Graecis litteris tinctorum commentariis ad rerum et verborum intelligentiam illustrata a Beniamin Weiske, Lipsiae, Voll. I–II

1821 Cyri Disciplinam a Xenoph. Athen. scriptam ed. E. Poppo, Lipsiae

1827 *Κύρου παιδείας βιβλία ὀκτώ.* Mit erl. Anm. u. einem gr.-dtsch. Wortregister u. einem Anhang gramm.-krit. Bemerkg. hgg. von C. Ch. Fr. Weckherlin, 2. Aufl., Stuttgart

1828 Xenophontis opera omnia recens. Fr. Aug. Bornemann, Gothae et Erfordiae, Vol. I

1857 *Κύρου παιδεία.* Xenophontis institutio Cyri, ex recensione et cum annotationibus Ludov. Dindorfii, Oxonii
1867 Xenophontis opera. Ed. Gust. Alb. Sauppe, Lipsiae, Vol. I
1869 Xenophontis opera. Nova ed. stereotypa Tauchnitiana (Cura G. H. Schaeferi), Lipsiae, Vol. I
Xenophons Cyropädie. Erklärt von Fr. K. Hertlein, Berlin
1886 1. Bändchen (Buch I–IV), 4. Aufl., besorgt von W. Nitsche
1876 2. Bändchen (Buch V–VIII), 3. Aufl.
1883 Xenophontis Institutio Cyri. Recensuit et praefatus est Arnoldus Hug. Ed. maior, Lipsiae
1910 Xenophontis opera omnia, recogn. brevique adnotatione critica instruxit E. C. Marchant, Tom. IV, Oxonii (cit. in Add. et Corr. March.)
1912 Xenophontis Institutio Cyri. Rec. Guilelmus Gemoll. Ed. maior, Lipsiae

COMMENTATIONES

d'Agostino, V., Sulla Ciropedia di Senofonte. Rivista di Studi Classici IX, 1961, 278–292

Avanzini, G. W. e Visani, M. L., Il testo della Ciropedia nel Codice Ambrosiano G 92 sup. Acme II 3, 1949, 9–22 (Textus partim collatus est.)

Boucher, A., La bataille théorique de Thymbrée. Les lois éternelles de la guerre I, Paris 1923, 71–100

Breitenbach, H. R., Historiographische Anschauungsformen Xenophons. Diss. Basel 1948, Freiburg i. d. Schweiz 1950

Breuning, P. S., De nonnullis codicibus Xenophontis Cyri institutionis. Mnemosyne. Bibliotheca Classica Batava. Tertia series, volumen quartum, Lugduni Batavorum 1936–1937, 295–298 (cit. in Add. et Corr. Breun.)

Canart, P., Trois manuscrits grecs dans le fonds Patetta de la Bibliothèque Vaticane. Scriptorium. Revue internationale des Études relatives aux Manuscrits XVI, Anvers 1962, 363–365

Castiglioni, L., Studi Senofontei V: La Ciropedia. Rendiconti della Reale Academia Nazionale dei Lincei, Roma 1922, 43

Castiglioni, L., Osservazioni critiche al testo della „Ciropedia". Studi Ital. di Filol. Class., N. S. 3, 1923, 163–213 (cit. in Add. et Corr. Castiglioni)

Christensen, A., Sur la question des sources de la Cyropédie de Xénophon. Atti del 19 Congresso internazionale degli Orientalisti, Roma 1938, 248–249

Cobet, C. G., Variae Lectiones. Mnem. 3–7, 1854–1858 (Index locorum qui tractantur 7, 1858, Indices p. 82)

Cobet, C. G., Novae Lectiones, quibus continentur observationes criticae in scriptores Graecos, Lugd. Batav. 1858 (Index locorum qui tractantur p. 890)

Cobet, C. G., Xenophontea. I. De Xenophontis Cyropaediae epilogo. II. Γλωσσηματικά in Xenophontis Cyropaedia. III. Ad Xenophontis Cyropaediam. Mnem. N. S. 3, 1875, 66–72, 214–221, 378–409

Delebecque, Ed., Essai sur la vie de Xénophon, Paris 1957

Дьяконов, И.М., История Мидии от древнейших времён до конца IV века до н. э. Издательство Академии Наук СССР, Москва-Ленинград 1956, 28–34, 318/19, 351, 353–355, 357, 414, 422

Erasmus, S., Der Gedanke der Entwicklung eines Menschen in Xenophons Kyrupädie. Festschrift für Fr. Zucker zum 70. Geb., Berlin 1954, 111–125

Erbse, H., Textkritische Bemerkungen zu Xenophon. Rhein. Mus. 103, 1960, 144–168

Erbse, H., Überlieferungsgeschichte der griechischen klassischen und hellenistischen Literatur. Geschichte der Textüberlieferung der antiken und mittelalterlichen Literatur, Band I, Zürich 1961, 269–270

Gemoll, W., Zur Kritik und Erklärung von Xenophons Kyrupädie. Gymn.-Progr. Liegnitz 1912

Gemoll, W., Xenophon als Schriftsteller. Philol. Wochenschr. 53, 1933, 478–480

Hartmann, J. J., Analecta Xenophontea nova, Lugd. Batav. 1889

Herwerden, H. van, Observationes criticae. II. In Xenophontis Cyropaediam. Revue de philologie N. S. II, 3, 1878, 198–203

Herwerden, H. van, Critica et epicritica ad Cyropaediam. Mnem. N. S. 18, 1890, 103–148, 203–205

Hirschig, R. B., Annotationes criticae in Aristophanem et Xenophontem, Traiecti ad Rhenum 1849

Horn, W., Quaestiones ad Xenophontis elocutionem pertinentes. Diss. Halle 1926 (cit. in Add. et Corr. Horn)

Lehmann-Haupt, C. F., Der Sturz des Kroisos und das historische Element in Xenophons Kyropädie. Wien. Stud. 47, 1929, 123–127; 50, 1932, 152–159

Lincke, K., Kritische Bemerkungen zu Xenophons Kyrupädie. Fleckeis. Jb. 149, 1894, 705–728

Luccioni, J., Les idées politiques et sociales de Xénophon. Thèse princ. Fac. des Lettres, Paris 1947

Madvig, J. N., Adversaria critica ad scriptores Graecos, Lib. III, Hauniae 1884

Marschall, Th., Untersuchungen zur Chronologie der Werke Xenophons. Diss. München 1928

Münscher, K., Xenophon in d. griech.-röm. Literatur. Philol. Suppl. XIII 2, 1920, 16, 105/6, 230

Muretus, M. A., Variarum lectionum libri XVIII ... Editio nova ... Halis Saxonum 1791

Naber, S. A., Ramenta. Mnem. N. S. 21, 1893, 339–360

Nitsche, W., Wochenschr. f. klass. Philol. II, 1885, 354–363 (Recensio editionis Hugii)

Pantazides, I., Emendationum in Xenophontem pars prima. Diss. Gottingae 1858

Pantazides, I., *Τῶν παρὰ Ξενοφῶντι διορθώσεων μέρος δεύτερον. Ἐν Ἀθήναις* 1866 (De Cyrop. pp. 1–44)

Pease, S. J., Xenophon's Cyropaedia, „the compleat general". Classical Journal XXIX, 1934, 436–440

Persson, A. W., Zur Textgeschichte Xenophons. Lunds Universitets Årsskrift, N. F., Afd. 1, Bd. 10, Nr. 2, Lund, Leipzig 1915 (cit. in Add. et Corr. Perss.)

Prinz, W., De Xenophontis Cyri institutione. Diss. Göttingen 1911

Rehn, J., Die Komposition der Xenophontischen Kyrupädie. Diss. Leipzig 1923 (manu scriptum). Extr. in Jahrb. d. Phil. Fak. d. Univ. Leipzig 1923, 21–22

Richards, H., Notes on Xenophon and others, London 1907

Sauppe, G., Lexilogus Xenophonteus sive index Xenophontis grammaticus, Leipzig 1869

Scharr, E., Xenophons Staats- und Gesellschaftsideal und seine Zeit, Halle (Saale) 1919

Schwarz, E., 5 Vorträge über den griechischen Roman, Berlin 1896

Sturz, F. W., Lexicon Xenophonteum 4 voll., Leipzig 1801–1804

Alia invenies, si inspexeris hos Bursiani annales (in uncis spatia annorum de quibus refertur):

Jahresbericht über die Fortschritte der klassischen Altertumswissenschaft

9, 1877,	14– 80^{h}	(1874–1878)
17, 1879,	1– 32	(1879)

54,	1888,	1–128	(1880–1888)
100,	1899,	33– 91	(1889–1898)
117,	1903,	47– 73	(1899–1902)
142,	1909,	341–364	(1903–1908)
178,	1919,	1– 33	(1909–1918)
203,	1925,	1– 43	(1919–1924)
230,	1931,	1– 39	(1925–1929)
251,	1936,	1– 34	(1930–1934)
268,	1940.	1– 47	(1935–1937)

SUMMARIA

LIB. I

Ostendit auctor operis prooemio non adeo difficile videri hominibus imperare, modo quis eorum naturam cognitam prudenter tractare sciat. Quam in rem Cyri affert exemplum, atque ita commode ad narrationem instituendam transit (c. 1.). Cyri genus et corporis animique dotes, eiusdemque educatio puerilis ad leges Persicas instituta, quarum ratio et praestantia explanatur (c. 2.). Duodecim annos natus Cyrus ad avum profectus est, apud quem multa pueriliter quidem, sed ingenue atque ita dixit et fecit ut egregiam mentis et animi indolem ostenderet omniumque amorem sibi conciliaret (c. 3.). Exactis pueritiae annis gravitatem et verecundiam induit: aequales obsequio et comitate sibi devincit, inter quos unice tenetur equitandi et venandi studio. Sedecim annos natus tirocinium ponit et documentum artis imperatoriae edit adversus Assyrios. In Persas redeuntem deducunt Medi magno comitatu, quorum unus eius pulchritudine captus aegre ab eo discedit (c. 4.). Transactis modeste et strenue legitimis usque ad aetatem virilem annis a Persis praeficitur exercitui qui Cyaxari mittitur auxilio contra Assyrios (c. 5.). Cyri oratio ad mille duces sui exercitus. Proficiscentem prosequitur Cambyses et cum eo disserit de officiis imperatoris et singulatim quidem de rerum divinarum cura et de precibus ad deos certa lege faciendis 1.—6., de industria et cura efficiendi ut quisque modestus et probus reperiatur, et ut res necessariae suppetant exercitui 7.—11., de multiplici boni imperatoris scientia 12.—14., de tuenda bona exercitus valetudine, et de exercitationibus hanc in rem instituendis 15.—18., de artibus quibus effici possit ut milites non modo coacti et inviti, sed volentes ac lubentes imperatori pareant 19.—25., de variis artibus superandi hostes 26.—43., de divinatione in rebus suscipiendis adhibenda 44.—46. (c. 6.).

LIB. II

Cyaxares suas hostiumque copias recenset Cyro et pugnae armorumque genus quod sit ostendit. Cyrus autem ab eo impetrat ut Persis advenientibus nova arma ad bellum felicius gerendum fieri iubeat. Contionibus de mutando armorum genere habitis Persae omnes iisdem quibus homotimi armis ornantur. Cyrus meditationes campestres instituit, et virtutis praemiis propositis studia contentionum honestarum excitat (c. 1.). Convivantium sermones ita moderatur Cyrus ut et delectent et prosint. Lepida quaedam narrantur de simplicitate et fatuitate Persarum plebeiorum. Inde post seria quaedam de praemiis distribuendis rursus ad ludum sermones revocat (c. 2.). Causa de praemiis in contione agitur. Cyrus rem ad deliberandum proponit. E procerum ordine Chrysantas statuit ut in ea re virtutis singulorum ratio habeatur. E plebeiorum ordine Pheraulas praestantissima oratione idem suadet, simulque decernit dignitatis et virtutis iudicium esse Cyro permittendum. Totas centurias Cyrus ob singulares exercitationes ab ipsis institutas epulo excipit (c. 3.). Legatis ab Indorum rege ad Cyaxarem missis Cyrus arcessitus dat responsum. Cyaxari suadet idem ut Armeniorum rex, qui defecerat, ad officium redigatur, et probata re sub venationis specie cum exercitu ad fines eius accedit (c. 4.).

LIB. III

Armeniae rex cum suis capitur, et iudicii quadam forma defensus a filio in fidem conditionibus aequis recipitur. Regis Armeniorum et filii eius paratum obsequium (c. 1.). Chaldaeos pariter oppressos Cyrus sibi et Armeniis socios adiungit, et utrisque volentibus montes occupatos ipse tenet: quos munire instituit. Legatos ad Indorum regem de pecunia in belli sumptus mutuo sibi danda mittit (c. 2.). Cyrum redeuntem excipiunt honorifice deducuntque abeuntem Armenii. Ornatis et excitatis militibus Cyrus persuadet Cyaxari ut iam in hostium regionem educatur exercitus: in qua praedando et cuncta vastando accedunt ad hostes. Assyriorium et Cyri diversa in castris collocandis ratio. Cyrus principes Persarum ad fortitudinem cohortatur, Assyrius omnem suum exercitum; quod sero ab hoc et frustra fieri pluribus docet Cyrus. Magno animo Persae impetum faciunt in Assyrios, qui amissis suorum multis in castra repelluntur (c. 3.).

LIB. IV

Cyrus ob victoriam reportatam deos et milites honore afficit. De hostibus, qui nocte castra deseruerant, persequendis capitur consilium. Rem impedire conatur Cyaxaris livor et ignavia: sed ab eo impetrat Cyrus ut Medi, qui sponte velint, ipsum sequantur (c. 1.). Interim Hyrcaniorum legati de societate cum Persis ineunda veniunt: quos duces itineris secutus Cyrus cum suis et cum maxima parte Medorum proficiscitur, Hyrcaniosque in fidem recipit. Hostium aggrediendorum et persequendorum modum docet, quos oppressos nullo resistente maxima clade afficit. Cyrus per servos captivos parat commeatum et summa cura providet ut socios in hostibus persequendis iam occupatos sibi devinciat (c. 2.). Persis qui adhuc equitatu caruerant, persuadet Cyrus Chrysanta adiuvante ut et ipsi equitare discant (c. 3.). Captivi ut contineantur sub imperio, dimittuntur liberi (c. 4.). Cena sumitur et castra custodiuntur. Cyaxares cognito suorum discessu iratus mittit qui confestim illos redire iubeat: sed Cyrus nuntium retinere studet. Mittitur nuntius cum mandatis in Persas ut novos milites mittant, sed cum litteris idem ad Cyaxarem. De praeda dividenda ita Cyrus agit ut equi et omnia quae ad rem equestrem pertinent, Persis ad instituendum equitatum cedant (c. 5.). Gobryas ab Assyrio deficit ad Cyrum. Medi de praeda divisa referunt (c. 6.).

LIB. V

Cyrus de praeda sibi tributa ornat alios. Panthea, forma et virtute excellens mulier, custodienda committitur Araspae: qui cum adversus Cyrum egregie disputasset de amore, suamque adversus eius illecebras iactasset firmitatem, ad extremum vehementi capitur amore Pantheae. Cyrus de bello persequendo certus explorat Medorum et sociorum voluntatem, num secum manere velint: qui omnes haud dubitanter respondent se ab eo non esse discessuros (c. 1.). Cyrus proficiscitur ad Gobryam: hic se et sua omnia tradit Cyro. Gobryas in castra invitatus Persarum epulandi morem admiratur. Cyrus a Gobrya et Hyrcanio exquirit quae nova sociorum auxilia possint adsciscere; et si via propter Babylonem ducat, non refugiendum, sed nunc maxime illuc iter dirigendum esse docet (c. 2.). Assyria denuo vastata praedae maxima pars tribuitur Gobryae. Cyrus ad Babylonem accedit et Assyrium ad pugnam, sed frustra provocat. Gadatas, regulus sub Assyriorum ditione agens, sed per vim a rege castratus, ad Cyrum transit et castellum quoddam dolo occupatum eidem tradit. Cadusios et Sacas cum Cyro se coniunxisse paucis significatur qui maiores copias, ut et Hyrcanii, ad bellum educunt. Gadatas ad oppida sua defendenda proficiscitur, et Cyrus suos hortatur ut ei auxilium ferant docetque quomodo agmen ad iter nocturnum institui velit. Quibus de causis Cyrus militum duces nominatim appellarit exponitur. Eius cura et sollertia in itinere instituto conficiendo (c. 3.). Gadatas a perfido homine vulneratus servatur a Cyro. Cadusii temere versus Babylona excurrunt et amisso duce magnam contrahunt cladem. Quos Cyrus humaniter monet et meliora edocet, simulque cum novo eorum duce hostes ulciscitur. Pactum conventum de parcendo agricolis. Gadatas relicto domi praesidio cum exercitu Cyri proficiscitur. Cyrus exponit cur in itinere non prope Babylona, sed aliquo spatio remotus praeterire velit. Castellis tribus potitur (c. 4.). Cum novi milites, de quibus nuntius cum mandatis missus erat, e Perside ad Cyaxarem venissent, hic invitatu Cyri eo lubentius in eius castra proficiscitur, quod cum suis exercitibus Medorum agris molestus esse non vult. Cyrus obviam Cyaxari procedit cum equitatu. Altercatio inter Cyaxarem et Cyrum. Cyaxares conciliatus deducitur in tabernaculum et donatur a suis. Dum Cyaxares cum suis cenat, Cyrus in contione amicorum refert de bello gerendo (c. 5.).

LIB. VI

Ante Cyaxaris tabernaculum congregati socii rogant Cyrum ne dimittat exercitum. Egresso iam Cyaxare decernitur bellum esse prosequendum. Cyrus suadet ut castellis hostium sublatis a suis nova exstruantur. Probato illo consilio Cyrus capit loca hibernis idonea. Equitatus Persarum augetur et instituuntur currus falcati. Araspae, qui Pantheam violare conatus erat, ignoscit Cyrus, eundemque ad hostes simulata fuga iubet transire. Abradatam maritum ut arcessat Cyro persuadet Panthea. Abradatas Cyri rem curulem adiuvat. Plaustra cum turribus aedificat Cyrus (c. 1.). Indorum legati mittuntur a Cyro ad Assyrium speculandi causa. Cyri studium in apparando bello et exercendis militibus. Indorum narratio de hostium copiis perturbat milites Cyri, quorum metum sedant contiones Cyri et Chrysantae. Decreta expeditione statim suscipienda Cyrus edicit de rebus, quibus praeter arma exercitus debeat esse instructus ad iter (c. 2.) Describitur ordo agminis, et inprimis plaustrorum et impedimentorum. Cyrus e pabulatoribus, quos intercipi iubet, de statu hostium quaerit. Araspas redit et exponit de acie hostium. Accuratius describitur acies Cyri (c. 3.). Armis ornatur exercitus, inprimisque

Abradatas munere Pantheae; quae simul virum gravissimis verbis ad fortitudinem hortatur. Cyrus duces convocatos denuo ad spem victoriae excitat (c. 4.).

LIB. VII

Prandio sumpto et sacris rite factis Cyri exercitus omine fausto procedit. Cum iam uterque exercitus esset in conspectu, obequitat Cyrus et suos excitat totamque proelii ineundi rationem docet. Croesus tribus phalangibus invadit Cyri aciem, sed eius utrumque cornu primo impetu fugatur. Abradatas hostes incurrit, et cum nonnullis suorum cadit. Aegyptiorum globus cum fortiter resistit, pedem referunt Persae. Aegyptii tandem, cum a tergo adortus esset Cyrus, caeduntur undique, sed in fidem acceptis assignantur sedes. Quid in hoc proelio plurimum valuerit, breviter commemoratur (c. 1.). Sardibus captis Cyrus Croesum custodiri iubet et ob praedandi libidinem egregie castigat Chaldaeos. Croesum arcessitum humaniter salutat, et eius consilio de non diripienda urbe paret. Exponit Croesus de oraculis Apollinis sibi datis et suam incusat imprudentiam. Cyri clementia erga Croesum (c. 2.). Cyrus audita morte Abradatae funus ei splendidum parat: cumque Panthea prope maritum gladio incubuisset, utrique amplissimum poni iubet monumentum (c. 3.). Carum controversias callide componit Adusius. Phrygiam minorem domat Hystaspas. Cyrus cum Croeso eiusque thesauris profectus Sardibus in itinere Phrygibus, Cappadocibus, Arabibusque bello subactis petit Babylonem (c. 4.). Babylonem corona cingit et inde se caute recipit. Quasi ad obsidendam urbem fossa lata profundaque circumducitur. Urbs tandem, Euphrate in fossas derivato, vino somnoque sepulta capitur. Res captae urbis ordinantur. Callida ratione Cyrus instituit ut amici intelligant ipsum raro in conspectum populi venire debere. Artabazus dum exponit quibus de rebus ipse adhuc Cyri consuetudine frui non potuerit, summam rerum a Cyro gestarum repetit. Chrysantas exsistit suasor eorum quae Cyrus maxime expetebat. Corporis custodes eligit Cyrus eunuchos. Satellites regiae et praesidium urbicum instituit. Cyri oratio ad amicos de disciplina procerum constituenda (c. 5.).

LIB. VIII

Chrysantas assentitur Cyro et persuadet aliis observantiam cultumque regis. Munera palatina instituuntur a Cyro. Quibus artibus effecerit ut saepe in regiae atrio comparerent optimates. Ut eosdem ad virtutis studium excitaret, ipse virtutem coluit omnem. Se suosque exercuit venando. Suum et amicorum cultum habitumque ad splendorem instituit. Servituti sub ipsius imperio addictos ab armorum usu et ab omni liberali exercitatione removit. Principes ne quid novarum rerum molirentur, effecit amore civium, quem sibi conciliavit ita, ut magis sibi quam inter se essent amici; et id quidem his usus artibus (c. 1.): multis cibos de sua mensa mittebat, aliis eos ornabat donis, omnino se benevolum et liberalem adversus eos praebebat: etiam medicos constituebat, qui aegrotantes curarent. Eodem consilio, ut nempe aliquid dissensionis inter eos aleretur, certamina instituit (c. 2.). Pompa Cyri primum e regia prodeuntis ad loca sacra. Sacris peractis habentur ludi equestres. Pheraulas cum homine plebeio e Sacis colloquitur de divitiarum pretio, eique omnia bona sua donat ita, ut ipse ab eo quantum satis sit ad victum et cultum accipiat (c. 3.). Amicos excipit convivio Cyrus, ubi ioci liberales non desiderantur. Nuptiis Hystaspae cum Gobryae filia conciliatis ceteros convivas cum muneribus dimittit. Socios partim domum dimittit partim secum Babylone manere concedit, quos omnes tam duces quam milites muneribus ornat. Amicis et proceribus convocatis omnes suas copias et opes ostendit (c. 4.). Cyri in Persidem proficiscentis agmen et castrorum ratio describitur. Cyrus ad Cyaxarem devertitur, a quo filia et Media dotis loco ei offertur. Cambysis auctoritate pacta fiunt iurata inter Persas Cyrumque de regno Persico. Cyaxaris filiam ducit uxorem Cyrus (c. 5.). Satrapas provinciarum constituit, quibus eandem morum disciplinam commendat, quae apud ipsum in urbe obtinet. Legatos instituit, qui cum exercitu provincias obeant; angaros item seu veredarios disponit per stationes, qui epistolas summa celeritate quocunque perferant. Asia inde a Syria usque ad mare rubrum Aegyptoque domita habitare instituit modo Babylone modo Susis modo Ecbatanis (c. 6.). Somnio admonitus se parat ad discessum ex hac vita. Cyri morientis oratio ad filios et amicos (c. 7.). Appendix commemorat a Cyri institutis defecisse Persas posteriores et deteriores esse factos (c. 8.). □

SIGLA

(Ad papyros cf. R. A. Pack, The Greek and Latin literary Texts from Greco-Roman Egypt, nr. 1213–1219, Ann Arbor 1952)

P = Fragmenta Hermopol. s. II (V 2, 3–4, 6–7, 22, 24–25, 28; 3, 1–9, 12–17, 19–26). K. Wessely, Mitteilungen aus d. Sammlung d. Papyrus Erzh. Rainer VI, Wien 1897, 81–97

Π_1 = Fragmenta Oxyrh. s. III (I 6, 3–11, II 1, 30). P. Oxy., ed. Grenfell et Hunt, vol. IV, nr. 697, London 1904

Π_2 = Fragmenta Oxyrh. s. III (I 6, 27–29). P. Oxy., ed. A. S. Hunt, vol. VII, nr. 1018, London 1910

C = Paris. 1640 s. XIV

E = Etonensis s. XV

F = Erlangensis s. XV

D = Bodleianus (lib. Canon. 39) s. XV

R = Bremensis s. XV

G = Guelferbyt. 71, 19 s. XV

A = Paris. 1635 s. XIV

H = Escorialensis T III 14 s. XII

V = Vaticanus 1335 s. XII

x = CE

y = DF

z = AGH

ε = Excerpta de sent. ed. Boissevain, de virtut. et vitiis ed. Roos

m = cod. Ambros. B 119 s. X exeuntis, qui I 5, 7–14 et III 3, 44–45 continet (cont. F. Bolla, Riv. di fil. 1893, 366)

C cor. c etc. = manus recentiores

mg. = in margine

ΞΕΝΟΦΩΝΤΟΣ

ΚΥΡΟΥ ΠΑΙΔΕΙΑ

Α

Ἔννοιά ποθ' ἡμῖν ἐγένετο ὅσαι δημοκρατίαι κατ- 1
ελύθησαν ὑπὸ τῶν ἄλλως πως βουλομένων πολιτεύεσθαι μᾶλλον ἢ ἐν δημοκρατίᾳ, ὅσαι τ' αὖ μοναρχίαι, ὅσαι τε ὀλιγαρχίαι ἀνῄρηνται ἤδη ὑπὸ δήμων, καὶ ὅσοι τυραννεῖν ἐπιχειρήσαντες οἱ μὲν αὐτῶν καὶ ταχὺ πάμπαν κατελύθησαν, οἱ δὲ κἂν ὁποσονοῦν χρόνον ἄρχοντες διαγένωνται, θαυμάζονται ὡς σοφοί τε καὶ εὐτυχεῖς ἄνδρες γεγενημένοι. πολλοὺς δ' ἐδοκοῦμεν καταμεμαθηκέναι καὶ ἐν ἰδίοις οἴκοις τοὺς μὲν ἔχοντας καὶ πλείονας οἰκέτας, τοὺς δὲ καὶ πάνυ ὀλίγους, καὶ ὅμως οὐδὲ τοῖς ὀλίγοις τούτοις πάνυ τι δυναμένους χρῆσθαι πειθομένοις. [τοὺς δεσπότας] ἔτι δὲ πρὸς 2
τούτοις ἐνενοοῦμεν ὅτι ἄρχοντες μέν εἰσι καὶ οἱ βουκόλοι τῶν βοῶν καὶ οἱ ἱπποφορβοὶ τῶν ἵππων, καὶ πάντες δὲ οἱ καλούμενοι νομεῖς ὧν ἂν ἐπιστατῶσι ζῴων εἰκότως ἂν ἄρχοντες τούτων νομίζοιντο· πάσας τοίνυν ταύτας τὰς ἀγέλας ἐδοκοῦμεν ὁρᾶν μᾶλλον ἐθελούσας πείθεσθαι τοῖς νομεῦσιν ἢ τοὺς ἀνθρώ-

---

5 ταχὺ πάμπαν καὶ x, καὶ om. Vat. 987. 7 διεγένοντο x. 10 καί post. del. Hartman. 11 πάνυ τι yG, πάντη xAHR. 12 πειθομένοις FG, om. cet. || τ. δεσπότας secl. Hirschig. 17 τ. ἀγ. ταύτας z.

πους τοῖς ἄρχουσι. πορεύονταί τε γὰρ αἱ ἀγέλαι ᾗ ἂν αὐτὰς εὐθύνωσιν οἱ νομεῖς, νέμονταί τε χωρία ἐφ' ὁποῖα ἂν αὐτὰς ἐπάγωσιν, ἀπέχονταί τε ὧν ἂν αὐτὰς ἀπείργωσι· καὶ τοῖς καρποῖς τοίνυν τοῖς γιγνομένοις ἐξ αὐτῶν ἐῶσι τοὺς νομέας χρῆσθαι οὕτως ὅπως ἂν αὐτοὶ βούλωνται. ἔτι τοίνυν οὐδεμίαν πώποτε ἀγέλην ᾐσθήμεθα συστᾶσαν ἐπὶ τὸν νομέα οὔτε ὡς μὴ πείθεσθαι οὔτε ὡς μὴ ἐπιτρέπειν τῷ καρπῷ χρῆσθαι, ἀλλὰ καὶ χαλεπώτεραί εἰσιν αἱ ἀγέλαι πᾶσι τοῖς ἀλλοφύλοις ἢ τοῖς ἄρχουσί τε αὐτῶν καὶ ὠφελουμένοις ἀπ' αὐτῶν· ἄνθρωποι δὲ ἐπ' οὐδένας μᾶλλον συνίστανται ἢ ἐπὶ τούτους οὓς ἂν αἴσθωνται ἄρχειν αὐτῶν ἐπι-
3 χειροῦντας. ὅτε μὲν δὴ ταῦτα ἐνεθυμούμεθα, οὕτως ἐγιγνώσκομεν περὶ αὐτῶν, ὡς ἀνθρώπῳ πεφυκότι πάντων τῶν ἄλλων ῥᾷον εἴη ζῴων ἢ ἀνθρώπων ἄρχειν. ἐπειδὴ δὲ ἐνενοήσαμεν ὅτι Κῦρος ἐγένετο Πέρσης, ὃς παμπόλλους μὲν ἀνθρώπους ἐκτήσατο πειθομένους αὐτῷ, παμπόλλας δὲ πόλεις, πάμπολλα δὲ ἔθνη, ἐκ τούτου δὴ ἠναγκαζόμεθα μετανοεῖν μὴ οὔτε τῶν ἀδυνάτων οὔτε τῶν χαλεπῶν ἔργων ᾖ τὸ ἀνθρώπων ἄρχειν, ἄν τις ἐπισταμένως τοῦτο πράττῃ. Κύρῳ γοῦν ἴσμεν ἐθελήσαντας πείθεσθαι τοὺς μὲν ἀπέχοντας παμπόλλων ἡμερῶν ὁδόν, τοὺς δὲ καὶ μηνῶν, τοὺς δὲ οὐδ' ἑορακότας πώποτ' αὐτόν, τοὺς δὲ καὶ εὖ εἰδότας

1 τε om. AF. ᾗ] οἷς G. 2 ἂν αὐτὰς εὐθύνωσιν (-ουσιν F) y, ἂν om. xz, εὐθύνουσιν x, εὐθύνωσιν z. 3 ἐφ' om. xAHR. || ἐφιῶσιν G (ἐφιῶ in ras.), ἐφίωσιν F. 5 νομεῖς GFpr. 7 ἀγέλην om. x. || τοὺς νομέας xAHR. 10 ἀλλοφύλοις] ἄλλοισι F, ἄλλοις cDG || αὐτῶν add. ycG. 11 ὑπ' y. 12 αὐτῶν DG, αὑτῶν Fc, ἑαυτῶν xAH. 13 ἐνενοούμεθα cF. 15 ζῴων εἴη ῥᾷον yG, εἴη ζῴων om. AH. 16 ἐγένετο] γένει Herwerden. 18 ἑαυτῷ H, αὐτῷ cet. || πολλά xAHR. 21 ἤν x et z praeter G. 24 ἑορακότας F.

ὅτι οὐδ' ἂν ἴδοιεν, καὶ ὅμως ἤθελον αὐτῷ ὑπακούειν.
καὶ γάρ τοι τοσοῦτον διήνεγκε τῶν ἄλλων βασιλέων, 4
καὶ τῶν πατρίους ἀρχὰς παρειληφότων καὶ τῶν δι'
ἑαυτῶν κτησαμένων, ὥσθ' ὁ μὲν Σκύθης καίπερ παμ-
πόλλων ὄντων Σκυθῶν ἄλλου μὲν οὐδενὸς δύναιτ' ἂν
ἔθνους ἐπάρξαι, ἀγαπῴη δ' ἂν εἰ τοῦ ἑαυτοῦ ἔθνους
ἄρχων διαγένοιτο, καὶ ὁ Θρᾷξ Θρᾳκῶν καὶ ὁ Ἰλλυριὸς
Ἰλλυριῶν, καὶ τἆλλα δὲ ὡσαύτως ἔθνη ἀκούομεν· τὰ
γοῦν ἐν τῇ Εὐρώπῃ ἔτι καὶ νῦν αὐτόνομα εἶναι λέγε-
ται καὶ λελύσθαι ἀπ' ἀλλήλων· Κῦρος δὲ παραλαβὼν
ὡσαύτως οὕτω καὶ τὰ ἐν τῇ Ἀσίᾳ ἔθνη αὐτόνομα
ὄντα ὁρμηθεὶς σὺν ὀλίγῃ Περσῶν στρατιᾷ ἑκόντων
μὲν ἡγήσατο Μήδων, ἑκόντων δὲ Ὑρκανίων, κατ-
εστρέψατο δὲ Σύρους, Ἀσσυρίους, Ἀραβίους, Καππα-
δόκας, Φρύγας ἀμφοτέρους, Λυδούς, Κᾶρας, Φοίνι-
κας, Βαβυλωνίους, ἦρξε δὲ καὶ Βακτρίων καὶ Ἰνδῶν
καὶ Κιλίκων, ὡσαύτως δὲ Σακῶν καὶ Παφλαγόνων
καὶ Μαγαδιδῶν, καὶ ἄλλων δὲ παμπόλλων ἐθνῶν, ὧν
οὐδ' ἂν τὰ ὀνόματα ἔχοι τις εἰπεῖν, ἐπῆρξε δὲ καὶ
Ἑλλήνων τῶν ἐν τῇ Ἀσίᾳ, καταβὰς δ' ἐπὶ θάλατταν
καὶ Κυπρίων καὶ Αἰγυπτίων. καὶ τοίνυν τούτων τῶν 5
ἐθνῶν ἦρξεν οὔθ' ἑαυτῷ ὁμογλώττων ὄντων οὔτε ἀλλή-
λοις, καὶ ὅμως ἐδυνάσθη ἐφικέσθαι μὲν ἐπὶ τοσαύτην
γῆν τῷ ἀφ' ἑαυτοῦ φόβῳ, ὥστε καταπλῆξαι πάντας
καὶ μηδένα ἐπιχειρεῖν αὐτῷ, ἐδυνάσθη δὲ ἐπιθυμίαν

1 καὶ . . . ὑπακούειν del. Hirschig. **4** αὐτῶν C. **5** πολλῶν xAHR. **8** ἔθνη ὡσαύτως (ὅσα add. y) yG. **9** λέγεται secl. Dind. **10** ὑπ' G. **11** οὕτω om. x. || αὐτόνομα ἔθνη xAHR. **14** ἀραβίους AH, ἄρ(ρ)αβας cet. **15** κᾶρας] κίλικας xAHR. **16** prius καὶ add. yG. **18** μεγαδίνων xAHR. **21** τῶν ἐθνῶν τούτων G. **22** οὐθ' ἑαυτῷ yG. **23** et **25** ἐδυνήθη yGRc. **24** ἀφ' om. yG, ἀμφ' AH. **25** ἐπιθυμίαν] ἔρωτα yg.

ἐμβαλεῖν τοσαύτην τοῦ [πάντας] αὐτῷ χαρίζεσθαι ὥστε
ἀεὶ τῇ αὐτοῦ γνώμῃ ἀξιοῦν κυβερνᾶσθαι, ἀνηρτήσατο
δὲ τοσαῦτα φῦλα ὅσα καὶ διελθεῖν ἔργον ἐστίν, ὅποι
ἂν ἄρξηταί τις πορεύεσθαι ἀπὸ τῶν βασιλείων, ἤν τε
πρὸς ἕω ἤν τε πρὸς ἑσπέραν ἤν τε πρὸς ἄρκτον ἤν
6 τε πρὸς μεσημβρίαν. ἡμεῖς μὲν δὴ ὡς ἄξιον ὄντα
θαυμάζεσθαι τοῦτον τὸν ἄνδρα ἐσκεψάμεθα τίς ποτ'
ὢν γενεὰν καὶ ποίαν τινὰ φύσιν ἔχων καὶ ποίᾳ τινὶ
παιδευθεὶς παιδείᾳ τοσοῦτον διήνεγκεν εἰς τὸ ἄρχειν
ἀνθρώπων. ὅσα οὖν καὶ ἐπυθόμεθα καὶ ᾐσθῆσθαι
δοκοῦμεν περὶ αὐτοῦ, ταῦτα πειρασόμεθα διηγήσασθαι.
II Πατρὸς μὲν δὴ ὁ Κῦρος λέγεται γενέσθαι Καμ-
βύσου Περσῶν βασιλέως· ὁ δὲ Καμβύσης οὗτος τοῦ
Περσειδῶν γένους ἦν· οἱ δὲ Περσεῖδαι ἀπὸ Περσέως
κλῄζονται· μητρὸς δὲ ὁμολογεῖται Μανδάνης γενέσθαι.
ἡ δὲ Μανδάνη αὕτη Ἀστυάγους ἦν θυγάτηρ τοῦ
Μήδων βασιλέως. φῦναι δὲ ὁ Κῦρος λέγεται καὶ
ᾄδεται ἔτι καὶ νῦν ὑπὸ τῶν βαρβάρων εἶδος μὲν
κάλλιστος, ψυχὴν δὲ φιλανθρωπότατος καὶ φιλομαθέ-
στατος καὶ φιλοτιμότατος, ὥστε πάντα μὲν πόνον
ἀνατλῆναι, πάντα δὲ κίνδυνον ὑπομεῖναι τοῦ ἐπαι-
2 νεῖσθαι ἕνεκα. φύσιν μὲν δὴ τῆς μορφῆς καὶ τῆς

---

1 ἐμβάλλειν AH. | εἰς ante τοσαύτην add. xAHF, τοσαύτην inter duas lacunas D. || τοῦ πάντας RGd, γε πάντας xAH, γένναν τοῦ F. || ἑαυτῷ yG. 2 ἀεὶ om. xAHR. || ἑαυτοῦ y. 3 ὅσα] ὥστε xAHR. || ὅπῃ xAH. 4 τις ἄρξηται yG. || ἐάντε . . . ἐάντε G. 8 γένναν yzε. | τινὶ] ποτὲ AHFε. 9 παιδείᾳ παιδευθείς yG. 10 γοῦν R. 12 λέγεται κῦρος yG. 14 ἦν om. xAHR Suidas. 15 ὁμολογεῖται et γενέσθαι om. ε et Suidas. 17 γενομένου add. xAHR. || φῦναι] εἶναι AH. || ὁ om. yG. 20 καὶ φιλοτιμότατος om. AHε Suid. 21 ἂν τλῆναι x. 22 εἵνεκα G. || τῆς ψυχῆς καὶ τῆς μορφῆς yG.

ψυχῆς τοιαύτην ἔχων διαμνημονεύεται· ἐπαιδεύθη γε
μὴν ἐν Περσῶν νόμοις· οὗτοι δὲ δοκοῦσιν οἱ νόμοι
ἄρχεσθαι τοῦ κοινοῦ ἀγαθοῦ ἐπιμελούμενοι οὐκ ἔνθεν-
περ ἐν ταῖς πλείσταις πόλεσιν ἄρχονται. αἱ μὲν γὰρ
πλεῖσται πόλεις ἀφεῖσαι παιδεύειν ὅπως τις ἐθέλει
τοὺς ἑαυτοῦ παῖδας, καὶ αὐτοὺς τοὺς πρεσβυτέρους
ὅπως ἐθέλουσι διάγειν, ἔπειτα προστάττουσιν αὐτοῖς
μὴ κλέπτειν, μὴ ἁρπάζειν, μὴ βίᾳ εἰς οἰκίαν παριέ-
ναι, μὴ παίειν ὃν μὴ δίκαιον, μὴ μοιχεύειν, μὴ ἀπει-
θεῖν ἄρχοντι, καὶ τἆλλα τὰ τοιαῦτα ὡσαύτως· ἢν δέ
τις τούτων τι παραβαίνῃ, ζημίαν αὐτοῖς ἐπέθεσαν. οἱ 3
δὲ Περσικοὶ νόμοι προλαβόντες ἐπιμέλονται ὅπως τὴν
ἀρχὴν μὴ τοιοῦτοι ἔσονται οἱ πολῖται οἷοι πονηροῦ
τινος ἢ αἰσχροῦ ἔργου ἐφίεσθαι. ἐπιμέλονται δὲ ὧδε.
ἔστιν αὐτοῖς ἐλευθέρα ἀγορὰ καλουμένη, ἔνθα τά τε
βασίλεια καὶ τἆλλα ἀρχεῖα πεποίηται. ἐντεῦθεν τὰ μὲν
ὤνια καὶ οἱ ἀγοραῖοι καὶ αἱ τούτων φωναὶ καὶ ἀπει-
ροκαλίαι ἀπελήλανται εἰς ἄλλον τόπον, ὡς μὴ μιγνύ-
ηται ἡ τούτων τύρβη τῇ τῶν πεπαιδευμένων εὐκοσμίᾳ.
διῄρηται δ' αὕτη ἡ ἀγορὰ ἡ περὶ τὰ ἀρχεῖα τέτταρα 4
μέρη· τούτων δὲ ἔστιν ἓν μὲν παισίν, ἓν δὲ ἐφήβοις,
ἄλλο τελείοις ἀνδράσιν, ἄλλο τοῖς ὑπὲρ τὰ στρατεύ-
σιμα ἔτη γεγονόσι. νόμῳ δ' εἰς τὰς ἑαυτῶν χώρας

---

3 οὐκ ἔνθενπερ ἐν Hertlein, οὐκ ἔνθεν ὅθενπερ (ὅθεν F) ἐν yG, οὐχ ὁμοίως γάρ xAHRd. **5** τὸ παιδεύειν y. **6** ἑαυτῶν CAHR. **7** ἔπειτα προστάττουσιν] ἐπιτάσσουσιν xAHR. **8** μηδὲ ἁρπάζειν xAH, μὴ δὲ ἁρ. R. **9** tertium μὴ] μηδὲ y. **10** τὰ om. C. **11** τούτων] τῶν τοιούτων x. || ζημίας et ἐπανέθεσαν xAHR. **13** οἷοι] ὥστε xAHR. **14** δὲ x, δὴ z, δὲ δὴ y. **17** αἱ ἀγοραὶ R. || αἱ ἀπειροκαλίαι xAHRF. **20** ἡ ante περὶ om. xAHR. || ἡ περὶ τ. ἀρχ. del. Herwerden. || τὰ sicut p. 6, 5 om. AH. || εἰς ante τέτταρα (τέσσαρα) add. xRFGZon.

ἕκαστοι τούτων πάρεισιν, οἱ μὲν παῖδες ἅμα τῇ ἡμέρᾳ καὶ οἱ τέλειοι ἄνδρες, οἱ δὲ γεραίτεροι ἡνίκ' ἂν ἑκάστῳ προχωρῇ, πλὴν ἐν ταῖς τεταγμέναις ἡμέραις, ἐν αἷς αὐτοὺς δεῖ παρεῖναι. οἱ δὲ ἔφηβοι καὶ κοιμῶνται περὶ τὰ ἀρχεῖα σὺν τοῖς γυμνητικοῖς ὅπλοις πλὴν τῶν γεγαμηκότων· οὗτοι δὲ οὔτε ἐπιζητοῦνται, ἢν μὴ
5 προῤῥηθῇ παρεῖναι, οὔτε πολλάκις ἀπεῖναι καλόν. ἄρχοντες δὲ ἐφ' ἑκάστῳ τούτων τῶν μερῶν εἰσι δώδεκα· δώδεκα γὰρ καὶ Περσῶν φυλαὶ διῄρηνται. καὶ ἐπὶ μὲν τοῖς παισὶν ἐκ τῶν γεραιτέρων ᾑρημένοι εἰσὶν οἳ ἂν δοκῶσι τοὺς παῖδας βελτίστους ἀποδεικνύναι· ἐπὶ δὲ τοῖς ἐφήβοις ἐκ τῶν τελείων ἀνδρῶν οἳ ἂν αὐτοὺς [ἐφήβους] βελτίστους δοκῶσι παρέχειν· ἐπὶ δὲ τοῖς τελείοις ἀνδράσιν οἳ ἂν δοκῶσι παρέχειν αὐτοὺς μάλιστα τὰ τεταγμένα ποιοῦντας καὶ τὰ παραγγελλόμενα ὑπὸ τῆς μεγίστης ἀρχῆς· εἰσὶ δὲ καὶ τῶν γεραιτέρων προστάται ᾑρημένοι, οἳ προστατεύουσιν, ὅπως καὶ οὗτοι τὰ καθήκοντα ἀποτελῶσιν. ἃ δὲ ἑκάστῃ ἡλικίᾳ προστέτακται ποιεῖν διηγησόμεθα, ὡς μᾶλλον δῆλον γένηται ᾗ ἐπιμέλονται ὡς ἂν βέλτιστοι εἶεν οἱ πολῖται. οἱ
6 μὲν δὴ παῖδες εἰς τὰ διδασκαλεῖα φοιτῶντες διάγουσι μανθάνοντες δικαιοσύνην· καὶ λέγουσιν ὅτι ἐπὶ τοῦτο ἔρχονται ὥσπερ παρ' ἡμῖν ὅτι γράμματα μαθησόμενοι.

---

4 ἐν ante αἷς om. AH. ‖ δεῖ αὐτούς yG. 5 γυμνικοῖς yG. 6 ἐὰν G. 8 τούτῳ x. 9 περσῶν καὶ περσῶν DG, περσῶν H, καὶ περσῶν cet. 10 ἐκ] οἱ ἐκ AH. ‖ εἰσὶν om. C. 11 τοὺς . . 14 δοκῶσι G i. marg. ‖ βελτίους x. ‖ ἂν ἀποδεικνύναι xAHR. 12 αὐτοὺς [ἐφήβους] ego, αὐτοὺς ἐφήβους AH, αὖ τοὺς ἐφ. D, αὐτοὺς τοὺς ἐφ. cet. 13 βελτίους xAHR. 14 παρέξειν δοκῶσι xAHR. 17 οἳ προστατεύουσιν del. Dind., προστατεύουσι δέ xAHR. ‖ οὗτοι] αὐτοὶ yG. 20 ᾗ] εἰ R. 21 οἱ ante εἰς add. y. 22 τούτῳ C. 23 οἱ τὰ γράμματα codd., ὅτι γρ. Cobet.

οἱ δ' ἄρχοντες αὐτῶν διατελοῦσι τὸ πλεῖστον τῆς
ἡμέρας δικάζοντες αὐτοῖς. γίγνεται γὰρ δὴ καὶ παισὶ
πρὸς ἀλλήλους ὥσπερ ἀνδράσιν ἐγκλήματα καὶ κλοπῆς
καὶ ἁρπαγῆς καὶ βίας καὶ ἀπάτης καὶ κακολογίας καὶ
ἄλλων οἵων δὴ εἰκός. οὓς δ' ἂν γνῶσι τούτων τι ἀδι-
κοῦντας, τιμωροῦνται. κολάζουσι δὲ καὶ οὓς ἂν ἀδίκως 7
ἐγκαλοῦντας εὑρίσκωσι. δικάζουσι δὲ καὶ ἐγκλήματος
οὗ ἕνεκα οἱ ἄνθρωποι μισοῦσι μὲν ἀλλήλους μάλιστα,
δικάζονται δὲ ἥκιστα, ἀχαριστίας, καὶ ὃν ἂν γνῶσι
δυνάμενον μὲν χάριν ἀποδιδόναι, μὴ ἀποδιδόντα δέ,
κολάζουσι τοῦτον ἰσχυρῶς. οἴονται γὰρ τοὺς ἀχαρίστους
καὶ περὶ θεοὺς ἂν μάλιστα ἀμελῶς ἔχειν καὶ περὶ
γονέας καὶ πατρίδα καὶ φίλους. ἕπεσθαι δὲ μάλιστα
δοκεῖ τῇ ἀχαριστίᾳ ἡ ἀναισχυντία· καὶ [γὰρ] αὕτη
μεγίστη δοκεῖ εἶναι ἐπὶ πάντα τὰ αἰσχρὰ ἡγεμών. δι- 8
δάσκουσι δὲ τοὺς παῖδας καὶ σωφροσύνην· μέγα δὲ
συμβάλλεται εἰς τὸ μανθάνειν σωφρονεῖν αὐτοὺς ὅτι
καὶ τοὺς πρεσβυτέρους ὁρῶσιν ἀνὰ πᾶσαν ἡμέραν σω-
φρόνως διάγοντας. διδάσκουσι δὲ αὐτοὺς καὶ πείθε-
σθαι τοῖς ἄρχουσι· μέγα δὲ καὶ εἰς τοῦτο συμβάλλεται
ὅτι ὁρῶσι τοὺς πρεσβυτέρους πειθομένους τοῖς ἄρχου-
σιν ἰσχυρῶς. διδάσκουσι δὲ καὶ ἐγκράτειαν γαστρὸς
καὶ ποτοῦ· μέγα δὲ καὶ εἰς τοῦτο συμβάλλεται ὅτι
ὁρῶσι τοὺς πρεσβυτέρους οὐ πρόσθεν ἀπιόντας γα-

---

1 post *πλεῖστον* add. *μέρος* xAHR. 5 *δὴ* om. xAHR. 6 *κολάζονται* xAHR ‖ *οὓς . . ἐγκαλοῦντας* yGZon. 8 *οὗ ἕνεκα*] *οὕνεκα* AH. ‖ *οἱ* add. R. ‖ *μὲν* om. R. 9 ante *ἥκιστα* add. *οὐχ* xDGR. 12 *καὶ* add. x et z praeter G. 13 *περὶ πατρίδα καὶ περὶ φίλους* y. 14 *δοκεῖ μάλιστα* yG. ‖ *καὶ* ante *ἡ* add. xR. ‖ *γὰρ* del. Sauppe. 15 *δοκεῖ εἶναι μεγίστη* x. 19 *διδάσκουσι δὲ . . 22 ἰσχυρῶς* om. xAHR. 20 *ἐν τούτῳ* G. 21 *καὶ* ante *πειθομένους* add. G. 22 *δὲ* om. R. ‖ *ἐγκράτειαν*] *ἐγκρατεῖς εἶναι* yG.

στρὸς ἕνεκα πρὶν ἂν ἀφῶσιν οἱ ἄρχοντες, καὶ ὅτι οὐ παρὰ μητρὶ σιτοῦνται οἱ παῖδες, ἀλλὰ παρὰ τῷ διδασκάλῳ, ὅταν οἱ ἄρχοντες σημήνωσι. φέρονται δὲ οἴκοθεν σῖτον μὲν ἄρτον, ὄψον δὲ κάρδαμον, πιεῖν δέ, ἤν τις διψῇ, κώθωνα, ὡς ἀπὸ τοῦ ποταμοῦ ἀρύσασθαι. πρὸς δὲ τούτοις μανθάνουσι καὶ τοξεύειν καὶ ἀκοντίζειν. μέχρι μὲν δὴ ἓξ ἢ ἑπτακαίδεκα ἐτῶν ἀπὸ γενεᾶς οἱ παῖδες ταῦτα πράττουσιν, ἐκ τούτου δὲ εἰς
9 τοὺς ἐφήβους ἐξέρχονται. οὗτοι δ' αὖ οἱ ἔφηβοι διάγουσιν ὧδε. δέκα ἔτη ἀφ' οὗ ἂν ἐκ παίδων ἐξέλθωσι κοιμῶνται μὲν περὶ τὰ ἀρχεῖα, ὥσπερ προείρηται, καὶ φυλακῆς ἕνεκα τῆς πόλεως καὶ σωφροσύνης· δοκεῖ γὰρ αὕτη ἡ ἡλικία μάλιστα ἐπιμελείας δεῖσθαι· παρέχουσι δὲ καὶ τὴν ἡμέραν ἑαυτοὺς τοῖς ἄρχουσι χρῆσθαι, ἤν τι δέωνται ὑπὲρ τοῦ κοινοῦ καὶ ὅταν μὲν δέῃ, πάντες μένουσι περὶ τὰ ἀρχεῖα· ὅταν δὲ ἐξίῃ βασιλεὺς ἐπὶ θήραν, ἐξάγει τὴν ἡμίσειαν τῆς φυλακῆς· ποιεῖ δὲ τοῦτο πολλάκις τοῦ μηνός. ἔχειν δὲ δεῖ τοὺς ἐξιόντας τόξα καὶ παρὰ τὴν φαρέτραν ἐν κολεῷ κοπίδα ἢ σάγαριν, ἔτι δὲ γέρρον καὶ παλτὰ δύο, ὥστε τὸ μὲν ἀφεῖναι, τῷ δ', ἂν δέῃ, ἐκ χειρὸς χρῆσθαι.
10 διὰ τοῦτο δὲ δημοσίᾳ τοῦ θηρᾶν ἐπιμέλονται, καὶ βασιλεὺς ὥσπερ καὶ ἐν πολέμῳ ἡγεμών ἐστιν αὐτοῖς καὶ αὐτός τε θηρᾷ καὶ τῶν ἄλλων ἐπιμελεῖται ὅπως

---

4 σῖτα y. || ἄρτους yG. 6 πρὸ δὲ τούτων xAHR. || prius καὶ om. xy. 8 ταῦτα] αὐτὰ DG, τοῦτο R. 9 ἔρχονται xAHR. 11 προείρηται yG, προειρήκαμεν cet. cf. III 3, 28. IV 2, 19. 5, 14. 14 post ἑαυτοὺς add. κάλιστα (sic) G. 16 τι post δέῃ add. y. 17 ἐξάγει τ. ἡμ. τ. φυλακῆς] τὰς ἡμισείας φυλακὰς καταλείπει yG. 19 καὶ om. y, sed καὶ ἐν Df. | κουλεῷ B = Paris. 1639 et d. || κοπίδια AH. 21 μὲν ἓν y. | ἀφιέναι R. 23 αὐτοῖς ἐστι yG.

ἂν θηρῶσιν, ὅτι ἀληθεστάτη αὐτοῖς δοκεῖ εἶναι αὕτη ἡ μελέτη τῶν πρὸς τὸν πόλεμον. καὶ γὰρ πρῴ ἀνίστασθαι ἐθίζει καὶ ψύχη καὶ θάλπη ἀνέχεσθαι, γυμνάζει δὲ καὶ ὁδοιπορίαις καὶ δρόμοις, ἀνάγκη δὲ καὶ τοξεῦσαι θηρίον καὶ ἀκοντίσαι ὅπου ἂν παραπίπτῃ. καὶ τὴν ψυχὴν δὲ πολλάκις ἀνάγκη θήγεσθαι ὅταν τι τῶν ἀλκίμων θηρίων ἀνθιστῆται· παίειν μὲν γὰρ δήπου δεῖ τὸ ὁμόσε γιγνόμενον, φυλάξασθαι δὲ τὸ ἐπιφερόμενον· ὥστε οὐ ῥᾴδιον εὑρεῖν τί ἐν τῇ θήρᾳ ἄπεστι τῶν ἐν τῷ πολέμῳ παρόντων. ἐξέρχονται δὲ 11
ἐπὶ τὴν θήραν ἄριστον ἔχοντες πλέον μέν, ὡς εἰκός, τῶν παίδων, τἆλλα δὲ ὅμοιον. καὶ θηρῶντες μὲν οὐκ ἂν ἀριστήσαιεν, ἢν δέ τι δέῃ θηρίου ἕνεκα ἐπικαταμεῖναι ἢ ἄλλως βουληθῶσι διατρῖψαι περὶ τὴν θήραν, τὸ οὖν ἄριστον τοῦτο δειπνήσαντες τὴν ὑστεραίαν αὖ θηρῶσι μέχρι δείπνου, καὶ μίαν ἄμφω τούτω τὼ ἡμέρα λογίζονται, ὅτι μιᾶς ἡμέρας σῖτον δαπανῶσι. τοῦτο δὲ ποιοῦσι τοῦ ἐθίζεσθαι ἕνεκεν, ἵν' ἐάν τι καὶ ἐν πολέμῳ δεήσῃ, δύνωνται ταὐτὸ ποιεῖν. καὶ ὄψον δὲ τοῦτο ἔχουσιν οἱ τηλικοῦτοι ὅ,τι ἂν θηράσωσιν· εἰ δὲ μή, τὸ κάρδαμον. εἰ δέ τις αὐτοὺς οἴεται ἢ ἐσθίειν ἀηδῶς, ὅταν κάρδαμον μόνον ἔχωσιν ἐπὶ τῷ σίτῳ,

---

1 θηρῷεν yG. || αὐτοῖς om. DG. || εἶναι post πόλεμον transpos. xG. 6 θήγεσθαι ἐν τῇ θήρᾳ yGc, θάλπεσθαι CAHR. 7 δήπου om. DG. 9 ἐν τῇ θήρᾳ τί yG. 10 τῷ πολέμῳ xAHR. 11 μὲν om. EH. || τὸ add. xAHR. 12 μὲν om. R. 13 δέ τι] μή τι xAHR. || δεήσειεν x, δεήσῃ AHR. || ante θηρίου add. ἢ xAHR. || θηρίων x. 14 ἐθελήσωσι xAHR, ἠθέλησαν Zon. || ἐνδιατρῖψαι R. 15 γοῦν R, om. yG. || ὑστέραν AH. 16 αὖ om. xAHR. || ταύτας τὰς ἡμέρας EAHR. 18 ἕνεκεν xHR, ἕνεκα cet. || καὶ inter ἵνα et ἐὰν hab. yG. 19 τοῦτο codd. Zon., correxit Herwerden.

ἢ πίνειν ἀηδῶς, ὅταν ὕδωρ πίνωσιν, ἀναμνησθήτω πῶς μὲν ἡδὺ μᾶζα καὶ ἄρτος πεινῶντι φαγεῖν, πῶς
12 δὲ ἡδὺ ὕδωρ διψῶντι πιεῖν. αἱ δ' αὖ μένουσαι φυλαὶ διατρίβουσι μελετῶσαι τά τε ἄλλα ἃ παῖδες ὄντες ἔμαθον καὶ τοξεύειν καὶ ἀκοντίζειν, καὶ διαγωνιζόμενοι ταῦτα πρὸς ἀλλήλους διατελοῦσιν. εἰσὶ δὲ καὶ δημόσιοι τούτων ἀγῶνες καὶ ἆθλα προτίθεται· ἐν ᾗ δ' ἂν φυλῇ πλεῖστοι ὦσι δαημονέστατοι καὶ ἀνδρικώτατοι καὶ εὐπιστότατοι, ἐπαινοῦσιν οἱ πολῖται καὶ τιμῶσιν οὐ μόνον τὸν νῦν ἄρχοντα αὐτῶν, ἀλλὰ καὶ ὅστις αὐτοὺς παῖδας ὄντας ἐπαίδευσε. χρῶνται δὲ τοῖς μένουσι τῶν ἐφήβων αἱ ἀρχαί, ἥν τι ἢ φρουρῆσαι δέῃ ἢ κακούργους ἐρευνῆσαι ἢ λῃστὰς ὑποδραμεῖν ἢ καὶ ἄλλο τι ὅσα ἰσχύος ἢ τάχους ἔργα ἐστί. ταῦτα μὲν δὴ οἱ ἔφηβοι πράττουσιν. ἐπειδὰν δὲ τὰ δέκα ἔτη διατελέσωσιν, ἐξέρχονται εἰς τοὺς τελείους
13 ἄνδρας. ἀφ' οὗ δ' ἂν ἐξέλθωσι χρόνου οὗτοι αὖ πέντε καὶ εἴκοσιν ἔτη διάγουσιν ὧδε. πρῶτον μὲν ὥσπερ οἱ ἔφηβοι παρέχουσιν ἑαυτοὺς ταῖς ἀρχαῖς χρῆσθαι, ἥν τι δέῃ ὑπὲρ τοῦ κοινοῦ, ὅσα φρονούντων τε ἤδη ἔργα ἐστὶ καὶ ἔτι δυναμένων. ἢν δέ ποι δέῃ στρατεύεσθαι, τόξα μὲν οἱ οὕτω πεπαιδευμένοι οὐκέτι ἔχοντες οὐδὲ παλτὰ στρατεύονται, τὰ δὲ ἀγχέμαχα ὅπλα καλούμενα, θώρακά τε περὶ τοῖς στέρνοις καὶ γέρρον ἐν τῇ ἀρι-

1 ἐπιμνησθήτω C. 2 ἡδὺ μὲν yG. 3 πιεῖν διψῶντι xAHR. 8 τῶν φυλῶν] φυλῇ yG. 9 καὶ εὐπιστότατοι om. DG. 10 νῦν om. DG. 12 ἢ om. xAHR. 13 δέῃ R. 14 ἰσχύος ἢ τάχους xAHRZon., ἰ. τε καὶ τ. yG, τάχους καὶ ἰσχ. Stob. ‖ ἄλλα ante ἔργα add. xAHR. 16 τελέσωσιν AG. ‖ τοὺς om. C. 17 χρόνου ἐκ τῶν ἐφήβων yG. 18 ὧδε διάγουσι(ν) yG. 20 περὶ τοῦ yG. ‖ ἤδη om. AH. 21 ποι Dind. που codd. ‖ δεήσῃ yG. 24 τε om. xAHR.

στερᾷ, οἱόνπερ γράφονται οἱ Πέρσαι ἔχοντες, ἐν δὲ
τῇ δεξιᾷ μάχαιραν ἢ κοπίδα. καὶ αἱ ἀρχαὶ δὲ πᾶσαι
ἐκ τούτων καθίστανται πλὴν οἱ τῶν παίδων διδά-
σκαλοι. ἐπειδὰν δὲ τὰ πέντε καὶ εἴκοσιν ἔτη διατελέ-
σωσιν, εἴησαν μὲν ἂν οὗτοι πλέον τι γεγονότες ἢ τὰ
πεντήκοντα ἔτη ἀπὸ γενεᾶς· ἐξέρχονται δὲ τηνικαῦτα
εἰς τοὺς γεραιτέρους ὄντας τε καὶ καλουμένους. οἱ δ' **14**
αὖ γεραίτεροι οὗτοι στρατεύονται μὲν οὐκέτι ἔξω τῆς
ἑαυτῶν, οἴκοι δέ μένοντες δικάζουσι τά τε κοινὰ καὶ
τὰ ἴδια πάντα. καὶ θανάτου δὲ οὗτοι κρίνουσι, καὶ
τὰς ἀρχὰς οὗτοι πάσας αἱροῦνται· καὶ ἤν τις ἐν
ἐφήβοις ἢ ἐν τελείοις ἀνδράσιν ἐλλίπῃ τι τῶν νομί-
μων, φαίνουσι μὲν οἱ φύλαρχοι ἕκαστοι καὶ τῶν
ἄλλων ὁ βουλόμενος, οἱ δὲ γεραίτεροι ἀκούσαντες
ἐκκρίνουσιν· ὁ δὲ ἐκκριθεὶς ἄτιμος διατελεῖ τὸν λοι-
πὸν βίον.

Ἵνα δὲ σαφέστερον δηλωθῇ πᾶσα ἡ Περσῶν πο- **15**
λιτεία, μικρὸν ἐπάνειμι· νῦν γὰρ ἐν βραχυτάτῳ ἂν
δηλωθείη διὰ τὰ προειρημένα. λέγονται μὲν γὰρ Πέρ-
σαι ἀμφὶ τὰς δώδεκα μυριάδας εἶναι· τούτων δ' οὐ-
δεὶς ἀπελήλαται νόμῳ τιμῶν καὶ ἀρχῶν, ἀλλ' ἔξεστι
πᾶσι Πέρσαις πέμπειν τοὺς ἑαυτῶν παῖδας εἰς τὰ
κοινὰ τῆς δικαιοσύνης διδασκαλεῖα, ἀλλὰ οἱ μὲν δυ-
νάμενοι τρέφειν τοὺς παῖδας ἀργοῦντας πέμπουσιν, οἱ

---

1 οἱόνπερ . . . ἔχοντες del. Lincke. **2** καὶ αἱ om. y. **5** ἂν om. AHD, R s. v. man. ead. || πλεῖον ἢ πεντήκοντα ἔτη γεγονότες (om. τι et τὰ) yG. **9** κοινὰ πάντα. yG. **10** τὰ ἴδια] ῥάδια AH. **12** ἢ add. xAHR. || ἐλλίπῃ D, sed ἐλ in ras., ἐπι- (F), ἐλ- (R), ἐκ- (CAH) λείπῃ, ἐκλίπῃ EGh. **13** ἕκαστον yG. **15** τὸν λοιπὸν βίον διατελεῖ yG. **17** ἡ om. xAHR. **19** μὲν om. AH. **22** πᾶσι om. R. **24** οἱ δὲ . . πέμπουσιν om. CF.

δὲ μὴ δυνάμενοι οὐ πέμπουσιν. οἳ δ' ἂν παιδευθῶσι παρὰ τοῖς δημοσίοις διδασκάλοις, ἔξεστιν αὐτοῖς ἐν τοῖς ἐφήβοις νεανισκεύεσθαι, τοῖς δὲ μὴ διαπαιδευθεῖσιν οὕτως οὐκ ἔξεστιν. οἳ δ' ἂν αὖ ἐν τοῖς ἐφήβοις διατελέσωσι τὰ νόμιμα ποιοῦντες, ἔξεστι τούτοις εἰς τοὺς τελείους ἄνδρας συναλίζεσθαι καὶ ἀρχῶν καὶ τιμῶν μετέχειν, οἳ δ' ἂν μὴ διαγένωνται ἐν τοῖς ἐφήβοις, οὐκ εἰσέρχονται εἰς τοὺς τελείους. οἳ δ' ἂν αὖ ἐν τοῖς τελείοις διαγένωνται ἀνεπίληπτοι, οὗτοι τῶν γεραιτέρων γίγνονται. οὕτω μὲν δὴ οἱ γεραίτεροι διὰ πάντων τῶν καλῶν ἐληλυθότες καθίστανται· καὶ ἡ πολιτεία αὕτη, ᾗ οἴονται χρώμενοι βέλτιστοι ἂν εἶναι.

16 καὶ νῦν δὲ ἔτι ἐμμένει μαρτύρια καὶ τῆς μετρίας διαίτης αὐτῶν καὶ τοῦ ἐκπονεῖσθαι τὴν δίαιταν. αἰσχρὸν μὲν γὰρ ἔτι καὶ νῦν ἐστι Πέρσαις καὶ τὸ πτύειν καὶ τὸ ἀπομύττεσθαι καὶ τὸ φύσης μεστοὺς φαίνεσθαι, αἰσχρὸν δέ ἐστι καὶ τὸ ἰόντα ποι φανερὸν γενέσθαι ἢ τοῦ οὐρῆσαι ἕνεκα ἢ καὶ ἄλλου τινὸς τοιούτου. ταῦτα δὲ οὐκ ἂν ἐδύναντο ποιεῖν, εἰ μὴ καὶ διαίτῃ μετρίᾳ ἐχρῶντο καὶ τὸ ὑγρὸν ἐκπονοῦντες ἀνήλισκον, ὥστε ἄλλῃ πῃ ἀποχωρεῖν. ταῦτα μὲν δὴ κατὰ πάντων Περσῶν ἔχομεν λέγειν· οὗ δ' ἕνεκα ὁ λόγος ὡρμήθη, νῦν λέξομεν τὰς Κύρου πράξεις ἀρξάμενοι ἀπὸ παιδός.

---

4 αὖ om. C. **6** συναυλίζεσθαι xAGR. **7** ἂν μὴ διαγένωνται ἐν] ἂν αὖ ἐν τοῖς παισὶ μὴ (om. C) διατελέσωσιν ἢ ἐν CAHR. **8** ἔρχονται yG. **10** δὴ om. R. **12** post αὕτη add. ἐστὶν ἡ περσῶν καὶ ἡ ἐπιμέλεια αὕτη y. ‖ εἶναι] εἶεν x. **15** πτύειν Cobet, ἀποπτύειν codd. ε Zon. **16** prius τὸ om. AHR. **17** αἰσχρὸν δέ ἐστι om ε. ‖ ἐστι] ἔτι y. ‖ ποι codd. ε, corr. Heindorf. **21** πῃ] ποι ERGd, om. D. ‖ κατὰ susp. Westphal. ‖ πάντων τῶν C. **22** ἔχω y..

III Κῦρος γὰρ μέχρι μὲν δώδεκα ἐτῶν ἢ ὀλίγῳ πλέον ταύτῃ τῇ παιδείᾳ ἐπαιδεύθη, καὶ πάντων τῶν ἡλίκων διαφέρων ἐφαίνετο καὶ εἰς τὸ ταχὺ μανθάνειν ἃ δέοι καὶ εἰς τὸ καλῶς καὶ ἀνδρείως ἕκαστα ποιεῖν. ἐκ δὲ τούτου τοῦ χρόνου μετεπέμψατο Ἀστυάγης τὴν ἑαυτοῦ θυγατέρα καὶ τὸν παῖδα αὐτῆς ἰδεῖν γὰρ ἐπεθύμει, ὅτι ἤκουεν αὐτὸν καλὸν καὶ ἀγαθὸν εἶναι. ἔρχεται δὲ αὐτή τε ἡ Μανδάνη πρὸς τὸν πατέρα καὶ τὸν Κῦρον τὸν υἱὸν ἔχουσα. ὡς δὲ ἀφίκετο τάχιστα καὶ ἔγνω ὁ 2
Κῦρος τὸν Ἀστυάγην τῆς μητρὸς πατέρα ὄντα, εὐθὺς οἷα δὴ παῖς φύσει φιλόστοργος ὢν ἠσπάζετό τε αὐτὸν ὥσπερ ἂν εἴ τις πάλαι συντεθραμμένος καὶ πάλαι φιλῶν ἀσπάζοιτο, καὶ ὁρῶν δὴ αὐτὸν κεκοσμημένον καὶ ὀφθαλμῶν ὑπογραφῇ καὶ χρώματος ἐντρίψει καὶ κόμαις προσθέτοις, ἃ δὴ νόμιμα ἦν ἐν Μήδοις· ταῦτα γὰρ πάντα Μηδικά ἐστι, καὶ οἱ πορφυροῖ χιτῶνες καὶ οἱ κάνδυες καὶ οἱ στρεπτοὶ οἱ περὶ τῇ δέρῃ καὶ τὰ ψέλια τὰ περὶ ταῖς χερσίν, ἐν Πέρσαις δὲ τοῖς οἴκοι καὶ νῦν ἔτι πολὺ καὶ ἐσθῆτες φαυλότεραι καὶ δίαιται εὐτελέστεραι· ὁρῶν δὴ τὸν κόσμον τοῦ πάππου, ἐμβλέπων αὐτῷ ἔλεγεν, Ὦ μῆτερ, ὡς καλός μοι ὁ πάππος. ἐρωτώσης δὲ αὐτὸν τῆς μητρὸς πότερος καλλίων αὐτῷ δοκεῖ εἶναι, ὁ πατὴρ ἢ οὗτος, ἀπεκρίνατο ἄρα ὁ Κῦρος, Ὦ μῆτερ, Περσῶν μὲν πολὺ κάλλιστος ὁ ἐμὸς

1 γὰρ μέχρι G, γὰρ μέχρι μὲν yAH, μὲν γὰρ μέχρι E, μὲν γὰρ μέχρι μὲν C. μὲν γὰρ δὴ μέχρι μὲν δὴ R. ‖ πλειόνων yG. 6 ἑαυτῆς xAH, atque E ante παῖδα. 7 καὶ ἀγαθόν xAHR. καλὸν κἀγαθὸν αὐτόν yG. 8 τὸν Κῦρον secl. Hartman. 11 φιλόστοργος φύσει (om. ὢν) yG. 15 προσθέταις yR. ‖ δὴ post γὰρ add. y. 17 post. οἱ om. yG. 18 τὰ om. codd. praeter E. ‖ ταῖν χεροῖν G. 19 αἱ δίαιται R. 20 δὴ] δὲ xH. ‖ καὶ ante ἐμβλέπων add. y. 21 ἐρωτησάσης y. 22 τῆς μητρὸς αὐτὸν yG. 23 δοκεῖ post πότερος G.

πατήρ, Μήδων μέντοι ὅσων ἑόρακα ἐγὼ καὶ ἐν ταῖς
ὁδοῖς καὶ ἐπὶ ταῖς θύραις πολὺ οὗτος ὁ ἐμὸς πάππος
3 κάλλιστος. ἀντασπαζόμενος δὲ ὁ πάππος αὐτὸν καὶ
στολὴν καλὴν ἐνέδυσε καὶ στρεπτοῖς καὶ ψελίοις ἐτίμα
καὶ ἐκόσμει, καὶ εἴ ποι ἐξελαύνοι, ἐφ' ἵππου χρυσο-
χαλίνου περιῆγεν, ὥσπερ καὶ αὐτὸς εἰώθει πορεύεσθαι.
ὁ δὲ Κῦρος ἅτε παῖς ὢν καὶ φιλόκαλος καὶ φιλότιμος
ἥδετο τῇ στολῇ, καὶ ἱππεύειν μανθάνων ὑπερέχαιρεν·
ἐν Πέρσαις γὰρ διὰ τὸ χαλεπὸν εἶναι καὶ τρέφειν
ἵππους καὶ ἱππεύειν ἐν ὀρεινῇ οὔσῃ τῇ χώρᾳ καὶ ἰδεῖν
4 ἵππον πάνυ σπάνιον ἦν. δειπνῶν δὲ δὴ ὁ Ἀστυάγης
σὺν τῇ θυγατρὶ καὶ τῷ Κύρῳ, βουλόμενος τὸν παῖδα
ὡς ἥδιστα δειπνεῖν, ἵνα ἧττον τὰ οἴκαδε ποθοίη, προσ-
ῆγεν αὐτῷ καὶ παροψίδας καὶ παντοδαπὰ ἐμβάμματα
καὶ βρώματα. τὸν δὲ Κῦρον ἔφασαν λέγειν, Ὦ πάππε,
ὅσα πράγματα ἔχεις ἐν τῷ δείπνῳ, εἰ ἀνάγκη σοι ἐπὶ
πάντα τὰ λεκάρια ταῦτα διατείνειν τὰς χεῖρας καὶ ἀπο-
γεύεσθαι τούτων τῶν παντοδαπῶν βρωμάτων. Τί δέ,
φάναι τὸν Ἀστυάγην, οὐ γὰρ πολύ σοι δοκεῖ εἶναι
κάλλιον τόδε τὸ δεῖπνον τοῦ ἐν Πέρσαις; τὸν δὲ Κῦρον
πρὸς ταῦτα ἀποκρίνασθαι [λέγεται], Οὐχί, ὦ πάππε,
ἀλλὰ πολὺ ἁπλουστέρα καὶ εὐθυτέρα παρ' ἡμῖν ἡ ὁδός
ἐστιν ἐπὶ τὸ ἐμπλησθῆναι ἢ παρ' ὑμῖν· ἡμᾶς μὲν γὰρ
ἄρτος καὶ κρέας εἰς τοῦτο ἄγει, ὑμεῖς δὲ εἰς μὲν τὸ

---

2 ἐπὶ θύραις xAHR. **3** ὁ πάππος αὐτὸν] αὐτὸν ὁ ἀστυάγης yG. **10** καὶ ante ἰδεῖν om. AH. **11** σπάνιον G, πάνυ σπάνιον y, σπάνιον ἦν R, πάνυ σπάνιον ἦν xAH. || δὴ om. DG. **12** σὺν τῷ AHF. **13** ἧττον] ὡς ἧσσον G, ὡς ἥκιστα y. || τὰ om. AH. || προσήγαγεν yG. **15** ἔφασαν codd., φασι Herwerden. **16** ὅσα τε AH. **17** τὰ om. AH. || λεκάνια xRDg, ἀγγεῖα F. **19** εἶναι post δεῖπνον transp. yG. **21** λέγεται secl. Cobet. || οὐχί yGε, οὐκ xAHR. **23** ἡμᾶς] παρ' ἡμῖν xAHR. **24** κρέας

αὐτὸ ἡμῖν σπεύδετε, πολλοὺς δέ τινας ἑλιγμοὺς ἄνω
καὶ κάτω πλανώμενοι μόλις ἀφικνεῖσθε ὅποι ἡμεῖς πά-
λαι ἥκομεν. Ἀλλ', ὦ παῖ, φάναι τὸν Ἀστυάγην, οὐκ 5
ἀχθόμενοι ταῦτα περιπλανώμεθα· γενόμενος δὲ καὶ
σύ, ἔφη, γνώσῃ ὅτι ἡδέα ἐστίν. Ἀλλὰ καὶ σέ, φάναι
τὸν Κῦρον, ὁρῶ, ὦ πάππε, μυσαττόμενον ταῦτα τὰ
βρώματα. καὶ τὸν Ἀστυάγην ἐπερέσθαι, Καὶ τίνι δὴ
σὺ τεκμαιρόμενος, ὦ παῖ, λέγεις; Ὅτι σε, φάναι, ὁρῶ,
ὅταν μὲν τοῦ ἄρτου ἅψῃ, εἰς οὐδὲν τὴν χεῖρα ἀπο-
ψώμενον, ὅταν δὲ τούτων τινὸς θίγῃς, εὐθὺς ἀποκα-
θαίρῃ τὴν χεῖρα εἰς τὰ χειρόμακτρα, ὡς πάνυ ἀχθό-
μενος ὅτι πλέα σοι ἀπ' αὐτῶν ἐγένετο. πρὸς ταῦτα δὲ 6
τὸν Ἀστυάγην εἰπεῖν, Εἰ τοίνυν οὕτω γιγνώσκεις, ὦ
παῖ, ἀλλὰ κρέα γε εὐωχοῦ, ἵνα νεανίας οἴκαδε ἀπέλ-
θῃς. ἅμα δὲ ταῦτα λέγοντα πολλὰ αὐτῷ παραφέρειν
καὶ θήρεια καὶ τῶν ἡμέρων. καὶ τὸν Κῦρον, ἐπεὶ
ἑώρα πολλὰ τὰ κρέα, εἰπεῖν, Ἦ καὶ δίδως, φάναι, ὦ
πάππε, πάντα ταῦτά μοι τὰ κρέα ὅ, τι ἂν βούλωμαι
αὐτοῖς χρῆσθαι; Νὴ Δία, φάναι, ὦ παῖ, ἔγωγέ σοι.
ἐνταῦθα δὴ τὸν Κῦρον λαβόντα τῶν κρεῶν διαδιδόναι 7
τοῖς ἀμφὶ τὸν πάππον θεραπευταῖς, ἐπιλέγοντα ἑκάστῳ,
Σοὶ μὲν τοῦτο ὅτι προθύμως με ἱππεύειν διδάσκεις,
σοὶ δ' ὅτι μοι παλτὸν ἔδωκας· νῦν γὰρ τοῦτ' ἔχω·
σοὶ δ' ὅτι τὸν πάππον καλῶς θεραπεύεις, σοὶ δ' ὅτι

---

yGR, κρέα cet. || ἀπάγει xAHR. 2 ὅποι yR, ὅπῃ xz 5 ἔφη καὶ σὺ yG. || ἡδέα ταῦτά ἐστι ycg. 6 ὁρῶ post βρώματα transp. y. 8 λέγεις] ταῦτα λ. οὕτως y. 10 ἀποκαθαίρῃ G, ἀποκαθαίρεις yCAHR. 12 καταπλέα yAth. 14 νεανικὸς Bisshop. 16 θήρεια c, θηρία cet. 17 post δίδως, non post ταῦτα (18), add. μοι y. 18 ταῦτα πάντα y, CR om. πάντα. || βούλομαι xzRε, ἂν βούλωμαι y. 22 post τοῦτο add. δίδωμι y. 23 post ἔδωκας add. τοῦτο y.

μου τὴν μητέρα τιμᾷς· τοιαῦτα ἐποίει, ἕως διεδίδου
8 πάντα ἃ ἔλαβε κρέα. Σάκᾳ δέ, φάναι τὸν Ἀστυάγην,
τῷ οἰνοχόῳ, ὃν ἐγὼ μάλιστα τιμῶ, οὐδὲν δίδως; ὁ
δὲ Σάκας ἄρα καλός τε ὢν ἐτύγχανε καὶ τιμὴν ἔχων
προσάγειν τοὺς δεομένους Ἀστυάγους καὶ ἀποκωλύειν
οὓς μὴ καιρὸς αὐτῷ δοκοίη εἶναι προσάγειν. καὶ τὸν
Κῦρον ἐπερέσθαι προπετῶς ὡς ἂν παῖς μηδέπω ὑπο-
πτήσσων, Διὰ τί δή, ὦ πάππε, τοῦτον οὕτω τιμᾷς;
καὶ τὸν Ἀστυάγην σκώψαντα εἰπεῖν, Οὐχ ὁρᾷς, φάναι,
ὡς καλῶς οἰνοχοεῖ καὶ εὐσχημόνως; οἱ δὲ τῶν βασι-
λέων τούτων οἰνοχόοι κομψῶς τε οἰνοχοοῦσι καὶ κα-
θαρείως ἐγχέουσι καὶ διδόασι τοῖς τρισὶ δακτύλοις
ὀχοῦντες τὴν φιάλην καὶ προσφέρουσιν ὡς ἂν ἐνδοῖεν
9 τὸ ἔκπωμα εὐληπτότατα τῷ μέλλοντι πίνειν. Κέλευσον
δή, φάναι, ὦ πάππε, τὸν Σάκαν καὶ ἐμοὶ δοῦναι τὸ
ἔκπωμα, ἵνα κἀγὼ καλῶς σοι πιεῖν ἐγχέας ἀνακτήσω-
μαί σε, ἢν δύνωμαι. καὶ τὸν κελεῦσαι δοῦναι. λαβόν-
τα δὲ τὸν Κῦρον οὕτω μὲν δὴ εὖ κλύσαι τὸ ἔκπωμα
ὥσπερ τὸν Σάκαν ἑώρα, οὕτω δὲ στήσαντα τὸ πρόσ-
ωπον σπουδαίως καὶ εὐσχημόνως πως προσενεγκεῖν
καὶ ἐνδοῦναι τὴν φιάλην τῷ πάππῳ ὥστε τῇ μητρὶ
καὶ τῷ Ἀστυάγει πολὺν γέλωτα παρασχεῖν. καὶ αὐτὸν
δὲ τὸν Κῦρον ἐκγελάσαντα ἀναπηδῆσαι πρὸς τὸν πάπ-
πον καὶ φιλοῦντα ἅμα εἰπεῖν, Ὦ Σάκα, ἀπόλωλας·
ἐκβαλῶ σε ἐκ τῆς τιμῆς· τά τε γὰρ ἄλλα, φάναι, σοῦ

---

1 ποιεῖν et διαδοῦναι y. **3** ὃν] τὸν xzR. **4** καλός γε xzR. **6** εἶναι om. R. **8** δὴ om. ED. **10** οἱ δὲ . . **14** πίνειν del. Lincke. **11** κομψῶς γε R. ‖ καθαρείως D, καθαρίως καθαρῶς) cet. **13** τὰς φιάλας y. **14** εὐληπτότατον AG. **15** ὦ om. xzR. **16** ἐκχέας z. **18** δὴ τὸν codd. praeter xF. ‖ δὴ post μὲν om. y. **19** τὸν ante σάκαν add. yCR. **23** δὴ G.

κάλλιον οἰνοχοήσω καὶ οὐκ ἐκπίομαι αὐτὸς τὸν οἶνον. οἱ δ' ἄρα τῶν βασιλέων οἰνοχόοι, ἐπειδὰν διδῶσι τὴν φιάλην, ἀρύσαντες ἀπ' αὐτῆς τῷ κυάθῳ εἰς τὴν ἀριστερὰν χεῖρα ἐγχεάμενοι καταρροφοῦσι, τοῦ δὴ εἰ φάρμακα ἐγχέοιεν μὴ λυσιτελεῖν αὐτοῖς. 10 ἐκ τούτου δὴ ὁ Ἀστυάγης ἐπισκώπτων, Καὶ τί δή, ἔφη, ὦ Κῦρε, τἆλλα μιμούμενος τὸν Σάκαν οὐ κατερρόφησας τοῦ οἴνου; Ὅτι, ἔφη, νὴ Δία ἐδεδοίκειν μὴ ἐν τῷ κρατῆρι φάρμακα μεμιγμένα εἴη. καὶ γὰρ ὅτε εἱστίασας σὺ τοὺς φίλους ἐν τοῖς γενεθλίοις, σαφῶς κατέμαθον φάρμακα ὑμῖν αὐτὸν ἐγχέαντα. Καὶ πῶς δὴ σὺ τοῦτο, ἔφη, ὦ παῖ, κατέγνως; Ὅτι νὴ Δία, ἔφη, ὑμᾶς ἑώρων καὶ ταῖς γνώμαις καὶ τοῖς σώμασι σφαλλομένους. πρῶτον μὲν γὰρ ἃ οὐκ ἐᾶτε ἡμᾶς τοὺς παῖδας ποιεῖν, ταῦτα αὐτοὶ ἐποιεῖτε. πάντες μὲν γὰρ ἅμα ἐκεκράγετε, ἐμανθάνετε δὲ οὐδὲν ἀλλήλων, ᾔδετε δὲ καὶ μάλα γελοίως, οὐκ ἀκροώμενοι δὲ τοῦ ᾄδοντος ὠμνύτε ἄριστα ᾄδειν· λέγων δὲ ἕκαστος ὑμῶν τὴν ἑαυτοῦ ῥώμην, ἔπειτ' εἰ ἀνασταίητε ὀρχησόμενοι, μὴ ὅπως ὀρχεῖσθαι ἐν ῥυθμῷ, ἀλλ' οὐδ' ὀρθοῦσθαι ἐδύνασθε. ἐπελέλησθε δὲ παντάπασι σύ τε ὅτι βασιλεὺς ἦσθα, οἵ τε ἄλλοι ὅτι σὺ ἄρχων. τότε γὰρ δὴ ἔγωγε πρῶτον κατέμαθον ὅτι τοῦτ' ἄρ' ἦν ἡ ἰσηγορία ὃ ὑμεῖς τότ' ἐποιεῖτε· οὐδέ-

---

2 δ' ἄρα] γὰρ y. | δίδωσι xz, ἐνδιδῶσι y. 4 ἐκχεάμενοι z. || καταρροφῶσι xDG. | τοῦ . . αὐτοῖς om. R. 5 ἐκχέοιεν zC. 6 ἔφη post ἐπισκώπτων y. || δή τι R. 7 οὐκ ἀπερρόφησας codd., corr. Hude. 8 ἔφην R. || νὴ δι' ἔφη y. 9 εἱστίας y. 11 ἡμῖν R. || ἐγχέοντα y. 12 ἔφη ὑμᾶς Ry. 14 ἃ post ταῦτα transp et ποιεῖτε z. || εἰᾶτε xzr. 15 ἐκεκράγετε R. 17 ὠμνύετε δὲ AHR. 18 δὴ post λέγων R. || σαυτοῦ z. || ἐπεὶ y, ἐπεί τε xz, ἔπειτ' εἰ R. 20 ἐπιλέλησθε C, ἐπελέληθας Gpr. 21 σὺ ὅτι (om. τε) x. 22 καὶ ante πρῶτον add. yz.

11 ποτε γοῦν ἐσιωπᾶτε. καὶ ὁ Ἀστυάγης λέγει, Ὁ δὲ σὸς πατήρ, ὦ παῖ, πίνων οὐ μεθύσκεται; Οὐ μὰ Δί', ἔφη. Ἀλλὰ πῶς ποιεῖ; Διψῶν παύεται, ἄλλο δὲ κακὸν οὐδὲν πάσχει· οὐ γάρ, οἶμαι, ὦ πάππε, Σάκας αὐτῷ οἰνοχοεῖ. καὶ ἡ μήτηρ εἶπεν, Ἀλλὰ τί ποτε σύ, ὦ παῖ, τῷ Σάκᾳ οὕτω πολεμεῖς; τὸν δὲ Κῦρον εἰπεῖν, Ὅτι νὴ Δία, φάναι, μισῶ αὐτόν· πολλάκις γάρ με πρὸς τὸν πάππον ἐπιθυμοῦντα προσδραμεῖν οὗτος ὁ μιαρώτατος ἀποκωλύει. ἀλλ' ἱκετεύω, φάναι, ὦ πάππε, δός μοι τρεῖς ἡμέρας ἄρξαι αὐτοῦ. καὶ τὸν Ἀστυάγην εἰπεῖν, Καὶ πῶς ἂν ἄρξαις αὐτοῦ; καὶ τὸν Κῦρον φάναι, Στὰς ἂν ὥσπερ οὗτος ἐπὶ τῇ εἰσόδῳ, ἔπειτα ὁπότε βούλοιτο παριέναι ἐπ' ἄριστον, λέγοιμ' ἂν ὅτι οὔπω δυνατὸν τῷ ἀρίστῳ ἐντυχεῖν· σπουδάζει γὰρ πρός τινας· εἶθ' ὁπότε ἥκοι ἐπὶ τὸ δεῖπνον, λέγοιμ' ἂν ὅτι λοῦται· εἰ δὲ πάνυ σπουδάζοι φαγεῖν, εἴποιμ' ἂν ὅτι παρὰ ταῖς γυναιξίν ἐστιν· ἕως παρατείναιμι τοῦτον
12 ὥσπερ οὗτος ἐμὲ παρατείνει ἀπὸ σοῦ κωλύων. τοσαύτας μὲν αὐτοῖς εὐθυμίας παρεῖχεν ἐπὶ τῷ δείπνῳ· τὰς δ' ἡμέρας, εἴ τινος αἴσθοιτο δεόμενον ἢ τὸν πάππον ἢ τὸν τῆς μητρὸς ἀδελφόν, χαλεπὸν ἦν ἄλλον φθάσαι τοῦτο ποιήσαντα· ὅ,τι γὰρ δύναιτο ὁ Κῦρος ὑπερέχαιρεν αὐτοῖς χαριζόμενος.

13 Ἐπειδὴ δὲ ἡ Μανδάνη παρεσκευάζετο ὡς ἀπιοῦσα

---

1 λέγει] εἶπεν y. **3** ἔφη om. y. || διψῶν παύεται. Ἄλλο δὲ κ. οὐ. πάσχει; οὐ γάρ . . . Pantazides. **7** μισεῖ x, μισοῖ AH. **12** δὴ ἂν y. **13** εἰσιέναι y. **14** τῷ ἀρίστῳ] αὐτῷ Hartman. || ἐγχειρεῖν Tillmann. **15** εἶθ' (εἶτα x) ὁπόταν xzR, εἰ δὲ πάλιν y. || ἥκῃ RDγρ. || λοῦται DR, λούεται cet. **16** εἰ] ἐπειδὰν xzR, sed σπουδάζῃ soli Cr. **20** τινος dg, τινα cet. τοῦ πάππου et τοῦ . . ἀδελφοῦ R. **24** ἐπειδὴ δὲ y, ἐπεὶ δὲ cet.

πάλιν πρὸς τὸν ἄνδρα, ἐδεῖτο αὐτῆς ὁ Ἀστυάγης καταλιπεῖν τὸν Κῦρον. ἡ δὲ ἀπεκρίνατο ὅτι βούλοιτο μὲν ἅπαντα τῷ πατρὶ χαρίζεσθαι, ἄκοντα μέντοι τὸν παῖδα χαλεπὸν εἶναι νομίζειν καταλιπεῖν. ἔνθα δὴ ὁ Ἀστυάγης λέγει πρὸς τὸν Κῦρον, Ὦ παῖ, ἢν μένῃς παρ' 14 ἐμοί, πρῶτον μὲν τῆς παρ' ἐμὲ εἰσόδου σοι οὐ Σάκας ἄρξει, ἀλλ' ὁπόταν βούλῃ εἰσιέναι ὡς ἐμέ, ἐπὶ σοὶ ἔσται· καὶ χάριν σοι εἴσομαι ὅσῳ ἂν πλεονάκις εἰσίῃς ὡς ἐμέ. ἔπειτα δὲ ἵπποις τοῖς ἐμοῖς χρήσῃ καὶ ἄλλοις ὁπόσοις ἂν βούλῃ, καὶ ὁπόταν ἀπίῃς, ἔχων ἄπει οὓς ἂν αὐτὸς ἐθέλῃς. ἔπειτα δὲ ἐν τῷ δείπνῳ ἐπὶ τὸ μετρίως σοι δοκοῦν ἔχειν ὁποίαν βούλει ὁδὸν πορεύσῃ. ἔπειτα τά τε νῦν ἐν τῷ παραδείσῳ θηρία δίδωμί σοι καὶ ἄλλα παντοδαπὰ συλλέξω, ἃ σὺ ἐπειδὰν τάχιστα ἱππεύειν μάθῃς, διώξῃ, καὶ τοξεύων καὶ ἀκοντίζων καταβαλεῖς ὥσπερ οἱ μεγάλοι ἄνδρες. καὶ παῖδας δέ σοι ἐγὼ συμπαίκτορας παρέξω, καὶ ἄλλα ὅσα ἂν βούλῃ λέγων πρὸς ἐμὲ οὐκ ἀτυχήσεις. ἐπεὶ ταῦτα εἶ- 15 πεν ὁ Ἀστυάγης, ἡ μήτηρ διηρώτα τὸν Κῦρον πότερον βούλοιτο μένειν ἢ ἀπιέναι. ὁ δὲ οὐκ ἐμέλλησεν, ἀλλὰ ταχὺ εἶπεν ὅτι μένειν βούλοιτο. ἐπερωτηθεὶς δὲ πάλιν ὑπὸ τῆς μητρὸς διὰ τί εἰπεῖν λέγεται, Ὅτι οἴκοι μὲν τῶν ἡλίκων καὶ εἰμὶ καὶ δοκῶ κράτιστος εἶναι, ὦ μῆτερ, καὶ ἀκοντίζων καὶ τοξεύων, ἐνταῦθα δὲ εὖ οἶδ' ὅτι ἱππεύων ἥττων εἰμὶ τῶν ἡλίκων· καὶ τοῦτο

6 σε οὐ Σ. εἴρξει Hartman cf. Hell. I 1, 35. 10 ὅταν y. ‖ ἄπει] ἀπίῃς G, ἀπίοις EAH, om. C. 11 δὲ ἐν] δὴ ἐν R, μὲν z. 12 βούλῃ AH. 13 ἐπεὶ R. ‖ νῦν ὄντα y. 15 διώξεις R. 17 συμπαίστορας y. ‖ ὁπόσα xAHR. 18 βούλει xG. ‖ ἐπεὶ δὲ y. 19 κῦρον] παῖδα x. ‖ πότερα y (sed πότερον f). 21 ὅτι μένειν om. R. 23 prius καὶ om. G. 24 ἐνταῦθα] ἐνθάδε y. ‖ εὖ om. x et z praeter G.

εὖ ἴσθι, ὦ μῆτερ, ἔφη, ὅτι ἐμὲ πάνυ ἀνιᾷ. ἢν δέ με
καταλίπῃς ἐνθάδε καὶ μάθω ἱππεύειν, ὅταν μὲν ἐν
Πέρσαις ὦ, οἶμαί σοι ἐκείνους τοὺς ἀγαθοὺς τὰ πε-
ζικὰ ῥᾳδίως νικήσειν, ὅταν δ' εἰς Μήδους ἔλθω, ἐν-
θάδε πειράσομαι τῷ πάππῳ ἀγαθῶν ἱππέων κράτιστος
ὢν ἱππεὺς συμμαχεῖν αὐτῷ. τὴν δὲ μητέρα εἰπεῖν,
16 Τὴν δὲ δικαιοσύνην, ὦ παῖ, πῶς μαθήσῃ ἐνθάδε
ἐκεῖ ὄντων σοι τῶν διδασκάλων; καὶ τὸν Κῦρον φά-
ναι, Ἀλλ', ὦ μῆτερ, ἀκριβῶς ταῦτά γε οἶδα. Πῶς σὺ
οἶσθα; τὴν Μανδάνην εἰπεῖν. Ὅτι, φάναι, ὁ διδά-
σκαλός με ὡς ἤδη ἀκριβοῦντα τὴν δικαιοσύνην καὶ
ἄλλοις καθίστη δικάζειν. καὶ τοίνυν, φάναι, ἐπὶ μιᾷ
17 ποτε δίκῃ πληγὰς ἔλαβον ὡς οὐκ ὀρθῶς δικάσας. ἦν
δὲ ἡ δίκη τοιαύτη. παῖς μέγας μικρὸν ἔχων χιτῶνα
παῖδα μικρὸν μέγαν ἔχοντα χιτῶνα ἐκδύσας αὐτὸν τὸν
μὲν ἑαυτοῦ ἐκεῖνον ἠμφίεσε, τὸν δὲ ἐκείνου αὐτὸς
ἐνέδυ. ἐγὼ οὖν τούτοις δικάζων ἔγνων βέλτιον εἶναι
ἀμφοτέροις τὸν ἁρμόττοντα ἑκάτερον χιτῶνα ἔχειν. ἐν
δὲ τούτῳ με ἔπαισεν ὁ διδάσκαλος, λέξας ὅτι ὁπότε
μὲν τοῦ ἁρμόττοντος εἴην κριτής, οὕτω δέοι ποιεῖν,
ὁπότε δὲ κρῖναι δέοι ποτέρου ὁ χιτὼν εἴη, τοῦτο ἔφη
σκεπτέον εἶναι τίς κτῆσις δικαία ἐστί, πότερα τὸ βίᾳ
ἀφελόμενον ἔχειν ἢ τὸ ποιησάμενον ἢ πριάμενον

---

1 ὅτι om. x. **2** ἐνθάδε] ἐνταῦθα x. **5** ἀγαθῶς xAHg, ἀγαθός G. || ἱππεύων xz. **9** ἀκριβῶ HR. || ταύτην γε y. || ἤδη zR. **10** εἰπεῖν τὴν μανδάνην y. **11** ἤδη] ἤδει xDH. **15** ante παῖδα add. ἕτερον yR. || αὐτὸν secl. Hartman. **17** γοῦν ED et Rpr. **18** ἐν] ἐπὶ Hartman cf. II 3, 10, ἐν δὲ τούτῳ yc, ἐν τούτῳ αὖ zE, ἐν τούτῳ δ' αὖ CR. **19** λέγων yc. || ὅτι om. RG. **20** εἴην c, εἴη zR, εἴης x, κατασταθείην y post ὁπότε μὲν. **21** ὁποτέρου yG. **22** τὸ H, τὸν cet., ut 23 nisi quod A cum H facit. **23** πονησάμενον R, ποιῆσαι μόνον AH.

κεκτῆσθαι· ἐπεὶ δ', ἔφη, τὸ μὲν νόμιμον δίκαιον εἶ-
ναι, τὸ δ' ἄνομον βίαιον, σὺν τῷ νόμῳ ἐκέλευεν ἀεὶ
τὸν δικαστὴν τὴν ψῆφον τίθεσθαι. οὕτως ἐγώ σοι, ἔφη,
ὦ μῆτερ, τά γε δίκαια παντάπασιν ἤδη ἀκριβῶ· ἢν δέ
τι ἄρα προσδέωμαι, ὁ πάππος με, ἔφη, οὗτος ἐπιδι-
δάξει. Ἀλλ' οὐ ταὐτά, ἔφη, ὦ παῖ, παρά τε τῷ πάππῳ 18
καὶ ἐν Πέρσαις δίκαια ὁμολογεῖται. οὗτος μὲν γὰρ
τῶν ἐν Μήδοις πάντων ἑαυτὸν δεσπότην πεποίηκεν,
ἐν Πέρσαις δὲ τὸ ἴσον ἔχειν δίκαιον νομίζεται. καὶ
πρῶτος ὁ σὸς πατὴρ τὰ τεταγμένα μὲν ποιεῖ τῇ πόλει,
τὰ τεταγμένα δὲ λαμβάνει, μέτρον δὲ αὐτῷ οὐχ ἡ
ψυχὴ ἀλλ' ὁ νόμος ἐστίν. ὅπως οὖν μὴ ἀπολῇ μαστι-
γούμενος, ἐπειδὰν οἴκοι ᾖς, ἂν παρὰ τούτου μαθὼν
ἥκῃς ἀντὶ τοῦ βασιλικοῦ τὸ τυραννικόν, ἐν ᾧ ἐστι τὸ
πλέον οἴεσθαι χρῆναι πάντων ἔχειν. Ἀλλ' ὅ γε σὸς
πατήρ, εἶπεν ὁ Κῦρος, δεινότερός ἐστιν, ὦ μῆτερ, δι-
δάσκειν μεῖον ἢ πλέον ἔχειν· ἢ οὐχ ὁρᾷς, ἔφη, ὅτι
καὶ Μήδους ἅπαντας δεδίδαχεν αὐτοῦ μεῖον ἔχειν;
ὥστε θάρρει, ὡς ὅ γε σὸς πατὴρ οὔτ' ἄλλον οὐδένα
οὔτ' ἐμὲ πλεονεκτεῖν μαθόντα ἀποπέμψει.

Τοιαῦτα μὲν δὴ πολλὰ ἐλάλει ὁ Κῦρος· τέλος δὲ ἡ IV
μὲν μήτηρ ἀπῆλθε, Κῦρος δὲ κατέμενε καὶ αὐτοῦ

---

1 ἔπειτα δ' ἔφη y, ἐπεὶ δ' ἔφη R, ἐπειδὰν δ' ἔγνω zc, ἔφη del. Hartman, ἐπεὶ δ' αὖ διέγνω Pantazides cf. Hell. V 3, 25. **2** οὖν post νόμῳ add. yR. || post ἐκέλευε y add. δεῖν, c praeterea ἀεί. **3** τὴν om. zRc. || ἔφη post σοι om. xz. **4** ὦ om. G. **5** προσδέομαι x. **6** τε om. xz. **7** τὰ δίκαια yC. **8** πεποίηκε καί y. **10** ὁ πρῶτος πατὴρ C, ὁ σὸς πρῶτος πατὴρ cet., correxi. || τὰ om. yR ut 11 AHR. || post ποιεῖ add. ἃ ποιεῖ yRE mg. **12** ψυχὴ] τύχη yR et Cγρ.Eγρ. **13** ἴῃς vel εἴῃς codd., corr. Heindorf. **17** ἢ οὐχ . . ἔχειν om. xz. **18** ἑαυτοῦ y, αὐτοῦ R. **20** post ἐμὲ add. μὴ διδάξας y. || ἀποπέμψεται y. **22** κατέμεινε C. || αὐτοῦ καί ε.

ἐτρέφετο. καὶ ταχὺ μὲν τοῖς ἡλικιώταις συνεκέκρατο
ὥστε οἰκείως διακεῖσθαι, ταχὺ δὲ τοὺς πατέρας αὐτῶν
ἀνήρτητο, προσιὼν καὶ ἔνδηλος ὢν ὅτι ἠσπάζετο αὐ-
τῶν τοὺς υἱεῖς, ὥστε εἴ τι τοῦ βασιλέως δέοιντο, τοὺς
παῖδας ἐκέλευον Κύρου δεῖσθαι διαπράξασθαι σφί-
σιν, ὁ δὲ Κῦρος, ὅ,τι δέοιντο αὐτοῦ οἱ παῖδες, διὰ
τὴν φιλανθρωπίαν καὶ φιλοτιμίαν περὶ παντὸς ἐποι-
2 εῖτο διαπράττεσθαι, καὶ ὁ Ἀστυάγης ὅ,τι δέοιτο αὐτοῦ
ὁ Κῦρος οὐδὲν ἐδύνατο ἀντιλέγειν μὴ οὐ χαρίζεσθαι.
καὶ γὰρ ἀσθενήσαντος αὐτοῦ οὐδέποτε ἀπέλειπε τὸν
πάππον οὐδὲ κλαίων ποτὲ ἐπαύετο, ἀλλὰ δῆλος ἦν
πᾶσιν ὅτι ὑπερεφοβεῖτο μή οἱ ὁ πάππος ἀποθάνῃ·
καὶ γὰρ ἐκ νυκτὸς εἴ τινος δέοιτο Ἀστυάγης, πρῶτος
ᾐσθάνετο ὁ Κῦρος καὶ πάντων ἀοκνότατα ἀνεπήδα
ὑπηρετήσων ὅ,τι οἴοιτο χαριεῖσθαι, ὥστε παντάπασιν
ἀνεκτήσατο τὸν Ἀστυάγην.

3 Καὶ ἦν μὲν ἴσως ὁ Κῦρος πολυλογώτερος, ἅμα μὲν
διὰ τὴν παιδείαν, ὅτι ἠναγκάζετο ὑπὸ τοῦ διδασκάλου
καὶ διδόναι λόγον ὧν ἐποίει καὶ λαμβάνειν παρ' ἄλλων,
ὁπότε δικάζοι, ἔτι δὲ καὶ διὰ τὸ φιλομαθὴς εἶναι πολλὰ
μὲν αὐτὸς ἀεὶ τοὺς παρόντας ἀνηρώτα πῶς ἔχοντα
τυγχάνοι, καὶ ὅσα αὐτὸς ὑπ' ἄλλων ἐρωτῷτο, διὰ τὸ
ἀγχίνους εἶναι ταχὺ ἀπεκρίνετο, ὥστ' ἐκ πάντων τού-

---

3 ἀνήρτητο DR, ἀνηρτήσατο G, ἀνεκτήσατο cet. ε. **4** εἴ τι R, ἐπεὶ xzε, καὶ εἴ τι y. **5** τοῦ κύρου xz. **6** ὅτι y, εἰ cet. ε. **8** δὲ post ἀστυάγης add. y. **9** ἀντιλέγειν] ἀντέχειν xz. **10** ἀπέλιπε codd. ε, ἀπέλειπε Stephanus, ἀπελείπετο Hartman cf. V 1, 24. An. V 4, 20. Mem. III 11, 17. **11** ἀλλὰ om. y. ‖ post δῆλος add. τε CHDGε, δὲ F. **12** μή] ὅτι μὴ xz. ‖ οἱ om. AEG. ‖ ἀποθάνοι y. **14** ὁ om. xz. **17** ὁ κῦρος om. x (sed hab. o) z. ‖ post πολυλογώτερος add. ἢ ὡς παιδίσκος ἔτι ἄνηβος ὢν y et G mg. **22** τυγχάνῃ R, τυγχάνει G. **23** ἀπεκρίνατο xzε.

των ἡ πολυλογία συνελέγετο αὐτῷ· ἀλλ' ὥσπερ γὰρ ἐν σώμασιν, ὅσοι νέοι ὄντες μέγεθος ἔλαβον, ὅμως ἐμφαίνεται τὸ νεαρὸν αὐτοῖς ὃ κατηγορεῖ τὴν ὀλιγοετίαν, οὕτω καὶ Κύρου ἐκ τῆς πολυλογίας οὐ θράσος διεφαίνετο, ἀλλ' ἁπλότης καὶ φιλοστοργία, ὥστε καὶ ἐπεθύμει ἄν τις ἔτι πλείω αὐτοῦ ἀκούειν. [ἢ σιωπῶντι παρεῖναι.]

Ὡς δὲ προῆγεν αὐτὸν ὁ χρόνος σὺν τῷ μεγέθει εἰς 4
ὥραν τοῦ πρόσηβον γενέσθαι, ἐν τούτῳ δὴ τοῖς μὲν λόγοις μανοτέροις ἐχρῆτο καὶ τῇ φωνῇ ἡσυχαιτέρᾳ, αἰδοῦς δ' ἐνεπίμπλατο, ὥστε καὶ ἐρυθραίνεσθαι ὁπότε συντυγχάνοι τοῖς πρεσβυτέροις, καὶ τὸ σκυλακῶδως πᾶσιν προσπίπτειν οὐκέθ' ὁμοίως προπετὲς εἶχεν. οὕτω δὴ ἡσυχαίτερος μὲν ἦν, ἐν δὲ ταῖς συνουσίαις πάμπαν ἐπίχαρις. καὶ γὰρ ὅσα διαγωνίζονται πολλάκις ἥλικες πρὸς ἀλλήλους, οὐχ ἃ κρείττων ᾔδει ὤν, ταῦτα προυκαλεῖτο τοὺς συνόντας, ἀλλ' ἅπερ εὖ ᾔδει ἑαυτὸν ἥττονα ὄντα, ταῦτα ἐξῆρχε, φάσκων κάλλιον αὐτῶν ποιήσειν, καὶ κατῆρχεν ἤδη ἀναπηδῶν ἐπὶ τοὺς ἵππους ἢ διατοξευσόμενος ἢ διακοντιούμενος ἀπὸ τῶν ἵππων οὔπω πάνυ ἔποχος ὤν, ἡττώμενος δὲ αὐτὸς ἐφ' αὑτῷ
μάλιστα ἐγέλα. ὡς δὲ οὐκ ἀπεδίδρασκεν ἐκ τοῦ ἡττᾶ- 5

1 αὑτοῦ G. 2 σώματι xz. 5 καὶ post ὥστε om. xz. 6 ἐπιθυμίαν τις εἶχεν xzε, ἐπεθύμει ἄν τις y. || ἢ σιωπῶντι παρεῖναι secl. Hartman. 8 προσῆγεν xzε. 9 γίγνεσθαι y. 10 μανωτέροις D, βραχυτέροις cet. ε. || ἡσυχεστέρᾳ xDG. 11 ὁπότε καὶ G. 12 τὸ σκυλακῶδες τὸ πᾶσιν (ὁμοίως add. xzR) codd., correxi. 13 προπετὲς del. Cobet, προπετῶς yG cor. 14 δὴ] δὲ y. 16 ᾔδει ὤν] ἤδη ἦν xzε. || <εἰς> ταῦτα Hartman. 18 ταῦτα ante ἐξῆρχε om. xz. 19 ἢ διαναπηδῶν xAGRDεh. 20 prius ἢ del. Pantazides. || διατοξευόμενος ἢ διακοντιούμενος x, διακοντιζόμενος ἢ διατοξευόμενος y. 21 ἑαυτῷ codd. praeter x, ἑαυτόν ε. 22 μάλιστα om. ε.

σθαι εἰς τὸ μὴ ποιεῖν ἃ ἡττῷτο, ἀλλ' ἐκυλινδεῖτο ἐν
τῷ πειρᾶσθαι αὖθις βέλτιον ποιεῖν, ταχὺ μὲν εἰς τὸ
ἴσον ἀφίκετο τῇ ἱππικῇ τοῖς ἥλιξι, ταχὺ δὲ παρῄει
διὰ τὸ ἐρᾶν τοῦ ἔργου, ταχὺ δὲ τὰ ἐν τῷ παραδείσῳ
θηρία ἀνηλώκει διώκων καὶ βάλλων καὶ κατακαίνων,
ὥστε ὁ Ἀστυάγης οὐκέτ' εἶχεν αὐτῷ συλλέγειν θηρία.
καὶ ὁ Κῦρος αἰσθόμενος ὅτι βουλόμενος οὐ δύναιτό
οἱ ζῶντα πολλὰ παρέχειν, ἔλεγε πρὸς αὐτόν, Ὦ πάππε,
τί σε δεῖ θηρία ζητοῦντα πράγματ' ἔχειν; ἀλλ' ἐὰν
ἐμὲ ἐκπέμπῃς ἐπὶ θήραν σὺν τῷ θείῳ, νομιῶ ὅσα ἂν
6 ἴδω θηρία, ἐμοὶ ταῦτα τρέφεσθαι. ἐπιθυμῶν δὲ σφό-
δρα ἐξιέναι ἐπὶ τὴν θήραν οὐκέθ' ὁμοίως λιπαρεῖν
ἐδύνατο ὥσπερ παῖς ὤν, ἀλλ' ὀκνηρότερον προσῄει.
καὶ ἃ πρόσθεν τῷ Σάκᾳ ἐμέμφετο ὅτι οὐ παρίει αὐ-
τὸν πρὸς τὸν πάππον, αὐτὸς ἤδη Σάκας ἑαυτῷ ἐγί-
γνετο· οὐ γὰρ προσῄει, εἰ μὴ ἴδοι εἰ καιρὸς εἴη, καὶ
τοῦ Σάκα ἐδεῖτο πάντως σημαίνειν αὐτῷ ὁπότε ἐγχω-
ροίη [καὶ ὁπότε καιρὸς εἴη]· ὥστε ὁ Σάκας ὑπερεφίλει
ἤδη ὥσπερ καὶ οἱ ἄλλοι πάντες.

7 Ἐπεὶ δ' οὖν ἔγνω ὁ Ἀστυάγης σφόδρα αὐτὸν ἐπι-
θυμοῦντα ἔξω θηρᾶν, ἐκπέμπει αὐτὸν σὺν τῷ θείῳ
καὶ φύλακας συμπέμπει ἐφ' ἵππων πρεσβυτέρους, ὅπως
ἀπὸ τῶν δυσχωριῶν φυλάττοιεν αὐτὸν καὶ εἰ τῶν

---

1 ἃ y, ὡς E, om. C, ὃ cet. || ἐκυλινδεῖτο R et Stob, cet. ἐκαλινδεῖτο. **2** βελτίων y. **4** post δὲ add. καὶ y. **6** οὐκέτ' εἶχεν] οὐκ ἐπεῖχεν xAH, οὐκ ἐπεῖγεν G. **7** δύναται yG. **8** οἱ om. xAH. **10** νομιῶ om. xG. **11** ἐμοὶ] σέ μοι y. || τρέφειν y. **12** οὐκέθ' R, οὐκέτι cet. **15** τὸν om. G. **16** προΐδοι y. **17** ἐγχωροίη καὶ ὁπότε καιρὸς εἴη] ἐν καιρῷ εἴη εἰσιέναι καὶ ὁπότε οὐκ ἐν καιρῷ yR, καὶ . . εἴη del. Zeune. **19** ὥσπερ et οἱ om. xz. **21** ἔξω θηρᾶν] τῆς ἔξω θήρας y. **23** δυσχερειῶν xzf, δυσχεριῶν F, δυσχερῶν D, corr. Stephanus.

ἀγρίων τι φανείη θηρίων. ὁ οὖν Κῦρος τῶν ἑπομένων προθύμως ἐπυνθάνετο ποίοις οὐ χρὴ θηρίοις πελάζειν καὶ ποῖα χρὴ θαρροῦντα διώκειν. οἱ δ' ἔλεγον ὅτι ἄρκτοι τε πολλοὺς ἤδη πλησιάσαντας διέφθειραν καὶ κάπροι καὶ λέοντες καὶ παρδάλεις, αἱ δὲ ἔλαφοι καὶ δορκάδες καὶ οἱ ἄγριοι οἶες καὶ οἱ ὄνοι οἱ ἄγριοι ἀσινεῖς εἰσιν. ἔλεγον δὲ καὶ τοῦτο, τὰς δυσχωρίας ὅτι δέοι φυλάττεσθαι οὐδὲν ἧττον ἢ τὰ θηρία· πολλοὺς γὰρ ἤδη αὐτοῖς τοῖς ἵπποις κατακρημνισθῆναι. καὶ ὁ 8
Κῦρος πάντα ταῦτα ἐμάνθανε προθύμως· ὡς δὲ εἶδεν ἔλαφον ἐκπηδήσασαν, πάντων ἐπιλαθόμενος ὧν ἤκουσεν ἐδίωκεν οὐδὲν ἄλλο ὁρῶν ἢ ὅποι ἔφευγε. καί πως διαπηδῶν αὐτῷ ὁ ἵππος πίπτει εἰς γόνατα, καὶ μικροῦ κἀκεῖνον ἐξετραχήλισεν. οὐ μὴν ἀλλ' ἐπέμεινεν ὁ Κῦρος μόλις πως, καὶ ὁ ἵππος ἐξανέστη. ὡς δ' εἰς τὸ πεδίον ἦλθεν, ἀκοντίσας καταβάλλει τὴν ἔλαφον, καλόν τι χρῆμα καὶ μέγα. καὶ ὁ μὲν δὴ ὑπερέχαιρεν· οἱ δὲ φύλακες προσελάσαντες ἐλοιδόρουν αὐτὸν καὶ ἔλεγον εἰς οἷον κίνδυνον ἔλθοι, καὶ ἔφασαν κατερεῖν αὐτοῦ. ὁ οὖν Κῦρος εἱστήκει καταβεβηκώς, καὶ ἀκούων ταῦτα ἠνιᾶτο. ὡς δ' ᾔσθετο κραυγῆς, ἀνεπήδησεν ἐπὶ τὸν ἵππον ὥσπερ ἐνθουσιῶν, καὶ ὡς εἶδεν ἐκ τοῦ ἀντίου κάπρον προσφερόμενον, ἀντίος ἐλαύνει καὶ διατεινάμενος εὐστόχως βάλλει εἰς τὸ μέτωπον καὶ κατέσχε

---

1 θηρίον AH. **2/3** ὁποίοις et ὁποῖα y. **4** τε om. xz. ‖ διέφθειρον H. **5** λέοντες καὶ κάπροι y. **6** οἱ ὄνοι οἱ ἄγριοι yR, om. C, post. οἱ om. AH, οἱ ἄγριοι ὄνοι EGc. ‖ ἀσινεῖς εἰσιν yGR, om. εἰσίν C, ἐᾶσιν AHE. **10** ταῦτα πάντα y. **11** ἐκπηδήσαντα xz. ‖ ἤκουεν D. **12** ὅπῃ AED. **14** ἐπέμενεν yR. **17** post. καὶ om. y. **18** καὶ ἔλεγον susp. Cobet. **21** ᾔσθητο R. **23** ἐναντίου y. **24** εὐστόχως yR, εὐτυχῶς xz.

9 τὸν κάπρον. ἐνταῦθα μέντοι ἤδη καὶ ὁ θεῖος αὐτῷ ἐλοιδορεῖτο, τὴν θρασύτητα ὁρῶν. ὁ δ' αὐτοῦ λοιδορουμένου ὅμως ἐδεῖτο ὅσα αὐτὸς ἔλαβε, ταῦτα ἐᾶσαι εἰσκομίσαντα δοῦναι τῷ πάππῳ. τὸν δὲ θεῖον εἰπεῖν φασιν, Ἀλλ' ἢν αἴσθηται ὅτι ἐδίωκες, οὐ σοὶ μόνον λοιδορήσεται, ἀλλὰ καὶ ἐμοί, ὅτι σε εἴων. Κἂν βούληται, φάναι αὐτόν, μαστιγωσάτω, ἐπειδάν γε ἐγὼ δῶ αὐτῷ. καὶ σύγε [εἰ βούλει], ὦ θεῖε, τιμωρησάμενος, ὅ,τι βούλει, τοῦτο ὅμως χάρισαί μοι. καὶ ὁ Κυαξάρης μέντοι τελευτῶν εἶπε, Ποίει ὅπως βούλει σὺ γὰρ νῦν
10 γε ἡμῶν ἔοικας βασιλεὺς εἶναι. οὕτω δὴ ὁ Κῦρος εἰσκομίσας τὰ θηρία ἐδίδου τε τῷ πάππῳ καὶ ἔλεγεν ὅτι αὐτὸς ταῦτα θηράσειεν ἐκείνῳ. καὶ τὰ ἀκόντια ἐπεδείκνυ μὲν οὔ, κατέθηκε δὲ ᾑματωμένα ὅπου ᾤετο τὸν πάππον ὄψεσθαι. ὁ δὲ Ἀστυάγης ἄρα εἶπεν, Ἀλλ', ὦ παῖ, δέχομαι μὲν ἔγωγε ἡδέως ὅσα σὺ δίδως, οὐ μέντοι δέομαί γε τούτων οὐδενός, ὥστε σε κινδυνεύειν. καὶ ὁ Κῦρος ἔφη, Εἰ τοίνυν σὺ μὴ δέῃ, ἱκετεύω, ὦ πάππε, ἐμοὶ δὸς αὐτά, ὅπως τοῖς ἡλικιώταις ἐγὼ διαδῶ. Ἀλλ', ὦ παῖ, ἔφη ὁ Ἀστυάγης, καὶ ταῦτα λαβὼν διαδίδου ὅτῳ σὺ βούλει καὶ τῶν ἄλλων ὁπόσα
11 θέλεις. καὶ ὁ Κῦρος λαβὼν ἐδίδου τε ἄρας τοῖς παισὶ

---

2 τὴν om. R. 3 post ἐᾶσαι add. αὐτὸν y. 5 ἐδίωκες] ἔδωκας AH, ἔδωκά σοι E. 6 καὶ ἣν xzR. 8 [εἰ βούλει] ego. ‖ ante ὦ add. ἔφη codd. praeter yE. 9 ὅ,τι βούλει om. codd. praeter yRc. ‖ ταῦτα codd. praeter yRc. ‖ χάρισαί μοι] χαρίσαι μοι H, χαρίσαιμι xAG. 11 εἰσκομισάμενος x. 14 ἐπεδείκνυ μὲν οὔ] ἐδείκνυε μὲν οὔ yR, ἐπιδεικνυμένου G, ἐπιδεικνύμενος xAH. ‖ δὲ om. et κατέθηκεν xAH, τέθεικε G. 16 σὺ] μοι y. 17 γε om. D. 18 σὺ μὴ R. 19 τοῖς ἡλικιώταις post διαδῶ transp. y. 20 διαδιδῶ R. 21 δίδου x. 22 ἐθέλεις y. ‖ διεδίδου? ‖ ἄρας] ἄρα y.

καὶ ἅμα ἔλεγεν, Ὦ παῖδες, ὡς ἄρα ἐφλυαροῦμεν ὅτε τὰ ἐν τῷ παραδείσῳ θηρία ἐθηρῶμεν· ὅμοιον γὰρ ἔμοιγε δοκεῖ εἶναι οἷόνπερ εἴ τις δεδεμένα ζῷα θηρῴη. πρῶτον μὲν γὰρ ἐν μικρῷ χωρίῳ ἦν, ἔπειτα λεπτὰ καὶ ψωραλέα, καὶ τὸ μὲν αὐτῶν χωλὸν ἦν, τὸ δὲ κολοβόν· τὰ δὲ ἐν τοῖς ὄρεσι καὶ λειμῶσι θηρία ὡς μὲν καλά, ὡς δὲ μεγάλα, ὡς δὲ λιπαρὰ ἐφαίνετο. καὶ αἱ μὲν ἔλαφοι ὥσπερ πτηναὶ ἥλλοντο πρὸς τὸν οὐρανόν, οἱ δὲ κάπροι ὥσπερ τοὺς ἄνδρας φασὶ τοὺς ἀνδρείους ὁμόσε ἐφέροντο· ὑπὸ δὲ τῆς πλατύτητος οὐδὲ ἁμαρτεῖν οἷόν τ' ἦν αὐτῶν· καλλίω δή, ἔφη, ἔμοιγε δοκεῖ καὶ τεθνηκότα εἶναι ταῦτα ἢ ζῶντα ἐκεῖνα τὰ περιῳκοδομημένα. ἀλλ' ἆρα ἄν, ἔφη, ἀφεῖεν καὶ ὑμᾶς οἱ πατέρες ἐπὶ θήραν; Καὶ ῥᾳδίως γ' ἄν, ἔφασαν, εἰ Ἀστυάγης κελεύοι. καὶ ὁ Κῦρος εἶπεν, Τίς οὖν ἂν 12 ἡμῖν πρὸς Ἀστυάγην μνησθείη; Τίς γὰρ ἄν, ἔφασαν, σοῦ γε ἱκανώτερος πεῖσαι; Ἀλλὰ μὰ τὴν Ἥραν, ἔφη, ἐγὼ μὲν οὐκ οἶδα ὅστις ἄνθρωπος γεγένημαι· οὐδὲ γὰρ λέγειν οἷός τ' εἰμὶ ἔγωγε οὐδ' ἀναβλέπειν πρὸς τὸν πάππον ἐκ τοῦ ἴσου ἔτι δύναμαι. ἢν δὲ τοσοῦτον ἐπιδιδῶ, δέδοικα, ἔφη, μὴ παντάπασι βλάξ τις καὶ ἠλίθιος γένωμαι· παιδάριον δ' ὢν δεινότατος λαλεῖν ἐδόκουν εἶναι. καὶ οἱ παῖδες εἶπον, Πονηρὸν λέγεις

---

1 ὅτι xAHR. **2** γὰρ add. yR. **3** ἐδόκει xzR. **8** ἥλαντο G, ἥλοντο R. ‖ πρὸς] εἰς G. **10** ὑπὸ δὲ . . . **11** αὐτῶν transp. Herwerden post ἦν (4). Hartman post κολοβόν (5). ‖ δή] δέ y. **13** ἄρα AH. **14** τὴν ante θήραν add. y. ‖ γ'] τ' vel τε xz (sed G in ras.) R. **15** κελεύει xAR. ‖ εἶπεν] ἔφη E. ‖ ἂν οὖν y. **16** ἡμῖν] ὑμῶν R. ‖ ἀστυάγει (-γῃ) codd. praeter yR. ‖ ἄν om. x. **17** τὴν ἥραν y, τὸν δία cet. **19** λέγειν ante οἷος transp. y. □ **20** δὲ] δ' ἔτι Hartman. **22** δεινότατος Leonclavius, δεινότατον codd.

τὸ πρᾶγμα, εἰ μηδ' ὑπὲρ ἡμῶν ἄν τι δέῃ δυνήσῃ
πράττειν, ἀλλ' ἄλλου τινὸς τὸ ἐπὶ σὲ ἀνάγκη ἔσται
13 δεῖσθαι ἡμᾶς. ἀκούσας δὲ ταῦτα ὁ Κῦρος ἐδήχθη, καὶ
σιγῇ ἀπελθὼν διακελευσάμενος ἑαυτῷ τολμᾶν εἰσῆλθεν,
ἐπιβουλεύσας ὅπως ἂν ἀλυπότατα εἴποι πρὸς τὸν πάπ-
που καὶ διαπράξειεν αὐτῷ τε καὶ τοῖς παισὶν ὧν ἐδέ-
οντο. ἤρξατο οὖν ὧδε·

Εἰπέ μοι, ἔφη, ὦ πάππε, ἤν τις ἀποδρᾷ σε τῶν
οἰκετῶν καὶ λάβῃς αὐτόν, τί αὐτῷ χρήσῃ; Τί ἄλλο,
ἔφη, ἢ δήσας ἐργάζεσθαι ἀναγκάσω; Ἢν δὲ αὐτόματός
σοι πάλιν ἔλθῃ, πῶς ποιήσεις; Τί δέ, ἔφη, εἰ μὴ μαστι-
γώσας γε, ἵνα μὴ αὖθις τοῦτο ποιῇ, ἔπειτα ἐξ ἀρχῆς
χρήσομαι; Ὥρα ἄν, ἔφη ὁ Κῦρος, παρασκευάζεσθαί σοι
εἴη ὅτῳ μαστιγώσεις με, ὡς βουλεύομαί γε ὅπως σε
ἀποδρῶ λαβὼν τοὺς ἡλικιώτας ἐπὶ θήραν. καὶ ὁ
Ἀστυάγης, Καλῶς, ἔφη, ἐποίησας προειπών· ἔνδοθεν
γὰρ ἀπαγορεύω σοι μὴ κινεῖσθαι. χαρίεν γάρ, ἔφη, εἰ
ἕνεκα κρεαδίων τῇ θυγατρὶ τὸν παῖδα ἀποβουκολή-
14 σαιμι. ἀκούσας δὴ ταῦτα ὁ Κῦρος ἐπείθετο μὲν καὶ
ἔμενεν, ἀνιαρὸς δὲ καὶ σκυθρωπὸς ὢν σιωπῇ διῆγεν.
ὁ μέντοι Ἀστυάγης ἐπεὶ ἔγνω αὐτὸν λυπούμενον ἰσχυ-
ρῶς, βουλόμενος αὐτῷ χαρίζεσθαι ἐξάγει ἐπὶ θήραν,

1 post πρᾶγμα add. εἶναι yR. || ἂν om. xz. 2 ἐπὶ σοὶ yRc. 3 δεῖσθαι . . . ἐδήχθη καὶ om. G. 4 εἰσῆλθεν] εἰσῆλθε καὶ y. 5 πῶς y. 6 αὐτῷ x y HG. 7 οὖν om. y. 8 ἀποδρᾷ σε] ἀποδράσῃ yR. τῶν οἰκετῶν σε G. 9 χρῇ y. || τί] τί δὴ D, τί δ' F. 10 post δήσας add. αὐτόν y. || ἀναγκάζω y. 11 σοι om. xz. || ἐπέλθῃ y. || ποιεῖς y. || εἰ μὴ] ἢ R. 12 ποιεῖ R, ποιῇ r, ποιοῖ zF. || ἔπειτα om. codd. praeter yReg. 13 σοὶ παρασκευάζεσθαι xzR. 14 με om. D, F transp. post ὅτῳ. || πῶς y. 15 καὶ ὁ ἀστυάγης om. G. 16 ἔφη καλῶς R. 17 ante ἀπαγορεύω add. ἔφη xzR. || ante εἰ add. εἶναι xGHR. 18 εἵνεκα G. 19 δὴ F, δὲ D, om. cet. 20 ἔμεινεν codd. praeter F. || post ὢν add. καὶ y. 22 χαρίσασθαι y.

καὶ πεζοὺς πολλοὺς καὶ ἱππέας συναλίσας καὶ τοὺς
παῖδας καὶ συνελάσας εἰς τὰ ἱππάσιμα χωρία τὰ θηρία
ἐποίησε μεγάλην θήραν. καὶ βασιλικῶς δὴ παρὼν
αὐτὸς ἀπηγόρευε μηδένα βάλλειν, πρὶν Κῦρος ἐμπλησ-
θείη θηρῶν. ὁ δὲ Κῦρος οὐκ εἶα κωλύειν, ἀλλ', Εἰ
βούλει, ἔφη, ὦ πάππε, ἡδέως με θηρᾶν, ἄφες τοὺς
κατ' ἐμὲ πάντας διώκειν καὶ διαγωνίζεσθαι ὅπως <ἂν>
ἕκαστος κράτιστα δύναιτο. ἐνταῦθα δὴ ὁ Ἀστυάγης **15**
ἀφίησι, καὶ στὰς ἐθεᾶτο ἁμιλλωμένους ἐπὶ τὰ θηρία
καὶ φιλονικοῦντας καὶ διώκοντας καὶ ἀκοντίζοντας. καὶ
Κύρῳ ἥδετο οὐ δυναμένῳ σιγᾶν ὑπὸ τῆς ἡδονῆς, ἀλλ'
ὥσπερ σκύλακι γενναίῳ ἀνακλάζοντι, ὁπότε πλησιάζοι
θηρίῳ, καὶ παρακαλοῦντι ὀνομαστὶ ἕκαστον. καὶ τοῦ
μὲν καταγελῶντα αὐτὸν ὁρῶν ηὐφραίνετο, τὸν δέ
τινα καὶ ἐπαινοῦντα [αὐτὸν ᾐσθάνετο] οὐδ' ὁπωστι-
οῦν φθονερῶς. τέλος δ' οὖν πολλὰ θηρία ἔχων ὁ
Ἀστυάγης ἀπῄει. καὶ τὸ λοιπὸν οὕτως ἥσθη τῇ τότε
θήρᾳ ὥστε ἀεὶ ὁπότε οἷόν τ' εἴη συνεξῄει τῷ Κύρῳ
καὶ ἄλλους τε πολλοὺς παρελάμβανε καὶ τοὺς παῖδας,
Κύρου ἕνεκα. τὸν μὲν δὴ πλεῖστον χρόνον οὕτω δι-
ῆγεν ὁ Κῦρος, πᾶσιν ἡδονῆς μὲν καὶ ἀγαθοῦ τινος
συναίτιος ὤν, κακοῦ δὲ οὐδενί.

Ἀμφὶ δὲ τὰ πέντε ἢ ἑκκαίδεκα ἔτη γενομένου αὐ- **16**
τοῦ ὁ υἱὸς τοῦ Ἀσσυρίων βασιλέως γαμεῖν μέλλων

---

1 πολλοὺς πεζοὺς xG. 3 δὴ] δὲ y. 4 ἐμπλησθῇ R. 6 ἔφη om. y. 7 πάντας ante τοὺς (6) transp. y. || ἀγωνίζεσθαι codd. praeter y. || ἂν add. Marchant. 8 τὰ κράτιστα y, κράτίστος G. 11 τῷ ante κύρῳ y. 12 ἀναγκάζοντι G. || πλησίασαι R. 14 καταγελῶντος z. 15 [αὐτὸν ᾐσθάνετο] Herwerden. || ὁπωστιοῦν] ὅπως γοῦν xz, ὁπωσοῦν R. 22 οὐδενός xzR. 23 αὐτοῦ γε(γιγ-)νομένου y. 24 τῶν ἀσσυρίων y.

ἐπεθύμησεν ⟨καὶ⟩ αὐτὸς θηρᾶσαι ἐς τοῦτον τὸν χρόνον. ἀκούων οὖν ἐν τοῖς μεθορίοις τοῖς τε αὐτῶν καὶ τῶν Μήδων πολλὰ θηρία εἶναι ἀθήρευτα διὰ τὸν πόλεμον, ἐνταῦθα ἐπεθύμησεν ἐξελθεῖν. ὅπως οὖν ἀσφαλῶς θηρῴη, ἱππέας τε προσέλαβε πολλοὺς καὶ πελταστάς, οἵτινες ἔμελλον αὐτῷ ἐκ τῶν λασίων τὰ θηρία ἐξελᾶν ἐς τὰ ἐργάσιμά τε καὶ εὔηλατα. ἀφικόμενος δὲ ὅπου ἦν αὐτοῖς τὰ φρούρια καὶ ἡ φυλακή, ἐνταῦθα ἐδειπνοποιεῖτο, ὡς πρῲ τῇ ὑστεραίᾳ θηράσων.
17 ἤδη δὲ ἑσπέρας γενομένης ἡ διαδοχὴ τῇ πρόσθεν φυλακῇ ἔρχεται ἐκ πόλεως καὶ ἱππεῖς καὶ πεζοί. ἔδοξεν οὖν αὐτῷ πολλὴ στρατιὰ παρεῖναι· δύο γὰρ ὁμοῦ ἦσαν φυλακαί, πολλούς τε αὐτὸς ἧκεν ἔχων ἱππέας καὶ πεζούς. ἐβουλεύσατο οὖν κράτιστον εἶναι λεηλατῆσαι ἐκ τῆς Μηδικῆς, καὶ λαμπρότερόν τ' ἂν φανῆναι τὸ ἔργον τῆς θήρας καὶ ἱερείων ἂν πολλὴν ἀφθονίαν ἐνόμιζε γενέσθαι. οὕτω δὴ πρῲ ἀναστὰς ἦγε τὸ στράτευμα, καὶ τοὺς μὲν πεζοὺς κατέλιπεν ἀθρόους ἐν τοῖς μεθορίοις, αὐτὸς δὲ τοῖς ἵπποις προσελάσας πρὸς τὰ τῶν Μήδων φρούρια, τοὺς μὲν βελτίστους καὶ πλείστους ἔχων μεθ' ἑαυτοῦ ἐνταῦθα κατέμεινεν, ὡς μὴ βοηθοῖεν οἱ φρουροὶ τῶν Μήδων ἐπὶ τοὺς καταθέοντας, τοὺς δ' ἐπιτηδείους ἀφῆκε κατὰ φυλὰς ἄλλους ἄλλοσε

---

1 <καὶ> Weiske, Hartman. 2 αὐτῶν xAHR. 3 τῶν ego cf. II 4, 16 et Zon. p. 267, τοῖς codd. || post εἶναι add. ἅτε y. 8 ἡ om. xAHR. 9 πρῲ] πρὸς AHER. 10 γιγνομένης y. 12 γὰρ ὁμοῦ ἦσαν φυλακαί] μὲν φυλακαὶ ὁμοῦ οὖσαι yRc. 13 φυλακαί] φυλάξαι καὶ xz et R nisi quod φυλακαί. || πολλούς τε] πολλοὶ δὲ οὓς y. 14 κράτιστον εἶναι del. Dind. 16 ἂν πολλὴν] παμπόλλην xzR. 17 γενήσεσθαι y. || τὸν στρατόν y, στράτευμα G. 18 καταλείπει y. 20 πλείους R.

καταθεῖν, καὶ ἐκέλευε περιβαλλομένους ὅτῳ τις ἐπιτυγ-
χάνοι ἐλαύνειν πρὸς ἑαυτόν. οἱ μὲν δὴ ταῦτα ἔπραττον.

Σημανθέντων δὲ τῷ Ἀστυάγει ὅτι πολέμιοί εἰσιν 18
ἐν τῇ χώρᾳ, ἐξεβοήθει καὶ αὐτὸς πρὸς τὰ ὅρια σὺν
τοῖς περὶ αὐτὸν καὶ ὁ υἱὸς αὐτοῦ ὡσαύτως σὺν τοῖς
παρατυχοῦσιν ἱππόταις, καὶ τοῖς ἄλλοις δὲ ἐσήμαινε
πᾶσιν ἐκβοηθεῖν. ὡς δὲ εἶδον πολλοὺς ἀνθρώπους τῶν
Ἀσσυρίων συντεταγμένους καὶ τοὺς ἱππέας ἡσυχίαν
ἔχοντας, ἔστησαν καὶ οἱ Μῆδοι. ὁ δὲ Κῦρος ὁρῶν
ἐκβοηθοῦντας καὶ τοὺς ἄλλους πασσυδί, ἐκβοηθεῖ καὶ
αὐτὸς πρῶτον τότε ὅπλα ἐνδύς, οὔποτε οἰόμενος· οὕ-
τως ἐπεθύμει αὐτοῖς ἐξοπλίσασθαι· μάλα δὲ καλὰ ἦν
καὶ ἁρμόττοντα αὐτῷ ἃ ὁ πάππος περὶ τὸ σῶμα ἐπε-
ποίητο. οὕτω δὴ ἐξοπλισάμενος προσήλασε τῷ ἵππῳ.
καὶ ὁ Ἀστυάγης ἰδὼν ἐθαύμασε μὲν τίνος κελεύσαντος
ἥκοι, ὅμως δὲ εἶπεν αὐτῷ μένειν παρ' ἑαυτόν. ὁ δὲ 19
Κῦρος ὡς εἶδε πολλοὺς ἱππέας ἀντίους, ἤρετο, Ἦ οὗτοι,
ἔφη, ὦ πάππε, πολέμιοί εἰσιν, οἳ ἐφεστήκασι τοῖς ἵπποις
ἠρέμα; Πολέμιοι μέντοι, ἔφη. Ἦ καὶ ἐκεῖνοι, ἔφη, οἱ
ἐλαύνοντες; Κἀκεῖνοι μέντοι. Νὴ τὸν Δί', ἔφη, ὦ
πάππε, ἀλλ' οὖν πονηροί γε φαινόμενοι καὶ ἐπὶ πο-
νηρῶν ἱππαρίων ἄγουσιν ἡμῶν τὰ χρήματα· οὐκοῦν
χρὴ ἐλαύνειν τινὰς ἡμῶν ἐπ' αὐτούς. Ἀλλ' οὐχ ὁρᾷς,

---

1 ἐκέλευσε AE. περιβαλομένους A. ὅτῳ] ὅπως xzR Suidas. || ἐπιτυγχάνοι] ἐντυγχάνοι yc, ἐπιτυγχάνει AG. **2** ἑαυτόν] τοῦτον xzR, αὐτόν Suidas. **4** ἐκβοηθεῖ y. **7** ἀνθρώπων DR. **9** ἄγοντας D. **10** πασσυδὶ (-δεὶ) zER, πασιδὶ C, πανσυδὶ Df, πανσυδία F. **12** αὐτοῖς susp. Hartman. || μάλα δὲ] καὶ γὰρ μάλα D. **13** εὖ ante ἁρμόττοντα add. y, sed cf. Mem. III 10, 11. 13; Cyr. II 1, 16. **15** ἰδὼν om. codd. praeter yR. **17** ἐναντίους y. **18** ἔφη om. R **19** prius ἔφη . . **20** μέντοι om. C. **22** κτήματα y. **23** post χρὴ add. ἔφη y.

ἔφη, ὦ παῖ, ὅσον τὸ στῖφος τῶν ἱππέων ἕστηκε συντεταγμένον; οἳ ἢν ἐπ' ἐκείνους ἡμεῖς ἐλαύνωμεν, ὑποτεμοῦνται ἡμᾶς πάλιν ἐνθένδε· ἡμῖν δὲ οὔπω ἡ ἰσχὺς πάρεστιν. Ἀλλ' ἢν σὺ μένῃς, ἔφη ὁ Κῦρος, καὶ ἀναλαμβάνῃς τοὺς προσβοηθοῦντας, φοβήσονται οὗτοι καὶ οὐ κινήσονται, οἱ δ' ἄγοντες εὐθὺς ἀφήσουσι τὴν λείαν, ἐπειδὰν ἴδωσί τινας ἐλαύνοντας ἐπ' αὐτούς.

20 Ταῦτ' εἰπόντος αὐτοῦ ἔδοξέ τι λέγειν τῷ Ἀστυάγει. καὶ ἅμα θαυμάζων ὡς καὶ ἐφρόνει καὶ ἐγρηγόρει κελεύει τὸν υἱὸν λαβόντα τάξιν ἱππέων ἐλαύνειν ἐπὶ τοὺς ἄγοντας τὴν λείαν. ἐγὼ δέ, ἔφη, ἐπὶ τούσδε, ἢν ἐπὶ σὲ κινῶνται, ἐλῶ, ὥστε ἀναγκασθήσονται ἡμῖν προσέχειν τὸν νοῦν. οὕτω δὴ ὁ Κυαξάρης λαβὼν τῶν ἐρρωμένων ἵππων τε καὶ ἀνδρῶν προσελαύνει. καὶ ὁ Κῦρος ὡς εἶδεν ὁρμωμένους, συνεξορμᾷ εὐθύς, καὶ αὐτὸς πρῶτος ἡγεῖτο ταχέως, καὶ ὁ Κυαξάρης μέντοι ἐφείπετο, καὶ οἱ ἄλλοι δὲ οὐκ ἀπελείποντο. ὡς δ' εἶδον αὐτοὺς πελάζοντας οἱ λεηλατοῦντες, εὐθὺς ἀφέντες τὰ

21 χρήματα ἔφευγον. οἱ δ' ἀμφὶ τὸν Κῦρον ὑπετέμνοντο, καὶ οὓς μὲν κατελάμβανον εὐθὺς ἔπαιον, πρῶτος δὲ ὁ Κῦρος, ὅσοι δὲ παραλλάξαντες αὐτῶν ἔφθασαν, κατόπιν τούτους ἐδίωκον, καὶ οὐκ ἀνίεσαν, ἀλλ' ᾕρουν τινὰς αὐτῶν. ὥσπερ δὲ κύων γενναῖος ἄπειρος ἀπρονοήτως φέρεται πρὸς κάπρον, οὕτω καὶ ὁ Κῦρος ἐφέ-

1 συντεταγμένον y, σὺν τοῖς ἵπποις xz, συντεταγμένον σὺν τοῖς ἵπποις R 3 ἐνθένδε ego, codd. ἐκεῖνοι, quod secl. Hug. ‖ οὔπω ἡ xzR Suid., οὐδέπω y. 4 ἐὰν y. 6 ἀφήσουσιν εὐθὺς y. 7 ἐπ' αὐτοὺς ἐλαύνοντας codd. praeter R. 8 εἰπόντος αὐτοῦ] εἰπὼν yR 10 ἐλάσαι y. 12 ἐλῶ] ἐλάσω xzR. ‖ ἀναγκασθῆναι ER, ἂν ἀναγκασθῆναι zC, in H extemplo lacuna septem fere litterarum. 14 ἱππέων xzRD 15 συνεξορμᾷ εὐθὺς] ἐξορμᾷ xzR. 22 ἀλλ'] καὶ F, ἀλλὰ καὶ D.

ρετο, μόνον ὁρῶν τὸ παίειν τὸν ἁλισκόμενον, ἄλλο δ' οὐδὲν προνοῶν. οἱ δὲ πολέμιοι ὡς ἑώρων πονοῦντας τοὺς σφετέρους, προυκίνησαν τὸ στῖφος, ὡς παυσομένους τοῦ διωγμοῦ, ἐπεὶ σφᾶς ἴδοιεν προορμήσαντας. 22 ὁ δὲ Κῦρος οὐδὲν μᾶλλον ἀνίει, ἀλλ' ὑπὸ τῆς χαρμονῆς ἀνακαλῶν τὸν θεῖον ἐδίωκε καὶ ἰσχυρὰν τὴν φυγὴν τοῖς πολεμίοις κατέχων ἐποίει, καὶ ὁ Κυαξάρης μέντοι ἐφείπετο, ἴσως καὶ αἰσχυνόμενος τὸν πατέρα, καὶ οἱ ἄλλοι δὲ εἵποντο, προθυμότεροι ὄντες ἐν τῷ τοιούτῳ εἰς τὸ διώκειν καὶ οἱ μὴ πάνυ πρὸς τοὺς ἐναντίους ἄλκιμοι ὄντες. ὁ δὲ Ἀστυάγης ὡς ἑώρα τοὺς μὲν ἀπρονοήτως διώκοντας, τοὺς δὲ πολεμίους ἀθρόους τε καὶ τεταγμένους ὑπαντῶντας, δείσας περί τε τοῦ υἱοῦ καὶ τοῦ Κύρου μὴ εἰς παρεσκευασμένους ἀτάκτως ἐμπεσόντες πάθοιέν τι, ἡγεῖτο εὐθὺς πρὸς τοὺς πολεμίους. 23 οἱ δ' αὖ πολέμιοι ὡς εἶδον τοὺς Μήδους προκινηθέντας, διατεινάμενοι οἱ μὲν τὰ παλτὰ οἱ δὲ τὰ τόξα εἱστήκεσαν, ὡς δή, ἐπειδὴ εἰς τόξευμα ἀφίκοιντο, στησομένους, ὥσπερ τὰ πλεῖστα εἰώθεσαν ποιεῖν. μέχρι γὰρ τοσούτου, ὁπότε ἐγγύτατα γένοιντο, προσήλαυνον ἀλλήλοις καὶ ἠκροβολίζοντο πολλάκις μέχρι ἑσπέρας. ἐπεὶ δὲ ἑώρων τοὺς μὲν σφετέρους φυγῇ εἰς ἑαυτοὺς φερομένους, τοὺς δὲ ἀμφὶ τὸν Κῦ-

---

3 προυκίνησαν DRc, προυκινήσαντες E, προκινῆσαν AHC, προεκίνησαν GF. **5** ἀνιεὶς (-εῖς C) xzR. **6** τὴν om. xzR. **7** ἐποίει κατέχων y, ἰσχυρῶς κατεῖχεν ἐποίει xAH, ἰσχυρῶς καθὼς εἶχεν ἐποίει G (ἐποίει R, ἐποίησε κατέχων c). || ante εποίει (sic) in H lacuna octo fere litterarum. **8** post ἴσως add. μὲν y. **18** ἔστησαν y. || ὡς δὴ ἐπειδὴ Marchant, ὡς ἂν ἐπειδὴ yRc, ἀλλ' xz. || γε post τόξευμα add. y. **19** ἀφίκοντο zC (ἀφίκεσαν E). || στησόμενοι RG. || εἰώθασι y. **20** γίγνοιντο y. **22** ἕως x. **23** τὸν om. y.

ρον ἐπ᾽ αὐτοὺς ὁμοῦ ἀγομένους, τὸν δὲ Ἀστυάγην σὺν τοῖς ἵπποις ἐντὸς γιγνόμενον ἤδη τοξεύματος, ἐκκλίνουσι καὶ φεύγουσιν· οἱ δὲ ἅτε ὁμόθεν διώκοντες ἀνὰ κράτος ᾕρουν πολλούς· καὶ τοὺς μὲν ἁλισκομένους ἔπαιον καὶ ἵππους καὶ ἄνδρας, τοὺς δὲ πίπτοντας κατέκαινον· καὶ οὐ πρόσθεν ἔστησαν πρὶν ἢ πρὸς τοῖς πεζοῖς τῶν Ἀσσυρίων ἐγένοντο. ἐνταῦθα μέντοι δείσαντες μὴ καὶ
24 ἐνέδρα τις μείζων ὑπείη, ἐπέσχον. ἐκ τούτου δὴ ἀνῆγεν ὁ Ἀστυάγης, μάλα χαίρων τῇ ἱπποκρατίᾳ, καὶ τὸν Κῦρον οὐκ ἔχων ὅ,τι χρὴ λέγειν, αἴτιον μὲν εἰδὼς ὄντα τοῦ ἔργου, μαινόμενον δὲ γιγνώσκων τῇ τόλμῃ. καὶ γὰρ τότε ἀπιόντων οἴκαδε μόνος τῶν ἄλλων ἐκεῖνος οὐδὲν ἄλλο ἢ τοὺς πεπτωκότας περιελαύνων ἐθεᾶτο, καὶ μόλις αὐτὸν ἀφελκύσαντες οἱ ἐπὶ τοῦτο ταχθέντες προσήγαγον τῷ Ἀστυάγει, μάλα ἐπίπροσθεν ποιούμενον τοὺς προσάγοντας, ὅτι ἑώρα τὸ πρόσωπον τοῦ πάππου ἠγριωμένον ἐπὶ τῇ θέᾳ τῇ αὐτοῦ.
25 Ἐν μὲν δὴ Μήδοις ταῦτα ἐγεγένητο, καὶ οἵ τε ἄλλοι πάντες τὸν Κῦρον διὰ στόματος εἶχον καὶ ἐν λόγῳ καὶ ἐν ᾠδαῖς, ὅ τε Ἀστυάγης καὶ πρόσθεν τιμῶν αὐτὸν τότε ὑπερεξεπέπληκτο ἐπ᾽ αὐτῷ. Καμβύσης δὲ ὁ οῦ Κύρου πατὴρ ἥδετο μὲν πυνθανόμενος

---

1 ὁμοῦ ἐπ᾽ αὐτοὺς y. ‖ ἀγομένους Fc, φερομένους xAGR, ἑπομένους D. **2** ἐγκλίνουσι R. **3** φεύγουσιν· οἳ δὲ ἅ. ὁ. δ. ἀ. κράτος ᾕρουν πολλούς· ego, οἱ δὲ ἅτε yRce, διώκοντες ᾕρουν πολλοὺς κατὰ κράτος y. διώκοντας ἀνὰ κράτος ᾕρουν cet **4** δὲ et μὲν om R **5** ἔκαινον y. **8** ἀνήγαγεν y. **9** μάλα] μᾶλλον xG ‖ ante τῇ add καὶ codd. praeter DRe. **10** λέγειν ante ὅ,τι transp y ‖ ὄντα εἰδὼς xzR. **12** τῶν ἄλλων μόνος y. ‖ κεῖνος CAH, 'revocandum' Crönert Memoria graeca Hercul. p. 131 adn 2. **13** ἐθεᾶτο . . . αὐτὸν om zC **16** ποιούμενος Apr Hpr. ‖ προάγοντας y. **17** ἑαυτοῦ y, αὐτοῦ xzR. **22** πατὴρ om. xG.

ταῦτα, ἐπεὶ δ' ἤκουσεν ἀνδρὸς ἤδη ἔργα διαχειριζόμενον τὸν Κῦρον, ἀπεκάλει, ὅπως τὰ ἐν Πέρσαις ἐπιχώρια ἐπιτελοίη. καὶ τὸν Κῦρον δὴ ἐνταῦθα λέγεται εἰπεῖν ὅτι ἀπιέναι βούλοιτο, μὴ ὁ πατήρ τι ἄχθοιτο καὶ ἡ πόλις μέμφοιτο. καὶ τῷ Ἀστυάγει δὲ ἐδόκει ἀναγκαῖον εἶναι ἀποπέμπειν αὐτόν. ἔνθα δὴ ἵππους τε αὐτῷ δοὺς οὓς αὐτὸς ἐπεθύμει λαβεῖν καὶ ἄλλα συσκευάσας πολλὰ ἔπεμπε καὶ διὰ τὸ φιλεῖν αὐτὸν καὶ ἅμα ἐλπίδας ἔχων μεγάλας ἐν αὐτῷ ἄνδρα ἔσεσθαι ἱκανὸν καὶ φίλους ὠφελεῖν καὶ ἐχθροὺς ἀνιᾶν. ἀπιόντα δὲ τὸν Κῦρον προύπεμπον ἅπαντες καὶ παῖδες καὶ ἥλικες καὶ ἄνδρες καὶ γέροντες ἐφ' ἵππων καὶ Ἀστυάγης αὐτός, καὶ οὐδένα ἔφασαν ὅντιν' οὐ δακρύοντα ἀποστρέφεσθαι. καὶ Κῦρον δὲ αὐτὸν λέγεται 26
σὺν πολλοῖς δακρύοις ἀποχωρῆσαι. πολλὰ δὲ δῶρα διαδοῦναί φασιν αὐτὸν τοῖς ἡλικιώταις ὧν Ἀστυάγης αὐτῷ ἐδεδώκει, τέλος δὲ καὶ ἣν εἶχε στολὴν Μηδικὴν ἐκδύντα δοῦναί τινι, δηλοῦνθ' ὅτι τοῦτον μάλιστα ἠσπάζετο. τοὺς μέντοι λαβόντας καὶ δεξαμένους τὰ δῶρα λέγεται Ἀστυάγει ἀπενεγκεῖν, Ἀστυάγην δὲ δεξάμενον Κύρῳ ἀποπέμψαι, τὸν δὲ πάλιν τε ἀπο-

---

1 ἐπειδὴ y. || ἔργα post ἤδη transp. xzR. || διαχειριζόμενον] διαπραττόμενον y. 2 δὴ post ἀπεκάλει add. xz. 3 ἐπιχείρια zE. || ἀποτελοίη yR. || τὸν κῦρον δὴ] ὁ κῦρος δὲ xz, ὁ κῦρος R. 5 τῷ ἀστυάγει δὲ] τῷ οὖν ἀστυάγῃ y. || ἐδόκει ἀναγκαῖον εἶναι yR, ἐδ. εἶ. ἀν. xz. 6 τε om. G. 7 αὐτὸς] αὐτῶ R, sed deletum. 8 πολλὰ ἔπεμπε] παντοδαπὰ ἀπέπεμπε y. 9 ἔχειν y. 11 πάντες xzR. 13 ὅστις οὐ δακρύων ἀπετρέπετο y. 14 ἀποτρέπεσθαι R. 15 λέγεται post δακρύοις transp. y. || δάκρυσιν R. 16 φασιν . . . 18 δοῦναι om. C. || αὐτόν φασι y. 17 τὴν ante μηδικὴν add. xzR. 18 δηλοῦνθ' ὅτι τοῦτον H. J. Müller, δηλῶν ὅτι τοῦτον xzR, δῆλον ὅτι τοῦτον (τούτῳ F) ὂν y.

πέμψαι εἰς Μήδους καὶ εἰπεῖν, Εἰ βούλει, ὦ πάππε, ἐμὲ καὶ πάλιν ἰέναι ὡς σὲ μὴ αἰσχυνόμενον, ἔα ἔχειν εἴ τῳ τι ἐγὼ δέδωκα· Ἀστυάγην δὲ ταῦτα ἀκούσαντα ποιῆσαι ὥσπερ ὁ Κῦρος ἐπέστειλεν.

27 Εἰ δὲ δεῖ καὶ παιδικοῦ λόγου ἐπιμνησθῆναι, λέγεται, ὅτε Κῦρος ἀπῄει καὶ ἀπηλλάττοντο ἀπ' ἀλλήλων, τοὺς συγγενεῖς φιλοῦντας τῷ στόματι ἀποπέμπεσθαι αὐτὸν νόμῳ Περσικῷ· καὶ γὰρ νῦν ἔτι τοῦτο ποιοῦσι Πέρσαι· ἄνδρα δέ τινα τῶν Μήδων μάλα καλὸν κἀγαθὸν ὄντα ἐκπεπλῆχθαι πολύν τινα χρόνον ἐπὶ τῷ κάλλει τοῦ Κύρου, ἡνίκα δὲ ἑώρα τοὺς συγγενεῖς φιλοῦντας αὐτόν, ὑπολειφθῆναι· ἐπεὶ δ' οἱ ἄλλοι ἀπῆλθον, προσελθεῖν τῷ Κύρῳ καὶ εἰπεῖν, Ἐμὲ μόνον οὐ γιγνώσκεις, ὦ Κῦρε, τῶν συγγενῶν; Τί δέ, εἰπεῖν τὸν Κῦρον, ἦ καὶ σὺ συγγενὴς εἶ; Μάλιστα, φάναι. Ταῦτ' ἄρα, εἰπεῖν τὸν Κῦρον, καὶ ἐνεώρας μοι· πολλάκις γὰρ δοκῶ σε γιγνώσκειν τοῦτο ποιοῦντα. Προσελθεῖν γάρ σοι, ἔφη, ἀεὶ βουλόμενος ναὶ μὰ τοὺς θεοὺς ᾐσχυνόμην. Ἀλλ' οὐκ ἔδει, φάναι τὸν Κῦρον, συγγενῆ γε ὄντα· ἅμα δὲ προσελθόντα φιλῆσαι αὐτόν.

28 καὶ τὸν Μῆδον φιληθέντα ἐρέσθαι, Ἦ καὶ ἐν Πέρσαις νόμος ἐστὶν οὗτος συγγενεῖς φιλεῖν;

---

1 ὦ πάππε, εἰ βούλει με y. 2 πάλιν AFR, cet. αὖθις ‖ ὡς] εἰς R. ‖ post σὲ add. ἡδέως καὶ y. ‖ αἰσχυνάμενον CAH. 3 ἔδωκα R. 4 κῦρος codd. praeter ED. ‖ ἀπέστειλεν GDRHpr. 7 post φιλοῦντας add. τὸν κῦρον y. 8 νόμῳ τῷ R. ‖ νόμῳ . . . 9 πέρσαι del. Lincke. 9 δέ Rd, δή xyz. ‖ μάλα] ἄνδρα xz. 10 κἀγαθὸν] ἀγαθὸν x. ‖ τινα] δὴ D, δή τινα F. 14 τῶν συγγενῶν ὦ κῦρε xz. ‖ τί y, τῷ xzR. 15 σὺ om. R. 16 ἐνορᾷς xzR. 17 semikolon post πολλάκις et δοκῶ γὰρ yG. ‖ γάρ γε δοκῶ R. 18 ναὶ μὰ] νὴ y, μὰ R. 19 οὐκ ἔδει] οὐ δοκεῖ xz. 21 ἦ] εἰ R.

Μάλιστα, φάναι, ὅταν γε ἴδωσιν ἀλλήλους διὰ χρόνου ἢ ἀπίωσί ποι ἀπ' ἀλλήλων. Ὥρα ἂν εἴη, ἔφη ὁ Μῆδος, μάλα πάλιν σε φιλεῖν ἐμέ· ἀπέρχομαι γάρ, ὡς ὁρᾷς, ἤδη. οὕτω καὶ τὸν Κῦρον φιλήσαντα πάλιν ἀποπέμπειν καὶ ἀπιέναι. καὶ ὁδόν τε οὔπω πολλὴν διηνύσθαι αὐτοῖς καὶ τὸν Μῆδον ἥκειν πάλιν ἱδροῦντι τῷ ἵππῳ· καὶ τὸν Κῦρον ἰδόντα, Ἀλλ' ἦ, φάναι, ἐπελάθου τι ὧν ἐβούλου εἰπεῖν; Μὰ Δία, φάναι, ἀλλ' ἥκω διὰ χρόνου. καὶ τὸν Κῦρον εἰπεῖν, Νὴ Δί', ὦ σύγγενες, δι' ὀλίγου γε. Ποίου ὀλίγου; εἰπεῖν τὸν Μῆδον. οὐκ οἶσθα, φάναι, ὦ Κῦρε, ὅτι καὶ ὅσον σκαρδαμύττω χρόνον, πάνυ πολύς μοι δοκεῖ εἶναι, ὅτι οὐχ ὁρῶ σε τότε τοιοῦτον ὄντα; ἐνταῦθα δὴ τὸν Κῦρον γελάσαι τε ἐκ τῶν ἔμπροσθεν δακρύων καὶ εἰπεῖν αὐτῷ θαρρεῖν ἀπιόντι, ὅτι παρέσται αὐτοῖς ὀλίγου χρόνου, ὥστε ὁρᾶν ἐξέσται κἂν βούληται ἀσκαρδαμυκτί.

V Ὁ μὲν δὴ Κῦρος οὕτως ἀπελθὼν ἐν Πέρσαις ἐνιαυτὸν λέγεται ἐν τοῖς παισὶν ἔτι γενέσθαι. καὶ τὸ μὲν πρῶτον οἱ παῖδες ἔσκωπτον αὐτὸν ὡς ἡδυπαθεῖν ἐν Μήδοις μεμαθηκὼς ἥκοι· ἐπεὶ δὲ καὶ ἐσθίοντα αὐτὸν ἑώρων ὥσπερ καὶ αὐτοὶ ἡδέως καὶ πίνοντα, καὶ εἴ ποτ' ἐν ἑορτῇ εὐωχία γένοιτο, ἐπιδιδόντα μᾶλλον αὐτὸν τοῦ ἑαυτοῦ μέρους ᾐσθάνοντο ἢ προσδεόμενον

---

2 ἂν ἔφη εἴη σοι y. || εἴη om. G. **3** πάλιν] πάνυ R. || μάλα et σε om. y. **4** οὕτω om. y. || πάλιν φιλήσαντα y. **6** διερύσθαι xz, διεληλύσθαι y. || αὐτοῖς] αὐτοὺς z, αὐτῷ R. || πάλιν ἥκειν R. || ἱδρῶντι y. **8** ἠβούλου z. **14** πρόσθε(ν) y. **15** ἀπιόντα y. **16** ὁρᾶν σοι et βούλῃ D. **17** εἰς πέρσας y. || ἐνιαυτὸν] ἐνιαυτὸν μὲν y, τὸ μὲν πρῶτον ε. **18** ἔτι et τὸ μὲν πρῶτον om. ε. **20** μεμαθηκὼς ἐν μήδοις y. **21** ὥσπερ καὶ] ὥσπερ y, ἅπερ καὶ Hartman. **22** γένοιτο] προσγένοιτ' ἂν y **23** αὐτὸν] ἑαυτὸν xAHε.

καὶ πρὸς τούτοις δὲ τἆλλα κρατιστεύοντα αὐτὸν ἑώρων ἑαυτῶν, ἐνταῦθα δὴ πάλιν ὑπέπτησσον αὐτῷ οἱ ἥλικες. ἐπεὶ δὲ διελθὼν τὴν παιδείαν ταύτην ἤδη εἰσῆλθεν εἰς τοὺς ἐφήβους, ἐν τούτοις αὖ ἐδόκει κρατιστεύειν καὶ μελετῶν ἃ χρῆν καὶ καρτερῶν καὶ αἰδούμενος τοὺς πρεσβυτέρους καὶ πειθόμενος τοῖς ἄρχουσι.

2 Προϊόντος δὲ τοῦ χρόνου ὁ μὲν Ἀστυάγης ἐν τοῖς Μήδοις ἀποθνήσκει, ὁ δὲ Κυαξάρης ὁ τοῦ Ἀστυάγους παῖς, τῆς δὲ Κύρου μητρὸς ἀδελφός, τὴν βασιλείαν ἔσχε τὴν Μήδων. ὁ δὲ τῶν Ἀσσυρίων βασιλεὺς κατεστραμμένος μὲν πάντας Σύρους, φῦλον πάμπολυ, ὑπήκοον δὲ πεποιημένος τὸν Ἀραβίων βασιλέα, ὑπηκόους δὲ ἔχων ἤδη καὶ Ὑρκανίους, πολιορκῶν δὲ Βακτρίους, ἐνόμιζεν, εἰ τοὺς Μήδους ἀσθενεῖς ποιήσειε, πάντων γε τῶν πέριξ ῥᾳδίως ἄρξειν· ἰσχυρότατον γὰρ
3 τῶν ἐγγὺς φύλων τοῦτο ἐδόκει εἶναι. οὕτω δὴ διαπέμπει πρός τε τοὺς ὑπ' αὐτὸν πάντας καὶ πρὸς Κροῖσον τὸν Λυδῶν βασιλέα καὶ πρὸς τὸν Καππαδοκῶν καὶ πρὸς Φρύγας ἀμφοτέρους καὶ πρὸς Παφλαγόνας καὶ Ἰνδοὺς καὶ πρὸς Κᾶρας καὶ Κίλικας, τὰ μὲν καὶ

---

2 ἑαυτῶν] περὶ ἅπαντα (πάντα D) y, περὶ ἅπαντα αὐτῶν R. || οἱ ἥλικες αὐτῷ y. 3 διελθὼν] διῆλθε y. || ἤδη] καὶ y. || ἐσῆλθεν ε. 4 αὖ] ἂν C, δὴ E. 5 χρὴ codd. ε, corr. Zeune. || καρτερῶν ἃ ἔδει yR. 9 βασιλείαν ἔσχε] ἀρχὴν ἔλαβε y, i. ras. G. 10 εἶχε zCR. || τὴν z, om. E, τῶν cet. || κατεστραμμένος F, καταστρεψάμενος xzD, καταστρατευσάμενος R. 11 σύρους yR, ἀσ(σ)υρίους xz || πάμπολυ] οὐ μικρὸν y. 12 τὸν Fd, τῶν cet. 13 καὶ ante Βακτρίους add. xzR 15 γε τῶν] αὐτῶν y, γε ἂν τῶν Rd. 16 φυλῶν xzR. || ἐδόκει τοῦτο y. || διαπέμπεται yR. 17 ὑφ' ἑαυτὸν y. 18 prius τὸν] τῶν CG (R corr. in τὸν). || καὶ πρὸς τὸν καππαδοκῶν om. xz. 19 τοὺς ante φρύγας add. xz. 20 δὲ post ἰνδοὺς add. y. || κᾶρας καὶ transp. ante παφλαγόνας y. || quartum καὶ om. G.

*διαβάλλων τοὺς Μήδους καὶ Πέρσας, λέγων ὡς με-
γάλα τ' εἴη ταῦτα τὰ ἔθνη καὶ ἰσχυρὰ καὶ συνεστηκότα
εἰς τὸ αὐτό, καὶ ἐπιγαμίας ἀλλήλοις πεποιημένοι εἶεν,
καὶ κινδυνεύοιεν, εἰ μή τις αὐτοὺς φθάσας ἀσθενώ-
σοι, ἐπὶ ἓν ἕκαστον τῶν ἐθνῶν ἰόντες καταστρέψα-
σθαι. οἱ μὲν δὴ καὶ τοῖς λόγοις τούτοις πειθόμενοι
συμμαχίαν αὐτῷ ἐποιοῦντο, οἱ δὲ καὶ δώροις καὶ χρή-
μασιν ἀναπειθόμενοι· πολλὰ γὰρ καὶ τοιαῦτα ἦν αὐ-
τῷ. Κυαξάρης δὲ [ὁ τοῦ Ἀστυάγους παῖς] ἐπεὶ ᾐσθά-* 4
*νετο τήν τ' ἐπιβουλὴν καὶ τὴν παρασκευὴν τῶν συν-
ισταμένων ἐφ' ἑαυτόν, αὐτός τε εὐθέως ὅσα ἐδύνατο
ἀντιπαρεσκευάζετο καὶ εἰς Πέρσας ἔπεμπε πρός τε τὸ
κοινὸν καὶ πρὸς Καμβύσην τὸν τὴν ἀδελφὴν ἔχοντα
καὶ βασιλεύοντα ἐν Πέρσαις. ἔπεμπε δὲ καὶ πρὸς τὸν
Κῦρον, δεόμενος αὐτοῦ πειρᾶσθαι ἄρχοντα ἐλθεῖν τῶν
ἀνδρῶν, εἴ τινας πέμποι στρατιώτας τὸ Περσῶν κοι-
νόν. ἤδη γὰρ καὶ ὁ Κῦρος διατετελεκὼς τὰ ἐν τοῖς
ἐφήβοις δέκα ἔτη ἐν τοῖς τελείοις ἀνδράσιν ἦν. οὕτω* 5
*δὴ δεξαμένου τοῦ Κύρου οἱ βουλεύοντες γεραίτεροι
αἱροῦνται αὐτὸν ἄρχοντα τῆς εἰς Μήδους στρατιᾶς.
ἔδοσαν δὲ αὐτῷ καὶ προσελέσθαι διακοσίους τῶν ὁμο-*

---

1 *τοὺς*] *πρὸς αὐτοὺς* yR. || *πέρσας τὰ δὲ καὶ λέγων* R. 2 *ταῦτα ἔθνη* xzR. 3 *τὸ αὐτὸ* yR, *τοῦτο* xz. || post *εἶεν* add. *καὶ συνεστήκοιεν εἰς ἓν* yR. 4 *κινδυνεύσοιεν* xz. 5 *ἰόντας* xz, om. D. 6 *καὶ* secl. Hartman. 7 *ποιοῦνται* y. 8 *ἀναπειθόμενοι*] *ἀπειθόμενοι* C, *οὐ πειθόμενοι* E. || *καὶ ταῦτα* yR. 9 *ὁ . . . παῖς* del Hug. 10 *τ'* om. y. || *τῶν συνισταμένων*] *αὐτῶν συνισταμένην* y. 11 *ἐπ' αὐτὸν* R. || *εὐθὺς* R. 12 *παρεσκευάζετο* G. || *πέρσας δὲ* y. || *τε*] *γε* xz. 14 *τὸν* om. xzR 16 *εἴ τινας . . κοινόν* om. R. || *πέμπει* xG. 17 *γὰρ* om. C. 19 *δεξαμένου* xy (sed D *γρ.*), *δοξαζομένου* zDpr. 20 *στρατιᾶς*] *βοηθείας* F. 21 *δὲ οὖν* x. || *καὶ* om. et *προσελέσθαι* transp. post *ὁμοτίμων* y.

τίμων, τῶν δ' αὖ διακοσίων ἑκάστῳ τέτταρας ἔδωκαν προσελέσθαι καὶ τούτους ἐκ τῶν ὁμοτίμων· γίγνονται μὲν δὴ οὗτοι χίλιοι· τῶν δ' αὖ χιλίων τούτων ἑκάστῳ ἔταξαν ἐκ τοῦ δήμου τῶν Περσῶν δέκα μὲν πελταστὰς προσελέσθαι, δέκα δὲ σφενδονήτας, δέκα δὲ τοξότας· καὶ οὕτως ἐγένοντο μύριοι μὲν τοξόται, μύριοι δὲ πελτασταί, μύριοι δὲ σφενδονῆται· χωρὶς δὲ τούτων οἱ χίλιοι ὑπῆρχον. τοσαύτη μὲν δὴ στρατιὰ τῷ Κύρῳ
6 *ἐδόθη. ἐπεὶ δὲ ᾑρέθη τάχιστα, ἤρξατο μὲν πρῶτον ἀπὸ τῶν θεῶν. καλλιερησάμενος δὲ τότε προσῃρεῖτο τοὺς διακοσίους· ἐπεὶ δὲ προσείλοντο καὶ οὗτοι δὴ τοὺς τέτταρας ἕκαστοι, συνέλεξεν αὐτοὺς καὶ εἶπε τότε πρῶτον ἐν αὐτοῖς τάδε.*

7 *Ἄνδρες φίλοι, ἐγὼ προσειλόμην μὲν ὑμᾶς, οὐ νῦν πρῶτον δοκιμάσας, ἀλλ' ἐκ παίδων ὁρῶν ὑμᾶς ἃ μὲν καλὰ ἡ πόλις νομίζει, προθύμως ταῦτα ἐκπονοῦντας, ἃ δὲ αἰσχρὰ ἡγεῖται εἶναι, παντελῶς τούτων ἀπεχομένους. ὧν δὲ ἕνεκα αὐτός τε οὐκ ἄκων εἰς τόδε τὸ τέλος κατέστην καὶ ὑμᾶς παρεκάλεσα δηλῶσαι ὑμῖν*
8 *βούλομαι. ἐγὼ γὰρ κατενόησα ὅτι οἱ πρόγονοι χείρους μὲν ἡμῶν οὐδὲν ἐγένοντο· ἀσκοῦντες. γοῦν κἀκεῖνοι διετέλεσαν ἅπερ ἔργα ἀρετῆς νομίζεται· ὅ,τι μέντοι προσεκτήσαντο τοιοῦτοι ὄντες ἢ τῷ Περσῶν κοινῷ*

---

1 *ἔδωκαν*] *ἄνδρας ἐκ τῶν ὁμοίων ἔδοσαν* y. **2** *καὶ* . . *ὁμοτίμων* om. y. **3** *μὲν* om. G. ‖ ante *ἑκάστῳ* add. *ἔδοσαν προσελέσθαι* et *ἔταξαν* (4) om. y. **5** *προσελέσθαι* om. y, *δέκα σφενδονήτας* in marg. F. **8** *τῷ* om. y. **9** *ἐπειδὴ δὲ* y. ‖ *ἤρξατο μὲν*] *ἤρξατο* E, *ἤρχετο* zCR. **10** *προῄρητο* xz. **13** *ἐν* om. R. ‖ *ταῦτα* G. **14** *προειλόμην* xz. ‖ *μᾶλλον* post *μὲν* add. ym. **17** *ἡγεῖται εἶναι* Dm, *εἶναι ἡγεῖται* F, *ἡγεῖται* xzR. **20** *χείρους* ymR. **21** *μὲν* om. et *οὐδὲν* ante *χείρους* transp. ym. **22** *μὲν* om. G. **23** *τῷ τῶν* codd. praeter ym.

ἀγαθὸν ἢ αὐτοῖς, τοῦτ᾽ οὐκέτι δύναμαι ἰδεῖν. καί- 9
τοι ἔγωγε οἶμαι οὐδεμίαν ἀρετὴν ἀσκεῖσθαι ὑπ᾽ ἀνθρώπων ὡς μηδὲν πλέον ἔχωσιν οἱ ἐσθλοὶ γενόμενοι τῶν πονηρῶν, ἀλλ᾽ οἵ τε τῶν παραυτίκα ἡδονῶν ἀπεχόμενοι οὐχ ἵνα μηδέποτε εὐφρανθῶσι, τοῦτο πράττουσιν, ἀλλ᾽ ὡς διὰ ταύτην τὴν ἐγκράτειαν πολλαπλάσια εἰς τὸν ἔπειτα χρόνον εὐφρανούμενοι οὕτω παρασκευάζονται· οἵ τε λέγειν προθυμούμενοι δεινοὶ γενέσθαι οὐχ ἵνα εὖ λέγοντὲς μηδέποτε παύσωνται, τοῦτο μελετῶσιν, ἀλλ᾽ ἐλπίζοντες τῷ λέγειν εὖ πείθοντες ἀνθρώπους πολλὰ καὶ μεγάλα ἀγαθὰ διαπράξεσθαι· οἵ τε αὖ τὰ πολεμικὰ ἀσκοῦντες οὐχ ὡς μαχόμενοι μηδέποτε παύσωνται, τοῦτο ἐκπονοῦσιν, ἀλλὰ νομίζοντες καὶ οὗτοι τὰ πολεμικὰ ἀγαθοὶ γενόμενοι πολὺν μὲν ὄλβον, πολλὴν δὲ εὐδαιμονίαν, μεγάλας δὲ τιμὰς καὶ αὐτοῖς καὶ τῇ πόλει περιάψειν. εἰ δέ τινες ταῦτα ἐκπονήσαντες 10
πρίν τινα καρπὸν ἀπ᾽ αὐτῶν κομίσασθαι περιεῖδον αὐτοὺς γήρᾳ ἀδυνάτους γενομένους, ὅμοιον ἔμοιγε δοκοῦσι πεπονθέναι οἷον εἴ τις γεωργὸς ἀγαθὸς προθυμηθεὶς γενέσθαι καὶ εὖ σπείρων καὶ εὖ φυτεύων, ὁπότε καρποῦσθαι ταῦτα δέοι, ἐῴη τὸν καρπὸν ἀσυγκόμιστον εἰς τὴν γῆν πάλιν καταρρεῖν. καὶ εἴ τίς γε

---

1 *αὐτοῖς* codd. praeter Hdr. || *τοῦτο* m. || *οὐκέτι*] *οὐ* yR. *κατιδεῖν* ym (*συνιδεῖν* Rpr, *εἰδεῖν* AH). **2** *ἐγὼ* codd. praeter ym. **3** *οἱ* del. Hartman. || *ἐσθλοὶ*] *ἀγαθοὶ* ym. **4** *τε*] *γε* xzR. **6** *ὡς*] *ὅπως* ym, om. E. **7** *εὐφραίνωνται* ym. **10** *ἐλπίζουσι(ν)* xzR. || *πολλοὺς ἀνθρώπους μεγάλα ἀγαθά* ym. **11** *διαπράξασθαι* xyzR, *διαπράξεσθαι* mdfgr. || *οἵ τε αὖ* ym, *καὶ οἱ ταῦτα* xzR. **12** (ut antea 9) *παύσονται* R. **13** *ἐκπονοῦνται* ym. **15** *αὐτοῖς* ym Stob., *ἑαυτοῖς* zR. **16** *πόλει* codd. praeter yE. || *περιάψαι* m. || *εἰ*] *οἱ* G. **18** *αὐτοὺς* xDRGm. **21** post *ὁπότε* add. *αὐτὸν* ym. || *ταῦτα* del. Hartman, *τὰ σῖτα* Lincke. **22** *γε* om. D.

ἀσκητὴς πολλὰ πονήσας καὶ ἀξιόνικος γενόμενος ἀναγώνιστος διατελέσειεν, οὐδ' ἂν οὗτος ἔμοιγε δοκεῖ δι-
11 καίως ἀναίτιος εἶναι ἀφροσύνης. ἀλλ' ἡμεῖς, ὦ ἄνδρες, μὴ πάθωμεν ταῦτα, ἀλλ' ἐπείπερ σύνισμεν ἡμῖν αὐτοῖς ἀπὸ παίδων ἀρξάμενοι ἀσκηταὶ ὄντες τῶν καλῶν κἀγαθῶν ἔργων, ἴωμεν ἐπὶ τοὺς πολεμίους, οὓς ἐγὼ σαφῶς ἐπίσταμαι ἰδιώτας ὄντας ὡς πρὸς ὑμᾶς ἀγωνίζεσθαι. οὐ γάρ τί πω οὗτοι ἱκανοί εἰσιν ἀγωνισταί, οἳ ἂν τοξεύωσι καὶ ἀκοντίζωσι καὶ ἱππεύωσιν ἐπιστημόνως, ἢν δέ που πονῆσαι δέῃ, τούτῳ λείπωνται, ἀλλ' οὗτοι ἰδιῶταί εἰσι κατὰ τοὺς πόνους· οὐδέ γε οἵτινες ἀγρυπνῆσαι δέον ἡττῶνται τούτου, ἀλλὰ καὶ οὗτοι ἰδιῶται κατὰ τὸν ὕπνον· οὐδέ γε οἱ ταῦτα μὲν ἱκανοί, ἀπαίδευτοι δὲ ὡς χρὴ καὶ συμμάχοις καὶ πολεμίοις χρῆσθαι, ἀλλὰ καὶ οὗτοι δῆλον ὡς τῶν μεγίστων παι-
12 δευμάτων ἀπείρως ἔχουσιν. ὑμεῖς δὲ νυκτὶ μὲν δήπου ὅσαπερ οἱ ἄλλοι ἡμέρᾳ δύναισθ' ἂν χρῆσθαι, πόνους δὲ τοῦ ζῆν ἡδέως ἡγεμόνας νομίζετε, λιμῷ δὲ ὅσαπερ ὄψῳ διαχρῆσθε, ὑδροποσίαν δὲ ῥᾷον τῶν λεόντων φέρετε, κάλλιστον δὲ πάντων καὶ πολεμικώτατον κτῆμα εἰς τὰς ψυχὰς συγκεκόμισθε· ἐπαινούμενοι γὰρ μᾶλλον ἢ τοῖς ἄλλοις ἅπασι χαίρετε. τοὺς δ' ἐπαίνου ἐραστὰς

---

1 ἀσκητὴς] ἀθλητὴς ym. 2 μοι codd. praeter ym. 4 εἴπερ y. 6 κἀγαθῶν] καὶ τῶν ἀγαθῶν ym. 7 post ἐπίσταμαι add. αὐτὸς (αὐτοὺς F) ἰδὼν ym. || ὑμᾶς yAHRcm. 8 τί om. codd. praeter ym. 9 καὶ . . . καὶ] ἢ . . . ἢ ym. 10 ἐὰν ym. || δέοι z. || τοῦτο xR. || λείπονται xGR. 11 γε οἵτινες d, οἵ γε οἵτινες EGr, γε εἴτινες ym, οἵ γε εἴτινες AH, εἴ γε οἵτινες C. 13 ἰδιῶταί εἰσι y. || post οὐδὲ add. οἵ zER, εἴ C. 15 ὡς] ὅτι ym. 17 δύναισθ' ἂν] δύνασθε ym. 20 καὶ πάντων ym. || πολεμικώτατον] πολιτικώτατον zR, πολεμικώτατον γὰρ m. || τὸ κτῆμα D. 21 γὰρ] μὲν γὰρ m. 22 δ' ἐπαίνου xRHpr, δὲ τοῦ ἐπαίνου ym, δ' ἐπαίνων z.

ἀνάγκη διὰ τοῦτο πάντα μὲν πόνον, πάντα δὲ κίνδυνον ἡδέως ὑποδύεσθαι. εἰ δὲ ταῦτα ἐγὼ λέγω περὶ 13 ὑμῶν ἄλλῃ γιγνώσκων, ἐμαυτὸν ἐξαπατῶ. ὅ,τι γὰρ μὴ τοιοῦτον ἀποβήσεται παρ' ὑμῶν, εἰς ἐμέ τὸ ἐλλεῖπον ἥξει. ἀλλὰ πιστεύω τοι τῇ πείρᾳ καὶ τῇ ὑμετέρᾳ εὐνοίᾳ καὶ τῇ τῶν πολεμίων ἀνοίᾳ μὴ ψεύσειν με ταύτας τὰς ἀγαθὰς ἐλπίδας. ἀλλὰ θαρροῦντες ὁρμώμεθα, ἐπειδὴ καὶ ἐκποδὼν ἡμῖν γεγένηται τὸ δόξαι τῶν ἀλλοτρίων ἀδίκως ἐφίεσθαι. νῦν γὰρ ἔρχονται μὲν οἱ πολέμιοι ἄρχοντες ἀδίκων χειρῶν, καλοῦσι δὲ ἡμᾶς ἐπικούρους οἱ φίλοι· τί οὖν ἐστιν ἢ τοῦ ἀλέξασθαι δικαιότερον ἢ τοῦ τοῖς φίλοις ἀρήγειν κάλλιον; ἀλλὰ μὴν καὶ ἐκεῖνο οἴομαι ὑμᾶς θαρρεῖν, τὸ μὴ παρ- 14 ημεληκότα με τῶν θεῶν τὴν ἔξοδον ποιεῖσθαι· πολλὰ γάρ μοι συνόντες ἐπίστασθε οὐ μόνον τὰ μεγάλα ἀλλὰ καὶ τὰ μικρὰ πειρώμενον ἀεὶ ἀπὸ θεῶν ὁρμᾶσθαι. τέλος εἶπε, Τί δεῖ ἔτι λέγειν; ἀλλ' ὑμεῖς μὲν τοὺς ἄνδρας ἑλόμενοι καὶ ἀναλαβόντες καὶ τἆλλα παρασκευασάμενοι ἴτε ἐς Μήδους· ἐγὼ δ' ἐπανελθὼν πρὸς τὸν πατέρα πρόειμι δή, ὅπως τὰ τῶν πολεμίων ὡς τάχιστα

---

1 post *ἀνάγκη* add. *κτᾶσθαι τὰ αἴτια* EAGh. || *διὰ*] *ἐπὶ* ym. **2** *ὑποδύεσθε* z et E s. v. — Dind. *ἀνάγκη κτᾶσθαι τὰ αἴτια διὰ τοῦτο . . . ὑποδύεσθε*, Pantazides *ἀν. κτ. τ. αἴτια, δι' ἃ πάντα . . . ὑποδύεσθαι* cf. Hell. V 7, 18. **3** *ἄλλῃ*] *ἄλλως* D et F s. v. (*ἄλλῃ* pr). **4** *μὴ*] *μοι* R. || *παρ' ὑμῶν ἀποβήσεται* ym. **5** *τοι* om. ED, eras. c. || *ὑμετέρᾳ*] *ὑμῶν εἰς ἐμέ* codd. praeter ym. **6** *ἀνοίᾳ* om. ym. **7** *ταύτας*] *ταύτῃ* m, om. F. **8** *ὑμῖν* ym. || *δόξειν* m, *δοκεῖν* D, *δοκοῦν* F. **10** *δ' ὑμᾶς* m. **11** *οἱ φίλοι ἐπικούρους* ym. **13** *μὴν* om. R. || *καὶ ἐκεῖνο οἴομαι ὑμᾶς* xzR, (*καὶ* F) *διὰ τοῦτο ὑμᾶς οὐχ ἥκιστα οἶμαι* ym. **14** *με*] *μετὰ* z. **16** *καὶ*] *τὸ καὶ* CAh, *καὶ τὸν* GHpr. **17** *εἶπε*] *ἔφη* y. || *λέγειν ἔτι* y. **18** *καὶ ἀναλαβόντες* (*-λαμβάνοντες* C) xzR, *τε ἅμα* y. || *τἆλλα* om. y. || *παρασκευαζόμενοι* x, *παρεσκευασμένοι* zR. **19** *ἴτε*] *τε* y. **20** *πάρειμι* Hartman.

μαθὼν οἷά ἐστι παρασκευάζωμαι ὅ,τι ἂν δέωμαι, ὅπως ὡς κάλλιστα σὺν θεῷ ἀγωνιζώμεθα. οἳ μὲν δὴ ταῦτα ἔπραττον.

VI Κῦρος δὲ ἐλθὼν οἴκαδε καὶ προσευξάμενος Ἑστίᾳ πατρῴᾳ καὶ Διὶ πατρῴῳ καὶ τοῖς ἄλλοις θεοῖς ὡρμᾶτο ἐπὶ τὴν στρατείαν, συμπρούπεμπε δὲ αὐτὸν καὶ ὁ πατήρ. ἐπεὶ δὲ ἔξω τῆς οἰκίας ἐγένοντο, λέγονται ἀστραπαὶ καὶ βρονταὶ αὐτῷ αἴσιοι γενέσθαι. τούτων δὲ φανέντων οὐδὲν ἄλλο ἔτι οἰωνιζόμενοι ἐπορεύοντο, ὡς οὐδένα ἀγνοήσαντα τὰ τοῦ μεγίστου θεοῦ σημεῖα.

2 Προϊόντι δὲ τῷ Κύρῳ ὁ πατὴρ ἤρχετο λόγου τοιοῦδε. Ὦ παῖ, ὅτι μὲν οἱ θεοὶ ἵλεῴ τε καὶ εὐμενεῖς πέμπουσί σε καὶ ἐν ἱεροῖς δῆλον καὶ ἐν οὐρανίοις σημείοις· γιγνώσκεις δὲ καὶ αὐτός. ἐγὼ γάρ σε ταῦτα ἐπίτηδες ἐδιδαξάμην, ὅπως μὴ δι' ἄλλων ἑρμηνέων τὰς τῶν θεῶν συμβουλίας συνιείης, ἀλλ' αὐτὸς καὶ ὁρῶν τὰ ὁρατὰ καὶ ἀκούων τὰ ἀκουστὰ γιγνώσκοις καὶ μὴ ἐπὶ μάντεσιν εἴης, εἰ βούλοιντό σε ἐξαπατᾶν ἕτερα λέγοντες ἢ τὰ παρὰ τῶν θεῶν σημαινόμενα, μηδ' αὖ, εἴ ποτε ἄρα ἄνευ μάντεως γένοιο, ἀποροῖο θείοις σημείοις ὅ,τι χρῷο, ἀλλὰ γιγνώσκων διὰ τῆς

1 παρασκευάσω ὑμῖν y. ‖ δέωμαι] δύνωμαι y, Schneider, Hartman. **2** ἀγωνιζοίμεθα yR. **6** στρατίαν AH, στρατιὰν GR. ‖ καὶ om. GHER. **7** ἐπειδὴ z. **8** αἴσιαι CR. **9** ἄλλο om. y. **10** οὐδένα ἀγνοήσαντα ego, οὐδένα ἂν λήσαντα xAH, οὐδένα ἂν λύσαντα GR, οὐδὲν ἄλλο ἀύσαντα D, οὐδένα (δ et α corr.) ἂν ἀλλ οὐ ἀ (expuncta) λύσαντα F, οὐδένα λήσοντα Dind., οὐδὲν ἂν λῦσαν Rehdantz. **12** ὅτι μὲν ὦ παῖ θεοί y. ‖ ante ἵλεῳ add. εἰσὶ D, σε Fd. **13** post πέμπουσι om. σε y. **14** καὶ om. AG. **16** συνιείης Pantazides, συνίης (συνείης F) codd. **17** γινώσκης CHRDG, γινώσκεις AF. **18** εἴης i. ras. F, ἴης zC, ἧς D. ‖ ἀπατᾶν y. **19** ἢ om. AHER. ‖ παρὰ τὰ τῶν θεῶν R. **20** ἄρα xzR. **21** ὅ,τι] ὅπως y. ‖ χρῷό γε xzR.

μαντικῆς τὰ παρὰ τῶν θεῶν συμβουλευόμενα, τούτοις
πείθοιο. Καὶ μὲν δή, ὦ πάτερ, ἔφη ὁ Κῦρος, ὡς ἂν 3
ἵλεῳ οἱ θεοὶ ὄντες ἡμῖν συμβουλεύειν ἐθέλωσιν, ὅσον
δύναμαι κατὰ τὸν σὸν λόγον διατελῶ ἐπιμελούμενος.
μέμνημαι γάρ, ἔφη, ἀκούσας ποτέ σου ὅτι εἰκότως ἂν
καὶ παρὰ τῶν θεῶν πρακτικώτερος εἴη ὥσπερ καὶ παρ'
ἀνθρώπων ὅστις μὴ ὁπότε ἐν ἀπόροις εἴη, τότε κολα-
κεύοι, ἀλλ' ὅτε τὰ ἄριστα πράττοι, τότε μάλιστα τῶν
θεῶν μεμνῇτο· καὶ τῶν φίλων δ' ἔφησθα χρῆναι ὡσ-
αύτως ἐπιμελεῖσθαι. Οὐκοῦν νῦν, ἔφη, ὦ παῖ, διά 4
γ' ἐκείνας τὰς ἐπιμελείας ἥδιον μὲν ἔρχῃ πρὸς τοὺς
θεοὺς δεησόμενος, ἐλπίζεις δὲ μᾶλλον τεύξεσθαι
ὧν ἂν δέῃ, ὅτι συνειδέναι σαυτῷ δοκεῖς οὐπώποτε
ἀμελήσας αὐτῶν; Πάνυ μὲν οὖν, ἔφη, ὦ πάτερ, ὡς
πρὸς φίλους μοι τοὺς θεοὺς ὄντας οὕτω διάκειμαι. Τί 5
γάρ, ἔφη, ὦ παῖ, ἐκεῖνα μέμνησαι ἅ ποτε ἐδόκει ἡμῖν
ὡς ἅπερ δεδώκασιν οἱ θεοὶ μαθόντας [ἀνθρώπους] βέλ-
τιον πράττειν ἢ ἀνεπιστήμονας αὐτῶν ὄντας καὶ ἐργα-
ζομένους μᾶλλον ἀνύτειν ἢ ἀργοῦντας καὶ ἐπιμελουμέ-
νους ἀσφαλέστερον [ἂν] διάγειν ἢ ἀφυλακτοῦντας

1 βουλευόμενα xzR. 2 ὦ om. R. ‖ ἔφη ὦ πάτερ y. ‖ ὡς ἂν (CV = Vaticanus 1335), ὧν ἂν zEc, ὅπως ἂν Stob., ὅπως γ' ἂν y, ὁπόταν R. 4 διατελέσω yR. 5 ἔφη om. y. ‖ ποτέ σου ἀκούσας C. 6 τῶν om. codd. praeter yE. ‖ πραγματικώτερος C. 8 τὰ om. Π AD. 9 μεμνῇτο dg, μεμνῷτο Π (corr.) xzR, μεμνοῖτο Πpr D, μεμνοίῳτο F cf. Cobet N. L. p. 224. 10 post ὡσαύτως add. οὕτως codd. praeter yΠR. 11 δι' ἐκείνας Πy. 13 ἂν E, ἐὰν Π cet. ‖ ὅτι Π. 15 πρὸς φίλους] προσφιλεῖς Π (corr.) y. ‖ ὄντας τοὺς θεοὺς codd. praeter yΠ. 16 ὦ παῖ yΠR, ὁ πατὴρ z, ὦ παὶ ὁ πατήρ x. ‖ μέμνησαι ἐκεῖνα codd. praeter yΠ. 17 ὡς ἅπερ] ὡς ὅπερ R, ὁπόσα γὰρ δήπου ΠD, ὁπόσαπερ δήπου F. ‖ [ἀνθρώπους] ego. 19 ἀνύειν y. 20 [ἂν] Stephanus. ‖ ἀφυλακτοῦντας, τούτων <πέρι> παρέχοντας Madvig.

τούτων, παρέχοντας οὖν τοιούτους ἑαυτοὺς οἵους δεῖ, οὕτως ἡμῖν ἐδόκει δεῖν καὶ αἰτεῖσθαι τὰ ἀγαθὰ παρὰ
6 τῶν θεῶν; Ναὶ μὰ Δί', ἔφη ὁ Κῦρος, μέμνημαι μέντοι τοιαῦτα ἀκούσας σου· καὶ γὰρ ἀνάγκη με πείθεσθαι τῷ λόγῳ· καὶ γὰρ οἶδά σε λέγοντα ἀεὶ ὡς οὐδὲ θέμις εἴη αἰτεῖσθαι παρὰ τῶν θεῶν οὔτε ἱππεύειν μὴ μαθόντας ἱππομαχοῦντας νικᾶν, οὔτε μὴ ἐπισταμένους τοξεύειν τοξεύοντας κρατεῖν τῶν ἐπισταμένων, οὔτε μὴ ἐπισταμένους κυβερνᾶν σῴζειν εὔχεσθαι ναῦς κυβερνῶντας, οὐδὲ μὴ σπείροντάς γε σῖτον εὔχεσθαι καλὸν αὐτοῖς φύεσθαι, οὐδὲ μὴ φυλαττομένους γε ἐν πολέμῳ σωτηρίαν αἰτεῖσθαι· παρὰ γὰρ τοὺς τῶν θεῶν θεσμοὺς πάντα τὰ τοιαῦτα εἶναι· τοὺς δὲ ἀθέμιτα εὐχομένους ὁμοίως ἔφησθα εἰκὸς εἶναι παρὰ θεῶν ἀτυχεῖν ὥσπερ καὶ παρ' ἀνθρώπων ἀπρακτεῖν τοὺς παράνομα δεομένους.

7 Ἐκείνων δέ, ὦ παῖ, ἐπελάθου ἅ ποτε ἐγὼ καὶ σὺ ἐλογιζόμεθα ὡς ἱκανὸν εἴη καὶ καλὸν ἀνδρὶ ἔργον, εἴ τις δύναιτο ἐπιμεληθῆναι ὅπως αὐτός τε καλὸς κἀγαθὸς δοκίμως γένοιτο καὶ τὰ ἐπιτήδεια αὐτός τε καὶ οἱ οἰκέται ἱκανῶς ἔχοιεν; τὸ δέ, τούτου μεγάλου ἔρ-

---

1 δ' οὖν x. || οὖν τοιούτους om. yΠ. || αὐτοὺς Π. || οἵους δεῖ del. Pantazides. **2** τὰ ἀγαθὰ Π. **4** post μέντοι add. σου et del. post ἀκούσας Π. || ταῦτα yΠ. || με] ἦν yΠ. **5** τῷ λόγῳ τούτῳ yΠ. || καὶ γὰρ οἶδά σε λέγοντα ἀεί xzR, καὶ οἶδά σε ἐπιτιθέντα αὐτῷ yΠ. **8** post ἐπισταμένων add. τοξεύειν ΠF(D?). **11** αὐτοῖς σῖτον yΠcorr. g. || οὔτε μὴ Π. **13** πάντα τὰ τοιαῦτα xzR, ταῦτα καὶ τὰ τοιαῦτα πάντα Πy (sed F om. πάντα). **14** τῶν θεῶν R. **17** δὲ ἔφη yΠg. || ὁπότε R. **18** ἱκανὸν ἂν Π. **19** post ὅπως add. ἂν codd. praeter yΠ. || αὐτὸς καλός τε Π, τε om. C. **20** δοκίμως om. R. || post ἐπιτήδεια add. ὅπως yΠ.

γου ὄντος, οὕτως ἐπίστασθαι ἀνθρώπων ἄλλων προ-
στατεύειν ὅπως ἕξουσιν ἅπαντα τὰ ἐπιτήδεια ἔκπλεω καὶ
ὅπως ἔσονται ἅπαντες οἵους δεῖ, τοῦτο θαυμαστὸν δή-
που ἡμῖν τότε ἐφαίνετο εἶναι. Ναὶ μὰ Δί', ἔφη, ὦ 8
πάτερ, μέμνημαι καὶ τοῦτό σου λέγοντος· συνεδόκει
καὶ ἐμοὶ ὑπερμέγεθες εἶναι ἔργον τὸ καλῶς ἄρχειν·
καὶ νῦν γ', ἔφη, ταὐτά μοι δοκεῖ ταῦτα, ὅταν πρὸς
αὐτὸ τὸ ἄρχειν σκοπῶν λογίζωμαι. ὅταν μέντοι γε πρὸς
ἄλλους ἀνθρώπους ἰδὼν κατανοήσω οἷοι ὄντες διαγίγ-
νονται ἄρχοντες καὶ οἷοι ὄντες ἀνταγωνισταὶ ἡμῖν ἔσον-
ται, πάνυ μοι δοκεῖ αἰσχρὸν εἶναι τὸ τοιούτους αὐτοὺς
ὄντας ὑποπτῆξαι καὶ μὴ ἐθέλειν ἰέναι αὐτοῖς ἀνταγω-
νιουμένους· οὕς, ἔφη, ἐγὼ αἰσθάνομαι ἀρξάμενος ἀπὸ
τῶν ἡμετέρων φίλων τούτων ἡγουμένους δεῖν τὸν ἄρ-
χοντα τῶν ἀρχομένων διαφέρειν τῷ καὶ πολυτελέστε-
ρον δειπνεῖν καὶ πλέον ἔχειν ἔνδον χρυσίον καὶ πλεί-
ονα χρόνον καθεύδειν καὶ πάντα ἀπονώτερον τῶν ἀρ-
χομένων διάγειν. ἐγὼ δὲ οἶμαι, ἔφη, τὸν ἄρχοντα οὐ
τῷ ῥᾳδιουργεῖν χρῆναι διαφέρειν τῶν ἀρχομένων, ἀλλὰ
τῷ προνοεῖν τε καὶ φιλοπονεῖν. Ἀλλά τοι, ἔφη, ὦ 9
παῖ, ἔστιν ἃ οὐ πρὸς ἀνθρώπους ἀγωνιστέον, ἀλλὰ

---

1 οὕτως ὄντος y*Π*. ‖ ὑφίστασθαι yR*Π*. 2 πάντα xzR. 3 πάντες codd. praeter *Π*. 4 τότε solus *Π*. ‖ εἶναι om. *Π*. 5 post τοῦτο add. ὅτε F, ὅτι D. 6 οὖν ante καὶ add. codd. praeter *Π*y. 7 γ' om. ER Stob. ‖ ταὐτά μοι δοκεῖ ταῦτα y et (om. ταῦτα) *Π* Stob., ταὐτά μοι τὰ αὐτὰ δοκεῖ xR et (om. δοκεῖ) z. 8 γε om. y [*Π*]. ‖ πρὸς del. Hartman. 9 οἷοί τε y et ut vid. *Π*. ‖ διαγίγνονται . . . 10 ὄντες om. xz. ‖ ἡμῶν y [*Π*]. 11 τὸ om. y et ut vid. *Π*. ‖ αὐτοὺς ὄντας om. z*Π*pr (corr. add. ὄντας). 13 ἀρξαμένους Hertlein. 14 τούτων] τοῦτο y. 15 καὶ om. y. 16 πλέον] πλεῖστον y. 20 τε om. xzR. ‖ φιλοπονεῖν προθυμούμενον xzRdf. 21 ante ἔστιν add. ἔνια xzR, del. Pantazides.

πρὸς αὐτὰ τὰ πράγματα, ὧν οὐ ῥᾴδιον εὐπόρως περιγενέσθαι. αὐτίκα δήπου οἶσθα ὅτι εἰ μὴ ἕξει τὰ ἐπιτήδεια ἡ στρατιά, καταλελύσεταί σου ἡ ἀρχή. Οὐκοῦν ταῦτα μέν, ἔφη, ὦ πάτερ, Κυαξάρης φησὶ παρέξειν τοῖς ἐντεῦθεν ἰοῦσι πᾶσιν ὁπόσοι ἂν ὦσι. Τούτοις δὴ σύ, ἔφη, ὦ παῖ, πιστεύων ἔρχῃ τοῖς παρὰ Κυαξάρου χρήμασιν; Ἔγωγε, ἔφη ὁ Κῦρος. Τί δέ, ἔφη, οἶσθα ὁπόσα αὐτῷ ἔστιν; Μὰ τὸν Δί', ἔφη ὁ Κῦρος, οὐ μὲν δή. Ὅμως δὲ τούτοις πιστεύεις τοῖς ἀδήλοις; ὅτι δὲ πολλῶν μὲν σοὶ δεήσει, πολλὰ δὲ καὶ ἄλλα νῦν ἀνάγκη δαπανᾶν αὐτόν, οὐ γιγνώσκεις; Γιγνώσκω, ἔφη ὁ Κῦρος. Ἐὰν οὖν, ἔφη, αὐτὸν ἐπιλίπῃ ἡ δαπάνη ἢ καὶ ἑκὼν ψεύσηται, πῶς σοι ἕξει τὰ τῆς στρατιᾶς; Δῆλον ὅτι οὐ καλῶς. ἀτάρ, ἔφη, ὦ πάτερ, σὺ εἰ ἐνορᾷς τινα πόρον καὶ ἀπ' ἐμοῦ ἂν προσγενόμενον, ἕως ἔτι ἐν

10 φιλίᾳ ἐσμέν, λέγε. Ἐρωτᾷς, ἔφη, ὦ παῖ, τοῦτο εἴ τις ἂν ἀπὸ σοῦ πόρος προσγένοιτο; ἀπὸ τίνος δὲ μᾶλλον εἰκός ἐστι πόρον γενέσθαι ἢ ἀπὸ τοῦ δύναμιν ἔχοντος;

---

1 εὐκόλως R. **2** οἶσθα ἔφη yg. ‖ ἡ στρατιὰ τὰ ἐπιτήδεια y. **3** καταλελύσεται Cobet, καταλύσεται codd. ‖ post σου add. εὐθὺς y. **5** πᾶσιν ἰοῦσιν y. ‖ τούτοις δὲ xy. **6** σὺ post παῖ y. ‖ ἔφη om. z. **7** ὁ . . . οἶσθα om. z. ‖ τί δέ, ἔφη, οἶσθα] οἶσθα δὲ ἔφη Π. **9** prius δὲ] δὴ Π, s. v. ομως δε. **10** σοὶ om. zV, οὐ Π. ‖ καὶ ἄλλα om. y. ‖ ἀνάγκηι Π. **11** αὐτὸν Π et y (sed soluto ordine: ἀν. αὐτὸν ν. δ.), ἐκεῖνον Hpr, ἐκεῖνο xAGR. ‖ οὐ om. Π; οὐ γιγνώσκεις om. y. **12** ἦν codd. praeter yΠ. ‖ αὐτὸν ἐπιλίπῃ Π, ἀπολείπῃ D, ὑπολείπῃ F, sed transp. post δαπάνη. ‖ ἢ om. Π. **13** ψεύσηται] ψεύδηται ΠF, ψεύσεται D, ψευδῆ ὦ παῖ AH, ψεύσεται ὦ παῖ G. ‖ σοι ἕξει] ὀρέξῃ AH, ἄρ' ἕξει G. **14** οὐ καλῶς δῆλον ὅτι y. ‖ ὦ πάτερ ἔφη y. **15** προσγιγνόμενον Πpr, προσγινόμενον xz. **16** τοῦτο add. Π et (sed ante ὦ παῖ) y, cet. om. ‖ εἴ τις Πy, τίς E, πῶς R, cet. ποῦ. **17** γένοιτο xzR. ‖ εἰκός ἐστι πόρον om. D, ἐστι om. ΠF. **18** προσγενέσθαι xzR.

σὺ δὲ πεζὴν μὲν δύναμιν ἔχων ἐνθένδε ἔρχῃ ἀνθ' ἧς εὖ οἶδ' ὅτι πολλαπλασίαν ἄλλην οὐκ ἂν δέξαιο, ἱππικὸν δέ σοι, ὅπερ κράτιστον, τὸ Μήδων σύμμαχον ἔσται. ποῖον οὖν ἔθνος τῶν πέριξ οὐ δοκεῖ σοι καὶ χαρίζεσθαι βουλόμενον ὑμῖν ὑπηρετήσειν καὶ φοβούμενον μή τι πάθῃ; ἃ χρή σε σὺν Κυαξάρῃ κοινῇ σκοπεῖσθαι μήποτ' ἐπιλίπῃ τι ὑμᾶς ὧν δεῖ ὑπάρχειν, καὶ ἔθους δὲ ἕνεκα μηχανᾶσθαι προσόδου πόρον. τόδε δὲ πάντων μάλιστά μοι μέμνησο μηδέποτε ἀναμένειν τὸ πορίζεσθαι τὰ ἐπιτήδεια ἔστ' ἂν ἡ χρεία σε ἀναγκάσῃ· ἀλλ' ὅταν μάλιστα εὐπορῇς, τότε πρὸ τῆς ἀπορίας μηχανῶ. καὶ γὰρ τεύξῃ μᾶλλον παρ' ὧν ἂν δέῃ μὴ ἀπορεῖν δοκῶν, καὶ ἀναίτιος ἔσῃ παρὰ τοῖς σαυτοῦ στρατιώταις ἐκ τούτου δὲ μᾶλλον καὶ ὑπ' ἄλλων αἰδοῦς τεύξῃ, καὶ ἄν τινας βούλῃ ἢ εὖ ποιῆσαι τῇ δυνάμει ἢ κακῶς, μᾶλλον ἕως ἂν ἔχωσι τὰ δέοντα οἱ στρατιῶται ὑπηρετήσουσί σοι, καὶ πειστικωτέρους, σάφ' ἴσθι, λόγους τότε δυνήσῃ λέγειν ὅτανπερ καὶ ἐνδείκνυσθαι μάλιστα δύνῃ καὶ εὖ ποιεῖν ἱκανὸς ὢν καὶ κακῶς. Ἀλλ', **11**

---

1 *δύναμιν μὲν* x. ‖ *ἐνθένδε ἔχων* codd. praeter y*Π*E. **2** *εὖ* om. codd. praeter y. **3** *σύμμαχον* om. R. **4** *δοκεῖ σοι*] *δοκεῖς Π*y. **6** *σὺν κυαξάρει κοινῇ Π*. **7** *ὑπολείπῃ* y. ‖ *ἡμᾶς* R. ‖ *δὲ* om. *Π*. **8** *μηχανώμενον Π*y. ‖ *τόδε*] *τὸ* z. **10** *ἔστ'*] *ἕως* R. ‖ *ὅτε . . . εὐπορεῖς* y. **11** *πρὸ τῆς ἀπορίας* del. Cobet N. L. 386. ‖ *μᾶλλον μηχανῶ Π*y. **12** *ἀπορεῖν δοκῶν Π*y, *ἄπορος δοκῶν εἶναι* cet. **13** post *καὶ* add. *ἔτι* codd. praeter *Π*y. ‖ *ἑαυτοῦ* F, *αὑτοῦ* A. **14** *δὴ* G. ‖ *ὑπὸ* (y add. *τῶν*) *ἄλλων Π*y. **15** *ἄν τινα* y. ‖ *ἢ* om. *Π*y. ‖ *τῇ δυνάμει* transp. post *βούλῃ* y. **16** *ἔχῃς Π*. ‖ *ἔχωσιν ὑπηρετήσουσί σοι οἱ στρατιῶται ἔχοντες τὰ δέοντα* y. **17** *πιστοτέρους* x, *πιστικωτέρους* (*αὖ* add. R) zR. ‖ *καὶ πιστικωτάτους δὲ λόγους σαφ' ἴσθι Π*y. **18** *δυνήσῃ λόγους* R. ‖ *δυνήσῃ τότε* codd. praeter *Π*y. ‖ *ὅτανπερ* y*Π*CR, *ὅσονπερ* E, *ὅσαπερ* G, *ὅθενπερ* AH. **19** *καὶ εὖ* transp. *Π*y post *ὢν*.

ἔφη, ὦ πάτερ, ἄλλως τέ μοι καλῶς δοκεῖς ταῦτα λέγειν πάντα, καὶ ὅτι ὧν μὲν νῦν λέγονται λήψεσθαι οἱ στρατιῶται, οὐδεὶς αὐτῶν ἐμοὶ τούτων χάριν εἴσεται· ἴσασι γὰρ ἐφ' οἷς αὐτοὺς Κυαξάρης ἐπάγεται συμμάχους· ὅ,τι δ' ἂν πρὸς τοῖς εἰρημένοις λαμβάνῃ τις, ταῦτα καὶ τιμὴν νομιοῦσι καὶ χάριν τούτων εἰκὸς εἰδέναι τῷ διδόντι. τὸ δὲ ἔχοντα δύναμιν ᾗ ἔστι μὲν φίλους εὖ ποιοῦντα ἀντωφελεῖσθαι, ἔστι δὲ ἐχθροὺς [ἔχοντα] πειρᾶσθαι τείσασθαι, ἔπειτ' ἀμελεῖν τοῦ ⟨σῖτον⟩ πορίζεσθαι, οἴει σύ, ἔφη, ἧττόν τι τοῦτο αἰσχρὸν εἶναι ἢ εἴ τις ἔχων μὲν ἀγρούς, ἔχων δὲ ἐργάτας οἷς ἂν ἐργάζοιτο, ἔπειτα ἐῴη τὴν ἀργοῦσαν ἀνωφέλητον εἶναι; Ὥς γ' ἐμοῦ, ἔφη, μηδέποτε ἀμελήσοντος τοῦ τὰ ἐπιτήδεια τοῖς στρατιώταις συμμηχανᾶσθαι μήτ' ἐν φιλίᾳ μήτ' ἐν πολεμίᾳ οὕτως ἔχε τὴν γνώμην.

12 Τί γάρ, ἔφη, ὦ παῖ, τῶν ἄλλων, ὧν ἐδόκει ποθ' ἡμῖν ἀναγκαῖον εἶναι μὴ παραμελεῖν, ἦ μέμνησαι; Εὖ γάρ, ἔφη, μέμνημαι ὅτε ἐγὼ μὲν πρὸς σὲ ἦλθον ἐπ'

---

1 δοκεῖς ταῦτα πάντα καλῶς ΠF. **2** πάντα om. D. ‖ ὧν] ἃ yRΠ corr. ‖ λέγονται λήψεσθαι xz, λήψονται yR, λήμψονται Π, ἡγοῦνται λήψεσθαι Richards. ‖ μὲν ὧν G. **3** τούτων om. Π. **4** ἄγεται κυαξάρης y. ‖ ἐπάγεται Cobet, ἄγεται codd. Π. **6** πλείστην add. D post, F ante εἰκός. **7** τὸ] τὸν y. Ab hac voce, Pantazidi si credis, Cambyses loqui incipit. **8** ποιοῦντας Πxz. ‖ ἐχθρῶς ἔχοντας Richards. **9** ἔχοντα del. Madvig. ‖ τείσασθαι ἔπειτ'] τι κτᾶσθαι ἀπ' αὐτῶν yR. ‖ <σῖτον> ego. **10** πορίζειν Π corr. DR. ‖ σύ ego, R τοι, cet. τι, del. Hartman. ‖ τι om. y. ‖ ἔφη τοῦτο αἰσχρὸν ἧττον εἶναι y, ἔφη ἧττόν τι τοῦτο αἰσχρὸν εἶναι Π. **11** ἔχων post ἀγροὺς transp. x. **12** ἐῴη δὴ ΠD. ‖ γῆν ἀργοῦσαν Π, γῆν ἀργεῖν (-ὴν D) οὖσαν y. **13** ὥς γ' ἐμοῦ Dind., ὥστε μου xz, ὡς ἐμοῦ y [Π] et R (sed γ' s. v.). **16** τῶν ἄλλων ὦ παῖ y. ‖ παῖ] πάτερ x. **17** παραμένειν xzR, παραμελεῖν yC γρ. E γρ. R s. v. ‖ μεμνῆσθαι zR. ‖ εὖ Jacob, οὐ codd. **18** μέμνησαι R. ‖ ὅτι yAHER.

ἀργύριον, ὅπως ἀποδοίην τῷ φάσκοντι στρατηγεῖν με πεπαιδευκέναι, σὺ δὲ ἅμα διδούς μοι ἐπηρώτας ὧδέ πως, Ἆρά γε, εἶπας, ὦ παῖ, ἐν τοῖς στρατηγικοῖς καὶ οἰκονομίας τί σοι ἐπεμνήσθη ὁ ἀνὴρ ᾧ τὸν μισθὸν φέρεις; οὐδὲν μέντοι ἧττον οἱ στρατιῶται τῶν ἐπιτηδείων δέονται ἢ οἱ ἐν οἴκῳ οἰκέται. ἐπεὶ δ' ἐγώ σοι λέγων τἀληθῆ εἶπον ὅτι οὐδ' ὁτιοῦν περὶ τούτου ἐπεμνήσθη, ἐπήρου με πάλιν εἴ τί μοι ὑγιείας πέρι ἢ ῥώμης ἔλεξεν, ὡς δεῆσον τούτων ὥσπερ καὶ τῆς στρατηγίας τὸν στρατηγὸν ἐπιμελεῖσθαι. ὡς δὲ καὶ 13 τοῦτ' ἀπέφησα, ἐπήρου με αὖ πάλιν εἴ τινας τέχνας ἐδίδαξεν, αἳ τῶν πολεμικῶν ἔργων κράτισται ἂν σύμμαχοι γένοιντο. ἀποφήσαντός δέ μου καὶ τοῦτο ἀνέκρινας αὖ σὺ καὶ τόδε εἴ τί μ' ἐπαίδευσεν ὡς ἂν δυναίμην στρατιᾷ προθυμίαν ἐμβαλεῖν, λέγων ὅτι τὸ πᾶν διαφέρει ἐν παντὶ ἔργῳ προθυμία ἀθυμίας. ἐπεὶ δὲ καὶ τοῦτο ἀνένευον, ἤλεγχες αὖ σὺ εἴ τινα λόγον ποιήσαιτο διδάσκων περὶ τοῦ πείθεσθαι τὴν στρατιάν, ὡς ἄν τις μάλιστα μηχανῷτο. ἐπεὶ δὲ καὶ τοῦτο παν- 14 τάπασιν ἄρρητον ἐφαίνετο, τέλος δή με ἐπήρου ὅ,τι ποτὲ διδάσκων στρατηγίαν φαίη με διδάσκειν. κἀγὼ

---

1 ἄργυρον z. ‖ με στρατηγεῖν y. **2** διδούς y, διαδούς xAH, διαδιδούς GR. ‖ ἐπερωτᾷς xzRpr. **3** γε om. CAHR. ‖ εἶπες zR, om. y. **6** οἱ om. CGD **7** ὅτι om. z. **8** πέρι ἔλεξε καὶ ῥώμης y. **9** δεῆσον FRHe (δεῆσσον E), δὲ ἧσσον C, δεῖσον Ah, δεήσοι GD. ‖ τούτων ὥσπερ καὶ] καὶ τούτων y. ‖ πρὸ τῆς y, ὑπὲρ τῆς z. **10** στρατείας y. **11** τοῦτ' ego, ταῦτ' codd. ‖ ἀπέφην z. ‖ εἴ τινα ἐπιμέλειαν ἐδίδαξέ με ὡς ἂν ἕκαστα τῶν πολεμίων (πολεμικῶν R) ἔργων κράτισται οἱ (ἂν R) σύμμαχοι γίγνοιντο (γένοιντο R) yR. **12** αἳ Pantazides, αἷς xz. ‖ κράτιστοι codd., corr. Hertlein. cf. Mem. II 1, 32. Cyr. III 2, 4. 20. **13** δή R. **16** τὸ πᾶν] ποτ' ἂν xz. ‖ ἐπειδὴ y. **19** ἐπειδὴ δὲ y. **20** δή με] δήπου x. ‖ ὅ,τι] τί y.

δὴ ἐνταῦθα ἀποκρίνομαι ὅτι τὰ τακτικά. καὶ σὺ γελάσας διῆλθές μοι παρατιθεὶς ἕκαστον τί εἴη ὄφελος στρατιᾷ τακτικῶν ἄνευ τῶν ἐπιτηδείων, τί δ' ἄνευ τοῦ ὑγιαίνειν, τί δ' ἄνευ τοῦ ἐπίστασθαι τὰς ηὑρημένας εἰς πόλεμον τέχνας, . . . τί δ' ἄνευ τοῦ πείθεσθαι. ὡς δέ μοι καταφανὲς ἐποίησας ὅτι μικρόν τι μέρος εἴη στρατηγίας τὰ τακτικά, ἐπερομένου μου εἴ τι τούτων σύ με διδάξαι ἱκανὸς εἴης, ἀπιόντα με ἐκέλευσας τοῖς στρατηγικοῖς νομιζομένοις ἀνδράσι διαλέγεσθαι
15 καὶ πυθέσθαι πῇ ἕκαστα τούτων γίγνεται. ἐκ τούτου δ' ἐγὼ συνῆν τούτοις, οὓς μάλιστα φρονίμους περὶ τούτων ἤκουον εἶναι. καὶ περὶ μὲν τροφῆς ἐπείσθην ἱκανὸν εἶναι ὑπάρχον ὅ,τι Κυαξάρης ἔμελλε παρέξειν ἡμῖν, περὶ δὲ ὑγιείας, ἀκούων καὶ ὁρῶν ὅτι καὶ πόλεις αἱ χρῄζουσαι ὑγιαίνειν ἰατροὺς αἱροῦνται καὶ οἱ στρατηγοὶ τῶν στρατιωτῶν ἕνεκεν ἰατροὺς συνεξάγουσιν, οὕτω καὶ ἐγὼ ἐπεὶ ἐν τῷ τέλει τούτῳ ἐγενόμην, εὐθὺς τούτου ἐπεμελήθην, καὶ οἶμαι, ἔφη, ὦ πάτερ, πάνυ ἱκανοὺς τὴν ἰατρικὴν τέχνην ἔχειν ἄνδρας μετ'
16 ἐμαυτοῦ. πρὸς τοῦτο δὴ ὁ πατὴρ εἶπεν, Ἀλλ', ὦ παῖ, ἔφη, οὗτοι μὲν οὓς λέγεις, ὥσπερ ἱματίων ῥαγέντων εἰσί τινες ἀκεσταί, οὕτω καὶ οἱ ἰατροί, ὅταν τινὲς

---

1 ἀπεκρινάμην y. 2 τί εἴη ὄφελος yR, ὅτι οὐδὲν ὄφελος εἴη xz. 3 στρατηγίᾳ yR. 4 εἰρημένας xzR. 5 τὸν πόλεμον R. || lacunam stat. Poppo cf. § 13. 19. 26. 6 δή μοι R. || ὅτι om. AH. || κατὰ μικρὸν xA. 7 δέ μου y. 9 ἀνδράσι νομιζομένοις εἶναι y. 10 πυνθάνεσθαι y. || ποῖ x. 11 δ' ἐγὼ συνῆν τούτοις xzR, δὴ συνῆν τούτοις ἐγώ y. 13 εἶναι ὑπάρχον (ὑπάρχων R) codd., ὑπάρχειν Hartman. 14 αἱ πόλεις y. 16 συνεξάγουσιν Nitsche, ἐξάγουσιν codd. 19 ἔχειν ἄνδρας μετ' ἐμαυτοῦ y. || ἐμοῦ R. 20 ταῦτα codd. praeter y. || ἔφη xz. || οὓς μέν G. 22 ἀκεσταί y, Photios ed. Reitzenstein, ἠπηταὶ xz et R (s. v. ῥαπταί).

νοσῶσι, τότε ἰῶνται τούτους· σοὶ δὲ τούτου μεγαλοπρεπεστέρα ἔσται ἡ τῆς ὑγιείας ἐπιμέλεια· τὸ γὰρ ἀρχὴν μὴ κάμνειν τὸ στράτευμα, τούτου σοι δεῖ μέλειν. Καὶ τίνα δὴ ἐγώ, ἔφη, ὦ πάτερ, ὁδὸν ἰὼν τοῦτο πράττειν ἱκανὸς ἔσομαι; Ἢν μὲν δήπου χρόνον τινὰ μέλλῃς ἐν τῷ αὐτῷ μένειν, ὑγιεινοῦ πρῶτον δεῖ στρατοπέδου μὴ ἀμελῆσαι· τούτου δὲ οὐκ ἂν ἁμάρτοις, ἄνπερ μελήσῃ σοι. καὶ γὰρ λέγοντες οὐδὲν παύονται οἱ ἄνθρωποι περί τε τῶν νοσηρῶν χωρίων καὶ περὶ τῶν ὑγιεινῶν· μάρτυρες δὲ σαφεῖς ἑκατέροις αὐτῶν παρίστανται τά τε σώματα καὶ τὰ χρώματα. ἔπειτα δὲ οὐ τὰ χωρία μόνον ἀρκέσει σκέψασθαι, ἀλλὰ μνήσθητι σὺ πῶς πειρᾷ σαυτοῦ ἐπιμελεῖσθαι ὅπως ὑγιαίνῃς. καὶ 17 ὁ Κῦρος εἶπε, Πρῶτον μὲν νὴ Δία πειρῶμαι μηδέποτε ὑπερεμπίπλασθαι· δύσφορον γάρ· ἔπειτα δὲ ἐκπονῶ τὰ εἰσιόντα· οὕτω γάρ μοι δοκεῖ ἥ τε ὑγίεια μᾶλλον παραμένειν καὶ ἰσχὺς προσγενέσθαι. Οὕτω τοίνυν, ἔφη, ὦ παῖ, καὶ τῶν ἄλλων δεῖ ἐπιμελεῖσθαι. Ἦ καὶ σχολή, ἔφη, ὦ πάτερ, ἔσται σωμασκεῖν τοῖς στρατιώταις; Οὐ μὰ Δί', ἔφη ὁ πατήρ, οὐ μόνον γε,

---

1 νοσήσωσι codd. praeter CR. || τότε καὶ C. **2** τις add. ante ἔσται Hartman. || τὸ] τοῦ R, ὥστε y. || τὴν ἀρχὴν xR. **4** δὴ y, δ' xzR. || ἔφη ἐγὼ R, ἔφη (om. ἐγὼ) y. **5** ἂν y. **6** δεῖ πρῶτον y. **7** μὴ ἀμελῆσαι] ἐπιμελεῖσθαι x. **8** μελήσῃ σοι] μελήσοι D, μέλῃ σοι FG. **9** οἱ om. xzR. || νοσωδῶν R. || post. περὶ om. R. **10** καὶ μάρτυρες δὲ y, μάρτυρας Hartman. **11** τά τε χρώματα καὶ τὰ σώματα x. || οὐ] οὐδέ x. **12** ἀρκεῖ xzR. || μνήσθητι y et (σὺ add.) G mg., μνησθῆναι R, μνησθῆναί τί (G τό) σοι GHpr, μνησθῆναι ἔτι σοι AH corr., μνησθῆναί τινος x. **13** πειρᾷ σὺ D. || ἐπιμελεῖσθαι σεαυτοῦ y. **14** νὴ δία πρῶτον μὲν x, πειρῶμαι νὴ δία y. **15** ὑπερπίμπλασθαι xAH. **16** ἥ τε] εἴτε AH. **17** ἰσχὺς] ἰσχυρῶς x, ἰσχυρὸς z. || προσγίνεσθαι y. **18** τοίνυν δὴ y. **19** ἔσται transp. z ante ἔφη, D post ἔφη, in R ἔσται et ἔφη mutant loca.

ἀλλὰ καὶ ἀνάγκη. δεῖ γὰρ δήπου στρατιάν, εἰ μέλλει πράξειν τὰ δέοντα, μηδέποτε παύεσθαι ἢ τοῖς πολεμίοις κακὰ πορσύνουσαν ἢ ἑαυτῇ ἀγαθά· ὡς χαλεπὸν μὲν καὶ ἕνα ἄνθρωπον ἀργὸν τρέφεσθαι, πολὺ δ' ἔτι χαλεπώτερον, ὦ παῖ, οἶκον ὅλον, πάντων δὲ χαλεπώτατον στρατιὰν ἀργὸν τρέφειν. πλεῖστά τε γὰρ τὰ ἐσθίοντα ἐν στρατιᾷ καὶ ἀπ' ἐλαχίστων ὁρμώμενα καὶ οἷς ἂν λάβῃ δαψιλέστατα χρώμενα, ὥστε οὔποτε ἀργεῖν

18 προσήκει στρατιάν. Λέγεις σύ, ἔφη, ὦ πάτερ, ὡς ἐμοὶ δοκεῖ, ὥσπερ οὐδὲ γεωργοῦ ἀργοῦ οὐδὲν ὄφελος, οὕτως οὐδὲ σρατηγοῦ ἀργοῦντος οὐδὲν ὄφελος εἶναι. Τὸν δέ γε ἐργάτην στρατηγὸν ἐγώ, ἔφη, ἀναδέχομαι, ἤν μή τις θεὸς βλάπτῃ, ἅμα καὶ τὰ ἐπιτήδεια μάλιστα ἔχοντας τοὺς στρατιώτας ἀποδείξειν καὶ τὰ σώματα ἄριστα ἔχοντας παρασκευάσειν. Ἀλλὰ μέντοι, ἔφη, τό γε μελετᾶσθαι ἕκαστα τῶν πολεμικῶν ἔργων, ἀγῶνας ἄν τίς μοι δοκεῖ, ἔφη, ὦ πάτερ, προειπὼν ἑκάστοις καὶ ἆθλα προτιθεὶς μάλιστα ἂν ποιεῖν εὖ ἀσκεῖσθαι ἕκαστα, ὥστε ὁπότε δέοιτο ἔχειν ἂν παρεσκευασμένοις χρῆσθαι. Κάλλιστα λέγεις, ἔφη, ὦ παῖ· τοῦτο γὰρ ποιήσας, σάφ' ἴσθι, ὥσπερ χοροὺς τὰς τάξεις ἀεὶ τὰ προσήκοντα μελετώσας θεάσῃ.

---

3 ἑαυτοῖς y. **4** πολὺ δ' ἔτι] πάντα δὲ G. || δ' ἔτι] δέ τοι R. **6** ἀργὴν xF Stob. || τε om. y. **8** δαψιλέστερα x. || οὐδέποτε y. || ἀργεῖν προσήκει στρατιάν R, προσήκει στρατιὰν ἀργεῖν y, ἀργὴν δεήσοι στρατιάν x, δεήσει στρατιὰν ἀργεῖν G Stob. **9** ἐμοὶ ὡς G. **10** ὥσπερ y, ὅτιπερ HprR, ὅτι ὡς x, ὅτιπερ ὡς H corr. G, ὅτι περὶ A. || ἀργοῦ om. xzR. **11** ἀργοῦ y. || οὐδὲν ὄφελος εἶναι del. Cobet, sed 10 ὅτι ὥσπερ praefert. **12** τὸν δὲ στρατηγὸν ἐργάτην ἔγωγε y. **15** ἔφη transp. post μελετᾶσθαι y. **16** ἀγῶνα CAHR, ἀγών E. **17** τίς] τινας y, τινα R. || ἔφη om. yR, ἔφη εἶναι x. **18** ἂν om. z. || εὖ om. y. **19** ὥστε ἕκαστα xzR.

Ἀλλὰ μήν, ὁ Κῦρος ἔφη, εἴς γε τὸ προθυμίαν 19 □ ἐμβαλεῖν στρατιώταις οὐδὲν μοι δοκεῖ ἱκανώτερον εἶναι ἢ τὸ δύνασθαι ἐλπίδας ἐμποιεῖν ἀνθρώποις. Ἀλλ', ἔφη, ὦ παῖ, τοῦτό γε τοιοῦτόν ἐστιν οἷόνπερ εἴ τις κύνας ἐν θήρᾳ ἀνακαλοῖτο ἀεὶ τῇ κλήσει ᾗπερ ὅταν τὸ θηρίον ὁρᾷ. τὸ μὲν γὰρ πρῶτον προθύμως εὖ οἶδ' ὅτι ἔχει ὑπακούσας· ἢν δὲ πολλάκις ψεύδηται αὐτάς, τελευτῶσαι οὐδ' ὁπόταν ἀληθῶς ὁρῶν καλῇ πείθονται αὐτῷ. οὕτω καὶ τὸ περὶ τῶν ἐλπίδων ἔχει· ἢν πολλάκις προσδοκίας ἀγαθῶν ἐμβαλὼν ψεύδηταί τις, οὐδ' ὁπόταν ἀληθεῖς ἐλπίδας λέγῃ ὁ τοιοῦτος πείθειν δύναται. ἀλλὰ τοῦ μὲν αὐτὸν λέγειν ἃ μὴ σαφῶς εἰδείη εἴργεσθαι δεῖ, ὦ παῖ, ἄλλοι δ' ἐνετοὶ λέγοντες ταὔτ' ἂν διαπράττοιεν· τὴν δ' αὐτοῦ παρακέλευσιν εἰς τοὺς μεγίστους κινδύνους δεῖ ὡς μάλιστα ἐν πίστει διασῴζειν. Ἀλλὰ ναὶ μὰ τὸν Δί', ἔφη ὁ Κῦρος, ὦ πάτερ, καλῶς μοι δοκεῖς λέγειν, καὶ ἐμοὶ οὕτως ἥδιον. τό γε 20 μὴν πειθομένους παρέχεσθαι τοὺς στρατιώτας, οὐκ ἀπείρως μοι δοκῶ αὐτοῦ ἔχειν, ὦ πάτερ· σύ τε γάρ με εὐθὺς τοῦτο ἐκ παιδίου ἐπαίδευες, σαυτῷ πείθεσθαι ἀναγκάζων· ἔπειτα τοῖς διδασκάλοις παρέδωκας,

---

1 ἔφη ὁ κῦρος yE. ‖ εἰς om. y. ‖ γε τὸ R, τε τὸ xz, τό τε y. ‖ προθυμίας G. 3 ἐλπίδας ἀγαθὰς y. ‖ ἀλλ'] ἀλλὰ μὴν y. 5 θήραις y. ‖ τῇ <αὐτῇ> κλήσει Hartman. ‖ ᾗπερ οἵαπερ D Stob. 6 ὁρῶσι F. ‖ εὖ om. y. 7 ἕξει Richards. ‖ ὑπακοῦσαι xzR. 8 τελευτώσας xz. ‖ πείσονται Richards. 9 τὸ om. AGD. 10 ἐμβάλλων z. ‖ τελευτῶν οὐδ' y. 12 εἰδείη] οἶδεν C, οἶδε λέγειν E. 13 εἴργεσθαι xz, φείδεσθαι yR. ‖ ἐνετοὶ Dind., ἐνίοτε xyG (i. ras.), αἴνεται AH, om. R. ‖ ταὔτ' zR, ταῦτα x, ταυτὸ D, τοῦτο F. 14 διαπράττοιεν ἄν y. ‖ αὑτοῦ R, ἑαυτοῦ F. ‖ παρόρμησιν y. 16 καλῶς μοι ὦ πάτερ G. 17 τοῦ γε R. 19 αὐτοῦ om. y. ‖ τε] γε D, om. z. 20 σαυτῷ] σοι R, αὐτόν y.

καὶ ἐκεῖνοι αὖ τὸ αὐτὸ τοῦτο ἔπραττον· ἐπεὶ δ' ἐν τοῖς ἐφήβοις ἦμεν, ὁ ἄρχων τοῦ αὐτοῦ τούτου ἰσχυρῶς ἐπεμελεῖτο· καὶ οἱ νόμοι δέ μοι δοκοῦσιν οἱ πολλοὶ ταῦτα δύο μάλιστα διδάσκειν, ἄρχειν τε καὶ ἄρχεσθαι. καὶ τοίνυν κατανοῶν περὶ τούτων ἐν πᾶσιν ὁρᾶν μοι δοκῶ τὸ προτρέπον πείθεσθαι μάλιστα ὂν τὸ τὸν μὲν πειθόμενον ἐπαινεῖν τε καὶ τιμᾶν, τὸν δὲ ἀπειθοῦντα
21 ἀτιμάζειν τε καὶ κολάζειν. Καὶ ἐπὶ μέν γε τὸ ἀνάγκῃ ἕπεσθαι αὕτη, ὦ παῖ, ἡ ὁδός ἐστιν· ἐπὶ δὲ τὸ κρεῖττον τούτου πολύ, τὸ ἑκόντας πείθεσθαι, ἄλλη ἐστὶ συντομωτέρα. ὃν γὰρ ἂν ἡγήσωνται περὶ τοῦ συμφέροντος ἑαυτοῖς φρονιμώτερον ἑαυτῶν εἶναι, τούτῳ οἱ ἄνθρωποι ὑπερηδέως πείθονται. γνοίης δ' ἂν ὅτι τοῦθ' οὕτως ἔχει ἐν ἄλλοις τε πολλοῖς καὶ δὴ καὶ ἐν τοῖς κάμνουσιν, ὡς προθύμως τοὺς ἐπιτάξοντας ὅ,τι χρὴ ποιεῖν καλοῦσι· καὶ ἐν θαλάττῃ δὲ ὡς προθύμως τοῖς κυβερνήταις οἱ συμπλέοντες πείθονται· καὶ οὕς γ' ἂν νομίσωσί τινες βέλτιον αὐτῶν ὁδοὺς εἰδέναι, ὡς ἰσχυρῶς τούτων οὐδὲ ἀπολείπεσθαι θέλουσιν. ὅταν δὲ οἴωνται πειθόμενοι κακόν τι λήψεσθαι, οὔτε ζημίαις πάνυ τι θέλουσιν εἴκειν οὔτε δώροις ἐπαίρεσθαι. οὐδὲ γὰρ δῶρα ἐπὶ τῷ αὑτοῦ κακῷ ἑκὼν οὐδεὶς λαμβάνει.
22 Λέγεις σύ, ὦ πάτερ, ἔφη, εἰς τὸ πειθομένους ἔχειν

---

1 αὖ om. z. || ἐπεὶ δ'] ἔπειτα ὡς y. 2 τοῦ] ἡμῶν y. 3 οἱ πολλοὶ δοκοῦσί μοι y. 5 ἅπασιν y. 6 πρέπον x. || μὲν om. xzR. 7 τε om. xzR. 9 ἕπεσθαι] πείθεσθαι ἔφη y. || ante κρεῖττον transp. πολύ y. 10 ἑκόντα y. 11 συντομωτέρα ὁδός y. || τὰ συμφέροντα y. 12 αὐτοῖς yR. || αὐτῶν R. 17 γ'] δ' R. 18 νομίζωσι y. || αὐτῶν xzR, ἑαυτῶν y. 19 τούτου z. || ἐθέλουσιν y. || ὅτε x, ὁπότε D, ὁπόταν F. 20 οἴωνται GHR corr., οἴονται xyARpr. 21 τι] τοι R, om. x. || θέλουσιν yR. 22 τὰ δῶρα y. || ἑαυτοῦ yG, αὐτοῦ AH, αὐτῷ x. 23 ἔφη ante ὦ πάτερ

οὐδὲν εἶναι ἀνυσιμώτερον τοῦ φρονιμώτερον δοκεῖν
εἶναι τῶν ἀρχομένων. Λέγω γὰρ οὖν, ἔφη. Καὶ πῶς
δή τις ἄν, ὦ πάτερ, τοιαύτην δόξαν τάχιστα περὶ
αὐτοῦ παρασχέσθαι δύναιτο; Οὐκ ἔστιν, ἔφη, ὦ παῖ,
συντομωτέρα ὁδὸς περὶ ὧν βούλει, δοκεῖν φρόνιμος
εἶναι ἢ τὸ γενέσθαι περὶ τούτων φρόνιμον. καθ' ἓν
δ' ἕκαστον σκοπῶν γνώσῃ ὅτι ἐγὼ ἀληθῆ λέγω. ἢν
γὰρ βούλῃ μὴ ὢν ἀγαθὸς γεωργὸς δοκεῖν εἶναι [ἀγα-
θός], ἢ ἱππεὺς ἢ ἰατρὸς ἢ αὐλητὴς ἢ ἄλλ' ὁτιοῦν, ἐν-
νόει πόσα σε δέοι ἂν μηχανᾶσθαι τοῦ δοκεῖν ἕνεκα.
καὶ εἰ δὴ πείσαις ἐπαινεῖν τέ σε πολλούς, ὅπως δόξαν
λάβοις, καὶ κατασκευὰς καλὰς ἐφ' ἑκάστῳ αὐτῶν κτή-
σαιο, ἄρτι τε ἐξηπατηκὼς εἴης ἂν καὶ ὀλίγῳ ὕστερον,
ὅπου πεῖραν δοίης, ἐξεληλεγμένος ἂν προσέτι καὶ ἀλα-
ζὼν φαίνοιο. Φρόνιμος δὲ περὶ τοῦ συνοίσειν μέλλον- 23
τος πῶς ἄν τις τῷ ὄντι γένοιτο; Δῆλον, ἔφη, ὦ παῖ,
ὅτι ὅσα μὲν ἔστι μαθόντα εἰδέναι, μαθὼν ἄν, ὥσπερ
τὰ τακτικὰ ἔμαθες· ὅσα δὲ ἀνθρώποις οὔτε μαθητὰ
οὔτε προορατὰ ἀνθρωπίνῃ προνοίᾳ, διὰ μαντικῆς ἂν
παρὰ θεῶν πυνθανόμενος φρονιμώτερος ἄλλων εἴης·
ὅ,τι δὲ γνοίης βέλτιον ὂν πραχθῆναι, ἐπιμελόμενος
ἂν τούτου ὡς ἂν πραχθείη. καὶ γὰρ τὸ ἐπιμελεῖσθαι
οὗ ἂν δέῃ φρονιμώτερον ἂν ἢ τὸ ἀμελεῖν. Ἀλλὰ 24

---

transp. y, om. z. **1** *ἀνυτικώτερον* y. **4** *αὐτοῦ* AH. ‖ *ἔφη* om. z. **5** post *ὁδὸς* add. *ἐπὶ τὸ* Hug. ‖ *ἂν βούλῃ* D. **7** ante *γνώσῃ* add. *περὶ τούτων* R. ‖ *ἐγὼ* om. z. **8** [*ἀγαθὸς*] ego. **9** *ἄλλο τι ὁτιοῦν* R. **10** *σοὶ δέοι ἂν* xAH, *γε ἂν δέοι σε* y. **11** *δὴ* om. C. **12** *λάβῃς* xyRG. **13** *ὀλίγον* AH. **14** post *ὅπου* add. *ἂν* zR. ‖ *ἐξεληλεγμένος τ' ἂν εἴης καὶ προσέτι ἀλαζών* y. **16** post *δῆλον* transp. *ὅτι* y. **20** *ἂν εἴης* yg. **21** *ὂν* om. xzR. **22** post. *ἂν* om. y. ‖ *τοῦ ἐπιμελεῖσθαι* R. **23** *τούτου οὗ* y. ‖ *φρονιμώτερον ἂν* ego cf. I 4, 12, *φρονιμωτέρου ἀν-*

μέντοι ἐπὶ τὸ φιλεῖσθαι ὑπὸ τῶν ἀρχομένων, ὅπερ
ἔμοιγε ἐν τοῖς μεγίστοις δοκεῖ εἶναι, δῆλον ὅτι ἡ αὐτὴ
ὁδὸς ἥπερ εἴ τις ὑπὸ τῶν φίλων στέργεσθαι ἐπιθυ-
μοίη· εὖ γὰρ οἶμαι δεῖν ποιοῦντα φανερὸν εἶναι.
Ἀλλὰ τοῦτο μέν, ἔφη, ὦ παῖ, χαλεπὸν τὸ ἀεὶ δύνασθαι
εὖ ποιεῖν οὓς ἄν τις ἐθέλῃ· τὸ δὲ συνηδόμενόν τε
φαίνεσθαι, ἤν τι ἀγαθὸν αὐτοῖς συμβαίνῃ, καὶ συν-
αχθόμενον, ἤν τι κακόν, καὶ συνεπικουρεῖν προθυμού-
μενον ταῖς ἀπορίαις αὐτῶν, καὶ φοβούμενον μή τι
σφαλῶσι, καὶ προνοεῖν πειρώμενον ὡς μὴ σφάλλων-
25 ται, ταῦτά πως δεῖ μᾶλλον συμπαρομαρτεῖν. καὶ ἐπὶ
τῶν πράξεων δέ, ἢν μὲν ἐν θέρει ὦσι, τὸν ἄρχοντα
δεῖ τοῦ ἡλίου πλεονεκτοῦντα φανερὸν εἶναι· ἢν δὲ ἐν
χειμῶνι, τοῦ ψύχους· ἢν δὲ δέῃ μοχθεῖν, τῶν πόνων·
πάντα γὰρ ταῦτα εἰς τὸ φιλεῖσθαι ὑπὸ τῶν ἀρχομέ-
νων συλλαμβάνει. Λέγεις σύ, ἔφη, ὦ πάτερ, ὡς καὶ
καρτερώτερον δεῖ πρὸς πάντα τὸν ἄρχοντα τῶν ἀρχο-
μένων εἶναι. Λέγω γὰρ οὖν, ἔφη. θάρρει μέντοι
τοῦτο, ὦ παῖ· εὖ γὰρ ἴσθι ὅτι τῶν ὁμοίων σωμάτων
οἱ αὐτοὶ πόνοι οὐχ ὁμοίως ἅπτονται ἄρχοντός τε ἀν-
δρὸς καὶ ἰδιώτου, ἀλλ' ἐπικουφίζει τι ἡ τιμὴ τοὺς
πόνους τῷ ἄρχοντι καὶ αὐτὸ τὸ εἰδέναι ὅτι οὐ λαν-
θάνει ὅ,τι ἂν ποιῇ.

δρός codd. **1** ἐπί γε τὸ y. || φιλεῖσθαι post ἀρχομένων G. || ὑπὸ om. R. **5** ἔφη om. C. || τὸ ἀεὶ δύνασθαι εὖ ποιεῖν yR, τὸ ἀεὶ ποιεῖν δύνασθαι εὖ ποιεῖν C, τὸ ἀεὶ εὖ ποιεῖν δύνασθαι E, ποιεῖν δύνασθαι εὖ ποιεῖν z. **6** θέλῃ z. **8** προφοβούμενον yg. **10** σφαλῶσι] σφαλῶνται AH. **11** ταῦτα Stob., ἐπὶ ταῦτα codd. || ἐπὶ F in ras., τὸ D. **14** δέῃ μοχθεῖν xyR Stob., διὰ μόχθων z. **15** ὑπὸ] παρὰ x. **17** καρτερικώτερον Cameracius, Hartman. **18** εἶναι om. D, μᾶλλον εἶναι F. **19** τοῦτο post ἴσθι transp. y. **22** αὐτὸ τὸ] τὸ αὐτὸν y. **23** ποιοίη y.

Ὁπότε δέ, ὦ πάτερ, ἤδη ἔχοιεν μὲν τὰ ἐπιτήδεια 26 οἱ στρατιῶται, ὑγιαίνοιεν δέ, πονεῖν δὲ δύναιντο, τὰς δὲ πολεμικὰς τέχνας ἠσκηκότες εἶεν, φιλοτίμως δ' ἔχοιεν πρὸς τὸ ἀγαθοὶ φαίνεσθαι, τὸ δὲ πείθεσθαι αὐτοῖς ἥδιον εἴη τοῦ ἀπειθεῖν, οὐκ ἂν τηνικαῦτα σωφρονεῖν ἄν τίς σοι δοκοίη διαγωνίζεσθαι βουλόμενος πρὸς τοὺς πολεμίους ὡς τάχιστα; Ναὶ μὰ Δί', ἔφη, εἰ μέλλει γε πλέον ἕξειν· εἰ δὲ μή, ἔγωγε ἂν ὅσῳ οἰοίμην καὶ αὐτὸς βελτίων εἶναι καὶ τοὺς ἑπομένους βελτίονας ἔχειν, τόσῳ ἂν μᾶλλον φυλαττοίμην, ὥσπερ καὶ τἆλλα ἃ ἂν οἰώμεθα πλείστου ἡμῖν ἄξια εἶναι, ταῦτα πειρώμεθα ὡς ἐν ἐχυρωτάτῳ ποιεῖσθαι. Πλέον δ' ἔχειν, ὦ πάτερ, πολεμίων πῶς ἄν τις δύναιτο μάλιστα; 27 Οὐ μὰ Δί', ἔφη, οὐκέτι τοῦτο φαῦλον, ὦ παῖ, οὐδ' ἁπλοῦν ἔργον ἐρωτᾷς· ἀλλ' εὖ ἴσθι ὅτι δεῖ τὸν μέλλοντα τοῦτο ποιήσειν καὶ ἐπίβουλον εἶναι καὶ κρυψίνουν καὶ δολερὸν καὶ ἀπατεῶνα καὶ κλέπτην καὶ ἅρπαγα καὶ ἐν παντὶ πλεονέκτην τῶν πολεμίων. καὶ ὁ Κῦρος ἐπιγελάσας εἶπεν, Ὦ Ἡράκλεις, οἷον σὺ λέγεις, ὦ πάτερ, δεῖν ἄνδρα με γενέσθαι. Οἷος ἂν ⟨ὢν⟩, ἔφη, ὦ παῖ, δικαιότατός τε καὶ νομιμώτατος ἀνὴρ εἴης. Πῶς μήν, ἔφη, παῖδας ὄντας 28 ἡμᾶς καὶ ἐφήβους τἀναντία τούτων ἐδιδάσκετε; Ναὶ μὰ Δί', ἔφη, καὶ νῦν γε πρὸς τοὺς φίλους τε καὶ τοὺς πολί-

1 ante ἤδη add. σοι xzR. ‖ μὲν om. R. 2 ὑγιαίνοιέν τε πονεῖν τε xzR. 5 εἴη] ᾖ xz, ἢ R. ‖ τοῦ] τὸ R. ‖ post οὐκ ἂν add. ἤδη y. 8 μέλλοι codd. praeter xR. ‖ γε om. R. ‖ ἔγωγε ὅσῳ ἂν οἴωμαι R. ‖ ἂν om. z. 10 τόσῳ δ' y Stob. 11 ἃ ἂν xRD, ἃ δ' ἂν z, ἂν F. ‖ ἄξια ἡμῖν y. 15 οὐδ' ἁπλοῦν] οὐδαμῶς z Dind., i. ras. G. 21 <ὤν> Hertlein. 22 εἴη yΠ_2. 24 νῦν γε πρὸς yΠ_2. ‖ φίλους γε Hartman. ‖ τοὺς πολίτας Π_2, πρὸς τοὺς πολίτας y.

τας· ὅπως δέ γε τοὺς πολεμίους δύναισθε κακῶς ποιεῖν οὐκ οἶσθα μανθάνοντας ὑμᾶς πολλὰς κακουργίας; Οὐ δῆτα, ἔγωγε, ἔφη, ὦ πάτερ. Τίνος μὴν ἕνεκα, ἔφη, ἐμανθάνετε τοξεύειν; τίνος δ' ἕνεκα ἀκοντίζειν; τίνος δ' ἕνεκα δολοῦν ὗς ἀγρίους πλέγμασι καὶ ὀρύγμασι; τί δ' ἐλάφους ποδάγραις καὶ ἁρπεδόναις; τί δὲ λέουσι καὶ ἄρκτοις καὶ παρδάλεσιν οὐκ εἰς τὸ ἴσον καθιστάμενοι ἐμάχεσθε, ἀλλὰ μετὰ πλεονεξίας τινὸς αἰεὶ, ἐπειρᾶσθε ἀγωνίζεσθαι πρὸς αὐτά; ἢ οὐ πάντα γιγνώσκεις ταῦτα ὅτι κακουργίαι τέ εἰσι καὶ
29 ἀπάται καὶ δολώσεις καὶ πλεονεξίαι; Ναὶ μὰ Δί', ἔφη ὁ Κῦρος, θηρίων γε· ἀνθρώπων δ' εἰ καὶ δόξαιμι βούλεσθαι ἐξαπατῆσαί τινα, πολλὰς πληγὰς οἶδα λαμβάνων. Οὐδὲ γὰρ τοξεύειν, ἔφη, οἶμαι, οὐδὲ ἀκοντίζειν ἄνθρωπον ἐπετρέπομεν ὑμῖν, ἀλλ' ἐπὶ σκοπὸν βάλλειν ἐδιδάσκομεν, ἵνα γε νῦν μὲν μὴ κακουργοίητε τοὺς φίλους, εἰ δέ ποτε πόλεμος γένοιτο, δύναισθε καὶ ἀνθρώπων στοχάζεσθαι καὶ ἐξαπατᾶν δὲ καὶ πλεονεκτεῖν οὐκ ἐν ἀνθρώποις ἐπαιδεύομεν ὑμᾶς, ἀλλ' ἐν θηρίοις, ἵνα μηδ' ἐν τούτοις τοὺς φίλους βλάπτοιτε, εἰ δέ ποτε πόλε-
30 μος γένοιτο, μηδὲ τούτων ἀγύμναστοι εἴητε. Οὐκοῦν, ἔφη, ὦ πάτερ, εἴπερ χρήσιμά ἐστιν ἀμφότερα ἐπίστα-

---

1 δύνασθε CAF, δύνασθαι D. 3 ἔγωγε ἔφη $Π_2$, ἔγωγ' ἔφη y, ἔφη ἔγωγε cet. || ἔφη ἕνεκα y$Π_2$. 4 μανθάνετε z. || ἕνεκα om. x. 5 δολοῦν FRHpr, δουλοῦν cet. $Π_2$. || καὶ ante πλέγμασι add. codd. praeter y$Π_2$. 8 μάχεσθε xz. 9 ἀεὶ yE$Π_2$. || ἐπειρῶσθε C, ἐπαίρεσθαι z (sed H corr.). || ἀγωνίζεσθε z. || αὐτά] ταῦτα y et fort. $Π_2$. 10 γιγνώσκεις ὅτι ταῦτα πάντα y$Π_2$. || τέ εἰσι] τινὲς y, τ εισι $Π_2$. 12 ὁ κῦρος om. codd. praeter y$Π_2$. 14 ἔφη οἶμαι D$Π_2$, οἶμαι ἔφη F, οἶμαι cet. 15 ἐπὶ σκοποῦ ἐδιδάξαμεν (om. βάλλειν) y$Π_2$. 17 δύναισθε . . . 21 γένοιτο om. E. 18 δὲ om. zCR. 20 βλάπτητε R. 21 μηδὲ] μηδέποτε z.

σθαι, εὖ τε ποιεῖν καὶ κακῶς ἀνθρώπους, καὶ διδά-
σκειν ἀμφότερα ταῦτα ἔδει ἐν ἀνθρώποις. Ἀλλὰ λέ- 31
γεται, ἔφη, ὦ παῖ, ἐπὶ τῶν ἡμετέρων προγόνων γε-
νέσθαι ποτὲ ἀνὴρ διδάσκαλος τῶν παίδων, ὃς ἐδίδα-
σκεν ἄρα τοὺς παῖδας τὴν δικαιοσύνην, ὥσπερ σὺ
κελεύεις, μὴ ψεύδεσθαι καὶ ψεύδεσθαι, καὶ μὴ ἐξαπα-
τᾶν καὶ ἐξαπατᾶν, καὶ μὴ διαβάλλειν καὶ διαβάλλειν,
καὶ μὴ πλεονεκτεῖν καὶ πλεονεκτεῖν. διώριζε δὲ τού-
των ἅ τε πρὸς τοὺς φίλους ποιητέον καὶ ἃ πρὸς τοὺς
ἐχθρούς. καὶ ἔτι γε ταῦτα ἐδίδασκεν ὡς καὶ τοὺς φίλους
δίκαιον εἴη ἐξαπατᾶν ἐπί γε ἀγαθῷ, καὶ κλέπτειν τὰ
τῶν φίλων ἐπὶ ἀγαθῷ. ταῦτα δὲ διδάσκοντα ἀνάγκη 32
καὶ γυμνάζειν ἦν πρὸς ἀλλήλους τοὺς παῖδας ταῦτα
ποιεῖν, ὥσπερ καὶ ἐν πάλῃ φασὶ τοὺς Ἕλληνας δι-
δάσκειν ἐξαπατᾶν, καὶ γυμνάζειν δὲ τοὺς παῖδας πρὸς
ἀλλήλους τοῦτο δύνασθαι ποιεῖν. γενόμενοι οὖν τινες
οὕτως εὐφυεῖς καὶ πρὸς τὸ ἐξαπατᾶν καὶ πρὸς τὸ
πλεονεκτεῖν, ἴσως δὲ καὶ πρὸς τὸ φιλοκερδεῖν οὐκ
ἀφυεῖς ὄντες, οὐκ ἀπείχοντο οὐδὲ ἀπὸ τῶν φίλων τὸ
μὴ οὐχὶ πλεονεκτεῖν αὐτῶν πειρᾶσθαι. ἐγένετο οὖν ἐκ 33
τούτων ῥήτρα, ᾗ καὶ νῦν χρώμεθα ἔτι, ἁπλῶς διδά-
σκειν τοὺς παῖδας ὥσπερ τοὺς οἰκέτας πρὸς ἡμᾶς αὐ-
τοὺς διδάσκομεν ἀληθεύειν καὶ μὴ ἐξαπατᾶν καὶ μὴ

---

2 ἐν yc, ἐπ' cet. 5 καὶ σὺ R. 9 ποιητέον ἦν y. || τοὺς ἐχθρούς yE. 10 ἔτι γε Dind., ἔτι R, ἔτι δὲ προβὰς y, ἐπί γε xG, ἐπί γε καὶ AHc. || ἐδίδασκέ τε G. 12 ἐπί γε y. || ταῦτα δὲ] ταῦτα y, καὶ ταῦτα δὲ AEc, καὶ τάδε G. 16 οὖν] δὲ G. 17 ante ἐξαπατᾶν et 18 ante πλεονεκτεῖν add. εὖ codd. praeter y. || post. πρὸς τὸ om. R. 19 ἀπὸ om. R. 20 οὐχὶ xyR. οὐ cet. || παρ' αὐτῶν yERc. 21 φρήτρα xz. || ἔτι om. z. 23 ἐδιδάσκομεν R. || post ἐξαπατᾶν add. μηδὲ κλέπτειν y cf. I 2, 2. || καὶ μὴ] μηδὲ yE.

πλεονεκτεῖν· εἰ δὲ παρὰ ταῦτα ποιοῖεν, κολάζειν, ὅπως σὺν τοιούτῳ ἔθει [ἐθισθέντες] πρᾳότεροι πολῖται γέ-
34 νοιντο. ἐπεὶ δὲ ἔχοιεν τὴν ἡλικίαν ἣν καὶ σὺ νῦν ἔχεις, ἤδη καὶ τὰ πρὸς τοὺς πολεμίους νόμιμα ἐδόκει ἀσφαλὲς εἶναι διδάσκειν. οὐ γὰρ ἂν ἔτι ἐξενεχθῆναι δοκεῖτε πρὸς τὸ ἄγριοι πολῖται γενέσθαι ἐν τῷ αἰδεῖσθαι ἀλλήλους συντεθραμμένοι ὥσπερ γε καὶ περὶ ἀφροδισίων οὐ διελεγόμεθα πρὸς τοὺς ἄγαν νέους, ἵνα μὴ πρὸς τὴν ἰσχυρὰν ἐπιθυμίαν αὐτοῖς ῥᾳδιουργίας προσγενομένης
35 ἀμέτρως αὐτῇ χρῷντο οἱ νέοι. Νὴ Δί', ἔφη ὡς τοίνυν ὀψιμαθῆ ὄντα ἐμὲ τούτων τῶν πλεονεξιῶν, ὦ πάτερ, μὴ φείδου εἴ τι ἔχεις διδάσκειν ὅπως πλεονεκτήσω ἐγὼ τῶν πολεμίων. Μηχανῶ τοίνυν, ἔφη, ὅπως εἰς τὴν δύναμιν τεταγμένοις τε τοῖς σαυτοῦ ἀτάκτους λαμβάνῃς τοὺς πολεμίους καὶ ὡπλισμένοις ἀόπλους καὶ ἐγρηγορόσι καθεύδοντας καὶ φανερούς σοι ὄντας ἀφανὴς ὢν αὐτὸς ἐκείνοις καὶ ἐν δυσχωρίᾳ αὐτοὺς γιγνο-
36 μένους ἐν ἐρυμνῷ αὐτὸς ὢν ὑποδέξῃ. Καὶ πῶς ἄν, ἔφη, τις τοιαῦτα, ὦ πάτερ, ἁμαρτάνοντας δύναιτ' ἂν τοὺς πολεμίους λαμβάνειν; Ὅτι, ἔφη, ὦ παῖ, πολλὰ

---

1 τὸν δὲ παρὰ ταῦτα ποιοῦντα y. **2** σὺν τοιούτῳ y. || [ἐθισθέντες] Lincke. **3** ἣν] ἥνπερ y. || καὶ ante σὺ om. codd. praeter xyR. **4** ἐδόκει transp. post διδάσκειν y. **5** οὐδὲ γὰρ ἔτι ἂν y. **6** ἀλλήλοις z. **8** διελεγόμεθα G. Sauppe, διαλεγόμεθα codd. || πρὸς τῇ ἰσχυρᾷ ἐπιθυμίᾳ y. **9** γενομένης CAHR, ἐμπεσούσης E. **10** ἔφη om. AH, G s. v. **11** με ὄντα y. || ὦ om. z. **12** εἴ] ὅ EHpr. **13** ὅπως εἰς τὴν δύναμιν y, ὁπόση ἐστὶ δύναμις cet. **14** τε om. codd. praeter D. || σαυτοῦ] αὐτοῦ z. || ἀτάκτως R. **15** λαμβάνῃς D, λαμβάνειν cet. **16** ante φανερούς add. ὡς vel ὅπως Richards. **17** ὢν αὐτὸς DR, ὢν αὐτοῖς ἐν F. || ἐκείνοις . . . ὢν om. G. || δυσχωρίαις y. || γενομένους zE. **18** ὢν om. DE. || ὑποδέξῃ del. Cobet. **19** δύναιτ' ἂν] δύναιτο y.

μὲν τούτων ἀνάγκη ἐστὶ καὶ ὑμᾶς καὶ τοὺς πολεμίους
παρασχεῖν· σιτοποιεῖσθαί τε γὰρ ἀνάγκη ἀμφοτέρους,
κοιμᾶσθαί τε ἀνάγκη ἀμφοτέρους, καὶ ἕωθεν ἐπὶ τὰ
ἀναγκαῖα σχεδὸν ἄρα πάντας δεῖ ἴεσθαι καὶ ταῖς ὁδοῖς
ὁποῖαι ἂν ὦσι τοιαύταις ἀνάγκη χρῆσθαι. ἃ χρή σε
πάντα κατανοοῦντα, ἐν ᾧ μὲν ἂν ὑμᾶς γιγνώσκῃς
ἀσθενεστάτους γιγνομένους, ἐν τούτῳ μάλιστα φυλάτ-
τεσθαι· ἐν ᾧ δ' ἂν τοὺς πολεμίους αἰσθάνῃ εὐχειρω-
τοτάτους γιγνομένους, ἐν τούτῳ μάλιστα ἐπιτίθεσθαι.
Πότερον δ', ἔφη ὁ Κῦρος, ἐν τούτοις μόνον ἔστι 37
πλεονεκτεῖν ἢ καὶ ἐν ἄλλοις τισί; Καὶ πολύ γε μᾶλ-
λον, ἔφη, ὦ παῖ· ἐν τούτοις μὲν γὰρ ὡς ἐπὶ τὸ πολὺ
πάντες ἰσχυρὰς φυλακὰς ποιοῦνται εἰδότες ὅτι δέον-
ται. οἱ δὲ ἐξαπατῶντες τοὺς πολεμίους δύνανται καὶ
θαρρῆσαι ποιήσαντες ἀφυλάκτους λαμβάνειν καὶ δι-
ῶξαι παραδόντες ἑαυτοὺς ἀτάκτους ποιῆσαι καὶ εἰς δυσ-
χωρίαν φυγῇ ὑπαγαγόντες ἐνταῦθα ἐπιτίθεσθαι. δεῖ 38
δή, ἔφη, φιλομαθῆ σε τούτων ἁπάντων ὄντα οὐχ οἷς
ἂν μάθῃς τούτοις μόνοις χρῆσθαι, ἀλλὰ καὶ αὐτὸν
ποιητὴν εἶναι τῶν πρὸς τοὺς πολεμίους μηχανημάτων,
ὥσπερ καὶ οἱ μουσικοὶ οὐχ οἷς ἂν μάθωσι τούτοις
μόνον χρῶνται, ἀλλὰ καὶ ἄλλα νέα πειρῶνται ποιεῖν.

---

1 ἡμᾶς R. 2 παρασχεῖν] πάσχειν y. 3 τε ἀνάγκη] καὶ ἀνάγκη Suidas, τε yR. ‖ καὶ ἕωθεν . . . 5 τοιαύταις C in marg. 4 ἄρα ego, ἅμα codd. ‖ ἴεσθαι x, δὲ ἴεσθαι zR, ἀποχωρεῖν δεῖσθαι y. 6 ἡμᾶς R. 8 εὐχειρο(-ω R)τάτους codd., corr. Stephanus cf. VII 5, 59. Oecon. 8, 9. 10 πότερα y. 11 prius καὶ om. G. ‖ γ' ἔφη μᾶλλον y. 15 post θαρρῆσαι add. τι y. 16 παριδόντες xzR. ‖ αὐτοὺς R. ‖ ἀτάκτως R. 17 ὑπάγοντες xzR. 18 δέ G. ‖ ἔφη ὦ παῖ y. ‖ σε om. z. ‖ πάντων y. 19 μάθοις Suidas. ‖ αὐτὸν ποιητὴν om. Suid. 22 μόνον om. x, μόνοις R. ‖ νέα μὲν R.

καὶ σφόδρα μὲν καὶ ἐν τοῖς μουσικοῖς τὰ νέα μέλη καὶ ἀνθηρὰ εὐδοκιμεῖ, πολὺ δὲ καὶ ἐν τοῖς πολεμικοῖς μᾶλλον τὰ καινὰ μηχανήματα εὐδοκιμεῖ· ταῦτα γὰρ
39 μᾶλλον καὶ ἐξαπατᾶν δύναται τοὺς ὑπεναντίους. εἰ δὲ σύ γε, ἔφη, ὦ παῖ, μηδὲν ἄλλο ἢ μετενέγκοις ἐπ' ἀνθρώπους τὰς μηχανὰς ἃς καὶ πάνυ ἐπὶ τοῖς μικροῖς θηρίοις ἐμηχανῶ, οὐκ οἴει ἄν, ἔφη, πρόσω πάνυ ἐλάσαι τῆς πρὸς τοὺς πολεμίους πλεονεξίας; σὺ γὰρ ἐπὶ μὲν τὰς ὄρνιθας ἐν τῷ ἰσχυροτάτῳ χειμῶνι ἀνιστάμενος ἐπορεύου νυκτός, καὶ πρὶν κινεῖσθαι τὰς ὄρνιθας ἐπεποίηντό σοι αἱ πάγαι αὐταῖς καὶ τὸ κεκινημένον χωρίον ἐξείκαστο τῷ ἀκινήτῳ· ὄρνιθες δ' ἐπεπαίδευντό σοι ὥστε σοὶ μὲν τὰ συμφέροντα ὑπηρετεῖν, τὰς δὲ ὁμοφύλους ὄρνιθας ἐξαπατᾶν· αὐτὸς δὲ ἐνήδρευες, ὥστε ὁρᾶν μὲν αὐτάς, μὴ ὁρᾶσθαι δὲ ὑπ' αὐτῶν· ἠσκήκεις δὲ φθάνων ἕλκειν ⟨πρὶν⟩ ἢ τὰ πτηνὰ
40 φεύγειν. πρὸς δ' αὖ τὸν λαγῶ, ὅτι μὲν ἐν σκότει νέμεται, τὴν δ' ἡμέραν ἀποδιδράσκει, κύνας ἔτρεφες αἳ τῇ ὀσμῇ αὐτὸν ἀνηύρισκον. ὅτι δὲ ταχὺ ἔφευγεν, ἐπεὶ εὑρεθείη, ἄλλας κύνας εἶχες ἐπιτετηδευμένας πρὸς τὸ κατὰ πόδας αἱρεῖν. εἰ δὲ καὶ ταύτας ἀποφύγοι,

1 νέα μέλη x, μέλη y. 2 τὰ ἀνθηρὰ xz Suid. 3 εὐδοκιμεῖν AH Suidas. 4 δύνανται AH. 5 μετενέγκῃς x. 6 post ἀνθρώπους add. ἢ z. || πάνυ transp. ante μικροῖς yc. 7 ἐμηχανῶ θηρίοις y. || ἂν (om. ἔφη) πάνυ πρόσω y. 9 μὲν om. G. || τοὺς ὄρνιθας ut 10 R. || ἐν om. Athen. || ἀνθιστάμενος z. 11 ἐπεπήγοιντο G. || αὐταῖς] αὐτῆς R. 12 ἐπεπαίδευντο D (ν in ras.) c, ἐπεπαιδεύοντο F, ἐπαιδεύοντο C, ἐξεπαιδεύοντο zER. 15 ὥστε yG, ὡς AHCR, om. E. 16 ἠσκήκεις . . . φεύγειν] εἶχες δὲ ἐπιμέλειαν τοῦ φθάνειν ἑκὼν τὰ πετεινὰ πρὸ τοῦ φεύγειν y (Marchant eadem fere ante ἠσκήκεις addere E tradit). || <πρὶν> ἢ ego. 18 μεθ' ἡμέραν δ' Hirschig cf. Comm. III 11, 8. 19 εὕρισκον xzR. 20 πρὸς] ἐπὶ Rpr. 21 αἴρειν z. || ἀποφύγοιεν xAH, ἀποφεύγοι R.

τοὺς πόρους αὐτῶν ἐκμανθάνων καὶ πρὸς οἷα χωρία φεύγοντες ⟨ἀεὶ⟩ δρῶνται οἱ λαγῴ, ἐν τούτοις δίκτυα δυσόρατα ἐνεπετάννυες ἂν καὶ τῷ σφόδρα φεύγειν αὐτὸς ἑαυτὸν ἐμπεσὼν συνέδει. τοῦ δὲ μηδ' ἐντεῦθεν διαφεύγειν σκοποὺς τοῦ γιγνομένου καθίστης, οἳ ἐγγύθεν ταχὺ ἔμελλον ἐπιγενήσεσθαι· καὶ αὐτὸς μὲν σὺ ὄπισθεν κραυγῇ οὐδὲν ὑστεριζούσῃ τοῦ λαγῶ βοῶν ἐξέπληττες αὐτὸν ὥστε ἄφρονα ἁλίσκεσθαι, τοὺς δ' ἔμπροσθεν σιγᾶν διδάξας ἐνεδρεύοντας λανθάνειν ἐποίεις. ὥσπερ οὖν προεῖπον, εἰ τοιαῦτα ἐθελήσαις 41 καὶ ἐπὶ τοῖς ἀνθρώποις μηχανᾶσθαι, οὐκ οἶδ' ἔγωγε εἴ τινος λείποιο ἂν τῶν πολεμίων. ἢν δέ ποτε ἄρα ἀνάγκη γένηται καὶ ἐν τῷ ἰσοπέδῳ καὶ ἐκ τοῦ ἐμφανοῦς καὶ ὡπλισμένους ἀμφοτέρους συνάπτειν μάχην, ἐν τῷ τοιούτῳ δή, ὦ παῖ, αἱ ἐκ πολλοῦ παρεσκευασμέναι πλεονεξίαι μέγα δύνανται. ταύτας δ' ἐγὼ λέγω εἶναι, ἢν τῶν στρατιωτῶν εὖ μὲν τὰ σώματα ἠσκημένα ᾖ, εὖ δ' αἱ ψυχαὶ τεθηγμέναι, εὖ δὲ αἱ πολεμικαὶ τέχναι μεμελετημέναι ὦσιν. εὖ δὲ χρὴ καὶ τοῦτο εἰδέναι 42 ὅτι ὁπόσους ἂν ἀξιοῖς σοι πείθεσθαι, καὶ ἐκεῖνοι πάν-

2 φεύγειν y. || ἀεὶ ὁρῶνται ego, αἱροῦνται codd., ἀφικνοῦνται Marchant. || λαγωοὶ zER. 3 ἀνεπετάννυες R. || ἂν καὶ z, ἵνα ἐν yR, ἂν ἵνα ἐν x. 4 ἐμπίπτων y. || ἐνέδει F, ἐνέδυ D. || δὲ om. yG. 5 σκοπὸς z. || καθίστησοι z. 6 σὺ] οὖν z. 7 δ' οὐδὲν z. || τὸν λαγὼν z. 8 ἀφρ(ἀφθ- z)όνως codd., corr. Hertlein. || τοὺς] τούτους R. 10 τοιαῦτα ἐπὶ τοῖς ἀνθρώποις ἐθελήσαις y. 12 τινος λείποιο Hertlein, τινα λείποις yR, τινὰς λίποις z, τινα λίποις x, τινὸς λίποιο Pantazides, τινὰ λίποις Dind. || ἂν Cobet transp. post οἶδ' (11). || ἢν] ἐὰν y. 13 post. καὶ om. y. 14 καὶ om. y. || μάχην συνάπτειν yzR. 15 δή y, δέ zERc, om. C. || αἱ] ἀεὶ αἱ CR, ἃς A, ἀεί(?) H. 17 ἢν] ὅταν y. 18 ψυχαὶ (om. αἱ) x. || ψυχὴ τεθηγμένη E.

τες ἀξιώσουσι σὲ πρὸ ἑαυτῶν βουλεύεσθαι. μηδέποτ' οὖν ἀφροντίστως ἔχε, ἀλλὰ τῆς μὲν νυκτὸς προσκόπει τί σοι ποιήσουσιν οἱ ἀρχόμενοι, ἐπειδὰν ἡμέρα γένηται, τῆς δ' ἡμέρας ὅπως τὰ εἰς νύκτα κάλλιστα ἕξει.

43 ὅπως δὲ χρὴ τάττειν εἰς μάχην στρατιὰν ἢ ὅπως ἄγειν ἡμέρας ἢ νυκτὸς ἢ στενὰς ἢ πλατείας ὁδοὺς ἢ ὀρεινὰς ἢ πεδινάς, ἢ ὅπως στρατοπεδεύεσθαι, ἢ ὅπως φυλακὰς νυκτερινὰς καὶ ἡμερινὰς καθιστάναι, ἢ ὅπως προσάγειν πρὸς πολεμίους ἢ ἀπάγειν ἀπὸ πολεμίων, ἢ ὅπως παρὰ πόλιν πολεμίαν ἄγειν ἢ ὅπως πρὸς τεῖχος ἄγειν ἢ ἀπάγειν, ἢ ὅπως νάπη ἢ ποταμοὺς διαβαίνειν, ἢ ὅπως ἱππικὸν φυλάττεσθαι ἢ ὅπως ἀκοντιστὰς ἢ τοξότας, καὶ εἴ γε δή σοι κατὰ κέρας ἄγοντι πολέμιοι ἐπιφανεῖεν, πῶς χρὴ ἀντικαθιστάναι, καὶ εἴ σοι ἐπὶ φάλαγγος ἄγοντι ἄλλοθέν ποθεν οἱ πολέμιοι φαίνοιντο ἢ κατὰ πρόσωπον, ὅπως χρὴ ἀντιπαράγειν, ἢ ὅπως τὰ τῶν πολεμίων ἄν τις μάλιστα αἰσθάνοιτο, ἢ ὅπως τὰ σὰ οἱ πολέμιοι ἥκιστα εἰδεῖεν, ταῦτα δὲ πάντα τί ἂν ἐγὼ λέγοιμί σοι; ὅσα τε γὰρ ἔγωγε ᾔδειν, πολλάκις ἀκήκοας, ἄλλος τε ὅστις ἐδόκει τι τούτων ἐπίστασθαι, οὐδενὸς αὐτῶν ἠμέληκας οὐδ' ἀδαὴς γεγένησαι. δεῖ οὖν πρὸς τὰ συμβαίνοντα, οἶμαι, τού-

---

1 ἀξιοῦσί σε R. ‖ αὐτῶν R. ‖ βουλεύειν y, βασιλεύεσθαι x. ‖ μὴ οὖν ποτε y. **4** τῇ δ' ἡμέρᾳ RG, τῇ θ' ἡμέρᾳ xAH. **5** δὲ] τε xzR. **8** ἢ καὶ G. ‖ ἢ om. xz. ‖ πρὸς πολεμίους προσάγειν y. **9** ἀπὸ . . . **11** ἀπάγειν om. z. **10** περὶ πόλιν x. **11** ἢ νάπη xD. ‖ νάπην AHR, νάπας D. **13** δή om. y. ‖ ante πολέμιοι add. οἱ y. **14** ante ἀντικαθιστάναι add. ἂν AH. **15** ἄλλοθέν που xR. ‖ φανεῖεν y. **16** ἀντιπεριάγειν y. ‖ ἢ ὅπως . . . **17** αἰσθάνοιντο om. z, post εἰδεῖεν (18) transp. xR. **17** τῶν om. R. **18** ἥκιστα οἱ πολέμιοι y. ‖ πάντα om. xzR. **19** σοι om. R. ἔγωγε] ἐγὼ yE. **20** ἄλλως xGDR. ‖ ὅστις] εἴτις y. **22** οἶμαι om. R.

τοις χρῆσθαι ὁποῖον ἂν συμφέρειν σοι τούτων δοκῇ.

Μάθε δέ μου καὶ τάδε, ἔφη, ὦ παῖ, τὰ μέγιστα 44
παρὰ γὰρ ἱερὰ καὶ οἰωνοὺς μήτε σαυτῷ μηδέποτε μήτε στρατιᾷ κινδυνεύσῃς, κατανοῶν ὡς ἄνθρωποι μὲν αἱροῦνται πράξεις εἰκάζοντες, εἰδότες δὲ οὐδὲν ἀπὸ ποίας ἔσται αὐτοῖς τὰ ἀγαθά. γνοίης δ' ἂν ἐξ αὐτῶν 45
τῶν γιγνομένων· πολλοὶ μὲν γὰρ ἤδη πόλεις ἔπεισαν καὶ ταῦτα οἱ δοκοῦντες σοφώτατοι εἶναι πόλεμον ἄρασθαι πρὸς τούτους ὑφ' ὧν οἱ πεισθέντες ἐπιθέσθαι ἀπώλοντο, πολλοὶ δὲ πολλοὺς ηὔξησαν καὶ ἰδιώτας καὶ πόλεις ὑφ' ὧν αὐξηθέντων τὰ μέγιστα κακὰ ἔπαθον, πολλοὶ δὲ οἷς ἐξῆν φίλοις χρῆσθαι καὶ εὖ ποιεῖν καὶ εὖ πάσχειν, τούτοις δούλοις μᾶλλον βουληθέντες ἢ φίλοις χρῆσθαι, ὑπ' αὐτῶν τούτων δίκην ἔδοσαν· πολλοῖς δ' οὐκ ἤρκεσε τὸ μέρος ἔχουσι ζῆν ἡδέως, ἐπιθυμήσαντες δὲ πάντων κύριοι εἶναι, διὰ ταῦτα καὶ ὧν εἶχον ἀπέτυχον· πολλοὶ δὲ τὸν πολύευκτον πλοῦτον κατακτησάμενοι, διὰ τοῦτον ἀπώλοντο. οὕτως ἥ 46
γε ἀνθρωπίνη σοφία οὐδὲν μᾶλλον οἶδε τὸ ἄριστον αἱρεῖσθαι ἢ εἰ κληρούμενος ὅ,τι λάχοι τοῦτό τις πράττοι. θεοὶ δέ, ὦ παῖ, αἰεὶ ὄντες πάντα ἴσασι τά τε γεγενημένα καὶ τὰ ὄντα καὶ ὅ,τι ἐξ ἑκάστου αὐτῶν

---

1 ὁποίοις ἄν σοι ἀεὶ συμφέρειν τούτων y. § 44—46 del. Rosenstiel probante Nitschio ephem. phil. Berol. 1909 p. 705. **3** ταῦτα G. ‖ ἔφη ὦ παῖ xHR, ὦ παῖ transp. post μου y, post τάδε AG. **4** prius μήτε] μήτ' ἐν xyGR. ‖ σαυτῷ yr (σεαυτῷ R), ἑαυτῷ xz. ‖ post. μήτε zCR, μήτ' vel μήτε ἐν FE, μηδ' ἐν τῇ D. **7** αὐτοῖς] αὐτῶν AG. ‖ τἀγαθόν y. **8** μὲν om. F. ‖ ἤδη y, αὖ CRHpr, om. Ez. **11** ηὔξησαν ἤδη y. **16** post ἤρκεσεν add. αὐτοῖς xzR. **17** πάντων post εἶναι G. **18** πλοῦτον] χρυσὸν y. **19** κτησάμενοι y. **20** γε om. xzR. **23** τε om. y.

ἀποβήσεται, καὶ τῶν συμβουλευομένων ἀνθρώπων οἷς ἂν ἵλεῳ ὦσι, προσημαίνουσιν ἅ τε χρὴ ποιεῖν καὶ ἃ οὐ χρή. εἰ δὲ μὴ πᾶσιν ἐθέλουσι συμβουλεύειν, οὐδὲν θαυμαστόν· οὐ γὰρ ἀνάγκη αὐτοῖς ἐστιν ὧν ἂν μὴ ἐθέλωσιν ἐπιμελεῖσθαι.

□ 2 τε ἅ y. 5 ἐθέλωσιν ἐπιμέλεσθαι Π.

B

Τοιαῦτα μὲν δὴ ἀφίκοντο διαλεγόμενοι μέχρι τῶν 1
ὁρίων τῆς Περσίδος· ἐπεὶ δ' αὐτοῖς αἰετὸς δεξιὸς φα-
νεὶς προηγεῖτο, προσευξάμενοι θεοῖς καὶ ἥρωσι τοῖς
Περσίδα γῆν κατέχουσιν ἵλεως καὶ εὐμενεῖς πέμπειν
σφᾶς, οὕτω διέβαινον τὰ ὅρια. ἐπειδὴ δὲ διέβησαν,
προσηύχοντο αὖθις θεοῖς τοῖς Μηδίαν γῆν κατέχουσιν
ἵλεως καὶ εὐμενεῖς δέχεσθαι αὐτούς. ταῦτα δὲ ποιή-
σαντες, ἀσπασάμενοι ἀλλήλους ὥσπερ εἰκός, ὁ μὲν
πατὴρ πάλιν εἰς Πέρσας ἀπῄει, Κῦρος δὲ εἰς Μήδους
πρὸς Κυαξάρην ἐπορεύετο. ἐπεὶ δὲ ἀφίκετο ὁ Κῦρος 2
[εἰς Μήδους πρὸς τὸν Κυαξάρην], πρῶτον μὲν ὥσπερ
εἰκὸς ἠσπάσαντο ἀλλήλους, ἔπειτα δὲ ἤρετο τὸν Κῦ-
ρον ὁ Κυαξάρης πόσον τι ἄγοι τὸ στράτευμα. ὁ δὲ
ἔφη, Τρισμυρίους μὲν οἷοι καὶ πρόσθεν ἐφοίτων πρὸς
ὑμᾶς μισθοφόροι· ἄλλοι δὲ καὶ τῶν οὐδέποτε ἐξελ-
θόντων προσέρχονται τῶν ὁμοτίμων. Πόσοι τινές;
ἔφη ὁ Κυαξάρης. Οὐκ ἂν ὁ ἀριθμός σε, ἔφη ὁ Κῦ- 3
ρος, ἀκούσαντα εὐφράνειεν· ἀλλ' ἐκεῖνο ἐννόησον ὅτι

---

1 τοιαῦτα . . . **2** περσίδος *Π* primo libro adnumerat. ‖ δὴ om. xz. **4** κατέχουσιν xz, ἔχουσιν y. **5** ἐπεὶ x. **6** ἔχουσιν y. **9** πέρσας xy, πόλιν z Dind. **11** [εἰς Μήδους πρὸς τὸν Κυαξάρην] ego, τὸν om. y. **13** πόσον τι] εἰ xAH, πόσον G. ‖ τὸ om. xA, del. H. **14** δισμυρίους codd.; ut Marchant docet, in Aldina correctum. ‖ οἷοι y, γε οἱ xz Dind. **15** καὶ transp. ante ἄλλοι y. ‖ οὐδεπώποτε y. **17** σε om. xz. **18** εὐφρανεῖ xz.

ὀλίγοι ὄντες οὗτοι οἱ ὁμότιμοι καλούμενοι πολλῶν ὄντων τῶν ἄλλων Περσῶν ῥᾳδίως ἄρχουσιν. ἀτάρ, ἔφη, δέῃ τι αὐτῶν ἢ μάτην ἐφοβήθης, οἱ δὲ πολέμιοι
4 οὐκ ἔρχονται; Ναὶ μὰ Δί', ἔφη, καὶ πολλοί γε. Πῶς τοῦτο σαφές; Ὅτι, ἔφη, πολλοὶ ἥκοντες αὐτόθεν ἄλλος ἄλλον τρόπον ταὐτὰ πάντες λέγουσιν. Ἀγωνιστέον μὲν ἄρα ἡμῖν πρὸς τοὺς ἄνδρας. Ἀνάγκη γάρ, ἔφη. Τί οὖν, ἔφη ὁ Κῦρος, οὐ καὶ τὴν δύναμιν ἔλεξάς μοι, εἰ οἶσθα, πόση τις ἡ προσιοῦσα, καὶ πάλιν τὴν ἡμετέραν, ὅπως εἰδότες ἀμφοτέρας πρὸς ταῦτα βουλευώμεθα ὅπως ἂν ἄριστα ἀγωνιζοίμεθα; Ἄκουε δή, ἔφη ὁ Κυαξάρης.

5 Κροῖσος μὲν ὁ Λυδὸς ἄγειν λέγεται μυρίους μὲν ἱππέας, πελταστὰς δὲ καὶ τοξότας πλείους ἢ τετρακισμυρίους. Ἀρτακάμαν δὲ τὸν τῆς μεγάλης Φρυγίας ἄρχοντα λέγουσιν ἱππέας μὲν εἰς ὀκτακισχιλίους ἄγειν, λογχοφόρους δὲ σὺν πελτασταῖς οὐ μείους τετρακισμυρίων, Ἀρίβαιον δὲ τὸν τῶν Καππαδοκῶν βασιλέα ἱππέας μὲν εἰς ἑξακισχιλίους, τοξότας δὲ καὶ πελταστὰς οὐ μείους τρισμυρίων, τὸν Ἀράβιον δὲ Ἄραγδον ἱππέας τε εἰς μυρίους καὶ ἅρματα εἰς ἑκατὸν καὶ σφενδονητῶν πάμπολύ τι χρῆμα. τοὺς μέντοι Ἕλληνας τοὺς ἐν τῇ Ἀσίᾳ οἰκοῦντας οὐδέν πω σαφὲς λέγεται

1 οἱ om. DE. **3** δῇ δέει y. **6** ταῦτα πάντες F, ταυτὰ πάντα D, cet. πάντες ταὐτό, correxi. **7** γάρ om. y. **9** τις om. zE. ‖ προιοῦσα z. **10** βουλευσόμεθα z Dind. **11** ἀγωνιζώμεθα x. **13** γὰρ post μὲν add. y. **14** πλεῖον y. **15** ἀρτάμαν xz. **18** τὸν τῶν] καὶ τὸν AH. **19** εἰς om. xz. **20** μείους] πλείους xAH. ‖ ἀράβιον G (pr. ἀρίβαιον), ἀραβαῖον AH, γαβαῖον y, γαβδαῖον E, γαβαῖδον C. ‖ μάραγδον y. **21** post. εἰς om. x. **23** τοὺς om. x. ‖ ἐποικοῦντας y. ‖ οὐδέν πως AH.

ει ἕπονται. τοὺς δὲ ἀπὸ Φρυγίας τῆς πρὸς Ἑλλησπόντῳ συμβαλεῖν φασι Γάβαιδον ἔχοντα εἰς Καΰστρου πεδίον ἑξακισχιλίους μὲν ἱππέας, πελταστὰς δὲ εἰς μυρίους. Κᾶρας μέντοι καὶ Κίλικας καὶ Παφλαγόνας παρακληθέντας οὔ φασιν ἕπεσθαι. ὁ δὲ Ἀσσύριος ὁ Βαβυλῶνά τε ἔχων καὶ τὴν ἄλλην Ἀσσυρίαν ἐγὼ μὲν οἶμαι ἱππέας μὲν ἄξει οὐκ ἐλάττους δισμυρίων, ἅρματα δ' εὖ οἶδ' οὐ μεῖον διακοσίων, πεζοὺς δὲ οἶμαι παμπόλλους· εἰώθει γοῦν ὁπότε δεῦρ' ἐμβάλοι. Σύ, ἔφη ὁ Κῦρος, πολεμίους λέγεις ἱππέας μὲν 6 εἰς ἑξακισμυρίους εἶναι, πελταστὰς δὲ καὶ τοξότας πλέον ἢ εἴκοσι μυριάδας. ἄγε δὴ τῆς σῆς δυνάμεως τί φῂς πλῆθος εἶναι; Εἰσίν, ἔφη, Μήδων μὲν ἱππεῖς πλείους τῶν μυρίων· πελτασταὶ δὲ καὶ τοξόται γένοιντ' ἂν πως ἐκ τῆς ἡμετέρας κἂν ἑξακισμύριοι. Ἀρμενίων δ', ἔφη, τῶν ὁμόρων ἡμῖν παρέσονται ἱππεῖς μὲν τετρακισχίλιοι, πεζοὶ δὲ δισμύριοι. Λέγεις σύ, ἔφη ὁ Κῦρος, ἱππέας μὲν ἡμῖν εἶναι μεῖον ἢ τέταρτον μέρος τοῦ τῶν πολεμίων ἱππικοῦ, πεζοὺς δὲ ἀμφὶ τοὺς ἡμίσεις. Τί οὖν, ἔφη ὁ Κυαξάρης, οὐκ ὀλί- 7 γους νομίζεις Περσῶν εἶναι οὓς σὺ φῂς ἄγειν; Ἀλλ'

---

1 παρ' ἑλλήσποντον y. 2 ἐμβαλεῖν Richards. || καΰστριον xz Dind. 4 δισμυρίους z. 5 ἕψεσθαι Bisshop. 6 post ἀσσύριος add. αὐτὸς y. 7 οὐκ ἐλάττους] οὐ μεῖον y. 8 ἅρματα δὲ οὐ μεῖον (om. εὖ οἶδ') y. || οὐ πλείω xz. 9 δ' οἴομαι F. || γοῦν] δὲ G. 10 ἐμβάλλοι codd. praeter xF. || λέγεις πολεμίους y. 11 εἰς om. xz. 13 πλῆθος φῂς y. || ἱππεῖς μὲν y. 14 post τοξόται add. ἐγὼ μὲν οἴομαι y. || γένοιτ' y. 15 ὡς ἐπὶ codd. praeter E, in quo ὡς, πως ἐκ Breitenbach. || κἂν] καὶ y. 17 πεζοὶ δὲ καὶ y. 18 ἡμῖν om. DE. || ἢ τρίτον xz Dind., ἢ τὸ τρίτον y, ἢ τέταρτον Hug. 19 σχεδὸν ἀμφί y. 20 οὐκ om. z. 21 περσῶν del. Hartman. || ἀγαγεῖν y.

εἰ μὲν ἀνδρῶν προσδεῖ ἡμῖν, ἔφη ὁ Κῦρος, εἴτε καὶ μή, αὖθις συμβουλευσόμεθα· τὴν δὲ μάχην μοι, ἔφη, λέξον ἑκάστων ἥτις ἐστί. Σχεδόν, ἔφη ὁ Κυαξάρης, πάντων ἡ αὐτή· τοξόται γάρ εἰσι καὶ ἀκοντισταὶ οἵ τ' ἐκείνων καὶ οἱ ἡμέτεροι. Οὐκοῦν, ἔφη ὁ Κῦρος, ἀκροβολίζεσθαι ἀνάγκη ἐστὶ τοιούτων γε τῶν ὅπλων
8 ὄντων. Ἀνάγκη γὰρ οὖν, ἔφη ὁ Κυαξάρης· οὐκοῦν ἐν τούτῳ μὲν τῶν πλειόνων ἡ νίκη· πολὺ γὰρ ἂν θᾶττον οἱ ὀλίγοι ὑπὸ τῶν πολλῶν τιτρωσκόμενοι ἀναλωθείησαν ἢ οἱ πολλοὶ ὑπὸ τῶν ὀλίγων· εἰ οὖν οὕτως ἔχει, ἔφη, ὦ Κῦρε, τί ἂν ἄλλο τις κρεῖττον εὕροι ἢ πέμπειν εἰς Πέρσας, καὶ ἅμα μὲν διδάσκειν αὐτοὺς ὅτι εἴ τι πείσονται Μῆδοι, εἰς Πέρσας τὸ δεινὸν ἥξει, ἅμα δὲ αἰτεῖν πλέον στράτευμα; Ἀλλὰ τοῦτο μέν, ἔφη ὁ Κῦρος, εὖ ἴσθι, οὐδ' εἰ πάντες ἔλθοιεν Πέρσαι, πλήθει γε οὐχ ὑπερβαλοίμεθ' ἂν τοὺς πολεμίους.
9 Τί μὴν ἄλλο ἐνορᾷς ἄμεινον τούτου; Ἐγὼ μὲν ἄν, ἔφη ὁ Κῦρος, εἰ σὺ εἴην, τάχιστ' ἂν ὅπλα ποιοίμην πᾶσι Πέρσαις τοῖς προσιοῦσιν οἷάπερ ἔχοντες ἔρχονται παρ' ἡμῶν οἱ τῶν ὁμοτίμων καλούμενοι· ταῦτα δ' ἐστὶ θώραξ μὲν περὶ τὰ στέρνα, γέρρον δὲ εἰς τὴν

---

1 ἀνδρῶν προσδεῖ xy, ἄνθρωπος δεῖ z. || ἔφη ὁ κῦρος om. xz. || εἴτε καὶ μή] εἴτε (εἴγε c) καὶ μὴ ὁ κῦρος εἶπε x, ὁ κῦρος εἶπε (εἴτε G) z. **2** ante αὖθις add. καὶ xz. || βουλευσόμεθα y. || μοι ἔφη λέξον z, ἔφη λέξον μοι F, λέξον ἔφη μοι D, μοι λέξον x. **3** ἥτις ἑκάστων F. **7** ὁ κυαξάρης om. z Dind. **8** μὲν ἐν τούτῳ G. || post μὲν add. ἔφη ὁ κῦρος y. **11** ἔφη om. xz. || εὕροι κρεῖττον F. **12** ἐς z. || πέρσαις y. **15** post ἴσθι add. ὅτι y. **16** γε om. xz. || οὐκ ἂν ὑπερβαλοίμεθα y. **17** ἐνορᾷς] τι σὺ ὁρᾷς y. **18** σὺ εἴην] ἔχοιμι z et F (sed i. ras.). || τάχιστ' ἂν D, ὡς τάχιστα cet. || ποιοίμην y, ἐποιούμην z Dind., ἐποιησάμην x. **19** ἔρχονται ἔχοντες G, ἔχοντες προσέρχονται y. **20** παρ' xy, οἵπερ AH, οἱ ὑπὲρ G. **21** μὲν om. z.

ἀριστεράν, κοπὶς δὲ ἢ σάγαρις εἰς τὴν δεξιάν· κἂν ταῦτα παρασκευάσῃς, ἡμῖν μὲν ποιήσεις τὸ ὁμόσε τοῖς ἐναντίοις ἰέναι ἀσφαλέστατον, τοῖς πολεμίοις δὲ τὸ φεύγειν ἢ τὸ μένειν αἱρετώτερον. τάττομεν δέ, ἔφη, ἡμᾶς μὲν αὐτοὺς ἐπὶ τοὺς μένοντας· οἵ γε μεντἂν αὐτῶν φεύγωσι, τούτους ὑμῖν καὶ τοῖς ἵπποις νέμομεν, ὡς μὴ σχολάζωσι μήτε μένειν μήτε ἀναστρέφεσθαι. Κῦρος μὲν οὕτως ἔλεξε· τῷ δὲ Κυαξάρῃ ἔδοξέ **10** τε εὖ λέγειν, καὶ τοῦ μὲν πλείους μεταπέμπεσθαι οὐκέτι ἐμέμνητο, παρεσκευάζετο δὲ ὅπλα τὰ προειρημένα. καὶ σχεδόν τε ἕτοιμα ἦν καὶ τῶν Περσῶν οἱ ὁμότιμοι παρῆσαν ἔχοντες τὸ ἀπὸ Περσῶν στράτευμα. ἐνταῦθα **11** δὴ εἰπεῖν λέγεται ὁ Κῦρος συναγαγὼν αὐτούς, Ἄνδρες φίλοι, ἐγὼ ὑμᾶς ὁρῶν αὐτοὺς μὲν καθωπλισμένους οὕτω καὶ ταῖς ψυχαῖς παρεσκευασμένους ὡς εἰς χεῖρας συμμείξοντας τοῖς πολεμίοις, τοὺς δὲ ἑπομένους ὑμῖν Πέρσας γιγνώσκων ὅτι οὕτως ὡπλισμένοι εἰσὶν ὡς ὅτι προσωτάτω ταχθέντες μάχεσθαι, ἔδεισα μὴ ὀλίγοι καὶ ἔρημοι συμμάχων συμπίπτοντες πολεμίοις πολλοῖς πάθοιτέ τι. νῦν οὖν, ἔφη, σώματα μὲν ἔχοντες ἀνδρῶν ἥκετε οὐ μεμπτά· ὅπλα δὲ ἔσται αὐτοῖς ὅμοια τοῖς ἡμετέροις· τάς γε μέντοι ψυχὰς θήγειν αὐ-

---

1 κοπὶς ἢ σάγαρις Suidas. **2** παρασκευάσῃ AH. **3** ἀσφαλέστερον x. ‖ πολεμίοις] ἐναντίοις x. ‖ δὲ πολεμίοις y. **4** τάξομεν et **6** νεμοῦμεν Richards. **7** μένειν] φεύγειν xz. **10** παρεσκεύαζε y. **11** τε om. x. ‖ τῶν . . . **12** τὸ om. z. **12** ἀπὸ] τῶν x, τῷ AH. ‖ στρατεύματι z. ‖ ἐνταῦθα δὴ εἰπεῖν λέγεται] ἔνθα δὴ λέγει y. **15** ταῖς ψυχαῖς y, τῇ ψυχῇ xAH, τὴν ψυχὴν G. ‖ εἰς om. z. **18** ταχθέντες xD, σταθέντες z, στάντες yg, sed transp. post ὀλίγοι (19). **20** πάθητέ x. ‖ νῦν μὲν οὖν xz. **21** οὐ μεμπτά F repet. in marg. ‖ μεμπτὰ δ' ὅπλα AH. **22** αὐτῶν θήγειν y.

τῶν ὑμέτερον ἔργον. ἄρχοντος γάρ ἐστιν οὐχ ἑαυτὸν μόνον ἀγαθὸν παρέχειν, ἀλλὰ δεῖ καὶ τῶν ἀρχομένων ἐπιμελεῖσθαι ὅπως ὡς βέλτιστοι ἔσονται.

12 Ὁ μὲν οὕτως εἶπεν· οἱ δ' ἥσθησαν μὲν πάντες, νομίζοντες μετὰ πλειόνων ἀγωνιεῖσθαι· εἷς δ' αὐτῶν
13 καὶ ἔλεξε τοιάδε. Ἀλλὰ θαυμαστά, ἔφη, ἴσως δόξω λέγειν, εἰ Κύρῳ συμβουλεύσω τι εἰπεῖν ὑπὲρ ἡμῶν, ὅταν τὰ ὅπλα λαμβάνωσιν οἱ ἡμῖν μέλλοντες συμμαχεῖσθαι· ἀλλὰ γιγνώσκω γάρ, ἔφη, ὅτι οἱ τῶν ἱκανωτάτων καὶ εὖ καὶ κακῶς ποιεῖν λόγοι οὗτοι καὶ μάλιστα ἐνδύονται ταῖς ψυχαῖς τῶν ἀκουόντων· καὶ δῶρά γε ἢν διδῶσιν οἱ τοιοῦτοι, κἂν μείω τυγχάνῃ ὄντα ἢ τὰ παρὰ τῶν ὁμοίων, ὅμως μείζονος αὐτὰ τιμῶνται οἱ λαμβάνοντες. καὶ νῦν, ἔφη, οἱ Πέρσαι παραστάται ὑπὸ Κύρου πολὺ μᾶλλον ἡσθήσονται ἢ ὑφ' ἡμῶν παρακαλούμενοι, εἴς τε τοὺς ὁμοτίμους καθιστάμενοι βεβαιοτέρως σφίσιν ἡγήσονται ἔχειν τοῦτο ὑπὸ βασιλέως τε παιδὸς καὶ ὑπὸ στρατηγοῦ γενόμενον ἢ εἰ ὑφ' ἡμῶν τὸ αὐτὸ τοῦτο γίγνοιτο. ἀπεῖναι μέντοι οὐδὲ τὰ ἡμέτερα χρή, ἀλλὰ παντὶ <ἐπι-> τρόπῳ δεῖ τῶν ἀνδρῶν θήγειν πάντως τὸ φρόνημα. ἡμῖν γὰρ ἔσται τοῦτο χρήσιμον ὅ,τι ἂν οὗτοι βελτίονες γένωνται.

1 ἡμέτερον zF. ‖ τὸ ἔργον xz. ‖ οὐκ αὐτὸν ἀγαθὸν μόνον εἶναι F (sec. Marchantium οὐκ αὐ. μό. ἀγ. εἶναι D). 2 δεῖ] om. y, δὴ G. 3 ὅπως om. G. 6 θαυμαστὰ μέν y. 7 κῦρον xzF. ‖ τι om. y. 8 συμμαχεῖσθαι y. 11 καὶ δῶρά γε ἢν y, καὶ δῶρα ἢν x, κἂν δῶρα z Dind. 12 κἂν y, καὶ ἂν cet. Dind. 13 μειζόνως z. ‖ τιμῶνται] τι super ῶν AH. 14 παραστάται] παρακληθέντες y. 18 ὑπὸ secl. Hartman. ‖ γιγνόμενον y. 19 post ἡμῶν add. εἰς y. ‖ γίγνοιτο] ἄγοιντο y. 20 <ἐπι>τρόπῳ ego cf. IV 2, 35, παντὶ τρόπῳ del. Lincke ut glossema ad vocem πάντως explicandam margini adpictum. 21 τὰ φρονήματα y.

Οὕτω δὴ ὁ Κῦρος καταθεὶς τὰ ὅπλα εἰς τὸ μέσον 14
καὶ συγκαλέσας πάντας τοὺς Περσῶν στρατιώτας ἔλεξε
τοιάδε. Ἄνδρες Πέρσαι, ὑμεῖς καὶ ἔφυτε ἐν τῇ αὐτῇ 15
ἡμῖν καὶ ἐτράφητε, καὶ τὰ σώματά τε οὐδὲν ἡμῶν
χείρονα ἔχετε, ψυχάς τε οὐδὲν κακίονας ὑμῖν προσ-
ήκει ἡμῶν ἔχειν. τοιοῦτοι δ᾽ ὄντες ἐν μὲν τῇ πατρίδι
οὐ μετείχετε τῶν ἴσων ἡμῖν, οὐχ ὑφ᾽ ἡμῶν ἀπελαθέν-
τες ἀλλ᾽ ὑπὸ τοῦ τὰ ἐπιτήδεια ἀνάγκην ὑμῖν εἶναι πορί-
ζεσθαι. νῦν δὲ ὅπως μὲν ταῦτα ἕξετε ἐμοὶ μελήσει
σὺν τοῖς θεοῖς· ἔξεστι δ᾽ ὑμῖν, εἰ βούλεσθε, λαβοῦσιν
ὅπλα οἷάπερ ἡμεῖς ἔχομεν εἰς τὸν αὐτὸν ἡμῖν κίνδυ-
νον ἐμβαίνειν, καὶ ἄν τι ἐκ τούτων καλὸν κἀγαθὸν γί-
γνηται, τῶν ὁμοίων ἡμῖν ἀξιοῦσθαι. τὸν μὲν οὖν πρό- 16
σθεν χρόνον ὑμεῖς τε τοξόται καὶ ἀκοντισταὶ ἦτε καὶ
ἡμεῖς, καὶ εἴ τι χείρους ἡμῶν ταῦτα ποιεῖν ἦτε, οὐ-
δὲν θαυμαστόν· οὐ γὰρ ἦν ὑμῖν σχολὴ ὥσπερ ἡμῖν
τούτων ἐπιμελεῖσθαι· ἐν δὲ ταύτῃ τῇ ὁπλίσει οὐδὲν
ἡμεῖς ὑμῶν προέξομεν. θώραξ μὲν γὰρ περὶ τὰ στέρνα
ἁρμόττων ἑκάστῳ ἔσται, γέρρον δὲ ἐν τῇ ἀριστερᾷ,
ὃ πάντες εἰθίσμεθα φορεῖν, μάχαιρα δὲ ἢ σάγαρις ἐν
τῇ δεξιᾷ, ᾗ δὴ παίειν τοὺς ἐναντίους δεήσει οὐδὲν
φυλαττομένους μή τι παίοντες ἐξαμάρτωμεν. τί οὖν 17

---

1 *καθεὶς* z. || *εἰς τὸ μέσον* om. xz. **2** *ἔλεγε* xz. **3** *τοιαῦτα* F. || *πέρσαι* om. D., F. in marg. **4** *ἡμῖν χώρᾳ* yg. || *τὰ* om. F. || *τε*] *γε* xz. || *ἡμῶν οὐδὲν* y. **5** *χεῖρον* z. || *ὑμῖν*] *ὑμᾶς* y. **7** *ἡμῖν*] *ἐμοί* x. **8** *τοῦ* om. x. **10** *βούλεσθε* yE, *βούλοισθε* zC. || *λαβόντας* xz. **11** post *ἔχομεν* add. *καὶ εἴ τι χείρονες ἡμῶν ἐστέ* xz, in marg. F. || *κίνδυνον ἡμῖν* G. **12** *καὶ ἄν*] *κἄν* in marg. F, in textu rasuram habet. || *τις ἐκ τούτων καλὸς κἀγαθὸς* yg. **15** *χείρονες* y. || *ἡμῖν* x. **16** *ὥσπερ*] *ὡς* xz. **17** *ταύτῃ*] *τῇδε* y. **18** *ὑμῶν* om. z. || *γὰρ* y, *γε* xz. **20** *ὃ . . . φορεῖν* del. Lincke. **21** *δὴ*] *δεῖ* E, om. y. || *δεήσει* om. x. **22** *παίσαντες* y (i. marg. *παίοντες* F).

ἂν ἐν τούτοις ἕτερος ἑτέρου διαφέροι ἡμῶν πλὴν τόλ-
μῃ; ἣν οὐδὲν ὑμῖν ἧττον προσήκει ἢ ἡμῖν ὑποτρέ-
φεσθαι. νίκης τε γὰρ ἐπιθυμεῖν, ἣ τὰ καλὰ πάντα
καὶ τἀγαθὰ κτᾶταί τε καὶ σῴζει, τί μᾶλλον ἡμῖν ἢ
ὑμῖν προσήκει; κράτους τε, ὃ πάντα τὰ τῶν ἡττόνων
τοῖς κρείττοσι δωρεῖται, τί εἰκὸς ἡμᾶς μᾶλλον ἢ καὶ
18 ὑμᾶς τούτου δεῖσθαι; τέλος εἶπεν, Ἀκηκόατε πάντα·
ὁρᾶτε τὰ ὅπλα· ὁ μὲν χρῄζων λαμβανέτω ταῦτα καὶ
ἀπογραφέσθω πρὸς τὸν ταξίαρχον εἰς τὴν ὁμοίαν τά-
ξιν ἡμῖν· ὅτῳ δ' ἀρκεῖ ἐν μισθοφόρου χώρᾳ εἶναι,
καταμενέτω ἐν τοῖς ὑπηρετικοῖς ὅπλοις. ὁ μὲν οὕτως
19 εἶπεν. ἀκούσαντες δὲ οἱ Πέρσαι ἐνόμισαν, εἰ παρα-
καλούμενοι ὥστε τὰ ὅμοια πονοῦντες τῶν αὐτῶν τυγ-
χάνειν μὴ ἐθελήσουσι ταῦτα ποιεῖν, δικαίως ἂν διὰ
παντὸς τοῦ αἰῶνος ἀμηχανοῦντες βιοτεύειν. οὕτω δὴ
ἀπογράφονται πάντες ἔλαβόν τε τὰ ὅπλα πάντες.

20 Ἐν ᾧ δὲ οἱ πολέμιοι ἐλέγοντο μὲν προσιέναι,
παρῆσαν δὲ οὐδέπω, ἐν τούτῳ ἐπειρᾶτο ὁ Κῦρος ἀσ-
κεῖν μὲν τὰ σώματα τῶν μεθ' ἑαυτοῦ εἰς ἰσχύν, διδά-
σκειν δὲ τὰ τακτικά, θήγειν δὲ τὰς ψυχὰς εἰς τὰ πο-
21 λεμικά. καὶ πρῶτον μὲν λαβὼν παρὰ Κυαξάρου ὑπη-
ρέτας προσέταξεν ἑκάστοις τῶν στρατιωτῶν ἱκανῶς

1 ἕτερος ἐν τούτοις ἑτέρου διαφέρει (om. ἡμῶν) F. || ἡμῶν διαφέροι D (sec. Marchant). || πλὴν εἰ xz. || τόλμης y. 2 προσήκει ἧττονα ἡμῶν παρέχεσθαι y. || ὑποστρέφεσθαι x. 5 πάντα om. y. 6 μᾶλλον post ὑμᾶς transp. x. 7 εἰπεῖν Fpr. 9 ἀπογραφέτω x. 10 εἶναι] ἰέναι xz. 13 τῶν αὐτῶν] ὁμοίων G. || τ. αὐτῶν . . . 14 ποιεῖν y, ὁμοίως βιοτεύειν τυγχάνοιεν μὴ ἐθέλοντες ταῦτα xAH. 14 θελήσουσιν y. 15 καὶ οὕτω AGEhc. 16 ἔλαβόν y, ἀνελάβοντό x. 17 μὲν om. F. 18 οὔπω y. 19 πρὸς ἰσχύν F. 20 prius δὲ] τε z. || post. δὲ] τε x. 22 ἱκανοὺς codd., corr. Castalio.

ὧν ἐδέοντο πάντα πεποιημένα παρασχεῖν· τοῦτο δὲ παρασκευάσας οὐδὲν αὐτοῖς ἐλελοίπει ἄλλο ἢ ἀσκεῖν τὰ ἀμφὶ τὸν πόλεμον, ἐκεῖνο δοκῶν καταμεμαθηκέναι ὅτι οὗτοι κράτιστοι ἕκαστα γίγνονται οἳ ἂν ἀφέμενοι τοῦ πολλοῖς προσέχειν τὸν νοῦν ἐπὶ ἓν ἔργον τράπωνται. καὶ αὐτῶν δὲ τῶν πολεμικῶν περιελὼν καὶ τὸ τόξῳ μελετᾶν καὶ ἀκοντίῳ κατέλιπε τοῦτο μόνον αὐτοῖς τὸ σὺν μαχαίρᾳ καὶ γέρρῳ καὶ θώρακι μάχεσθαι· ὥστε εὐθὺς αὐτῶν παρεσκεύασε τὰς γνώμας ὡς ὁμόσε ἰτέον εἴη τοῖς πολεμίοις, ἢ ὁμολογητέον μηδενὸς εἶναι ἀξίους συμμάχους· τοῦτο δὲ χαλεπὸν ὁμολογῆσαι οἵτινες ἂν εἰδῶσιν ὅτι οὐδὲ δι' ἓν ἄλλο τρέφονται ἢ ὅπως μάχωνται ὑπὲρ τῶν τρεφόντων. ἔτι 22
δὲ πρὸς τούτοις ἐννοήσας ὅτι περὶ ὁπόσων ἂν ἐγγένωνται ἀνθρώποις φιλονικίαι, πολὺ μᾶλλον ἐθέλουσι ταῦτ' ἀσκεῖν, ἀγῶνάς τε αὐτοῖς προεῖπεν ἁπάντων ὁπόσα ἐγίγνωσκεν ἀσκεῖσθαι ἀγαθὸν εἶναι ὑπὸ στρατιωτῶν καὶ προεῖπε τάδε, ἰδιώτῃ μὲν παρέχειν ἑαυτὸν εὐπειθῆ τοῖς ἄρχουσι καὶ ἐθελόπονον καὶ φιλοκίνδυνον μετ' εὐταξίας καὶ ἐπιστήμονα τῶν στρατιωτικῶν καὶ φιλόκαλον περὶ ὅπλα καὶ φιλότιμον ἐπὶ πᾶσι τοῖς τοιούτοις, πεμπαδάρχῳ δ' αὐτὸν ὄντα οἷόνπερ τὸν ἀγαθὸν ἰδιώτην καὶ τὴν πεμπάδα εἰς τὸ δυνατὸν τοι-

---

1 παρέχειν y. 2 ἄλλο ἐλελοίπει y. 7 τῷ τόξῳ (G quoque) et τῷ ἀκοντίῳ F. 8 τὸ σὺν] τὸ συνὸν τοῖς στρατιώταις Suid. 10 εἴη] ἐπὶ y. ‖ μηδενὸς xz. 11 ἀξίους εἶναι y. ‖ τουτὶ G 13 μαχοῦνται xz. 14 ἐγγένηται ἀνθρώποις φιλονεικία y, γένωνται ἀνθρώποις φιλονεικίαι xz, corr. Hug. 16 τε om. F. 18 καὶ προεῖπε τάδε] ἃ δὲ προεῖπε τάδε ἦν y. ‖ μὲν ἀγαθόν x. ‖ ἑαυτὸν παρέχειν codd. praeter EF. 22 πενταδάρχῳ et 23 πεντάδα AH cor. ‖ αὐτὸν y, ἑαυτὸν xAH, ἑαυτῷ G.

αύτην παρέχειν, δεκαδάρχῳ δὲ τὴν δεκάδα ὡσαύτως, λοχαγῷ δὲ τὸν λόχον, καὶ ταξιάρχῳ ἀνεπίκλητον αὐτὸν ὄντα ἐπιμελεῖσθαι καὶ τῶν ὑφ᾽ αὑτῷ ἀρχόντων ὅπως ἐκεῖνοι αὖ ὧν ἂν ἄρχωσι παρέξουσι τὰ δέοντα

23 ποιοῦντας. ἆθλα δὲ προύφαινε τοῖς μὲν ταξιάρχοις ὡς τοὺς κρατίστας δόξαντας τὰς τάξεις παρεσκευάσθαι χιλιάρχους ἔσεσθαι, τῶν δὲ λοχαγῶν οἳ κρατίστους δόξαιεν τοὺς λόχους ἀποδεικνύναι, εἰς τὰς τῶν ταξιάρχων χώρας ἐπαναβήσεσθαι, τῶν δ᾽ αὖ δεκαδάρχων τοὺς κρατίστους εἰς τὰς τῶν λοχαγῶν χώρας καταστήσεσθαι, τῶν δ᾽ αὖ πεμπαδάρχων ὡσαύτως εἰς τὰς τῶν δεκαδάρχων, τῶν γε μὴν ἰδιωτῶν τοὺς κρατιστεύοντας εἰς τὰς τῶν πεμπαδάρχων. ὑπῆρχε δὲ πᾶσι τούτοις τοῖς ἄρχουσι πρῶτον μὲν θεραπεύεσθαι ὑπὸ τῶν ἀρχομένων, ἔπειτα δὲ καὶ ἄλλαι τιμαὶ αἱ πρέπουσαι ἑκάστοις συμπαρείποντο. ἐπανέτεινε δὲ καὶ μείζονας ἐλπίδας τοῖς ἀξίοις ἐπαίνου, εἴ τι ἐν τῷ ἐπιόντι

24 χρόνῳ ἀγαθὸν μεῖζον φανοῖτο. προεῖπε δὲ νικητήρια καὶ ὅλαις ταῖς τάξεσι καὶ ὅλοις τοῖς λόχοις, καὶ ταῖς δεκάσιν ὡσαύτως καὶ ταῖς πεμπάσιν, αἳ ἂν φαίνωνται

---

1 δεκάδα, ὡσαύτως δὲ λοχαγῷ y. **2** λοχαγῷ] λόχῳ AH. ‖ καὶ] ὡς δ᾽ αὕτως y. ‖ post ταξιάρχῳ add. ὡς δ᾽ αὕτως τῶν ἄλλων ἀρχόντων ἑκάστῳ (ἑκάστῳ ante τῶν D) y. ‖ ἀνεπίπληκτον FG. **3** αὑτῷ y, αὑτὸν x, αὑτῶν z. **4** αὖ ὧν] αὐτῶν z. ‖ ἂν ἄρχωσι C, ἄρχωσι GHE, ἄρχουσι yA. **5** προύφηνε yE. ‖ μὲν om. xz. ‖ ὡς secl. Hartman. ‖ ὡς . . . παρεσκευάσθαι] οἳ κρατίστας δόξαιεν (-ειαν F) τὰς τάξεις παρασκευάσαι y. **6** κράτιστα G. ‖ δόξοντας z. **7** κράτιστα xz. ‖ δόξαιεν z. **8** ταξιαρχῶν z. **12** δεκαδαρχῶν z, δεκαρχῶν x, δεκάρχων D. **13** πενταδαρχῶν xz. ‖ δὲ om. et τούτοις πᾶσι G. **14** τὸ θεραπεύεσθαι Hartman. **16** ἐπανετείνοντο . . . μείζονες ἐλπίδες xz. **17** ἐπαίνου] ἔπαινοί τε xz Suidas Pantazides. ‖ καὶ εἴ τι Suidas. **18** ἀγαθὸν εἶναι μεῖζον zE. ‖ φαίνοιτο codd. Suidas, φανοῖτο Cobet, φανῶσι Hartman. **20** πεντάσιν AH cor. ‖ αἳ ἂν Dind., ἐάν codd.

εὐπιστόταται τοῖς ἄρχουσιν οὖσαι καὶ προθυμότατα
ἀσκοῦσαι τὰ προειρημένα. ἦν δὲ ταύταις τὰ νικητή-
ρια οἷα δὴ εἰς πλῆθος πρέπει. ταῦτα μὲν δὴ προεί-
ρητό τε καὶ ἠσκεῖτο ἡ στρατιά. σκηνὰς δ' αὐτοῖς κατ- 25
εσκεύασε, πλῆθος μὲν ὅσοι ταξίαρχοι ἦσαν, μέγεθος
δὲ ὥστε ἱκανὰς εἶναι τῇ τάξει ἑκάστῃ· ἡ δὲ τάξις ἦν
ἑκατὸν ἄνδρες. ἐσκήνουν μὲν δὴ οὕτω κατὰ τάξεις·
ἐν δὲ τῷ ὁμοῦ σκηνοῦν ἐδόκουν μὲν αὐτῷ ὠφελεῖσθαι
πρὸς τὸν μέλλοντα ἀγῶνα τοῦτο ὅτι ἑώρων ἀλλήλους
ὁμοίως τρεφομένους καὶ οὐκ ἐνῆν πρόφασις μειονε-
ξίας ὥστε ὑφίεσθαί τινας κακίω ἕτερον ἑτέρου εἶναι
πρὸς τοὺς πολεμίους. ὠφελεῖσθαι δ' ἐδόκουν αὐτῷ
καὶ πρὸς τὸ γιγνώσκειν ἀλλήλους ὁμοῦ σκηνοῦντες.
ἐν δὲ τῷ γιγνώσκεσθαι καὶ τὸ αἰσχύνεσθαι πᾶσι δο-
κεῖ μᾶλλον ἐγγίγνεσθαι, οἱ δ' ἀγνοούμενοι ῥᾳδιουρ-
γεῖν πως μᾶλλον δοκοῦσιν, ὥσπερ οἱ ἐν σκότει ὄντες.
ἐδόκουν δ' αὐτῷ καὶ εἰς τὸ τὰς τάξεις ἀκριβοῦν με- 26
γάλα ὠφελεῖσθαι διὰ τὴν συσκηνίαν. εἶχον γὰρ οἱ
μὲν ταξίαρχοι ὑφ' ἑαυτοῖς τὰς τάξεις κεκοσμημένας
ὥσπερ ὁπότε εἰς ἕνα πορεύοιτο ἡ τάξις, οἱ δὲ λοχαγοὶ
τοὺς λόχους ὡσαύτως, οἱ δὲ δεκάδαρχοι δεκάδας, πεμ-
πάδαρχοι πεμπάδας. τὸ δὲ διακριβοῦν τὰς τάξεις σφό- 27

---

1 οὖσαι yC, εἶναι zE. **2** ταύταις τὰ xy, ταῦτα z. **4** ἤσκητο F. ‖ ἡ στρατιά] ὑπὸ τῆς στρατιᾶς y. **6** ὥστε] ὡς F. ‖ ἑκάστῃ· ἡ δὲ y, ἑκάστη δὲ x, ἑκάστη δ' ἡ z. **8** τῷ ὁμοῦ σκηνοῦν] τὸ ὁμοσκηνοῦν y. **11** τινας Hug., τινα codd. Suid. ‖ κακίω ἕτερον ἑτέρου xy, κακιώτερον ἑτέρου AH Suid., κακίω ἑτέρου G. **13** γινώσκεσθαι ἀλλήλοις (-ους F) ὁμοσκηνοῦντες y. **14** ἐν γὰρ τὸ γιγνώσκεσθαι y. ‖ πᾶσιν ἐδόκει xy. **15** ἀγνοοῦντες Suid. **16** οἱ om. xz. **17** καὶ εἰς τὸ τὰς] εἰς τὸ καὶ xz. ‖ μέγα y. **18** ὁμοσκηνίαν y. **19** κεκοσμημένας Fg, κοιμωμένας cet. **21** οἱ δεκάδαρχοι τὰς δεκάδας καὶ οἱ πεμπάδαρχοι τὰς πεμπάδας y. ‖ πεντάδαρχοι πεντάδας AHcor. **22** ἀκριβοῦν y.

ὁρᾳ ἐδόκει αὐτῷ ἀγαθὸν εἶναι καὶ εἰς τὸ μὴ ταράττεσθαι καὶ εἰ ταραχθεῖεν θᾶττον καταστῆναι, ὥσπερ γε καὶ λίθων καὶ ξύλων ἃ ἂν δέῃ συναρμοσθῆναι, ἔστι, κἂν ὁπωσοῦν καταβεβλημένα τύχῃ, συναρμόσαι αὐτὰ εὐπετῶς, ἂν ἔχῃ γνωρίσματα ὥστ' εὔδηλον εἶναι ἐξ
28 ὁποίας ἕκαστον χώρας αὐτῶν ἐστιν. ἐδόκουν δ' ὠφελεῖσθαι αὐτῷ ὁμοῦ τρεφόμενοι καὶ πρὸς τὸ ἧττον ἀλλήλους θέλειν ἀπολιπεῖν, ὅτι ἑώρα καὶ τὰ θηρία τὰ συντρεφόμενα δεινὸν ἔχοντα πόθον, ἥν τις αὐτὰ δι-
29 ασπᾷ ἀπ' ἀλλήλων. ἐπεμέλετο δὲ καὶ τούτου ὁ Κῦρος ὅπως μήποτε ἀνίδρωτοι γενόμενοι ἐπὶ τὸ ἄριστον καὶ τὸ δεῖπνον εἰσίοιεν. ἢ γὰρ ἐπὶ θήραν ἐξάγων ἱδρῶτα αὐτοῖς παρεῖχεν, ἢ παιδιὰς τοιαύτας ἐξηύρισκεν αἳ ἱδρῶτα ἔμελλον παρασχήσειν, ἢ καὶ πρᾶξαι εἴ τι δεόμενος τύχοι, οὕτως ἐξηγεῖτο τῆς πράξεως ὡς μὴ ἐπανίοιεν ἀνιδρωτί. τοῦτο γὰρ ἡγεῖτο καὶ πρὸς τὸ ἡδέως ἐσθίειν ἀγαθὸν εἶναι καὶ πρὸς τὸ ὑγιαίνειν καὶ πρὸς τὸ δύνασθαι πονεῖν, καὶ πρὸς τὸ ἀλλήλοις δὲ πραοτέρους εἶναι ἀγαθὸν ἡγεῖτο τοὺς πόνους εἶναι, ὅτι καὶ οἱ ἵπποι συμπονοῦντες ἀλλήλοις πραότεροι συνεστήκασι. πρός γε μὴν τοὺς πολεμίους μεγαλοφρονέστεροι γίγνονται οἳ ἂν ξυνειδῶσιν ἑαυτοῖς εὖ ἠσκηκότες.

30 *Κῦρος δὲ αὐτῷ σκηνὴν μὲν κατεσκευάσατο ὥστε*

---

2 εἰ] εἰς τὸ εἰ y. 3 ἃ ἂν xy, ἂν z. 4 αὐτὰ] ταῦτα y. 5 ἂν xz, ἢν y. 6 χώρας ἕκαστον y. 7 καὶ τὸ πρὸς τὸ F. 8 ἂν ἐθέλειν y. || ἀπολιπεῖν xFGH, ἀπολείπειν AD. 9 συντρεφόμενα] ὁμοῦ τρεφόμενα y. || διασπάσῃ F. 10 τούτου] τοῦδε y. 11 πρὸς τὸ ἄριστον Suid. 12 ἐπὶ τὸ δεῖπνον y. || αὐτοὺς ἐξάγων y. 14 παρέχειν xz. || πράξας xzF. || εἴ τι ἄλλο y. 16 ἡγεῖτο y, ᾔδει xz. 18 πονεῖν] τι πονεῖν y. 19 οἱ om. E. 20 οἱ συμπονοῦντες Lincke. || πραότερον xFAH. 22 ξυνείδωσιν y. 23 δὲ αὐτῷ xG, δὲ αὐτός y. || μὲν om. y. ||

ἱκανὴν ἔχειν οἷς καλοίη ἐπὶ δεῖπνον. ἐκάλει δὲ ὡς τὰ πολλὰ τῶν ταξιάρχων οὓς καιρὸς αὐτῷ δοκοίη εἶναι, ἔστι δ' ὅτε καὶ τῶν λοχαγῶν καὶ τῶν δεκαδάρχων τινὰς καὶ τῶν πεμπαδάρχων ἐκάλει, ἔστι δ' ὅτε καὶ τῶν στρατιωτῶν, ἔστι δ' ὅτε καὶ πεμπάδα ὅλην καὶ δεκάδα ὅλην καὶ λόχον ὅλον καὶ τάξιν ὅλην. ἐκάλει δὲ καὶ ἐτίμα ὁπότε τινὰς ἴδοι τοιοῦτόν τι ποιήσαντας ὃ πάντας ἐβούλετο ποιεῖν. ἦν δὲ παρατιθέμενα ἀεὶ ἴσα αὐτῷ τε καὶ τοῖς καλουμένοις ἐπὶ δεῖπνον. καὶ τοὺς ἀμφὶ τὸ στράτευμα δὲ ὑπηρέτας ἰσο- 31
μοίρους πάντων ἀεὶ ἐποίει· οὐδὲν γὰρ ἧττον τιμᾶν ἄξιον ἐδόκει αὐτῷ εἶναι τοὺς ἀμφὶ τὰ στρατιωτικὰ ὑπηρέτας οὔτε κηρύκων οὔτε πρέσβεων. καὶ γὰρ πιστοὺς ἡγεῖτο δεῖν εἶναι τούτους καὶ ἐπιστήμονας τῶν στρατιωτικῶν καὶ συνετούς, προσέτι δὲ καὶ σφοδροὺς καὶ ταχεῖς καὶ ἀόκνους καὶ ἀταράκτους. πρὸς δ' ἔτι ἃ οἱ βέλτιστοι νομιζόμενοι ἔχουσιν ἐγίγνωσκεν ὁ Κῦρος δεῖν τοὺς ὑπηρέτας ἔχειν, καὶ τοῦτο ἀσκεῖν ὡς μηδὲν ἀναίνοιντο ἔργον, ἀλλὰ πάντα νομίζοιεν πρέπειν αὐτοῖς πράττειν ὅσαπερ ὁ ἄρχων προστάττοι.

ὡς ἱκανὴ εἴη y, ἱκανὴν ὥστε ἔχειν οὓς (solus D οἷς, cet. οὓς) καλοίη O. May cf. An. V 6, 30. Plat. leg. IX 875a. Phaidros 258b. **1** ἐπὶ τὸ δεῖπνον y. **2** ταξιαρχῶν xz. || αὐτῷ] αὐτοῖς z. **3** καὶ τῶν λοχαγῶν om. xz. || δεκαδαρχῶν et **4** πενταδαρχῶν xz. || ἔστι ὅτε (om. δ') F. || ἔστι . . . στρατιωτῶν H in marg., post πεμπάδα ὅλην transp. x. **5** τὴν πεντάδα xz. || ὅλην ἐκάλει δὲ y. **6** καὶ δεκάδα . . . τάξιν ὅλην om. xAH, καὶ λόχον . . . ὅλην om. G. **7** ἐτίμα καὶ xy. || ὁτέ G. || τοιοῦτο yAH, καὶ τοῦτο Π. **8** πάντας y, αὐτὸς cet. || ἂν ἐβούλετο Hartman. || τὰ μὲν y. **9** ἐπὶ τὸ δεῖπνον F. **11** ἀεὶ πάντων y, πάντων E. || ἐποιεῖτο xz. **15** προσέτι] ἔτι y. **16** ἀταράχους. πρὸς δὲ τούτοις ὅσα οἱ βέλτιστοι y. **18** τοῦτο] τὸ F. **20** αὐτοῖς zD. || ὅσαπερ] ὅσα ἂν y. || ἄρχων (om. ὁ) z.

II *Ἀεὶ μὲν οὖν ἐπεμελεῖτο ὁ Κῦρος, ὁπότε συσκηνοῖεν, ὅπως εὐχαριστότατοί τε ἅμα λόγοι ἐμβληθήσονται καὶ παρορμῶντες εἰς τὸ ἀγαθόν. ἀφίκετο δὲ καὶ εἰς τόνδε ποτὲ τὸν λόγον. Ἆρά γε, ἔφη, ὦ ἄνδρες, ἐνδεέστεροί τι ἡμῶν διὰ τοῦτο φαίνονται εἶναι οἱ ἑταῖροι ὅτι οὐ πεπαίδευνται τὸν αὐτὸν τρόπον ἡμῖν, ἢ οὐδὲν ἄρα διοίσειν ἡμῶν οὔτ' ἐν ταῖς συνουσίαις*
2 *οὔτε ὅταν ἀγωνίζεσθαι πρὸς τοὺς πολεμίους δέῃ; καὶ Ὑστάσπας ὑπολαβὼν εἶπεν, Ἀλλ' ὁποῖοι μέν τινες ἔσονται εἰς τοὺς πολεμίους οὔπω ἔγωγε ἐπίσταμαι· ἐν μέντοι τῇ συνουσίᾳ δύσκολοι ναὶ μὰ τοὺς θεοὺς ἔνιοι αὐτῶν φαίνονται. πρῴην μέν γε, ἔφη, ὁ Κυαξάρης ἔπεμψεν εἰς τὴν τάξιν ἑκάστην ἱερεῖα, καὶ ἐγένετο κρέα ἑκάστῳ ἡμῶν τρία ἢ καὶ πλείω τὰ περιφερόμενα. καὶ ἤρξατο μὲν ἀπ' ἐμοῦ ὁ μάγειρος τὴν πρώτην περίοδον περιφέρων· ὅτε δὲ τὸ δεύτερον εἰσῄει περιοίσων, ἐκέλευσα ἐγὼ ἀπὸ τοῦ τελευταίου ἄρχεσθαι*
3 *καὶ ἀνάπαλιν φέρειν. ἀνακραγὼν οὖν τις τῶν κατὰ μέσον τὸν κύκλον κατακειμένων στρατιωτῶν, Μὰ Δί', ἔφη, τῶνδε μὲν οὐδὲν ἴσον ἐστίν, εἴγε ἀφ' ἡμῶν γε τῶν ἐν μέσῳ οὐδεὶς οὐδέποτε ἄρξεται. καὶ ἐγὼ ἀκούσας ἠχθέσθην τε, εἴ τι μεῖον δοκοῖεν ἔχειν, καὶ ἐκάλεσα*

---

2 *εὐχαριτώτατοι* Hartman post Stephanum. **3** *δὲ* F, *οὖν* E, *δ' οὖν* zDc (om. C). **5** *εἶναι* om. y. || *οἱ* om. x. || *ἕτεροι* xz. **7** *διοίσουσιν* y. **9** *ὁ* add. ante *ὑστάσπας* xy. || *ὑστάσπης* xzF. **11** *ἔνιοι αὐτῶν*] *ἤδη αὐτῶν* F. *αὐτῶν ἤδη* D. **12** *ὁ*] *ὅτε* y, *τότε* (sed *κυαξάρης τότε* G) z. || *ἔπεμψεν ὁ κυαξάρης* x. **13** *ἐγένοντο* z. **14** *κρέα* post *τρία* transp. y. || *ἢ* om. z. **15** *μὲν δὴ* y. || *ἀπ' ἐμοῦ ὁ μάγειρος* y. **16** *περιῄει εἰσοίσων* xz. **18** *πάλιν* z. **19** *ἀνακειμένων* xy. **20** *εἴγε*] *εἰ* y. **21** *οὐθεὶς* AH. **22** *τε* om. xz. || *τις μεῖον δοκοίη* Hartman post Schneiderum, *δοκοίη* y. || *ἐκέλευσα* xG.

εὐθὺς αὐτὸν πρὸς ἐμέ. ὁ δὲ μάλα γε τοῦτο εὐτάκτως
ὑπήκουσεν. ὡς δὲ τὰ περιφερόμενα ἧκε πρὸς ἡμᾶς,
ἅτε οἶομαι ὑστάτους λαμβάνοντας, τὰ μικρότατα λελειμ-
μένα ἦν. ἐνταῦθα δὴ ἐκεῖνος πάνυ ἀνιαθεὶς δῆλος ἦν
καὶ εἶπε πρὸς ἑαυτόν, Τῆς τύχης, τὸ ἐμὲ νῦν κληθέν-
τα δεῦρο τυχεῖν. καὶ ἐγὼ εἶπον, Ἀλλὰ μὴ φρόντιζε· 4
αὐτίκα γὰρ ἀφ' ἡμῶν ἄρξεται καὶ σὺ λήψῃ τὸ μέ-
γιστον πρῶτος. καὶ ἐν τούτῳ περιέφερε τὸ τρίτον,
ὅπερ δὴ λοιπὸν ἦν τῆς περιφορᾶς· κἀκεῖνος ἔλαβε, κᾆτ'
ἔδοξεν αὐτῷ μεῖον λαβεῖν· κατέβαλεν οὖν ὃ ἔλαβεν
ὡς ἕτερον ληψόμενος. καὶ ὁ ἄρταμος οὐδὲν οἰόμενος
αὐτὸν ἔτι δεῖσθαι ὄψου, ᾤχετο παραφέρων πρὶν λαβεῖν
αὐτὸν ἕτερον. ἐνταῦθα δὴ οὕτω βαρέως ἤνεγκε τὸ 5
πάθος ὥστε ἀνήλωτο μὲν αὐτῷ ὃ εἰλήφει ὄψον, ὃ δ'
ἔτι αὐτῷ λοιπὸν ἦν τοῦ ἐμβάπτεσθαι, τοῦτό πως ὑπὸ
τοῦ ἐκπεπλῆχθαί τε καὶ τῇ τύχῃ ὀργίζεσθαι δυσθετού-
μενος ἀνέτρεψεν. ὁ μὲν δὴ λοχαγὸς ὁ ἐγγύτατα ἡμῶν
ἰδὼν συνεκρότησε τὼ χεῖρε καὶ τῷ γέλωτι ηὐφραίνετο.
ἐγὼ μέντοι, ἔφη, προσεποιούμην βήττειν· οὐδὲ γὰρ
αὐτὸς ἐδυνάμην τὸν γέλωτα κατασχεῖν. τοιοῦτον μὲν
δή σοι ἕνα, ὦ Κῦρε, τῶν ἑταίρων ἐπιδεικνύω. ἐπὶ

2 ὑπήκουεν x. 3 οἶμαι y, Hartman om. || σμικρότατα y. 4 post. ἦν] ἐγένετο y. 5 αὐτὸν xz. 6 δεῦρο τυχεῖν y, δευτεροτυχεῖν xz. 7 post ἡμῶν add. αὖ zDind., αὐτὸς E. 8 πρῶτος post σὺ (7) transp. yz. || τοσούτῳ y. 9 κᾆτ' ... 10 οὖν] μετ' ἐμὲ δεύτερος· ὡς δ' ὁ τρίτος ἔλαβε καὶ ἔδοξεν αὐτὸν μεῖζον ἑαυτοῦ λαβεῖν, καταβάλλει y. || αὐτῷ xz. 11 ἄρταμος] μάγειρος y. || οὐδὲν post αὐτὸν transp. xz. 12 ἔτι] τι xz. || δεῖσθαι ἔτι F. 14 αὐτῷ om. zDind. || post. ὃ om. z. || δ' ἔτι C, δέ τι zE, δὲ ἔτι y. 15 ἐμβάψασθαι x. 16 ὀργίζεσθαι τῇ τύχῃ δυσφορούμενος y. 17 ἀνέστρεψεν z, ἀνέστρεφεν x. 18 συνεκρότησέν με F. || γέλωτι ... 20 γέλωτα om. z. || καταχεῖν AH, κατέχειν τὸν γέλωτα y. || μὲν δὴ] μέντοι y. 21 ἕνα] ἓν λέγω y. || ἐπιδεικνύω ἔφη AGHcor.

6 μὲν δή τούτῳ ὥσπερ εἰκὸς ἐγέλασαν. ἄλλος δέ τις
ἔλεξε τῶν ταξιάρχων, Οὗτος μὲν δή, ἔφη, ὦ Κῦρε, ὡς ἔοι-
κεν, οὕτω δυσκόλῳ ἐπέτυχεν. ἐγὼ δέ, ὡς σὺ διδάξας
ἡμᾶς [τὰς τάξεις] ἀπέπεμψας καὶ ἐκέλευσας διδάσκειν
τὴν ἑαυτοῦ ἕκαστον τάξιν ἃ παρὰ σοῦ ἐμάθομεν, οὕτω
δὴ καὶ ἐγώ, ὥσπερ καὶ οἱ ἄλλοι ἐποίουν, ἐλθὼν ἐδί-
δασκον ἕνα λόχον. καὶ στήσας τὸν λοχαγὸν πρῶτον
καὶ τάξας δὴ ἐπ' αὐτῷ ἄνδρα νεανίαν καὶ τοὺς ἄλλους
ᾗ ᾤόμην δεῖν, ἔπειτα στὰς ἐκ τοῦ ἔμπροσθεν βλέπων
εἰς τὸν λόχον, ἡνίκα μοι ἐδόκει καιρὸς εἶναι, προϊέναι
7 ἐκέλευσα. καὶ ὁ ἀνήρ σοι ὁ νεανίας ἐκεῖνος προελθὼν
τοῦ λοχαγοῦ πρότερος ἐπορεύετο. κἀγὼ ἰδὼν εἶπον,
ὦ ἄνθρωπε, τί ποιεῖς; καὶ ὃς ἔφη, Προέρχομαι ὥσπερ
σὺ κελεύεις. κἀγὼ εἶπον, Ἀλλ' ἐγὼ οὐ σὲ μόνον ἐκέ-
λευον ἀλλὰ πάντας προϊέναι. καὶ ὃς ἀκούσας τοῦτο
μεταστραφεὶς πρὸς τοὺς λοχίτας εἶπεν, Οὐκ ἀκούετε,
ἔφη, λοιδορουμένου; προϊέναι πάντας κελεύει. καὶ
οἱ ἄνδρες πάντες παρελθόντες τὸν λοχαγὸν ἦσαν πρὸς
8 ἐμέ. ἐπεὶ δὲ ὁ λοχαγὸς αὐτοὺς ἀνεχώριζεν, ἐδυσφό-
ρουν καὶ ἔλεγον, Ποτέρῳ δὴ πείθεσθαι χρή; νῦν γὰρ
ὁ μὲν κελεύει προϊέναι, ὁ δ' οὐκ ἐᾷ. ἐγὼ μέντοι ἐνεγ-

1 τοῦτο zF. 2 οὕτως F. || ἔφη post κῦρε transp. F, post δή D, om. cet. 3 δυσκόλως xz. || ἐνέτυχεν yG. 4 [τὰς τάξεις] ego. || ἔπεμψας xz. 5 ἃ] τὰ z. 8 δὴ] δῆτα y. || αὐτῷ] αὐτὸν xz. 9 ᾗ] ἃ z. || ᾤόμην xz. 10 λοχαγὸν zDind. || καιρὸς εἶναι ἐδόκει x. || προσιέναι y. 11 ὁ ἀνὴρ y, ἀνὴρ xz. || προσελθὼν y. 12 λοχαγοῦ ἔμπροσθεν F. || κἀγὼ] καὶ F. 13 ὦ ἄνθρωπε y, ἄνθρωπε cet. || ἔρχομαι z. 14 ἐγὼ οὐ y, οὐκ ἐγὼ cet. 17 λοιδορουμένου] προστάττοντος y. || προιέναι ἔφη z. || κελεύει om. y. 18 οἱ ἄνδρες y, ἄνδρες xz. || πάντες παρελθόντες y, παρ. πάντες G, προιόντες πάντες x, περιιόντες πάντες (om. A) AH. 19 ἐδυσφοροῦντο y. 20 ποτέρῳ χρὴ πείθεσθαι y. || νῦν μὲν F. 21 οὐκ ἐᾷ y, οὐ καὶ xz.

κὼν ταῦτα πρᾴως ἐξ ἀρχῆς αὖ καταχωρίσας εἶπον
μηδένα τῶν ὄπισθεν κινεῖσθαι πρὶν ἂν ὁ πρόσθεν
ἡγῆται, ἀλλὰ τοῦτο μόνον δρᾶν πάντας, τῷ πρόσθεν
ἕπεσθαι. ὡς δ' εἰς Πέρσας τις ἀπιὼν ἦλθε πρὸς ἐμὲ 9
καὶ ἐκέλευσέ με τὴν ἐπιστολὴν ἣν ἔγραψα οἴκαδε δοῦ-
ναι, κἀγώ, ὁ γὰρ λοχαγὸς ᾔδει ὅπου ἔκειτο ἡ ἐπι-
στολή, ἐκέλευσα αὐτὸν δραμόντα ἐνεγκεῖν τὴν ἐπιστο-
λήν, ὁ μὲν δὴ ἔτρεχεν, ὁ δὲ νεανίας ἐκεῖνος εἵπετο
τῷ λοχαγῷ σὺν αὐτῷ τῷ θώρακι καὶ τῇ κοπίδι, καὶ
ὁ ἄλλος δὲ πᾶς λόχος ἰδὼν ἐκεῖνον συνέτρεχον. καὶ
ἧκον οἱ ἄνδρες φέροντες τὴν ἐπιστολήν. οὕτως, ἔφη,
ὅ γ' ἐμὸς λόχος σοι ἀκριβοῖ πάντα τὰ παρὰ σοῦ. οἱ 10
μὲν δὴ ἄλλοι ὡς εἰκὸς ἐγέλων ἐπὶ τῇ δορυφορίᾳ τῆς
ἐπιστολῆς· ὁ δὲ Κῦρος εἶπεν, Ὦ Ζεῦ καὶ πάντες θεοί,
οἵους ἄρα ἡμεῖς ἄνδρας ἔχομεν ἑταίρους, οἵ γε εὐθε-
ράπευτοι μὲν οὕτως εἰσὶν ὥστ' εἶναι αὐτῶν καὶ μικρῷ
ὄψῳ παμπόλλους φίλους ἀνακτήσασθαι, πιθανοὶ δ'
οὕτως εἰσί τινες ὥστε πρὶν εἰδέναι τὸ προσταττόμε-
νον πρότερον πείθονται. ἐγὼ μὲν οὐκ οἶδα ποίους
τινὰς χρὴ μᾶλλον εὔξασθαι ἢ τοιούτους στρατιώτας
ἔχειν. ὁ μὲν δὴ Κῦρος ἅμα γελῶν οὕτως ἐπῄνεσε 11
τοὺς στρατιώτας. ἐν δὲ τῇ σκηνῇ ἐτύγχανέ τις ὢν

---

1 αὖ καταχωρίσας y, αὐτίκα χωρίσας xz. **2** ὁ om. F. **3** τὸ πρόσθεν F. **5** δοῦναι post ἐπιστολήν transp. F. **7** δια-δραμόντα F. **8** δὲ . . . εἵπετο] δέ τοι μετ' ἐκεῖνον ἕπεται y. **10** δὲ] δὴ xz. || λόχος πᾶς G. || συνέτρεχεν y. **12** λόγος xH. || σοι λόχος y. **15** ἄνδρας ἔχομεν y. || οἵ γε] εἰ γὰρ y. **16** ὥστ'] ὥστε τινὰς y. || αὐτῶν εἶναι (i. ras.) F, αὐτῶν ἐστι D. **17** παμ-πόλλους xz, πάνυ D et Fpr, πανπόλλους f. || ἀνακτήσασθαι φί-λους y. **18** εἰσί secl. Hartman. || ὥστε] ὡς xz. || τατт(σσ)όμενον xz, πραττόμενον Suidas et Photius. **20** εὔχεσθαι y. **21** ἔχειν . . . **22** στρατιώτας om. xz.

τῶν ταξιάρχων Ἀγλαϊτάδας ὄνομα, ἀνὴρ τὸν τρόπον τῶν στρυφνοτέρων ἀνθρώπων, ὃς οὑτωσί πως εἶπεν· Ἦ γὰρ οἴει, ἔφη, ὦ Κῦρε, τούτους ἀληθῆ λέγειν ταῦτα; Ἀλλὰ τί μὴν βουλόμενοι, ἔφη ὁ Κῦρος, ψεύδονται; Τί δ' ἄλλο γ', ἔφη, εἰ μὴ γέλωτα ποιεῖν ἐθέλοντες
12 ὑπὲρ οὗ λέγουσι ταῦτα καὶ ἀλαζονεύονται. καὶ ὁ Κῦρος, Εὐφήμει, ἔφη, μηδὲ λέγε ἀλαζόνας εἶναι τούτους. ὁ μὲν γὰρ ἀλαζὼν ἔμοιγε δοκεῖ ὄνομα κεῖσθαι ἐπὶ τοῖς προσποιουμένοις καὶ πλουσιωτέροις εἶναι ἢ εἰσὶ καὶ ἀνδρειοτέροις καὶ ποιήσειν ἃ μὴ ἱκανοί εἰσιν ὑπισχνουμένοις, καὶ ταῦτα φανεροῖς γιγνομένοις ὅτι τοῦ λαβεῖν τι ἕνεκα καὶ κερδᾶναι ποιοῦσιν. οἱ δὲ μηχανώμενοι γέλωτα τοῖς συνοῦσι μήτε ἐπὶ τῷ αὑτῶν κέρδει μήτ' ἐπὶ ζημίᾳ τῶν ἀκουόντων μήτε ἐπὶ βλάβῃ μηδεμιᾷ, πῶς οὐχ οὗτοι ἀστεῖοι ἂν καὶ εὐχάριτες δι-
13 καιότερον ὀνομάζοιντο μᾶλλον ἢ ἀλαζόνες; ὁ μὲν δὴ Κῦρος οὕτως ἀπελογήσατο περὶ τῶν τὸν γέλωτα παρασχόντων· αὐτὸς δὲ ὁ ταξίαρχος ὁ τὴν τοῦ λόχου χαριτίαν διηγησάμενος [ἔφη], Ἦπου ἄν, ἔφη, ὦ Ἀγλαϊτάδα, εἴ γε κλαίειν ἐπειρώμεθά σε ποιεῖν, ὥσπερ ἔνιοι καὶ ἐν ᾠδαῖς καὶ ἐν λόγοις οἰκτρὰ ἄττα λογοποιοῦντες εἰς δάκρυα πειρῶνται ἄγειν, σφόδρ' ἂν ἡμῖν ἐμέμφου, ὁπότε γε νῦν καὶ αὐτὸς εἰδὼς ὅτι εὐφραίνειν

1 ἀγαλιτάδας F. || τοὔνομα x. **2** ὃς οὑτωσί] οὗτος ὧδε y. || εἶπεν· ἦ y, εἶπε τί xz. **3** ἀληθῶς xz. **5** γ' om. xAH. **6** τε ταῦτα y. **7** μηδὲ] μὴ y. **13** ἑαυτῶν D, αὐτῶν xAH, αὐτῷ FG. **15** μὴ δὲ μιᾷ AH. || ἂν om. F. || εὐχάριτοι Stob. **18** αὐτὸς] αὖθις yG. || ὁ ταξίαρχος Zeune coll. § 6, codd. ὁ λοχαγός, del. Bornemann. || λόγου xz. **19** prius ἔφη seclusi, post. om. y. **20** σφόδρ' ἂν ἡμῖν ἐμέμφου post ἄγειν (22) transp. Weckherlin. **21** καὶ ἐν ᾠδαῖς om. AG, καὶ ἐν . . . οἰκτρὰ om. G. || ἄττα y, τινα xz (ἄττα in ras. G). **22** εἰς om. xz. **23** καὶ νῦν Hartman, qui insequens αὐτὸς susp.

μέν τί σε βουλόμεθα, βλάψαι δ' οὐδέν, ὅμως οὕτως ἐν πολλῇ ἀτιμίᾳ ἡμᾶς ἔχεις. Ναὶ μὰ Δί', ἔφη ὁ Ἀγλαϊ- 14 τάδας, καὶ δικαίως γε, ἐπεὶ καὶ αὐτοῦ τοῦ κλαίοντας καθίζοντος τοὺς φίλους πολλαχοῦ ἔμοιγε δοκεῖ ἐλάττονος ἄξια διαπράττεσθαι ὁ γέλωτα αὐτοῖς μηχανώμενος. εὑρήσεις δὲ καὶ σύ, ἢν ὀρθῶς λογίζῃ, ἐμὲ ἀληθῆ λέγοντα. κλαύμασι μέν γε καὶ πατέρες υἱοῖς σωφροσύνην μηχανῶνται καὶ διδάσκαλοι παισὶν ἀγαθὰ μαθήματα, καὶ νόμοι γε πολίτας διὰ τοῦ κλαίοντας καθίζειν εἰς δικαιοσύνην προτρέπονται· τοὺς δὲ γέλωτα μηχανωμένους ἔχοις ἂν εἰπεῖν ἢ σώματα ὠφελοῦντας ἢ ψυχὰς οἰκονομικωτέρας τι ποιοῦντας ἢ πολιτικωτέρας; ἐκ τούτου ὁ Ὑστάσπας ὧδέ πως εἶπε· Σύ, ἔφη, 15 ὦ Ἀγλαϊτάδα, ἢν ἐμοὶ πείθῃ, εἰς μὲν τοὺς πολεμίους θαρρῶν δαπανήσεις τοῦτο τὸ πολλοῦ ἄξιον, καὶ κλαίοντας ἐκείνους πειράσῃ καθίζειν· ἡμῖν δὲ πάντως, ἔφη, τοῖσδε τοῖς φίλοις τούτου τοῦ ὀλίγου ἀξίου, τοῦ γέλωτος ἐπιδαψιλεύσῃ. καὶ γὰρ οἶδ' ὅτι πολύς σοί ἐστιν ἀποκείμενος· οὔτε γὰρ αὐτὸς χρώμενος ἀνησίμωκας αὐτόν, οὐδὲ μὴν φίλοις οὐδὲ ξένοις ἑκὼν εἶναι γέλωτα παρέχεις ὥστε οὐδεμία σοι πρόφασίς ἐστιν ὡς οὐ παρεκτέον σοι ἡμῖν γέλωτα. καὶ ὁ Ἀγλαϊ-

---

1 βλάπτειν y. **2** καὶ ναὶ xz. **3** κλάοντας Cobet, κλαίειν codd. **4** πολλαχῇ y. **6** εὑρήσεις δὲ καὶ σὺ ἢν y, διό, ἔφη, καὶ σὺ νῦν ἂν . . . λέγοντα εὑρήσεις xz. **10** ἐς AH. || τρέπονται x. **12** τι D om., s. v. F. **13** εἰπεῖν AHcor., εἶπεν F. || σὺ δὲ x. **14** ὦ om. F. || πίθῃ Bisshop. || εἰς] ἐς AG, ὡς F. **15** δαπανήσεις y, ποιήσεις xz. || τὸ τοῦ πολλοῦ F. **17** τοῖσδε τοῖς φίλοις] ἐν τοῖς τοιοῖσδε y (φίλοις i. marg. F), τοῖς φίλοις Hartman secl. || ἀξίου] υ in F erasum, i. marg. cor. || post. τοῦ om. y, τοῦ γέλωτος del. Naber. **18** ἐπιδαψιλῇ y. **19** ἀναισίμωκας z, ἀνήλωκας xy. **20** φίλοις γε y.

τάδας εἶπε, Καὶ οἴει γε, ὦ Ὑστάσπα, γέλωτα περιποιεῖν ἐξ ἐμοῦ, καὶ ὁ ταξίαρχος εἶπε, Ναὶ μὰ Δί', ἀνόητος ἄρα ἐστίν· ἐπεὶ ἔκ γε σοῦ πῦρ, οἶμαι, ῥᾷον

16 ἄν τις ἐκτρίψειεν ἢ γέλωτα ἐξαγάγοι. ἐπὶ τούτῳ μὲν δὴ οἵ τε ἄλλοι ἐγέλασαν, τὸν τρόπον εἰδότες αὐτοῦ, ὅ τ' Ἀγλαϊτάδας ἐπεμειδίασε. καὶ ὁ Κῦρος ἰδὼν αὐτὸν φαιδρωθέντα, Ἀδικεῖς, ἔφη, ὦ ταξίαρχε, ὅτι ἄνδρα ἡμῖν τὸν σπουδαιότατον διαφθείρεις γελᾶν ἀναπείθων, καὶ ταῦτα, ἔφη, οὕτω πολέμιον ὄντα τῷ γέ-

17 λωτι. ταῦτα μὲν δὴ ἐνταῦθα ἔληξεν. ἐκ δὲ τούτου Χρυσάντας ὧδε ἔλεξεν.

18 Ἀλλ' ἔγωγ', ἔφη, ὦ Κῦρε καὶ πάντες οἱ παρόντες, ἐννοῶ ὅτι συνεξεληλύθασι μὲν ἡμῖν οἱ μὲν καὶ βελτίονες, οἱ δὲ καὶ μείονος ἄξιοι· ἢν δέ τι γένηται ἀγαθόν, ἀξιώσουσιν οὗτοι πάντες ἰσομοιρεῖν. καίτοι ἔγωγε οὐδὲν ἀνισώτερον νομίζω ἐν ἀνθρώποις εἶναι ἢ τοῦ ἴσου τόν τε κακὸν καὶ τὸν ἀγαθὸν ἀξιοῦσθαι. καὶ ὁ Κῦρος εἶπε πρὸς τοῦτο, Ἆρ' οὖν, πρὸς τῶν θεῶν, ἔφη, ὦ ἄνδρες, κράτιστον ἡμῖν ἐμβαλεῖν περὶ τούτου βουλὴν εἰς τὸ στράτευμα, πότερα δοκεῖ, ἤν τι ἐκ τῶν πόνων δῷ ὁ θεὸς ἀγαθόν, ἰσομοίρους πάντας ποιεῖν, ἢ σκο-

1 οἴει γε . . . περιποιεῖν] σὺ δ' (γε G) αὖ ὦ ὑστάσπη γέλωτα πειρᾷ ποιεῖν yG Hartman. 2 λοχαγός codd., corr. Philelphus. 4 ἐξαγάγοι y, ἐξάγοι C, ἐξαγάγοιτο cet. 5 δὴ om. xz. || εἰδόντες AHE. || αὐτοῦ . . . ἀγλαϊτάδας] τοῦ ἀγλαιτάδα καὶ αὐτὸς ὁ ἀγλαιτάδας y. 6 ὅ τ' καὶ αὐτὸς i. ras. G. 7 λοχαγέ codd., ταξίαρχε Philelphus. 9 ἔφη οὕτως y, οὕτως ἔφη x. 10 ἐνταῦθα ἔληξεν D, ἐνταῦθ' ἔλεξεν F, τοιαῦτα ἐλέγετο (-οντο z) xz. 12 ἔγωγ' y, ἐγώ cet. 13 ἐξεληλύθασι zy (sed σὺν post μὲν transp. y). || καὶ secl. Hartman cf. I 5, 3. 14 μείζονος F. || γίγνηται z. 16 τῶν ἐν y. || ἢ τοῦ ἴσου xAH, τοῦ τῶν ἴσων yG. 18 ἔφη post οὖν add. AH, om. yG. 19 κράτιστον ἡμῖν ὦ (om. D) ἄνδρες y. || ἐμβάλλειν F. 20 τὸν στρατὸν y. 21 ἢ . . . p. 89, 2 προστιθέναι om. z.

ποῦντας τὰ ἔργα ἑκάστου πρὸς ταῦτα καὶ τὰς τιμὰς ἑκάστῳ προστιθέναι; Καὶ τί δεῖ, ἔφη ὁ Χρυσάντας, 19
ἐμβάλλειν λόγον περὶ τούτου, ἀλλ' οὐχὶ προειπεῖν ὅτι οὕτω ποιήσεις; οὐ καὶ τοὺς ἀγῶνας οὕτω προεῖπας καὶ τὰ ἆθλα; Ἀλλὰ μὰ Δί', ἔφη ὁ Κῦρος, οὐχ ὅμοια ταῦτα ἐκείνοις· ἃ μὲν γὰρ ἂν στρατευόμενοι κτήσωνται, κοινὰ οἶμαι ἑαυτῶν ἡγήσονται εἶναι· τὴν δὲ ἀρχὴν τῆς στρατιᾶς ἐμὴν ἴσως ἔτι οἴκοθεν νομίζουσιν εἶναι, ὥστε διατάττοντα ἐμὲ τοὺς ἐπιστάτας οὐδὲν οἶμαι ἀδικεῖν νομίζουσιν. Ἦ καὶ οἴει, ἔφη ὁ Χρυσάν- 20
τας, ψηφίσασθαι ἂν τὸ πλῆθος συνελθὸν ὥστε μὴ ἴσων ἕκαστον τυγχάνειν, ἀλλὰ τοὺς κρατίστους καὶ τιμαῖς καὶ δώροις πλεονεκτεῖν; Ἔγωγ', ἔφη ὁ Κῦρος, οἴομαι, ἅμα μὲν ἡμῶν συναγορευόντων, ἅμα δὲ καὶ αἰσχρὸν ὂν ἀντιλέγειν τὸ μὴ οὐχὶ τὸν πλεῖστα καὶ πονοῦντα καὶ ὠφελοῦντα τὸ κοινὸν τοῦτον καὶ μεγίστων ἀξιοῦσθαι. οἶμαι δ', ἔφη, καὶ τοῖς κακίστοις συμφέρον φανεῖσθαι τοὺς ἀγαθοὺς πλεονεκτεῖν. ὁ δὲ Κῦ- 21
ρος ἐβούλετο καὶ αὐτῶν ἕνεκα τῶν ὁμοτίμων γενέσθαι τοῦτο τὸ ψήφισμα· βελτίους γὰρ ἂν καὶ αὐτοὺς ἡγεῖτο τούτους εἶναι, εἰ εἰδεῖεν ὅτι ἐκ τῶν ἔργων καὶ αὐτοὶ κρινόμενοι τῶν ἀξίων τεύξονται. καιρὸς οὖν ἐδόκει αὐτῷ εἶναι νῦν ἐμβαλεῖν περὶ τούτου ψῆφον, ἐν ᾧ

2 προτιθέναι CF. || δεῖ] δή y. 3 ἐμβαλεῖν yE. || λόγους x. 4 οὐ] ἢ οὐ σὺ yG. || post ἀγῶνας add. ἔφη yAHE. || οὕτω om. y. || οὕτω . . . 5 Δί' om. G. 7 ἑαυτοῖς y. 8 στρατείας y. 10 ἔφη s. v. f. 12 ἴσον CD. 14 οἶμαι xz. || ὑμῶν F. || συναγορευόντων ἡμῶν EG. 15 ὂν om. z. || τὸ om. y, ante ἀντιλέγειν transp. xz, corr. Bornemann. 16 τὸ] τοι AH, τι G. || κοινὸν om. z. 17 σύμφορον y. 21 τούτους om. D, τούτους ἡγεῖτο FE. || εἶναι] γενέσθαι x. 22 τεύξοιντο y. 23 αὐτῷ ἐδόκει F. || νῦν εἶναι AG, νῦν (om. εἶναι) H. || τούτων y. || τὴν ψῆφον z Dind., λόγον Hartman „quum nonnisi ὁμότιμοι adessent“.

καὶ οἱ ὁμότιμοι ὤκνουν τὴν τοῦ ὄχλου ἰσομοιρίαν.
οὕτω δὴ συνεδόκει τοῖς ἐν τῇ σκηνῇ συμβαλέσθαι περὶ
τούτου λόγους καὶ συναγορεύειν ταῦτα ἔφασαν χρῆναι
ὅστισπερ ἀνὴρ οἴοιτο εἶναι.
22 Ἐπιγελάσας δὲ τῶν ταξιάρχων τις εἶπεν, Ἀλλ' ἐγώ,
ἔφη, ἄνδρα οἶδα καὶ τοῦ δήμου ὃς συνερεῖ ὥστε μὴ
εἰκῇ οὕτως ἰσομοιρίαν εἶναι. ἄλλος δ' ἀντήρετο τοῦ-
τον τίνα λέγοι. ὁ δ' ἀπεκρίνατο, Ἔστι νὴ Δί' ἀνὴρ
ἡμῖν σύσκηνος, ὃς ἐν παντὶ μαστεύει πλέον ἔχειν.
ἄλλος δ' ἐπήρετο αὐτόν, Ἦ καὶ τῶν πόνων; Μὰ Δί',
ἔφη, οὐ μὲν δή· ἀλλὰ τοῦτό γε ψευδόμενος ἑάλωκα.
καὶ γὰρ πόνων καὶ τῶν ἄλλων τῶν τοιούτων ὁρῶ
πάνυ θαρραλέως βουλόμενον μεῖον ἔχειν παρ' ὁντι-
23 ναοῦν. Ἀλλ' ἐγὼ μέν, ἔφη ὁ Κῦρος, ὦ ἄνδρες, γι-
γνώσκω τοὺς τοιούτους ἀνθρώπους οἷον καὶ οὗτος
νῦν λέγει, εἴπερ δεῖ ἐνεργὸν καὶ πειθόμενον ἔχειν τὸ
στράτευμα, ἐξαιρετέους εἶναι ἐκ τῆς στρατιᾶς. δοκεῖ
γάρ μοι τὸ μὲν πολὺ τῶν στρατιωτῶν εἶναι οἷον
ἕπεσθαι ᾗ ἄν τις ἡγῆται· ἄγειν δ' οἶμαι ἐπιχειροῦσιν
οἱ μὲν καλοὶ κἀγαθοὶ ἐπὶ τὰ καλὰ κἀγαθά, οἱ δὲ πονηροὶ
24 ἐπὶ τὰ πονηρά. καὶ πολλάκις τοίνυν πλείονας ὁμογνώ-
μονας λαμβάνουσιν οἱ φαῦλοι ἢ οἱ σπουδαῖοι. ἡ γὰρ

---

2 ἐμβαλέσθαι περὶ τούτων λόγον y. **6** οἶδα post δήμου transp. F. **9** ἡμῖν σύσκηνος xAH, σύσκηνος ἐμός y, ἐμὸς σύσ. G. **10** δ'] δ' αὖ yG. **11** οὐ μὲν δή om. xz. ‖ τοῦτό γε y, καὶ τοῦτο xz. **12** ὁρῶ om. y. **13** θαρραλέως βουλόμενον] πρᾴως ἀεὶ ἐᾷ τὸν βουλόμενον yG. ‖ μεῖον Schneider, αὐτὸν AHC, πλέον yG, om. E. ‖ παρ' ὁντιναοῦν om. y. **14** ὦ om. z. ‖ γιγνώσκω ὦ ἄνδρες x. **15** οὗτος νῦν] νῦν οὗτος x, νῦν ὅδε y. **17** ἐξαιρετέους Stephanus, ἐξαιρέτους codd. **18** στρατιωτῶν] ἀνθρώπων y. **19** ἡγῆται· ἄγειν δ' yG, ἡγῆται ἄγειν· ὅλον δ' xAH. **20** post κἀγαθά add. ἄγειν xz.

πονηρία διὰ τῶν παραυτίκα ἡδονῶν πορευομένη ταύ-
τας ἔχει συμπειθούσας πολλοὺς αὐτῇ ὁμογνωμονεῖν·
ἡ δ' ἀρετὴ πρὸς ὄρθιον ἄγουσα οὐ πάνυ δεινή ἐστιν
ἐν τῷ παραυτίκα εἰκῇ συνεπισπᾶσθαι, ἄλλως τε καὶ
ἢν ἄλλοι ὦσιν ἐπὶ τὸ πρανὲς καὶ τὸ μαλακὸν ἀντι-
παρακαλοῦντες. καὶ τοίνυν ὅταν μέν τινες βλακείᾳ καὶ 25
ἀπονίᾳ μόνον κακοὶ ὦσι, τούτους ἐγὼ νομίζω ὥσπερ
κηφῆνας δαπάνῃ μόνον ζημιοῦν τοὺς κοινωνούς· οἳ δ'
ἂν τῶν μὲν πόνων κακοὶ ὦσι κοινωνοί, πρὸς δὲ τὸ
πλεονεκτεῖν σφοδροὶ καὶ ἀναίσχυντοι, οὗτοι καὶ ἡγε-
μονικοί εἰσι πρὸς τὰ πονηρά. πολλάκις γὰρ δύνανται
τὴν πονηρίαν πλεονεκτοῦσαν ἀποδεικνύναι· ὥστε παντά-
πασιν ἐξαιρετέοι ἡμῖν οἱ τοιοῦτοί εἰσι. καὶ μὴ μέντοι 26
σκοπεῖτε ὅπως ἐκ τῶν πολιτῶν ἀντιπληρώσετε τὰς τά-
ξεις, ἀλλ' ὥσπερ ἵπποι οἳ ἂν ἄριστοι ὦσιν, οὐχ οἳ
ἂν πατριῶται, τούτους ζητεῖτε, οὕτω καὶ [ἀνθρώπους]
ἐκ πάντων ἀνθρώπων οἳ ἂν ὑμῖν δοκῶσι μάλιστα συν-
ισχυριεῖν τε ὑμᾶς καὶ συγκοσμήσειν, τούτους λαμβάνετε.
μαρτυρεῖ δέ μοι καὶ τόδε πρὸς τὸ ἀγαθόν· οὔτε γὰρ
ἅρμα δήπου ταχὺ γένοιτ' ἂν βραδέων ἵππων ἐνόντων
οὔτε δίκαιον ἀδίκων συνεζευγμένων, οὐδέ γε οἶκος

---

1 ταύτας] ταύτῃ z. **2** συναναπειθούσας y. ‖ αὐτῇ] αὐτοῖς y. **4** εἰκῇ del. Herwerden. **6** ὅταν] ἢν y. **8** μόνῃ F. ‖ ζημιοῦντας GF. ‖ τοὺς κοινῶνας Pantazides cf. VII 5, 35. 36. 8, 16. 25. 36. 40. 42, τοὺς κοινωνοὺς xy, τῆς κοινωνίας z Dind. **9** μὲν τῶν G. **10** πλεονεκτεῖν] πλεῖον ἔχειν y. ‖ οὗτοι καὶ om. z Dind. **13** ἐξαίρετοι οἱ τοιοῦτοι ἡμῖν y. § 26 del. Rosenstiel probante Nitschio. ‖ μηδὲ μέντοι z, καὶ μηδὲ μέντοι y C, καὶ μέντοι μηδὲ E, καὶ μὴ μέντοι Hug. **14** σκοπῆτε F. **15** ἵππους y. ‖ οὐχ οἳ ἂν πατριῶται] καὶ οὐχὶ πατριῶται xz. **16** [ἀνθρώπους] ego. **17** πάντων ἀνθρώπων xz. ‖ ἡμῖν F. ‖ μάλιστα δοκῶσιν συνισχύσειν y. **19** πρὸς ἀγαθόν z. **20** ὑπόντων Hartman. **21** ἀδίκων] ἀδικομάχων Photios p. 32, 6. 7 Reitzenstein. ‖ οὐδὲ οἶκος δύναιτ' ἂν xz.

δύναται εὖ οἰκεῖσθαι πονηροῖς οἰκέταις χρώμενος,
ἀλλὰ καὶ ἐνδεόμενος οἰκετῶν ἧττον σφάλλεται ἢ ὑπὸ
27 ἀδίκων ταραττόμενος. εὖ δ' ἴστε, ὦ ἄνδρες, ἔφη,
φίλοι, ὅτι οὐ τοῦτο μόνον ὠφελήσουσιν οἱ κακοὶ
ἀφαιρεθέντες ὅτι κακοὶ ἀπέσονται, ἀλλὰ καὶ τῶν κατα-
μενόντων ὅσοι μὲν δὴ ἀνεπίμπλαντο ἤδη κακίας,
ἀποκαθαροῦνται πάλιν ταύτης, οἱ δὲ ἀγαθοὶ τοὺς
κακοὺς ἰδόντες ἀτιμασθέντας πολὺ εὐθυμότερον τῆς
28 ἀρετῆς ἀνθέξονται. ὁ μὲν οὕτως εἶπε· τοῖς δὲ φίλοις
πᾶσι συνέδοξε ταῦτα, καὶ οὕτως ἐποίουν.

Ἐκ δὲ τούτου πάλιν αὖ καὶ σκώμματος ἤρχετο ὁ
Κῦρος. κατανοήσας γάρ τινα τῶν λοχαγῶν σύνδειπνον
καὶ παρακλίτην πεποιημένον ἄνδρα ὑπέρδασύν τε καὶ
ὑπέραισχρον, ἀνακαλέσας τὸν λοχαγὸν ὀνομαστὶ εἶπεν
ὧδε. Ὦ Σαμβαύλα, ἔφη, ἀλλ' ἦ καὶ σὺ κατὰ τὸν
Ἑλληνικὸν τρόπον, ὅτι καλόν ἐστι, περιάγει τοῦτο τὸ
μειράκιον τὸ παρακατακείμενόν σοι; Νὴ τὸν Δί', ἔφη
ὁ Σαμβαύλας, ἥδομαι γοῦν καὶ ἐγὼ συνὼν τε καὶ
29 θεώμενος τοῦτον. ἀκούσαντες ταῦτα οἱ σύσκηνοι προσ-
έβλεψαν· ὡς δὲ εἶδον τὸ πρόσωπον τοῦ ἀνδρὸς ὑπερ-
βάλλον αἴσχει, ἐγέλασαν πάντες. καί τις εἶπε, Πρὸς
τῶν θεῶν, ὦ Σαμβαύλα, ποίῳ ποτέ σε ἔργῳ ὁ ἀνὴρ

---

3 ἔφη post ἴστε transp. AH, om. x. **4** οὐ x, οὐδὲ cet. **5** καὶ om. y. **6** οἳ] ὅσοι y. || δὴ ἀνεπίμπλαντο xAH, ἂν ἀν. G, ἂν ἐπίμπλαντο y. **7** ταύτης] αὐτήν y. **8** εὐφυμότερον A, εὐφημότερον GH. **9** ὁ μὲν] ὁ δ' F. **10** ἅπασι F. **11** αὖ καὶ y, αὐτοῖς cet. || ἦρχεν y. **12** λοχαγῶν] ταξιαρχῶν y. || post σύνδειπνον add. ἀγόμενον F. **14** λοχαγὸν] ταξίαρχον y. **15** ἀλλ' ἦ om. xz. **16** περιάγει Cobet post Iuntinam, περιάγη F (s. v. ει f), περιάγεις cet. Dind. **18** γε οὖν zE, τ' οὖν F. || τε τούτῳ y. **19** τοῦτον] αὐτόν y. || ἀκούσαντες δὲ y. **20** ὑπερβάλλον αἴσχει y, ὑπέραισχρον xz. **22** ὁ om. y (inverso ordine οὗτος ἀνήρ D).

οὗτος ἀνήρτηται; καὶ ὃς εἶπεν, Ἐγὼ ὑμῖν νὴ τὸν Δία, 30
ὦ ἄνδρες, ἐρῶ. ὁποσάκις γὰρ αὐτὸν ἐκάλεσα εἴτε νυκτὸς εἴτε ἡμέρας, οὐπώποτέ μοι οὔτ' ἀσχολίαν προυφασίσατο οὔτε βάδην ὑπήκουσεν, ἀλλ' ἀεὶ τρέχων· ὁποσάκις τε πρᾶξαί τι αὐτῷ προσέταξα, οὐδὲν ἀνιδρωτί ποτε αὐτὸν εἶδον ποιοῦντα. πεποίηκε δὲ καὶ τοὺς δεκαδέας πάντας τοιούτους, οὐ λόγῳ ἀλλ' ἔργῳ ἀποδεικνὺς οἵους δεῖ εἶναι. καί τις εἶπε, Κᾄπειτα τοι- 31
οῦτον ὄντα οὐ φιλεῖς αὐτὸν ὥσπερ τοὺς συγγενεῖς; καὶ ὁ αἰσχρὸς ἐκεῖνος πρὸς τοῦτο ἔφη· Μὰ Δία· οὐ γὰρ φιλόπονός ἐστιν· ἐπεὶ ἤρκει ἂν αὐτῷ, εἰ ἐμὲ ἤθελε φιλεῖν, τοῦτο ἀντὶ πάντων τῶν γυμνασίων.

Τοιαῦτα μὲν δὴ καὶ γελοῖα καὶ σπουδαῖα καὶ ἐλέ- III
γετο καὶ ἐπράττετο ἐν τῇ σκηνῇ. τέλος δὲ τὰς τρίτας σπονδὰς ποιήσαντες καὶ εὐξάμενοι τοῖς θεοῖς τἀγαθὰ τὴν σκηνὴν εἰς κοίτην διέλυον. τῇ δ' ὑστεραίᾳ ὁ Κῦρος συνέλεξε πάντας τοὺς στρατιώτας καὶ ἔλεξε τοιάδε.

Ἄνδρες φίλοι, ὁ μὲν ἀγὼν ἐγγὺς ἡμῖν· προσέρ- 2
χονται γὰρ οἱ πολέμιοι. τὰ δ' ἆθλα τῆς νίκης, ἢν μὲν ἡμεῖς νικῶμεν, τοῦτο γάρ, ἔφη, δεῖ λέγειν καὶ

---

1 ἀνήρτηται Muretus, ἀν (προ- E)ήρηται codd. 2 ὦ om. z. 4 οὔτε] οὐδὲ xAH. 5 αὐτῷ πρᾶξαί τι xz. 6 πώποτε εἶδον αὐτὸν y. 7 δεκαδέας zF, δεκάδας D, δώδεκα x. || ἅπαντας F. 8 οἵους δεῖ] μείους δεῖ A, μείους δὲ H. 10 πρὸς τοῦτο ἔφη μὰ δία x, μὰ δία οὐ (om. G) πρὸς τοῦτο ἔφη z, πρὸς τοῦτο εἶπεν μὰ δί' ἔφη y. 12 τῶν om. A. 14 τὰς om. AHE. 17 τοὺς στρατιώτας πάντας y. 19 ἄνδρες φίλοι] πέρσαι y. || ἡμῖν ἐγγὺς y. || προέρχονται xz. 20 τὰ ἆθλα δὲ x. 21 τοῦτο γὰρ ἔφη δεῖ λέγειν καὶ ποιεῖν A et (nisi quod ordinem paullo inverterunt τ. γ. δεῖ(ν E) λέγειν ἔφη κ. π.) xH, quibuscum facit G τ. γ. δεῖ καὶ λέγειν ἔφη κ. π., post νικώμεθα transp. τοῦτο γὰρ ἀεὶ καὶ λέγειν καὶ ποιεῖν δεῖ y.

*ποιεῖν, δῆλον ὅτι οἵ τε πολέμιοι ἡμέτεροι καὶ τὰ τῶν
πολεμίων ἀγαθὰ πάντα· ἢν δὲ ἡμεῖς αὖ νικώμεθα,
καὶ οὕτω τὰ τῶν νικωμένων πάντα τοῖς νικῶσιν ἀεὶ*
3 *ἆθλα πρόκειται. οὕτω δή, ἔφη, δεῖ ὑμᾶς γιγνώσκειν
ὡς ὅταν μὲν ἄνθρωποι κοινωνοὶ πολέμου γενόμενοι
ἐν ἑαυτοῖς ἕκαστοι ἔχωσιν ⟨γνῶσιν⟩, ὡς, εἰ μὴ αὐτός
τις προθυμήσεται, οὐδὲν ἐσόμενον τῶν δεόντων, ταχὺ
πολλὰ καὶ καλὰ διαπράττονται· οὐδὲν γὰρ αὐτοῖς ἀρ-
γεῖται τῶν πράττεσθαι δεομένων· ὅταν δ' ἕκαστος δια-
νοηθῇ ὡς ἄλλος ἔσται ὁ πράττων καὶ ὁ μαχόμενος,
κἂν αὐτὸς μαλακίζηται, τούτοις, ἔφη, εὖ ἴστε ὅτι πᾶ-*
4 *σιν ἅμα πάντα ἥξει τὰ χαλεπὰ φερόμενα. καὶ ὁ θεὸς
οὕτω πως ἐποίησε· τοῖς μὴ θέλουσιν ἑαυτοῖς προστάτ-
τειν ἐκπονεῖν τἀγαθὰ ἄλλους αὐτοῖς ἐπιτακτῆρας δί-
δωσι. νῦν οὖν τις, ἔφη, λεγέτω ἐνθάδε ἀναστὰς περὶ
αὐτοῦ τούτου ποτέρως ἂν τὴν ἀρετὴν μᾶλλον οἴεται
ἀσκεῖσθαι παρ' ἡμῖν, εἰ μέλλοι ὁ πλεῖστα καὶ πονεῖν
καὶ κινδυνεύειν ἐθέλων πλείστης καὶ τιμῆς τεύξεσθαι,
ἢ ἂν εἰδῶμεν ὅτι οὐδὲν διαφέρει κακὸν εἶναι· ὁμοίως*
5 *γὰρ πάντες τῶν ἴσων τευξόμεθα. ἐνταῦθα δὴ ἀναστὰς
Χρυσάντας, εἷς τῶν ὁμοτίμων, ἀνὴρ οὔτε μέγας οὔτε*

1 *δῆλον . . .* 2 *νικώμεθα* om. xz. ‖ *πολέμιοι ἂν* yG. 3 *οὕτως* y, *οὐ* zC, om. E. ‖ *νικωμένων*] *ἡττωμένων* y. 4 *προσεῖται* AH. ‖ *δὴ ἔφη δεῖ*] *δεῖ ἔφη* x, *δεῖ* G. 6 post *ἑαυτοῖς* <*οὕτως τὴν γνώμην*> aut <*τὰς ἐλπίδας*> Richards. ‖ *ἕκαστοι ἔχωσιν* z, *ἔχωσιν ἕκαστοι* y, *ἕκαστοι διανοῶνται* x. ‖ *ἔχωσιν* <*γνῶσιν*> ego. ‖ *ὡς* om. z Dind. ‖ *εἰ μὴ*] *εἰ μὲν* x. 7 post *τις* add. *οὐ* x. ‖ *ὡς οὐδὲν* z Dind. 8 *πολλά τε καὶ* y. 9 *ὁπόταν δὲ* y. 10 *πράττων καὶ* om. E. ‖ *ὁ* post. add. yC. ‖ *μαχούμενος* y. 11 *κἂν*] *καὶ* F. ‖ *τούτοις*] *τοῖς τοιούτοις* y. ‖ *εὖ ἴστε ἔφη* G. 12 *ἥξει* y Richards, *ἥκει* cet. 13 *πως οὕτως* y. ‖ *τοὺς μὴ θέλοντας* z Dind. Lincke. 15 *τις* post *λεγέτω* transp. y. 16 *πότερος* F. ‖ *οἴεται μᾶλλον* FG. 18 *τεύξασθαι* F. 19 *ἢν ἴδωμεν* F. 21 *ὁ* ante *χρυσάντας* add. xz.

ἰσχυρὸς ἰδεῖν, φρονήσει δὲ διαφέρων, ἔλεξεν, Ἀλλ'
οἶμαι μέν, ἔφη, ὦ Κῦρε, οὐδὲ διανοούμενόν σε ὡς δεῖ
ἴσον ἔχειν τοὺς κακοὺς τοῖς ἀγαθοῖς ἐμβαλεῖν τοῦτον
τὸν λόγον, ἀλλ' ἀποπειρώμενον εἴ τις ἄρα ἔσται ἀνὴρ
ὅστις ἐθελήσει ἐπιδεῖξαι ἑαυτὸν ὡς διανοεῖται μηδὲν
καλὸν κἀγαθὸν ποιῶν, ἃ ἂν ἄλλοι τῇ ἀρετῇ καταπρά-
ξωσι, τούτων ἰσομοιρεῖν. ἐγὼ δ', ἔφη, οὔτε ποσίν εἰμι 6
ταχὺς οὔτε χερσὶν ἰσχυρός, γιγνώσκω τε ὅτι ἐξ ὧν
ἂν ἐγὼ τῷ ἐμῷ σώματι ποιήσω, οὐ κριθείην οὔτε ἂν
πρῶτος οὔτε ἂν δεύτερος, οἶμαι δ' οὐδ' ἂν χιλιοστός,
ἴσως δ' οὐδ' ἂν μυριοστός· ἀλλὰ καὶ ἐκεῖνο, ἔφη,
σαφῶς ἐπίσταμαι ὅτι εἰ μὲν οἱ δυνατοὶ ἐρρωμένως
ἀντιλήψονται τῶν πραγμάτων, ἀγαθοῦ τινός μοι
μετέσται τοσοῦτον μέρος ὅσον ἂν δίκαιον ᾖ· εἰ δ' οἱ
μὲν κακοὶ μηδὲν ποιήσουσιν, οἱ δ' ἀγαθοὶ καὶ δυνα-
τοὶ ἀθύμως ἕξουσι, δέδοικα, ἔφη, μὴ ἄλλου τινὸς
μᾶλλον ἢ τοῦ ἀγαθοῦ μεθέξω πλέον μέρος ἢ ἐγὼ
βούλομαι. Χρυσάντας μὲν δὴ οὕτως εἶπεν. ἀνέστη δ' 7
ἐπ' αὐτῷ Φεραύλας Πέρσης τῶν δημοτῶν, Κύρῳ πως
ἔτι οἴκοθεν συνήθης καὶ ἀρεστὸς ἀνήρ, καὶ τὸ σῶμα
οὐκ ἀφυὴς καὶ τὴν ψυχὴν οὐκ ἀγεννεῖ ἀνδρὶ ἐοικώς,
καὶ ἔλεξε τοιάδε.

Ἐγώ, ἔφη, ὦ Κῦρε καὶ πάντες οἱ παρόντες Πέρσαι, 8

---

1 φρονήσει δὲ διαφέρων om. z. || ἔλεξεν ὧδε y. 2 ἔφη om. y. || σε] γε xz. || ὡς δεῖ om. xz. 3 ἴσον τοὺς ἀγαθοὺς τοῖς κακοῖς ἔχειν y. 4 ἀλλὰ πειρώμενον GH, ἀλλ' ἀπειρόμενον A. || ἄρα om. x. 5 ἀποδεῖξαι xz. 7 εἰμὶ μὲν οὔτε ποσὶν ταχὺς y. 8 τε] δὲ y. 9 οὐ] οὐκ ἂν y. 9. 10. 11 ἂν quater om. y. || οἴομαι y. 11 καὶ om. z Dind. || ἔφη om. y. 12 ἐρρωμένως . . . ἀγαθοῦ om. G. 14 μέρος τοσοῦτον y. 15 δυνατοὶ] δυνάμενοι y. 17 ἐγὼ om. z Dind. 19 πως ἔτι] προσέτι z. 20 συνήθης καὶ om. z. 21 οὐκ ἀφυὴς om. xz. || ἀγενεῖ xH. 23 πάντες δὲ οἱ F.

ἡγοῦμαι μὲν ἡμᾶς πάντας ἐκ τοῦ ἴσου νῦν ὁρμᾶσθαι
εἰς τὸ ἀγωνίζεσθαι περὶ ἀρετῆς· ὁρῶ γὰρ ὁμοίᾳ μὲν
⟨ἐν⟩ τροφῇ πάντας ἡμᾶς τὸ σῶμα ἀσκοῦντας, ὁμοίας
δὲ συνουσίας πάντας ἀξιουμένους, ταὐτὰ δὲ πᾶσιν
ἡμῖν πρόκειται. τό τε γὰρ τοῖς ἄρχουσι πείθεσθαι
πᾶσιν ἐν κοινῷ κεῖται, καὶ ὃς ἂν φανῇ τοῦτο ἀπρο-
φασίστως ποιῶν, τοῦτον ὁρῶ παρὰ Κύρου τιμῆς τυγ-
χάνοντα· τό τ' αὖ πρὸς τοὺς πολεμίους ἄλκιμον εἶναι
οὐ τῷ μὲν προσῆκον τῷ δ' οὔ, ἀλλὰ πᾶσι καὶ τοῦτο
9 προκέκριται κάλλιστον εἶναι. νῦν δ', ἔφη, ἡμῖν καὶ δείκ-
νυται μάχη, ἣν ἐγὼ ὁρῶ πάντας ἀνθρώπους φύσει
ἐπισταμένους, ὥσπερ γε καὶ τἆλλα ζῷα ἐπίσταταί τινα
μάχην ἕκαστα οὐδὲ παρ' ἑνὸς ἄλλου μαθόντα ἢ παρὰ
τῆς φύσεως, οἷον ὁ βοῦς κέρατι παίειν, ὁ ἵππος ὁπλῇ,
ὁ κύων στόματι, ὁ κάπρος ὀδόντι. καὶ φυλάττεσθαί
γ', ἔφη, ἅπαντα ταῦτα ἐπίστανται ἀφ' ὧν μάλιστα δεῖ,
καὶ ταῦτα εἰς οὐδενὸς διδασκάλου πώποτε φοιτήσαντα.
10 καὶ ἐγώ, ἔφη, ἐκ παιδίου εὐθὺς προβάλλεσθαι ἠπιστά-
μην πρὸ τούτου ὅ,τι ᾤόμην πληγήσεσθαι· εἰ δὲ μὴ

1 ὑμᾶς y. ‖ πάντας post ὁρμᾶσθαι transp. y. 2 μὲν] τε xz. 3 <ἐν>τροφῇ ego. ‖ πάντας ἡμᾶς τὸ σῶμα ἀσκοῦντας y, πάντας ἡμᾶς τὰ πάντα ἀσκοῦντας z, τὰ πάντα ἀσκοῦντας πάντας (om. E) ἡμᾶς x. ‖ ὁμοίως F. 4 δὲ om. xz. ‖ ταὐτὰ . . . πρόκειται] τάδε αὐτὰ καλὰ πᾶσιν προκείμενα ἡμῖν F, τὰ δὲ αὐ. κ. π. ἡμῖν προ. D. ‖ ταῦτα z. 5 τε om. xz. 6 πᾶσιν om. y. 7 ὁρῶν z. ‖ κύρῳ y. 8 τό τ' αὖ yG, τό τε C, τό τε τα AHEc. ‖ τοὺς πολεμίους] τούτους AH, τοὺς G. ‖ ἀλκίμους z. 9 προσῆκον om. y. 10 δ', ἔφη] δέ φημι y. 11 δείκνυται x, δέδεικται cet. ‖ φύσει πάντας ἀνθρώπους y, sed ει et πα in ras. F, φύσαι γίγαντας D. 12 et 16 ἐπίσταται y. 15 ὁ κύων στόματι del. Cobet. 16 γ'] δὲ y, om. C. ‖ ἐπίσταται ταῦτα πάντα y. 18 ἔφη om. y. ‖ εὐθὺς μὲν y. 19 τούτου xy, τούτων z. ‖ ὅτι F, ὅτ' z, ὅτῳ xD. ‖ ᾤόμην D, οἰοίμην F. ‖ εἰ δὲ] καὶ εἰ D, εἰ F.

ἄλλο μηδὲν ἔχοιμι, τὼ χεῖρε προέχων ἐνεπόδιζον ὅ,τι
ἐδυνάμην τὸν παίοντα· καὶ τοῦτο ἐποίουν οὐ διδα-
σκόμενος, ἀλλὰ καὶ ἐπ' αὐτῷ τούτῳ παιόμενος, εἰ
προβαλοίμην. μάχαιράν γε μὴν εὐθὺς παιδίον ὢν ἀφ-
ήρπαζον ὅπου ἴδοιμι, οὐδὲ παρ' ἑνὸς οὐδὲ τοῦτο μαθὼν
ὅπως δεῖ λαμβάνειν ἢ παρὰ τῆς φύσεως, ὥς ἐγώ φη-
μι. ἐποίουν γοῦν καὶ τοῦτο οὐ διδασκόμενος· ὥσπερ
καὶ ἄλλα ἔστιν ἃ εἰργόμενος καὶ ὑπὸ μητρὸς καὶ
ὑπὸ πατρὸς ὑπὸ τῆς φύσεως ἠναγκαζόμην πράττειν.
καὶ ναὶ μὰ Δία, ἔφη, ἔπαιόν γε τῇ μαχαίρᾳ πᾶν
ὅ,τι δυναίμην λανθάνειν. οὐ γὰρ μόνον φύσει ἦν,
ὥσπερ τὸ βαδίζειν καὶ τρέχειν, ἀλλὰ καὶ ἡδὺ πρὸς
τῷ πεφυκέναι τοῦτο ἐδόκει μοι εἶναι. ἐπεὶ δ' οὖν, 11
ἔφη, αὕτη ἡ μάχη καταλείπεται, ἐν ᾗ προθυμίας
μᾶλλον ἢ τέχνης ἔργον ἐστί, πῶς ἡμῖν οὐχ ἡδέως
πρὸς τούσδε τοὺς ὁμοτίμους ἀγωνιστέον; ὅπου γε τὰ
μὲν ἆθλα τῆς ἀρετῆς ἴσα πρόκειται, παραβαλλόμενοι
δὲ οὐκ ἴσα εἰς τὸν κίνδυνον ἴμεν, ἀλλ' οὗτοι μὲν ἔν-
τιμον, ὅσπερ μόνος ἥδιστος, βίον, ἡμεῖς δὲ ἐπίπονον
μέν, ἄτιμον δέ, ὅσπερ οἶμαι χαλεπώτατος. μάλιστα 12
δέ, ὦ ἄνδρες, τοῦτό με εὐθύ πως εἰς τὸν ἀγῶνα τὸν

4 προβαλλοίμην y. || ὢν D, ὂν cet. || ἀφήρπαζον x, ἥρπαζον cet. 6 δέοι y. || ante ἢ add. ἄλλον y. || ὡς om. xz. 7 γοῦν om. F. || post τοῦτο add. κωλυόμενος y. 8 ὑπὸ πατρὸς καὶ ὑπὸ μητρὸς yE. 9 ἠναγκαζόμην πράττειν xG, ἠναγκαζόμην ἀπαιτεῖν AH, ἀπαιτεῖν (πράττειν i. marg.) ἠναγκαζόμην F (et D?). 10 ἔφη om. yz. || γε τῇ om. xz. || πᾶν ὅ,τι y, ὅ τι πᾶν zC, ὅ τι ἂν E. 13 τῷ] τὸ xy. || τοῦτο ποιεῖν y. || δ' om. y. 15 ἡδέως καὶ εὐθύμως Richards cf. l. 21. 17 προβαλλόμενοι x. 18 ἴομεν AE, ἴσμεν GH, ἴ(σ s. v.)μεν F. 19 ὃς μόνος (περ add. z) ἥδιστος βίων zC, ὃς μόνος βίων(ος s. v.) ἥδιστος E, βίον ὅσπερ ἥδιστος y. 20 χαλεπώτερος z. 21 εὐθύ πως ego, cf. V 2, 37, εὐθύμως codd., quod Schneider del. || post. τὸν om. z.

πρὸς τούσδε παρορμᾷ ὅτι Κῦρος ὁ κρίνων ἔσται, ὃς
οὐ φθόνῳ κρίνει, ἀλλὰ σὺν θεῶν ὅρκῳ λέγω ἦ μὴν
ἐμοὶ δοκεῖ Κῦρος οὕστινας ὁρᾷ ἀγαθοὺς φιλεῖν οὐ-
δὲν ἧττον ἑαυτοῦ· τούτοις γοῦν ὁρῶ αὐτὸν ὅ,τι ἂν
13 ἔχῃ διδόντα μᾶλλον ἢ αὐτὸν ἔχοντα. καίτοι, ἔφη,
οἶδα ὅτι οὗτοι μέγα φρονοῦσιν ὅτι πεπαίδευνται δὴ
καὶ πρὸς λιμὸν καὶ πρὸς δίψος καὶ πρὸς ῥῖγος καρτε-
ρεῖν, κακῶς εἰδότες ὅτι καὶ ταῦτα ἡμεῖς ὑπὸ κρείττο-
νος διδασκάλου πεπαιδεύμεθα ἢ οὗτοι. οὐ γάρ ἔστι
διδάσκαλος τούτων οὐδεὶς κρείττων τῆς ἀνάγκης, ἣ
14 ἡμᾶς καὶ λίαν ταῦτ' ἀκριβοῦν ἐδίδαξε. καὶ πονεῖν οὗ-
τοι μὲν τὰ ὅπλα φέροντες ἐμελέτων, ἅ ἐστιν ἅπασιν
ἀνθρώποις ηὑρημένα ὡς ἂν εὐφορώτατα εἴη, ἡμεῖς δέ
γ', ἔφη, ἐν μεγάλοις φορτίοις καὶ βαδίζειν καὶ τρέ-
χειν ἠναγκαζόμεθα, ὥστε νῦν ἐμοὶ δοκεῖ τὸ τῶν
15 ὅπλων φόρημα πτεροῖς μᾶλλον ἐοικέναι ἢ φορτίῳ. ὡς
οὖν ἐμοῦ γε καὶ ἀγωνιουμένου καὶ ὁποῖος ἄν τις ὦ
κατὰ τὴν ἀξίαν με τιμᾶν ἀξιώσοντος, οὕτως, ἔφη, ὦ
Κῦρε, γίγνωσκε. καὶ ὑμῖν γ', ἔφη, ὦ ἄνδρες δημό-
ται, παραινῶ εἰς ἔριν ὁρμᾶσθαι ταύτης τῆς μάχης
πρὸς τοὺς πεπαιδευμένους τούσδε· νῦν γὰρ ἄνδρες εἰ-

---

1 ἔσται ὁ κρίνων y. **2** κρίνει] κρίνων z, κρινεῖ Richards. || θεῷ zD. || λέγω ἦ μὴν ἐμοί om. G, λέγω . . . δοκεῖ punctis del. F. **3** δοκεῖ κῦρος xf, δοκεῖ κῦρον y, δοκεῖν κυροῦν z. || ἂν ὁρᾷ y. **4** ἑαυτοῦ] ἢ ἑαυτόν y. || γε οὖν G. **5** ἥδιον ante διδόντα add. y. **7** πρὸς δίψος y, δίψαν xz. || ῥίγον z. **8** καὶ ταῦτα y, ταῦτα καὶ C, καὶ zE. **10** τούτων οὐδείς y. || post κρείσσων add. ὢν xz. **11** ἀκριβοῦν ταῦτα y. **12** μὲν δὴ τὰ y. **13** εὐφόρως z. **14** γ' ἔφη om. x. **15** ἐμοὶ νῦν δοκεῖ τὰ τῶν ὅπλων φορήματα y. **17** οὖν et γε om. x. || τις ἂν y. **18** με om. DE. || με τιμᾶν ἀξιώσοντος] τιμᾶσθαι ἄξιος ὄντως F. **19** γ'] δὲ y. **20** ὁρμᾶσθαι εἰς ἔριν y. **21** post γὰρ add. ἔφη xAG. || ἄνδρες codd., corr. Schneider.

λημμένοι εἰσὶν ἐν δημοτικῇ ἀγωνίᾳ. Φεραύλας μὲν 16
δὴ οὕτως εἶπεν. ἀνίσταντο δὲ καὶ ἄλλοι πολλοὶ ἑκατέρων συναγορεύοντες. ἔδοξε γοῦν κατὰ τὴν ἀξίαν τιμᾶσθαι ἕκαστον, Κῦρον δὲ τὸν κρίνοντα εἶναι. ταῦτα μὲν δὴ οὕτω προκεχωρήκεσαν.

'Εκάλεσε δ' ἐπὶ δεῖπνον ὁ Κῦρος καὶ ὅλην ποτὲ 17
τάξιν σὺν τῷ ταξιάρχῳ, ἰδὼν αὐτὸν τοὺς μὲν ἡμίσεις τῶν ἀνδρῶν τῆς τάξεως ἀντιτάξαντα ἑκατέρωθεν εἰς ἐμβολήν, θώρακας μὲν ἀμφοτέρους ἔχοντας καὶ γέρρα ἐν ταῖς ἀριστεραῖς, εἰς δὲ τὰς δεξιὰς νάρθηκας παχεῖς τοῖς ἡμίσεσιν ἔδωκε, τοῖς δ' ἑτέροις εἶπεν ὅτι βάλλειν δεήσοι ἀνῃρημέναις ταῖς βώλοις ἐπεὶ δὲ παρεσκευ- 18
ασμένοι οὕτως ἔστησαν, ἐσήμαινεν αὐτοῖς μάχεσθαι. ἐνταῦθα δὴ οἱ μὲν ἔβαλλον ταῖς βώλοις καὶ ἔστιν οἳ ἐτύγχανον καὶ θωράκων καὶ γέρρων, οἳ δὲ καὶ μηροῦ καὶ κνημῖδος. ἐπεὶ δὲ ὁμοῦ ἐγένοντο, οἱ τοὺς νάρθηκας ἔχοντες ἔπαιον τῶν μὲν μηρούς, τῶν δὲ χεῖρας, τῶν δὲ κνήμας, τῶν δὲ καὶ ἐπικυπτόντων ἐπὶ βώλους ἔπαιον τοὺς τραχήλους καὶ τὰ νῶτα. τέλος δὲ τρεψάμενοι ἐδίωκον οἱ ναρθηκοφόροι παίοντες σὺν πολλῷ γέλωτι καὶ

---

1 Photios p. 28, 4 ἀγωνίᾳ· Ξενοφῶν ἀντὶ τοῦ ἀγῶνι. 2 ἑκατέρων D, ἑκατέρῳ x et (ex -ων correctum) F, ἑκατέροις g, om. z. 3 συναγορευόντων δὲ AH, συνεροῦντες Herwerden. || γοῦν C, δ' οὖν y, οὖν Eg, om. z. 4 ἕκαστον τιμᾶσθαι F. 5 προκεχωρήκεσαν xz, προκεχωρήκει y, προυκεχωρήκει Iuntina. 6 τὸ δεῖπνον F. || ὁ κῦρος et ποτὲ om. z. 7 ἰδὼν δὲ xz. || μὲν om. y. 9 post μὲν add. δὴ y. 10 ἐν om. y. || δὲ τὰς om. F. 12 ἀνῃρημέναις ego, ἐνηγμένους (spiritu omisso aut male picto) z, ἀναιρουμένους cet. || παρασκευασάμενοι xz. 13 οὕτως om. z. || ἐσήμηναν xz. 14 ἔβαλλον ταῖς βώλοις καὶ ἔστιν οἳ y et (nisi quod καὶ post οἳ (ἢ E) transp.) x, βάλλοντες ἔστιν οἳ καὶ z Dind. 15 μηροὺς καὶ κνημῖδας z. 16 ὅπου δὲ ὁμόσε γένοιντο z. 17 τῶν δὲ κνήμας om. z. 18 τῶν δὲ om. y. || ἐπὶ βώλους om. z.

παιδιᾷ. ἐν μέρει γε μὴν οἱ ἕτεροι λαβόντες πάλιν τοὺς
νάρθηκας ταὐτὰ ἐποίησαν τοὺς ταῖς βώλοις βάλλον-
19 τας. ταῦτα δ' ἀγασθεὶς ὁ Κῦρος, τοῦ μὲν ταξιάρχου
τὴν ἐπίνοιαν, τῶν δὲ τὴν πειθώ, ὅτι ἅμα μὲν ἐγυμ-
νάζοντο, ἅμα δὲ εὐθυμοῦντο, ἅμα δὲ ἐνίκων οἱ εἰ-
κασθέντες τῇ τῶν Περσῶν ὁπλίσει, τούτοις δὴ ἡσθεὶς
ἐκάλεσέ τε ἐπὶ δεῖπνον αὐτοὺς καὶ ἐν τῇ σκηνῇ ἰδών
τινας αὐτῶν ἐπιδεδεμένους, τὸν μέν τινα ἀντικνήμιον,
20 τὸν δὲ χεῖρα, ἠρώτα τί πάθοιεν. οἱ δ' ἔλεγον ὅτι
πληγεῖεν ταῖς βώλοις. ὁ δὲ πάλιν ἐπηρώτα πότερον
ἐπεὶ ὁμοῦ ἐγένοντο ἢ ὅτε πρόσω ἦσαν. οἱ δ' ἔλεγον
ὅτε πρόσω ἦσαν. ἐπεὶ δὲ ὁμοῦ ἐγένοντο, παιδιὰν
ἔφασαν εἶναι καλλίστην οἱ ναρθηκοφόροι· οἱ δὲ συγ-
κεκομμένοι τοῖς νάρθηξιν ἀνέκραγον ὅτι οὐ σφίσι γε
δοκοίη παιδιὰ εἶναι τὸ ὁμόθεν παίεσθαι· ἅμα δὲ ἐπ-
εδείκνυσαν τῶν ναρθήκων τὰς πληγὰς καὶ ἐν χερσὶ
καὶ ἐν τραχήλοις, ἔνιοι δὲ καὶ ἐν προσώποις. καὶ τό-
τε μὲν ὥσπερ εἰκὸς ἐγέλων ἐπ' ἀλλήλοις. τῇ δ' ὑστε-
ραίᾳ μεστὸν ἦν τὸ πεδίον πᾶν τῶν τούτους μιμουμέ-
νων· καὶ εἰ μὴ ἄλλο τι σπουδαιότερον πράττοιεν,
ταύτῃ τῇ παιδιᾷ ἐχρῶντο.
21 Ἄλλον δέ ποτε ἰδὼν ταξίαρχον ἄγοντα τὴν τάξιν
ἀπὸ τοῦ ποταμοῦ ἐπὶ τὸ ἄριστον ἐφ' ἑνός, καὶ ὁπότε
δοκοίη αὐτῷ καιρὸς εἶναι, παραγγέλλοντα τὸν ὕστερον

1 παιδιᾷ y, παιγνίᾳ z Suid., παιγνίῳ x. || πάλιν λαβόντες y. 3 δ'] δὴ F. 5 ἐθυμοῦντο xz. 6 δὴ] δ' xz. 7 τὸ δεῖπνον F. 8 ἀντικνήμιον y, αὐτῶν (-τὸν C) ἐπὶ κνήμιον x, αὐτῶν ἐπικνήμιον z. 10 πληγεῖεν ταῖς βώλοις] ταῖς βώλοις βληθεῖεν F. || ἠρώτα F. 11 ἐγένοντο Fd, γένοιντο x, om. Dg. || ἢ ὅτε . . . 12 ἐγένοντο om. z. 13 οἱ δὲ] οἱ δ' αὖ y. 14 γε om. xz. 19 πάντων codd., corr. Stephanus. 20 εἰ] ἀεὶ ὁπότε y. || ἔπρασσον x. 22 ποτε] τινα x. 23 ἀριστερὸν yC. 24 καιρὸς δοκοίη αὐτῷ G.

λόχον παράγειν, καὶ τὸν τρίτον καὶ τὸν τέταρτον, εἰς μέτωπον, ἐπεὶ δ' ἐν μετώπῳ οἱ λοχαγοὶ ἐγένοντο, παρηγγύησεν εἰς δύο ἄγειν τὸν λόχον· ἐκ τούτου δὴ παρῆγον οἱ δεκάδαρχοι εἰς μέτωπον· ὁπότε δ' αὖ ἐδόκει αὐτῷ καιρὸς εἶναι, παρήγγειλεν εἰς τέτταρας τὸν λόχον· οὕτω δὴ οἱ πεμπάδαρχοι αὖ παρῆγον εἰς τέτταρας· ἐπεὶ δὲ ἐπὶ θύραις τῆς σκηνῆς ἐγένοντο, παραγγείλας αὖ εἰς ἕνα [ἰόντων] εἰσῆγε τὸν πρῶτον λόχον, καὶ τὸν δεύτερον τούτου κατ' οὐρὰν ἐκέλευσεν ἕπεσθαι, καὶ τὸν τρίτον καὶ τὸν τέταρτον ὡσαύτως παραγγείλας ἡγεῖτο ἔσω· οὕτω δ' εἰσαγαγὼν κατέκλινεν ἐπὶ τὸ δεῖπνον ὥσπερ εἰσεπορεύοντο· τοῦτον οὖν ὁ Κῦρος ἀγασθεὶς τῆς τε πρᾳότητος τῆς διδασκαλίας καὶ τῆς ἐπιμελείας ἐκάλεσε ταύτην τὴν τάξιν ἐπὶ τὸ δεῖπνον σὺν τῷ ταξιάρχῳ.

Παρὼν δέ τις ἐπὶ τῷ δείπνῳ κεκλημένος ἄλλος 22 ταξίαρχος, Τὴν δ' ἐμήν, ἔφη, τάξιν, ὦ Κῦρε, οὐ καλεῖς εἰς τὴν σκηνήν; καὶ μὴν ὅταν γε παρίῃ ἐπὶ τὸ δεῖπνον, πάντα ταὐτὰ ποιεῖ· καὶ ὅταν τέλος ἡ σκηνὴ ἔχῃ, ἐξάγει μὲν ὁ οὐραγός, ἔφη, τοῦ τελευταίου λόχου, ὑστάτους ἔχων τοὺς πρώτους τεταγμένους

---

4 δεκαδάρχαι xz, δεκαδάρχοι D. 6 παρῆγον ὡς εἰς τέτταρας ἴῃ (ἴοι D) ὁ λόχος y, εἰς τέτταρας del. Pantazides, post τέτταρας add. ἄγειν Stephanus. 7 ἐπειδὴ δὲ ἐπὶ τῇ θύρᾳ y. 8 αὖ F, δύο (δύω H) xz, om. D. || ὡς εἰς y. || [ἰόντων] Breitenbach, οὕτως Weiske. 9 ἕπεσθαι ἐκέλευεν (-σεν D) y. 11 εἴσω y. || δ' xz, δὴ y. || εἰσάγων Pantazides. 12 εἰσεπορεύετο zC, ἐπορεύοντο F. || τοῦτον y, ταῦτα x, ταῦτ' z. || οὖν om. y. 13 post πρᾳότητος add. καὶ xHG. || post. τῆς om. GH. 14 ἐκάλεσεν αὖ καὶ ταύτην y. || τῷ δείπνῳ G. 17 ὦ κῦρε τάξιν y. || καλεῖς] καλέσεις xz. 18 γε om. xz. || παρῇ y. 19 ταῦτα codd., corr. Dind. || ἡ σκηνὴ y, τὴν σκηνὴν x, om. z. 20 ἔφη ὁ z, ἔφη x, om. y. 21 post λόχου add. τὸν λόχον xy.

εἰς μάχην· ἔπειτα ὁ δεύτερος τοὺς τοῦ ἑτέρου λόχου ἐπὶ τούτοις, καὶ ὁ τρίτος καὶ ὁ τέταρτος ὡσαύτως, ὅπως καὶ ὅταν ἀπάγειν δέῃ ἀπὸ πολεμίων, ἐπίστωνται ὡς δεῖ ἀπιέναι. ἐπειδὰν δέ, ἔφη, καταστῶμεν ἐπὶ τὸν δρόμον ἔνθα περιπατοῦμεν, ὅταν μὲν πρὸς ἕω ἴωμεν, ἐγὼ μὲν ἡγοῦμαι, καὶ ὁ πρῶτος λόχος πρῶτος, καὶ ὁ δεύτερος ὡς δεῖ, καὶ ὁ τρίτος καὶ ὁ τέταρτος, καὶ αἱ τῶν λόχων δεκάδες καὶ πεμπάδες, ἕως ἂν παραγγέλλω ἐγώ· ὅταν δ', ἔφη, πρὸς ἑσπέραν ἴωμεν, ὁ οὐραγός τε καὶ οἱ τελευταῖοι πρῶτοι ἀφηγοῦνται· ἐμοὶ μέντοι οὕτω πείθονται <καὶ> ὑστέρῳ ἰόντι, ἵνα ἐθίζωνται καὶ ἕπεσθαι καὶ ἡγεῖσθαι ὁμοίως πειθόμενοι. καὶ ὁ Κῦρος ἔφη, Ἦ καὶ ἀεὶ τοῦτο ποιεῖτε;
23 Ὁποσάκις γε, ἔφη, δειπνοποιούμεθα νὴ Δία. Καλῶ τοίνυν, ἔφη, ὑμᾶς, ἅμα μὲν ὅτι τὰς τάξεις μελετᾶτε καὶ προσιόντες καὶ ἀπιόντες, ἅμα δ' ὅτι καὶ ἡμέρας καὶ νυκτός, ἅμα δ' ὅτι τά τε σώματα περιπατοῦντες ἀσκεῖτε καὶ τὰς ψυχὰς ὠφελεῖτε διδάσκοντες. ἐπεὶ οὖν πάντα διπλᾶ ποιεῖτε, διπλῆν ὑμῖν δίκαιον καὶ τὴν εὐ-
24 ωχίαν παρέχειν. Μὰ Δί', ἔφη ὁ ταξίαρχος, μήτοι γ'

---

1 εἰς μάχην τεταγμένους· ἔπειτα δὲ ὁ οὐραγὸς ὁ τοῦ ἑτέρου λόχου y. 2 ἐπὶ τούτοις] ὅπως xz. 3 ἔφη post ὅπως add. xz. ‖ δέῃ ἀπάγειν y. ‖ ἐπιστῶνται zD, ἐπίστανται x. 4 ἔφη om. y. 5 ἐπὶ] εἰς y. ‖ πρὸς ἕω ἴωμεν y, προσίωμεν zC, προίωμεν E. ‖ μὲν om. F. 7 δεῖ] δὲ xz. ‖ ultim. ὁ om. zC. 8 λόχων] λοχαγῶν y. ‖ πεντάδες AEh. 9 ἕως y, ὡς E, ὧ zC. ‖ παραγγελῶ xD, παραγγέλω z. ‖ ἐγώ om. y. 10 ὁ om. xz. 11 οὕτω] ὅμως y, καὶ οὕτω Nitsche. ‖ <καὶ> ὑστέρῳ ego. ‖ ὄντι xz. 12 ἀφηγεῖσθαι y. 14 γε] τε F. ‖ καὶ post ἔφη add. y. 15 ὅτι ante ἅμα transp. xz. 16 προιόντες x. ‖ καὶ ἡμέρας . . . 17 δ' ὅτι om. EA. 19 καί om. xz. 20 ταξίαρχος] λοχαγός zC. ‖ μήτοι x. μήτι cet. ‖ γ' ἐν] γ' (γε C) ἔφη AHC, γ' ἔφη ἐν G, γε E.

ἐν μιᾷ ἡμέρᾳ, εἰ μὴ καὶ διπλᾶς ἡμῖν τὰς γαστέρας παρέξεις. καὶ τότε μὲν δὴ οὕτω τὸ τέλος τῆς σκηνῆς ἐποιήσαντο. τῇ δ' ὑστεραίᾳ ὁ Κῦρος ἐκάλεσεν ἐκείνην τὴν τάξιν, ὥσπερ ἔφη, καὶ τῇ ἄλλῃ. αἰσθόμενοι δὲ ταῦτα καὶ οἱ ἄλλοι τὸ λοιπὸν πάντες αὐτοὺς ἐμιμοῦντο.

IV Ἐξέτασιν δέ ποτε πάντων τοῦ Κύρου ποιουμένου ἐν τοῖς ὅπλοις καὶ σύνταξιν ἦλθε παρὰ Κυαξάρου ἄγγελος λέγων ὅτι Ἰνδῶν παρείη πρεσβεία· κελεύει οὖν σε ἐλθεῖν ὡς τάχιστα. φέρω δέ σοι, ὁ ἄγγελος ἔφη, καὶ στολὴν τὴν καλλίστην παρὰ Κυαξάρου· ἐβούλετο γάρ σε ὡς εὐκοσμότατα καὶ λαμπρότατα προσάγειν ὡς ὀψομένων τῶν Ἰνδῶν ὅπως ἂν προσίῃς. ἀκούσας 2
δὲ ταῦτα ὁ Κῦρος παρήγγειλε τῷ πρώτῳ τεταγμένῳ ταξιάρχῳ εἰς μέτωπον στῆναι, ἐφ' ἑνὸς ἄγοντα τὴν τάξιν, ἐν δεξιᾷ ἔχοντα ἑαυτόν, καὶ τῷ δευτέρῳ ἐκέλευσε ταὐτὸ τοῦτο παραγγεῖλαι, καὶ διὰ πάντων οὕτω παραδιδόναι ἐκέλευσεν. οἱ δὲ πειθόμενοι ταχὺ μὲν παρήγγελλον, ταχὺ δὲ τὰ παραγγελλόμενα ἐποίουν, ἐν ὀλίγῳ δὲ χρόνῳ ἐγένοντο τὸ μὲν μέτωπον ἐπὶ τριακοσίων, τοσοῦτοι γὰρ ἦσαν οἱ ταξίαρχοι, τὸ δὲ βά-

---

1 μιᾷ γε y. || ἡμῖν τὰς om. F. **2** ἡμῖν παρέξεις F. || τὸ om. y. || σκηνῆς ἕως ἐποιήσατο y. **3** ἐκάλεσε ταύτην yG. **5** αὐτοὺς] τούτους F. **7** τοῦ κύρου πάντων y. **10** σε ἐλθεῖν] εἰσελθεῖν C, σε ἐσελθεῖν E. || ὡς τάχιστα om. xz. || ἔφη ὁ ἄγγελος yz. **11** νῦν καλλίστων y. || ἐβούλετο yCHpr, βούλεται cet. **12** λαμπρότατα καὶ εὐσώματα xz. || ante προσάγειν add. ἔχοντα Richards. || προσάγειν] προσελθεῖν y. **13** προσίοις z. **14** δὲ om. y. **16** ἔχοντα F (sed ἐχ in ras.), ἔχοντι xz, ἄγοντα D. **17** ταυτὸν τοῦτο xGpr, ταυτὸ τοῦτο HAGcor., ταῦτα (ταυτὰ D) τοῦτον y. **18** οἱ] ὡς zC. || μὲν] μέν τι F, μέντοι D. **19** τὰ om. AG. **20** ἐγένετο y. || διακοσίων codd., corr. Muretus.

3 θος ἐφ' ἑκατόν. ἐπεὶ δὲ κατέστησαν, ἕπεσθαι ἐκέλευ-
σεν ὡς ἂν αὐτὸς ἡγῆται· καὶ εὐθὺς τροχάζων ἡγεῖτο.
ἐπεὶ δὲ κατενόησε τὴν ἀγυιὰν τὴν πρὸς τὸ βασίλειον
φέρουσαν στενοτέραν οὖσαν ἢ ὡς ἐπὶ μετώπου πάν-
τας διιέναι, παραγγείλας τὴν πρώτην χιλιοστὺν ἕπε-
σθαι κατὰ χώραν, τὴν δὲ δευτέραν κατ' οὐρὰν ταύ-
της ἀκολουθεῖν, καὶ διὰ παντὸς οὕτως, αὐτὸς μὲν
ἡγεῖτο οὐκ ἀναπαυόμενος, αἱ δ' ἄλλαι χιλιοστύες κατ'
4 οὐρὰν ἑκάστη τῆς ἔμπροσθεν εἵποντο. ἔπεμψε δὲ καὶ
ὑπηρέτας δύο ἐπὶ στόμα τῆς ἀγυιᾶς, ὅπως εἴ τις
ἀγνοοίη, σημαίνοιεν τὸ δέον ποιεῖν. ὡς δ' ἀφίκοντο
ἐπὶ τὰς Κυαξάρου θύρας, παρήγγειλε τῷ πρώτῳ τα-
ξιάρχῳ τὴν τάξιν εἰς δώδεκα τάττειν βάθος, τοὺς δὲ
δωδεκάρχους ἐν μετώπῳ καθιστάναι περὶ τὸ βασίλειον,
καὶ τῷ δευτέρῳ ταὐτὰ ἐκέλευσε παραγγεῖλαι, καὶ διὰ
5 παντὸς οὕτως. οἱ μὲν δὴ ταῦτ' ἐποίουν· ὁ δ' εἰσῄει
πρὸς τὸν Κυαξάρην ἐν τῇ Περσικῇ στολῇ οὐδέν τι
ὑβρισμένῃ. ἰδὼν δὲ αὐτὸν ὁ Κυαξάρης τῷ μὲν τάχει
ἥσθη, τῇ δὲ φαυλότητι τῆς στολῆς ἠχθέσθη, καὶ εἶπε,
Τί τοῦτο, ὦ Κῦρε; οἷον πεποίηκας οὕτω φανεὶς τοῖς
Ἰνδοῖς; ἐγὼ δ', ἔφη, ἐβουλόμην σε ὡς λαμπρότατον
φανῆναι· καὶ γὰρ ἐμοὶ ἂν κόσμος ἦν τοῦτο, ἐμῆς ὄν-
τα σε ἀδελφῆς υἱὸν ὅτι μεγαλοπρεπέστατον φαίνεσθαι.
6 καὶ ὁ Κῦρος πρὸς ταῦτα εἶπε, Καὶ ποτέρως ἄν, ὦ

---

1 ἐπειδὴ δὲ G. 3 ἀγυιὰν τὸν στενωπὸν Ξενοφῶν Photios ed. Reitzenstein p. 25, 24. 4 στενωτέραν xz. 5 ἰέναι y. 6 δὲ om. z. || ταύτῃ ἀκολουθεῖν ἔταξε xz. 8 ἀναπαυόμεναι H. 9 τῆς] τῇ AH, τοῖς ED. || εἵπετο C. 10 τὸ ante στόμα add. F. 11 ἀγνοεῖ x. || σημαίνῃ zC. 12 πρώτῳ om. z. 13 τάττειν om. z. || τοὺς δὲ δωδεκάρχους om. z. 14 δωδεκάρχας y. 15 ταῦτα F. 17 τι] om. xz, ἢ add. F. 18 ὁ κυαξ. αὐτὸν G. 20 ὦ om. F. 22 κόσμος ἂν y. || ὄντα σε ἀδελφῆς F.

Κυαξάρῃ, μᾶλλόν σε ἐκόσμουν, εἴπερ πορφυρίδα ἐν-
δὺς καὶ ψέλια λαβὼν καὶ στρεπτὸν περιθέμενος σχολῇ
κελεύοντι ὑπήκουόν σοι, ἢ νῦν ὅτε σὺν τοιαύτῃ καὶ
τοσαύτῃ δυνάμει οὕτω σοι ὀξέως ὑπακούω διὰ τὸ σὲ
τιμᾶν ἱδρῶτι καὶ σπουδῇ [καὶ] αὐτὸς κεκοσμημένος καὶ
τοὺς ἄλλους ἐπιδεικνύς σοι οὕτω πειθομένους; Κῦρος
μὲν οὖν ταῦτα εἶπεν, ὁ δὲ Κυαξάρης νομίσας αὐτὸν
ὀρθῶς λέγειν ἐκάλεσε τοὺς Ἰνδούς. οἱ δὲ Ἰνδοὶ εἰσελ- 7
θόντες ἔλεξαν ὅτι πέμψειε σφᾶς ὁ Ἰνδῶν βασιλεὺς
κελεύων ἐρωτᾶν ἐξ ὅτου ὁ πόλεμος εἴη Μήδοις τε
καὶ τῷ Ἀσσυρίῳ· ἐπεὶ δὲ σοῦ ἀκούσαιμεν, ἐκέλευσεν
ἐλθόντας αὖ πρὸς τὸν Ἀσσύριον κἀκείνου ταὐτὰ πυ-
θέσθαι· τέλος δ' ἀμφοτέροις εἰπεῖν ὑμῖν ὅτι ὁ Ἰνδῶν
βασιλεύς, τὸ δίκαιον σκεψάμενος, φαίη μετὰ τοῦ ἠδι-
κημένου ἔσεσθαι. πρὸς ταῦτα ὁ Κυαξάρης εἶπεν, Ἐμοῦ 8
μὲν τοίνυν ἀκούετε ὅτι οὐκ ἀδικοῦμεν τὸν Ἀσσύριον
οὐδέν· ἐκείνου δ', εἰ δεῖσθε, ἐλθόντες νῦν πύθεσθε
ὅ,τι λέγει. παρὼν δὲ ὁ Κῦρος ἤρετο τὸν Κυαξάρην,
Ἦ καὶ ἐγώ, ἔφη, εἴπω ὅ,τι γιγνώσκω; καὶ ὁ Κυαξά-
ρης ἐκέλευσεν. Ὑμεῖς τοίνυν, ἔφη, ἀπαγγείλατε τῷ
Ἰνδῶν βασιλεῖ τάδε, εἰ μή τι ἄλλο Κυαξάρῃ δοκεῖ,
ὅτι φαμὲν ἡμεῖς, εἴ τί φησιν ὑφ' ἡμῶν ἀδικεῖσθαι ὁ

---

1 εἴπερ] εἰ F. **3** κελεύοντι] σαλεύων y. || τοσαύτῃ καὶ τοιαύτῃ y. **4** οὕτως ὀξέως σοι y. **5** [καὶ] αὐτὸς ego. || ante post. καὶ add. καί σε κοσμῶν F, post καὶ add. σε κοσμῶν D(?). **6** σοι] οἱ z (sed σ s. v. H). **8** ἐκάλεσε] ἐκέλευσεν ἄγειν y. **9** πέμψοιεν x. **10** κελεύων] καὶ κελεύσειεν F. ὅτου y, οὗ xz Zonaras. **12** αὖ ἐλθόντας y. || καὶ ἐκείνου F. ταῦτα xz, τὰ αὐτὰ ταῦτα y. **13** δ'] δ' αὖ F, δ' ἂν D. ὑμῖν εἰπεῖν y. || ὁ om. F. **14** φαίη σκεψάμενος τὸ δίκαιον y. ἀδικουμένου y. **15** ἐμοῦ μὲν] ἐμέ F, ἐμὲ μὲν D(?). **17** εἰ δεῖσθε] αἰδεῖσθαι C, om. y. || νῦν πύθεσθε] πυνθάνεσθαι (-ε D) y. **19** ὅ,τι] τί F. || ὅ,τι εἴπω G. **20** ὑμεῖς μὲν y.

Ἀσσύριος, αἱρεῖσθαι αὐτὸν τὸν Ἰνδῶν βασιλέα δικαστήν. οἱ μὲν δὴ ταῦτα ἀκούσαντες ᾤχοντο.

9 Ἐπεὶ δὲ ἐξῆλθον οἱ Ἰνδοί, Κῦρος πρὸς τὸν Κυαξάρην ἤρξατο λόγου τοιοῦδε.

Ὦ Κυαξάρη, ἐγὼ μὲν ἦλθον οὐδέν τι πολλὰ ἔχων ἴδια χρήματα οἴκοθεν· ὁπόσα δ' ἦν, τούτων πάνυ ὀλίγα λοιπὰ ἔχω· ἀνήλωκα δέ, ἔφη, εἰς τοὺς στρατιώτας· καὶ τοῦτο ἴσως, ἔφη, θαυμάζεις σὺ πῶς ἐγὼ ἀνήλωκα σοῦ αὐτοὺς τρέφοντος· εὖ δ' ἴσθι, ἔφη, ὅτι οὐδὲν ἄλλο ποιῶν ἢ τιμῶν καὶ χαριζόμενος, ὅταν τινὶ
10 ἀγασθῶ τῶν στρατιωτῶν. δοκεῖ γάρ μοι, ἔφη, πάντας μὲν οὓς ἄν τις βούληται ἀγαθοὺς συνεργοὺς ποιεῖσθαι ὁποίου τινὸς οὖν πράγματος, ἥδιον εἶναι εὖ τε λέγοντα καὶ εὖ ποιοῦντα παρορμᾶν μᾶλλον ἢ λυποῦντα καὶ ἀναγκάζοντα· οὓς δὲ δὴ τῶν εἰς τὸν πόλεμον ἔργων ποιήσασθαί τις βούλοιτο συνεργοὺς προθύμους, τούτους παντάπασιν ἔμοιγε δοκεῖ ἀγαθοῖς θηρατέον εἶναι καὶ λόγοις καὶ ἔργοις. φίλους γάρ, οὐκ ἐχθρούς, δεῖ εἶναι τοὺς μέλλοντας ἀπροφασίστους συμμάχους ἔσεσθαι καὶ μήτε τοῖς ἀγαθοῖς τοῦ ἄρχοντος φθονήσοντας μήτε ἐν τοῖς κακοῖς προδώσοντας·
11 ταῦτ' οὖν ἐγὼ οὕτω προγιγνώσκων χρημάτων δοκῶ προσδεῖσθαι. πρὸς μὲν οὖν σὲ πάντα ὁρᾶν ὃν αἰσθά-

---

1 αἱρούμεθα y. ‖ τῶν ἰνδῶν F. 3 ἐπειδὴ δὲ οἱ ἰνδοὶ ἐξῆλθον y. ‖ ante κῦρος add. ὁ y. 4 ἤρχετο y. 5 μὲν ἦλθον] μέντοι ἦλθον μὲν (om. D) y. ‖ τι] τοι x. ‖ πολλῷ z. 7 ἔφη om. y. 8 ἴσως] ὡς D. ‖ ἔφη om. y. ‖ σὺ om. xF. ‖ ἀνήλωκα ἐγὼ y. 9 αὐτοὺς] αὐτοῦ C, om. E. ‖ δ' om. y. 10 τινὶ yE Suidas Photios τινὰ zC. 16 ἔργων del. Bis. 20 μήτε ἐπὶ τοῖς y. 21 προδώσοντας] ὀρρωδήσοντας yG. 22 γιγνώσκων y. ‖ δοκῶν F. 23 πάντας Marchant, πάντα codd. ‖ ὁρᾶν ὃν] ὁρῶν z.

νομαι πολλὰ δαπανῶντα ἄτοπόν μοι δοκεῖ εἶναι· σκο-
πεῖν δ' ἀξιῶ κοινῇ καὶ σὲ καὶ ἐμὲ ὅπως σὲ μὴ ἐπι-
λείψει χρήματα. ἐὰν γὰρ σὺ ἄφθονα ἔχῃς, οἶδα ὅτι
καὶ ἐμοὶ ἂν εἴη λαμβάνειν ὁπότε δεοίμην, ἄλλως τε
καὶ εἰ εἰς τοιοῦτόν τι λαμβάνοιμι ⟨εἰς⟩ ὃ μέλλοι καὶ σοὶ
δαπανηθὲν βέλτιον εἶναι. ἔναγχος οὖν ποτέ σου μέμ- 12
νημαι ἀκούσας ὡς ὁ Ἀρμένιος καταφρονοίη σου νῦν,
ὅτι ἀκούει τοὺς πολεμίους προσιόντας ἡμῖν, καὶ οὔτε
⟨τὸ⟩ στράτευμα πέμποι οὔτε τὸν δασμὸν ὃν ἔδει ἀπ-
άγοι. Ποιεῖ γὰρ ταῦτα, ἔφη, ὦ Κῦρε, ἐκεῖνος· ὥστε
ἔγωγε ἀπορῶ πότερόν μοι κρεῖττον στρατεύεσθαι καὶ
πειρᾶσθαι ἀνάγκην αὐτῷ προσθεῖναι ἢ ἐᾶσαι ἐν τῷ
παρόντι, μὴ καὶ τοῦτον πολέμιον πρὸς τοῖς ἄλλοις
προσθώμεθα. καὶ ὁ Κῦρος ἐπήρετο, Αἱ δ' οἰκήσεις 13
αὐτῷ πότερον ἐν ἐχυροῖς χωρίοις εἰσὶν ἢ καί που ἐν
εὐεφόδοις; καὶ ὁ Κυαξάρης εἶπεν, Αἱ μὲν οἰκήσεις οὐ
πάνυ ἐν ἐχυροῖς· ἐγὼ γὰρ τούτου οὐκ ἠμέλουν· ὄρη
μέντοι ἔστιν ἔνθα δύναιτ' ἂν ἀπελθὼν ἐν τῷ παρα-
χρῆμα ἐν ἀσφαλεῖ εἶναι τοῦ μὴ αὐτός γε ὑποχείριος
γενέσθαι, μηδὲ ὅσα ἐνταῦθα δύναιτο ὑπεκκομίσασθαι,

1 δαπανῶντά σε z. ‖ ἄτοπόν μοι δοκεῖ εἶναι om. z. ‖ σκοπεῖν . . . **3** χρήματα om. D. **2** καὶ σὲ i. marg. F. ‖ ἐπιλείψει F, ἐπιλείψῃ x, ὑπολείψῃ z. **3** ἐὰν] ἢν y. ‖ σὺ] σοὶ F. **4** ἂν om. y. **5** prius εἰς del. Herwerden, post. ⟨εἰς⟩ ego. ‖ μέλλει xF. **6** μὲν οὖν G. ‖ ποτέ om. et μέμνημαί σου transp. z. **8** ἡμῖν z, ἐφ' ἡμῖν x, ἐφ' ἡμᾶς y. **9** ⟨τὸ⟩ Schneider, om. codd. Zon. ‖ πέμπει xz. ‖ τὸν om. z. ‖ ἀπάγοι y, ἀπάγει z, ἀπάγειν x. **10** αὐτὰ z. ‖ ὥστ' ἐγώ τε y. **11** στρατεῦσαι F **12** post ἢ add. λυσιτελεῖ (-ῇ E) xF, λυσιτελεῖν Dg, νῦν z. **14** ἐπείρετο AHcor. ‖ αἱ διοικήσεις GH. **15** αὐτῶν zD. ‖ καί που om. y. ‖ ἐν om. z. **17** τούτου οὐκ ἠμέλουν y, τοῦτο οἶδα xz. **18** μέντοι ἔστιν] γε μέντοι F. **20** γενέσθαι] εἶναι y. ‖ ὑποκκομίσασθαι (sed prius o in ras.) F, ὑποκομίσασθαι z.

εἰ μή τις πολιορκοίη προσκαθήμενος, ὥσπερ ὁ ἐμὸς
14 πατήρ ποτε ἐποίησεν. ἐκ τούτου δὴ ὁ Κῦρος λέγει
τάδε· Ἀλλ' εἰ θέλοις, ἔφη, ἐμὲ πέμψαι, ἱππέας μοι
προσθεὶς ὁπόσοι δοκοῦσι μέτριοι εἶναι, οἶμαι ἂν σὺν
τοῖς θεοῖς ποιῆσαι αὐτὸν καὶ τὸ στράτευμα πέμπειν
καὶ ἀποδοῦναι τὸν δασμόν σοι· ἔτι δ' ἐλπίζω καὶ φί-
15 λον αὐτὸν μᾶλλον ἡμῖν γενήσεσθαι ἢ νῦν ἐστι. καὶ
ὁ Κυαξάρης εἶπε, Καὶ ἐγώ, ἔφη, ἐλπίζω ἐκείνους ἐλ-
θεῖν ἂν πρὸς σὲ μᾶλλον ἢ πρὸς ἐμέ· ἀκούω γὰρ καὶ
συνθηρευτάς σοι τῶν παίδων τινὰς γενέσθαι αὐτοῦ·
ὥστ' ἴσως ἂν καὶ πάλιν ἔλθοιεν πρὸς σέ· ὑποχειρίων
δὲ γενομένων αὐτῶν πάντα πραχθείη ἂν ᾗ ἡμεῖς βου-
λόμεθα. Οὐκοῦν δοκεῖ σοι, ἔφη ὁ Κῦρος, συμφέρον
εἶναι τὸ λεληθέναι ἡμᾶς ταῦτα βουλεύοντας; Μᾶλλον
γὰρ ἄν, ἔφη ὁ Κυαξάρης, ἔλθοι τις αὐτῶν εἰς
χεῖρας, καὶ εἴ τις ὁρμῷτο ἐπ' αὐτούς, ἀπαρασκεύαστοι
16 ἂν λαμβάνοιντο. Ἄκουε τοίνυν, ἔφη ὁ Κῦρος, ἄν τί
σοι δόξω λέγειν. ἐγὼ πολλάκις δὴ σὺν πᾶσι τοῖς μετ'
ἐμοῦ τεθήρακα ἀμφὶ τὰ ὅρια τῆς τε σῆς χώρας καὶ
τῆς τῶν Ἀρμενίων, καὶ ἱππέας τινὰς ἤδη προσλαβὼν

---

1 καὶ post ὥσπερ add. x. **2** ποτε y, τοῦτο xz. || δὴ] δὲ y. **3** θέλεις xyG. || ἔφη om. F, ἐμὲ ἔφη x. **4** δοκοῦσιν ἱκανοὶ εἶναι οἴομαι y. || οἶμαι ἂν] οἶμαι γὰρ ἂν x, οἴομαι γὰρ F. **5** πέμψαι xz. **7** γενήσεσθαι zC, ποιήσεσθαι E, ἔσεσθαι y. **8** ἐγώ, ἔφη] ἔγωγε F, ἐγώ D. **9** ἂν om. zD. || γὰρ ὅτι καὶ xz. **10** συνθήρους y. || τινὰς τῶν παίδων (αὐτοῦ add. y) σοι yz. || αὐτοῦ om. y. **12** ante αὐτῶν add. τινῶν y. || πάντ' ἂν πραχθείη ἣν (ν expunctum F) ἡμεῖς βουλώμεθα y. **13** σοι δοκεῖ xz. || συμφέρον x, σύμφορον cet. **15** γὰρ ἄν z, γὰρ οὖν F, γὰρ ἂν οὖν x, γ' ἂν οὖν D. || ante ἔλθοι add. καὶ y. **16** ἀπαρασκεύαστοι z, ἀπαρασκευαστότεροι y, ἀπαράσκευοι Dind. **17** ἄν τί σοι xz, ἤν τι y. **19** post ἐμοῦ add. πέρσαις y. || τε om. y. **20** ἱππέας δὲ ἤδη τινὰς y. || προ(προσ- CG)λαμβάνων zC.

τῶν ἐνθένδε ἑταίρων ἀφικόμην. Τὰ μὲν τοίνυν ὅμοια
ποιῶν, ἔφη ὁ Κυαξάρης, οὐκ ἂν ὑποπτεύοιο· εἰ δὲ
πολὺ πλείων ἡ δύναμις φαίνοιτο ἧς ἔχων εἴωθας θη-
ρᾶν, τοῦτο ἤδη ὕποπτον ἂν γένοιτο. Ἀλλ' ἔστιν, ἔφη 17
ὁ Κῦρος, καὶ πρόφασιν κατασκευάσαι ἐνθάδε οὐκ
ἄπιστον, καὶ ἄν τις ἐκεῖσε ἐξαγγείλῃ, ὡς ἐγὼ βουλοί-
μην μεγάλην θήραν ποιῆσαι καὶ ἱππέας, ἔφη, αἰτοί-
ην ἄν σε ἐκ τοῦ φανεροῦ. Κάλλιστα λέγεις, ἔφη ὁ
Κυαξάρης· ἐγὼ δέ σοι οὐκ ἐθελήσω διδόναι πλὴν με-
τρίους τινάς, ὡς βουλόμενος πρὸς τὰ φρούρια ἐλθεῖν
τὰ πρὸς τῇ Ἀσσυρίᾳ. καὶ γὰρ τῷ ὄντι, ἔφη, βούλο-
μαι ἐλθὼν κατασκευάσαι αὐτὰ ὡς ἐχυρώτατα. ὁπότε
δὲ σὺ προεληλυθοίης σὺν ᾗ ἔχεις δυνάμει καὶ θηρῴης
καὶ δὴ δύο ἡμέρας, πέμψαιμι ἄν σοι ἱκανοὺς ἱππέας
καὶ πεζοὺς τῶν παρ' ἐμοὶ ἡθροισμένων, οὓς σὺ λα-
βὼν εὐθὺς ἂν ἴοις, καὶ αὐτὸς δ' ἂν ἔχων τὴν ἄλλην
δύναμιν πειρῴμην μὴ πρόσω ὑμῶν εἶναι, ἵνα, εἴ που
καιρὸς εἴη, ἐπιφανείην.

Οὕτω δὴ ὁ μὲν Κυαξάρης εὐθέως πρὸς τὰ φρού- 18
ρια ἥθροιζεν ἱππέας καὶ πεζούς, καὶ ἁμάξας δὲ σίτου
προέπεμπε τὴν ἐπὶ τὰ φρούρια ὁδόν. ὁ δὲ Κῦρος ἐθύ-

1 ὅμοια ποιῶν] ὁρῶν AH, ὅμοια G, post κυαξάρης transp. x. 3 πλείω y. || ἧς] τῆς σῆς A, τῆς (et ἧς s. v.) H. || εἰώθης (-εις D) ἔχων y. 4 τοῦτο om. z. || γίγνοιτο y. 5 καὶ ἐνθάδε yz. 6 καὶ del. Pantazides. || ἄν xz, ἤν y. || ἐξαγγέλλῃ ἐκεῖσε x. || ἐξαγγείλῃ y, ἐξαιτῇ δὴ AH, ἐξαγγείλῃ δὴ G. || post βουλοίμην add. ἂν Heindorf. 8 ἄν om. xz. || κάλλιστ' ἔφη λέγεις y. 9 δέ γε F. || σοι om. xz. 11 συρίᾳ z Dind. || βούλ. ἔφη G. 12 ἰσχυρό(-ώ- AHpr)τατα z. 13 προεληλυθοίης y, προεληλύθεις (-είης c) x, προεληλύθοις z. || ἔχοις A et (οι in ras.) H, ἔχεις cet. || καὶ δὴ καὶ θηρῴης Pantazides. 14 ἄν om. xz. 16 εὐθὺς post ἀνίοις x. || ἂν ἴοις Stephanus, ἀνίοις codd. || δ' ἂν] δὲ xz. 17 που D, πη G, ποι xFAH Rehdantz. 18 ἐπιφανοίμην x. 19 εὐθύς EG. 20 ἱππέας τε καὶ y. 21 ante ἐθύετο add. εὐθύς z, εὐθέως x.

ετο ἐπὶ τῇ πορείᾳ, καὶ ἅμα πέμπων ἐπὶ τὸν Κυαξά-
ρην ᾔτει τῶν νεωτέρων ἱππέων. ὁ δὲ πάνυ πολλῶν
βουλομένων ἕπεσθαι οὐ πολλοὺς ἔδωκεν αὐτῷ. προ-
εληλυθότος δ' ἤδη τοῦ Κυαξάρου σὺν δυνάμει πεζῇ
καὶ ἱππικῇ τὴν πρὸς τὰ φρούρια ὁδὸν γίγνεται τῷ
Κύρῳ τὰ ἱερὰ ἐπὶ τὸν Ἀρμένιον [ἰέναι] καλά· καὶ οὕ-
19 τως ἐξάγει δὴ ὡς εἰς θήραν παρεσκευασμένος. πο-
ρευομένῳ δ' αὐτῷ εὐθὺς ἐν τῷ πρώτῳ χωρίῳ ὑπαν-
ίσταται λαγῶς· αἰετὸς δ' ἐπιπτάμενος αἴσιος, κατιδὼν
τὸν λαγῶ φεύγοντα, ἐπιφερόμενος ἔπαισέ τε αὐτὸν καὶ
συναρπάσας ἐξῆρε, καὶ ἀπενεγκὼν ἐπὶ λόφον τινὰ οὐ
πρόσω ἐχρῆτο τῇ ἄγρᾳ ὅ,τι ἤθελεν. ἰδὼν οὖν ὁ Κῦ-
ρος τὸ σημεῖον ἥσθη τε καὶ προσεκύνησε Δία βασι-
λέα, καὶ εἶπε πρὸς τοὺς πάροντας, Ἡ μὲν θήρα καλὴ
20 ἔσται, ὦ ἄνδρες, ἢν ὁ θεὸς θέλῃ. ὡς δὲ πρὸς τοῖς
ὁρίοις ἐγένοντο, εὐθὺς ὥσπερ εἰώθει ἐθήρα· καὶ τὸ
μὲν πλῆθος τῶν πεζῶν καὶ τῶν ἱππέων ὤγμευον αὐ-
τῷ, ὡς ἐπιόντες τὰ θηρία ἐξανισταῖεν· οἱ δὲ ἄριστοι
καὶ πεζοὶ καὶ ἱππεῖς διέστασαν καὶ τὰ ἀνιστάμενα ὑπ-
εδέχοντο καὶ ἐδίωκον· καὶ ᾕρουν πολλοὺς καὶ σῦς καὶ

---

1 ἐπὶ om. F. ‖ ᾔτει τὸν κυαξάρην F. **3** ἕπεσθαι y, ἀπέρχεσθαι xz. ‖ προσεληλυθότος F. **4** δυνάμει καὶ ἱππικῇ καὶ πεζικῇ y. ‖ post δυνάμει add. καὶ E. **5** ὁδὸν om. z. **6** ἰέναι om. z. ‖ καλὰ del. Cobet N. L. 386. **7** δὴ om. z. **9** δ'] δέ γε x, δέ γ' z. ‖ ἐπιπτάμενος codd., ἐπιπτόμενος Cobet, sed cf. Lautensach, Die Aoriste bei den att. Tragikern u. Komikern p. 8—12. ‖ κατιδὼν Dind., ὃς κατιδὼν xz, ὡς κατεῖδεν y (ὡς et -δεν i. ras. F). **10** λαγὼ xAH, λαγὼν G et (ν add. man. 2) F. **11** κἀπενεγκὼν z. **12** ὅ,τι ἂν x. **15** ὁ om. F. ‖ θέλῃ y, θελήσῃ cet. **16** ἐγένετο z. ‖ εὐθὺς om. z. **17** ὤγμευον αὐτῷ y (F i. marg. γρ. ὥρμησεν) Suid. Photios, ὥρμησεν xz. **18** ἐξανίστοιεν xAHcor., ἐξανίσταιεν GHpr. **19** διέστησαν xy. ‖ τὰ ἀνιστάμενα yC, om. E.

ἐλάφους καὶ δορκάδας καὶ ὄνους ἀγρίους· πολλοὶ γὰρ
ἐν τούτοις τοῖς τόποις ὄνοι καὶ νῦν ἔτι γίγνονται.
ἐπεὶ δ' ἔληξαν τῆς θήρας, προσμείξας πρὸς τὰ ὅρια τῶν 21
Ἀρμενίων ἐδειπνοποιήσατο· καὶ τῇ ὑστεραίᾳ αὖθις
ἐθήρα προσελθὼν πρὸς τὰ ὄρη ὧν ὠρέγετο. ἐπεὶ δ'
αὖ ἔληξεν, ἐδειπνοποιεῖτο. τὸ δὲ παρὰ Κυαξάρου
στράτευμα ὡς ᾔσθετο προσιόν, ὑποπέμψας πρὸς αὐ-
τοὺς εἶπεν ἀπέχοντας αὐτοῦ δειπνοποιεῖσθαι ὡς δύο
παρασάγγας, τοῦτο προϊδὼν ὡς συμβαλεῖται πρὸς τὸ
λανθάνειν· ἐπεὶ δὲ δειπνήσαιεν, εἶπε τῷ ἄρχοντι αὐ-
τῶν παρεῖναι πρὸς αὐτόν. μετὰ τὸ δεῖπνον δὲ τοὺς
ταξιάρχους παρεκάλει· ἐπεὶ δὲ παρῆσαν, ἔλεξεν ὧδε.

Ἄνδρες φίλοι, ὁ Ἀρμένιος πρόσθεν μὲν καὶ σύμ- 22
μαχος ἦν καὶ ὑπήκοος Κυαξάρῃ· νῦν δὲ ὡς ᾔσθετο
τοὺς πολεμίους ἐπιόντας, καταφρονεῖ καὶ οὔτε τὸ στρά-
τευμα πέμπει ἡμῖν οὔτε τὸν δασμὸν ἀποδίδωσι. νῦν
οὖν τοῦτον θηρᾶσαι, ἂν δυνώμεθα, ἤλθομεν. ὧδ'
οὖν, ἔφη, δοκεῖ ποιεῖν. σὺ μέν, ὦ Χρυσάντα, ἐπει-
δὰν ἀποκοιμηθῇς ὅσον μέτριον, λαβὼν τοὺς ἡμίσεις
Περσῶν τῶν σὺν ἡμῖν ἴθι τὴν ὀρεινὴν καὶ κατάλαβε
τὰ ὄρη, εἰς ἅ φασιν αὐτόν, ὅταν τι φοβηθῇ, κατα-
φεύγειν· ἡγεμόνας δέ σοι ἐγὼ δώσω. φασὶ μὲν οὖν 23

---

2 ὄνοι om. zE Dind. 3 ἔληξε z. || τῶν Ἀρμενίων] τῆς Ἀρμενίας F. 5 ἐπεὶ δ' αὖ] ἐπειδὴ οὖν z. 9 ante τοῦτο add. καὶ z. || συμβάλληται F. 10 ἐπειδὴ δὲ G. || δειπνήσαιεν codd. 11 μετὰ δὲ τὸ δεῖπνον xz. 12 ἐκάλει yG. 13 ἄνδρες φίλοι om. z. || μὲν πρόσθεν σύμμαχος x. 14 κυαξάρου Bis. || ᾔσθηται F. 15 τοὺς et τὸ om. y. 17 τοῦτον δὴ (δεῖ D) θηρᾶσαι y. || ἣν y. || ἤλθομεν om. D, i. marg. F. || ὧδέ μοι οὖν δοκεῖ ἔφη y. 19 ἀποκομισθῇς xAG, ἀποκομιθῇς H. || ὅσον μέτριον y, εἰς τὸ ὅριον (ὅριον) xAH, εἰς τὸ μεῖον G. 20 ἴθι] ἴσθι F, ἴοι AH. 21 τι] τινὰ y. 22 οὖν om. xz.

καὶ δασέα τὰ ὄρη ταῦτα εἶναι, ὥστ' ἐλπὶς ὑμᾶς μὴ ὀφθῆναι· ὅμως δὲ εἰ προπέμποις πρὸ τοῦ στρατεύματος εὐζώνους ἄνδρας λησταῖς ἐοικότας καὶ τὸ πλῆθος καὶ τὰς στολάς, οὗτοι ἄν σοι, εἴ τινι ἐντυγχάνοιεν τῶν Ἀρμενίων, τοὺς μὲν ἂν συλλαμβάνοντες αὐτῶν κωλύοιεν τῶν ἐξαγγελιῶν, οὓς δὲ μὴ δύναιντο λαμβάνειν, ἀποσοβοῦντες ἂν ἐμποδὼν γίγνοιντο τοῦ μὴ δρᾶν αὐτοὺς τὸ ὅλον στράτευμά σου, ἀλλ' ὡς περὶ
24 κλωπῶν βουλεύεσθαι. καὶ σὺ μέν, ἔφη, οὕτω ποίει· ἐγὼ δὲ ἅμα τῇ ἡμέρᾳ τῶν πεζῶν μὲν τοὺς ἡμίσεις ἔχων, ἅπαντας δὲ τοὺς ἱππέας, πορεύσομαι διὰ τοῦ πεδίου εὐθὺς πρὸς τὰ βασίλεια. καὶ ἢν μὲν ἀνθιστῆται, δῆλον ὅτι μάχεσθαι δεήσει· ἢν δ' αὖ ὑποχωρῇ τοῦ πεδίου, δῆλον ὅτι μεταθεῖν δεήσει· ἢν δ' εἰς τὰ ὄρη φεύγῃ, ἐνταῦθα δή, ἔφη, σὸν ἔργον μηδένα ἀφι-
25 έναι τῶν πρὸς σὲ ἀφικνουμένων. νόμιζε δὲ ὥσπερ ἐν θήρᾳ ἡμᾶς μὲν τοὺς ἐπιζητοῦντας ἔσεσθαι, σὲ δὲ τὸν ἐπὶ ταῖς ἄρκυσι· μέμνησο οὖν ἐκεῖνο ὅτι φθάνειν δεῖ πεφραγμένους τοὺς πόρους πρὶν κινεῖσθαι τὴν θήραν. καὶ λεληθέναι δεῖ τοὺς ἐπὶ τοῖς στόμασιν, εἰ μέλ-

---

1 ταῦτα τὰ ὄρη y. || ἡμᾶς zCD. **2** προπέμπεις A (sed ο s. v.) GE. **3** εὐζώνους y, τοὺς ἑαυτοῦ AH, τοὺς εὐζώνους G, τοὺς σεαυτοῦ x, τοῦ σεαυτοῦ Dind. || λῃστὰς AH. **4** τινι] τισιν D, τινι, sed i. ras., F. **5** τοὺς] οὓς xy. **7** τοῦ codd., τὸ Dind. cf. An. IV 8, 14. **8** σου om. y **10** τῶν πεζῶν μὲν τοὺς ἡμίσεις C, τ. μὲν πεζῶν τ. ἡ. E, τοὺς ἡ. μὲν (om. z) τ. π. cet. **11** πάντας xz. **12** εὐθὺ Pantazides. || εὐθὺς . . . ἀνθιστῆται om. AG. || εἰ μὲν ἀνθίσταται x. || ἀνθίστηται F. **13** δῆλον ὅτι μάχεσθαι δὲ ἢν δέῃ ἐπὶ τοῦ πεδίου δῆλον ὅτι AH. || αὖ xF, ἂν GD. **14** ante τοῦ πεδίου add. διὰ F. **15** ἔφη om. F. **16** πρὸς] εἰς y. **17** ἐπιζητήσοντας codd., corr. Stephanus. || σὺ y. || τὸν om. z, τῶν D. **19** τὸν θῆρα y. **20** ante δεῖ add. δὲ y, in H erasum. || post δεῖ add. αὐτὸν xz. || τοὺς] τοῖς xz. || τοῖς στόμασιν] τούτοις τεταγμένους y.

λουσι μὴ ἀποτρέψειν τὰ προσφερόμενα. μὴ μέντοι, 26
ἔφη, ὦ Χρυσάντα, οὕτως αὖ ποίει ὥσπερ ἐνίοτε διὰ
τὴν φιλοθηρίαν· πολλάκις γὰρ ὅλην τὴν νύκτα ἄυπνος
πραγματεύῃ· ἀλλὰ νῦν ἐᾶσαι χρὴ τοὺς ἄνδρας τὸ μέ-
τριον ἀποκοιμηθῆναι, ὡς ἂν δύνωνται ὑπνομαχεῖν·
μηδέ γε, ὅτι οὐχ ἡγεμόνας ἔχων [ἀνθρώπους] πλανᾷ 27
ἀνὰ τὰ ὄρη, ἀλλ' ὅπῃ ἂν τὰ θηρία ὑφηγῆται, ταύτῃ
μεταθεῖς, μήτι καὶ νῦν οὕτω τὰ δύσβατα πορεύου,
ἀλλὰ κέλευέ σοι τοὺς ἡγεμόνας, ἐὰν μὴ πολὺ μάσσων
ἡ ὁδὸς ᾖ, τὴν ῥᾴστην ἡγεῖσθαι· στρατιᾷ γὰρ ἡ ῥᾴστη
ταχίστη. μηδέ γε, ὅτι σὺ εἴθισαι τρέχειν ἀνὰ τὰ ὄρη, 28
μήτι δρόμῳ ἡγήσῃ, ἀλλ' ὡς ἂν δύνηταί σοι ὁ στρα-
τὸς ἕπεσθαι, τῷ μέσῳ τῆς σπουδῆς ἡγοῦ. ἀγαθὸν δὲ 29
καὶ τῶν δυνατωτάτων καὶ προθύμων ὑπομένοντάς τι-
νας ἐνίοτε παρακελεύεσθαι· ἐπειδὰν δὲ παρέλθῃ τὸ
κέρας, παροξυντικὸν εἰς τὸ σπεύδειν πάντας παρὰ τοὺς
βαδίζοντας τρέχοντας ὁρᾶσθαι.

Χρυσάντας μὲν δὴ ταῦτα ἀκούσας καὶ ἐπιγαυρω- 30
θεὶς τῇ ἐντολῇ τῇ Κύρου, λαβὼν τοὺς ἡγεμόνας,
ἀπελθὼν καὶ παραγγείλας ἃ ἔδει τοῖς σὺν αὐτῷ μέλ-
λουσι πορεύεσθαι, ἀνεπαύετο. ἐπεὶ δὲ ἀπεκοιμήθησαν

1 ἀποστρέφειν y. 2 αὖ ποίει] λυποίης z. 3 ἄγρυπνος x. 5 ὕπνον τυχεῖν xz. 6 γε σὺ ὅτι y. || [ἀνθρώπους] ego, om. x || πλανῶ xD. 7 ἀφηγῆται x. 8 μεταθεῖς (-θεὶς G) AG, μεμάθηκας μετιέναι y, μεταθεὶς μεμάθηκας μετιέναι x. 9 ἐὰν] ἂν z. || μὴ πάνυ πολὺ ἐλάσσων xy. 10 ῥᾴστην] ἀρί-στην z. 11 τάχιστα z. || μηδέ γε] μὴ λέγε F. || σὺ ὅτι z Dind. et Pantazides. || εἴθισαι xy, δύνασαι z Dind. 12 δύναιτο x. || στρατιώτης AH, στρατηγὸς G. 13 ἡγοῦ] ἢ τὸ (cum sequentibus coniungentes) z. || δὲ] γὰρ x. 14 ὑπομένοντα z. 16 πάντας τὸ παρὰ y. 17 βαδίζοντας om. G. || πάντας τοὺς παρατρέχον-τας G. 18 μὲν om. x. 19 τῇ κύρου H, κύρου A, τοῦ κύρου cet. 20 σὺν xy, ἅμα z. 21 ἀνεπαύοντο z. || ἐπεὶ y, ἐπειδὰν xz. || ἀνεκοιμήθησαν G.

31 ὅσον ἐδόκει μέτριον εἶναι, ἐπορεύετο ἐπὶ τὰ ὄρη. Κῦ-
ρος δ', ἐπεὶ ἡμέρα ἐγένετο, ἄγγελον μὲν προέπεμπε
πρὸς τὸν Ἀρμένιον, εἰπὼν αὐτῷ λέγειν ὧδε· Κῦρος,
ὦ Ἀρμένιε, κελεύει οὕτω ποιεῖν σε ὅπως ὡς τάχιστα
ἔχων εἰσίῃς καὶ τὸν δασμὸν καὶ τὸ στράτευμα. ἢν δ'
ἐρωτᾷ ὅπου εἰμί, λέγε τἀληθῆ ὅτι ἐπὶ τοῖς ὁρίοις. ἢν
δ' ἐρωτᾷ εἰ καὶ αὐτὸς ἔρχομαι, λέγε κἀνταῦθα τἀλη-
θῆ ὅτι οὐκ οἶσθα. ἢν δὲ ὁπόσοι ἐσμὲν πυνθάνηται,
32 συμπέμπειν τινὰ κέλευε καὶ μαθεῖν. τὸν μὲν δὴ ἄγ-
γελον ἐπιστείλας ταῦτα ἔπεμψε, νομίζων φιλικώτερον
οὕτως εἶναι ἢ μὴ προειπόντα πορεύεσθαι. αὐτὸς δὲ
συνταξάμενος ᾗ ἄριστον καὶ πρὸς τὸ ἀνύτειν τὴν ὁδὸν
καὶ πρὸς τὸ μάχεσθαι, εἴ τι δέοι, ἐπορεύετο. προεῖπε
δὲ τοῖς στρατιώταις μηδένα ἀδικεῖν, καὶ εἴ τις Ἀρμε-
νίων τῳ ἐντυγχάνοι, θαρρεῖν τε παραγγέλλειν καὶ ἀγο-
ρὰν τὸν θέλοντα ἄγειν ὅπου ἂν ὦσιν, εἴτε σῖτα εἴτε
ποτὰ τυγχάνοι πωλεῖν βουλόμενος.

---

1 ἐπορεύοντο G. 2 ἐπεὶ xy, ἐπειδὴ z. ‖ μὲν om. F. 3 εἰπὼν] προειπὼν zC, om. E. 4 ὦ om. x. 5 ἔχων εἰσίῃς ego, ἔχων οἴσοις (οἴσεις G) z, ἔχων ἀπίῃς y (οἴσεις f), ἔχων ἀπίῃς καὶ οἴσεις Ec (ἔ. ἀπύῃς κ. οἴσῃς C), οἴσειν Zonaras, ἐκὼν οἴσεις Pantazides. 7 εἰ] ὅτι x, ἢ GH. ‖ κἀνταῦθα τἀληθῆ xy, καὶ τἀληθῆ A, καὶ ταῦτ' ἀληθῆ GH. 8 ἢν δὲ xy, ἐὰν δ' z. 9 κελεύειν xz, κέλευε post μαθεῖν F. 11 εἶναι οὕτως y. 12 ἀνύειν D. 14 μηδὲν z. 15 τῳ y, αὐτῷ x, om. z. 16 θέλοντα z, βουλόμενον xy. ‖ εἴ τις σιτία ἢ D, εἴτε σιτεῖα εἴτε (prius τε et alterum εἰ i. ras., post. τε s. v.) F. 17 ex III 1, 1 post βουλόμενος add. ὁ μὲν . . . ἐξεπλάγη y (hic τοῦ κύρου, illic κύρου ponentes).

Γ

Ὁ μὲν δὴ Κῦρος ἐν τούτοις ἦν· ὁ δὲ Ἀρμένιος ὡς I
ἤκουσε τοῦ ἀγγέλου τὰ παρὰ Κύρου, ἐξεπλάγη, ἐν-
νοήσας ὅτι ἀδικοίη καὶ τὸν δασμὸν λείπων καὶ τὸ
στράτευμα οὐ πέμπων, καὶ τὸ μέγιστον, ἐφοβεῖτο, ὅτι
ὀφθήσεσθαι ἔμελλε τὰ βασίλεια οἰκοδομεῖν ἀρχόμενος
ὡς ἂν ἱκανὰ ἀπομάχεσθαι εἴη. διὰ πάντα δὴ ταῦτα 2
ὀκνῶν ἅμα μὲν διέπεμπεν ἀθροίζων τὴν ἑαυτοῦ δύ-
ναμιν, ἅμα δ' ἔπεμπεν εἰς τὰ ὄρη τὸν νεώτερον υἱὸν
Σάβαριν καὶ τὰς γυναῖκας, τήν τε ἑαυτοῦ καὶ τὴν τοῦ
υἱοῦ, καὶ τὰς θυγατέρας· καὶ κόσμον δὲ καὶ κατασκευ-
ὴν τὴν πλείστου ἀξίαν συναπέπεμπε προπομποὺς δοὺς
αὐτοῖς. αὐτὸς δὲ ἅμα μὲν κατασκεψομένους ἔπεμπε τί
πράττοι Κῦρος, ἅμα δὲ συνέταττε τοὺς παραγιγνομέ-
νους τῶν Ἀρμενίων· καὶ ταχὺ παρῆσαν ἄλλοι λέγον-
τες ὅτι καὶ δὴ αὐτὸς ὁμοῦ. ἐνταῦθα δὴ οὐκέτι ἔτλη 3
εἰς χεῖρας ἐλθεῖν, ἀλλ' ὑπεχώρει. ὡς δὲ τοῦτο εἶδον
αὐτὸν ποιήσαντα οἱ Ἀρμένιοι, διεδίδρασκον ἤδη ἕκα-
στος ἐπὶ τὰ ἑαυτοῦ, βουλόμενοι τὰ ὄντα ἐκποδὼν ποι-
εῖσθαι. ὁ δὲ Κῦρος ὡς ἑώρα διαθεόντων καὶ ἐλαυ-

---

3 λείπων y, λειπὼν C, λιπὼν zE. 6 διὰ πάντα (δι' ἅπαντα F) δὴ ταῦτα xy, διὰ ταῦτα δὴ πάντα z. 7 αὐτοῦ y. 10 δὲ] τε z. 11 συνεπέπεμπε (quarta et quinta littera in ras.) F, συνέπεμπε AG. 12 κατασκεψαμένους F, κατασκεψόμενος D. ‖ ἔπεμπε μαθεῖν τί x. 13 παραγενομένους F. 15 αὐτὸς z, οὗτος y, αὐτὸς οὗτος x. 16 τοῦτ' εἶδον ποιήσαντα αὐτόν z. 18 βουλόμενος xF. ‖ ποιήσασθαι x. 19 ὡς om. x.

νόντων τὸ πεδίον μεστόν, ὑποπέμπων ἔλεγεν ὅτι οὐδενὶ πολέμιος εἴη τῶν μενόντων. εἰ δέ τινα φεύγοντα λήψοιτο, προηγόρευεν ὅτι ὡς πολεμίῳ χρήσοιτο. οὕτω δὴ οἱ μὲν πολλοὶ κατέμενον, ἦσαν δ' οἳ ὑπεχώρουν

4 σὺν τῷ βασιλεῖ. ἐπεὶ δ' οἱ σὺν ταῖς γυναιξὶ προϊόντες ἐνέπεσον εἰς τοὺς ἐν τῷ ὄρει, κραυγήν τε εὐθὺς ἐποίουν καὶ φεύγοντες ἡλίσκοντο πολλοὶ αὐτῶν. τέλος δὲ καὶ ὁ παῖς καὶ αἱ γυναῖκες καὶ αἱ θυγατέρες ἑάλωσαν, καὶ τὰ χρήματα ὅσα σὺν αὐτοῖς ἀγόμενα ἔτυχεν. ὁ δὲ βασιλεὺς αὐτός, ὡς ᾔσθετο τὰ γιγνόμενα, ἀπορῶν ποῖ τράποιτο ἐπὶ λόφον τινὰ καταφεύ-

5 γει. ὁ δ' αὖ Κῦρος ταῦτα ἰδὼν περιίσταται τὸν λόφον τῷ παρόντι στρατεύματι, καὶ πρὸς Χρυσάνταν πέμψας ἐκέλευσε φυλακὴν τοῦ ὄρους καταλιπόντα ἥκειν. τὸ μὲν δὴ στράτευμα ἡθροίζετο τῷ Κύρῳ· ὁ δὲ πέμψας πρὸς τὸν Ἀρμένιον κήρυκα ἤρετο ὧδε· Εἰπέ μοι, ἔφη, ὦ Ἀρμένιε, πότερα βούλει αὐτοῦ μένων τῷ λιμῷ καὶ τῇ δίψῃ μάχεσθαι ἢ εἰς τὸ ἰσόπεδον καταβὰς ἡμῖν διαμάχεσθαι; ἀπεκρίνατο ὁ Ἀρμένιος ὅτι οὐδε-

6 τέροις βούλοιτο μάχεσθαι. πάλιν ὁ Κῦρος πέμψας ἠρώτα, Τί οὖν κάθησαι ἐνταῦθα καὶ οὐ καταβαίνεις; Ἀπορῶν, ἔφη, ὅ,τι χρὴ ποιεῖν. Ἀλλ' οὐδέν, ἔφη ὁ Κῦρος, ἀπορεῖν σε δεῖ ἔξεστι γάρ σοι ἐπὶ δίκην κατα-

---

2 πόλεμος z. 5 post. σὺν] ἐν x. 6 εἰς τοὺς] τοῖς x. ‖ εὐθὺς κραυγήν τε z. 7 post πολλοὶ add. γε z. 8 καὶ ὁ παῖς] οἱ παῖδες x. 9 τὰ om. xz. 10 ἔτυχεν z, ἔτυχον y, ἐτύγχανεν x. ‖ αὐτῶν codd., corr. Pantazides. 11 τράποι z. 12 τῷ λόφῳ F. 13 πρὸς χρυσάνταν zD, χρυσάντα xF. 14 ἐκέλευε yz. 15 τῷ om. x. 16 πρὸς] εἰς x. ‖ ἤρετο κήρυκα z. 18 τῷ δίψει z. ‖ εἰς τὸ ἰσόπεδον] εἰσόπεδον F. 19 οὐδετέροις] οὐδενί x. 20 διαμάχεσθαι GH. 21 κάθισαι z. ‖ ἐνταῦθα] αὐτὸ G. ‖ οὐκ ἀποβαίνεις z. 23 δίκῃ y.

βαίνειν. Τίς δ', ἔφη, ὁ δικάζων; Δῆλον ὅτι ᾧ ὁ θεὸς ἔδωκε καὶ ἄνευ δίκης χρήσασθαί σοι ὅ,τι βούλοιτο. ἐνταῦθα δὴ ὁ Ἀρμένιος γιγνώσκων τὴν ἀνάγκην καταβαίνει· καὶ ὁ Κῦρος λαβὼν εἰς τὸ μέσον κἀκεῖνον καὶ τἄλλα πάντα περιεστρατοπεδεύσατο, ὁμοῦ ἤδη πᾶσαν ἔχων τὴν δύναμιν.

Ἐν τούτῳ δὴ τῷ χρόνῳ ὁ πρεσβύτερος παῖς τοῦ 7
Ἀρμενίου Τιγράνης ἐξ ἀποδημίας τινὸς προσῄει, ὃς
καὶ σύνθηρός ποτε ἐγεγένητο τῷ Κύρῳ· καὶ ὡς ἤκουσε
τὰ γεγενημένα, εὐθὺς πορεύεται ὥσπερ εἶχε πρὸς τὸν
Κῦρον. ὡς δ' εἶδε πατέρα τε καὶ μητέρα καὶ ἀδελ-
φοὺς καὶ τὴν αὑτοῦ γυναῖκα αἰχμαλώτους γεγενημέ-
νους, ἐδάκρυσεν, ὥσπερ εἰκός. ὁ δὲ Κῦρος ἰδὼν αὐ- 8
τὸν ἄλλο μὲν οὐδὲν ἐφιλοφρονήσατο αὐτῷ, εἶπε δ' ὅτι
Εἰς καιρὸν ἥκεις, ὅπως σὺ τῆς δίκης ἀκούσῃς παρ-
ὼν τῆς ἀμφὶ τοῦ πατρός. καὶ εὐθὺς συνεκάλει τοὺς
ἡγεμόνας τούς τε τῶν Περσῶν καὶ τοὺς τῶν Μήδων
προσεκάλει δὲ καὶ εἴ τις Ἀρμενίων τῶν ἐντίμων παρῆν.
καὶ τὰς γυναῖκας ἐν ταῖς ἁρμαμάξαις παρούσας οὐκ
ἀπήλασεν, ἀλλ' εἴα ἀκούειν. ὁπότε δὲ καλῶς εἶχεν, 9
ἤρχετο τοῦ λόγου, Ὦ Ἀρμένιε, ἔφη, πρῶτον μέν σοι
συμβουλεύω ἐν τῇ δίκῃ τἀληθῆ λέγειν, ἵνα σοι ἕν γε
ἀπῇ τὸ εὐμισητότατον· τὸ γὰρ ψευδόμενον φαίνεσθαι

1 post ἔφη add. ἔσται zE. 2 θεός σοι ἔδωκε x. || χρῆσθαι z. || σοι χρήσασθαι y, σοι om. x. 5 ἐστρατοπεδεύσατο z, περιεστρατεύσατο x. 6 ἔχων πᾶ. ἤ. G. 7 δὲ z. || πρεσβύτατος xy. || τοῦ Ἀρμενίου παῖς Zon. 8 προσείη F. 9 prius καὶ om. F. || ἐγένετο z. 10 ὥσπερ] ᾗπερ D, ὡς F. 11 τε om. xy. || ἀδελφὰς codd., τὰς ἀδελφὰς Zon., corr. Weiske. 12 αὐτοῦ xy, ἑαυτοῦ z. 15 ἥ̣κε̣ς F. || ante ὅπως add. ἔφη z. || σὺ om. z. || ἀκούσεις F. 16 συγκαλεῖ z. 18 παρεκάλει x. 19 ἁμάξαις G. 21 post λόγου add. καὶ xD. 22 συμβουλεύσω GH. || ἐν τῇ δίκῃ om. x.

εὖ ἴσθι ὅτι καὶ τοῦ συγγνώμης τινὸς τυγχάνειν ἐμποδὼν μάλιστα ἀνθρώποις γίγνεται· ἔπειτα δ', ἔφη, συνίσασι μέν σοι καὶ οἱ παῖδες καὶ αἱ γυναῖκες αὗται πάντα ὅσα ἔπραξας, καὶ Ἀρμενίων οἱ παρόντες· ἢν δὲ αἰσθάνωνταί σε ἄλλα ἢ τὰ γενόμενα λέγοντα, νομιοῦσί σε καὶ αὐτὸν καταδικάζειν σαυτοῦ πάντα τὰ ἔσχατα παθεῖν, ἢν ἐγὼ τἀληθῆ πύθωμαι. Ἀλλ' ἐρώτα, ἔφη, ὦ Κῦρε, ὅ,τι βούλει, ὡς τἀληθῆ ἐροῦντος. τούτου
10 ἕνεκα γενέσθω ὅ,τι βούλεται. Λέγε δή μοι, ἔφη, ἐπολέμησάς ποτε Ἀστυάγει τῷ τῆς ἐμῆς μητρὸς πατρὶ καὶ τοῖς ἄλλοις Μήδοις; Ἔγωγ', ἔφη. Κρατηθεὶς δ' ὑπ' αὐτοῦ συνωμολόγησας δασμὸν οἴσειν καὶ συστρατεύσεσθαι ὅποι καὶ ἐπαγγέλλοι, καὶ ἐρύματα μὴ ἕξειν; Ἦ ταῦτα. Νῦν οὖν διὰ τί οὔτε τὸν δασμὸν ἀπῆγες οὔτε τὸ στράτευμα ἔπεμπες, ἐτείχιζές τε τὰ ἐρύματα; Ἐλευθερίας ἐπεθύμουν, ἔφη. καλὸν γάρ μοι ἐδόκει εἶναι καὶ αὐτὸν ἐλεύθερον εἶναι καὶ παισὶν ἐλευθερίαν καταλι-
11 πεῖν. Καὶ γάρ ἐστιν, ἔφη ὁ Κῦρος, καλὸν μάχεσθαι, ὅπως μήποτέ τις δοῦλος μέλλῃ γενήσεσθαι· ἢν δὲ δὴ ἢ πολέμῳ κρατηθεὶς ἢ καὶ ἄλλον τινὰ τρόπον δουλω-

---

1 ὅτι om. G. **2** καθίσταται μάλιστα ἀνθρώποις (om. γίγνεται) x. **3** καὶ οἱ παῖδες post γυναῖκες transp. x. ‖ αὗται om. x. **6** σεαυτοῦ z. ‖ αἴσχατα F. **7** post ἢν add. μὴ GH, i. marg. F. **8** punctum post ἐροῦντος om. Pantazides cf. Mem. II 3, 16. **9** εἵνεκα z. ‖ καὶ ante γενέσθω add. z. **10** τῆς] τε z. **12** συστρατεύεσθαι xy, συστρατεύσασθαι z, corr. Stephanus. **13** ὅποι Dind., ὅπου codd. ‖ prius καὶ om. yz. ‖ παραγγέλοι C, ἐπαγγέλοι F, παραγγελεῖ E. **14** prius οὔτε] οὐδὲ F. ‖ ἀπήγαγες xy. **15** τὸ om. xy. ‖ ἀπέπεμπες z (sed ἔπεμπες Hpr), ἔπεμψας D. ‖ ante ἐλευθερίας add. καὶ ὃς ἔφη D. ‖ ἐλευθερίαν x. **16** ἔφη om. zF. ‖ δοκεῖ xy. ‖ καὶ αὐτὸν ἐλεύθερον εἶναι om. F. **19** μέλλῃ Herwerden, μέλλοιτο x, μέλλοι cet. **20** prius ἢ om. z. ‖ δουλωθεὶς] χειρωθείς x.

θεὶς ἐπιχειρῶν τις φαίνηται τοὺς δεσπότας ἀποστερεῖν
ἑαυτοῦ, τοῦτον σὺ πρῶτος πότερον ὡς ἀγαθὸν ἄνδρα
καὶ καλὰ πράττοντα τιμᾷς ἢ ὡς ἀδικοῦντα, ἢν λάβῃς,
κολάζεις; Κολάζω, ἔφη· οὐ γὰρ ἐᾷς σὺ ψεύδεσθαι.
Λέγε δὴ σαφῶς, ἔφη ὁ Κῦρος, καθ' ἓν ἕκαστον· ἢν 12
ἄρχων τις τύχῃ σοι καὶ ἁμάρτῃ, πότερον ἐᾷς ἄρχειν
ἢ ἄλλον καθίστης ἀντ' αὐτοῦ; Ἄλλον καθίστημι. Τί
δέ, ἢν χρήματα πολλὰ ἔχῃ, ἐᾷς πλουτεῖν ἢ πένητα
ποιεῖς; Ἀφαιροῦμαι, ἔφη, ἃ ἂν ἔχων τυγχάνῃ. Ἂν δὲ
καὶ πρὸς πολεμίους γιγνώσκῃς αὐτὸν ἀφιστάμενον, τί
ποιεῖς; Κατακαίνω, ἔφη· τί γὰρ δεῖ ἐλεγχθέντα ὅτι
ψεύδομαι ἀποθανεῖν μᾶλλον ἢ τἀληθῆ λέγοντα; ἐνταῦθα 13
δὴ ὁ μὲν παῖς αὐτοῦ ὡς ἤκουσε ταῦτα, περιεσπάσατο
τὴν τιάραν καὶ τοὺς πέπλους κατερρήξατο, αἱ δὲ γυ-
ναῖκες ἀναβοήσασαι ἐδρύπτοντο, ὡς οἰχομένου τοῦ
πατρὸς καὶ ἀπολωλότων σφῶν ἤδη. καὶ ὁ Κῦρος σι-
ωπῆσαι κελεύσας πάλιν εἶπεν, Εἶεν· τὰ μὲν δὴ σὰ δίκαια
ταῦτα, ὦ Ἀρμένιε· ἡμῖν δὲ τί συμβουλεύεις ἐκ τού-
των ποιεῖν; ὁ μὲν δὴ Ἀρμένιος ἐσιώπα ἀπορῶν πό-
τερα συμβουλεύοι τῷ Κύρῳ κατακαίνειν ἑαυτὸν ἢ τἀ-
ναντία διδάσκοι ὧν αὐτὸς ἔφη ποιεῖν. ὁ δὲ παῖς αὐ- 14
τοῦ Τιγράνης ἐπήρετο τὸν Κῦρον, Εἰπέ μοι, ἔφη, ὦ
Κῦρε, ἐπεὶ ὁ πατὴρ ἀποροῦντι ἔοικεν, ἦ συμβουλεύσω
περὶ αὐτοῦ ἃ οἶμαί σοι βέλτιστα εἶναι; καὶ ὁ Κῦρος,

3 τιμᾷς] τιμήσαις z. 4 σὺ ἔφη ψεύδεσθαι x. 7 καθιστᾶς x. 9 ἃ ἂν] ἂν y. || ἢν yz. 10 αὐτὸν γιγνώσκῃς F. 11 κατακαίνω] ἀναιρῶ A mg. H mg. || ἔφη om. F. 12 ἔνθα z. 15 ἐδρύπτοντο] κατεδρύπτοντο x, ἐκόπτοντο A mg. H mg. 16 πατρὸς αὐτῶν καὶ x. || πάντων σφῶν xyz (sed cf). 17 πάλιν om. z. 18 ταῦτα om. G. 19 ἀπορῶν ἐσιώπα z. 20 συμβουλεύει zE. || αὐτὸν z. 22 ὦ κῦρε ἔφη y. 24 ἃ] οἷα x.

ἠσθημένος, ὅτε συνεθήρα αὐτῷ ὁ Τιγράνης, σοφιστήν τινα αὐτῷ συνόντα καὶ θαυμαζόμενον ὑπὸ τοῦ Τιγράνου, πάνυ ἐπεθύμει αὐτοῦ ἀκοῦσαι ὅ,τι ποτ' ἐροίη· καὶ προθύμως ἐκέλευσε λέγειν ὅ,τι γιγνώσκοι.

15 Ἐγὼ τοίνυν, ἔφη ὁ Τιγράνης, εἰ μὲν ἄγασαι τοῦ πατρὸς ἢ ὅσα βεβούλευται ἢ ὅσα πέπραχε, πάνυ σοι συμβουλεύω τοῦτον μιμεῖσθαι· εἰ μέντοι σοι δοκεῖ πάντα ἡμαρτηκέναι, συμβουλεύω σοι αὐτὸν μὴ μιμεῖσθαι. Οὐκοῦν, ἔφη ὁ Κῦρος, τὰ δίκαια ποιῶν ἥκιστ' ἂν τὸν ἁμαρτάνοντα μιμοίμην. Ἔστιν, ἔφη, ταῦτα. Κολαστέον ἄρ' ἂν εἴη κατά γε τὸν σὸν λόγον τὸν πατέρα, εἴπερ τὸν ἀδικοῦντα δίκαιον κολάζειν. Πότερα δ' ἡγῇ, ὦ Κῦρε, ἄμεινον εἶναι σὺν τῷ σῷ ἀγαθῷ τὰς τιμωρίας ποιεῖσθαι ἢ σὺν τῇ σῇ ζημίᾳ; Ἐμαυτὸν

16 ἄρα, ἔφη, οὕτω γ' ἂν τιμωροίμην. Ἀλλὰ μέντοι, ἔφη ὁ Τιγράνης, μεγάλα γ' ἂν ζημιοῖο, εἰ τοὺς σεαυτοῦ κατακαίνοις τότε ὁπότε σοι πλείστου ἄξιοι εἶεν κεκτῆσθαι. Πῶς δ' ἄν, ἔφη ὁ Κῦρος, τότε πλείστου ἄξιοι γίγνοιντο οἱ ἄνθρωποι ὁπότε ἀδικοῦντες ἁλίσκοιντο; Εἰ τότε, οἶμαι, σώφρονες γίγνοιντο. δοκεῖ γάρ μοι, ὦ Κῦρε, οὕτως ἔχειν, ἄνευ μὲν σωφροσύνης οὐδ' ἄλλης ἀρετῆς οὐδὲν ὄφελος εἶναι· τί γὰρ ἄν, ἔφη, χρήσαιτ' ἄν τις ἰσχυρῷ ἢ ἀνδρείῳ μὴ σώφρονι, [ἢ ἱππικῷ], τί

---

3 ἐπεθύμη (ει s. v. man. rec.) F. 7 συμβουλεύσω z. || εἰ . . . 8 μιμεῖσθαι om. zE. || μέντι F. 8 σοι αὐτὸν CDe, τοῦτον Fg. 11 σὸν om. z. 15 ἄρα om. z Dind. 16 γ' ἂν y, κἂν z, ἂν x. || ἑαυτοῦ xz (σ s. v. man. rec. F). 17 τότε om. CG. || εἶεν . . . 18 ἄξιοι om. G. 18 ἂν om. xy. || τότε om. xy. 19 οἱ ἄνθρωποι xF, ἄνθρωποι zD. 20 εἰ] ἢ x, ἢ y. || οἶμαι om. C. || ὦ κῦρε post ἔχειν transp. x. 23 ἰσχυρῷ ἢ ἀνδρείῳ μὴ σώφρονι zc, ἐχυρῷ (-ῶς D) ἀνδρείῳ μὴ σώφρονι μηδ' (μὴ C) ἰσχυρῷ yC. || μὴ σώφρονι om. E. || [ἢ ἱππικῷ] Schneider.

δὲ πλουσίῳ, τί δὲ δυνάστῃ ἐν πόλει; σὺν δὲ σωφρο-
σύνῃ καὶ φίλος πᾶς χρήσιμος καὶ θεράπων πᾶς ἀγα-
θός. Τοῦτ' οὖν, ἔφη, λέγεις ὡς καὶ ὁ σὸς πατὴρ ἐν 17
τῇδε τῇ μιᾷ ἡμέρᾳ ἐξ ἄφρονος σώφρων γεγένηται;
Πάνυ μὲν οὖν, ἔφη. Πάθημα ἄρα σὺ λέγεις τῆς
ψυχῆς εἶναι τὴν σωφροσύνην, ὥσπερ λύπην, οὐ μάθη-
μα· οὐ γὰρ ἂν δήπου, εἴγε φρόνιμον δεῖ γενέσθαι
τὸν μέλλοντα σώφρονα ἔσεσθαι, παραχρῆμα ἐξ ἄφρο-
νος σώφρων ἄν τις γένοιτο. Τί δ', ἔφη, ὦ Κῦρε, 18
οὔπω ᾔσθου καὶ ἕνα ἄνδρα δι' ἀφροσύνην μὲν ἐπι-
χειροῦντα κρείττονι ἑαυτοῦ μάχεσθαι, ἐπειδὰν δὲ ἡτ-
τηθῇ, εὐθὺς πεπαυμένον τῆς πρὸς τοῦτον ἀφροσύνης;
πάλιν δ', ἔφη, οὔπω ἑόρακας πόλιν ἀντιταττομένην
πρὸς πόλιν ἑτέραν, ᾗς ἐπειδὰν ἡττηθῇ παραχρῆμα
ταύτῃ ἀντὶ τοῦ μάχεσθαι πείθεσθαι θέλει; Ποίαν δ', 19
ἔφη ὁ Κῦρος, καὶ σὺ τοῦ πατρὸς ἧτταν λέγων οὕτως
ἰσχυρίζῃ σεσωφρονίσθαι αὐτόν; Ἧι νὴ Δί', ἔφη, σύν-
οιδεν ἑαυτῷ ἐλευθερίας μὲν ἐπιθυμήσας, δοῦλος δ'
ὡς οὐδεπώποτε γενόμενος, ἃ δὲ ᾠήθη χρῆναι λαθεῖν
ἢ φθάσαι ἢ ἀποβιάσασθαι, οὐδὲν τούτων ἱκανὸς γενό-
μενος διαπράξασθαι. σὲ δὲ οἶδεν, ἃ μὲν ἐβουλήθης
ἐξαπατῆσαι αὐτόν, οὕτως ἐξαπατήσαντα ὥσπερ ἂν <εἴ>
τις τυφλοὺς καὶ κωφοὺς καὶ μηδ' ὁτιοῦν φρονοῦντας
ἐξαπατήσειεν· ἃ δὲ ᾠήθης λαθεῖν χρῆναι, οὕτω σὲ οἶδε

5 τῆς ψυχῆς σὺ λέγεις z. || σοὶ F. 6 λύγην AH. 8 παραχρῆμα om. z. 9 τις ἂν y. 10 ἀφροσύνης y. 12 πρὸ τούτου xF (πρὸς τοῦτον f). 13 πάλιν xy, πόλιν z. || πόλιν om. z. 14 ᾗς z, ἥτις xyg. 15 ἐθέλει z. 16 λέγων ἧτταν x. 17 ἰσχυρίζεις z. || ᾗ Marchant, ἣν z, ἐν ᾗ xy. || αὐτῷ σύνοιδεν F. 19 οὐδέποτε G. 20 post. ἢ om. z. 21 διατάξασθαι z. || ἃ μὲν xy, ἐπεὶ z Dind. 22 <εἰ> τις ego. 24 σὲ οἶδε del. Herwerden.

λαθόντα ὥστε ἃ ἐνόμιζεν ἑαυτῷ ἐχυρὰ χωρία ἀποκεῖ-
σθαι, ταῦτα σὺ εἱρκτὰς αὐτῷ ἔλαθες προκατασκευά-
σας· τάχει δὲ τοσοῦτον περιεγένου αὐτοῦ ὥστε πρόσ-
ωθεν ἔφθασας ἐλθὼν σὺν πολλῷ στόλῳ πρὶν τοῦτον
20 τὴν παρ' ἑαυτῷ δύναμιν ἀθροῖσαι. Ἔπειτα δοκεῖ
σοι, ἔφη ὁ Κῦρος, καὶ ἡ τοιαύτη ἧττα σωφρονίζειν
ἱκανὴ εἶναι ἀνθρώπους, τὸ γνῶναι ἄλλους ἑαυτῶν
βελτίονας ὄντας; Πολύ γε μᾶλλον, ἔφη ὁ Τιγράνης,
ἢ ὅταν μάχῃ τις ἡττηθῇ. ὁ μὲν γὰρ ἰσχύι κρατηθεὶς
ἔστιν ὅτε ᾠήθη σωμασκήσας ἀναμαχεῖσθαι· καὶ πόλεις
δὲ ἁλοῦσαι συμμάχους προσλαβοῦσαι οἴονται ἀναμα-
χέσασθαι ἄν· οὓς δ' ἂν βελτίους τινὲς ἑαυτῶν ἡγή-
σωνται, τούτοις πολλάκις καὶ ἄνευ ἀνάγκης ἐθέλουσι
21 πείθεσθαι. Σύ, ἔφη, ἔοικας οὐκ οἴεσθαι τοὺς ὑβρι-
στὰς γιγνώσκειν τοὺς ἑαυτῶν σωφρονεστέρους, οὐδὲ
τοὺς κλέπτας τοὺς μὴ κλέπτοντας, οὐδὲ τοὺς ψευδο-
μένους τοὺς τἀληθῆ λέγοντας, οὐδὲ τοὺς ἀδικοῦντας
τοὺς τὰ δίκαια ποιοῦντας· οὐκ οἶσθα, ἔφη, ὅτι καὶ
νῦν ὁ σὸς πατὴρ ἐψεύσατο καὶ οὐκέτ' ἠμπέδου τὰς
πρὸς ἡμᾶς συνθήκας, εἰδὼς ὅτι ἡμεῖς οὐδ' ὁτιοῦν ὧν
22 Ἀστυάγης συνέθετο παραβαίνομεν; Ἀλλ' οὐδ' ἐγὼ
τοῦτο λέγω ὡς τὸ γνῶναι μόνον τοὺς βελτίονας σω-

---

1 αὐτῷ xF. 2 ταῦτα σὺ εἱρκτὰς αὐτῷ xF, ταῦτα εἱρκτὰς ἑαυτῷ Dpr (αὐτῷ D corr.), σοὶ εἱρκτὰς ταῦτα z (nisi quod in G σοὶ punctis notatum est). || ἔλαθε z. 3 πρόσωθεν x, πρόσθεν zD, πρόσωπον F. 5 ἑαυτοῦ x. || ἀθροῖσαι x, ἀθροίσασθαι cet. 7 τὸ z, τοῦ xy. || ἑαυτῶν ἄλλους x, ἀλλήλους ἑαυτῶν z. || ἑαυτοῦ y. 8 γε om. AH, τε G. 10 σωμασκήσας z, τὸ (om. E) σῶμα ἀσκήσας xy. 11 δὲ x, γε cet. || ἀναμάχεσθαι x. 12 τινὲς post ἡγήσωνται transp. x. || αὐτῶν ἡγήσονται F. 13 θέλουσιν z. 17 ἀληθῆ zD. 19 ἐψεύσατο καὶ οὐκ om. y (i. marg. F). || οὐκ ἐξημπέδου codd., corr. Cobet. 20 οὐδ' om. x. 22 τοῦτο] ταῦτα z Dind.

φρονίζει ἄνευ τοῦ δίκην διδόναι ὑπὸ τῶν βελτιόνων,
ὥσπερ ὁ ἐμὸς πατὴρ νῦν δίδωσιν. Ἀλλ', ἔφη ὁ Κῦ-
ρος, ὅ γε σὸς πατὴρ πέπονθε μὲν οὐδ' ὁτιοῦν πω κα-
κόν· φοβεῖταί γε μέντοι εὖ οἶδ' ὅτι μὴ πάντα τὰ
ἔσχατα πάθῃ. Οἴει οὖν τι, ἔφη ὁ Τιγράνης, μᾶλλον 23
καταδουλοῦσθαι ἀνθρώπους τοῦ ἰσχυροῦ φόβου; οὐκ
οἶσθ' ὅτι οἱ μὲν τῷ ἰσχυροτάτῳ κολάσματι νομιζομένῳ
σιδήρῳ παιόμενοι ὅμως ἐθέλουσι καὶ πάλιν μάχεσθαι
τοῖς αὐτοῖς; οὓς δ' ἂν σφόδρα φοβηθῶσιν ἄνθρωποι,
τούτοις οὐδὲ παραμυθουμένοις ἔτι ἀντιβλέπειν δύναν-
ται; Λέγεις σύ, ἔφη, ὡς ὁ φόβος τοῦ ἔργῳ κακοῦ-
σθαι μᾶλλον κολάζει τοὺς ἀνθρώπους. Καὶ σύγε, ἔφη, 24
οἶσθα ὅτι ἀληθῆ λέγω· ἐπίστασαι γὰρ ὅτι οἱ μὲν φο-
βούμενοι μὴ φύγωσι πατρίδα καὶ οἱ μέλλοντες μάχε-
σθαι δεδιότες μὴ ἡττηθῶσιν ἀθύμως διάγουσι, [καὶ
οἱ πλέοντες μὴ ναυαγήσωσι,] καὶ οἱ δουλείαν καὶ δε-
σμὸν φοβούμενοι, οὗτοι μὲν οὔτε σίτου οὔθ' ὕπνου
δύνανται λαγχάνειν διὰ τὸν φόβον· οἱ δὲ ἤδη μὲν
φυγάδες, ἤδη δ' ἡττημένοι, ἤδη δὲ δουλεύοντες, ἔστιν
ὅτε δύνανται καὶ μᾶλλον τῶν εὐδαιμόνων ἐσθίειν τε καὶ
πίνειν καὶ καθεύδειν. ἔτι δὲ φανερώτερον καὶ ἐν τοῖσδε 25
οἷον φόρημα ὁ φόβος· ἔνιοι γὰρ φοβούμενοι μὴ ληφθέν-
τες ἀποθάνωσι προαποθνήσκουσιν ὑπὸ [τοῦ] φόβου, οἱ
μὲν ῥιπτοῦντες ἑαυτούς, οἱ δ' ἀπαγχόμενοι, οἱ δ' ἀπο-
σφαττόμενοι· οὕτω πάντων τῶν δεινῶν ὁ φόβος μά-

---

3 γε om. xD. **5** τι οὖν xy. **9** οἱ ἄνθρωποι x. **10** παραμυθούμενοι xz, παραμυθουμένων F. ‖ ἔτι om. D. **12** ἔφη om. z. **14** οἱ μὲν μέλλοντες F. **15** ῥαθύμως xy. ‖ διάγωσι F. ‖ [καὶ . . . ναυαγήσωσι] ego, ἀθύμως . . . ναυαγήσωσι del. Madvig. **16** δασμόν xy. **20** ὅτε] ὅταν CD, ὅτ' ἂν F, om. E ‖ καὶ om. z. ‖ καὶ πίνειν om. yz. **21** δὲ om. yC. **23** ὑπὸ τ. φ. προ. G. ‖ [τοῦ] ego. **25** ὁ om. z Dind.

λιστα καταπλήττει τὰς ψυχάς. τὸν δ' ἐμὸν πατέρα, ἔφη, νῦν πῶς δοκεῖς διακεῖσθαι τὴν ψυχήν, ὃς οὐ μόνον περὶ ἑαυτοῦ, ἀλλὰ καὶ περὶ ἐμοῦ καὶ περὶ γυναικὸς καὶ περὶ πάντων τῶν τέκνων [δουλείας] φο-
26 βεῖται; καὶ ὁ Κῦρος εἶπεν, Ἀλλὰ νῦν μὲν ἔμοιγε οὐδὲν ἄπιστον οὕτω τοῦτον διακεῖσθαι· δοκεῖ μέντοι μοι τοῦ αὐτοῦ ἀνδρὸς εἶναι καὶ εὐτυχοῦντα ἐξυβρίσαι καὶ πταίσαντα ταχὺ πτῆξαι, καὶ ἀνεθέντα γε πάλιν αὖ μέγα φρονῆσαι καὶ πάλιν αὖ πράγματα παρασχεῖν.
27 Ἀλλὰ ναὶ μὰ Δί', ἔφη, ὦ Κῦρε, ἔχει μὲν προφάσεις τὰ ἡμέτερα ἁμαρτήματα ὥστ' ἀπιστεῖν ἡμῖν· ἔξεστι δέ σοι καὶ φρούρια ἐντειχίζειν καὶ τὰ ἐχυρὰ κατέχειν καὶ ἄλλο ὅ,τι ἂν βούλῃ πιστὸν λαμβάνειν. καὶ μέντοι, ἔφη, ἡμᾶς μὲν ἕξεις οὐδέν τι τούτοις μέγα λυπουμένους· μεμνησόμεθα γὰρ ὅτι ἡμεῖς αὐτῶν αἴτιοί ἐσμεν· εἰ δέ τινι τῶν ἀναμαρτήτων παραδοὺς τὴν ἀρχὴν ἀπιστῶν αὐτοῖς φανῇ, ὅρα μὴ ἅμα τε εὖ ποιήσεις καὶ ἅμα οὐ φίλον νομιοῦσί σε· εἰ δ' αὖ φυλαττόμενος τὸ ἀπεχθάνεσθαι μὴ ἐπιθήσεις αὐτοῖς ζυγὰ τοῦ μὴ ὑβρίσαι, ὅρα μὴ ἐκείνους αὖ δεήσει σε σωφρονί-
28 ζειν ἔτι μᾶλλον ἢ ἡμᾶς νῦν ἐδέησεν. Ἀλλὰ ναὶ μὰ τοὺς θεούς, ἔφη, τοιούτοις μὲν ἔγωγε ὑπηρέταις, οὓς εἰδείην ἀνάγκῃ ὑπηρετοῦντας, ἀηδῶς ἄν μοι δοκῶ

---

2 ἔφη om. x. ‖ πῶς νῦν x. ‖ αἰκίζεσθαι y (i. marg. διακεῖσθαι F). **3** tertium περὶ om. HG. **4** τέκνων] παίδων C. ‖ δουλείας om. Vat. 987. **6** τοῦτον οὕτω zE. **7** καὶ om. z. **8** πτήξαντα z. **9** μέγα . . . αὖ om. z. ‖ παρέχειν z Dind. **11** ὥστ' ἂν z. **13** βούλει z (sed H cor.). **16** παραδιδοὺς FdG, παρεδίδους AH. **17** ἄπιστος G, ἀπιστῶ (sed ος s. v.) AH. ‖ αὐτὸς y. ‖ φανῇς x, φανεῖς z (sed H cor.), φανεῖ F, sed -ῇ s. v. man. rec. ‖ ποιήσῃς zF. **18** νομίσουσι z. ‖ εἰ] οὐ F. **20** αὖ om. F. ‖ δεήσῃ xCD. **23** δοκῶ om. G.

χρῆσθαι· οὓς δὲ γιγνώσκειν δοκοίην ὅτι εὐνοίᾳ καὶ φιλίᾳ τῇ ἐμῇ τὸ δέον συλλαμβάνοιεν, τούτους ἄν μοι δοκῶ καὶ ἁμαρτάνοντας ῥᾷον φέρειν ἢ τοὺς μισοῦντας μέν, ἔκπλεω δὲ πάντα ἀνάγκῃ διαπονουμένους. καὶ ὁ Τιγράνης πρὸς ταῦτα, Φιλίαν δ', ἔφη, παρὰ τίνων ἄν ποτε λάβοις τοσαύτην ὅσην σοι παρ' ἡμῶν ἔξεστι κτήσασθαι νῦν; Παρ' ἐκείνων οἶομαι, ἔφη, [παρὰ] τῶν μηδέποτε πολεμίων γεγενημένων, εἰ ἐθέλοιμι εὐεργετεῖν αὐτοὺς ὥσπερ σὺ νῦν με κελεύεις εὐεργετεῖν ὑμᾶς. Ἦ καὶ δύναιο ἄν, ἔφη, ὦ Κῦρε, ἐν τῷ 29
παρόντι νῦν εὑρεῖν ὅτῳ ἂν χαρίσαιο ὅσαπερ τῷ ἐμῷ πατρί; αὐτίκα, ἔφη, ἢν τινα ἐᾷς ζῆν τῶν σε μηδὲν ἠδικηκότων, τίνα σοι τούτου χάριν οἴει αὐτὸν εἴσεσθαι; τί δέ, ἂν αὐτοῦ τέκνα καὶ γυναῖκα μὴ ἀφαιρῇ, τίς σε τούτου ἕνεκα φιλήσει μᾶλλον ἢ ὁ νομίζων προσήκειν αὐτῷ ἀφαιρεθῆναι; τὴν δ' Ἀρμενίων βασιλείαν εἰ μὴ ἕξει, οἶσθά τινα, ἔφη, μᾶλλον λυπούμενον ἢ ἡμᾶς; οὐκοῦν καὶ τοῦτο, ἔφη, δῆλον ὅτι ὁ μάλιστα λυπούμενος εἰ μὴ βασιλεὺς εἴη οὗτος καὶ λαβὼν τὴν ἀρχὴν μεγίστην ἄν σοι χάριν εἰδείη. εἰ δέ τί σοι, ἔφη, 30
μέλει καὶ τοῦ ὡς ἥκιστα τεταραγμένα τάδε καταλιπεῖν, ὅταν ἀπίῃς, σκόπει, ἔφη, πότερον ἂν οἴει ἠρεμεστέρως ἔχειν τὰ ἐνθάδε καινῆς γενομένης ἀρχῆς ἢ τῆς εἰω-

5 post τιγράνης add. εἶπε zE. || ἔφη om. z. 6 λάβοις ἄν ποτε G. 7 οἴομαι xy. || [παρὰ] Cobet. 8 μηδέποτε] μηδεπώποτε y, μηδέποτε οὕτως x. 9 κελεύεις με xy. 11 ἂν om. D. 13 χάριν τούτου xF. 14 δὲ ἂν xy, δ' ἢν z. 15 εἵνεκα G. 16 ἑαυτῷ xy, αὐτῷ z. 17 ἔφη om. xD. || μᾶλλον λυπούμενον ego, ἄλλον λυπούμενον x, νῦν λυπούμενον ἄλλον z, λυπούμενον μᾶλλον D, λυπούμενον ἄλλον F. || τιν' ἂν et 18 μάλιστ' ἂν Nitsche. 18 τοῦτο Ec, τοῦτ' z, τούτου yC. 19 βασιλεὺς εἴη xz, βασιλεύσει y. 20 ἀρχὴν om. zDind. 21 καταλείπειν Hpr. 23 γενομένης xy, ἀρχομένης z.

θυίας καταμενούσης· εἰ δέ τί σοι μέλει καὶ τοῦ ὡς
πλείστην στρατιὰν ἐξάγειν, τίν' ἂν οἴει μᾶλλον ἐξετά-
σαι ταύτην ὀρθῶς τοῦ πολλάκις αὐτῇ κεχρημένου; εἰ
δὲ καὶ χρημάτων δεήσει, τίνα ἂν ταῦτα νομίζεις κρεῖτ-
τον ἐκπορίσαι τοῦ καὶ εἰδότος καὶ ἔχοντος πάντα τὰ
ὄντα; ὦ ἀγαθέ, ἔφη, Κῦρε, φύλαξαι μὴ ἡμᾶς ἀποβαλὼν
σαυτὸν ζημιώσῃς πλείω ἢ ὁ πατὴρ ἐδυνήθη σε βλά-
ψαι. ὁ μὲν τοιαῦτα ἔλεγεν.
31 Ὁ δὲ Κῦρος ἀκούων ὑπερήδετο, ὅτι ἐνόμιζε πε-
ραίνεσθαι πάντα αὐτῷ ὅσαπερ ὑπέσχετο Κυαξάρῃ
πράξειν· ἐμέμνητο γὰρ εἰπὼν ὅτι καὶ φίλον οἴοιτο
μᾶλλον αὐτὸν ἢ πρόσθεν ποιήσειν. ἐκ τούτου δὴ τὸν
Ἀρμένιον ἐρωτᾷ, Ἢν δὲ δὴ ταῦτα πείθωμαι ὑμῖν,
λέγε μοι, ἔφη, σύ, ὦ Ἀρμένιε, πόσην μὲν στρατιὰν
συμπέμψεις, πόσα δὲ χρήματα συμβαλῇ εἰς τὸν πό-
32 λεμον; πρὸς ταῦτα δὴ λέγει ὁ Ἀρμένιος, Οὐδὲν ἔχω,
ὦ Κῦρε, ἔφη, ἁπλούστερον εἰπεῖν οὐδὲ δικαιότερον ἢ
δεῖξαι μὲν ἐμὲ πᾶσαν τὴν δύναμιν τὴν οὖσαν, σὲ δὲ
ἰδόντα ὅσην μὲν ἄν σοι δοκῇ στρατιὰν ἄγειν, τὴν δὲ
καταλιπεῖν τῆς χώρας φυλακήν. ὡς δ' αὔτως περὶ
χρημάτων δηλῶσαι μὲν ἐμὲ δίκαιόν σοι πάντα τὰ ὄν-
τα, σὲ δὲ τούτων αὐτὸν γνόντα ὁπόσα τε ἂν βούλῃ
33 φέρεσθαι καὶ ὁπόσα βούλῃ καταλιπεῖν. καὶ ὁ Κῦ-
ρος εἶπεν, Ἴθι δὴ λέξον μοι ὁπόση σοι δύναμίς ἐστι,

4 δεήσῃ x (E s. v.) D. 6 ὦγαθὲ (ὦ 'γαθὲ) z. 7 ἐδυνάσθη Bis. 10 αὐτῷ ego. ‖ πάντα τῷ G. ‖ τῷ ante κυαξάρει add. zE. 12 αὐτὸν D, αὐτοῦ xF (in quo punctis notatum), om. z. ‖ ante ἐκ add. καὶ zC. 14 σὺ ἔφη y. ‖ μὲν στρατιὰν C, μοι στρατιὰν yE, μὲν στρατιάν μοι z. 15 συμπέμψῃς H. 16 οὐδὲν ἔφη ὦ κῦρε ἔχω xy. 18 τὴν οὖσαν δύναμιν z. 19 δοκεῖ F. 20 ὡσάυτως G. 22 αὐτὸν] αὐτῶν Df. ‖ τε om. z. ‖ βούλει (ut 23) cFz (sed H cor.). 24 δὴ λέξον xH. ‖ λέξον δὴ G, δὲ

λέξον δὲ καὶ πόσα χρήματα. ἐνταῦθα δὴ λέγει ὁ Ἀρ-
μένιος, Ἱππεῖς μὲν τοίνυν [Ἀρμενίων] εἰσὶν εἰς ὀκτα-
κισχιλίους, πεζοὶ δὲ εἰς τέτταρας μυριάδας· χρήματα
δ', ἔφη, σὺν τοῖς θησαυροῖς οἷς ὁ πατὴρ κατέλιπεν
ἔστιν εἰς ἀργύριον λογισθέντα τάλαντα πλείω τῶν
τρισχιλίων. καὶ ὁ Κῦρος οὐκ ἐμέλλησεν, ἀλλ' εἶπε, 34
Τῆς μὲν τοίνυν στρατιᾶς, ἐπεί σοι, ἔφη, οἱ ὅμοροι
Χαλδαῖοι πολεμοῦσι, τοὺς ἡμίσεις μοι σύμπεμπε· τῶν
δὲ χρημάτων ἀντὶ μὲν τῶν πεντήκοντα ταλάντων ὧν
ἔφερες δασμὸν διπλάσια Κυαξάρῃ ἀπόδος, ὅτι ἔλιπες
τὴν φοράν· ἐμοὶ δ', ἔφη, ἄλλα ἑκατὸν δάνεισον· ἐγὼ
δέ σοι ὑπισχνοῦμαι, ἂν θεὸς εὖ διδῷ, ἀνθ' ὧν ἂν
ἐμοὶ δανείσῃς ἢ ἄλλα πλείονος ἄξια εὐεργετήσειν ἢ
τὰ χρήματα ἀπαριθμήσειν, ἢν δύνωμαι· ἢν δὲ μὴ δύ-
νωμαι, ἀδύνατος ἂν φαινοίμην, οἶμαι, ἄδικος δ' οὐκ
ἂν δικαίως κρινοίμην. καὶ ὁ Ἀρμένιος, Πρὸς τῶν 35
θεῶν, ἔφη, ὦ Κῦρε, μὴ οὕτω λέγε· εἰ δὲ μή, οὐ θαρ-
ροῦντά με ἕξεις· ἀλλὰ νόμιζε, ἔφη, ἃ ἂν καταλίπῃς
μηδὲν ἧττον σὰ εἶναι ὧν ἂν ἔχων ἀπίῃς. Εἶεν, ἔφη
ὁ Κῦρος· ὥστε δὲ τὴν γυναῖκα ἀπολαβεῖν, πόσα
ἄν μοι χρήματα δοίης; Ὁπόσα ἂν δυναίμην, ἔφη. Τί
δέ, ὡς τοὺς παῖδας; Καὶ τούτων, ἔφη, ὁπόσα ἂν
δυναίμην. Οὐκοῦν, ἔφη ὁ Κῦρος, ταῦτα μὲν ἤδη δι-
πλάσια τῶν ὄντων. σὺ δέ, ἔφη, ὦ Τιγράνη, λέξον 36
μοι ὁπόσου ἂν πρίαιο ὥστε τὴν γυναῖκα ἀπολαβεῖν. ὁ

λέξον A, δεῖξον y. ‖ πόση z. 2 εἰσὶν ἀρμενίων z, [ἀρμενίων] Hug. 4 σὺν τοῖς yC, ἐν τοῖς cEHG, αὐτοῖς A. 6 μέλλησεν F, ἠμέλησεν D, ἐμέλησεν EG. 7 σοι y, τε z, σοί τοι x. 8 συμπέμπετε y. 10 διπλασίοτα xy. 12 ἂν] ἢν ὁ z. 13 prius ἢ om. zD. 15 φανοίμην x. 17 οὐ] ὡς G. 20 ante πόσα add. ἔφη zD. 21 τί δαί yG. 22 ὡς xy, ὥστε z. ‖ ὁπόσα] ὅσα z. 25 ὁπόσου yC, ὁπόσων E, πόσου z.

δὲ ἐτύγχανε νεόγαμός τε ὢν καὶ ὑπερφιλῶν τὴν γυναῖκα. Ἐγὼ μέν, ἔφη, ὦ Κῦρε, κἂν τῆς ψυχῆς πρι-
37 αίμην ὥστε μήποτε λατρεῦσαι ταύτην. Σὺ μὲν τοίνυν, ἔφη, ἀπάγου τὴν σήν· οὐδὲ γὰρ εἰλῆφθαι ἔγωγε αἰχμάλωτον ταύτην νομίζω σοῦ γε μηπώποτε φυγόντος ἡμᾶς. καὶ σὺ δέ, ὦ Ἀρμένιε, ἀπάγου τὴν γυναῖκα καὶ τοὺς παῖδας μηδὲν αὐτῶν καταθείς, ἵν' εἰδῶσιν ὅτι ἐλεύθεροι πρὸς σὲ ἀπέρχονται. καὶ νῦν μέν, ἔφη, δειπνεῖτε παρ' ἡμῖν· δειπνήσαντες δὲ ἀπελαύνετε ὅποι ὑμῖν θυμός. οὕτω δὴ κατέμειναν.

38 Διασκηνούντων δὲ μετὰ τὸ δεῖπνον ἐπήρετο ὁ Κῦρος, Εἰπέ μοι, ἔφη, ὦ Τιγράνη, ποῦ δὴ ἐκεῖνός ἐστιν ὁ ἀνὴρ ὃς συνεθήρα ἡμῖν καὶ σύ μοι μάλα ἐδόκεις θαυμάζειν αὐτόν. Οὐ γάρ, ἔφη, ἀπέκτεινεν αὐτὸν οὑτοσὶ ὁ ἐμὸς πατήρ; Τί λαβὼν ἀδικοῦντα; Διαφθείρειν αὐτὸν ἔφη ἐμέ. καίτοι, ὦ Κῦρε, οὕτω καλὸς κἀγαθὸς ἦν ἐκεῖνος ὡς καὶ ὅτε ἀποθνήσκειν ἔμελλε προσκαλέσας με εἶπε, Μήτι σύ, ὦ Τιγράνη, ἔφη, ὅτι ἀποκτείνει με, χαλεπανθῇς τῷ πατρί· οὐ γὰρ κακονοίᾳ τῇ σῇ τοῦτο ποιεῖ, ἀλλ' ἀγνοίᾳ· ὁπόσα δὲ ἀγνοίᾳ ἄνθρωποι ἐξαμαρτάνουσι, πάντ' ἀκούσια ταῦτ'

1 τε om. z. 5 ταύτην ὡς αἰχμάλωτον x. || μήποτε φεύγοντος z. 6 τήν τε γυναῖκα y. 8 μὲν om. z. 10 ὅπου xy. || ἡμῖν CD. De § 38—40 cf. Rosenstiel Progr. Sondershausen 1908. 11 τὸ om. yz, μετὰ δεῖπνον del. Cobet. || ἐπείρετο AH. 12 ἔφη om. z Dind. 14 οὑτοσὶ om. z. 16 post καίτοι add. γ' ἔφη z. 17 ἐκεῖνος ἦν codd. praeter yC. 18 μήτοι x. || ἔφη ὦ τιγράνη z. 20 τῇ σῇ F, τινὶ codd. praeter C, in quo τῇ σῇ γε Hug, τῷ πρὶ Marchant scriptum esse contendit. Cum locus perdifficilis lectu sit, nil pro certo affirmem. || ὁπόσα . . . 21 ἄνθρωποι om. z. 21 ἁμαρτάνουσι x. || πάντ'] ταῦτ' E, qui post. ταῦτ' om.

ἔγωγε νομίζω. ὁ μὲν δὴ Κῦρος ἐπὶ τούτοις εἶπε, 39
Φεῦ τοῦ ἀνδρός. ὁ δ' Ἀρμένιος ἔλεξεν, Οὗτοι, ὦ
Κῦρε, οὐδ' οἱ ταῖς ἑαυτῶν γυναιξὶ λαμβάνοντες συνόντας ἀλλοτρίους ἄνδρας οὐ τοῦτο αἰτιώμενοι αὐτοὺς κατακαίνουσιν ὡς ἀκρατεστέρας ποιοῦντας τὰς γυναῖκας, ἀλλὰ νομίζοντες ἀφαιρεῖσθαι αὐτοὺς τὴν πρὸς ἑαυτοὺς φιλίαν, διὰ τοῦτο ὡς πολεμίοις αὐτοῖς χρῶνται. καὶ ἐγὼ ἐκείνῳ, ἔφη, ἐφθόνουν, ὅτι μοι ἐδόκει τὸν ἐμὸν υἱὸν ποιεῖν αὐτὸν μᾶλλον θαυμάζειν ἢ ἐμέ.
καὶ ὁ Κῦρος εἶπεν, Ἀλλὰ ναὶ μὰ τοὺς θεούς, ἔφη, ὦ 40
Ἀρμένιε, ἀνθρώπινά μοι δοκεῖς ἁμαρτεῖν· καὶ σύ, ὦ Τιγράνη, συγγίγνωσκε τῷ πατρί. τότε μὲν δὴ τοιαῦτα διαλεχθέντες καὶ φιλοφρονηθέντες ὥσπερ εἰκὸς ἐκ συναλλαγῆς, ἀναβάντες ἐπὶ τὰς ἁρμαμάξας σὺν ταῖς γυναιξὶν ἀπήλαυνον εὐφραινόμενοι.

Ἐπεὶ δ' ἦλθον οἴκαδε, ἔλεγον τοῦ Κύρου ὁ μέν 41
τις τὴν σοφίαν, ὁ δὲ τὴν καρτερίαν, ὁ δὲ τὴν πραότητα, ὁ δέ τις καὶ τὸ κάλλος καὶ τὸ μέγεθος. ἔνθα δὴ ὁ Τιγράνης ἐπήρετο τὴν γυναῖκα, Ἦ καὶ σοί, ἔφη, ὦ Ἀρμενία, καλὸς ἐδόκει ὁ Κῦρος εἶναι; Ἀλλὰ μὰ

---

1 ἔγωγε CF, ἐγὼ DE et (qui iidem ταῦτα) z. || τούτοις] τοῦτ' z. 2 οὗτοι] οὗτοι z, οὕτως D. || ante ὦ add. ἔφη z. 3 ὄντας z. 4 τούτῳ F. 5 κατακτείνουσιν codd., corr. Cobet. || ἀκρατεστέρας ego, ἀμαθεστέρας yC, σωφρονεστέρας cet. (in H σωφρον i. ras.), ἀφρονεστέρας Stephanus. || ποιοῦντες codd. praeter yC. 6 αὐτοὺς] αὐτὰς D. 7 ἑαυτοὺς xy, αὐτοὺς z. 8 ἐκεῖνο C. || ἔφη om. z. || ἐφθόνησα xy. 9 τὸν ἐμὸν υἱὸν] τοῦτο z, unde Schneider τοῦτον || θαυμάζειν] ὀνομάζειν z (sed in H ὀνο i. ras.), post quod verbum in H lacuna septem fere litt. 10 ἔφη om. vel del. z. 14 τὰς ἁμάξας F, ταῖς ἁρμαμάξαις z. 15 εὐη(ευι- H pr.)νόμενοι z. 16 ἀπῆλθον οἴκαδε οἱ Ἀρμένιοι ἔλεγον ε. 19 ἢ om. y. || σὺ zE. 20 καλός σοι E.

Δί', ἔφη, οὐκ ἐκεῖνον ἐθεώμην. Ἀλλὰ τίνα μήν; ἔφη ὁ Τιγράνης. Τὸν εἰπόντα νὴ Δία ὡς τῆς αὐτοῦ ψυχῆς ἂν πρίαιτο ὥστε μή με δουλεύειν. τότε μὲν δὴ ὥσπερ εἰκὸς ἐκ τοιούτων ἀνεπαύοντο σὺν ἀλλήλοις.

42 Τῇ δ' ὑστεραίᾳ ὁ Ἀρμένιος Κύρῳ μὲν καὶ τῇ στρατιᾷ πάσῃ ξένια ἔπεμπε, προεῖπε δὲ τοῖς ἑαυτοῦ, οὓς δεήσοι στρατεύεσθαι, εἰς τρίτην ἡμέραν παρεῖναι· τὰ δὲ χρήματα ὧν εἶπεν ὁ Κῦρος διπλάσια ἀπηρίθμησεν. ὁ δὲ Κῦρος ὅσα εἶπε λαβὼν τἆλλα ἀπέπεμψεν· ἤρετο δὲ πότερος ἔσται ὁ τὸ στράτευμα ἄγων, ὁ παῖς ἢ αὐτός. εἰπέτην δὲ ἅμα ὁ μὲν πατὴρ οὕτως, Ὁπότερον ἂν σὺ κελεύῃς· ὁ δὲ παῖς οὕτως, Ἐγὼ μὲν οὐκ ἀπολείψομαί σου, ὦ Κῦρε, οὐδ' ἂν σκευοφόρον με
43 δέῃ σοι συνακολουθεῖν. καὶ ὁ Κῦρος ἐπιγελάσας εἶπε, Καὶ ἐπὶ πόσῳ ἐθέλοις ἄν, ἔφη, τὴν γυναῖκά σου ἀκοῦσαι ὅτι σκευοφορεῖς; Ἀλλ' οὐδέν, ἔφη, ἀκούειν δεήσει αὐτήν· ἄξω γάρ, ὥστε ὁρᾶν ἐξέσται αὐτῇ ὅ,τι ἂν ἐγὼ πράττω. Ὥρα ἄν, ἔφη, συσκευάζεσθαι ὑμῖν εἴη. Νόμιζ', ἔφη, συνεσκευασμένους παρέσεσθαι ὅ,τι ἂν ὁ πατὴρ δῷ. τότε μὲν δὴ ξενισθέντες οἱ στρατιῶται ἐκοιμήθησαν.

II Τῇ δ' ὑστεραίᾳ λαβὼν ὁ Κῦρος τὸν Τιγράνην καὶ τῶν Μήδων ἱππέων τοὺς κρατίστους καὶ τῶν ἑαυτοῦ φίλων ὁπόσους καιρὸς ἐδόκει εἶναι, περιελαύνων

---

2 *αὐτοῦ* codd. **3** *ἂν* om. z. **5** *μὲν* om. ε. **6** *πάσῃ* xF, *πᾶσι* D. **7** *οὓς*] *οὗ* Hε, *οὐ* AG. ‖ *δεήσει* x. **9** *ἔπεμψεν* yC. **10** *εἴρετο* et *ἔστι* ε. **12** *κελεύεις* GE. **13** *ἀπολήψομεν* H. ‖ *με* xy, *ἐμὲ* z. **14** *δέῃ σοι* Stephanus, *δεήσοι* yzε, *δεήσει* E, *δεήσῃ* C. **15** *ἄν*] *ἄρ'* ε. ‖ *ἂν ἔφη ἐθέλοις* z, *ἐθέλοις ἂν* (om. *ἔφη*) F. **17** *αὐτῇ* om. zε. **19** *νόμιζ'* xF, *νόμιζε δὲ* zε, *νομίζω* D. ‖ *παρέσται* x. **22** *ἀναλαβών* z.

τὴν χώραν κατεθεᾶτο, σκοπῶν ποῦ τειχίσειε φρούριον.
καὶ ἐπ' ἄκρον τι ἐλθὼν ἐπηρώτα τὸν Τιγράνην ποῖα
εἴη τῶν ὀρέων ὁπόθεν οἱ Χαλδαῖοι καταθέοντες λή-
ζονται. καὶ ὁ Τιγράνης ἐδείκνυεν. ὁ δὲ πάλιν ἤρετο,
Νῦν δὲ ταῦτα τὰ ὄρη ἔρημά ἐστιν; Οὐ μὰ Δί', ἔφη,
ἀλλ' ἀεὶ σκοποὶ εἰσὶν ἐκείνων οἳ σημαίνουσι τοῖς ἄλ-
λοις ὅ,τι ἂν ὁρῶσι. Τί οὖν, ἔφη, ποιοῦσιν, ἐπὴν αἴ-
σθωνται; Βοηθοῦσιν, ἔφη, ἐπὶ τὰ ἄκρα, ὡς ἂν ἕκαστος
⟨τάχους⟩ δύνηται. ταῦτα μὲν δὴ ὁ Κῦρος ἠκηκόει· 2
σκοπῶν δὲ κατενόει πολλὴν τῆς χώρας τοῖς Ἀρμενίοις
ἔρημον καὶ ἀργὸν οὖσαν διὰ τὸν πόλεμον. καὶ τότε
μὲν ἀπῆλθον ἐπὶ τὸ στρατόπεδον καὶ δειπνήσαντες
ἐκοιμήθησαν. τῇ δ' ὑστεραίᾳ αὐτός τε ὁ Τιγράνης 3
παρῆν συνεσκευασμένος καὶ ἱππεῖς εἰς τοὺς τετρακισ-
χιλίους συνελέγοντο αὐτῷ καὶ τοξόται εἰς τοὺς μυρί-
ους, καὶ πελτασταὶ ἄλλοι τοσοῦτοι. ὁ δὲ Κῦρος ἐν ᾧ
συνελέγοντο ἐθύετο ἐπεὶ δὲ καλὰ ἦν τὰ ἱερὰ αὐτῷ,
συνεκάλεσε τούς τε τῶν Περσῶν ἡγεμόνας καὶ τοὺς
τῶν Μήδων. ἐπεὶ δ' ὁμοῦ ἦσαν, ἔλεξε τοιάδε. 4

Ἄνδρες φίλοι, ἔστι μὲν τὰ ὄρη ταῦτα ἃ ὁρῶμεν
Χαλδαίων· εἰ δὲ ταῦτα καταλάβοιμεν καὶ ἐπ' ἄκρου
γένοιτο ἡμέτερον φρούριον, σωφρονεῖν ἀνάγκη ἂν εἴη
πρὸς ἡμᾶς ἀμφοτέροις, τοῖς τε Ἀρμενίοις καὶ τοῖς
Χαλδαίοις. τὰ μὲν οὖν ἱερὰ καλὰ ἡμῖν· ἀνθρωπίνῃ

---

1 ποῦ τειχίσειε z, οὗ τειχισθείη xD, οὗ τειχισθεῖεν F. φρούριον om. z. **2** ἄκρον] ἄκρων Hpr, ἄκρων διελθὼν x. **3** ὀρῶν z, in F rasura inter ρ et ε. **4** ἐδείκνυεν codd. **6** ἀλλ' ἀεὶ] ἀλλὰ y. **7** ἐπὴν zC, ἐπεὶ F, ἐπεὶ ἂν E, ἐπὰν D. **9** <τάχους> ego. ‖ ἠκηκόει] ηκησθεὶς A. **13** τε om. z. **14** τοὺς om. xy. **17** τὰ ἱερὰ ἦν z. **18** τοὺς μήδους C. **22** γένοιτο τὸ ἡμέτερον xy. **24** ἡμῶν D.

δὲ προμηθίᾳ εἰς τὸ πραχθῆναι ταῦτα οὐδὲν οὕτω μέγα σύμμαχον ἂν γένοιτο ὡς τάχος. ἢν γὰρ φθάσωμεν πρὶν τοὺς πολεμίους συλλεγῆναι ἀναβάντες, ἢ παντάπασιν ἀμαχεὶ λάβοιμεν ἂν τὸ ἄκρον ἢ ὀλίγοις τε καὶ
5 ἀσθενέσι χρησαίμεθα ἂν πολεμίοις. τῶν οὖν πόνων οὐδεὶς ῥᾴων οὐδ' ἀκινδυνότερος, ἔφη, ἐστὶ τοῦ νῦν καρτερῆσαι σπεύδοντας. ἴτε οὖν ἐπὶ τὰ ὅπλα. καὶ... Ὑμεῖς μέν, ὦ Μῆδοι, ἐν ἀριστερᾷ ἡμῶν πορεύεσθε· ὑμεῖς δέ, ὦ Ἀρμένιοι, οἱ μὲν ἡμίσεις ἐν δεξιᾷ, οἱ δ' ἡμίσεις ἔμπροσθεν ἡμῶν ἡγεῖσθε· ὑμεῖς δ', ὦ ἱππεῖς, ὄπισθεν ἕπεσθε παρακελευόμενοι καὶ ὠθοῦντες ἄνω
6 ἡμᾶς, ἢν δέ τις μαλακύνηται, μὴ ἐπιτρέπετε. ταῦτ' εἰπὼν ὁ Κῦρος ἡγεῖτο ὀρθίους ποιησάμενος τοὺς λόχους. οἱ δὲ Χαλδαῖοι ὡς ἔγνωσαν τὴν ὁρμὴν ἄνω οὖσαν, εὐθὺς ἐσήμαινόν τε τοῖς ἑαυτῶν καὶ συνεβόων ἀλλήλους καὶ συνηθροίζοντο. ὁ δὲ Κῦρος παρηγγύα, Ἄνδρες Πέρσαι, ἡμῖν σημαίνουσι σπεύδειν. ἢν γὰρ φθάσωμεν ἄνω γενόμενοι, οὐδὲν τὰ τῶν πολεμίων δυνήσεται.

7 Εἶχον δ' οἱ Χαλδαῖοι γέρρα τε καὶ παλτὰ δύο· καὶ πολεμικώτατοι δὲ λέγονται οὗτοι τῶν περὶ ἐκείνην τὴν χώραν εἶναι· καὶ μισθοῦ στρατεύονται, ὁπόταν τις αὐτῶν δέηται, διὰ τὸ πολεμικώτατοί τε καὶ πένητες εἶναι· καὶ γὰρ ἡ χώρα αὐτοῖς ὀρεινή τέ ἐστι καὶ ὀλί-
8 γη ἡ τὰ χρήματα ἔχουσα. ὡς δὲ μᾶλλον ἐπλησίαζον οἱ ἀμφὶ τὸν Κῦρον τῶν ἄκρων, ὁ Τιγράνης σὺν τῷ

---

1 προμηθίᾳ ego, προθυμίᾳ codd., προνοίᾳ Nitsche. 5 χρησαίμεθα (-θ' z) ἂν zD, χρησαίμεθα xF. 6 οὐδὲν z. ‖ ῥᾷον zE. ‖ τοῦ] τοὺς z 7 σπουδάζοντας z. ‖ lacunam post καὶ stat. Hug. 11 ὄπισθ' z. ‖ διακελευόμενοι xy. 16 ἀλλήλους Schneider, ἀλλήλοις codd. ‖ ἠθροίζοντο z. 23 πολεμικοί z.

Κύρῳ πορευόμενος εἶπεν, Ὦ Κῦρε, ἆρ' οἶσθ', ἔφη, ὅτι αὐτοὺς ἡμᾶς αὐτίκα μάλα δεήσει μάχεσθαι; ὡς οἵ γε Ἀρμένιοι οὐ μὴ δέξονται τοὺς πολεμίους. καὶ ὁ Κῦρος εἰπὼν ὅτι εἰδείη τοῦτο, εὐθὺς παρηγγύησε τοῖς Πέρσαις παρασκευάζεσθαι, ὡς αὐτίκα δεῆσον διώκειν, ἐπειδὰν ὑπαγάγωσι τοὺς πολεμίους ὑποφεύγοντες οἱ Ἀρμένιοι ὥστ' ἐγγὺς ἡμῖν γενέσθαι. οὕτω δὴ ἡγοῦντο 9
μὲν οἱ Ἀρμένιοι· τῶν δὲ Χαλδαίων οἱ παρόντες, ὡς ἐπλησίαζον οἱ Ἀρμένιοι, ταχὺ ἀλαλάξαντες ἔθεον, ὥσπερ εἰώθεσαν, ἐπ' αὐτούς· οἱ δὲ Ἀρμένιοι ὥσπερ εἰώθεσαν, οὐκ ἐδέχοντο. ὡς δὲ διώκοντες οἱ Χαλδαῖοι εἶ- 10
δον ἐναντίους μαχαιροφόρους ἱεμένους ἄνω, οἱ μέν τινες αὐτοῖς πελάσαντες ταχὺ ἀπέθνῃσκον, οἱ δ' ἔφευγον, οἱ δέ τινες καὶ ἑάλωσαν αὐτῶν, ταχὺ δὲ εἴχετο τὰ ἄκρα. ἐπεὶ δὲ τὰ ἄκρα εἶχον οἱ ἀμφὶ Κῦρον, καθεώρων τε τῶν Χαλδαίων τὰς οἰκήσεις καὶ ᾐσθάνοντο φεύγοντας αὐτοὺς ἐκ τῶν ἐγγὺς οἰκήσεων. ὁ 11
δὲ Κῦρος, ὡς πάντες οἱ στρατιῶται ὁμοῦ ἐγένοντο, ἀριστοποιεῖσθαι παρήγγειλεν. ἐπεὶ δὲ ἠριστήκεσαν, καταμαθὼν ἔνθα αἱ σκοπαὶ ἦσαν αἱ τῶν Χαλδαίων ἐρυμνόν τε ὂν καὶ ἔνυδρον, εὐθὺς ἐτείχιζε φρούριον· καὶ τὸν Τιγράνην ἐκέλευε πέμπειν ἐπὶ τὸν πατέρα καὶ κελεύειν παραγενέσθαι ἔχοντα ὁπόσοι εἶεν τέκτονές τε καὶ λιθοτόμοι. ἐπὶ μὲν δὴ τὸν Ἀρμένιον ᾤχετο ἄγγελος· ὁ δὲ Κῦρος τοῖς παροῦσιν ἐτείχιζεν.

---

3 δέξωνται AHD. **4** εὐθὺς om. y. **6** ὑπάγωσι xy. **8** τῶν χαλδαίων δ' (quod add. m. rec.) F. **9** ταχὺ om. z. **10** ἐπ' xy, εἰς z. **13** αὐτοῖς] αὐτῶν F. **14** αὐτῶν καὶ ἑάλωσαν x. ‖ εἴχετο] εἶχον xy. **15** τὸν ante κῦρον add. zD. **19** ἀριστοποιῆσαι xF. **20** σκοπιαὶ x. ‖ post. αἱ om. z. **21** εὔυδρον xF. ‖ ἐτείχιζεν εὐθὺς x. **23** ante ἔχοντα add. καὶ z. **24** λιθο- □

12 Ἐν δὲ τούτῳ προσάγουσι τῷ Κύρῳ τοὺς αἰχμα-
λώτους δεδεμένους, τοὺς δέ τινας καὶ τετρωμένους.
ὡς δὲ εἶδεν, εὐθὺς λύειν μὲν ἐκέλευσε τοὺς δεδεμέ-
νους, τοὺς δὲ τετρωμένους ἰατροὺς καλέσας θεραπεύ-
ειν ἐκέλευσεν· ἔπειτα δὲ ἔλεξε τοῖς Χαλδαίοις ὅτι
ἥκοι οὔτε ἀπολέσαι ἐπιθυμῶν ἐκείνους οὔτε πολεμεῖν
δεόμενος, ἀλλ' εἰρήνην ποιῆσαι βουλόμενος Ἀρμενίοις
καὶ Χαλδαίοις. Πρὶν μὲν οὖν ἔχεσθαι τὰ ἄκρα οἶδ'
ὅτι οὐδὲν ἐδεῖσθε εἰρήνης· τὰ μὲν γὰρ ὑμέτερα ἀσφα-
λῶς εἶχε, τὰ δὲ τῶν Ἀρμενίων ἤγετε καὶ ἐφέρετε·
13 νῦν δὲ ὁρᾶτε δὴ ἐν οἵῳ ἐστέ. ἐγὼ οὖν ἀφίημι ὑμᾶς
οἴκαδε τοὺς εἰλημμένους, καὶ δίδωμι ὑμῖν σὺν τοῖς
ἄλλοις Χαλδαίοις βουλεύσασθαι εἴτε βούλεσθε πολε-
μεῖν ἡμῖν εἴτε φίλοι εἶναι. κἂν μὲν πόλεμον αἱρῆ-
σθε, μηκέτι ἥκετε δεῦρο ἄνευ ὅπλων, εἰ σωφρονεῖτε·
ἢν δὲ εἰρήνης δοκῆτε δεῖσθαι, ἄνευ ὅπλων ἥκετε· ὡς
δὲ καλῶς ἕξει τὰ ὑμέτερα, ἢν φίλοι γένησθε, ἐμοὶ
14 μελήσει. ἀκούσαντες δὲ ταῦτα οἱ Χαλδαῖοι, πολλὰ μὲν
ἐπαινέσαντες, πολλὰ δὲ δεξιωσάμενοι τὸν Κῦρον ᾤχον-
το οἴκαδε.

Ὁ δὲ Ἀρμένιος ὡς ἤκουσε τήν τε κλῆσιν τοῦ Κύ-
ρου καὶ τὴν πρᾶξιν, λαβὼν τοὺς τέκτονας καὶ τἆλλα
ὅσων ᾤετο δεῖν, ἧκε πρὸς τὸν Κῦρον ὡς ἐδύνατο τά-

τόμοι Dind., λιθοδόμοι (in F δ et μ i. ras.) codd., λιθολόγοι Valckenaer. **2** τινας καὶ i. marg. F. **3** ὡς δὲ . . . **4** τετρωμένους om. F. || μὲν λύειν GE. || ἐκέλευε x. **6** ἀπολέσαι] ἀπελάσειν zEc. **7** βουλόμενος ποιῆσαι z. **9** οὐδὲν xy, οὐκ zDind. **12** οἴκαδε καὶ τοὺς y. **14** κἂν xy, καὶ ἢν z. || αἱρῆσθε Gf, αἱρεῖσθε AHpr, αἱρήσησθε xDprF. **16** ἄνευ ὅπλων om. y. **17** ἐμοὶ] ἐμοὶ ἔφη AH. **18** δ' οἱ χαλδαῖοι ταῦτα z. **19** τὸν κῦρον om. z. **21** τε om. x. **22** τοὺς om. F. || τἆλλα] ἄλλα z.

χιστα. ἐπεὶ δὲ εἶδε τὸν Κῦρον, ἔλεξεν, Ὦ Κῦρε, ὡς 15
ὀλίγα δυνάμενοι προορᾶν ἄνθρωποι περὶ τοῦ μέλλον-
τος πολλὰ ἐπιχειροῦμεν πράττειν. νῦν γὰρ δὴ καὶ ἐγὼ
ἐλευθερίαν μὲν μηχανᾶσθαι ἐπιχειρήσας δοῦλος ὡς οὐ-
δεπώποτε ἐγενόμην· ἐπεὶ δ' ἑάλωμεν, σαφῶς ἀπολω-
λέναι νομίσαντες νῦν ἀναφαινόμεθα σεσωμένοι ὡς
οὐδεπώποτε. οἳ γὰρ οὐδεπώποτε ἐπαύοντο πολλὰ κακὰ
ἡμᾶς ποιοῦντες, νῦν ὁρῶ τούτους ἔχοντας ὥσπερ ἐγὼ
ηὐχόμην. καὶ τοῦτο ἐπίστω, ἔφη, ὦ Κῦρε, ὅτι ἐγὼ 16
ὥστε ἀπελάσαι Χαλδαίους ἀπὸ τούτων τῶν ἄκρων πολ-
λαπλάσια ἂν ἔδωκα χρήματα ὧν σὺ νῦν ἔχεις παρ'
ἐμοῦ· καὶ ἃ ὑπισχνοῦ ποιήσειν ἀγαθὰ ἡμᾶς ὅτ' ἐλάμ-
βανες τὰ χρήματα, ἀποτετέλεσταί σοι ἤδη, ὥστε καὶ
προσοφείλοντές σοι ἄλλας χάριτας ἀναπεφήναμεν, ἃς
ἡμεῖς γε, εἰ μὴ κακοί ἐσμεν, αἰσχυνοίμεθ' ἄν σοι μὴ
ἀποδιδόντες. ὁ μὲν Ἀρμένιος ταῦτ' ἔλεξεν. 17

Οἱ δὲ Χαλδαῖοι ἧκον δεόμενοι τοῦ Κύρου εἰρήνην
σφίσι ποιῆσαι. καὶ ὁ Κῦρος ἐπήρετο αὐτούς, Ἄλλο τι,
ἔφη, ὦ Χαλδαῖοι, ἢ τούτου ἕνεκα ὑμεῖς εἰρήνης νῦν
ἐπιθυμεῖτε ὅτι νομίζετε ἀσφαλέστερον ἂν δύνασθαι
ζῆν, εἰρήνης γενομένης ἢ πολεμοῦντες, ἐπεὶ ἡμεῖς
τάδ' ἔχομεν; ἔφασαν οἱ Χαλδαῖοι. καὶ ὅς, Τί οὖν, 18
ἔφη, εἰ καὶ ἄλλα ὑμῖν ἀγαθὰ προσγένοιτο διὰ τὴν εἰ-
ρήνην; Ἔτι ἄν, ἔφασαν, μᾶλλον εὐφραινοίμεθα. Ἄλ-
λο τι οὖν, ἔφη, ἢ διὰ τὸ γῆς σπανίζειν ἀγαθῆς νῦν

2 ἄνθρωποι codd. 6 σεσωσμένοι codd. 14 post σοι add. ἤδη F. ‖ ἂν ἀπεφήναμεν z. 16 ταῦτ' xy, τοσαῦτα z. 19 ὑμεῖς om. yz. 20 ἂν om. xy. ‖ ζῆν δύνασθαι x. 21 ἐπεὶ xy, ἐπεὶ δὲ z, ἐπειδὴ Fischer. 22 τάδ' ἔχομεν; ἔφασαν z, τἄλλ' ἔχομεν ἔφασαν F, τἄλλα ἔφασαν ἔχομεν x, ταῦτ' ἐλέγομεν τἄλλα ἔχομεν ἔφασαν D. ‖ δ' οὖν xy, δ' z. 24 ἔτι] ὅτι z.

πένητες νομίζετ' εἶναι; συνέφασαν καὶ τοῦτο. Τί οὖν;
ἔφη ὁ Κῦρος, βούλοισθ' ἂν ἀποτελοῦντες ὅσαπερ οἱ
ἄλλοι Ἀρμένιοι ἐξεῖναι ὑμῖν τῆς Ἀρμενίας ἐργά-
ζεσθαι ὁπόσην ἂν βούλησθε; ἔφασαν οἱ Χαλδαῖοι, εἰ
19 πιστεύοιμεν μὴ ἀδικήσεσθαι. Τί δέ, σύ, ἔφη, ὦ Ἀρ-
μένιε, βούλοιο ἄν σοι τὴν νῦν ἀργὸν οὖσαν γῆν ἐν-
εργὸν γενέσθαι, εἰ μέλλοιεν τὰ νομιζόμενα παρὰ σοὶ
ἀποτελεῖν οἱ ἐργαζόμενοι; ἔφη ὁ Ἀρμένιος πολλοῦ ἂν
τοῦτο πρίασθαι· πολὺ γὰρ ἂν αὐξάνεσθαι τὴν πρόσ-
20 οδον. Τί δ', ὑμεῖς, ἔφη, ὦ Χαλδαῖοι, ἐπεὶ ὄρη ἀγαθὰ
ἔχετε, ἐθέλοιτ' ἂν ἐᾶν νέμειν ταῦτα τοὺς Ἀρμενίους,
εἰ ὑμῖν μέλλοιεν οἱ νέμοντες τὰ δίκαια ἀποτελεῖν;
ἔφασαν οἱ Χαλδαῖοι· πολλὰ γὰρ ἂν ὠφελεῖσθαι οὐδὲν
πονοῦντες. Σὺ δέ, ἔφη, ὦ Ἀρμένιε, ἐθέλοις ἂν ταῖς
τούτων νομαῖς χρῆσθαι, εἰ μέλλοις μικρὰ ὠφελῶν
Χαλδαίους πολὺ πλείω ὠφελήσεσθαι; Καὶ σφόδρα ἄν,
ἔφη, εἴπερ οἰοίμην ἀσφαλῶς νέμειν. Οὐκοῦν, ἔφη,
ἀσφαλῶς ἂν νέμοιτε, εἰ τὰ ἄκρα ἔχοιτε σύμμαχα; ἔφη
21 ὁ Ἀρμένιος. Ἀλλὰ μὰ Δί', ἔφασαν οἱ Χαλδαῖοι, οὐκ
ἂν ἡμεῖς ἀσφαλῶς ἐργαζοίμεθα μὴ ὅτι τὴν τούτων,
ἀλλ' οὐδ' ἂν τὴν ἡμετέραν, εἰ οὗτοι τὰ ἄκρα ἔχοιεν.
Εἰ δ' ὑμῖν αὖ, ἔφη, τὰ ἄκρα σύμμαχα εἴη; Οὕτως

---

2 ἔφη om. z. || ἢ βούλοισθ' xy. **3** ἄλλοι om. Cy (i. marg. man. rec. F). || post ἀρμενίας add. γῆς zED (F i. marg. man. rec.). **4** βούλησθε xy, θέλητε z. **5** πιστεύοιεν F. **6** σοι om. Cy (in F s. v. man. rec). || ἀργὸν Stephanus, ἀργὴν codd. || γῆν xy, χώραν z. **8** οἱ om. z. **14** πονοῦντας GHcEpr, ποιοῦντας A. **16** ὠφελήσεσθαι CprF, ὠφεληθήσεσθαι C s. v. cet. Dind. **17** εἴπερ οἰοίμην x, εἰ οἰοίμην HAF, εἰ ἡμῖν D, om. G. || ἀσφαλὲς D, om. G || νεμεῖν Herwerden et Richards, νέμειν codd. || νεμεῖν . . . **18** ἀσφαλῶς om. AH. **18** νέμοιτε ἂν F. **22** ἡμῖν x. || ἔφη om. x. || ἄκρα om. F. || εἴη xy, εἶεν z.

ἄν, ἔφασαν, ἡμῖν καλῶς ἔχοι. Ἀλλὰ μὰ Δί', ἔφη ὁ Ἀρμένιος, οὐκ ἂν ἡμῖν αὖ καλῶς ἔχοι, εἰ οὗτοι παραλήψονται πάλιν τὰ ἄκρα ἄλλως τε καὶ τετειχισμένα.
καὶ ὁ Κῦρος εἶπεν, Οὑτωσὶ τοίνυν, ἔφη, ἐγὼ ποιήσω· 22
οὐδετέροις ὑμῶν τὰ ἄκρα παραδώσω, ἀλλ' ἡμεῖς φυλάξομεν αὐτά· κἂν ἀδικῶσιν ὑμῶν ὁπότεροι, σὺν τοῖς ἀδικουμένοις ἐσόμεθα ἡμεῖς.

Ὡς δ' ἤκουσαν ταῦτα ἀμφότεροι, ἐπήνεσαν καὶ 23
ἔλεγον ὅτι οὕτως ἂν εἴη μόνως εἰρήνη βεβαία. καὶ ἐπὶ τούτοις ἔδοσαν καὶ ἔλαβον πάντες τὰ πιστά, καὶ ἐλευθέρους μὲν ἀμφοτέρους ἀπ' ἀλλήλων εἶναι συνετίθεντο, ἐπιγαμίας δ' εἶναι καὶ ἐπεργασίας καὶ ἐπινομίας, καὶ ἐπιμαχίαν δὲ κοινήν, εἴ τις ἀδικοίη ὁποτέρους. οὕτω μὲν οὖν τότε διεπράχθη· καὶ νῦν δὲ 24
ἔτι οὕτω διαμένουσιν αἱ τότε γενόμεναι συνθῆκαι Χαλδαίοις καὶ τῷ τὴν Ἀρμενίαν ἔχοντι. ἐπεὶ δὲ αἱ συνθῆκαι ἐγένοντο, εὐθὺς συνετείχιζόν τε ἀμφότεροι προθύμως ὡς κοινὸν φρούριον καὶ τὰ ἐπιτήδεια συνεισῆγον. ἐπεὶ δ' ἑσπέρα προσήει, συνδείπνους ἔλαβεν 25
ἀμφοτέρους <ὁ Κῦρος> πρὸς ἑαυτὸν ὡς φίλους ἤδη. συσκηνούντων δὲ εἶπέ τις τῶν Χαλδαίων ὅτι τοῖς μὲν ἄλ-

4 ἐγὼ ποιήσω ἔφη xy. 5 φυλάξομεν αὐτά] ταῦτα φυλάξομεν x. 6 post ὁπότεροι add. οὖν yC, in Ef est ὁποτεροιοῦν. 7 ἡμεῖς ἐσόμεθα z. 8 ἀμφότεροι ταῦτα z. 9 εἴη . . . βεβαία xy (nisi quod βεβαίων CF), μόνως ἡ εἰρήνη βεβαία γένοιτο z. 10 ἔλαβον καὶ ἔδοσαν z. || πάντες] ἀλλήλοις x. 11 ἀμφοτέρους om. F. || συνετίθεντο εἶναι F. 12 ἐπεργασίας] ἐνεργείας (sed ει man. rec. in ι mutato) F. 13 ἐπιμαχίαν F, συμμαχίαν xD, ἐπισυμμαχίαν z. || δὲ om. z Dind. || ποτέρους z. 14 post ὁποτέρους add. οὖν xy. || οὖν post μὲν om. yAH. 17 ἐγένοντο xy, γεγένηντο z. || συνετείχιζόν τε] συνετειχίζοντο F. 18 συνῆγον Ey (in F εἰς s. v.). 20 <ὁ κῦρος> ego.

11 BT Xenophon [1889]

λοις σφῶν πᾶσιν εὐκτὰ ταῦτα εἴη· εἰσὶ δέ τινες [τῶν Χαλδαίων] οἳ ληζόμενοι ζῶσι καὶ οὔτ' ἂν ἐπίσταιντο ἐργάζεσθαι οὔτ' ἂν δύναιντο, εἰθισμένοι ἀπὸ πολέμου βιοτεύειν· ἀεὶ γὰρ ἐλῄζοντο ἢ ἐμισθοφόρουν. πολλάκις μὲν παρὰ τῷ Ἰνδῶν βασιλεῖ, καὶ γάρ, ἔφασαν, πολύχρυσος ἀνήρ, πολλάκις δὲ καὶ παρ' Ἀστυάγει.
26 καὶ ὁ Κῦρος ἔφη, Τί οὖν οὐ καὶ νῦν παρ' ἐμοὶ μισθοφοροῦσιν; ἐγὼ γὰρ δώσω ὅσον τις καὶ ἄλλος πλεῖστον δήποτε ἔδωκε. συνέφασαν [οἱ], καὶ πολλούς γε ἔσεσθαι ἔλεγον τοὺς ἐθελήσοντας.

27 Καὶ ταῦτα μὲν δὴ οὕτω συνωμολογεῖτο. ὁ δὲ Κῦρος ὡς ἤκουσεν ὅτι πρὸς τὸν Ἰνδὸν πολλάκις οἱ Χαλδαῖοι ἐπορεύοντο, ἀναμνησθεὶς ὅτι ἦλθον παρ' αὐτοῦ κατασκεψόμενοι εἰς Μήδους τὰ αὐτῶν πράγματα καὶ ᾤχοντο πρὸς τοὺς πολεμίους, ὅπως αὖ καὶ τὰ ἐκείνων κατίδωσιν, ἐβούλετο μαθεῖν τὸν Ἰνδὸν τὰ αὐτῷ πε-
28 πραγμένα. ἤρξατο οὖν λόγου τοιοῦδε· Ὦ Ἀρμένιε, ἔφη, καὶ ὑμεῖς, ὦ Χαλδαῖοι, εἴπατέ μοι, εἴ τινα ἐγὼ τῶν ἐμῶν ἀποστέλλοιμι πρὸς τὸν Ἰνδόν, συμπέμψαιτ' ἄν μοι τῶν ὑμετέρων οἵτινες αὐτῷ τήν τε ὁδὸν ἡγοῖντο ἂν καὶ συμπράττοιεν ὥστε γενέσθαι ἡμῖν παρὰ τοῦ Ἰνδοῦ ἃ ἐγὼ βούλομαι; ἐγὼ γὰρ χρήματα μὲν προσγενέσθαι ἔτι ἂν βουλοίμην ἡμῖν, ὅπως ἔχω καὶ μισθὸν ἀφθόνως διδόναι οἷς ἂν δέῃ καὶ τιμᾶν

1 ταῦτ' εὐκτά z. ‖ [τῶν χαλδαίων] ego. 2 ἂν ἐπίσταιντο xy, ἐπίστανται z. 3 δύναιντο] βούλοιντο Herwerden. 4 ἢ] καὶ xy. 6 ὁ ἀνὴρ zEc, ἀνὴρ yC. ‖ ante πολλάκις add. καὶ F. 9 οἱ del. Dind. 10 ἐθελήσαντας xF. 12 πολλάκις πρὸς τὸν ἰνδὸν z. 14 κατασκεψάμενοι codd., corr. Stephanus. 15 πρὸς] εἰς x. 16 ἰνδὸν τὰ] ἰδόντα F. ‖ αὐτῷ xy, ἑαυτῷ z. 19 ante τῶν add. νῦν zE. ‖ ἀποστελλοίμην zF. 20 τε om. z. 23 ὅπως ἂν ἔχω x.

καὶ δωρεῖσθαι τῶν συστρατευομένων τοὺς ἀξίους
τούτων δὴ ἕνεκα βούλομαι ὡς ἀφθονώτατα χρήματα
ἔχειν, δεῖσθαι τούτων νομίζων. τῶν δὲ ὑμετέρων ἡδύ
μοι φείδεσθαι φίλους γὰρ ὑμᾶς ἤδη νομίζω· παρὰ δὲ
τοῦ Ἰνδοῦ ἡδέως ἂν λάβοιμι, εἰ διδοίη. ὁ οὖν ἄγγε- 29
λος, ᾧ κελεύω ὑμᾶς ἡγεμόνας δοῦναι καὶ συμπράκτο-
ρας [γενέσθαι], ἐλθὼν ἐκεῖσε ὧδε λέξει· Ἔπεμψέ με
Κῦρος, ὦ Ἰνδέ, πρὸς σέ· φησὶ δὲ προσδεῖσθαι χρη-
μάτων, προσδεχόμενος ἄλλην στρατιὰν οἴκοθεν ἐκ
Περσῶν· καὶ γὰρ προσδέχομαι, ἔφη· ἢν οὖν αὐτῷ
πέμψῃς ὁπόσα σοι προχωρεῖ, φησίν, ἢν θεὸς ἀγαθὸν
τέλος διδῷ αὐτῷ, πειράσεσθαι ποιῆσαι ὥστε σε
νομίζειν καλῶς βεβουλεῦσθαι χαρισάμενον αὐτῷ. ταῦτα 30
μὲν ὁ παρ' ἐμοῦ λέξει. τοῖς δὲ παρ' ὑμῶν ὑμεῖς αὖ
ἐπιστέλλετε ὅ,τι ὑμῖν δοκεῖ συμφέρον εἶναι. καὶ ἢν
μὲν λάβωμεν, ἔφη, παρ' αὐτοῦ, ἀφθονωτέροις χρησό-
μεθα· ἢν δὲ μὴ λάβωμεν, εἰσόμεθα ὅτι οὐδεμίαν αὐτῷ
χάριν ὀφείλομεν, ἀλλ' ἐξέσται ἡμῖν ἐκείνου ἕνεκα πρὸς
τὸ ἡμέτερον συμφέρον πάντα τίθεσθαι. ταῦτ' εἶπεν ὁ 31
Κῦρος, νομίζων τοὺς ἰόντας Ἀρμενίων καὶ Χαλδαίων
τοιαῦτα λέξειν περὶ αὐτοῦ οἷα αὐτὸς ἐπεθύμει πάντας

---

1 στρατευομένων GD. 2 δὴ] μὲν δὴ y, δὴ μὲν C. 3 post δεῖσθαι add. καὶ C, δὲ y. || νομίζω zD. || δὲ] μὲν yC. 4 φείδεσθαι y (F in marg. φαίνεται), φείδεσθαι φαίνεται x, ἀπέχεσθαι φαίνεται z. || ἤδη] εἶναι C. 7 [γενέσθαι] Hartman. 11 φασιν AH. || τέλος ἀγαθὸν x. 12 διδῷ codd., δῷ Weckherlin. || πειράσασθαι σε F, πειρᾶσθαί σε D. || ποιήσειν xy. || σε om. GD. 13 χαρισάμενος z. 14 ἡμῶν H. 15 δοκεῖ συμφέρον x, συμφέρον δοκεῖ D, δοκεῖ σύμφορον F, σύμφορον δοκοίη z. 17 αὐτῷ post εἰσόμεθα transp. z. 18 ὀφείλοιμεν z. || ἕνεκεν z (sed H cor. -κα). 19 ἡμέτερον in marg. F, ἐκείνου in textu. || σύμφορον xF. 20 ἰόντας] ἰδιώτας y (ιδ punctis notavit et ν s. v. F). 21 ἐπιθυμεῖ z.

ἀνθρώπους καὶ λέγειν καὶ ἀκούειν περὶ αὐτοῦ. καὶ τότε μὲν δή, ὁπότε καλῶς εἶχε, διαλύσαντες τὴν σκηνὴν ἀνεπαύοντο.

III Τῇ δ' ὑστεραίᾳ ὅ τε Κῦρος ἔπεμπε τὸν ἄγγελον ἐπιστείλας ὅσαπερ ἔφη καὶ ὁ Ἀρμένιος καὶ οἱ Χαλδαῖοι συνέπεμπον οὓς ἱκανωτάτους ἐνόμιζον εἶναι καὶ συμπρᾶξαι καὶ εἰπεῖν περὶ Κύρου τὰ προσήκοντα. ἐκ δὲ τούτου κατασκευάσας ὁ Κῦρος τὸ φρούριον καὶ φύλαξιν ἱκανοῖς καὶ τοῖς ἐπιτηδείοις πᾶσι καὶ ἄρχοντ' αὐτῶν καταλιπὼν Μῆδον ὃν ᾤετο Κυαξάρῃ ἂν μάλιστα χαρίσασθαι, ἀπῄει συλλαβὼν τὸ στράτευμα ὅσον τε ἦλθεν ἔχων καὶ ὃ παρ' Ἀρμενίων προσέλαβε, καὶ τοὺς παρὰ Χαλδαίων εἰς τετρακισχιλίους, οἳ ᾤοντο
2 καὶ συμπάντων τῶν ἄλλων κρείττονες εἶναι. ὡς δ' οὖν κατέβη εἰς τὴν οἰκουμένην, οὐδεὶς ἔμεινεν ἔνδον Ἀρμενίων οὔτ' ἀνὴρ οὔτε γυνή, ἀλλὰ πάντες ὑπήντων ἡδόμενοι τῇ εἰρήνῃ καὶ φέροντες καὶ ἄγοντες ὅ,τι ἕκαστος ἄξιον εἶχε. καὶ ὁ Ἀρμένιος τούτοις οὐκ ἤχθετο, οὕτως ἂν νομίζων καὶ τὸν Κῦρον μᾶλλον ἥδεσθαι τῇ ὑπὸ πάντων τιμῇ. τέλος δὲ ὑπήντησε καὶ ἡ γυνὴ τοῦ Ἀρμενίου, τὰς θυγατέρας ἔχουσα καὶ τὸν νεώτερον υἱόν, καὶ σὺν ἄλλοις δώροις τὸ χρυσίον ἐκόμιζεν ὃ
3 πρότερον οὐκ ἤθελε λαβεῖν Κῦρος. καὶ ὁ Κῦρος ἰδὼν εἶπεν, Ὑμεῖς ἐμὲ οὐ ποιήσετε μισθοῦ περιιόντα εὐερ-

---

1 καὶ ante λέγειν et καὶ ἀκούειν om. z. 6 συνέπεμψαν z Dind. 8 παρασκευάσας ὁ κῦρος zε, ὁ κῦρος ἐπιτελέσας xy, corr. Poppo. 11 κατῄει ε. || τὸ ἕτερον στράτευμα z. 14 ξυμπάντων G. || δ' οὖν xz, δὲ y. 15 καὶ οὐδεὶς ε. 20 ὑπὸ πάντων] ὑπ' αὐτῶν F. || δὲ F, δ' οὖν cet. ε. 22 καὶ τὸ χρυσίον F, τὸ χρυσίον καὶ xD. 23 λαβεῖν οὐκ ἤθελε ε. || ἰδὼν] λαβὼν zε.

γετεῖν, ἀλλὰ σύ, ὦ γύναι, ἔχουσα ταῦτα τὰ χρήματα
ἃ φέρεις ἄπιθι, καὶ τῷ μὲν Ἀρμενίῳ μηκέτι δῷς αὐτὰ
κατορύξαι, ἔκπεμψον δὲ τὸν σὸν υἱὸν ὡς κάλλιστα ἀπ'
αὐτῶν κατασκευάσασα ἐπὶ τὴν στρατιάν· ἀπὸ δὲ τῶν
λοιπῶν κτῶ καὶ σαυτῇ καὶ τῷ ἀνδρὶ καὶ ταῖς θυγα-
τράσι καὶ τοῖς υἱοῖς ὅ,τι κεκτημένοι καὶ κοσμήσεσθε
κάλλιον καὶ ἥδιον τὸν αἰῶνα διάξετε· εἰς δὲ τὴν γῆν,
ἔφη, ἀρκείτω τὰ σώματα, ὅταν ἕκαστος τελευτήσῃ,
κατακρύπτειν. ὁ μὲν ταῦτ' εἰπὼν παρήλαυνεν· ὁ δ' Ἀρ- 4
μένιος συμπρούπεμπε καὶ οἱ ἄλλοι πάντες ἄνθρωποι,
ἀνακαλοῦντες τὸν εὐεργέτην, τὸν ἄνδρα τὸν ἀγαθόν·
καὶ τοῦτ' ἐποίουν, ἕως ἐκ τῆς χώρας ἐξέπεμψαν. συναπ-
έστειλε δ' αὐτῷ ὁ Ἀρμένιος καὶ στρατιὰν πλείονα, ὡς
εἰρήνης οἴκοι οὔσης οὕτω δὴ ὁ Κῦρος ἀπήει κεχρη- 5
ματισμένος οὐχ ἃ ἔλαβε μόνον χρήματα, ἀλλὰ πολὺ
πλείονα τούτων ἑτοιμασάμενος διὰ τὸν τρόπον, ὥστε
λαμβάνειν ὁπότε δέοιτο. καὶ τότε μὲν ἐστρατοπεδεύ-
σατο ἐν τοῖς μεθορίοις. τῇ δ' ὑστεραίᾳ τὸ μὲν στρά-
τευμα καὶ τὰ χρήματα ἔπεμψε πρὸς Κυαξάρην· ὁ δὲ
πλησίον ἦν, ὥσπερ ἔφησεν· αὐτὸς δὲ σὺν Τιγράνῃ
καὶ Περσῶν τοῖς ἀρίστοις ἐθήρα ὅπουπερ ἐπιτυγχά-
νοιεν θηρίοις καὶ εὐφραίνετο.

---

1 τὰ χρήματα om. G. 2 μὲν om. D, s. v. C. 3 ἔκπεμψε Hε (ἔκπεψαι Gpr), ἔκπεμπε ADind. || σὸν om. z. || ἀπ' αὐτῶν] ἁπάντων xF. 4 στρατείαν xF. 6 post. καὶ om. D. || κοσμήσεσθε CF, κεκοσμήσεσθε D, κεκοσμημένοι zEcfε 8 ἔφη ἀρκείτω] ἐφ' ἣν ἂν κείσθω AHε (ἀρκείσθω F man. rec.). 9 παρήλασεν zEε. 10 προύπεμπε F. || ἄλλοι] λοιποὶ AHε. 12 καὶ ταῦτ' CD, ταῦτα δὲ E. || ἐξέπεμψαν xy, ἀπῆν zε, ἀπῆλθεν Herwerden, ἀπήλασεν Richards. 13 αὐτῷ καὶ zε. || ὁ Ἀρμένιος glossema, si Pantazidi credis. || καὶ om. zε. 14 δὴ codd. 16 ἡτοιμασμένος z. 17 λαβεῖν x. || ἐστρατοπεδεύσαντο xF. 19 τὰ om. z. 21 ὅπου xy.

6 Ἐπεὶ δ' ἀφίκετο εἰς Μήδους, τῶν χρημάτων ἔδωκε
τοῖς ἑαυτοῦ ταξιάρχοις ὅσα ἐδόκει ἑκάστῳ ἱκανὰ εἶναι,
ὅπως καὶ ἐκεῖνοι ἔχοιεν τιμᾶν, εἴ τινας ἄγαιντο τῶν
ὑφ' ἑαυτούς· ἐνόμιζε γάρ, εἰ ἕκαστος τὸ μέρος ἀξιέ-
παινον ποιήσειε, τὸ ὅλον αὐτῷ καλῶς ἔχειν. καὶ αὐτὸς
δὲ ὅ,τι που καλὸν ἴδοι εἰς στρατιάν, ταῦτα κτώμενος
ἐδωρεῖτο τοῖς ἀεὶ ἀξιωτάτοις, νομίζων ὅ,τι καλὸν
κἀγαθὸν ἔχοι τὸ στράτευμα, τούτοις ἅπασιν αὐτὸς
7 κεκοσμῆσθαι. ἡνίκα δὲ αὐτοῖς διεδίδου ὧν ἔλαβεν,
ἔλεξεν ὧδέ πως ⟨στὰς⟩ εἰς τὸ μέσον τῶν ταξιάρχων
καὶ λοχαγῶν καὶ πάντων ὅσους ἐτίμα. Ἄνδρες φίλοι,
δοκεῖ ἡμῖν εὐφροσύνη τις νῦν παρεῖναι, καὶ ὅτι εὐπο-
ρία τις προσγεγένηται καὶ ὅτι ἔχομεν ἀφ' ὧν τιμᾶν
ἕξομεν οὓς ἂν βουλώμεθα καὶ τιμᾶσθαι ὡς ἂν ἕκα-
8 στος ἄξιος ᾖ. πάντως δὴ ἀναμιμνησκώμεθα τὰ ποῖ'
ἄττ' ἔργα τούτων τῶν ἀγαθῶν ἐστιν αἴτια· σκοπού-
μενοι γὰρ εὑρήσετε τό τε ἀγρυπνῆσαι ὅπου ἔδει καὶ
τὸ πονῆσαι καὶ τὸ σπεῦσαι καὶ τὸ μὴ εἶξαι τοῖς πο-
λεμίοις. οὕτως οὖν χρὴ καὶ τὸ λοιπὸν ἄνδρας ἀγα-
θοὺς εἶναι, γιγνώσκοντας ὅτι τὰς μεγάλας ἡδονὰς καὶ
τἀγαθὰ τὰ μεγάλα ἡ πειθὼ καὶ ἡ καρτερία καὶ οἱ ἐν
τῷ καιρῷ πόνοι καὶ κίνδυνοι παρέχονται.

9 Κατανοῶν δὲ ὁ Κῦρος ὡς εὖ μὲν αὐτῷ εἶχον τὰ

---

2 ἑαυτοῦ xy, αὐτοῦ z. || ὅσα] ὡς CF. || εἶναι καὶ ὅπως z. 3 εἴ τινας] εἴ τινες H, οἵτινες AG. || ἄγοιντο xy. 4 ἑαυτοῖς z. 5 ποιήσειε το] ποιήσαιτο z. || ἂν ante αὐτῷ add. Jacobs. || ἕξειν Richards. 6 καλὸν ἴδοι GD, ἴδοι καλὸν AH, καλὸν ἴδοιεν (εἴδ. C) xF (sed primum ι in ras.), καλὸν ἴδοι ὂν Hug. || τοῦτο z Dind. 7 διεδωρεῖτο z. || ἀεὶ om. xy. 10 <στὰς> εἰς ego cf. IV 1, 1. 11 ὅσους] οὓς yC, om. E. 13 γεγένηται F. 15 ἄξιος ᾖ] ἀξιώσῃ AH. || δὴ] δὲ x. || ἀναμιμνησκόμεθα xAH.

σώματα οἱ στρατιῶται πρὸς τὸ δύνασθαι στρατιωτικοὺς πόνους φέρειν, εὖ δὲ τὰς ψυχὰς πρὸς τὸ καταφρονεῖν τῶν πολεμίων, ἐπιστήμονες δ' ἦσαν τὰ προσήκοντα τῇ ἑαυτῶν ἕκαστοι ὁπλίσει, καὶ πρὸς τὸ πείθεσθαι δὲ τοῖς ἄρχουσιν ἑώρα πάντας εὖ παρεσκευασμένους, ἐκ τούτων οὖν ἐπεθύμει τι ἤδη τῶν πρὸς τοὺς πολεμίους πράττειν, γιγνώσκων ὅτι ἐν τῷ μέλλειν πολλάκις τοῖς ἄρχουσι καὶ τῆς καλῆς παρασκευῆς ἀλλοιοῦταί τι. ἔτι δ' ὁρῶν ὅτι φιλοτίμως ἔχοντες, ἐν **10** οἷς ἀντηγωνίζοντο, πολλοὶ καὶ ἐπιφθόνως εἶχον πρὸς ἀλλήλους τῶν στρατιωτῶν, καὶ τούτων ἕνεκα ἐξάγειν αὐτοὺς ἐβούλετο εἰς τὴν πολεμίαν ὡς τάχιστα, εἰδὼς ὅτι οἱ κοινοὶ κίνδυνοι φιλοφρόνως ποιοῦσιν ἔχειν τοὺς συμμάχους πρὸς ἀλλήλους, καὶ οὐκέτι ἐν τούτῳ οὔτε τοῖς ἐν ὅπλοις κοσμουμένοις φθονοῦσιν οὔτε τοῖς δόξης ἐφιεμένοις, ἀλλὰ μᾶλλον καὶ ἐπαινοῦσι καὶ ἀσπάζονται οἱ τοιοῦτοι τοὺς ὁμοίους, νομίζοντες συνεργοὺς αὐτοὺς τοῦ κοινοῦ ἀγαθοῦ εἶναι. οὕτω δὴ πρῶτον **11** μὲν ἐξώπλισε τὴν στρατιὰν καὶ κατέταξεν ὡς ἐδύνατο κάλλιστά τε καὶ ἄριστα, ἔπειτα δὲ συνεκάλεσε μυριάρχους καὶ χιλιάρχους καὶ ταξιάρχους καὶ λοχαγούς. οὗτοι γὰρ ἀπολελυμένοι ἦσαν τοῦ καταλέγεσθαι ἐν τοῖς τακτικοῖς ἀριθμοῖς, καὶ ὁπότε δέοι ἢ ὑπακούειν τῷ στρατηγῷ ἢ παραγγέλλειν τι, οὐδ' ὣς οὐδὲν ἄναρχον κατελείπετο, ἀλλὰ δωδεκαδάρχοις καὶ ἑξαδάρχοις

---

2 καταφρονεῖν] φρονεῖν κατὰ z. 4 ἕκαστος xD. 6 ἤδη] ἴδοι x. 11 τούτων Breitenbach, τούτων δὲ z, τῶνδε xy 22 ἀπολειμμένοι F man. rec. (pr ἀπολελυμένοι). || ἦσαν ante ἐν transp. xy. || καταδεδέσθαι y et (qui in marg. add. λέγεσθαι) C, καταλέγεσθαι δεδέσθαι E. 24 τῶν στρατηγῶν z. 25 κατελίπετο y.

12 πάντα τὰ καταλειπόμενα διεκοσμεῖτο. ἐπεὶ δὲ συνῆλ-
θον οἱ ἐπικαίριοι, παράγων αὐτοὺς ἐπεδείκνυέ τε αὐ-
τοῖς τὰ καλῶς ἔχοντα καὶ ἐδίδασκεν ᾗ ἕκαστον ἰσχυ-
ρὸν ἦν τῶν συμμαχικῶν. ἐπεὶ δὲ κἀκείνους ἐποίησεν
ἐρωτικῶς ἔχειν τοῦ ἤδη ποιεῖν τι, εἶπεν αὐτοῖς νῦν
μὲν ἀπιέναι ἐπὶ τὰς τάξεις καὶ διδάσκειν ἕκαστον
τοὺς ἑαυτοῦ ἅπερ αὐτὸς ἐκείνους, καὶ πειρᾶσθαι
ἐπιθυμίαν ἐμβαλεῖν πᾶσι τοῦ στρατεύεσθαι, ὅπως εὐ-
θυμότατα πάντες ἐξορμῷντο, πρῴ δὲ παρεῖναι ἐπὶ τὰς
13 Κυαξάρου θύρας. τότε μὲν δὴ ἀπιόντες οὕτω πάντες
ἐποίουν. τῇ δ' ὑστεραίᾳ ἅμα τῇ ἡμέρᾳ παρῆσαν οἱ
ἐπικαίριοι ἐπὶ τὰς θύρας. σὺν τούτοις οὖν ὁ Κῦρος
εἰσελθὼν πρὸς τὸν Κυαξάρην ἤρξατο λόγου τοιοῦδε.
Οἶδα μέν, ἔφη, ὦ Κυαξάρη, ὅτι ἃ μέλλω λέγειν σοὶ
πάλαι δοκεῖ οὐδὲν ἧττον ἢ ἡμῖν· ἀλλ' ἴσως αἰσχύνῃ
λέγειν αὐτά, μὴ δοκῇς ἀχθόμενος ὅτι τρέφεις ἡμᾶς
14 ἐξόδου μεμνῆσθαι. ἐπεὶ οὖν σὺ σιωπᾷς, ἐγὼ λέξω
καὶ ὑπὲρ σοῦ καὶ ὑπὲρ ἡμῶν. ἡμῖν γὰρ δοκεῖ πᾶσιν,
ἐπείπερ παρεσκευάσμεθα, μὴ ἐπειδὰν ἐμβάλωσιν οἱ
πολέμιοι εἰς τὴν σὴν χώραν, τότε μάχεσθαι, μηδ' ἐν
τῇ φιλίᾳ καθημένους ἡμᾶς ὑπομένειν, ἀλλ' ἰέναι ὡς
15 τάχιστα εἰς τὴν πολεμίαν. νῦν μὲν γὰρ ἐν τῇ σῇ
χώρᾳ ὄντες πολλὰ τῶν σῶν σινόμεθα ἄκοντες· ἢν δ'
εἰς τὴν πολεμίαν ἴωμεν, τὰ ἐκείνων κακῶς ποιήσομεν

1 λειπόμενα x. 2 ἐπίκουροι h γρ. || ἐπεδείκνυέ τε zf, ἐπεδεικνύετο yC, ἐπεδείκνυεν E. 7 post πειρᾶσθαι add. αὐτοὺς xy. 8 ἐμβάλλειν z. 9 παρεῖναι πάντας ἐπὶ x. 10 πάντες om. xy. 12 ἐπίκουροι z. || τὰς θύρας xy, θύραις z. || οὖν om. x. 13 ἐλθὼν zE. || ἤρξατο y, ἤρχετο cet. 15 ἢ om. zE. 16 αὐτά y, ταῦτα cet 18 prius καὶ om. y. 19 ἐπείπερ] ἐπεὶ z. 23 χώρᾳ] πόλει F, utrumque del. Lincke ut glossema. 24 ποιήσωμεν F.

ἡδόμενοι. ἔπειτα νῦν μὲν σὺ ἡμᾶς τρέφεις πολλὰ 16
δαπανῶν, ἢν δ' ἐκστρατευσώμεθα, θρεψόμεθα ἐκ τῆς
πολεμίας. ἔτι δὲ εἰ μὲν μείζων τις ἡμῖν ὁ κίνδυνος 17
ἔμελλεν εἶναι ἐκεῖ ἢ ἐνθάδε, ἴσως τὸ ἀσφαλέστατον
ἦν αἱρετέον. νῦν δὲ ἴσοι μὲν ἐκεῖνοι ἔσονται, ἐάν τε
ἐνθάδε ὑπομένωμεν ἐάν τε εἰς τὴν ἐκείνων ἰόντες
ὑπαντῶμεν αὐτοῖς· ἴσοι δὲ ἡμεῖς ὄντες μαχούμεθα,
ἤν τε ἐνθάδε ἐπιόντας αὐτοὺς δεχώμεθα ἤν τε ἐπ'
ἐκείνους ἰόντες τὴν μάχην συνάπτωμεν. πολὺ μέντοι 18
ἡμεῖς βελτίοσι καὶ ἐρρωμενεστέραις ταῖς ψυχαῖς τῶν
στρατιωτῶν χρησόμεθα, ἢν ἴωμεν ἐπὶ τοὺς ἐχθροὺς
καὶ μὴ ἄκοντες δοκῶμεν ὁρᾶν τοὺς πολεμίους· πολὺ
δὲ κἀκεῖνοι μᾶλλον ἡμᾶς φοβήσονται, ὅταν ἀκούσωσιν
ὅτι οὐ φοβούμενοι πτήσσομεν αὐτοὺς οἴκοι καθήμενοι,
ἀλλ' ἐπεὶ αἰσθανόμεθα προσιόντας, ἀπαντῶμέν τε
αὐτοῖς, ἵν' ὡς τάχιστα συμμείξωμεν, καὶ οὐκ ἀναμέ-
νομεν ἕως ἂν ἡ ἡμετέρα χώρα κακῶται, ἀλλὰ φθά-
νοντες ἤδη δῃοῦμεν τὴν ἐκείνων γῆν. καίτοι, ἔφη, εἴ 19
τι ἐκείνους μὲν φοβερωτέρους ποιήσομεν, ἡμᾶς δ'
αὐτοὺς θαρραλεωτέρους, πολὺ τοῦτο ἡμῖν ἐγὼ πλεο-
νέκτημα νομίζω, καὶ τὸν κίνδυνον οὕτως ἡμῖν μὲν
ἐλάττω λογίζομαι, τοῖς δὲ πολεμίοις μείζω. πολὺ γὰρ
μᾶλλον, ⟨ὡς⟩ καὶ ὁ πατὴρ ἀεὶ λέγει καὶ σὺ φῂς καὶ

1 post ἔπειτα add. δὲ y. || μὲν δὴ σὺ C. 2 ἐκστρατευώμεθα zD. 3 μείζων τις ἡμῖν ὁ (om. D) κίνδυνος ἔμελλεν Cy, μείζων ὁ κίνδυνός τις ἡμῖν ἔμελλεν E, μείζων τις κίνδυνος ἔμελλεν ἡμῖν z. 4 ἀσφαλέστερον C. 5 ἦν ἂν αἱρετέον xy, εἶναι ῥητέον z, corr. Dind. 8 ἤντε . . . ἤντε z. || ἐπίοντες αὐτοῖς μαχώμεθα z. 10 ἡμεῖς μὲν AH. 12 ὁρᾶν δοκῶμεν z. 13 φοβηθήσονται F. 14 οὐ xy, οὐχ ὡς zf. 16 ἀναμένωμεν yEG. 19 ποιήσωμεν AGF. 20 ἑαυτοὺς F. 22 πολεμίοις δὲ F. || γὰρ] ἂν z, δὴ Sauppe. 23 post μᾶλλον add. θαρρήσομεν

οἱ ἄλλοι δὲ πάντες ὁμολογοῦσιν, [ὡς] αἱ μάχαι κρίνονται 20 μᾶλλον ταῖς ψυχαῖς ἢ ταῖς τῶν σωμάτων ῥώμαις. ὁ μὲν οὕτως εἶπε· Κυαξάρης δὲ ἀπεκρίνατο, Ἀλλ' ὅπως μέν, ὦ Κῦρε καὶ οἱ ἄλλοι Πέρσαι, ἐγὼ ἄχθομαι τρέφων ὑμᾶς μηδ' ὑπονοεῖτε· τό γε μέντοι ἰέναι εἰς τὴν πολεμίαν ἤδη καὶ ἐμοὶ δοκεῖ βέλτιον εἶναι πρὸς πάντα. Ἐπεὶ τοίνυν, ἔφη ὁ Κῦρος, ὁμογνωμονοῦμεν, συσκευαζώμεθα καὶ ἢν τὰ τῶν θεῶν ἡμῖν θᾶττον συγκαταινῇ, ἐξίωμεν ὡς τάχιστα.

21 Ἐκ τούτου τοῖς μὲν στρατιώταις εἶπον συσκευάζεσθαι· ὁ δὲ Κῦρος ἔθυε πρῶτον μὲν Διὶ βασιλεῖ, ἔπειτα δὲ καὶ τοῖς ἄλλοις θεοῖς καὶ ᾐτεῖτο ἵλεως καὶ εὐμενεῖς ὄντας ἡγεμόνας γενέσθαι τῇ στρατιᾷ καὶ παραστάτας ἀγαθοὺς καὶ συμμάχους καὶ συμβούλους τῶν 22 ἀγαθῶν. συμπαρεκάλει δὲ καὶ ἥρωας γῆς Μηδίας οἰκήτορας καὶ κηδεμόνας. ἐπεὶ δ' ἐκαλλιέρησέ τε καὶ ἀθρόον ἦν αὐτῷ τὸ στράτευμα πρὸς τοῖς ὁρίοις, τότε δὴ οἰωνοῖς χρησάμενος αἰσίοις ἐνέβαλεν εἰς τὴν πολεμίαν. ἐπεὶ δὲ τάχιστα διέβη τὰ ὅρια, ἐκεῖ αὖ καὶ Γῆν ἱλάσκετο χοαῖς καὶ θεοὺς θυσίαις καὶ ἥρωας Ἀσσυρίας οἰκήτορας εὐμενίζετο. ταῦτα δὲ ποιήσας αὖθις Διὶ πατρῴῳ ἔθυε, καὶ εἴ τις ἄλλος θεῶν ἀνεφαίνετο, οὐδενὸς ἠμέλει.

Richards, ὃ Hertlein, ὡς Hartman. || comma post φῄς delevi. 1 δὲ πάλιν πάντες x. || post ὁμολογοῦσιν interpunxi, [ὡς] Hartman. 4 ὑμᾶς τρέφων z. 7 συσκευασώμεθα x. 10 εἰπὼν xy. 11 δὲ om. xy. 12 καὶ ᾐτεῖτο xy, οὓς ἡγεῖτο z, del. Lincke cf. An. VI 1, 31. VII 6, 44. 13 post ἡγεμόνας add. ἂν Hartman. || γίνεσθαι xy. 15 γῆς] τῆς z. || μηδείας yC. 16 ἡγεμόνας x. || δὲ (δ' ἐ- H) καλλιέρησαν (-σέ x) zx. || τε om. z. 18 ἐνέβαλλεν F. 20 θυσίαις θεοὺς x. 22 ἐφαίνετο yC.

Ἐπεὶ δὲ ταῦτα καλῶς εἶχεν, εὐθὺς τοὺς μὲν πεζοὺς 23
προαγαγόντες οὐ πολλὴν ὁδὸν ἐστρατοπεδεύσαντο,
τοῖς δ' ἵπποις καταδρομὴν ποιησάμενοι περιεβάλλοντο
πολλὴν καὶ παντοίαν λείαν. καὶ τὸ λοιπὸν δὲ μετα-
στρατοπεδευόμενοι καὶ ἔχοντες ἄφθονα τὰ ἐπιτήδεια
καὶ δῃοῦντες τὴν χώραν ἀνέμενον τοὺς πολεμίους.
ἡνίκα δὲ προσιόντες ἐλέγοντο οὐκέτι δέχ' ἡμερῶν ὁδὸν 24
ἀπέχειν, τότε δὴ ὁ Κῦρος λέγει, Ὦ Κυαξάρη, ὥρα δὴ
ἀπαντᾶν καὶ μήτε τοῖς πολεμίοις δοκεῖν μήτε τοῖς
ἡμετέροις φοβουμένους μὴ ἀντιπροσιέναι, ἀλλὰ δῆλοι
ὦμεν ὅτι οὐκ ἄκοντες μαχούμεθα ἐπεὶ δὲ ταῦτα συν- 25
έδοξε τῷ Κυαξάρῃ, οὕτω δὴ συντεταγμένοι ἀεὶ προῄ-
εσαν τοσοῦτον καθ' ἡμέραν ὅσον ἐδόκει αὐτοῖς καλῶς
ἔχειν. καὶ δεῖπνον μὲν ἀεὶ κατὰ φῶς ἐποιοῦντο, πυρὰ
δὲ νύκτωρ οὐκ ἔκαιον ἐν τῷ στρατοπέδῳ· ἔμπροσθεν
μέντοι τοῦ στρατοπέδου ἔκαιον, ὅπως ὁρῷεν μὲν εἴ
τινες νυκτὸς προσίοιεν διὰ τὸ πῦρ, μὴ ὁρῷντο δ'
ὑπὸ τῶν προσιόντων. πολλάκις δὲ καὶ ὄπισθεν τοῦ
στρατοπέδου ἐπυρπόλουν ἀπάτης ἕνεκα τῶν πολεμίων.
ὥστ' ἔστιν ὅτε καὶ κατάσκοποι ἐνέπιπτον εἰς τὰς προ-
φυλακὰς αὐτῶν, διὰ τὸ ὄπισθεν τὰ πυρὰ εἶναι ἔτι
πόρρω τοῦ στρατοπέδου οἰόμενοι εἶναι.

Οἱ μὲν οὖν Ἀσσύριοι καὶ οἱ σὺν αὐτοῖς, ἐπειδὴ 26

---

1 ταῦτα (πάντα E) καλῶς εἶχεν xD, καλῶς ταῦτα εἶχεν z, ταῦτα ἐποίησαν F. ‖ τοῖς μὲν πεζοῖς CF. **2** προσαγαγόντες AH. ‖ οὐ om. yC. ‖ ἐστρατοπεδεύοντο z. **3** ποιήσαντες yC. ‖ περιεβάλοντο ESuid. **4** δὲ] δὴ AH. **7** ἰόντες xy. **9** ἀπαντᾶν] ἀπατᾶν CF (ν s. v. f), ἐξαπαντᾶν AH, ἐξαπατᾶν GcE. **10** φοβουμένοις Cy (-ους, sed υ in ras. F). **12** ἀεὶ συντεταγμένοι D, συντεταγμένοι z. ‖ προσήεσαν xy. **17** προίοιεν y. **18** ὄπιθε Fpr. **21** ἔτι] ἐπὶ z. **22** πρόσω z. **23** ἐπειδὴ xy, ἐπεὶ ἤδη z.

ἐγγὺς ἀλλήλων τὰ στρατεύματα ἐγίγνετο, τάφρον περιεβάλλοντο, ὅπερ καὶ νῦν ἔτι ποιοῦσιν οἱ βάρβαροι [βασιλεῖς], ὁπόταν στρατοπεδεύωνται, τάφρον περιβάλλονται εὐπετῶς διὰ τὴν πολυχειρίαν· ἴσασι γὰρ ὅτι ἱππικὸν στράτευμα ἐν νυκτὶ ταραχῶδές ἐστι καὶ δύσ-
27 χρηστον ἄλλως τε καὶ βάρβαρον. πεποδισμένους γὰρ ἔχουσι τοὺς ἵππους ἐπὶ ταῖς φάτναις, καὶ εἴ τις ἐπ' αὐτοὺς ἴοι, ἔργον μὲν νυκτὸς λῦσαι ἵππους, ἔργον δὲ χαλινῶσαι, ἔργον δ' ἐπισάξαι, ἔργον δὲ θωρακίσασθαι, ἀναβάντας δ' ἐφ' ἵππων ἐλάσαι διὰ τοῦ στρατοπέδου παντάπασιν ἀδύνατον. τούτων δὴ ἕνεκα πάντων καὶ οἱ ἄλλοι καὶ ἐκεῖνοι τὰ ἐρύματα περιβάλλονται, καὶ ἅμα αὐτοῖς δοκεῖ τὸ ἐν ἐχυρῷ εἶναι ἐξουσίαν παρ-
28 έχειν ὅταν βούλωνται μάχεσθαι. τοιαῦτα μὲν δὴ ποιοῦντες ἐγγὺς ἀλλήλων ἐγίγνοντο. ἐπεὶ δὲ προσιόντες ἀπεῖχον ὅσον παρασάγγην, οἱ μὲν Ἀσσύριοι οὕτως ἐστρατοπεδεύοντο ὥσπερ εἴρηται, ἐν περιτεταφρευμένῳ μὲν καταφανεῖ δέ, ὁ δὲ Κῦρος ὡς ἐδύνατο ἐν ἀφανεστάτῳ, κώμας τε καὶ γηλόφους ἐπίπροσθεν ποιησάμενος, νομίζων πάντα τὰ πολέμια ἐξαίφνης δρώμενα φοβερώτερα τοῖς ἐναντίοις εἶναι. καὶ ἐκείνην μὲν τὴν νύκτα ὥσπερ ἔπρεπε προφυλακὰς ποιησάμενοι ἑκάτεροι ἐκοιμήθησαν.

---

1 τὸ στράτευμα CD. || ἐγίγνοντο z. 2 περιεβάλοντο z. 3 [βασιλεῖς] ego. || ὁπόταν xy, ὅπου ἂν z. || στρατοπεδεύονται AGHpr. Fpr. 5 δύσοιστον z. 6 ἄλλως τε om. z. || πεποδισμένους τε γὰρ z. 9 δ' ἐπιθωρακίσασθαι xy. 10 ἀναβάντα xF. || ἵππον zf, ἱππέων F. || τοῦ om. z. || <ταραττομένου> στρατοπέδου M. C. P. Schmidt. 14 μὴ μάχεσθαι yC. 19 γεωλόφους codd. 20 πολεμικὰ yC. 22 ἔπρεπε] ἔμπροσθεν z (sed in G corr.). || φυλακὰς προποιησάμενοι z. || ἑκατέροις F.

Τῇ δ' ὑστεραίᾳ ὁ μὲν Ἀσσύριος καὶ ὁ Κροῖσος καὶ 29
οἱ ἄλλοι ἡγεμόνες ἀνέπαυον τὰ στρατεύματα ἐν τῷ
ἐχυρῷ· Κῦρος δὲ καὶ Κυαξάρης συνταξάμενοι περι-
έμενον, ὡς εἰ προσίοιεν οἱ πολέμιοι, μαχούμενοι.
ὡς δὲ δῆλον ἐγένετο ὅτι οὐκ ἐξίοιεν οἱ πολέμιοι ἐκ
τοῦ ἐρύματος οὐδὲ μάχην ποιήσοιντο ἐν ταύτῃ τῇ
ἡμέρᾳ, ὁ μὲν Κυαξάρης καλέσας τὸν Κῦρον καὶ τῶν
ἄλλων τοὺς ἐπικαιρίους ἔλεξε τοιάδε· Δοκεῖ μοι, ἔφη, 30
ὦ ἄνδρες, ὥσπερ τυγχάνομεν συντεταγμένοι οὕτως
ἰέναι πρὸς τὸ ἔρυμα τῶν ἀνδρῶν καὶ δηλοῦν ὅτι θέλο-
μεν μάχεσθαι. οὕτω γάρ, ἔφη, ἐὰν μὴ ἀντεπεξίωσιν
ἐκεῖνοι, οἱ μὲν ἡμέτεροι μᾶλλον θαρρήσαντες ἀπίασιν,
οἱ δὲ πολέμιοι τὴν τόλμαν ἰδόντες ἡμῶν μᾶλλον φο-
βήσονται. τούτῳ μὲν οὕτως ἐδόκει. ὁ δὲ Κῦρος, Μη- 31
δαμῶς, ἔφη, πρὸς τῶν θεῶν, ὦ Κυαξάρη, οὕτω ποι-
ήσωμεν. εἰ γὰρ ἤδη ἐκφανέντες πορευσόμεθα, ὡς σὺ
κελεύεις, νῦν τε προσιόντας ἡμᾶς οἱ πολέμιοι θεάσον-
ται οὐδὲν φοβούμενοι, εἰδότες ὅτι ἐν ἀσφαλεῖ εἰσι
τοῦ μηδὲν παθεῖν, ἐπειδάν τε μηδὲν ποιήσαντες
ἀπίωμεν, πάλιν καθορῶντες ἡμῶν τὸ πλῆθος πολὺ
ἐνδεέστερον τοῦ ἑαυτῶν καταφρονήσουσι, καὶ αὔριον
ἐξίασι πολὺ ἐρρωμενεστέραις ταῖς γνώμαις. νῦν δ', 32

---

1 ὁ ante κροῖσος om. y. 2 ἄλλοι (sine οἱ) F. 3 περι-έμενον om. AH. 6 ποιήσαιντο F. || ἐν om. xy. 7 τῶν ἄλλων τοὺς ἐπικαιρίους AH, τοὺς ἄλλους τοὺς ἐπικαιρίους xF, τοὺς ἄλλους τῶν ἐπικαιρίων G, πάντας τοὺς ἐπικαιρίους D 8 ἔφη om. GH. 11 ἐὰν z, ἐπειδὰν xD, ἐπεὶ ἐὰν F. || ἀντ-εξίωσιν x. 12 θαρρήσουσιν xD. || ἀπιᾶσιν G, ἐπιᾶσιν AH, ἂν ἅπασιν xy (ἄν punctis notavit et ἀπιᾶσιν corr. f). 13 οἱ πολέμιοι δὲ zD. || τόλμην AH. || φοβηθήσονται codd. 14 post μὲν add. δὴ xD. ἔφη μηδαμῶς xy. 15 ὦ κυαξάρη ante πρὸς transp. F. 16 ὡς F in ras., ἢ xD. 21 τοῦ om. F. 22 ἐξιᾶσι zc.

ἔφη, εἰδότες μὲν ὅτι πάρεσμεν, οὐχ ὁρῶντες δὲ ἡμᾶς, εὖ τοῦτο ἐπίστω, οὐ καταφρονοῦσιν, ἀλλὰ φροντίζουσι τί ποτε τοῦτ' ἔστι, καὶ διαλεγόμενοι περὶ ἡμῶν ἐγῷδ' ὅτι οὐδὲν παύονται. ὅταν δ' ἐξίωσι, τότε δεῖ αὐτοῖς ἅμα φανερούς τε ἡμᾶς γενέσθαι καὶ ἰέναι εὐθὺς ὁμόσε,
33 εἰληφότας αὐτοὺς ἔνθα πάλαι ἐβουλόμεθα. λέξαντος δ' οὕτω Κύρου συνέδοξε ταῦτα καὶ Κυαξάρῃ καὶ τοῖς ἄλλοις. καὶ τότε μὲν δειπνοποιησάμενοι καὶ φυλακὰς καταστησάμενοι καὶ πυρὰ πολλὰ πρὸς τῶν φυλακῶν
34 καύσαντες ἐκοιμήθησαν· τῇ δ' ὑστεραίᾳ πρῴ Κῦρος μὲν ἐστεφανωμένος ἔθυε, παρήγγειλε δὲ καὶ τοῖς ἄλλοις ὁμοτίμοις ἐστεφανωμένοις πρὸς τὰ ἱερὰ παρεῖναι. ἐπεὶ δὲ τέλος εἶχεν ἡ θυσία, συγκαλέσας αὐτοὺς ἔλεξεν, Ἄνδρες, οἱ μὲν θεοί, ὡς οἵ τε μάντεις φασὶ καὶ ἐμοὶ συνδοκεῖ, μάχην τ' ἔσεσθαι προαγγέλλουσι καὶ νίκην διδόασι καὶ σωτηρίαν ὑπισχνοῦνται ἐν τοῖς
35 ἱεροῖς. ἐγὼ δὲ ὑμῖν μὲν παραινῶν ὁποίους τινὰς χρὴ εἶναι ἐν τῷ τοιῷδε αἰσχυνοίμην ἄν· οἶδα γὰρ ὑμᾶς ταῦτα ἐπ' ἴσης ἐμοὶ ἐπισταμένους καὶ μεμελετηκότας καὶ ἀκούοντας διὰ τέλους ἅπερ ἐγώ, ὥστε καὶ ἄλλους ἂν εἰκότως διδάσκοιτε. τάδε δὲ εἰ μὴ τυγχάνετε

3 ἐγῷδ' H corr. (ἐγὼ δ' AHpr, ἐγὼ οἶδ' D), εὖ οἶδ' xG, ἐγὼ εὖ οἶδ' F. 4 δεῖν xyG. 7 καὶ ταῦτα xy. 9 πρὸ τῶν φυλάκων F. 15 δοκεῖ x. || τ' om. z. || παραγγέλλουσι z, προαγγέλουσι F. 16 προυπισχνοῦνται xy. 17 μὲν om. xA. || ποίους z 18 post τοιῷδε add. κἂν z. 19 ταῦτα ἐπ' ἴσης ἐμοὶ C (ἐπίσης ἐμοὶ ταῦτα E), ταῦτα ἐμοὶ y, ταῦτα z. || καὶ] τε καὶ D, καὶ ταῦτα xy. 20 καὶ] τε καὶ F. || ἀκούοντας] ἀκηκοότας καὶ ἀκούοντας xy Pantazides, ἀσκοῦντας Herwerden, ἠσκηκότας Richards. || ἅπερ y, οἷάπερ z, ὥσπερ x. || ἅπερ ἐγὼ del. Pantazides. || καὶ xF, κἂν cet. 21 εἰκότως ἂν z, εἰκότως D. || punctum post τάδε pos. y, omnino om. z. || δὲ εἰ] ἃ εἰ zf, εἰ δὲ D.

κατανενοηκότες, ἀκούσατε· οὓς γὰρ νεωστὶ συμμάχους 36
τε ἔχομεν καὶ πειρώμεθα ἡμῖν αὐτοῖς ὁμοίους ποιεῖν,
τούτους δεῖ ἡμᾶς ὑπομιμνήσκειν ἐφ' οἷς τε ἐτρεφόμεθα
ὑπὸ Κυαξάρου, ἅ τε ἠσκοῦμεν, ἐφ' ἅ τε αὐτοὺς
παρακεκλήκαμεν, ὧν τε ἄσμενοι ἀνταγωνισταὶ ἡμῖν
ἔφασαν ἔσεσθαι. καὶ τοῦτο δ' αὐτοὺς ὑπομιμνήσκετε 37
ὅτι ἥδε ἡ ἡμέρα δείξει ὧν ἕκαστός ἐστιν ἄξιος. ὧν
γὰρ ἂν ὀψιμαθεῖς ἄνθρωποι γένωνται, οὐδὲν θαυμαστὸν εἴ τινες αὐτῶν καὶ τοῦ ὑπομιμνήσκοντος δέοιντο,
ἀλλ' ἀγαπητὸν εἰ καὶ ἐξ ὑποβολῆς δύναιντο ἄνδρες
ἀγαθοὶ εἶναι. καὶ ταῦτα μέντοι πράττοντες ἅμα καὶ 38
ὑμῶν αὐτῶν πεῖραν λήψεσθε. ὁ μὲν γὰρ δυνάμενος
ἐν τῷ τοιῷδε καὶ ἄλλους βελτίους ποιεῖν εἰκότως ἂν
ἤδη καὶ ἑαυτῷ συνειδείη τελέως ἀγαθὸς ἀνὴρ ὤν, ὁ
δὲ τὴν τούτων ὑπόμνησιν αὐτὸς μόνος ἔχων καὶ
τοῦτ' ἀγαπῶν, εἰκότως ἂν ἡμιτελῆ αὐτὸν νομίζοι.
τούτου δ' ἕνεκα οὐκ ἐγώ, ἔφη, αὐτοῖς λέγω, ἀλλ' 39
ὑμᾶς κελεύω λέγειν, ἵνα καὶ ἀρέσκειν ὑμῖν πειρῶνται·
ὑμεῖς γὰρ καὶ πλησιάζετε αὐτοῖς ἕκαστος τῷ ἑαυτοῦ
μέρει. εὖ δ' ἐπίστασθε ἕως ἂν θαρροῦντας ὑμᾶς αὐτοὺς ἐπιδεικνύητε, καὶ τούτους καὶ ἄλλους πολλοὺς
οὐ λόγῳ ἀλλ' ἔργῳ θαρρεῖν διδάξετε. τέλος εἶπεν 40
ἀπιόντας ἀριστᾶν ἐστεφανωμένους καὶ σπονδὰς ποι-

---

1 γὰρ ἡμεῖς C, γὰρ ἡμῖν E. 3 τούτους δεῖ ἡμᾶς (ὑμᾶς F) xy, τούτους δὲ ἡμᾶς δεῖ z. 5 παρακεκλημένων z. || ὧν τε Schneider, ὥστε xy, τε z. 6 ἔφασαν ἡμῖν z. || τούτου CF. 7 ἥδε] ἤδη xF. || ἡ om. xFAH. || ἄξιός ἐστιν xF, ἄξιος ἕκαστός ἐστιν D. 8 ἄνθρωποι ὀψιμαθεῖς xy. 9 ὑπομνήσοντος δέονται xy. 10 δύναιντ' ἂν z. 12 λήψεσθαι AH. 14 καὶ om. z. 14 τελέως z, τέλειος D. || αὐτὸν codd. 17 ἕνεκεν D. 20 εὖ] εἰ F. || ἐπίστασθε ἔφη y. || ἕως ἂν xy, ὡς ἦν z. || post θαρροῦντας add. τούτοις z.

ησαμένους ἥκειν εἰς τὰς τάξεις αὐτοῖς στεφάνοις. ἐπεὶ δὲ οὗτοι ἀπῆλθον, αὖθις τοὺς οὐραγοὺς προσεκάλεσε, καὶ τούτοις τοιάδε ἐνετέλλετο.

41 Ἄνδρες Πέρσαι, ὑμεῖς καὶ τῶν ὁμοτίμων γεγόνατε καὶ ἐπιλελεγμένοι ἐστέ, οἳ δοκεῖτε τὰ μὲν ἄλλα τοῖς κρατίστοις ὅμοιοι εἶναι, τῇ δ' ἡλικίᾳ καὶ φρονιμώτεροι. καὶ τοίνυν χώραν ἔχετε οὐδὲν ἧττον ἔντιμον τῶν πρωτοστατῶν· ὑμεῖς γὰρ ὄπισθεν ὄντες τούς τ' ἀγαθοὺς ἂν ἐφορῶντες καὶ ἐπικελεύοντες αὐτοῖς ἔτι κρείττους ποιοῖτε, καὶ εἴ τις μαλακίζοιτο, καὶ τοῦτον 42 ὁρῶντες οὐκ ἂν ἐπιτρέποιτε αὐτῷ. συμφέρει δ' ὑμῖν, εἴπερ τῳ καὶ ἄλλῳ, τὸ νικᾶν καὶ διὰ τὴν ἡλικίαν καὶ διὰ τὸ βάρος τῆς στολῆς. ἂν δ' ἄρα ὑμᾶς καὶ οἱ ἔμπροσθεν ἀνακαλοῦντες ἕπεσθαι παρεγγυῶσιν, ὑπακούετε αὐτοῖς, καὶ ὅπως μηδ' ἐν τούτῳ αὐτῶν ἡττηθήσεσθε, ἀντιπαρακελευόμενοι αὐτοῖς θᾶττον ἡγεῖσθαι ἐπὶ τοὺς πολεμίους. καὶ ἀπιόντες, ἔφη, ἀριστήσαντες ἥκετε καὶ ὑμεῖς σὺν τοῖς ἄλλοις ἐστεφανωμένοι ἐς 43 τὰς τάξεις. οἱ μὲν δὴ ἀμφὶ Κῦρον ἐν τούτοις ἦσαν· οἱ δὲ Ἀσσύριοι καὶ δὴ ἠριστηκότες ἐξῆσάν τε θρασέως καὶ παρετάττοντο ἐρρωμένως. παρέταττε δὲ αὐτοὺς αὐτὸς ὁ βασιλεὺς ἐφ' ἅρματος παρελαύνων καὶ τοιάδε παρεκελεύετο.

---

2 δὲ οὗτοι xy, δ' z. || αὖθις] αὐτοὺς z. 3 τούτοις αὖ τοιάδε ἔλεξε xy. 5 ἀπειλεγμένοι yC. 7 ἔντιμον] ἡμῶν z. 8 πρωτοστατῶν Dind., προστατῶν codd. 10 ποιεῖτε xz || καὶ εἴ] εἴτε xy. 12 καὶ τῷ z. 13 βάθος x. || ἂν xy, ἢν z. 15 μηδ' ἐν] μηδὲ AH. 16 αὐτοῖς om. D. || ἡγεῖσθαι Stephanus, ἡγεῖσθε codd. 18 καὶ ὑμεῖς ἥκετε yz. || σὺν τοῖς ἄλλοις om. x. || ἐστεφανωμένοις ἄλλοις z. || ἐς xy, εἰς z. 20 δὴ] ἤδη z. || ἐξήεσαν F. 21 ἐρρωμένοι CF. || δ' αὐτὸς (om. αὐτοὺς) F, δὲ αὐτοὺς (om. αὐτὸς) ED. 22 ὁ om. z.

Ἄνδρες Ἀσσύριοι, νῦν δεῖ ἄνδρας ἀγαθοὺς εἶναι· 44 νῦν γὰρ περὶ ψυχῶν τῶν ὑμετέρων ὁ ἀγὼν καὶ περὶ γῆς ἐν ᾗ ἔφυτε καὶ [περὶ] οἴκων ἐν οἷς ἐτράφητε, καὶ περὶ γυναικῶν τε καὶ τέκνων καὶ περὶ πάντων ὧν πέπασθε ἀγαθῶν. νικήσαντες μὲν γὰρ ἁπάντων τούτων ὑμεῖς ὥσπερ πρόσθεν κύριοι ἔσεσθε· εἰ δ' ἡττηθήσεσθε, εὖ ἴστε ὅτι παραδώσετε ταῦτα πάντα τοῖς πολεμίοις. ἅτε οὖν νίκης ἐρῶντες μένοντες μάχεσθε. 45 μῶρον γὰρ τὸ κρατεῖν βουλομένους τὰ τυφλὰ τοῦ σώματος καὶ ἄοπλα καὶ ἄχειρα ταῦτα ἐναντία τάττειν τοῖς πολεμίοις φεύγοντας· μῶρος δὲ καὶ εἴ τις ζῆν βουλόμενος φεύγειν ἐπιχειροίη, εἰδὼς ὅτι οἱ μὲν νικῶντες σῴζονται, οἱ δὲ φεύγοντες ἀποθνήσκουσι μᾶλλον τῶν μενόντων· μῶρος δὲ καὶ εἴ τις χρημάτων ἐπιθυμῶν ἧτταν προσίεται. τίς γὰρ οὐκ οἶδεν ὅτι οἱ μὲν νικῶντες τά τε ἑαυτῶν σῴζουσι καὶ τὰ τῶν ἡττωμένων προσλαμβάνουσιν, οἱ δὲ ἡττώμενοι ἅμα ἑαυτούς τε καὶ τὰ ἑαυτῶν πάντα ἀποβάλλουσιν; ὁ μὲν δὴ Ἀσσύριος ἐν τούτοις ἦν.

Ὁ δὲ Κυαξάρης πέμπων πρὸς τὸν Κῦρον ἔλεγεν 46 ὅτι ἤδη καιρὸς εἴη ἄγειν ἐπὶ τοὺς πολεμίους· εἰ γὰρ νῦν, ἔφη, ἔτι ὀλίγοι εἰσὶν οἱ ἔξω τοῦ ἐρύματος, ἐν ᾧ ἂν προσίωμεν πολλοὶ ἔσονται· μὴ οὖν ἀναμένωμεν

2 prius περὶ xym(= Ambros. B 119), ὑπὲρ cet. || ἡμετέρων F. | ὁ ἀγὼν y, ἀγὼν zEmc, om. C || post. περὶ xym, ὑπὲρ cet 3 περὶ del. Dind. || ἐγράφητε AH. || περὶ xym, ὑπὲρ cet 4 τε z, δὲ xym. || περὶ τέκνων z. 5 πέπασθε] κέκτησθε xym. 6 ὑμεῖς om. x. || ἡττήσεσθε F. 8 ἅτε Castalio, οἵ τε xzmF, εἴτε D. 9 μωρὸν (ut μωρὸς 11 et 14) mF. || βουλευομένους z. 12 ἐπιχειροῖ ym, ἐπιχειρεῖ x. 16 ante ἡττωμένων add. πολεμίων AH, πολεμίων καὶ G. || ἡττημένων Fpr. 22 οἱ om. F. 23 ἀναμένωμεν yC, ἀναμείνωμεν cet.

ἕως ἂν πλείους ἡμῶν γένωνται. ἀλλ' ἴωμεν ἕως ἔτι
47 οἰόμεθα εὐπετῶς αὐτῶν κρατῆσαι ἄν. ὁ δ' αὖ Κῦρος
ἀπεκρίνατο, Ὦ Κυαξάρη, εἰ μὴ ὑπὲρ ἥμισυ αὐτῶν
ἔσονται οἱ ἡττηθέντες, εὖ ἴσθι ὅτι ἡμᾶς μὲν ἐροῦσι
φοβουμένους τὸ πλῆθος τοῖς ὀλίγοις ἐπιχειρῆσαι, αὐ-
τοὶ δὲ οὐ νομιοῦσιν ἡττῆσθαι, ἀλλ' ἄλλης σοι μάχης
δεήσει, ἐν ᾗ ἄμεινον ἂν ἴσως βουλεύσαιντο ἢ νῦν
βεβούλευνται, παραδόντες ἑαυτοὺς ἡμῖν ταμιεύεσθαι
48 [ὥσθ'] ὁπόσοις ἂν βουλώμεθα αὐτῶν μάχεσθαι. οἱ
μὲν δὴ ἄγγελοι ταῦτ' ἀκούσαντες ᾤχοντο.

Ἐν τούτῳ δ' ἦλθε Χρυσάντας ὁ Πέρσης καὶ ἄλλοι
τινὲς τῶν ὁμοτίμων αὐτομόλους ἄγοντες. καὶ ὁ Κῦ-
ρος ὥσπερ εἰκὸς ἠρώτα τοὺς αὐτομόλους τὰ ἐκ τῶν
πολεμίων. οἱ δ' ἔλεγον ὅτι ἐξίοιέν τε ἤδη σὺν τοῖς
ὅπλοις καὶ παρατάττοι αὐτοὺς ὁ βασιλεὺς ἔξω ὢν καὶ
παρακελεύοιτο μὲν δὴ τοῖς ἀεὶ ἔξω οὖσι πολλά τε
49 καὶ ἰσχυρά, ὡς ἔφασαν λέγειν τοὺς ἀκούοντας. ἔνθα
δὴ ὁ Χρυσάντας εἶπε, Τί δ', ἔφη, ὦ Κῦρε, εἰ καὶ σὺ
συγκαλέσας ἕως ἔτι ἔξεστι παρακελεύσαιο, εἰ ἄρα τι
καὶ σὺ ἀμείνους ποιήσαις τοὺς στρατιώτας; καὶ ὁ
50 Κῦρος εἶπεν, Ὦ Χρυσάντα, μηδέν σε λυπούντων αἱ
τοῦ Ἀσσυρίου παρακελεύσεις· οὐδεμία γὰρ οὕτως ἐστὶ
καλὴ παραίνεσις ἥτις τοὺς μὴ ὄντας ἀγαθοὺς αὐθ-

1 ἕως ἂν ἔτι οἰώμεθα z (sed in H ἂν i. marg. et ω puncto notatum). 2 ἂν post κρατῆσαι transp. yC, om. E. 6 νομίζουσιν CFpr, νομίσουσιν D. ‖ ἀλλ' ἄλλης z, ἄλλης οὖν xy. 7 ᾗ] ἢ zE. ‖ ἂν ἄμεινον xy. 8 βεβούλευται AH. 9 [ὥσθ'] ego cf. An. II 5, 18. 11 δ' ἦλθε xy, δὲ ἧκε z. ‖ χρυσάντας τε z. 15 παρατάττει x. ‖ post αὐτοὺς add. αὐτὸς zE. 16 δὴ] ἤδη z. 18 ἐνταῦθα εἶπεν ὁ χρυσάντας y. 19 ἕως y, ὡς zEc, om. C. ‖ παρακελεῦσαι CD, παρακέλευσαι Fpr. 20 ποιῆσαι zf. 21 μηδέ y. 22 οὕτως ἐστὶ CF, οὕτως ἔσται D,

ημερὸν ἀκούσαντας ἀγαθοὺς ποιήσει· οὐκ ἂν οὖν
τοξότας γε, εἰ μὴ ἔμπροσθεν τοῦτο μεμελετηκότες
εἶεν, οὐδὲ μὴν ἀκοντιστάς, οὐδὲ μὴν ἱππέας, ἀλλ' οὐδὲ
μὴν τά γε σώματα ἱκανοὺς πονεῖν, ἢν μὴ πρόσθεν
ἠσκηκότες ὦσι. καὶ ὁ Χρυσάντας εἶπεν, Ἀλλ' ἀρκεῖ 51
τοι, ὦ Κῦρε, εἰ τὰς ψυχὰς αὐτῶν παρακελευσάμενος
ἀμείνονας ποιήσεις. Ἦ καὶ δύναιτ' ἄν, ἔφη ὁ Κῦρος,
εἷς λόγος ῥηθεὶς αὐθημερὸν αἰδοῦς μὲν ἐμπλῆσαι τὰς
ψυχὰς τῶν ἀκουόντων, ἢ ἀπὸ τῶν αἰσχρῶν κωλῦσαι,
προτρέψαι δὲ ὡς χρὴ ἐπαίνου μὲν ἕνεκα πάντα μὲν
πόνον, πάντα δὲ κίνδυνον ὑποδύεσθαι, λαβεῖν δ' ἐν
ταῖς γνώμαις βεβαίως τοῦτο ὡς αἱρετώτερόν ἐστι
μαχομένους ἀποθνήσκειν μᾶλλον ἢ φεύγοντας σωθῆ-
ναι; ἆρ' οὐκ, ἔφη, εἰ μέλλουσι τοιαῦται διάνοιαι 52
ἐγγραφήσεσθαι ἀνθρώποις καὶ ἔμμονοι ἔσεσθαι, πρῶ-
τον μὲν νόμους ὑπάρξαι δεῖ τοιούτους δι' ὧν τοῖς
μὲν ἀγαθοῖς ἔντιμος καὶ ἐλευθέριος ὁ βίος παρα-
σκευασθήσεται, τοῖς δὲ κακοῖς ταπεινός τε καὶ
ἀλγεινὸς καὶ ἀβίωτος ὁ αἰὼν ἐπανακείσεται; ἔπειτα 53
διδασκάλους οἶμαι δεῖ καὶ ἄρχοντας ἐπὶ τούτοις γενέ-
σθαι οἵτινες δείξουσί τε ὀρθῶς καὶ διδάξουσι καὶ

ἐστιν οὕτως H, ἐστιν (om. οὕτω) E. **3** prius οὐδὲ μὴν] οὐδ' xy. || ἀλλ' om. xy. **4** πονεῖν] ποιεῖν DEc. || ἢν] εἰ CE. **5** ἀρκέσει Richards. || ἀρκεῖ τοι] ἀρκεῖτο AHpr. **6** εἰ x, ἐὰν y, ἢν z. || παρακελευσάμενος ἀμείνονας (-ους D) yE, παρασκευασάμενος ἀμείνονας C. **7** ποιήσεις xF. **9** ἀκουσάντων zD Dind. || κωλύειν z. **10** ἐπαίνου μὲν xy, ἐπαίνων z. || ἕνεκα πάντα] εἰς ἅπαντα F. **13** μαχουμένους F. || σωθῆναι yC, σώζεσθαι zE. **14** οὐκ] οὖν x. **15** ἐντραφήσεσθαι Fpr. **16** μὲν om. CF. || δεῖ om. y (i. marg. F). || τοιούτους δεῖ x. **19** ἔπειτα δὲ zE. **20** δεῖ] δὲ yC, δέον E. || γίνεσθαι C. **21** οἵτινες] τίνες z. || τε ὀρθῶς καὶ διδάξουσι om. z.

ἐθιοῦσι ταῦτα δρᾶν, ἕως ἂν ἐγγένηται αὐτοῖς τοὺς μὲν ἀγαθοὺς καὶ εὐκλεεῖς εὐδαιμονεστάτους τῷ ὄντι νομίζειν, τοὺς δὲ κακοὺς καὶ δυσκλεεῖς ἀθλιωτάτους ἁπάντων ἡγεῖσθαι. οὕτω γὰρ δεῖ διατεθῆναι τοὺς μέλλοντας τοῦ ἀπὸ τῶν πολεμίων φόβου τὴν μάθησιν
54 κρείττονα παρέξεσθαι. εἰ δέ τοι ἰόντων εἰς μάχην σὺν ὅπλοις, ἐν ᾧ πολλοὶ καὶ τῶν παλαιῶν μαθημάτων ἐξίστανται, ἐν τούτῳ δυνήσεταί τις ἀπορραψῳδήσας παραχρῆμα ἄνδρας πολεμικοὺς ποιῆσαι, πάντων ἂν ῥᾷστον εἴη καὶ μαθεῖν καὶ διδάξαι τὴν μεγίστην τῶν
55 ἐν ἀνθρώποις ἀρετήν. ἐπεὶ ἔγωγ', ἔφη, οὐδ' ἂν τούτοις ἐπίστευον ἐμμόνοις ἔσεσθαι οὓς νῦν ἔχοντες παρ' ἡμῖν αὐτοῖς ἠσκοῦμεν, εἰ μὴ καὶ ὑμᾶς ἑώρων παρόντας, οἳ καὶ παράδειγμα αὐτοῖς ἔσεσθε οἵους χρὴ εἶναι καὶ ὑποβάλλειν δυνήσεσθε, ἄν τι ἐπιλανθάνωνται. τοὺς δ' ἀπαιδεύτους παντάπασιν ἀρετῆς θαυμάζοιμ' ἄν, ἔφη, ὦ Χρυσάντα, εἴ τι πλέον ἂν ὠφελήσειε λόγος καλῶς ῥηθεὶς εἰς ἀνδραγαθίαν ἢ τοὺς ἀπαιδεύτους μουσικῆς ᾆσμα καλῶς ᾀσθὲν εἰς μουσικήν.

56 Οἱ μὲν ταῦτα διελέγοντο. ὁ δὲ Κυαξάρης πάλιν πέμπων ἔλεγεν ὅτι ἐξαμαρτάνοι διατρίβων καὶ οὐκ ἄγων ὡς τάχιστα εἰς τοὺς πολεμίους. καὶ ὁ Κῦρος ἀπεκρίνατο δὴ τότε τοῖς ἀγγέλοις, Ἀλλ' εὖ μὲν ἴστω,

---

1 ἐθίσουσι xy. || ἕως xy, ἔστ' z. || ἐγγίνηται F. **4** πάντων y. || δεῖ om. y. **5** μάθησιν] μάχην zEc. **6** τοι] τι xFpr. **10** ῥᾷστον xy, ἄριστον z. || καὶ ante μαθεῖν om. G. **11** ἐπεὶ ἔγωγ' z, ἐπεὶ δ' ἔγωγ' y, ἐπειδὴ x. || οὐδ'] οὐκ z. **12** ἐμμόνοις] ἐν μόνος Fpr. **13** καὶ om. F. **14** παραδείγματα G, om. C. **15** ὑποβάλλειν xy, ὑποβαλεῖν z. || ἄν xy, ἢν z. **17** ἔφη om. x. || χρύσαντες Fpr (α super ες posito). **19** ᾆσμα μάλα καλῶς zEc. **20** τοιαῦτα y. **21** ἐξαμαρτάνει x. **22** εἰς x, ὡς G, ἐπὶ yAH.

ἔφη, ὅτι οὔπω εἰσὶν ἔξω ὅσους δεῖ· καὶ ταῦτα ἀπαγ-
γέλλετε αὐτῷ ἐν ἅπασιν· ὅμως δέ, ἐπεὶ ἐκείνῳ δοκεῖ,
ἄξω ἤδη. ταῦτ' εἰπὼν καὶ προσευξάμενος τοῖς θεοῖς 57
ἐξῆγε τὸ στράτευμα. ὡς δ' ἤρξατο ἄγειν, αὐτί<κα>
θᾶττον ἡγεῖτο, οἱ δ' εἵποντο εὐτάκτως μὲν διὰ τὸ
ἐπίστασθαί τε καὶ μεμελετηκέναι ἐν τάξει πορεύεσθαι,
ἐρρωμένως δὲ διὰ τὸ φιλονίκως ἔχειν πρὸς ἀλλήλους
καὶ διὰ τὸ τὰ σώματα ἐκπεπονῆσθαι καὶ διὰ τὸ πάν-
τας ἄρχοντας τοὺς πρωτοστάτας εἶναι, ἡδέως δὲ διὰ
τὸ φρονίμως ἔχειν· ἠπίσταντο γὰρ καὶ ἐκ πολλοῦ
οὕτως ἐμεμαθήκεσαν ἀσφαλέστατον εἶναι καὶ ῥᾷστον
τὸ ὁμόσε ἰέναι τοῖς πολεμίοις, ἄλλως τε καὶ τοξόταις
καὶ ἀκοντισταῖς καὶ ἱππεῦσιν. ἕως δ' ἔτι ἔξω βελῶν 58
ἦσαν, παρηγγύα ὁ Κῦρος σύνθημα Ζεὺς σύμμαχος καὶ
ἡγεμών. ἐπεὶ δὲ πάλιν ἧκε τὸ σύνθημα ἀνταποδιδό-
μενον, ἐξῆρχεν αὐτὸς ὁ Κῦρος παιᾶνα τὸν νομιζόμενον·
οἱ δὲ θεοσεβῶς πάντες συνεπήχησαν μεγάλῃ τῇ φωνῇ·
ἐν τῷ τοιούτῳ γὰρ δὴ οἱ δεισιδαίμονες ἧττον τοὺς
ἀνθρώπους φοβοῦνται. ἐπεὶ δ' ὁ παιὰν ἐγένετο, ἅμα 59
πορευόμενοι οἱ ὁμότιμοι φαιδροὶ <ἅ>τε πεπαιδευμένοι
καὶ παρορῶντες εἰς ἀλλήλους, ὀνομάζοντες παραστάτας,
ἐπιστάτας, λέγοντες πολὺ τὸ Ἄγετ', ἄνδρες φίλοι, Ἄγετ',
ἄνδρες ἀγαθοί, παρεκάλουν ἀλλήλους ἕπεσθαι. οἱ δ'
ὄπισθεν αὐτῶν ἀκούσαντες ἀντιπαρεκελεύοντο τοῖς

---

1 ἔδει yc. || ἀπάγγελε Fpr. **3** εὐξάμενος Fpr (πρὸς add. man. rec.). || post θεοῖς add. αὐτοῦ xF. **4** αὐτί<κα> ego, ἔτι xy, ἐπεὶ z, ἤδη Hug. **6** τε om. z. **11** ῥᾷον x. **14** ξύνθημα G. **15** ἐπεὶ δὲ] ἐπεὶ δὴ AH, ἐπειδὴ G. **16** αὐτὸς ὁ κῦρος Hug, αὖ διοσκό(-ού y)ροις Cy, αὖ ὁ κῦρος zcf, ὁ· κῦρος ἅμα διοσκόροις E. **18** ἧττον] εἰσὶ zEc. **20** <ἅ>τε ego, τε z. || πεπαιδευμένοι del. Hug, sed cf. § 70. **21** περιορῶντες xF. **22** τὸ om. z.

πρώτοις ἡγεῖσθαι ἐρρωμένως. ἦν δὲ μεστὸν τὸ στράτευμα τῷ Κύρῳ προθυμίας, ῥώμης, θάρρους, παρακελευσμοῦ, σωφροσύνης, πειθοῦς, ὅπερ οἶμαι δεινότα-
60 τον τοῖς ὑπεναντίοις. τῶν δ' Ἀσσυρίων οἱ μὲν ἀπὸ τῶν ἁρμάτων προμαχοῦντες, ὡς ἐγγὺς ἤδη προσεμίγνυ τὸ Περσικὸν πλῆθος, ἀνέβαινον ἐπὶ τὰ ἅρματα καὶ ὑπεξῆγον πρὸς τὸ ἑαυτῶν πλῆθος· οἱ δὲ τοξόται καὶ ἀκοντισταὶ καὶ σφενδονῆται αὐτῶν ἀφίεσαν τὰ
61 βέλη πολὺ πρὶν ἐξικνεῖσθαι. ὡς δ' ἐπιόντες οἱ Πέρσαι ἐπέβησαν τῶν ἀφειμένων βελῶν, ἐφθέγξατο δὴ ὁ Κῦρος, Ἄνδρες ἄριστοι, ἤδη θᾶττόν τις ἰὼν ἐπιδεικνύτω ἑαυτὸν καὶ παρεγγυάτω. οἱ μὲν δὴ παρεδίδοσαν· ὑπὸ δὲ προθυμίας καὶ μένους καὶ τοῦ σπεύδειν συμμεῖξαι δρόμου τινὲς ἦρξαν, συνεφείπετο δὲ καὶ
62 πᾶσα ἡ φάλαγξ δρόμῳ. καὶ αὐτὸς δὲ ὁ Κῦρος ἐπιλαθόμενος τοῦ βάδην δρόμῳ ἡγεῖτο, καὶ ἅμα ἐφθέγγετο Τίς ἕψεται; Τίς ἀγαθός; Τίς πρῶτος ἄνδρα καταβαλεῖ; οἱ δὲ ἀκούσαντες τὸ αὐτὸ τοῦτο ἐφθέγγοντο, καὶ διὰ πάντων δὲ ὥσπερ παρηγγύα οὕτως ἐχώρει Τίς
63 ἕψεται; Τίς ἀγαθός; οἱ μὲν δὴ Πέρσαι οὕτως ἔχοντες ὁμόσε ἐφέροντο. οἵ γε μὲν πολέμιοι οὐκέτι ἐδύναντο μένειν, ἀλλὰ στραφέντες ἔφευγον εἰς τὸ ἔρυμα.

2 ante ῥώμης add. φιλοτιμίας z. ‖ θάρσους F (in quo rasura inter ρ et σ). 4 ὑπεναντίοις] ἐναντίοις F, πολεμίοις x. 5 προσεμίγνυε yCe, προσεμίγνυον zE. 6 τε post ἀνέβαινον add. z. 7 ὑπεξῆγον z, ἀνεχώρουν xy. 10 ἀπέβησαν z. ‖ ἐφιεμένων FE, ἀφιεμένων CD. ‖ δὴ] ἤδη z. 11 ἤδη om. y. ‖ ἐπιδεικνυέτω xy. 12 δὴ om. yC. 13 post παρεδίδοσαν add. τούτω x, τοῦτο y. 14 τινὸς y. ‖ ἦρξαν CFd, ἤρξαντο zcfE. ‖ συνέπετο z. 16 ἐφθέγγοντο z. 17 ἕψεται xy, ἐφέπεται z. ‖ ἄνδρα πρῶτος zDind., πρῶτος (-ον C) ἄνδρα xy. 18 ταὐτὸ z. 19 δὲ] δὴ z. 22 τὰ ἐρύματα z.

οἱ δ' αὖ Πέρσαι κατὰ τὰς εἰσόδους ἐφεπόμενοι 64
ὠθουμένων αὐτῶν πολλοὺς κατεστρώννυσαν, τοὺς δ'
εἰς τὰς τάφρους ἐμπίπτοντας ἐπεισπηδῶντες ἐφόνευον
ἄνδρας ὁμοῦ καὶ ἵππους· ἔνια γὰρ τῶν ἁρμάτων εἰς
τὰς τάφρους ἠναγκάσθη φεύγοντα ἐμπεσεῖν. καὶ οἱ 65
τῶν Μήδων δ' ἱππεῖς ὁρῶντες ταῦτα ἤλαυνον εἰς τοὺς
ἱππεῖς τοὺς τῶν πολεμίων· οἱ δ' ἐνέκλιναν καὶ αὐ-
τοί. ἔνθα δὴ καὶ ἵππων διωγμὸς ἦν καὶ ἀνδρῶν καὶ
φόνος δὲ ἀμφοτέρων. οἱ δ' ἐντὸς τοῦ ἐρύματος τῶν 66
Ἀσσυρίων ἑστηκότες ἐπὶ τῆς κεφαλῆς τῆς τάφρου το-
ξεύειν μὲν καὶ ἀκοντίζειν εἰς τοὺς κατακαίνοντας οὔτε
ἐφρόνουν οὔτε ἐδύναντο διὰ τὰ δεινὰ ὁράματα καὶ
διὰ τὸν φόβον. τάχα δὲ καὶ καταμαθόντες τῶν Περ-
σῶν τινας διακεκοφότας πρὸς τὰς εἰσόδους τοῦ ἐρύ-
ματος ἐτράποντο καὶ ἀπὸ τῶν κεφαλῶν τῶν ἔνδον.
ἰδοῦσαι δ' αἱ γυναῖκες τῶν Ἀσσυρίων καὶ τῶν συμ- 67
μάχων φυγὴν ἤδη καὶ ἐν τῷ στρατοπέδῳ ἀνέκραγον
καὶ ἔθεον ἐκπεπληγμέναι, αἱ μὲν καὶ τέκνα ἔχουσαι,
αἱ δὲ καὶ νεώτεραι, καταρρηγνύμεναί τε πέπλους καὶ
δρυπτόμεναι, καὶ ἱκετεύουσαι πάντας ὅτῳ ἐντυγχά-
νοιεν μὴ φεύγειν καταλιπόντας αὐτάς, ἀλλ' ἀμῦναι
καὶ τέκνοις καὶ ἑαυταῖς καὶ σφίσιν αὐτοῖς. ἔνθα δὴ 68

---

1 post κατὰ add. τε z. || ἑπόμενοι xy. 2 κατεστρώννυσαν z, ἀπέκτεινον xy. 4 εἰς] ἐς F. 5 συνεισπεσεῖν xy. 6 δ'] καὶ F. 7 ἱππεῖς xF, ἵππους D. || τοὺς om. D. || ἐνέκλινον z. || αὐτοί Sauppe, τούτους xy, τούτοις z, οὗτοι Pantazides cf. An. II 6, 30. IV 2, 27. 9 δὲ Pantazides, ἐξ codd. Zon. 11 καὶ xy, ἢ z. || ἀποκτείνοντας xy. 12 διά τε τὰ xy. 14 διὰ τὰς κεκοφότας z. 15 τῶν ἔνδον] ἔφευγον xy. 17 ἤδη φυγὴν zE. || τῷ om. x. 19 prius καὶ om. x. || περιρρηγνύμεναι Zonaras || τε] τοὺς D Zon. 20 ἱκετεύουσι z Dind. 22 τέκνοις καὶ ἑαυταῖς xy, αὐταῖς καὶ τέκνοις z.

καὶ αὐτοὶ οἱ βασιλεῖς σὺν τοῖς πιστοτάτοις στάντες
ἐπὶ τὰς εἰσόδους καὶ ἀναβάντες ἐπὶ τὰς κεφαλὰς καὶ
69 αὐτοὶ ἐμάχοντο καὶ τοῖς ἄλλοις παρεκελεύοντο. ὡς δ'
ἔγνω ὁ Κῦρος τὸ γιγνόμενον, δείσας μὴ εἰ καὶ βιάσαιντο εἴσω, ὀλίγοι ὄντες ὑπὸ πολλῶν σφαλεῖέν τι,
παρηγγύησεν ἐπὶ πόδα ἀνάγειν ἔξω βελῶν [καὶ πείθε-
70 σθαι]. ἔνθα δὴ ἔγνω τις ἂν τοὺς ὁμοτίμους πεπαιδευμένους ὡς δεῖ· ταχὺ μὲν γὰρ αὐτοὶ ἐπείθοντο, ταχὺ δὲ τοῖς ἄλλοις παρήγγελλον. ὡς δ' ἔξω βελῶν ἐγένοντο, ἔστησαν κατὰ χώραν, πολὺ μᾶλλον χοροῦ ἀκριβῶς εἰδότες ὅπου ἔδει ἕκαστον γενέσθαι.

4 τὰ γιγνόμενα zE. ‖ εἰ καὶ xy, καὶ εἰ z. 6 ὑπὸ πόδα x. ‖ καὶ πείθεσθαι codd., καὶ τάττεσθαι Pantazides, del. Woerner. 7 καὶ πεπαιδευμένους yC. 11 ὅπου ἔδει xy, ὅτι οὐδεὶς z. ‖ post ἕκαστον add. αὐτῶν z.

Δ

Μείνας δὲ ὁ Κῦρος μέτριον χρόνον αὐτοῦ σὺν τῷ 1
στρατεύματι καὶ δηλώσας ὅτι ἕτοιμοί εἰσι μάχεσθαι
εἴ τις ἐξέρχεται, ὡς οὐδεὶς ἀντεξῄει, ἀπήγαγεν ὅσον
ἐδόκει καλῶς ἔχειν καὶ ἐστρατοπεδεύσατο. φυλακὰς
δὲ καταστησάμενος καὶ σκοποὺς προπέμψας, στὰς εἰς
τὸ μέσον συνεκάλεσε τοὺς ἑαυτοῦ στρατιώτας καὶ
ἔλεξε τοιάδε. Ἄνδρες Πέρσαι, πρῶτον μὲν τοὺς θεοὺς 2
ἐγὼ ἐπαινῶ ὅσον δύναμαι, καὶ ὑμεῖς δὲ πάντες,
οἶμαι· νίκης τε γὰρ τετυχήκαμεν καὶ σωτηρίας. τού-
των μὲν οὖν χρὴ χαριστήρια ὧν ἂν ἔχωμεν τοῖς θεοῖς
ἀποτελεῖν. ἐγὼ δὲ σύμπαντας μὲν ὑμᾶς ἤδη ἐπαινῶ·
τὸ γὰρ γεγενημένον ἔργον σύμπασιν ὑμῖν καλῶς
ἀποτετέλεσται· ὧν δ' ἕκαστος ἄξιος, ἐπειδὰν παρ' ὧν
προσήκει πύθωμαι, τότε τὴν ἀξίαν ἑκάστῳ καὶ λόγῳ
καὶ ἔργῳ πειράσομαι ἀποδιδόναι. τὸν δ' ἐμοῦ ἐγγυ- 3
τάτω ταξίαρχον Χρυσάνταν οὐδὲν ἄλλων δέομαι πυν-
θάνεσθαι, ἀλλ' αὐτὸς οἶδα οἷος ἦν· τὰ μὲν γὰρ ἄλλα
ὅσαπερ οἶμαι καὶ ὑμεῖς πάντες ἐποίει· ἐπεὶ δ' ἐγὼ

3 ἐξέρχοιτο zf. || post ὡς add. δὲ D, δὴ F. || ἐξῄει xy (ἐξ-ειη f). 4 κατεστρατοπεδεύσατο y. || φυλακὰς Dindorfii H = Med. 55, 19, φύλακας cet. 8 ἐγώ τε y. || δὲ om. D. 10 post ἂν add. ἀεὶ zcE. 11 ξύμπαντας G. || ὑμᾶς μὲν x. 12 πᾶσιν z Dind. || καλῶς x, καλὸν yz. 13 παρ' ὧν in marg. man. rec. F. 14 ἔργῳ καὶ λόγῳ z. 15 ἐγγύτατα z. 16 ante ἄλλων add. παρ' xyGpr. 18 ὅσαπερ] ὅπερ y (ὅσαπερ f). || ὑμεῖς πάντες xy, πάντες ὑμεῖς z. || ἐποίει xF, ἐποιεῖτε cet.

παρηγγύησα ἐπανάγειν καλέσας ὀνομαστὶ αὐτόν, ἀνατεταμένος οὗτος τὴν μάχαιραν, ὡς παίσων πολέμιον, ὑπήκουσέ τε ἐμοὶ εὐθὺς καὶ ἀφεὶς ὃ ἔμελλε ποιεῖν τὸ κελευόμενον ἔπραττεν· αὐτός τε γὰρ ἐπανῆγε καὶ τοῖς ἄλλοις μάλα ἐπισπερχῶς παρηγγύα· ὥστ' ἔφθασεν ἔξω βελῶν τὴν τάξιν ποιήσας πρὶν τοὺς πολεμίους κατανοῆσαι ὅτι ἀνεχωροῦμεν καὶ τόξα ἐντείνασθαι καὶ τὰ παλτὰ ἐπαφεῖναι· ὥστε αὐτός τε ἀβλαβὴς καὶ τοὺς ἑαυτοῦ ἄνδρας ἀβλαβεῖς διὰ τὸ πείθεσθαι παρέχεται.

4 ἄλλους δ', ἔφη, ὁρῶ τετρωμένους, περὶ ὧν ἐγὼ σκεψάμενος ἐν ὁποίῳ χρόνῳ ἐτρώθησαν, τότε τὴν γνώμην περὶ αὐτῶν ἀποφανοῦμαι Χρυσάνταν δὲ ὡς καὶ ἐργάτην τῶν πολεμικῶν καὶ φρόνιμον καὶ ἄρχεσθαι ἱκανὸν καὶ ἄρχειν χιλιαρχίᾳ μὲν ἤδη τιμῶ· ὅταν δὲ καὶ ἄλλο τι ἀγαθὸν ὁ θεὸς δῷ, οὐδὲ τότε

5 ἐπιλήσομαι αὐτοῦ. καὶ πάντας δὲ ὑμᾶς βούλομαι, ἔφη, ὑπομνῆσαι· ἃ γὰρ νῦν εἴδετε ἐν τῇ μάχῃ τῇδε, ταῦτα ἐνθυμούμενοι μήποτε παύεσθε, ἵνα παρ' ὑμῖν αὐτοῖς ἀεὶ κρίνητε πότερον ἡ ἀρετὴ μᾶλλον ἢ ἡ φυγὴ σῴζει τὰς ψυχὰς καὶ πότερον οἱ μάχεσθαι ἐθέλοντες ῥᾷον ἀπαλλάττουσιν ἢ οἱ οὐκ ἐθέλοντες, καὶ ποίαν τινὰ ἡδονὴν τὸ νικᾶν παρέχει· ταῦτα γὰρ νῦν ἄριστα κρίναιτ' ἂν πεῖράν τε αὐτῶν ἔχοντες καὶ ἄρτι γεγενημέ-

---

1 καλέσας ὀνομαστὶ αὐτὸν yC, ὀνομαστὶ καλέσας αὐτὸν E, καλέσας αὐτὸν ὀνομαστί cet. 3 καὶ ἀφεὶς xy, ἀφείς τε z. 4 ἐπανήγαγε xy. 5 ὥστ' xy, ἔστ' z. 7 κατανοῆσαί τε yC. 8 ἐπαφιέναι yC, ἀφιέναι E. || ἀπὸ (ἄπο) βλάβης z 9 αὐτοῦ z. 13 ὡς καὶ xF, καὶ ὡς z, καὶ D. || πολεμικῶν xy, ἐν πολέμῳ z. 15 ὁ θεὸς διδῷ E, διδῷ ὁ θεὸς z. || οὐδὲ] οὔτε xy. 16 βούλομαι ὑμᾶς z. || ἔφη om. z. 17 ταῦτα om. z. 19 κρίνηται F. || prius ἡ] εἰ GH, εἴη A. 20 τὰς ψυχὰς om. G. || θέλοντες GD. 22 ἄριστ' ἂν κρίναιτε z.

νου τοῦ πράγματος. καὶ ταῦτα μέν, ἔφη, ἀεὶ διανο- 6
ούμενοι βελτίους ἂν εἴητε· νῦν δὲ ὡς θεοφιλεῖς καὶ
ἀγαθοὶ καὶ σώφρονες ἄνδρες δειπνοποιεῖσθε καὶ σπον-
δὰς τοῖς θεοῖς ποιεῖσθε καὶ παιᾶνα ἐξάρχεσθε καὶ
ἅμα τὸ παραγγελλόμενον προνοεῖτε. εἰπὼν δὲ ταῦτα 7
ἀναβὰς ἐπὶ τὸν ἵππον ἤλασε καὶ πρὸς Κυαξάρην
ἐλθὼν καὶ συνησθεὶς ἐκείνῳ κοινῇ ὡς εἰκὸς καὶ ἰδὼν
τἀκεῖ καὶ ἐρόμενος εἴ τι δέοιτο, ἀπήλαυνεν εἰς τὸ ἑαυ-
τοῦ στράτευμα. καὶ οἱ μὲν δὴ ἀμφὶ Κῦρον δειπνο-
ποιησάμενοι καὶ φυλακὰς καταστησάμενοι ὡς ἔδει
ἐκοιμήθησαν.

Οἱ δὲ Ἀσσύριοι, ἅτε καὶ τεθνηκότος τοῦ ἄρχοντος 8
καὶ σχεδὸν σὺν αὐτῷ τῶν βελτίστων, ἠθύμουν μὲν
πάντες, πολλοὶ δὲ καὶ ἀπεδίδρασκον αὐτῶν τῆς νυκτὸς
ἐκ τοῦ στρατοπέδου. ὁρῶντες δὲ ταῦτα ὅ τε Κροῖσος
καὶ οἱ ἄλλοι σύμμαχοι αὐτῶν ἠθύμουν· πάντα μὲν
γὰρ ἦν χαλεπά· ἀθυμίαν δὲ πᾶσιν πλείστην παρεῖχε
ὅτι τὸ ἡγούμενον τῆς στρατιᾶς φῦλον διέφθαρτο τὰς
γνώμας. οὕτω δὴ ἐκλείπουσι τὸ στρατόπεδον καὶ
ἀπέρχονται τῆς νυκτός. ὡς δ' ἡμέρα ἐγένετο καὶ ἔρημον 9
ἀνδρῶν ἐφάνη τὸ τῶν πολεμίων στρατόπεδον, εὐθὺς
διαβιβάζει ὁ Κῦρος τοὺς Πέρσας πρώτους· κατα-

---

1 ἀεὶ om. y. 2 ὡς καὶ θεοφιλεῖς yC. 3 καὶ σπονδὰς . . . ποιεῖσθε om. z. 4 παιᾶνας z. || ἐξάρχετε xy. 5 ἅμα om. z. || δὲ Zeune, τε z, om. xy. 6 τῶν ἵππων x. 7 ἐλθὼν xy, ἦλθε zDind. || συνησθεὶς xy, συγγε(ι)νόμενος z. || καὶ ἰδὼν] κατιδὼν Pantazides cf. III 2, 27. 8 δέοιτο] δεῖ z. || ἀπήλασεν F. || ἑαυτοῦ xy, αὑτοῦ z. 10 ὡς ἔδει om. zE. 12 ἅτε] γε GH, om. A. 13 μὲν om. xD. 16 post αὐτῶν add. πάντες z, πάντες ἤλγουν Zon. 17 πλείστην παρεῖχε πᾶσιν z, πᾶσιν om. E. 18 φῦλον τῆς στρατιᾶς xy. || διεφθάρθαι ἐδόκει ταῖς γνώμαις z. 20 τῆς om. D. 22 καταλέλειπτο yz, κατελείπετο x.

λέλειπτο δὲ ὑπὸ τῶν πολεμίων πολλὰ μὲν πρόβατα, πολλοὶ δὲ βόες, πολλαὶ δὲ ἅμαξαι πολλῶν ἀγαθῶν μεσταί· ἐκ δὲ τούτου διέβαινον ἤδη καὶ οἱ ἀμφὶ Κυαξάρην Μῆδοι πάντες καὶ ἠριστοποιοῦντο ἐνταῦθα.

10 ἐπεὶ δὲ ἠρίστησαν, συνεκάλεσεν ὁ Κῦρος τοὺς ἑαυτοῦ ταξιάρχους καὶ ἔλεξε τοιάδε. Οἷά μοι δοκοῦμεν καὶ ὅσα ἀγαθά, ὦ ἄνδρες, ἀφεῖναι, θεῶν ἡμῖν αὐτὰ διδόντων. νῦν γὰρ ὅτι οἱ πολέμιοι φοβούμενοι ἡμᾶς ἀποδεδράκασιν αὐτοὶ ὁρᾶτε· οἵτινες δὲ ἐν ἐρύματι ὄντες ἐκλιπόντες τοῦτο φεύγουσι, πῶς ἄν τις τούτους οἴοιτ' ἂν μεῖναι ἰδόντας ἡμᾶς ἐν τῷ ἰσοπέδῳ; οἵτινες δὲ ἄπειροι ἡμῶν ὄντες οὐχ ὑπέμειναν, πῶς νῦν γ' ἂν ὑπομείναιεν, ἐπεὶ ἥττηνταί τε καὶ πολλὰ κακὰ ὑφ' ἡμῶν πεπόνθασιν; ὧν δὲ οἱ βέλτιστοι ἀπολώλασι, πῶς

11 οἱ φαυλότεροι ἐκείνων μάχεσθαι ἂν ἡμῖν ἐθέλοιεν; καί τις εἶπε, Τί οὖν οὐ διώκομεν ὡς τάχιστα, καταδήλων γε οὕτω τῶν ἀγαθῶν ὄντων; καὶ ὃς εἶπεν, Ὅτι ἵππων προσδεόμεθα· οἱ μὲν γὰρ κράτιστοι τῶν πολεμίων, οὓς μάλιστα καιρὸς ἦν ἢ λαβεῖν ἢ κατακανεῖν, οὗτοι ἐφ' ἵππων <κι>νοῦνται· οὓς ἡμεῖς τρέπεσθαι μὲν σὺν τοῖς θεοῖς ἱκανοί, διώκοντες δὲ αἱρεῖν οὐχ ἱκανοί.

---

1 μὲν om. x. **2** βοῦς z. **3** τούτου δὲ G. **5** πάντας ante τοὺς add. E. ‖ ἑαυτοῦ yC, αὐτοῦ cet. (ταξιάρχους αὐτοῦ E). **6** ταξιάρχας z. ‖ μοι yC, μὲν zE. **7** ἀγαθὰ ὦ ἄνδρες y, ἄνδρες ἀγαθὰ zEc. ‖ ἀφεῖναι y, ἐφίενται zEc (δοκ]οῦμεν . . . ἐφίενται in ras. c). **8** ὅτι μὲν οἵ τε (οἱ F) πολέμιοι φοβούμενοι ἡμᾶς xy. **10** ἐκλείποντες Hpr. ‖ ἄν τις τούτους οἴοιτ' ἂν z, τούτους (-οις x) οἴεται ἄν τις xy. **12** ἡμῶν ἄπειροι z. **13** ὑπομείνειαν xy. ‖ τε om. xy. **15** φαυλότεροι xyGmg., πονηρότεροι z. **19** ἦν om. Cy (s. v. f). ‖ κατακανεῖν Dind., κατακαίνειν z, ἀποκτεῖναι xy. ‖ οὗτοι αὐτῶν z. **20** <κι>νοῦνται ego cf. Soph. O. C. 1371, νέονται xF, ἔσονται zDf, ὀχοῦνται Cobet. **21** αἵρειν z.

Τί οὖν, ἔφασαν, οὐκ ἐλθὼν Κυαξάρῃ ταῦτα λέγεις; **12**
καὶ ὃς εἶπε, Συνέπεσθε τοίνυν μοι πάντες, ὡς εἰδῇ
ὅτι πᾶσιν ἡμῖν ταῦτα δοκεῖ. ἐκ τούτου εἵποντό τε
πάντες καὶ ἔλεγον οἷα ἐπιτήδεια ἐδόκουν εἶναι ὑπὲρ
ὧν ἐδέοντο.

Καὶ ὁ Κυαξάρης ἅμα μὲν ὅτι ἐκεῖνοι ἦρχον τοῦ **13**
λόγου, ὥσπερ ὑπεφθόνει· ἅμα δ' ἴσως καλῶς ἐδόκει
ἔχειν αὐτῷ μὴ πάλιν κινδυνεύειν· καὶ γὰρ αὐτός τε
περὶ εὐθυμίαν ἐτύγχανεν ὢν καὶ τῶν ἄλλων Μήδων
ἑώρα πολλοὺς τὸ αὐτὸ τοῦτο ποιοῦντας· εἶπε δ' οὖν
ὧδε. Ἀλλ', ὦ Κῦρε, ὅτι μὲν κάλλιστα ἀνθρώπων **14**
μελετᾶτε ὑμεῖς οἱ Πέρσαι μηδὲ πρὸς μίαν ἡδονὴν
ἀπλήστως διακεῖσθαι καὶ ὁρῶν καὶ ἀκούων οἶδα· ἐμοὶ
δὲ δοκεῖ τῆς μεγίστης ἡδονῆς πολὺ μάλιστα συμ-
φέρειν ἐγκρατῆ εἶναι. μείζω δὲ ἡδονὴν τί παρέχει
ἀνθρώποις εὐτυχίας ἢ νῦν ἡμῖν παραγεγένηται; ἢν **15**
μὲν τοίνυν ἐπεὶ εὐτυχοῦμεν, σωφρόνως διαφυλάτ-
τωμεν αὐτήν, ἴσως δυναίμεθ' ἂν ἀκινδύνως εὐδαιμο-
νοῦντες γηρᾶν· εἰ δ' ἀπλήστως χρώμενοι ταύτῃ ἄλλην
καὶ ἄλλην πειρασόμεθα διώκειν, ὁρᾶτε μὴ πάθωμεν
ἅπερ πολλοὺς μὲν λέγουσιν ἐν θαλάττῃ πεπονθέναι,
διὰ τὸ εὐτυχεῖν οὐκ ἐθέλοντας παύεσθαι πλέοντας
ἀπολέσθαι· πολλοὺς δὲ νίκης τυχόντας ἑτέρας ἐφιεμέ-

1 *λέγεις ταῦτα* z. **2** *εἰδείη* zf. **3** *ὑμῖν* y. **6** *ἤρχοντο* xF. **7** *ὑπό τι ἐφθόνει* y (sed in F *οτι* punctis notatum). ‖ *ἐδόκει ἔχειν* y, *ἔχειν ἐδόκει* xz. **8** *τε καὶ περὶ* F. **10** *τοῦτο* om. z. ‖ *εἶπεν οὖν* z. **11** *ὦ κῦρε ἀλλ'* z. ‖ *κάλλιστα* x, *μάλιστα* y, *τῶν ἄλλων μᾶλλον εὖ* z (sed h in marg.). **13** *δια-κεῖσθε* F. **14** *μάλιστα*] *μᾶλλον* G. ‖ *συμφέρει* xy. **15** *ἡδονὴ* A. ‖ *τί* om. z. **16** *εὐτυχία* z. **17** *ἐπεὶ εὐτυχοῦμεν* del. Hug. ‖ *σωφρόνως*] *σοφῶς* z. **19** *γηρᾶν*] *θηρᾶν αὐτήν* zE. **22** *παύσασθαι* z (inverso ordine *πλέοντας παύ.*). **23** *ἀπολέσθαι* z, *ἕως ἂν ἀπόλωνται* xy.

16 νους καὶ τὴν πρόσθεν ἀποβαλεῖν. καὶ γὰρ εἰ μὲν οἱ
πολέμιοι ἥττους ὄντες ἡμῶν ἔφευγον, ἴσως ἂν καὶ
διώκειν τοὺς ἥττους ἀσφαλῶς εἶχε. νῦν δὲ κατανό-
ησον πόστῳ μέρει αὐτῶν πάντες μαχεσάμενοι νενική-
καμεν· οἱ δ' ἄλλοι ἄμαχοί εἰσιν· οὓς εἰ μὲν μὴ ἀναγ-
κάσομεν μάχεσθαι, ἀγνοοῦντες καὶ ἡμᾶς καὶ ἑαυτοὺς
δι' ἀμαθίαν καὶ μαλακίαν ἀπίασιν· εἰ δὲ γνώσονται
ὅτι καὶ ἀπιόντες οὐδὲν ἧττον κινδυνεύουσιν ἢ μένοντες,
ὅπως μὴ ἀναγκάσομεν αὐτούς, καὶ εἰ μὴ βούλονται,
17 ἀγαθοὺς γενέσθαι. ἴσθι γὰρ ὅτι οὐ σὺ μᾶλλον τὰς
ἐκείνων γυναῖκας καὶ παῖδας ἐπιθυμεῖς λαβεῖν ἢ ἐκεῖ-
νοι σῶσαι. ἐννόει δ' ὅτι καὶ αἱ σύες ἐπειδὰν ὀφθῶσι,
φεύγουσι, κἂν πολλαὶ ὦσι, σὺν τοῖς τέκνοις· ἐπειδὰν
δέ τις ἀνδρῶν θηρᾷ τι τῶν τέκνων, οὐκέτι φεύγει
οὐδ' ἂν μία τύχῃ οὖσα, ἀλλ' ἵεται ἐπὶ τὸν λαμβάνειν
18 πειρώμενον. καὶ νῦν μὲν κατακλείσαντες ἑαυτοὺς εἰς
ἔρυμα παρέσχον ἡμῖν ταμιεύσασθαι [ὥσθ'] ὁπόσοις
ἐβουλόμεθα αὐτῶν μάχεσθαι εἰ δ' ἐν εὐρυχωρίᾳ
πρόσιμεν αὐτοῖς καὶ μαθήσονται χωρὶς γενόμενοι οἱ
μὲν κατὰ πρόσωπον ἡμῖν ὥσπερ καὶ νῦν ἐναντιοῦ-

4 πόσῳ Ec. ‖ αὐτῶν μέρει xy. 5 οἱ δ' . . . εἰ μὲν om. z. ‖ ‚ἄμαχος ἀντὶ τοῦ μὴ μαχόμενος' Photius et Suidas. ‖ ἀναγκάσοιμεν xy, ἀναγκάσωμεν z, corr Weckherlin. 6 αὐτοὺς y. 7 ἀπιᾶσιν z. 8 καὶ om. zD ‖ κινδυνεύσουσιν FDpr. 9 ἀναγκάσομεν Dind., ἀναγκάσωμεν codd. ‖ καὶ εἰ xy, κἂν AH, καὶ G (s. v. εἰ). ‖ βούλονται xD, βούλωνται cet. 10 γὰρ] δ' z. ‖ τὰς om. F. 11 λαβεῖν ἐπιθυμεῖς z. 12 δ' om. F. ‖ καὶ om. xy. ‖ ὗες xF. ‖ ἐπειδὰν] ἐπὰν F, ἐπειδὴ z. 13 καὶ πολλαὶ οὖσαι D. 14 ἀνδρῶν ego, αὐτῶν codd. 15 ἂν yE, ἣν cet. ‖ τύχοι F. 16 αὐτοὺς xF, om. D. 17 ταμιεύεσθαι zD. ‖ [ὥσθ'] ego, ὥσθ' . . . 18 μάχεσθαι om. z. 19 προσίεμεν xy. ‖ μαχήσονται z. 20 καὶ om. yC. ‖ ἐναντιοῦσθαι] ἀντίοις ἐξ ἐναντίου AH, ἀ. ἐ. ἀντίου G, ἐξ ἐναντίου f.

σθαι, οἱ δ' ἐκ πλαγίου, οἱ δὲ καὶ ὄπισθεν, ὅρα μὴ πολλῶν ἑκάστῳ ἡμῶν καὶ ὀφθαλμῶν καὶ χειρῶν δεήσει. προσέτι δ' οὐδ' ἂν ἐθέλοιμι, ἔφη, ἐγὼ νῦν, ὁρῶν Μήδους εὐθυμουμένους, ἐξαναστήσας ἀναγκάζειν κινδυνεύσοντας ἰέναι.

Καὶ ὁ Κῦρος ὑπολαβὼν εἶπεν, Ἀλλὰ μηδένα σύγε 19
ἀναγκάσῃς, ἀλλὰ τοὺς ἐθέλοντάς μοι ἕπεσθαι δός· καὶ
ἴσως ἄν σοι καὶ τῶν σῶν φίλων τούτων ἑκάστῳ
ἥκοιμεν ἄγοντες ἐφ' οἷς πάντες εὐθυμήσεσθε. τὸ μὲν
γὰρ πλῆθος ἡμεῖς γε τῶν πολεμίων οὐ διωξόμεθα·
πῶς γὰρ ἂν καὶ καταλάβοιμεν; ἢν δέ τι ἢ ἀπεσχισμένον τοῦ στρατεύματος λάβωμεν ἤ τι ὑπολειπόμενον,
ἥξομεν πρὸς σὲ ἄγοντες. ἐννόει δ', ἔφη, ὅτι καὶ 20
ἡμεῖς, ἐπειδὴ σὺ ἐδέου, ἤλθομεν σοὶ χαριζόμενοι
μακρὰν ὁδόν· καὶ σὺ οὖν ἡμῖν δίκαιος εἶ ἀντιχαρίζεσθαι, ἵνα καὶ ἔχοντές τι οἴκαδ' ἀφικώμεθα καὶ μὴ
εἰς τὸν σὸν θησαυρὸν πάντες ὁρῶμεν. ἐνταῦθα δὴ 21
ἔλεξεν ὁ Κυαξάρης, Ἀλλ' εἴ γε μέντοι ἐθέλων τις ἕποιτο, καὶ χάριν ἔγωγέ σοι εἰδείην ἄν. Σύμπεμψον τοίνυν μοι, ἔφη, τῶν ἀξιοπίστων τούτων τινά, ὃς ἐρεῖ ἃ ἂν σὺ ἐπιστέλλῃς. Λαβὼν δὴ ἴθι, ἔφη, ὅντινα ἐθέλεις τουτωνί ἔνθα δὴ ἔτυχε παρὼν ὁ φήσας ποτὲ

---

1 post πλαγίου add. καὶ ἄλλοι ἐκ τοῦ ἑτέρου πλαγίου xy. 2 χειρῶν δεήσει καὶ ὀφθαλμῶν z || δεήσῃ E, δεήσοι D. 3 πρὸς δ' ἔτι ἔφη οὐ βουλοίμην (ἂν add. D) ἔγωγε νῦν xy. || ἐθέλοιμι ἔφη Poppo, ἐθέλοιμεν ἢ z. || ὁρῶ z. 4 ἀναγκάζειν] κινδυνεύειν ἀναγκάζειν z (κινδ. punctis notavit G) 6 σύγε μηδένα z. 9 ἥκοιμεν ἑκάστῳ z. || ἅπαντες z. 10 γε] τε z. || οὐδὲ z. || διώξομεν x. 11 ἣν z, ἐὰν CF, ἂν D, om. E. || ἢ om. z. 12 ἤ] εἴ x. || ἐπιλειπόμενον z. 14 ἐπεὶ zE. 17 post πάντες add. οἶδε zDind. 19 ἄν om. z. 20 ἔφη om. xy. || τούτων ante ἔφη transp. z. 21 ἐπιστείλῃς z. || δὴ om. xy. || ἔφη om. z. 22 τούτων zDind. || ἐτύγχανε G. || παρὼν Schneider, ὢν codd.

συγγενὴς αὐτοῦ εἶναι καὶ φιληθεὶς παρ' αὐτοῦ. εὐθὺς οὖν ὁ Κῦρος εἶπεν, Ἀρκεῖ μοι, ἔφη, οὑτοσί. Οὗτος τοίνυν, ἔφη, σοι ἑπέσθω. καὶ λέγε σύ, ἔφη, τὸν θέλοντα
23 <ἐξεῖναι> ἰέναι μετὰ Κύρου. οὕτω δὴ λαβὼν τὸν ἄνδρα ἐξῄει. ἐπεὶ δ' ἐξῆλθον, εὐθὺς ὁ Κῦρος εἶπε, Νῦν δὴ σὺ δηλώσεις εἰ ἀληθῆ ἔλεγες, ὅτε ἔφησθ' ἥδεσθαί με θεώμενος. Οὔκουν ἀπολείψομαί γέ σου, ἔφη ὁ Μῆδος, εἰ τοῦτο λέγεις. καὶ ὁ Κῦρος εἶπεν, Οὐκοῦν καὶ ἄλλους προθύμως ἐξάξεις; κἀκεῖνος ἐπομόσας Νὴ τὸν Δί', ἔφη, ἕως ἄν γε ποιήσω καὶ σὲ ἡδέως ἐμὲ θεᾶ-
24 σθαι. τότε δὴ ἐκπεμφθεὶς ὑπὸ τοῦ Κυαξάρου τά τε ἄλλα προθύμως ἀπήγγελλε τοῖς Μήδοις καὶ προσετίθει ὅτι αὐτός γε οὐκ ἀπολείψοιτο ἀνδρὸς καλλίστου καὶ ἀρίστου, καὶ τὸ μέγιστον, ἀπὸ θεῶν γεγονότος.

II Πράττοντος δὲ ταῦτα τοῦ Κύρου θείως πως ἀφικνοῦνται ἀπὸ Ὑρκανίων ἄγγελοι. οἱ δὲ Ὑρκάνιοι ὅμοροι μὲν τῶν Ἀσσυρίων εἰσίν, ἔθνος δ' οὐ πολύ, διὸ καὶ ὑπήκοοι τῶν Ἀσσυρίων ἦσαν· εὔιπποι δὲ καὶ τότε ἐδόκουν εἶναι καὶ νῦν ἔτι δοκοῦσιν· διὸ καὶ ἐχρῶντο αὐτοῖς οἱ Ἀσσύριοι ὥσπερ καὶ οἱ Λακεδαιμόνιοι τοῖς

---

1 παρ' αὐτοῦ x, παρὼν y, om. z. **2** ἀρκεῖ ἔφη ἔμοιγε y, ἀρκεῖ ἔμοιγε (om. ἔφη) x. **3** ἔφη om. z. (s. v. G). ‖ ἐθέλοντα z. **4** <ἐξεῖναι> ego. **5** ἐξῆλθεν codd., corr. Hug. ‖ εὐθὺς om. z. **6** ὅτι Hug. ‖ ἔφης codd., corr. v. Bamberg. **7** θεώμενος ἐμέ z. **8** καὶ ὁ κῦρος εἶπεν om. z. **9** post ἄλλους add. ἔφη z. ‖ ἐξάξεις zF (in quo ἐξα man. rec i. ras. add.), λέξεις xD. ‖ κἀκεῖνος ἐπομόσας xy, ἐπομόσας οὖν ἐκεῖνος z. **10** ἕως ἄν γε xy, ἔστε γ' ἂν AH, ἕως ἄν G. ‖ ἐμὲ ἡδέως θεάσασθαι z. **11** ὅτε zF. ‖ post δὴ add. καὶ z. **12** ἀπήγγειλε FG. **13** αὐτοὶ z. ‖ γε] τε xy. ‖ ἀπολείψοιντο z. ‖ καλλίστου καὶ om. F. **15** τοῦ κύρου ταῦτα z. **16** ἀπὸ] ὑπὸ GE. **17** μὲν om. z. ‖ πολλοί G. **18** ἦσαν τῶν ἀσσυρίων z. ‖ εὔιπποι Fischer, ἔφιπποι codd. ‖ καὶ om. F. ‖ post τότε add. δὴ G, δὲ (δε) AH. **19** ἐδόκουν καὶ νῦν δοκοῦσιν εἶναι z.

Σκιρίταις, οὐδὲν φειδόμενοι αὐτῶν οὔτ' ἐν πόνοις
οὔτ' ἐν κινδύνοις· καὶ δὴ καὶ τότε ὀπισθοφυλακεῖν
ἐκέλευον αὐτοὺς ὡς χιλίους ὄντας ἱππέας, ἵνα εἴ τι
ὄπισθεν δεινὸν εἴη, ἐκεῖνοι πρὸ αὐτῶν τοῦτ' ἔχοιεν.
οἱ δὲ Ὑρκάνιοι, ἅτε μέλλοντες ὕστατοι πορεύεσθαι, 2
καὶ τὰς ἁμάξας τὰς ἑαυτῶν καὶ τοὺς οἰκέτας ὑστάτους
εἶχον. στρατεύονται γὰρ δὴ οἱ κατὰ τὴν Ἀσίαν ἔχον-
τες οἱ πολλοὶ μεθ' ὧνπερ καὶ οἰκοῦσι· καὶ τότε δὴ
ἐστρατεύοντο οἱ Ὑρκάνιοι οὕτως. ἐννοηθέντες δὲ οἷά 3
τε πάσχουσιν ὑπὸ τῶν Ἀσσυρίων καὶ ὅτι νῦν τεθναίη
μὲν ὁ ἄρχων αὐτῶν, ἡττημένοι δ' εἶεν, φόβος δ' ἐν-
είη τῷ στρατεύματι, οἱ δὲ σύμμαχοι αὐτῶν ὡς ἀθύμως
ἔχοιεν καὶ ἀπολείποιεν <αὐτοὺς>, ταῦτα ἐνθυμου-
μένοις ἔδοξεν αὐτοῖς νῦν καλὸν εἶναι ἀποστῆναι, εἰ
θέλοιεν οἱ ἀμφὶ Κῦρον συνεπιθέσθαι. καὶ πέμπουσιν
ἀγγέλους πρὸς Κῦρον· ἀπὸ γὰρ τῆς μάχης τὸ τούτου
ὄνομα μέγιστον ηὔξητο. οἱ δὲ πεμφθέντες λέγουσι 4
Κύρῳ ὅτι μισοῖέν τε τοὺς Ἀσσυρίους δικαίως, νῦν τ',
εἰ βούλοιτο ἰέναι ἐπ' αὐτούς, καὶ σφεῖς σύμμαχοι
ὑπάρξοιεν καὶ ἡγήσοιντο· ἅμα δὲ πρὸς τούτοις διηγοῦντο
τὰ τῶν πολεμίων ὡς ἔχοι, οἷα δὴ ἐπαίρειν βουλόμενοι
μάλιστα στρατεύεσθαι αὐτόν. καὶ ὁ Κῦρος ἐπήρετο 5

---

1 Σκειρίταις F. **3** ἱππέας ὄντας ὅπως z. **4** ἑαυτῶν xy. **6** τὰς ante ἑαυτῶν om. zE. **7** δὴ om. D, in ras. man. rec. F. || οἱ om. zF. **8** prius καὶ om. zE. **9** οὕτως οἱ Ὑρκάνιοι z. **11** ἡσσώμενοι G. || δ' ἐνείη] δὲ πολὺς εἴη ἐν xD. **12** οἵ τε xy. || ξύμμαχοι G. || ὡς om. F. **13** <αὐτοὺς> ego. **14** ante νῦν add. ὡς καὶ x, καὶ ὡς D, ̣κ̣α̣ι̣ κ (compendium vocis καὶ) F. **15** ἐθέλοιεν HE. || συνέπεσθαι z. **16** τὸ om. z. || τούτων C. **17** ηὔξετο xy. **18** τε om. yC. || τ'] δ' G. **19** βούλοιντο DE. **20** ὑπάρχοιεν z. || ἡγήσαιντο xy. **21** ἔχοιεν F. || οἷα δὴ xF, ὡς δὴ D, om. z. **22** ὡς μάλιστα xy.

αὐτούς, Καὶ δοκεῖτε ἄν, ἔφη, ἔτι ἡμᾶς καταλαβεῖν
αὐτοὺς πρὶν ἐν [τοῖς] ἐρύμασιν εἶναι; ἡμεῖς μὲν γάρ,
ἔφη, μάλα συμφορὰν τοῦτο ἡγούμεθα εἶναι ὅτι ἔλαθον
ἡμᾶς ἀποδράντες. ταῦτα δ' ἔλεγε βουλόμενος αὐτοὺς
6 ὡς μέγιστον φρονεῖν ἐπὶ σφίσιν. οἱ δὲ ἀπεκρίναντο ὅτι
καὶ αὔριον, ἕωθεν εἰ εὔζωνοι πορεύοιντο, καταλήψοιντο·
ὑπὸ γὰρ τοῦ ὄχλου καὶ τῶν ἁμαξῶν σχολῇ πορεύεσθαι
αὐτούς· καὶ ἅμα, ἔφασαν, ἅτε τὴν προτέραν νύκτα
ἀγρυπνήσαντες νῦν μικρὸν προελθόντες ἐστρατοπέ-
7 δευνται. καὶ ὁ Κῦρος ἔφη, Ἔχετε οὖν ὧν λέγετε πι-
στόν τι ἡμᾶς διδάσκειν ὡς ἀληθεύετε; Ὁμήρους γ',
ἔφασαν, ἐθέλομεν αὐτίκα ἐλάσαντες τῆς νυκτὸς ἀγα-
γεῖν· μόνον καὶ σὺ ἡμῖν πιστὰ θεῶν [πεποίησο] καὶ
δεξιὰν δός, ἵνα φέρωμεν καὶ τοῖς ἄλλοις τὰ αὐτὰ ἅπερ
8 ἂν αὐτοὶ λάβωμεν παρὰ σοῦ. ἐκ τούτου τὰ πιστὰ δί-
δωσιν αὐτοῖς ἦ μήν, ἐὰν ἐμπεδώσωσιν ἃ λέγουσιν,
ὡς φίλοις καὶ πιστοῖς χρήσεσθαι αὐτοῖς, ὡς μήτε
Περσῶν μήτε Μήδων μεῖον ἔχειν παρ' ἑαυτῷ. καὶ νῦν
ἔτι ἰδεῖν ἔστιν Ὑρκανίους καὶ πιστευομένους καὶ ἀρ-
χὰς ἔχοντας, ὥσπερ καὶ Περσῶν καὶ Μήδων οἳ ἂν
δοκῶσιν ἄξιοι εἶναι.
9 Ἐπεὶ δ' ἐδείπνησαν, ἐξῆγε τὸ στράτευμα ἔτι φάους

1 ἡμᾶς ἔτι y. **2** [τοῖς] ego. **3** εἶναι om. zD, post συμφορὰν transp. E. **6** post καὶ add. ἦν z et in marg. man. rec. F. || εἰ om. z. **8** ἅτε om. z. **9** προελθόντες Zeune, προσελθόντες z, πορευθέντες xy. || ἐστρατοπεδεύκασι xy. **11** τι <διδόντες> Richards. || διδάσκειν om. z. **12** θέλομεν z. || ἐλάσαντες αὐτίκα xy **13** θεῶν τε πιστὰ ποίησον xy, quod def. Pantazides cf. V 1, 1. An. VII 3, 20, πεποίησο del. Cobet. **14** τὰ αὐτὰ] ταῦτα xy. **15** τὰ om. z. **16** ἐὰν] ἂν zf. || ἐμπεδῶσιν xy. || λέγωσιν z. **18** πλεῖον Fpr. || ἑαυτῷ x, ἑαυτοῦ zF, αὐτῷ D. || νῦν δ' y. **19** ἔστιν ἔτι ἰδεῖν z. **22** ἐπειδὴ xy, ἐπεὶ z. || φωτὸς xy.

ὄντος, καὶ τοὺς Ὑρκανίους περιμένειν ἐκέλευσεν,
ἵνα ἅμα ἴοιεν. οἱ μὲν δὴ Πέρσαι πάντες, ὥσπερ εἰκός,
ἐξῆσαν, καὶ Τιγράνης ἔχων τὸ ἑαυτοῦ στράτευμα·
τῶν δὲ Μήδων ἐξῆσαν οἱ μὲν διὰ τὸ παιδὶ Κύρῳ **10**
ὄντι παῖδες ὄντες φίλοι γενέσθαι, οἱ δὲ διὰ τὸ ἐν
θήραις συγγενόμενοι ἀγασθῆναι αὐτοῦ τὸν τρόπον, οἱ
δὲ διὰ τὸ καὶ χάριν εἰδέναι ὅτι μέγαν αὐτοῖς φόβον
ἀπεληλακέναι ἐδόκει, οἱ δὲ καὶ ἐλπίδας ἔχοντες διὰ
τὸ ἄνδρα φαίνεσθαι ἀγαθὸν καὶ εὐτυχῆ καὶ μέγαν ἔτι
ἰσχυρῶς ἔσεσθαι αὐτόν, οἱ δέ, ὅτε ἐτρέφετο ἐν Μήδοις,
εἴ τινι ἀγαθόν τι συνέπραξεν, ἀντιχαρίζεσθαι ἐβού-
λοντο· πολλοῖς δὲ πολλὰ διὰ φιλανθρωπίαν παρὰ
τοῦ πάππου ἀγαθὰ διεπέπρακτο· πολλοὶ δ', ἐπεὶ τοὺς
Ὑρκανίους εἶδον καὶ λόγος διῆλθεν ὡς ἡγήσοιντο ἐπὶ
πολλὰ ἀγαθά, ἐξῆσαν καὶ τοῦ λαβεῖν τι ἕνεκα. οὕτω **11**
δὴ καὶ οἱ Μῆδοι σχεδὸν ἅπαντες ἐξῆλθον πλὴν ὅσοι
σὺν Κυαξάρῃ ἔτυχον σκηνοῦντες· οὗτοι δὲ κατέμενον
καὶ οἱ τούτων ὑπήκοοι. οἱ δ' ἄλλοι πάντες φαιδρῶς
καὶ προθύμως ἐξωρμῶντο, ἅτε οὐκ ἀνάγκῃ ἀλλ' ἐθε-
λούσιοι καὶ χάριτος ἕνεκα ἐξιόντες. ἐπεὶ δ' ἔξω ἦσαν, **12**
πρῶτον μὲν πρὸς τοὺς Μήδους ἐλθὼν ἐπῄνεσέ τε αὐ-
τοὺς καὶ ἐπηύξατο μάλιστα μὲν θεοὺς αὐτοῖς ἵλεως

---

1 post ὄντος add. καὶ αὐτός z. ‖ ὑρκανοὺς et ἐκέλευεν F. **2** δὴ] γὰρ z. ‖ ὥσπερ εἰκὸς πάντες z. **3** ἐξῆσαν Hug, ἔξω ἦσαν z, εὐθὺς ἔξω ἦσαν xy. ‖ αὐτοῦ z. **4** ὄντι κύρῳ z. **7** καὶ om. xy. ‖ post χάριν add. εὖ Aε, αὖ GH. **8** ἐδόκει] ἐκεῖ F. ‖ καὶ om. ε. ‖ διὰ] δὲ F. **11** τι ἀγαθόν τῳ z. ‖ συνέπραξεν xy, ἔπραξεν zε. ‖ ἠβούλοντο z. **13** post ἐπεὶ add. καὶ z. **14** διῆλθεν AH, διεδόθη CF, ἐδόθη DG i. ras., εἰσηγγέλθη E. **16** ἐξῆλθον σχεδὸν πάντες καὶ οἱ μῆδοι z. **17** κατέμειναν xy. **20** οὕνεκα z. **22** ἵλεως] ἡδέως y (ἡλέως, λ in ras. E). ‖ post ἵλεως add. ὄντας xy.

ἡγεῖσθαι καὶ σφίσιν, ἔπειτα δὲ καὶ αὐτὸς δυνασθῆναι χάριν αὐτοῖς ταύτης τῆς προθυμίας ἀποδοῦναι. τέλος δ' οὖν εἶπεν ὅτι ἡγήσοιντο μὲν αὐτοῖς οἱ πεζοί, ἐκείνους δ' ἕπεσθαι σὺν τοῖς ἵπποις ἐκέλευσε· καὶ ὅπου ἂν ἢ ἀναπαύωνται ἢ ἐπίσχωσι τῆς πορείας, ἐνετείλατο αὐτοῖς πρὸς ἑαυτὸν παρελαύνειν τινάς, ἵνα εἰδῶσι τὸ

13 ἀεὶ καίριον. ἐκ τούτου ἡγεῖσθαι ἐκέλευσε τοὺς Ὑρκανίους. καὶ οἳ ἠρώτων, Τί δέ; οὐκ ἀναμενεῖς, ἔφασαν, τοὺς ὁμήρους ἕως ἂν ἀγάγωμεν, ἵνα καὶ σὺ ἔχων τὰ πιστὰ παρ' ἡμῶν πορεύῃ; καὶ τὸν ἀποκρίνασθαι λέγεται, Ἐννοῶ γάρ, φάναι, ὅτι ἔχομεν τὰ πιστὰ ἐν ταῖς ἡμετέραις ψυχαῖς καὶ ταῖς ἡμετέραις χερσίν. οὕτω γὰρ δοκοῦμεν παρεσκευάσθαι ὡς ἐὰν μὲν ἀληθεύητε, ἱκανοὶ εἶναι ὑμᾶς εὖ ποιεῖν· ἐὰν δὲ ἐξαπατᾶτε, οὕτω νομίζομεν ἔχειν ὡς οὐχ ἡμᾶς ἐφ' ὑμῖν ἔσεσθαι, ἀλλὰ μᾶλλον, ἢν οἱ θεοὶ θέλωσιν, ὑμᾶς ἐφ' ἡμῖν γενήσεσθαι. καὶ μέντοι, ἔφη, ὦ Ὑρκάνιοι, ἐπειδήπερ φατὲ ὑστάτους πορεύεσθαι τοὺς ὑμετέρους, ἐπειδὰν ἴδητε αὐτούς, σημήνατε ἡμῖν ὅτι οἱ ὑμέτεροί εἰσιν, ἵνα

14 φειδώμεθα αὐτῶν. ἀκούσαντες δὲ ταῦτα οἱ Ὑρκάνιοι

---

1 δυνηθῆναι xy. **3** δ' οὖν xy, δ' z. **4** ἐκέλευε(ν) xF. ‖ ἢ om z. **5** ἐπιστήσωσι z. ‖ ἐνετείλατο z, ἐκέλευσεν yC, ἐκέλευεν E. **6** αὐτὸν z. **7** ἀεὶ] δὴ z. ‖ ἐκέλευε z. **8** δέ] δαὶ D, δὲ καὶ C. ‖ οὐκ] οὐ γὰρ z, οὐκ ἄρ' Madvig. ‖ ἀναμένεις codd., corr. Dind. **9** ἔχων καὶ σὺ z. **11** γάρ om. x. ‖ ἔχωμεν F. ‖ ante τὰ add. πάντες xy. **13** et **14** ἢν . . . ἢν z. **14** ὑμᾶς F Dind., ἡμᾶς cet. **15** οὐχ] μὴ xy. ‖ ἔσεσθαι] γενήσεσθαι C, γενέσθαι E. ‖ ἔσεσθαι . . . **16** ἡμῖν in marg. F. **16** μᾶλλον om. F. ‖ ἂν x, ἐὰν D, ἢν cet. ‖ βούλωνται xy ‖ γενήσεσθαι xy, γενέσθαι z. **17** ἐπείπερ ἔφατε z. **18** πορεύεσθαὶ xy, ἕπεσθαι z. **19** σημήνατε Dind., σημάνετε z, σημαίνετε xy. ‖ ὑμέτεροι Brodaeus, ἡμέτεροι codd. **20** ἀκούοντες xF. ‖ δὲ om. xy.

τὴν μὲν ὁδὸν ἡγοῦντο ὥσπερ ἐκέλευε, τὴν δὲ ῥώμην τῆς ψυχῆς ἐθαύμαζον· καὶ οὔτε Ἀσσυρίους οὔτε Λυδοὺς οὔτε τοὺς συμμάχους αὐτῶν ἔτι ἐφοβοῦντο, ἀλλὰ μὴ παντάπασιν ὁ Κῦρος μικράν τινα αὐτῶν οἴοιτο ῥοπὴν εἶναι καὶ παρόντων καὶ ἀπόντων.

Πορευομένων δὲ ἐπεὶ νὺξ ἐπεγένετο, λέγεται φῶς 15
τῷ Κύρῳ καὶ τῷ στρατεύματι ἐκ τοῦ οὐρανοῦ προφανὲς γενέσθαι, ὥστε πᾶσι φρίκην μὲν ἐγγίγνεσθαι πρὸς τὸ θεῖον, θάρρος δὲ πρὸς τοὺς πολεμίους. ὡς δ' εὔζωνοί τε καὶ ταχὺ ἐπορεύοντο, εἰκότως πολλήν τε ὁδὸν διήνυσαν καὶ ἅμα κνέφᾳ πλησίον γίγνονται τοῦ
τῶν Ὑρκανίων στρατεύματος· ὡς δ' ἔγνωσαν οἱ ἄγ- 16
γελοι, λέγουσι τῷ Κύρῳ ὅτι οὗτοί εἰσιν οἱ σφέτεροι· τῷ τε γὰρ ὑστάτους εἶναι γιγνώσκειν ἔφασαν
καὶ τῷ πλήθει τῶν πυρῶν· ἐκ τούτου πέμπει τὸν 17
ἕτερον αὐτῶν πρὸς αὐτούς, προστάξας λέγειν, εἰ φίλοι εἰσίν, ὡς τάχιστα ὑπαντᾶν τὰς δεξιὰς ἀνατείναντας· συμπέμπει δέ τινα καὶ τῶν σὺν ἑαυτῷ καὶ λέγειν ἐκέλευσε τοῖς Ὑρκανίοις ὅτι ὡς ἂν ὁρῶσιν αὐτοὺς προσφερομένους, οὕτω καὶ αὐτοὶ ποιήσουσιν. οὕτω δὴ ὁ μὲν μένει τῶν ἀγγέλων παρὰ Κύρῳ, ὁ δὲ προσελαύ-
νει πρὸς τοὺς Ὑρκανίους. ἐν ᾧ δ' ἐσκόπει τοὺς 18

2 prius οὔτε] οὐχὶ τοὺς xy. || post. οὔτε] οὐδὲ τοὺς xy. 3 οὔτε] οὐδὲ xy. || ἔτι om. z. 4 αὐτῶν] ἑαυτῶν xy. 5 προσόντων z. 6 ἐγένετο xy. 7 καὶ om. x. || προφανῶς Fpr, περιφανὲς E, om. C. 8 μὲν φρίκην z, φρίκην om. F. || πρὸς τὸ (om. C) θεῖον ἐγγίγνεσθαι xy. 9 θάρσος F. || ὡς δ' y. ὥστε x, ὥστ' z (ut 12). 13 καὶ τῷ κύρῳ λέγουσιν z. 16 τάξας z. 17 ἀπαντᾶν xD, ἀπατᾶν F (ν s. v. man. rec.). 18 τινας codd., corr. Zeune. 20 ποιήσωσιν z (ω in ras. H). || δὴ] δὲ z. 21 τῷ ante κύρῳ add. z. 22 ἐν ᾧ . . . 1 p. 174 κῦρος om. z.

Ὑρκανίους ὁ *Κῦρος* ὅ,τι ποιήσουσιν, ἐπέστησε το
στράτευμα παρελαύνουσι δὲ πρὸς αὐτὸν οἱ τῶν Μή-
δων προεστηκότες καὶ ὁ Τιγράνης καὶ ἐπερωτῶσι τί
δεῖ ποιεῖν. ὁ δὲ λέγει αὐτοῖς ὅτι τοῦτ' ἔστι τὸ πλη-
σίον Ὑρκανίων στράτευμα καὶ οἴχεται ὁ ἕτερος τῶν
ἀγγέλων πρὸς αὐτοὺς καὶ τῶν ἡμετέρων τις σὺν αὐ-
τῷ, ἐροῦντες, εἰ φίλοι εἰσίν, ὑπαντιάζειν τὰς δεξιὰς
ἀνατείναντας πάντας. ἐὰν μὲν οὖν οὕτω ποιῶσι,
δεξιοῦσθέ τε αὐτοὺς καθ' ὃν ἂν ᾖ ἕκαστος καὶ ἅμα
θαρρύνετε ἐὰν δὲ ὅπλα αἴρωνται ἢ φεύγειν ἐπιχειρῶσι,
τούτων, ἔφη, εὐθὺς δεῖ πρώτων πειρᾶσθαι μηδένα
19 λείπειν. ὁ μὲν τοιαῦτα παρήγγειλεν. οἱ δὲ Ὑρκάνιοι
ἀκούσαντες τῶν ἀγγέλων ἥσθησάν τε καὶ ἀναπηδή-
σαντες ἐπὶ τοὺς ἵππους παρῆσαν τὰς δεξιάς, ὥσπερ
εἴρητο, προτείνοντες· οἱ δὲ Μῆδοι καὶ οἱ Πέρσαι
20 ἀντεδεξιοῦντό τε αὐτοὺς καὶ ἐθάρρυνον. καὶ ἐκ τούτου
δὴ ὁ Κῦρος λέγει, Ἡμεῖς μὲν δή, ὦ Ὑρκάνιοι, ἤδη
ὑμῖν πιστεύομεν· καὶ ὑμᾶς δὲ χρὴ πρὸς ἡμᾶς οὕτως
ἔχειν. τοῦτο δ', ἔφη, ἡμῖν πρῶτον εἴπατε ὁπόσον
ἀπέχει ἐνθένδε ἔνθα αἱ ἀρχαί εἰσι τῶν πολεμίων καὶ

---

1 ἐπέστησε] ἐπιστεῖλαι AH, om. G. ‖ τῷ στρατεύματι z. **2** καὶ παρελαύνουσι(ν F) πρὸς xy. **3** παρεστηκότες x. ‖ ἐρωτῶσι(ν) xy. **4** ὅτι om. xy. **5** ante Ὑρκανίων add. τῶν C, αὐτῶν E. ‖ στράτευμα i. m. G. **6** τις] τινες xy. **7** ὑπαντᾶν yC, ἀπαντᾶν E. **8** (et 10) ἦν z. ‖ οὕτω ποιῶσι] οὕτως ἴωσι xF. **9** τε om. xy. ‖ καὶ καθ' ὃν x et (qui θο in ras.) F. **11** τούτων δὴ ἔφη x. ‖ εὐθὺ δεῖ πρῶτον z, πρῶτον δεῖ εὐθὺς F, πρώτων εὐθὺς D. ‖ δεῖ om. xD. ‖ πειρᾶσθε D. ‖ μηθένα AH. **12** λιπεῖν z. **15** εἴρηται xD. ‖ post. οἱ om. z. **16** ἐθάρρυνον (-αν x) καὶ ἐκ xy. **17** λέγει ὁ κῦρος xy. ‖ ante ἡμεῖς add. εἰ z. ‖ δή om. xD. ‖ ἤδη ὑμῖν om. z. **19** πρῶτον ἡμῖν z. ‖ πόσον z. **20** in τῶν F fol. 24ᵛ desinit. fol. 25ʳ incipit V 2, 27 a verbis ἔπαθον ὑπ' αὐτοῦ.

τὸ ἀθρόον αὐτῶν. οἱ δ' ἀπεκρίναντο ὅτι ὀλίγῳ πλέον
ἢ παρασάγγην.

Ἐνταῦθα δὴ λέγει ὁ Κῦρος, Ἄγετε δή, ἔφη, ὦ 21
ἄνδρες Πέρσαι καὶ Μῆδοι καὶ ὑμεῖς ὦ Ὑρκάνιοι, ἤδη
γὰρ καὶ πρὸς ὑμᾶς ὡς πρὸς συμμάχους καὶ κοινωνοὺς
διαλέγομαι, εὖ χρὴ εἰδέναι νῦν ὅτι ἐν τοιούτῳ ἐσμὲν
ἔνθα δὴ μαλακισάμενοι μὲν πάντων ἂν τῶν χαλεπω-
τάτων τύχοιμεν· ἴσασι γὰρ οἱ πολέμιοι ἐφ' ἃ ἥκομεν·
ἢν δὲ τὸ καρτερὸν ἐμβαλόμενοι ἴωμεν ῥώμῃ καὶ θυμῷ
ἐπὶ τοὺς πολεμίους, αὐτίκα μάλ' ὄψεσθε ὥσπερ
δούλων ἀποδιδρασκόντων ηὑρημένων τοὺς μὲν ἱκετεύ-
οντας αὐτῶν, τοὺς δὲ φεύγοντας, τοὺς δ' οὐδὲ ταῦτα
φρονεῖν δυναμένους. ἡττημένοι τε γὰρ ὄψονται ἡμᾶς
καὶ οὔτε οἰόμενοι ἥξειν οὔτε συντεταγμένοι οὔτε
μάχεσθαι παρεσκευασμένοι κατειλημμένοι ἔσονται. εἰ 22
οὖν ἡδέως βουλόμεθα καὶ δειπνῆσαι καὶ νυκτερεῦσαι
καὶ βιοτεύειν τὸ ἀπὸ τοῦδε, μὴ δῶμεν αὐτοῖς σχολὴν
μήτε βουλεύσασθαι μήτε παρασκευάσασθαι ἀγαθὸν
αὑτοῖς μηδέν, μηδὲ γνῶναι πάμπαν ὅτι ἄνθρωποί
ἐσμεν, ἀλλὰ γέρρα καὶ κοπίδας καὶ σαγάρεις ἅπαντα
καὶ πληγὰς ἥκειν νομιζόντων. καὶ ὑμεῖς μέν, ἔφη, ὦ 23
Ὑρκάνιοι, ὑμᾶς αὐτοὺς προπετάσαντες ἡμῶν πορεύεσθε
ἔμπροσθεν, ὅπως τῶν ὑμετέρων ὅπλων δρωμένων
λανθάνωμεν ὅτι πλεῖστον χρόνον. ἐπειδὰν δ' ἐγὼ

---

5 πρὸς om. xD. 6 τούτῳ xD. 7 δὴ om. xD. || ἂν πάντων (om. τῶν) z. 9 δὲ κατὰ τὸ D. 11 καὶ ηὑρημένων xD 13 τε post ὄψονται transp. G. 15 παρασκευασάμενοι AH. || καὶ εἰλημμένοι xD. 16 βουλοίμεθα xD. || νυκτερεύσειν καὶ δειπνῆσαι z. 17 αὑτοῖς] τούτοις zDind. 18 ἀγαθὸν αὑτοῖς μηδὲν z, μηδὲν ἀγαθὸν ἑαυτοῖς D, μηδὲν ἀγαθὸν αὑτοῖς μηδὲν x. 20 καὶ κοπίδας post ἅπαντα transp. xD. || ἅπαντα] πάντας AH, πάντα G. 22 προσπελάσαντες z.

πρὸς τῷ στρατεύματι γένωμαι τῶν πολεμίων, παρ'
ἐμοὶ μὲν καταλίπετε ἕκαστοι τάξιν ἱππέων, ὡς, ἄν
24 τι δέῃ, χρῶμαι μένων παρὰ τὸ στρατόπεδον. ὑμῶν
δὲ οἱ μὲν ἄρχοντες καὶ οἱ πρεσβύτεροι ἐν τάξει ἐλαύ-
νετε ἀθρόοι, εἰ σωφρονεῖτε, ἵνα μήποτε ἀθρόῳ τινὶ
ἐντυχόντες ἀποβιασθῆτε, τοὺς δὲ νεωτέρους ἀφίετε
διώκειν· οὗτοι δὲ ⟨κατα⟩καινόντων· τοῦτο γὰρ
ἀσφαλέστατον, νῦν ὡς ἐλαχίστους τῶν πολεμίων λείπειν.
25 ἢν δὲ νικῶμεν, ἔφη, ὃ πολλοῖς δὴ κρατοῦσι τὴν τύχην
ἀνέτρεψε, φυλάξασθαι δεῖ τὸ ἐφ' ἁρπαγὴν τραπέσθαι·
ὡς ὁ τοῦτο ποιῶν οὐκέτ' ἀνήρ ἐστιν, ἀλλὰ σκευοφό-
ρος· καὶ ἔξεστι τῷ βουλομένῳ χρῆσθαι ἤδη τούτῳ ὡς
26 ἀνδραπόδῳ. ἐκεῖνο δὲ χρὴ γνῶναι ὅτι οὐδέν ἐστι
κερδαλεώτερον τοῦ νικᾶν· ὁ γὰρ κρατῶν ἅμα πάντα
συνήρπακε, καὶ τοὺς ἄνδρας καὶ τὰς γυναῖκας καὶ τὰ
χρήματα καὶ πᾶσαν τὴν χώραν. πρὸς ταῦτα τοῦτο
μόνον ὁρᾶτε ὅπως τὴν νίκην διασῳζώμεθα· ἐὰν γὰρ
κρατηθῇ, καὶ αὐτὸς ὁ ἁρπάζων ἔχεται. καὶ τοῦτο ἅμα
διώκοντες μέμνησθε, ἥκειν πάλιν ὡς ἐμὲ ἔτι φάους
ὄντος· ὡς σκότους γενομένου οὐδένα ἔτι προσδεξόμεθα.

---

2 καταλείπετε et ἵππων z. ‖ ὡς xD, ἢ z. **3** δέῃ] δέωμαι ὡς AG, δέωμαι (ὡς s. v.) H. ‖ στράτευμα z. **4** ἀθρόοι ἐλαύνετε z. **5** ἵνα . . . **6** ἀποβιασθῆτε om. G. ‖ post μήποτε add. που AH. **6** ἐντυγχάνοντες GD. ‖ ἀποβιασθείητε AH. ‖ ἐφίετε z. **7** κατακαινόντων Herwerden, ἀποκτεινόντων xy (Camerario de F fides habenda); καινόντων z. **8** λιπεῖν z. **9** ἂν z. ‖ ἢν δὲ τὸ πολλοῖς δὴ συμβεβηκὸς κρατοῦσι τὴν τύχην ἀνατρέψαι γίγνηται xD. ‖ ὃ g, om. z. ‖ δὴ] δέῃ z. **10** ἀνέστρεψε z. ‖ δεῖ] δὲ z. **11** Photios p. 137, 18 (Reitzenstein) ἀνήρ· Ξενοφῶν Παιδείας γ' ἰδίως ἀντὶ τοῦ μάχιμος. **12** ἤδη] δὴ z. **13** ἐκεῖνο D, κεῖνον z, ἐκεῖ x. **15** συνήρπασε GD. **16** ταῦτα z, τ' αὖ xD. **17** τὴν δίκην διασώσωμεν· ἐν γὰρ ταύτῃ καὶ αὐτός xD. **19** φωτὸς xD.

Ταῦτ' εἰπὼν ἀπέπεμπεν εἰς τὰς τάξεις ἑκάστους 27
καὶ ἐκέλευσεν ἅμα πορευομένους τοῖς αὑτοῦ ἕκαστον
δεκαδάρχοις τὰ αὐτὰ σημαίνειν· ἐν μετώπῳ γὰρ οἱ
δεκάδαρχοι ἦσαν, ὥστε ἀκούειν· τοὺς δὲ δεκαδάρχους
τῇ δεκάδι ἕκαστον κελεύειν παραγγέλλειν. ἐκ τούτου
προηγοῦντο μὲν οἱ Ὑρκάνιοι, αὐτὸς δὲ τὸ μέσον ἔχων
σὺν τοῖς Πέρσαις ἐπορεύετο· τοὺς δὲ ἱππέας ἑκατέρωθεν,
ὥσπερ εἰκός, παρέταξε. τῶν δὲ πολεμίων, ἐπεὶ 28
φῶς ἐγένετο, οἱ μὲν ἐθαύμαζον τὰ ὁρώμενα, οἱ δ'
ἐγίγνωσκον ἤδη, οἱ δ' ἤγγελλον, οἱ δ' ἐβόων, οἱ δ'
ἔλυον ἵππους, οἱ δὲ συνεσκευάζοντο, οἱ δ' ἐρρίπτουν
τὰ ὅπλα ἀπὸ τῶν ὑποζυγίων, οἱ δ' ὡπλίζοντο, οἱ δ'
ἀνεπήδων ἐπὶ τοὺς ἵππους, οἱ δ' ἐχαλίνουν, οἱ δὲ
τὰς γυναῖκας ἀνεβίβαζον ἐπὶ τὰ ὀχήματα, οἱ δὲ τὰ
πλείστου ἄξια ἐλάμβανον ὡς διασωσόμενοι, οἱ δὲ
κατορύττοντες τὰ τοιαῦτα ἡλίσκοντο, οἱ δὲ πλεῖστοι εἰς
φυγὴν ὥρμων· οἴεσθαι δὲ χρὴ καὶ ἄλλα πολλά τε καὶ
παντοδαπὰ ποιεῖν αὐτούς, πλὴν ἐμάχετο οὐδείς, ἀλλ'
αμαχητὶ ἀπώλοντο. Κροῖσος δὲ ὁ Λυδῶν βασιλεύς, 29
ὡς θέρος ἦν, τάς τε γυναῖκας ἐν ταῖς ἁρμαμάξαις
προαπεπέμψατο τῆς νυκτός, ὡς ἂν ῥᾷον πορεύοιντο
κατὰ ψῦχος, καὶ αὐτὸς ἔχων τοὺς ἱππέας ἐπηκολούθει.
καὶ τὸν Φρύγα ταὐτά φασι ποιῆσαι τὸν τῆς 30
παρ' Ἑλλήσποντον ἄρχοντα Φρυγίας. ὡς δὲ παρ-

---

2 ἐκέλευεν z. || αὑτοῦ DE, αὐτοῦ C, ἑαυτοῦ z. 3 τὰ αὐτὰ] ταῦτα xD. || ἦσαν οἱ δεκάδαρχοι z. 4 δέκαρχοι xD. || δὲ om. zD. 5 post τούτου add. δὲ z Dind. 9 φάος z, σαφὲς D. || ἐγίνετο z. || ὁρώμενα] δρώμενα z Dind. 11 ἔρριπτον x. 13 ἐπὶ τοὺς om. z. 15 διασωζόμενοι z. 17 οἴεσθαι ... 19 ἀπώλοντο del. Lincke. || δεῖ z. || καὶ ἄλλα transp. post παντοδαπὰ z. 19 ἀμαχητεί z. || ἀπώλλυντο z Zon. 21 ὡς ἂν] ὡς αὖ D, ὡς z Zon. 23 ταῦτα xD, τὰ αὐτὰ ταῦτα z. || ποιῆσαί φασι z.

ᾔσθοντο τῶν φευγόντων καὶ καταλαμβανόντων αὐτούς, πυθόμενοι τὸ γιγνόμενον ἔφευγον δὴ καὶ αὐτοὶ κατὰ
31 κράτος. τὸν δὲ τῶν Καππαδοκῶν βασιλέα καὶ τὸν τῶν Ἀραβίων ἔτι ἐγγὺς ὄντας καὶ ὑποστάντας ἀθωρακίστους κατακαίνουσιν οἱ Ὑρκάνιοι. τὸ δὲ πλεῖστον ἦν τῶν ἀποθανόντων Ἀσσυρίων καὶ Ἀραβίων· ἐν γὰρ τῇ ἑαυτῶν ὄντες χώρᾳ ἀσυντονώτατα πρὸς τὴν πορείαν
32 εἶχον. οἱ μὲν δὴ Μῆδοι καὶ οἱ Ὑρκάνιοι, οἷα δὴ εἰκὸς κρατοῦντας, τοιαῦτα ἐποίουν διώκοντες. ὁ δὲ Κῦρος τοὺς παρ' ἑαυτῷ ἱππέας καταλειφθέντας περιελαύνειν ἐκέλευσε τὸ στρατόπεδον, καὶ εἴ τινας σὺν ὅπλοις ἴδοιεν ἐξιόντας, κατακαίνειν· τοῖς δ' ὑπομένουσιν ἐκήρυξεν, ὁπόσοι τῶν πολεμίων στρατιωτῶν ἦσαν ἱππεῖς ἢ πελτασταὶ ἢ τοξόται, ἀποφέρειν τὰ ὅπλα συνδεδεμένα, τοὺς δὲ ἵππους ἐπὶ ταῖς σκηναῖς καταλιπεῖν· ὅστις δὲ ταῦτα μὴ ποιήσοι, αὐτίκα τῆς κεφαλῆς στερήσεσθαι· τὰς δὲ κοπίδας προχείρους ἔχον-
33 τες ἐν τάξει περιέστασαν. οἱ μὲν δὴ τὰ ὅπλα ἔχοντες ἐρρίπτουν, ἀποφέροντες εἰς ἓν χωρίον ὅποι ἐκέλευε· καὶ ταῦτα μὲν οἷς ἐπέταξεν ἔκαιον.
34 Ὁ δὲ Κῦρος ἐνενόησεν ὅτι ἦλθον μὲν οὔτε σῖτα οὔτε ποτὰ ἔχοντες, ἄνευ δὲ τούτων οὔτε στρατεύεσθαι

1 ἑαυτοὺς CD. **2** κατὰ] ἀνὰ zE. **3** καὶ τὸν τῶν ἀραβίων om. z, τὸν om. D. **4** ὄντα καὶ (om. G) ὑποστάντα ἀθωράκιστον z. **5** ἀποκτείνουσιν xD. **6** ἀσσύριον καὶ ἀρράβιον xy (pro F utimur Camerario teste). **7** αὐτῶν z. ‖ χώρᾳ del. Bis. ‖ συντονώτατα D, συντομώτατα F (Cam.) **8** post. οἱ om. AGD. **9** κρατοῦντας Castalio, κρατοῦντες codd. ‖ ταῦτα z. **10** ἑαυτὸν x. **11** ἐκέλευε z. **12** ἐξιόντας ἴδοιεν ἀποκτείνειν (-ένοιεν D) xD. **16** καταλείπειν z ‖ μὴ ταῦτα xDG. ‖ ποιήσει E et (teste Dind.) A. **17** στερηθήσεσθαι CD, στερηθήσεται E. **18** περιέστασαν Fischer, περιίστασαν codd. **19** ὅπη x. ‖ ἐκέλευσε D. **20** ἔταξεν xD. **22** τούτου AH.

δυνατὸν οὔτ' ἄλλο ποιεῖν οὐδέν. σκοπῶν δ' ὅπως ἂν
κάλλιστα καὶ τάχιστα ταῦτα γένοιτο, ἐνθυμεῖται ὅτι
ἀνάγκη πᾶσι τοῖς στρατευομένοις εἶναί τινα ὅτῳ καὶ
σκηνῆς μελήσει καὶ ὅπως τὰ ἐπιτήδεια παρεσκευασμένα
τοῖς στρατιώταις εἰσιοῦσιν ἔσται. καὶ τοίνυν ἔγνω 35
ὅτι τούτους εἰκὸς μάλιστα πάντων ἐν τῷ στρατοπέδῳ
νῦν κατειλῆφθαι [ἣν] διὰ τὸ ἀμφὶ συσκευασίαν ἔχειν·
ἐκήρυξε δὴ παρεῖναι πάντας τοὺς ἐπιτρόπους· εἰ δέ
που μὴ εἴη ἐπίτροπος, τὸν πρεσβύτατον ἀπὸ σκηνῆς·
τῷ δὲ ἀπειθοῦντι πάντα τὰ χαλεπὰ ἀνεῖπεν. οἱ δὲ
ὁρῶντες καὶ τοὺς δεσπότας πειθομένους ταχὺ ἐπεί-
θοντο. ἐπεὶ δὲ παρεγένοντο, πρῶτον μὲν ἐκέλευσε
καθίζεσθαι αὐτῶν ὅσοις ἐστὶ πλέον ἢ δυοῖν μηνοῖν ἐν
τῇ σκηνῇ τὰ ἐπιτήδεια. ἐπεὶ δὲ τούτους εἶδεν, αὖθις 36
ἐκέλευσεν ὅσοις μηνός [ἣν]· ἐν τούτῳ σχεδὸν σύμ-
παντες ἐκαθίζοντο. ἐπεὶ δὲ ταῦτα ἔμαθεν, εἶπεν ὧδε 37
αὐτοῖς· Ἄγετέ νυν, ἔφη, ὦ ἄνδρες, οἵτινες ὑμῶν τὰ
μὲν κακὰ μισεῖτε, μαλακοῦ δέ τινος παρ' ἡμῶν βού-
λοισθ' ἂν τυγχάνειν, ἐπιμελήθητε προθύμως ὅπως δι-
πλάσια ἐν τῇ σκηνῇ ἑκάστῃ σιτία καὶ ποτὰ παρεσκευασ-
μένα ᾖ ἢ τοῖς δεσπόταις καὶ τοῖς οἰκέταις καθ' ἡμέραν

1 οὐδὲν ποιεῖν xD. ‖ ὅπως z, ὡς xD. 2 ταῦτα post ἂν transp. xD. 3 ante εἶναι add. ἐστὶν xD. 7 νῦν om. z. ‖ [ἣν] Marchant, ἂν xD, ἣν ἣν H, ἣν ἣν A, ἂν ἣν G. ‖ ἀμφὶ om. et σκευασίαν z. 8 ἐκήρυξε] ἐκήρυττε D, ἐκκηρύττει τε x. ‖ πάντας post ἐπιτρόπους transp. z. 10 τὰ om. z. 12 ἐκέλευε codd. praeter x. 13 ὅσοις] οἷς xD. 14 τἀπιτήδεια AH. ‖ αὖτις A. 15 ἐκέλευσεν AG. ‖ οἷς xD. ‖ [ἣν] Marchant. ‖ ἐν δὲ τούτοις xD. ‖ πάντες zD. 17 νῦν z, τοίνυν xD. ‖ εἴ τινες GE. 18 μαλακοῦ AH, ἀγαθοῦ xD et i. ras. G. ‖ βούλεσθ' xD. 20 σῖτα z. ‖ παρασκευασθῆναι z. 21 ᾖ om. A. ‖ ἢ A, om. cet. ‖ τοῖς οἰκέταις καὶ τοῖς δεσπόταις z. ‖ post οἰκέταις add. ἢ (ἣ D) ἃ xD.

ἐποιεῖτε καὶ τἆλλα δὲ πάντα ὁπόσα καλὴν δαῖτα παρέξει ἕτοιμα ποιεῖτε, ὡς αὐτίκα μάλα παρέσονται ὁπότεροι ἂν κρατῶσι, καὶ ἀξιώσουσιν ἔκπλεω ἔχειν πάντα τὰ ἐπιτήδεια. εὖ οὖν ἴστε ὅτι συμφέροι ἂν ὑμῖν
38 ἀμέμπτως δέχεσθαι τοὺς ἄνδρας. οἱ μὲν δὴ ταῦτ' ἀκούσαντες πολλῇ σπουδῇ τὰ παρηγγελμένα ἔπραττον· ὁ δὲ συγκαλέσας τοὺς ταξιάρχους ἔλεξε τοιάδε. Ἄνδρες φίλοι, γιγνώσκω μὲν ὅτι νῦν ἔξεστιν ἡμῖν προτέροις τῶν ἀπόντων συμμάχων ἀρίστου τυχεῖν καὶ τοῖς μάλα ἐσπουδασμένοις σιτίοις καὶ ποτοῖς χρῆσθαι· ἀλλ' οὔ μοι δοκεῖ τοῦτ' ἂν τὸ ἄριστον πλέον ὠφελῆσαι ἡμᾶς ἢ τὸ τῶν συμμάχων ἐπιμελεῖς φανῆναι, οὐδ' ἂν αὕτη ἡ εὐωχία ἰσχυροτέρους τοσοῦτον ποιῆσαι ὅσον εἰ δυ-
39 ναίμεθα τοὺς συμμάχους προθύμους ποιεῖσθαι. εἰ δὲ τῶν νυνὶ διωκόντων καὶ κατακαινόντων τοὺς ἡμετέρους πολεμίους καὶ μαχομένων, εἴ τις ἐναντιοῦται, τούτων δόξομεν οὕτως ἀμελεῖν ὥστε καὶ πρὶν εἰδέναι πῶς πράττουσιν ἠριστηκότες φαίνεσθαι, ὅπως μὴ αἰσχροὶ μὲν φανούμεθα, ἀσθενεῖς δ' ἐσόμεθα συμμάχων ἀποροῦντες. τὸ δὲ τῶν κινδυνευόντων καὶ πονούντων ἐπιμεληθῆναι ὅπως εἰσιόντες τὰ ἐπιτήδεια ἕξουσιν, αὕτη ἂν ἡμᾶς ἡ θοίνη πλέον εὐφράνειεν, ὡς ἐγώ φημι, ἢ

---

3 ὁπότεροι] ὁπότε z. ‖ ἀξιώσωσιν xDG. ‖ ἔκπλεως x. **4** εὖ οὖν ἴστε z, ἴστε οὖν xD. ‖ συμφέρει xz. **6** δὲ] δ' αὖ xD. **7** ταξιάρχους xD, ὑπάρχους AH¹, ἱππ. G. **8** γιγνώσκω μὲν Valckenarii cod., a Dindorfio O nominatus, γιγνώσκομεν cet. ‖ ἔστιν z. ‖ ἀπόντων τῶν z. **9** μάλιστα z. **10** σιτίοις xD, καὶ σίτοις z. **11** μοι ἂν δοκεῖ τοῦτο ἄριστον z. **12** αὕτη ἡ εὐωχία] νῦν τὴν εὐωχίαν z. **13** εἰ] ἡ AG, ἢ H. **15** νῦν AG. ‖ ἀποκτεινόντων xD. **16** ἀντιοῦται z. **18** πῶς] ὅ τι xD. **21** post ἐπιμεληθῆναι add. τινα z. **22** ἂν om. z. ‖ θοῖνα AH. ‖ πλέον E, πλεῖον C, πλὴν D. ‖ εὐφράνοιεν x.

τὸ παραχρῆμα τῇ γαστρὶ χαρίσασθαι. ἐννοήσατε δ', 40
ἔφη, ὡς εἰ μηδ' ἐκείνους αἰσχυντέον ἦν, οὐδ' ὣς
ἡμῖν νῦν προσῆκεν οὔτε πλησμονῆς πω οὔτε μέθης·
οὐ γάρ πω διαπέπρακται ἡμῖν ἃ βουλόμεθα, ἀλλ' αὐτὰ
<τὰ> πάντα νῦν ἀκμάζει ἐπιμελείας δεόμενα. ἔχομεν
γὰρ ἐν τῷ στρατοπέδῳ πολεμίους πολλαπλασίους ἡμῶν
αὐτῶν, καὶ τούτους λελυμένους· οὓς καὶ φυλάττεσθαι
ἔτι προσήκει καὶ φυλάττειν, ὅπως ὦσι καὶ οἱ ποιή-
σοντες ἡμῖν τὰ ἐπιτήδεια· ἔτι δ' οἱ ἱππεῖς ἡμῖν ἄπεισι,
φροντίδα παρέχοντες ὅπου εἰσί· κἂν ἔλθωσιν, εἰ παρα-
μενοῦσιν. ὥστ', ὦ ἄνδρες, νῦν μοι δοκεῖ τοιοῦτον 41
σῖτον ἡμᾶς προσφέρεσθαι δεῖν καὶ τοιοῦτον ποτὸν
ὁποῖον ἄν τις οἴεται μάλιστα σύμφορον εἶναι πρὸς τὸ
μήτε ὕπνου μήτε ἀφροσύνης ἐμπίμπλασθαι. ἔτι δὲ καὶ 42
χρήματα πολλά ἐστιν ἐν τῷ στρατοπέδῳ, ὧν οὐκ ἀγ-
νοῶ ὅτι δυνατὸν ἡμῖν κοινῶν ὄντων τοῖς συγκατειλη-
φόσι νοσφίσασθαι ὁπόσα ἂν βουλώμεθα· ἀλλ' οὔ μοι
δοκεῖ τὸ λαβεῖν κερδαλεώτερον εἶναι τοῦ δικαίους φαι-
νομένους ἐκείνοις τούτῳ πρίασθαι ἔτι μᾶλλον αὐτοὺς
ἢ νῦν ἀσπάζεσθαι ἡμᾶς. δοκεῖ δέ μοι, ἔφη, καὶ τὸ 43
νεῖμαι τὰ χρήματα, ἐπειδὰν ἔλθωσι, Μήδοις καὶ Ὑρ-
κανίοις καὶ Τιγράνῃ ἐπιτρέψαι· κἄν τι μεῖον ἡμῖν

1 δ' om. z. 2 μὴ κείνους z. 3 νῦν om. xD. ‖ προσήκει codd., corr Herwerden. 4 αὐτὰ <τὰ> ego, αὐτὰ D, αὖ τὰ x, αὖ z. 6 γὰρ] δ' z. 8 ἴσως ἔτι z. ‖ ποιήσαντες xz. 9 οἱ om. G. 10 ποῦ A H. ‖ εἰ] ἢ xD. ‖ παραμένουσιν z. 12 προφέρεσθαι G. 13 ἄν om. xD. ‖ οἴεται] βούλεται x. ‖ τις . . . εἶναι] τι συμφορώτανον εἴη z. 14 ἐμπίπλασθαι xAG. 15 post χρήματα add. ἐγὼ οἶδα ὅτι xD. ‖ ἐστιν post στρατοπέδῳ transp. xD. ‖ ὧν] καὶ z. 16 κοινῶν αὐτῶν ὄντων xD. ‖ κατειληφόσι z. 17 ἂν om. z. ‖ βουλόμεθα G. 19 ἐκείνους xD, ἐκείνῳ z, corr. Ald. ‖ τούτους πειρᾶσθαι ἔτι z. ‖ αὐτοὺς] ποιεῖν z. 20 δέ μοι] δ' ἔμοιγ' AH. 22 κἄν xD, καὶ ἤν z.

δάσωνται, κέρδος ἡγεῖσθαι· διὰ γὰρ τὰ κέρδη ἥδιον
44 ἡμῖν παραμενοῦσι. τὸ μὲν γὰρ νῦν πλεονεκτῆσαι ὀλι-
γοχρόνιον ἂν τὸν πλοῦτον ἡμῖν παράσχοι· τὸ δὲ ταῦτα
προεμένους ἐκεῖνα κτήσασθαι ὅθεν ὁ πλοῦτος φύεται,
τοῦθ', ὡς ἐγὼ δοκῶ, ἀεναώτερον ἡμῖν δύναιτ' ἂν
45 τὸν ὄλβον καὶ πᾶσι τοῖς ἡμετέροις παρέχειν. οἶμαι
δ', ἔφη, καὶ οἴκοι ἡμᾶς τούτου ἕνεκα ἀσκεῖν καὶ
γαστρὸς κρείττους εἶναι καὶ ἀκαίρων κερδέων, ἵν',
ὁπότε δέοι, δυναίμεθα αὐτοῖς συμφόρως χρῆσθαι. ποῦ
δ' ἂν ἐν μείζοσι τῶν νῦν παρόντων ἐπιδειξαίμεθ' ἂν
46 τὴν παιδείαν ἐγὼ μὲν οὐχ ὁρῶ. ὁ μὲν οὕτως εἶπε.
συνεῖπε δ' αὐτῷ Ὑστάσπας ἀνὴρ Πέρσης τῶν ὁμοτί-
μων ὧδε· Δεινὸν γὰρ τἂν εἴη, ὦ Κῦρε, εἰ ἐν θήρᾳ
μὲν πολλάκις ἄσιτοι καρτεροῦμεν, ὅπως θηρίον τι
ὑποχείριον ποιησώμεθα καὶ μάλα μικροῦ ἴσως ἄξιον·
ὄλβον δὲ ὅλον πειρώμενοι θηρᾶν εἰ ἐμποδών τι ποιη-
σαίμεθα γενέσθαι ἡμῖν ἃ τῶν μὲν κακῶν ἀνθρώπων
ἄρχει, τοῖς δ' ἀγαθοῖς πείθεται, οὐκ ἂν πρέποντα
47 ἡμῖν δοκοῦμεν ποιεῖν. ὁ μὲν Ὑστάσπας οὕτως εἶπεν·
οἱ δ' ἄλλοι πάντες ταῦτα συνήνουν. ὁ δὲ Κῦρος
εἶπεν, Ἄγε δή, ἔφη, ἐπειδὴ ὁμονοοῦμεν ταῦτα,
πέμψατε ἀπὸ λόχου ἕκαστος πέντε ἄνδρας τῶν σπου-

---

1 ἡγήσασθαι D, ἡγήσονται E. || διὰ xD, ἤδη z. **3** ἡμῖν om z (post ἂν g i. marg.). **4** ὁ om. D. **5** τοῦθ' x, τοῦτ' αὖ D. || ἀεν(ν)αώτερον xD, πλειότερον z (ἀενναό s. v. G). **6** τὸν om. z. || πλοῦτον xD. **7** ἕνεκεν D. **8** ἀκαίρων κερδέων (-ῶν D, -αλέων E) xD. **9** ὁπότε xD, εἴποτε z. || ποῦ δ' ἂν ἐν z, ὅτῳ δ' ἂν ἐπὶ xD. **10** post ἂν om. xD. **16** εἰ et **18** οὐκ ἂν . . . ποιεῖν del. Cob. N.L. II 569. 70. || ποιησόμεθα CD. **19** δοκοῦμεν Dind., δοκοίημεν ze, δοκοῖμεν CD, δοκοῖεν E. || post μὲν add. οὖν z. || post ὑστάσπης add. δὴ ED. || οὕτως om. z (in marg. G). **21** ἄγετε D. || ὁμοθυμοῦμεν z (-νοοῦμεν g). **22** πέμψετε x. || ἕκαστος post ἄνδρας transp. xD.

δαιοτάτων· οὗτοι δὲ περιιόντες, οὓς μὲν ἂν ὁρῶσι πορσύνοντας τὰ ἐπιτήδεια, ἐπαινούντων· οὓς δ' ἂν ἀμελοῦντας, κολαζόντων ἀφειδέστερον ἢ ὡς δεσπόται. οὗτοι μὲν δὴ ταῦτα ἐποίουν.

Τῶν δὲ Μήδων τινὲς ἤδη, οἱ μὲν ἁμάξας προ- III *ωρμημένας καταλαβόντες καὶ ἀποστρέψαντες προσήλαυνον μεστὰς ὧν δεῖται στρατιά, οἱ δὲ καὶ ἁρμαμάξας γυναικῶν τῶν βελτίστων τῶν μὲν γνησίων, τῶν δὲ καὶ παλλακίδων διὰ τὸ κάλλος συμπεριαγομένων, ταύτας εἰληφότες προσῆγον. πάντες γὰρ ἔτι καὶ νῦν* 2 *οἱ κατὰ τὴν Ἀσίαν στρατευόμενοι ἔχοντες τὰ πλείστου ἄξια στρατεύονται, λέγοντες ὅτι μᾶλλον μάχοιντ' ἂν εἰ τὰ φίλτατα παρείη· τούτοις γάρ φασιν ἀνάγκην εἶναι προθύμως ἀλέξειν. ἴσως μὲν οὖν οὕτως ἔχει, ἴσως δὲ καὶ ποιοῦσιν αὐτὰ τῇ ἡδονῇ χαριζόμενοι.*

Ὁ δὲ Κῦρος θεωρῶν τὰ τῶν Μήδων ἔργα καὶ 3 *Ὑρκανίων ὥσπερ κατεμέμφετο καὶ ἑαυτὸν καὶ τοὺς σὺν αὐτῷ, εἰ οἱ ἄλλοι τοῦτον τὸν χρόνον ἀκμάζειν τε μᾶλλον ἑαυτῶν ἐδόκουν καὶ προσκτᾶσθαί τι, αὐτοὶ δὲ ἐν ἀργοτέρᾳ χώρᾳ ὑπομένειν. καὶ γὰρ δὴ οἱ ἀπάγοντες καὶ ἀποδεικνύντες Κύρῳ ἃ ἦγον πάλιν ἀπήλαυνον, μεταδιώκοντες τοὺς ἄλλους· ταῦτα γὰρ ἔφασαν σφίσι*

---

3 ἀμελοῦντας z, μέλλοντας xD. **6** καταλαμβάνοντες xD. **7** ἐδεῖτο ἡ στρατιά x, ἔδει στρατιᾷ D. ‖ καὶ om. D. **8** καὶ γνωσίων CD. **9** καὶ om. D. **10** ταύτας] ταῦτα z, καὶ ταύτας D. ‖ πάντες] πάντα CD, ταῦτα E. **12** μᾶλλον] κάλλιον Richards. **14** οὖν om. AG. **15** τῇ om. D. **16** θεωρῶν z, ὁρῶν xD. **17** ὡσπερεὶ κατεμέμφετο ἑαυτὸν xD, ὥσπερ κατ. καὶ αὐτόν zε. **18** εἰ z, ὅτι xD. ‖ ἄλλοι ἂν zε. ‖ αἰχμάζειν xD, συνακμάζειν ε. **19** τί δὲ αὐτοὶ zε. **20** ἐν ἀργοτέρᾳ] ἐνεργω(ο)τέρᾳ AHε. ‖ ὑποκαταμένειν xD. ‖ ἄγοντες ἀποδεικνύντες (om. καὶ) xD. **22** σφίσιν ἔφασαν z.

προστετάχθαι ποιεῖν ὑπὸ τῶν ἀρχόντων. δακνόμενος δὴ ὁ Κῦρος ἐπὶ τούτοις ταῦτα μὲν ὅμως κατεχώριζε· συνεκάλει δὲ πάλιν τοὺς ταξιάρχους, καὶ στὰς ὅπου ἔμελλον πάντες ἀκούσεσθαι τὰ λεγόμενα εἶπε τάδε.

4 Ὅτι μέν, ὦ ἄνδρες φίλοι, εἰ κατάσχοιμεν τὰ νῦν προφαινόμενα, μεγάλα μὲν ἂν ἅπασι Πέρσαις ἀγαθὰ γένοιτο, μέγιστα τ' ἂν εἰκότως ἡμῖν δι' ὧν πράττεται, πάντες οἶμαι γιγνώσκομεν· ὅπως δ' ἂν αὐτῶν ἡμεῖς κύριοι γιγνοίμεθα, μὴ αὐτάρκεις ὄντες κτήσασθαι αὐτά, εἰ μὴ ἔσται οἰκεῖον ἱππικὸν Πέρσαις, τοῦ-
5 το οὐκέτι ἐγὼ ὁρῶ. ἐννοεῖτε γὰρ δή, ἔφη· ἔχομεν ἡμεῖς οἱ Πέρσαι ὅπλα οἷς δοκοῦμεν τοὺς πολεμίους τρέπεσθαι ὁμόσε ἰόντες· καὶ δὴ τρεπόμενοι πῶς ἢ ἱππέας ἢ τοξότας ἢ πελταστὰς ἢ ἀκοντιστὰς ἄνευ ἵππων ὄντες δυναίμεθ' ἂν φεύγοντας ἢ λαβεῖν ἢ κατακανεῖν; τίνες δ' ἂν φοβοῖντο ἡμᾶς προσιόντες κακοῦν ἢ τοξόται ἢ ἀκοντισταὶ ἢ ἱππεῖς, εὖ εἰδότες ὅτι οὐδεὶς αὐτοῖς κίνδυνος ὑφ' ἡμῶν κακόν τι παθεῖν μᾶλλον ἢ ὑπὸ τῶν
6 πεφυκότων δένδρων; εἰ δὲ ταῦτα οὕτως ἔχει, οὐκ εὔδηλον, ἔφη, ὅτι οἱ νῦν παρόντες ἡμῖν ἱππεῖς νομίζουσι πάντα τὰ ὑποχείρια γιγνόμενα οὐχ ἧττον ἑαυτῶν

---

1 προτετάχθαι x, τετάχθαι z. || ποιεῖν . . . ἀρχόντων om. E, ποιεῖν om. C. 2 δὴ] δὲ G. || ταυ̃τα xD, τὰ z. || ὅπως AG. 3 ὅπου ἔμελλον αὖ (ἔμελλεν ἂν D) ἐξ(om. D)ακούεσθαι xD, ὅπου αὐτοῦ ἔμελλον ἀκούσεσθαι z, corr. Hug. 4 βουλευόμενα λέγει z. 5 νῦν om. z. 6 ἂν om. z. 7 πράττετε x, πράσσετε z. 8 γιγνώσκετε z. 9 κύριοι ἡμεῖς C, ἡμεῖς om. E. || γινώμεθα xD 11 ἐγὼ οὐκέτι z. 13 τρέψεσθαι Richards, ἂν ante τρέπεσθαι add. Marchant. || τρέπεσθαι τοὺς πολεμίους z. || ἰόντας xD. || ποίους] πῶς Jacob. || ἢ om. z. 14 ἢ ἀκοντιστὰς om. z. 15 κατακαίνειν z, ἀποκτεῖναι xD. 16 προσιόντας z. || κακουργεῖν xD, τι κακὸν G. 19 δ' οὕτω ταῦτ' z. || οὐκ om. z. || ἔνδηλον solus C. 20 ἔφη om. z. || κομίζουσι Dg. 21 πάντα

εἶναι ἢ ἡμέτερα, ἴσως δὲ νὴ Δία καὶ μᾶλλον; νῦν μὲν 7
οὖν οὕτως ἔχει ταῦτα κατ' ἀνάγκην. εἰ δ' ἡμεῖς ἱπ-
πικὸν κτησαίμεθα μὴ χεῖρον τούτων, οὐ πᾶσιν ἡμῖν
καταφανὲς ὅτι τούς τ' ἂν πολεμίους δυναίμεθα καὶ
ἄνευ τούτων ποιεῖν ὅσαπερ νῦν σὺν τούτοις, τούτους
τε ἔχοιμεν ἂν τότε μετριώτερον πρὸς ἡμᾶς φρονοῦντας;
ὁπότε γὰρ ἢ παρεῖναι ἢ ἀπεῖναι βούλοιντο, ἧττον
ἂν ἡμῖν μέλοι, εἰ αὐτοὶ ἄνευ τούτων ἀρκοῖμεν ἡμῖν
αὐτοῖς. εἶεν· ταῦτα μὲν δὴ οἶμαι οὐδεὶς ἂν ἀντιγνω- 8
μονήσειε μὴ οὐχὶ τὸ πᾶν διαφέρειν τῶν Περσῶν γενέ-
σθαι οἰκεῖον ἱππικόν· ἀλλ' ἐκεῖνο ἴσως ἐννοεῖτε πῶς
ἂν τοῦτο γένοιτο. ἆρ' οὖν σκεψώμεθα, εἰ βουλοίμεθα
καθιστάναι ἱππικόν, τί ἡμῖν ὑπάρχει καὶ τίνος ἐνδεῖ;
οὐκοῦν ἵπποι μὲν οὗτοι πολλοὶ ἐν τῷ στρατοπέδῳ 9
κατειλημμένοι καὶ χαλινοὶ οἷς πείθονται καὶ τἆλλα ὅσα
δεῖ ἵπποις ἔχουσι χρῆσθαι. ἀλλὰ μὴν καὶ οἷς γε δεῖ
ἄνδρα ἱππέα χρῆσθαι ἔχομεν, θώρακας μὲν ἐρύματα
τῶν σωμάτων, παλτὰ δὲ οἷς καὶ μεθιέντες καὶ ἔχον-
τες χρῴμεθ' ἄν. τί δὴ τὸ λοιπόν; δῆλον ὅτι ἀνδρῶν **10**
δεῖ. οὐκοῦν τοῦτο μάλιστα ἔχομεν· οὐδὲν γὰρ οὕτως

ταῦτα E, ταῦτα πάντα CD. ‖ ἑαυτῶν] αὐτοῖς D. ‖ ἑαυτῶν εἶναι οὐχ ἧττον z. **2** οὕτω ταῦτ' ἔχει zD. **3** μὴ χεῖρον] μέχρι AH. μὴ om. G. ‖ παντάπασιν xD. **4** τ' ἂν om. AH, τ' om. G. ‖ δυνάμεθα z. ‖ δυναίμεθα ἄνευ (om. καὶ) xD. **5** ὅσαπερ] ἅπερ καὶ xD. **6** τότε om. x. **7** ἢ παρεῖναι ἢ ἀπεῖναι] εἶναι ἢ ἀπεῖναι x, παρεῖναι καὶ ἀπιέναι G, ἰέναι καὶ ἀπιέναι AH. **8** μέλλοι G. ‖ εἰ αὐτοὶ xD, καὶ γὰρ AH, ‖ καὶ γὰρ ἂν Dind. ‖ ἀρκοίημεν z. **9** εἶεν om. D. ‖ ἂν om. z. ‖ ἀντιγνωμονεῖν· τὸ ἐναντίαν γνῶσιν ἔχειν. Ξενοφῶν Παιδείας γ' Photios p. 147, 1 Reitz. **10** τῶν om. z. ‖ γεν. περσῶν G. **11** ἴσως om. z. **12** ἆρ' οὖν xD, ἂν z, ἀλλὰ Pantazides. **13** ὑμῖν z. **15** κατειλημμένοι om. x. **16** ἵππους CD (-ου s. v. G). ‖ χρῆσθαί γε xD. ‖ δεῖ post ἱππέα transp. xD. **17** ἔρυμα z. **18** παλτὰ] πάντα x. **19** χρῴμεθ' ἄν xD, χρῴμεθα z. **20** οὐθὲν et **3** p. 186 οὐθείς AH.

ἡμέτερόν ἐστιν ὡς ἡμεῖς ἡμῖν αὐτοῖς. ἀλλ' ἐρεῖ τις ἴσως ὅτι οὐκ ἐπιστάμεθα. μὰ Δί' οὐδὲ γὰρ τούτων τῶν ἐπισταμένων νῦν πρὶν μαθεῖν οὐδεὶς ἠπίστατο.
11 ἀλλ' εἴποι ἄν τις ὅτι παῖδες ὄντες ἐμάνθανον. καὶ πότερον οἱ παῖδές εἰσι φρονιμώτεροι ὥστε μαθεῖν τὰ φραζόμενα καὶ δεικνύμενα ἢ οἱ ἄνδρες; πότεροι δὲ ἃ ἂν μάθωσιν ἱκανώτεροι τῷ σώματι ἐκπονεῖν, οἱ παῖδες ἢ
12 οἱ ἄνδρες; ἀλλὰ μὴν σχολή γε ἡμῖν μανθάνειν ὅση οὔτε παισὶν οὔτε ἄλλοις ἀνδράσιν· οὔτε γὰρ τοξεύειν ἡμῖν μαθητέον ὥσπερ τοῖς παισί· προεπιστάμεθα γὰρ τοῦτο· οὔτε μὴν ἀκοντίζειν· ἐπιστάμεθα γὰρ καὶ τοῦτο. ἀλλ' οὐδὲ μήν, ὥσπερ τοῖς ἄλλοις ἀνδράσι τοῖς μὲν γεωργίαι ἀσχολίαν παρέχουσι, τοῖς δὲ τέχναι, τοῖς δὲ ἄλλα οἰκεῖα· ἡμῖν δὲ στρατεύεσθαι οὐ μόνον
13 σχολή, ἀλλὰ καὶ ἀνάγκη. ἀλλὰ μὴν οὐχ ὥσπερ ἄλλα πολλὰ τῶν πολεμικῶν χαλεπὰ μέν, χρήσιμα δέ· ἱππικὴ δὲ οὐκ ἐν ὁδῷ μὲν ἡδίων ἢ αὐτοῖν τοῖν ποδοῖν πορεύεσθαι; ἐν δὲ σπουδῇ οὐχ ἡδὺ ταχὺ μὲν φίλῳ παραγενέσθαι, εἰ δέοι, ταχὺ δέ, εἴτε ἄνδρα εἴτε θῆρα δέοι διώκεσθαι, καταλαβεῖν; ἐκεῖνο δὲ οὐκ εὔπετὲς τὸ ὅ,τι ἂν δέῃ ὅπλον φέρειν τὸν ἵππον τοῦτο συμφέ-
14 ρειν; οὔκουν ταὐτό γ' ἐστὶν ἔχειν τε καὶ φέρειν. ὅ

---

2 μὰ δι' et τούτων om. xD. 3 ἐπισταμένων om. x. 5 πότερα z. || οἱ om. z. 6 οἱ om. solus G. || πότεροι ... 8 οἱ ἄνδρες om. x. || πότερα z. || ἃ ἂν] ἐὰν D. 7 σώμασιν D. 9 οὔτε ... 12 ἀνδράσι om. z (in marg. g et h). 11 ἐπιστάμεθα ... τοῦτο om. x. || καὶ om. Dgh(habent Vat. 987 et Med. 55, 19 = Dindorfii E et H). 12 post ὥσπερ add. καὶ D, γε καὶ xh. || μὲν γὰρ AE. 17 αὐτοῖν] αὐτοὺς xD. 20 διώκοντα xD. || οὐχὶ z. 21 τὸν xD, τὸν δ' G, τὸ δ' AH. || ξυμφέρειν G. 22 οὐκοῦν z. || ἔχειν τε s. v. G. || συμφέρειν xD.

γε μὴν μάλιστ' ἄν τις φοβηθείη, μὴ εἰ δεήσει ἐφ'
ἵππου κινδυνεύειν πρότερον ἡμᾶς πρὶν ἀκριβοῦν τὸ
ἔργον τοῦτο, κἄπειτα μήτε πεζοὶ ἔτι ὦμεν μήτε πω
ἱππεῖς ἱκανοί, ἀλλ' οὐδὲ τοῦτο ἀμήχανον· ὅπου γὰρ
ἂν βουλώμεθα, ἐξέσται ἡμῖν πεζοῖς εὐθὺς μάχεσθαι·
οὐδὲν γὰρ τῶν πεζικῶν ἀπομαθησόμεθα ἱππεύειν μαθόν-
τες. Κῦρος μὲν οὕτως εἶπε· Χρυσάντας δὲ συναγορεύων 15
αὐτῷ ὧδε ἔλεξεν.

Ἀλλ' ἐγὼ μέν, ἔφη, οὕτως ἐπιθυμῶ ἱππεύειν
μαθεῖν ὡς νομίζω, ἐὰν ἱππεὺς γένωμαι, ἄνθρωπος
πτηνὸς ἔσεσθαι. νῦν μὲν γὰρ ἔγωγε ἀγαπῶ ἤν γ' ἐξ 16
ἴσου τῳ θεῖν ὁρμηθεὶς ἀνθρώπων μόνον τῇ κεφαλῇ
πρόσχω, κἂν θηρίον παραθέον ἰδὼν δυνασθῶ διατει-
νάμενος φθάσαι ὥστε ἀκοντίσαι ἢ τοξεῦσαι πρὶν πάνυ
πόρρω αὐτὸ γενέσθαι. ἢν δ' ἱππεὺς γένωμαι, δυνή-
σομαι μὲν ἄνδρα ἐξ ὄψεως μήκους καθαιρεῖν· δυνή-
σομαι δὲ θηρία διώκων τὰ μὲν ἐκ χειρὸς παίειν
καταλαμβάνων, τὰ δὲ ἀκοντίζειν ὥσπερ ἑστηκότα·
[καὶ γὰρ ἐὰν ἀμφότερα ταχέα ᾖ, ὅμως ἐὰν πλησίον
γίγνηται ἀλλήλων, ὥσπερ τὰ ἑστηκότα ἐστίν.] ὃ δὲ δὴ 17
μάλιστα δοκῶ, ἔφη, ζῴων ἐζηλωκέναι ἱπποκενταύρους,

---

1 μάλιστ' ἂν] μάλιστα x, μάλιστα γε ἂν z. ‖ μὴ om. AH. 2 ἡμᾶς πρότερον z. ‖ τὸ ἔργον τοῦτο xD, τοῦτο ἔργον z. 3 ἔτι] εἴ τι x. ‖ μήτε πω z, μήθ' xD. 6 μανθάνοντες z. 10 ἢν z. 11 ἔσεσθαι xD, γενέσθαι z, γενήσεσθαι Pantazides. ‖ ἀγαπῶ ἤν γ' z, ἀγαπώην (-πῶ ἤν D) τ' CD, ἀγαπῶ E. 13 προσχὼν x. ‖ κἂν] ἄν τε xD. ‖ δυνηθῶ xDG. 15 πρόσω z. 16 μὲν om. AH, s. v. G. 19 καὶ γὰρ . . . 20 ἐστίν del. Hug. 19 ἐὰν xD, ἂν z. ‖ post. ἐὰν] δὲ G. ‖ πλησία γίνεται z. 20 ἐστίν om. HA, ἔσται D et (in marg.) G. ‖ ὃ zD, ὦ xF (Cam.), ὧν Marchant. ‖ δὴ om. G. 21 ἔφη ζώων xF (Cam.), ἔφη ζῶον D, ζῶον ἔφη z

εἰ ἐγένοντο, οἷοι προβουλεύεσθαι μὲν ἀνθρώπου
φρονήσει, ταῖς δὲ χερσὶ τὸ δέον παλαμᾶσθαι, ἵππου
δὲ τάχος ἔχειν καὶ ἰσχύν, ὥστε τὸ μὲν φεῦγον αἱρεῖν,
τὸ δ' ὑπομένον ἀνατρέπειν, οὐκοῦν πάντα κἀγὼ
ταῦτα ἱππεὺς γενόμενος συγκομίζομαι πρὸς ἐμαυτόν.
18 προνοεῖν μέν γε ἕξω πάντα τῇ ἀνθρωπίνῃ γνώμῃ, ταῖς
δὲ χερσὶν ὁπλοφορήσω, διώξομαι δὲ τῷ ἵππῳ, τὸν δ'
ἐναντίον ἀνατρέψω τῇ τοῦ ἵππου ῥύμῃ, ἀλλ' οὐ συμ-
19 πεφυκὼς δεδήσομαι ὥσπερ οἱ ἱπποκένταυροι. [οὐκοῦν
τοῦτό γε κρεῖττον ἢ συμπεφυκέναι.] τοὺς μὲν γὰρ
ἱπποκενταύρους οἶμαι ἔγωγε πολλοῖς μὲν ἀπορεῖν τῶν
ἀνθρώποις ηὑρημένων ἀγαθῶν ὅπως δεῖ χρῆσθαι, πολλῶν
δὲ τῶν ἵπποις πεφυκότων ἡδέων πῶς [αὐτῶν] χρὴ
20 ἀπολαύειν. ἐγὼ δὲ ἢν ἱππεύειν μάθω, ὅταν μὲν ἐπὶ
τοῦ ἵππου γένωμαι, τὰ τοῦ ἱπποκενταύρου δήπου δια-
πράξομαι· ὅταν δὲ καταβῶ, δειπνήσω καὶ ἀμφιέσομαι
καὶ καθευδήσω ὥσπερ οἱ ἄλλοι ἄνθρωποι· ὥστε τί
ἄλλο ἢ διαιρετὸς ἱπποκένταυρος καὶ πάλιν σύνθετος
21 γίγνομαι; ἔτι δ', ἔφη, καὶ τόδε πλεονεκτήσω τοῦ
ἱπποκενταύρου. ὁ μὲν γὰρ δυοῖν ὀφθαλμοῖν ἑώρα
τε καὶ δυοῖν ὤτοιν ἤκουεν· ἐγὼ δὲ τέτταρσι μὲν
ὀφθαλμοῖς τεκμαροῦμαι, τέτταρσι δὲ ὠσὶν αἰσθήσομαι·

---

1 οἷοι Herwerden, ὥστε codd. 2 δὲ om. x. 3 αἵρειν H, ὅρειν A. 4 οὔκουν Herwerden, om. D. ‖ ταῦτα πάντα καὶ ἐγὼ G. 6 τῇ ἐμῇ ἀνθρωπίνῃ xDHpr. 7 post. δὲ om. G. ‖ τὸν ἀντίον (om. δ') z. 8 ἀνατρέψομαι xD. ‖ ῥύμῃ Paris. 1639 (= B Dind.)i.marg.man.rec., ῥώμῃ cet. 9 [οὐκοῦν . . . συμπεφυκέναι] ego 12 πολλοῖς codd., corr. Hutchinson. 13 ἡδέων (-ς D) πεφυκότων xD. ‖ [αὐτῶν] Schneider, αὐτοὺς Richards. 15 δήπουθεν z. 19 τόδε xD, τοῖσδε z. 20 ἑώρα τε Hug, προ(-ς D)εωρᾶτο codd. 21 μὲν om. AH, s. v. G. 22 τεκμηροῦμαι z, τεκμαίρομαι x. ‖ τέτρασι AH. ‖ ὠσὶ προαισθήσομαι xD.

πολλὰ γάρ φασι καὶ ἵππον ἀνθρώπῳ τοῖς ὀφθαλμοῖς
προορῶντα δηλοῦν, πολλὰ δὲ τοῖς ὠσὶν προακούοντα
σημαίνειν. ἐμὲ μὲν οὖν, ἔφη, γράφε τῶν ἱππεύειν
ὑπερεπιθυμούντων. Νὴ τὸν Δί', ἔφασαν οἱ ἄλλοι
πάντες, καὶ ἡμᾶς γε. ἐκ τούτου δὴ ὁ Κῦρος λέγει, 22
Τί οὖν, ἔφη, ἐπεὶ σφόδρα ἡμῖν δοκεῖ ταῦτα, εἰ καὶ
νόμον ἡμῖν αὐτοῖς ποιησαίμεθα αἰσχρὸν εἶναι, οἷς ἂν
ἵππους ἐγὼ πορίσω, ἄν τις φανῇ πεζῇ [ἡμῶν] πο-
ρευόμενος, ἐάν τε πολλὴν ἐάν τε ὀλίγην ὁδὸν δέῃ
διελθεῖν; ἵνα καὶ παντάπασιν ἱπποκενταύρους οἴωνται
ἡμᾶς οἱ ἄνθρωποι εἶναι. ὁ μὲν οὕτως ἐπήρετο, οἱ δὲ 23
πάντες συνήνεσαν· ὥστ' ἔτι καὶ νῦν ἐξ ἐκείνου χρῶνται
οὕτω Πέρσαι, καὶ οὐδεὶς ἂν τῶν καλῶν καὶ ἀγαθῶν
ἑκὼν ὀφθείη Περσῶν οὐδαμοῦ πεζὸς ἰών. οἱ μὲν δὴ
ἐν τούτοις τοῖς λόγοις ἦσαν.

Ἡνίκα δ' ἦν ἔξω μέσου ἡμέρας, προσήλαυνον IV
μὲν οἱ Μῆδοι ἱππεῖς καὶ οἱ Ὑρκάνιοι, ἵππους τε ἄγον-
τες αἰχμαλώτους καὶ ἄνδρας· ὅσοι γὰρ τὰ ὅπλα παρεδί-
δοσαν, οὐ κατέκαινον· ἐπεὶ δὲ προσήλασαν, πρῶτον 2
μὲν αὐτῶν ἐπυνθάνετο ὁ Κῦρος εἰ σωθεῖεν πάντες
αὐτῷ· ἐπεὶ δὲ τοῦτ' ἔφασαν, ἐκ τούτου ἠρώτα ὅ,τι
ἔπραξαν. οἱ δὲ διηγούμενοι ἅ τ' ἐποίησαν καὶ ὡς

1 ἀνθρώπῳ Pantazides, ἀνθρώπου zD, om. x. 2 ἀκούοντα z. 3 οὖν om. G. || γραφέτω x. 4 ἐπιθυμούντων xD. || τὸν om. xD. || ἔφησαν z. 6 ταῦτα δοκεῖ xD. || εἰ] ἢ z. 7 μόνον z. 8 πορίσωμαι x. || ἥν τις z. || [ἡμῶν] Hartman. 9 ἥν τε . . . ἥν τε z. 10 ἡμᾶς οἴωνται z. 11 οἱ om. A. 12 συνεπήνεσαν xD. 13 Πέρσαι οὕτω z. || κἀγαθῶν zD. 14 οὐδαμῇ z. 16 δ' ἦν] δ' z. || μέσον GD. || ἡμέρα ἐγίνετο z. 17 μὲν om. xD. || οἱ om. z. 19 οὐ κατέκαιον A, οὐκ ἀπέκτεινον xD, οὐ κατέκανον Dind. 20 σῶοι οἱ πάντες εἶεν xD. 21 αὐτῷ xD, αὐτῶν z. || ὅ τι xD, τί z. 22 διηγούμενοι ego, διηγοῦντο codd., del. Cobet et Lincke. || ἅ τ'] ἅπερ D.

3 ἀνδρείως ἕκαστα ἐμεγαληγόρουν. ὁ δὲ διήκουε ἡδέως πάντων ἃ ἐβούλοντο λέγειν· ἔπειτα δὲ καὶ ἐπήνεσεν αὐτοὺς οὕτως· Ἀλλὰ καὶ δῆλοί τοι, ἔφη, ἐστὲ ὅτι ἄνδρες ἀγαθοὶ ἐγένεσθε· καὶ γὰρ μείζους φαίνεσθε καὶ
4 καλλίους καὶ γοργότεροι ἢ πρόσθεν ἰδεῖν. ἐκ δὲ τούτου ἐπυνθάνετο ἤδη αὐτῶν καὶ ὁπόσην ὁδὸν διήλασαν καὶ εἰ οἰκοῖτο ἡ χώρα. οἱ δ' ἔλεγον ὅτι καὶ πολλὴν διελάσειαν καὶ πᾶσα οἰκοῖτο καὶ μεστὴ εἴη καὶ οἰῶν καὶ αἰγῶν καὶ βοῶν καὶ ἵππων καὶ σίτου καὶ
5 πάντων ἀγαθῶν. Δυοῖν ἄν, ἔφη, ἐπιμελητέον ἡμῖν εἴη, ὅπως τε κρείττους ἐσόμεθα τῶν ταῦτα ἐχόντων καὶ ὅπως αὐτοὶ μενοῦσιν· οἰκουμένη μὲν γὰρ χώρα πολλοῦ ἄξιον κτῆμα· ἐρήμη δ' ἀνθρώπων οὖσα ἐρήμη
6 καὶ τῶν ἀγαθῶν γίγνεται. τοὺς μὲν οὖν ἀμυνομένους, ἔφη, οἶδα ὅτι κατεκάνετε, ὀρθῶς ποιοῦντες· τοῦτο γὰρ μάλιστα σῴζει τὴν νίκην· τοὺς δὲ παραδιδόντας αἰχμαλώτους ἠγάγετε· οὓς εἰ ἀφείημεν, τοῦτ' αὖ
7 σύμφορον ἄν, ὡς ἐγώ φημι, ποιήσαιμεν· πρῶτον μὲν γὰρ νῦν οὐκ ἂν φυλάττεσθαι οὐδὲ φυλάττειν τούτους ἡμᾶς δέοι, οὐδ' αὖ σιτοποιεῖν τούτοις· οὐ γὰρ λιμῷ

1 διήκουε xD, διηκούετο z, διήκουέ τε Schneider. || ἡδέως πάντων ἃ z, πάντα ἡδέως ὅσα xD. 2 ἠβούλετο x. 3 τοι HG, τε A, om. xD. || ὅτι] ὡς xD. 6 ἤδη om. xD. || πόσην CD. 8 διελάσειαν] δὴ ἐλάσειαν xD. || post οἰκοῖτο add. ἡ χώρα xD et in marg. G. || tert. καὶ om. z. 9 οἰῶν CD, ὑῶν z E. 11 αὐτὰ ἐχόντων z, ἐχόντων αὐτὰ xD, corr. Hug. 12 αὐτοὶ xD, οὗτοι z. || μένωσιν xD. || μὲν s. v. G. 13 πολὺ z. 15 ἔφη οἶδα z, οἶδα ἔφη CD, οἶδα E. || κατεκάνετε Dind., κατεκαίνετε z, ἀπεκτείνατε xD. 17 ἠγάγετε] ἐλάβετε xD. || αὖ xD, αὐτὸ z, αὐτοῖς Pantazides cf. Krüger Gr. 51, 6, 3. 4. Mem. II 3, 13. An. III 2, 21. 18 ὡς om. x. 19 ἡμᾶς τούτους z. 20 αὖ Castalio, ἂν codd. || σιτοποιεῖν] σῖτον πορίζειν Nitsche. || τούτους ED. || post γὰρ add. δὴ AH.

γε δήπου κατακανοῦμεν αὐτούς· ἔπειτα δὲ τούτους
ἀφέντες πλείοσιν αἰχμαλώτοις χρησόμεθα. ἐὰν γὰρ 8
κρατῶμεν τῆς χώρας, ἅπαντες ἡμῖν οἱ ἐν ταύτῃ
οἰκοῦντες αἰχμάλωτοι ἔσονται· ῥᾷον δὲ τούτους ζῶντας
ἰδόντες καὶ ἀφεθέντας μενοῦσιν οἱ ἄλλοι καὶ πείθε-
σθαι αἱρήσονται μᾶλλον ἢ μάχεσθαι. ἐγὼ μὲν οὖν
οὕτω γιγνώσκω· εἰ δ' ἄλλο τις ὁρᾷ ἄμεινον, λεγέτω.
οἱ δὲ ἀκούσαντες συνῄνουν ταῦτα ποιεῖν. οὕτω δὴ ὁ 9
Κῦρος καλέσας τοὺς αἰχμαλώτους λέγει τοιάδε· Ἄνδρες, 10
ἔφη, νῦν τε ὅτι ἐπείθεσθε τὰς ψυχὰς περιεποιήσασθε,
τοῦ τε λοιποῦ, ἢν οὕτω ποιῆτε, οὐδ' ὁτιοῦν καινὸν
ἔσται ὑμῖν ἀλλ' ἢ οὐχ ὁ αὐτὸς ἄρξει ὑμῶν ὅσπερ καὶ
πρότερον· οἰκήσετε δὲ τὰς αὐτὰς οἰκίας καὶ χώραν
τὴν αὐτὴν ἐργάσεσθε καὶ γυναιξὶ ταῖς αὐταῖς
συνοικήσετε καὶ παίδων τῶν ὑμετέρων ἄρξετε ὥσπερ
νῦν· ἡμῖν μέντοι οὐ μαχεῖσθε οὐδὲ ἄλλων οὐδενί·
ἡνίκα δ' ἄν τις ὑμᾶς ἀδικῇ, ἡμεῖς ὑπὲρ ὑμῶν μαχού- 11
μεθα. ὅπως δὲ μηδ' ἐπαγγέλλῃ μηδεὶς ὑμῖν στρατεύειν,
τὰ ὅπλα πρὸς ἡμᾶς κομίσατε· καὶ τοῖς μὲν κομίζουσιν
ἔσται εἰρήνη καὶ ἃ λέγομεν ἀδόλως· ὁπόσοι δ' ἂν
τὰ πολεμικὰ μὴ ἀποφέρωσιν ὅπλα, ἐπὶ τούτους ἡμεῖς

---

1 κατακαινοῦμεν z, ἀποκτενοῦμεν xD, corr. Zeune. ‖ δὲ] δὲ καὶ xD. 2 ἦν z. 3 πάντες z. ‖ ταύτῃ xD, αὐτῇ z. 4 ῥᾷον ego, μᾶλλον codd. 5 μενοῦσι καὶ οἱ xD. 6 οὖν om. AH. 7 ἄλλο xDG, ἄλλα AH. ‖ ἀμείνονα z. 9 τάδε D. 11 τε om. z. ‖ καινὸν xD, κακὸν z. 12 ὅσπερ καὶ AH, ὥσπερ καὶ G, ὡς x, ὃς D. 16 μάχεσθε xD. ‖ ἄλλῳ zD. ‖ οὐδενί om z. 17 ἡνίκα δ' ἄν τις z (ἡνίκα δ' in ras. H), ἂν δὲ καὶ (om. E) ἄλλος xD. 18 ὅπως δὲ μηδ' ἀγγέλλῃ x, ὅπως μηδ' ἐπαγγέλλῃ D, ὡς δ' ἐπαγγελθῇ z. ‖ μηδεὶς ὑμῖν στρατεύειν] τις ὑμῖν στρατιά HA, ἡμῖν στρατιά G. 20 ἔστιν z. 21 ἀποτίθωνται xD, ἀποφέρωσιν z.

12 καὶ δὴ στρατευσόμεθα. ἐὰν δέ τις ὑμῶν καὶ ἔχων
πρὸς ἡμᾶς εὐνοϊκῶς καὶ πράττων τι καὶ διδάσκων
φαίνηται, τοῦτον ἡμεῖς ὡς εὐεργέτην καὶ φίλον, οὐχ
ὡς δοῦλον περιέψομεν. ταῦτα οὖν, ἔφη, αὐτοί τε ἴστε
13 καὶ τοῖς ἄλλοις διαγγέλλετε. ἂν δ' ἄρα, ἔφη, ὑμῶν
βουλομένων ταῦτα μὴ πείθωνταί τινες, ἐπὶ τούτους
ἡμᾶς ἄγετε, ὅπως ὑμεῖς ἐκείνων, μὴ ἐκεῖνοι ὑμῶν
ἄρχωσιν. ὁ μὲν δὴ ταῦτ' εἶπεν· οἱ δὲ προσεκύνουν
τε καὶ ταῦτα ἔφασαν ποιήσειν.

V Ἐπεὶ δ' ἐκεῖνοι ᾤχοντο, ὁ Κῦρος εἶπεν, Ὥρα δή,
ὦ Μῆδοι καὶ Ἀρμένιοι, δειπνεῖν πᾶσιν ἡμῖν·
παρεσκεύασται δὲ ὑμῖν τὰ ἐπιτήδεια ὡς ἡμεῖς βέλτιστα
ἐδυνάμεθα. ἀλλ' ἴτε καὶ ἡμῖν πέμπετε τοῦ πεποιημέ-
νου σίτου τὸν ἥμισυν· ἱκανὸς δὲ ἀμφοτέροις πεποίη-
ται· ὄψον δὲ μὴ πέμπετε μηδὲ πιεῖν· ἱκανὰ γὰρ
2 ἔχομεν παρ' ἡμῖν αὐτοῖς παρεσκευασμένα. καὶ ὑμεῖς δὲ,
ἔφη, ὦ Ὑρκάνιοι, διάγετε αὐτοὺς ἐπὶ τὰς σκηνάς, τοὺς
μὲν ἄρχοντας ἐπὶ τὰς μεγίστας, γιγνώσκετε δέ, τοὺς
δ' ἄλλους ὡς ἂν δοκῇ κάλλιστα ἔχειν· καὶ αὐτοὶ δὲ
δειπνεῖτε ὅπουπερ ἥδιστον ὑμῖν· σῶαι μὲν γὰρ ὑμῖν
καὶ ἀκέραιοι αἱ σκηναί· παρεσκεύασται δὲ καὶ <ὑμῖν>

---

1 ἂν z. || ἔχων πρὸς ego, ἰὼν ὡς codd. cf. IV 5, 31. 3 φανῆται CD, φανεῖται E. 4 περιέψοιμεν x, περιόψοιμεν z. 5 ἢν z. || ἡμῶν G. 7 ἐκεῖνοι ὑμῶν ἄρχω(-ου E)σιν xD, ὑμεῖς ὑπ' ἐκείνων ἄρχησθε z. 8 δὴ om. xD. || προσεκύνησαν xD. 9 ταῦτα ἔφασαν xD, ὑπισχνοῦντο ταῦτα z. 11 ὑμῖν z. 12 παρεσκευάσθαι AG. || βέλτιστα xD, ὦ βέλτιστοι z Zon. 13 πεπονημένου codd., corr. Zeune. 14 τὸ ἥμισυ D. 15 πιεῖν] ποιεῖν E. || ἱκανὸν . . παρεσκευασμένον z. 17 ὦ ὑρκάνιοι ἔφη z. || διαγάγετε AH cor. Zon., διάγειν D, διάτε H pr. 19 δὲ om. xD. 20 σῶαι . . . ὑμῖν om. xD. 21 αἱ] καὶ αἱ z (sed in G καὶ punctis notatum). || ὑμῖν ex Philelpho receptum, codd. non agnoscunt.

ἐνθάδε ὥσπερ καὶ τούτοις. καὶ τοῦτο δὲ ἴστε ἀμφότεροι 3
ὅτι τὰ μὲν ἔξω ἡμεῖς ὑμῖν νυκτοφυλακήσομεν, τὰ δ'
ἐν ταῖς σκηναῖς αὐτοὶ ὁρᾶτε καὶ τὰ ὅπλα εὖ τίθεσθε·
οἱ γὰρ ἐν ταῖς σκηναῖς οὔπω φίλοι ἡμῖν. οἱ μὲν δὴ 4
Μῆδοι καὶ οἱ ἀμφὶ Τιγράνην ἐλοῦντο, καί, ἦν γὰρ
παρεσκευασμένα, [καὶ] ἱμάτια μεταλαβόντες ἐδείπνουν,
καὶ οἱ ἵπποι αὐτοῖς εἶχον τὰ ἐπιτήδεια· καὶ τοῖς Πέρσαις
δὲ ἔπεμπον τῶν ἄρτων τοὺς ἡμίσεις. ὄψον δὲ οὐκ
ἔπεμπον οὐδ' οἶνον, οἰόμενοι ἔχειν τοὺς ἀμφὶ Κῦρον
ἔτι ἄφθονα ταῦτα. ὁ δὲ Κῦρος ἔλεγεν· ὄψον μὲν
τὸν λιμόν, πιεῖν δ' ἀπὸ τοῦ παραρρέοντος ποταμοῦ.
ὁ μὲν οὖν Κῦρος δειπνίσας τοὺς Πέρσας, ἐπειδὴ 5
συνεσκότασε, κατὰ πεμπάδας καὶ κατὰ δεκάδας πολ-
λοὺς αὐτῶν διέπεμψε καὶ ἐκέλευσε κύκλῳ τοῦ στρατο-
πέδου κρυπτεύειν, νομίζων ἅμα μὲν φυλακὴν ἔσεσθαι,
ἐάν τις ἔξωθεν προσίῃ, ἅμα δέ, ἐάν τις ἔξω φέρων
χρήματα ἀποδιδράσκῃ, ἁλώσεσθαι αὐτόν· καὶ ἐγένετο
οὕτω· πολλοὶ μὲν γὰρ ἀπεδίδρασκον, πολλοὶ δὲ ἑάλωσαν.
ὁ δὲ Κῦρος τὰ μὲν χρήματα τοὺς λαβόντας εἴα 6
ἔχειν, τοὺς δὲ ἀνθρώπους ἐκέλευσεν ἀποσφάξαι· ὥστε
τοῦ λοιποῦ οὐδὲ βουλόμενος ἂν ηὗρες ῥᾳδίως τὸν

1 ὥσπερ] οὗπερ Pantazides. 2 μὲν s. v. G. ‖ ὑμῖν ἡμεῖς codd. praeter C. 3 εὖ τίθεσθε] ἐντίθεσθε D, ἐν s. v. G. 4 οὔπω] οὗτοι z. 5 ἐλεοῦντο C, ἐλούοντο z. ‖ καὶ ἦν γὰρ G, ἦν γὰρ καὶ x, ἦν γὰρ HAD. 6 [καὶ] Poppo. 7 αὐτοῖς] αὐτῶν xD. 8 δὲ ἔπεμπον z, διέπεμπον xD. ‖ ἄρτων ἑκάστοις τοὺς (τὰς x) ἡμίσεις xD. 10 ἔτι ἄφθονα ταῦτα Dind., ὅτι ἄφθονα ταῦτα z (ἔφη i. marg., ἔχειν s. v. G), ὅτι ἔφη ἄφθονα ταῦτα ἔχειν xD. ‖ post κῦρος add. ταῦτα xD. 12 δειπνήσας z. ‖ ἐπεὶ z. 13 συνεσκότασε xD, συνεστηκότας ἴδεν (εἶδε G) z. ‖ καὶ κατὰ δεκάδας om. z. 14 διέπεμπε xD. ‖ τὸ στρατόπεδον z. 15 κρύπτειν xDg. 16 ἄν . . . ἄν z. ‖ ἔξω x. ‖ χρήματα φέρειν xD. 20 ἀποσφάξαι ἐκέλευσεν z. 21 εὗρες xDG, εὕρετο HA.

7 νύκτωρ πορευόμενον. οἱ μὲν δὴ Πέρσαι οὕτω διῆγον· οἱ δὲ Μῆδοι καὶ εὐωχοῦντο καὶ ἔπινον καὶ ηὐλοῦντο καὶ πάσης εὐθυμίας ἐνεπίμπλαντο· πολλὰ γὰρ καὶ τοιαῦτα ἑάλω, ὥστε μὴ ἀπορεῖν ἔργου τοὺς ἐγρηγορότας.

8 Ὁ δὲ Κυαξάρης ὁ τῶν Μήδων βασιλεὺς τὴν μὲν νύκτα ἐν ᾗ ἐξῆλθεν ὁ Κῦρος αὐτός τε ἐμεθύσκετο μεθ' ὧνπερ ἐσκήνου ὡς ἐπ' εὐτυχίᾳ, καὶ τοὺς ἄλλους δὲ Μήδους ᾤετο παρεῖναι ἐν τῷ στρατοπέδῳ πλὴν ὀλίγων, ἀκούων θόρυβον πολύν· οἱ γὰρ οἰκέται τῶν Μήδων, ἅτε τῶν δεσποτῶν ἀπεληλυθότων, ἀνειμένως καὶ ἔπινον καὶ ἐθορύβουν, ἄλλως τε καὶ ἐκ τοῦ Ἀσσυρίου στρατεύματος καὶ οἶνον καὶ ἄλλα πολλὰ
9 εἰληφότες. ἐπεὶ δὲ ἡμέρα ἐγένετο, καὶ ἐπὶ θύρας οὐδεὶς ἧκε πλὴν οἵπερ καὶ συνεδείπνουν, καὶ τὸ στρατόπεδον ἤκουε κενὸν εἶναι τῶν Μήδων καὶ τῶν ἱππέων, καὶ ἑώρα, ἐπεὶ ἐξῆλθεν, οὕτως ἔχοντα, ἐνταῦθα δὴ ἐβριμοῦτό τε τῷ Κύρῳ καὶ τοῖς Μήδοις τῷ καταλιπόντας αὐτὸν ἔρημον οἴχεσθαι, καὶ εὐθύς, ὥσπερ λέγεται ὠμὸς εἶναι καὶ ἀγνώμων, τῶν παρόντων κελεύει τινὰ λαβόντα τοὺς ἑαυτοῦ ἱππέας πορεύεσθαι ὡς τάχιστα ἐπὶ τὸ ἀμφὶ Κῦρον στράτευμα καὶ λέγειν τάδε.

---

2 καὶ ἔπινον καὶ εὐωχοῦντο καὶ ηὐλοῦντο D (καὶ add. G), ἔπινον καὶ ἥδοντο z (καὶ ηὐλοῦντο in marg. G). 4 τὰ om. xD. || ἑάλω xD, ἥλω z (ἑάλω in marg. G). || ἔργου D, ἔργω z, ἔργων x. 6 ὁ τῶν μήδων βασιλεύς del. Herwerden. 7 ἐν om. z (s. v. G). || τε om. z. 8 ὧν παρεσκήνου xD. 11 ἀπελθόντων z. 12 primum καὶ om. z. 13 post πολλὰ add. τοιαῦτα xD. 14 θύραις z. 15 τὸ om. G. 17 ἐπειδὴ z. 18 post. τῷ] τὸ xHpr. || καταλιπόντα AH. 19 ὥσπερ] ὡς xD. 20 καὶ ἀγνώμων xD, ἀγνωμόνως z. || κελεύει τῶν παρόντων xD. 21 παρ' ἑαυτοῦ (-ῷ D) τινας ἱππέας xD. 22 ἐπὶ z, πρὸς xD. || κύρον G.

Ὤιμην μὲν ἔγωγε, οὐδ' ἂν σέ, ὦ Κῦρε, οὕτως ἀπρο- 10
νοήτως περὶ ἐμοῦ βουλεῦσαι, εἰ δὲ Κῦρος οὕτω
γιγνώσκοι, οὐκ ἂν ὑμᾶς γε, ὦ Μῆδοι, ἐθελῆσαι οὕτως
ἔρημον ἐμὲ καταλιπεῖν. καὶ νῦν, ἐὰν μὲν Κῦρος
βούληται, εἰ δὲ μή, ὑμεῖς γε τὴν ταχίστην πάρεστε.
ταῦτα δὴ ἐπέστειλεν. ὁ δὲ ταττόμενος πορεύεσθαι ἔφη, 11
Καὶ πῶς ἐγώ, ὦ δέσποτα, εὑρήσω ἐκείνους; Πῶς δὲ
Κῦρος, ἔφη, καὶ οἱ σὺν αὐτῷ ἐφ' οὓς ἐπορεύοντο;
Ὅτι νὴ Δί', ἔφη, ἀκούω ἀφεστηκότας τῶν πολεμίων
Ὑρκανίους τινὰς καὶ ἐλθόντας δεῦρο οἴχεσθαι
ἡγουμένους αὐτῷ. ἀκούσας δὲ ταῦτα ὁ Κυαξάρης πολὺ 12
μᾶλλον ἔτι τῷ Κύρῳ ὠργίζετο τῷ μηδ' εἰπεῖν αὐτῷ
ταῦτα, καὶ πολλῇ σπουδῇ μᾶλλον ἔπεμπεν ἐπὶ τοὺς
Μήδους, ὡς ψιλώσων αὐτόν, καὶ ἰσχυρότερον ἔτι ἢ
πρόσθεν τοῖς Μήδοις ἀπειλῶν ἀπεκάλει, καὶ τῷ πεμ-
πομένῳ δὲ ἠπείλησεν, εἰ μὴ ἰσχυρῶς ταῦτα ἀπαγγέλλοι.

Ὁ μὲν δὴ πεμπόμενος ἐπορεύετο ἔχων τοὺς ἑαυτοῦ 13
ἱππέας ὡς ἑκατόν, ἀνιώμενος ὅτι οὐ καὶ αὐτὸς
τότε ἐπορεύθη μετὰ τοῦ Κύρου. ἐν δὲ τῇ ὁδῷ
πορευόμενοι διασχισθέντες τρίβῳ τινὶ ἐπλανῶντο, καὶ
οὐ πρόσθεν ἀφίκοντο ἐπὶ τὸ φίλιον στράτευμα πρὶν
ἐντυχόντες ἀποχωροῦσί τισι τῶν Ἀσσυρίων ἠνάγκασαν

---

1 περὶ ἐμοῦ οὕτως (om. ἀπρονοήτως) z. **3** γιγνώσκει xA. ‖ ὑμᾶς γε D. ‖ οὕτως om. AH. **4** ἂν z. **5** γε om. z. **6** δὴ om. xD. ‖ ἐπέστελλεν CD. **7** ὦ δέσποτα ἐγὼ z. ‖ post. πῶς] ὅπῃ z. **10** ἐλθόντας Dz, ἐθέλοντας x. **11** αὐτῷ] αὐτῶν Dz. ‖ δὲ om. D. **12** post. τῷ] τὸ H, om. D. **15** τοῖς] αὐτοῖς τοῖς G, τοῖς αὐτοῖς A. ‖ ἐπεκάλει z. **16** ἠπείλει z. ‖ ἀπαγγελοῖ Richards, ἀπαγγελοίη Weckherlin, ἀγγέλλοι x. **18** καὶ αὐτὸς οὐκ (om. E) ἐπορεύθη xD, οὐκ ἐπορεύθη καὶ αὐτὸς G. **19** ὁδῷ πειθόμενοι διασχιζομένων ὁδῶν τρίβῳ xD. **21** φίλιον z, τοῦ κύρου xD. **22** ἀποχωροῦσι om. D.

αὐτοὺς ἡγεῖσθαι· καὶ οὕτως ἀφικνοῦνται τὰ πυρὰ
14 κατιδόντες ἀμφὶ μέσας πως νύκτας. ἐπεὶ δ' ἐγένοντο
πρὸς τῷ στρατοπέδῳ, οἱ φύλακες, ὥσπερ εἰρημένον
ἦν ὑπὸ Κύρου, οὐκ εἰσέφρηκαν αὐτοὺς πρὸ ἡμέρας.
ἐπεὶ δὲ ἡμέρα ὑπέφαινε, πρῶτον μὲν τοὺς μάγους
καλέσας ὁ Κῦρος τὰ τοῖς θεοῖς νομιζόμενα ἐπὶ τοῖς
τοιούτοις ἀγαθοῖς ἐξαιρεῖσθαι ἐκέλευε. καὶ οἱ μὲν ἀμφὶ
15 ταῦτα εἶχον· ὁ δὲ συγκαλέσας τοὺς ὁμοτίμους εἶπεν,
Ἄνδρες, ὁ μὲν θεὸς προφαίνει πολλὰ κἀγαθά· ἡμεῖς
δὲ οἱ Πέρσαι ἐν τῷ παρόντι ὀλίγοι ἐσμὲν ὡς ἐγκρα-
τεῖς εἶναι αὐτῶν. εἴτε γὰρ ὁπόσα ἂν προσεργασώμεθα,
μὴ φυλάξομεν, πάλιν ταῦτα ἀλλότρια ἔσται· εἴτε
καταλείψομέν τινας ἡμῶν αὐτῶν φύλακας ἐπὶ τοῖς ἐφ'
ἡμῖν γιγνομένοις, αὐτίκα οὐδεμίαν ἰσχὺν ἔχοντες ἀνα-
16 φανούμεθα. δοκεῖ οὖν μοι ὡς τάχιστα ἰέναι τινὰ ὑμῶν
εἰς Πέρσας καὶ διδάσκειν ἅπερ ἐγὼ λέγω, καὶ κελεύειν
ὡς τάχιστα ἐπιπέμπειν στράτευμα, εἴπερ ἐπιθυμοῦσι
Πέρσαι τὴν ἀρχὴν τῆς Ἀσίας αὐτοῖς καὶ τὴν
17 κάρπωσιν γενέσθαι. ἴθι μὲν οὖν σύ, ἔφη, ὁ πρεσβύ-
τατος, καὶ ἰὼν ταῦτα λέγε, καὶ ὅτι οὓς ἂν πέμπωσι
στρατιώτας, ἐπειδὰν ἔλθωσι παρ' ἐμέ, ἐμοὶ μελήσει

---

1 ἡγήσασθαι D. || οὕτως] οὗτοι δὴ D. **2** ἀμφὶ zC, περὶ D, ἐς E. || πως om. xD. **3** πρὸς τῷ στρατοπέδῳ z, ἀμφὶ τὸ στρατόπεδον xD. **4** εἰσέφρηκαν Cobet, εἰσαφῆκαν codd. **5** ἐπεὶ] ἔτι x. || ὑπεφαίνετο D. || καὶ πρῶτον x. **9** πολλὰ ἀγαθὰ x, πολλὰ καὶ ἀγαθὰ Dz. **10** οἱ Bothe, ὦ codd. || ὡς] ὥστε D. **11** ὁπόσα Poppo, ὅσα D, ὁποῖα xz. || κατεργαζόμεθα D, κατεργασώμεθα g. **12** φυλάξωμεν G. || ταῦτα πάλιν D. **13** καταλείψωμεν G. **14** ἔχοντες ἰσχὺν D. **15** ἡμῶν C. **17** ὥσπερ G. || ἐπιπέμπειν xV, πέμπειν Dz. **18** αὐτοῖς ego, αὑτοῖς codd. **19** post γενέσθαι add. ἐφ' ἑαυτοῖς D. || ἴθι μὲν] ἴοιμεν AH. || ἔφη σὺ D, σὺ E.

περὶ τροφῆς αὐτοῖς. ἃ δ' ἔχομεν ἡμεῖς, ὁρᾷς μὲν
αὐτός, κρύπτε δὲ τούτων μηδέν, ὅ,τι δὲ τούτων ἐγὼ
πέμπων εἰς Πέρσας καλῶς καὶ νομίμως ποιοίην ἂν τὰ
μὲν πρὸς τοὺς θεοὺς τὸν πατέρα ἐρώτα, τὰ δὲ πρὸς
τὸ κοινὸν τὰς ἀρχάς. πεμψάντων δὲ καὶ ὀπτῆρας ὧν
πράττομεν καὶ φραστῆρας ὧν ἐρωτῶμεν. καὶ σὺ μέν,
ἔφη, συσκευάζου καὶ τὸν λόχον προπομπὸν ἄγε.

Ἐκ τούτου δὴ καὶ τοὺς Μήδους ἐκάλει, καὶ ἅμα 18
ὁ παρὰ τοῦ Κυαξάρου ἄγγελος παρίσταται, καὶ ἐν
πᾶσι τήν τε πρὸς Κῦρον ὀργὴν καὶ τὰς πρὸς Μήδους
ἀπειλὰς αὐτοῦ ἔλεγε· καὶ τέλος εἶπεν ὅτι ἀπιέναι
Μήδους κελεύει, καὶ εἰ Κῦρος μένειν βούλεται. οἱ μὲν 19
οὖν Μῆδοι ἀκούσαντες τοῦ ἀγγέλου ἐσίγησαν, ἀποροῦν-
τες μὲν πῶς χρὴ καλοῦντος ἀπειθεῖν, φοβούμενοι
δὲ πῶς χρὴ ἀπειλοῦντι ὑπακοῦσαι, ἄλλως τε καὶ
εἰδότες τὴν ὠμότητα αὐτοῦ. ὁ δὲ Κῦρος εἶπεν, Ἀλλ' 20
ἐγώ, ὦ ἄγγελέ τε καὶ Μῆδοι, οὐδέν, ἔφη, θαυμάζω
εἰ Κυαξάρης, πολλοὺς μὲν πολεμίους τότ' ἰδών, ἡμᾶς
δὲ οὐκ εἰδὼς ὅ,τι πράττομεν, ὀκνεῖ περί τε ἡμῶν καὶ
περὶ αὐτοῦ· ἐπειδὰν δὲ αἴσθηται πολλοὺς μὲν τῶν
πολεμίων ἀπολωλότας, πάντας δὲ ἀπεληλαμένους,
πρῶτον μὲν παύσεται φοβούμενος, ἔπειτα γνώσεται,

---

1 περὶ τῆς D. ‖ αὐτοῖς] αὐτῶν DG. 2 αὐτός Cobet, αὐτά codd. ‖ κρύπτεται G, corr. s. v. man. rec. ‖ post. τούτων] τοῦτον x. 3 πέμπω x. ‖ ποιοίμην xD. 4 τοὺς om. D. ‖ ante ἐρώτα add. τοὺς H. ‖ τὰ δὲ] τάδε H. 5 τὸν κοινὸν z. 6 φρατῆρας xz. 7 προπομπὸν D, πρῶτον xz. 8 δὴ xz, δὲ D. 9 παρὰ om. D. 10 πρὸς κῦρον] ἐπὶ τὸν κῦρον et πρὸς τοὺς μήδους D. 12 καὶ εἰ] εἰ καὶ ὁ D. 13 οὖν] δὴ D. 14 μὲν οὖν πῶς xz. ‖ καλοῦντι x. 15 ἀπειλοῦντος ἐπακοῦσαι x. 16 ἀλλ' om. x. 17 ὦ om. x. 19 τε ἡμῶν xD, ἡμῶν G, αὐτῶν AH. 20 αὐτοῦ z.

ὅτι οὐ νῦν ἔρημος γίγνεται, ἡνίκα οἱ φίλοι αὐτοῦ τοὺς
21 ἐκείνου ἐχθροὺς ἀπολλύουσιν. ἀλλὰ μὴν μέμψεώς γε
πῶς ἐσμὲν ἄξιοι, εὖ τε ποιοῦντες ἐκεῖνον καὶ οὐδὲ
ταῦτα αὐτοματίσαντες; ἀλλ' ἐγὼ μὲν ἐκεῖνον ἔπεισα
ἐᾶσαί με λαβόντα ὑμᾶς ἐξελθεῖν· ὑμεῖς δὲ οὐχ ὡς
ἐπιθυμοῦντες τῆς ἐξόδου ἠρωτήσατε εἰ ἐξίοιτε καὶ
ἀτυχοῦντες δεῦρο ἥκετε, ἀλλ' ὑπ' ἐκείνου κελευσθέντες
ἐξιέναι ὅτῳ ὑμῶν μὴ ἀχθομένῳ εἴη. ἡ καὶ ὀργὴ οὖν αὕτη
σάφ' οἶδα ὑπό τε τῶν ἀγαθῶν πεπανθήσεται καὶ σὺν
22 τῷ φόβῳ λήγοντι ἄπεισι. νῦν μὲν οὖν, ἔφη, σύ τε,
ὦ ἄγγελε, ἀνάπαυσαι, ἐπεὶ καὶ πεπόνηκας, ἡμεῖς τε,
ὦ Πέρσαι, ἐπεὶ προσδεχόμεθα πολεμίους ἤτοι μαχουμέ-
νους γε ἢ πεισομένους παρέσεσθαι, ταχθῶμεν ὡς
κάλλιστα· οὕτω γὰρ δρωμένους εἰκὸς πλέον προανύ-
τειν ὧν χρήζομεν. σὺ δ', ἔφη, ὁ τῶν Ὑρκανίων
ἄρχων, ὑπόμεινον προστάξας τοῖς ἡγεμόσι τῶν σῶν
23 στρατιωτῶν ἐξοπλίζειν αὐτούς. ἐπεὶ δὲ ταῦτα ποιήσας
ὁ Ὑρκάνιος προσῆλθε, λέγει ὁ Κῦρος, Ἐγὼ δέ, ἔφη,
ὦ Ὑρκάνιε, ἥδομαι αἰσθανόμενος ὅτι οὐ μόνον φιλίαν
ἐπιδεικνύμενος πάρει, ἀλλὰ καὶ ξύνεσιν φαίνῃ μοι
ἔχειν. καὶ νῦν ὅτι συμφέρει ἡμῖν τὰ αὐτὰ δῆλον. ἐμοί
τε γὰρ πολέμιοι Ἀσσύριοι, σοί τε νῦν ἔτι ἐχθίους εἰσὶν

---

2 γε GD, τε xAH. **3** εὖ γε z. **4** ἔπεισα D, πείσας xz. **5** post ἐξελθεῖν add. τάδε ποιῶ xz. **7** ἀτυχοῦντες ego, νῦν codd. **7** ἀλλ' om. AH. **8** ἀχθομένων G, corr. s. v. man. rec. || αυτη (Marchantio auctore) H. **9** σαφῶς D. || τε om. x. **10** τε om. D **11** καὶ om. D. || ἡμεῖς GVat. 987, ὑμεῖς cet. **12** ἐπεὶ καὶ D. || μαχομένους xD. **13** ἐκταχθῶμεν xD. **14** πλέονα xAH, πλείονα G. **16** σῶν om. xD. **17** ἐπεὶ δὲ] ἐπειδὴ xz. **20** ξύνεσιν codd. **21** ὑμῖν AH. || τὰ αὐτὰ] ταῦτα z. **22** ἔτι add. D. || ἐχθίους] δι' ἔχθους D, ἐχθίονες cet.

ἢ ἐμοί· οὕτως οὖν ἡμῖν ἀμφοτέροις βουλευτέον ὅπως 24
τῶν μὲν νῦν παρόντων μηδεὶς ἀποστατήσει ἡμῖν
συμμάχων, ἄλλους δέ, ἂν δυνώμεθα, προσληψόμεθα.
τοῦ δὲ Μήδου ἤκουες ἀποκαλοῦντος τοὺς ἱππέας· εἰ
δ' οὗτοι ἀπίασιν, ἡμεῖς μόνοι οἱ πεζοὶ μενοῦμεν.
οὕτως οὖν δεῖ ποιεῖν ἐμὲ καὶ σὲ ὅπως ὁ ἀποκαλῶν 25
οὗτος παρ' ἡμῖν μένειν καὶ αὐτὸς βουλήσεται. σὺ μὲν
οὖν εὑρὼν σκηνὴν δὸς αὐτῷ ὅπου κάλλιστα διάξει
πάντα τὰ δέοντα ἔχων· ἐγὼ δ' αὖ πειράσομαι ἔργον τι
αὐτῷ προστάξαι ὅπερ αὐτὸς ἥδιον πράξει ἢ ἄπεισι·
καὶ διαλέγου δὲ αὐτῷ ὁπόσα ἐλπὶς γενέσθαι ἀγαθὰ
πᾶσι τοῖς φίλοις, ἂν ταῦτ' εὖ γένηται· ποιήσας
μέντοι ταῦτα ἧκε πάλιν παρ' ἐμέ.

Ὁ μὲν δὴ Ὑρκάνιος τὸν Μῆδον ᾤχετο ἄγων ἐπὶ 26
σκηνήν· ὁ δ' εἰς Πέρσας ἰὼν παρῆν συνεσκευασμένος·
ὁ δὲ Κῦρος αὐτῷ ἐπέστειλε πρὸς μὲν Πέρσας λέγειν
ἃ καὶ πρόσθεν ἐν τῷ λόγῳ δεδήλωται, Κυαξάρῃ δὲ
ἀποδοῦναι τὰ γράμματα. ἀναγνῶναι δέ σοι καὶ τὰ
ἐπιστελλόμενα, ἔφη, βούλομαι, ἵνα εἰδὼς αὐτὰ ὁμολογῇς,

1 οὖν ἡμῖν DG, ἡμῖν οὖν HA, ἡμῖν νῦν x. **2** ἀποστατήσῃ D, ἀποστήσῃ x. **3** συμμαχῶν AH. || ἐὰν D. || ἐπιληψόμεθα et **4** ἤκουσας D. **5** ἀπιᾶσιν z. || πῶς ἡμεῖς D. **6** δεῖ] ἀεὶ AH. || ὁ om. xD. || οὗτος καὶ αὐτὸς μένειν παρ' ἡμῖν βουλήσεται z, καὶ αὐτὸς οὗτος μένειν βουλήσεται παρ' ἡμῖν D. **8** σκηνὴν εὑρὼν D. || διάξει . . . ἔχων D, ἕξει . . . xz. **9** αὐτῷ ἔργον τι xz. **10** ὅπερ] ὅτι xz. || αὐτὸς] οὗτος D. || ἢ ἄπεισι καὶ διαλέγου om. z. **11** δὲ] om. AH, καὶ G. || αὐτῷ D, πάντα τὰ δέοντα αὐτῷ z, αὐτῷ πάντα τὰ δέοντα αὐτῷ x. **12** ἢν ED. || ταῦτ'] τὰ δέοντα D. || εὖ] αὖ x. **13** ταῦτα] αὐτὰ zE. **14** ᾤχετο τὸν μῆδον D. || σκηνῆς xAH, ἐπὶ σκηνὴν ἄγων D. **15** ἵν' ὁ δ' AH, ἵνα ὅδε x. || συνεσκευασμένα AH. **16** ἐπέστελλε codd. praeter D. **18** σοι ἔφη καὶ ἃ ἐπιστέλλω βούλομαι D. **19** εἰδὼς αὐτὰ ὁμολογῇς DG, εἰδῇς αὐτὰ ὁμολογήσει(ν x) xAH.

ἐάν τί σε πρὸς ταῦτα ἐρωτᾷ. ἐνῆν δὲ ἐν τῇ ἐπιστολῇ
τάδε.
27 Κῦρος Κυαξάρῃ χαίρειν. ἡμεῖς σε οὔτε ἔρημον
κατελίπομεν· οὐδεὶς γάρ, ὅταν ἐχθρῶν κρατῇ, τότε
φίλων ἔρημος γίγνεται· οὐδὲ μὴν ἀποχωροῦντές γέ
σε οἰόμεθα ἐν κινδύνῳ καθιστάναι· ἀλλὰ ὅσῳ πλέον
ἀπέχομεν, τοσούτῳ πλείονά σοι τὴν ἀσφάλειαν ποιεῖν
28 νομίζομεν· οὐ γὰρ οἱ ἐγγύτατα τῶν φίλων καθήμενοι
μάλιστα τοῖς φίλοις τὴν ἀσφάλειαν παρέχουσιν, ἀλλ'
οἱ τοὺς ἐχθροὺς μήκιστον ἀπελαύνοντες μᾶλλον τοὺς
29 φίλους ἐν ἀκινδύνῳ καθιστᾶσι. σκέψαι δὲ οἵῳ ὄντι
μοι περὶ σὲ οἷος ὢν περὶ ἐμὲ ἔπειτά μοι μέμφῃ. ἐγὼ
μέν γέ σοι ἤγαγον συμμάχους, οὐχ ὅσους σὺ ἔπεισας,
ἀλλ' ὁπόσους ἐγὼ πλείστους ἐδυνάμην· σὺ δέ μοι
ἔδωκας μὲν ἐν τῇ φιλίᾳ ὄντι ὅσους πεῖσαι δυνασθείην·
νῦν δ' ἐν τῇ πολεμίᾳ ὄντος οὐ τὸν θέλοντα ἀλλὰ
30 πάντας ἀποκαλεῖς. τοιγαροῦν τότε μὲν ᾤόμην ἀμφοτέ-
ροις ὑμῖν χάριν ὀφείλειν· νῦν δὲ σύ με ἀναγκάζεις
σοῦ μὲν ἐπιλαθέσθαι, τοῖς δὲ ἀκολουθήσασι πειρᾶ-
31 σθαι πᾶσαν τὴν χάριν ἀποδιδόναι. οὐ μέντοι ἔγωγε
σοὶ ὅμοιος δύναμαι γενέσθαι, ἀλλὰ καὶ νῦν πέμπων
ἐπὶ στράτευμα εἰς Πέρσας ἐπιστέλλω, ὁπόσοι ἂν ἴωσιν
ὡς ἐμέ, ἤν τι σὺ αὐτῶν δέῃ πρὶν ἡμᾶς ἐλθεῖν, σοὶ
ὑπάρχειν, οὐχ ὅπως ἂν ἐθέλωσιν, ἀλλ' ὅπως ἂν σὺ

1 ἐάν D. ‖ τί] τίς xD. 3 σε s. v. G. 4 κατελείπομεν G, καταλίπομεν AH. 5 τῶν φίλων D. ‖ γε ἀπὸ σοῦ D. 6 σε post κινδύνῳ transp. Dg. ‖ πλέον σου D. 7 πλειόνά D. 12 οἰός τ' ὢν x, οἷος εἶ D. 13 ὅσους D, οὓς xz. ‖ ἐποίησας g. 14 ὅσους D ‖ ἠδυνάμην xAH. 17 τοιγαροῦν D, καὶ γὰρ οὖν xz. ‖ ᾤμην CG. 18 σύ με Dind., σὺ μὲν xz, om. D. 21 δύναμαι ὅμοιος γίνεσθαι D. 23 τι σὺ] τις AH. 24 ἐθέλωσιν D.

βούλῃ χρῆσθαι αὐτοῖς. συμβουλεύω δέ σοι καίπερ 32
νεώτερος ὢν μὴ ἀφαιρεῖσθαι ἃ ἂν δῷς, ἵνα μή σοι
ἀντὶ χαρίτων ἔχθραι ὀφείλωνται, μηδ' ὅντινα βούλει
πρὸς σὲ ταχὺ ἐλθεῖν, ἀπειλοῦντα μεταπέμπεσθαι, μηδὲ
φάσκοντα ἔρημον εἶναι ἅμα πολλοῖς ἀπειλεῖν, ἵνα μὴ
διδάσκῃς αὐτοὺς σοῦ μὴ φροντίζειν. ἡμεῖς δὲ πειρασό- 33
μεθα παρεῖναι, ὅταν τάχιστα διαπραξώμεθα ἃ σοί
τ' ἂν καὶ ἡμῖν νομίζομεν πραχθέντα κοινὰ γενέσθαι
ἀγαθά. ἔρρωσο.

Ταύτην αὐτῷ ἀπόδος καὶ ὅ,τι ἄν σε τούτων ἐρωτᾷ, 34
ᾗ γέγραπται σύμφαθι. καὶ γὰρ ἐγὼ ἐπιστέλλω σοι
περὶ Περσῶν ᾗπερ γέγραπται. τούτῳ μὲν οὕτως εἶπε,
καὶ δοὺς τὴν ἐπιστολὴν ἀπέπεμπε, προσεντειλάμενος
οὕτω σπεύδειν ὥσπερ οἶδεν ὅτι συμφέρει ταχὺ
παρεῖναι.

Ἐκ τούτου δὲ ἑώρα μὲν ἐξωπλισμένους ἤδη πάντας 35
καὶ τοὺς Μήδους καὶ τοὺς Ὑρκανίους καὶ τοὺς ἀμφὶ
Τιγράνην· καὶ οἱ Πέρσαι δὲ ἐξωπλισμένοι ἦσαν· ἤδη δέ
τινες τῶν προσχώρων καὶ ἵππους ἀπῆγον καὶ ὅπλα
ἀπέφερον. ὁ δὲ τὰ μὲν παλτὰ ὅπουπερ καὶ τοὺς πρόσθεν 36
καταβάλλειν ἐκέλευσε, καὶ ἔκαιον οἷς τοῦτο ἔργον ἦν

---

1 βούλῃ HprD, βούλει cet. || χρῆσθαι αὐτοῖς om. z. || συμβουλεύσω xz. **2** ἃ ἂν δῷς xDG, ἣ ἂν δῶσιν AH. **3** ἔχθραι ἀντὶ χάριτος D. || μηδ' ... **4** μεταπέμπεσθαι om. x. || ὅντινα βούλει] ὅταν τινὰ βούλῃ D (ὅντινα βούλῃ Hpr). **6** post φροντίζειν add. ἔρρωσο D. **8** νομίζωμεν καὶ ἡμῖν D. || γενέσθαι κοινὰ D. **9** ἔρρωσο om. D. **10** αὐτῷ] τε D. **11** ᾗ] ᾗπερ D, ἣ H. **13** post ἀπέπεμπε add. καὶ AH. **14** ξυμφέρει G. **16** δὲ] δὴ ED. || ἤδη om. x. **18** δὲ om. xz. **19** τινες zD, τινες καὶ C, καί τινες E. || τῶν προσχώρων D, πλησιόχωροι xz (in ras. G). || ἀπήγαγον G, ἀνήγαγον D. **20** ἀνέφερον (ν in ras.) G, ἔφερον D. || καὶ om. codd. praeter Dg. **21** τοῦτο τὸ ἔργον xAH.

ὁπόσων μὴ αὐτοὶ ἐδέοντο· τοὺς δ' ἵππους ἐκέλευε φυλάττειν μένοντας τοὺς ἀγαγόντας ἕως ἄν τι σημανθῇ αὐτοῖς· τοὺς δ' ἄρχοντας τῶν ἱππέων καὶ Ὑρκανίων καλέσας τοιάδε ἔλεξεν.

37 Ἄνδρες φίλοι τε καὶ σύμμαχοι, μὴ θαυμάζετε ὅτι πολλάκις ὑμᾶς συγκαλῶ· καινὰ γὰρ ἡμῖν ὄντα τὰ παρόντα πολλὰ αὐτῶν ἐστιν ἀσύντακτα· ἃ δ' ἂν ἀσύντακτα ᾖ, ἀνάγκη ταῦτα ἀεὶ πράγματα παρέχειν,
38 ἕως ἂν χώραν λάβῃ. καὶ νῦν ἔστι μὲν ἡμῖν πολλὰ τὰ αἰχμάλωτα χρήματα, καὶ ἄνδρες ἐπ' αὐτοῖς· διὰ δὲ τὸ μήτε ἡμᾶς εἰδέναι ποῖα τούτων ἑκάστου ἐστὶν ἡμῶν, μήτε τούτους εἰδέναι ὅστις ἑκάστῳ αὐτῶν δεσπότης, περαίνοντας μὲν δὴ τὰ δέοντα οὐ πάνυ ἔστιν ὁρᾶν αὐτῶν πολλούς, ἀποροῦντας δὲ ὅ,τι χρὴ ποιεῖν σχεδὸν
39 πάντας. ὡς οὖν μὴ οὕτως ἔχῃ, διορίσατε αὐτά· καὶ ὅστις μὲν ἔλαβε σκηνὴν ἔχουσαν ἱκανὰ καὶ σῖτα καὶ ποτὰ καὶ τοὺς ὑπηρετήσοντας καὶ στρωμνὴν καὶ ἐσθῆτα καὶ τἆλλα οἷς οἰκεῖται σκηνὴ καλῶς στρατιωτική, ἐνταῦθα μὲν οὐδὲν ἄλλο δεῖ προσγενέσθαι ἢ τὸν λαβόντα εἰδέναι ὅτι τούτων ὡς οἰκείων ἐπιμέλεσθαι δεῖ· ὅστις δ' εἰς ἐνδεόμενά του κατεσκήνωσε, τούτοις ὑμεῖς σκεψάμενοι τὸ ἐλλεῖπον ἐκπληρώσατε, πολλὰ δὲ

1 αὐτοὶ] οὗτοι D. ‖ ἐκέλευσε D. ‖ ἄγοντας D. 2 τι σημανθῇ (-νῇ G) xG, τι(ς A) σημάνῃ AH, τι σημανθείη D. 4 τάδε z. 5 τε om. D. ‖ ξύμμαχοι G. ‖ post θαυμάζετε add. ἔφη D. 7 αὐτῶν om. D. ‖ ἃ δ' ἂν ἀσύντακτα om. AH, in marg. G. ‖ ἀσύντακτά ἐστιν D. 8 ᾖ] ἦν AH. ‖ ἀεὶ xD, ἀεὶ (in ras.) τὰ G, εἰς τὰ AH, πλεῖστα Dind. 12 αὐτῶν xD, ἑαυτῶν z. 13 δὴ om. D. 14 αὐτῶν om. D. ‖ ὅ, τι] τί D. 15 ὡς] ἵνα D. ‖ οὖν om. G. ‖ ἔχει z. 17 alterum καὶ s. v. G. 18 τὰ ἄλλα z. ‖ σκηνὴ] στρωμνή x. ‖ καλῶς om. x. 19 μὲν οὖν x. 21 δέοι xz. ‖ κατεσκήνησε AH. ‖ τούτους xz, τούτῳ D, corr. Jacobs. 22 ἐκπλήσατε z. ‖ δὲ om. x.

καὶ τὰ περιττὰ οἶδ' ὅτι ἔσται· πλείω γὰρ ἅπαντα ἢ 40
κατὰ τὸ ἡμέτερον πλῆθος εἶχον οἱ πολέμιοι. ἦλθον δὲ
πρὸς ἐμὲ καὶ χρημάτων ταμίαι, οἵ τε τοῦ Ἀσσυρίων
βασιλέως καὶ ἄλλων δυναστῶν, οἳ ἔλεγον ὅτι χρυσίον
εἴη παρὰ σφίσιν ἐπίσημον, δασμούς τινας λέγοντες.
καὶ ταῦτα οὖν κηρύττετε πάντα ἀποφέρειν πρὸς 41
ὑμᾶς ὅπου ἂν καθέζησθε· καὶ φόβον ἐπιτίθεσθε τῷ
μὴ ποιοῦντι τὸ παραγγελλόμενον· ὑμεῖς δὲ διάδοτε
λαβόντες ἱππεῖ μὲν τὸ διπλοῦν, πεζῷ δὲ τὸ ἁπλοῦν,
ἵνα ἔχητε, ἥν τινος προσδέησθε, καὶ ὅτου ὠνήσεσθε.
τὴν δ' ἀγορὰν τὴν οὖσαν ἐν τῷ στρατοπέδῳ 42
κηρυξάτω μὲν ἤδη, ἔφη, μὴ ἀδικεῖν μηδένα, πωλεῖν δὲ
τοὺς καπήλους ὅ,τι ἔχει ἕκαστος πράσιμον, καὶ ταῦτα
διαθεμένους ἄλλα ἄγειν, ὅπως <καλῶς> οἰκῆται ἡμῖν
τὸ στρατόπεδον. ταῦτα μὲν ἐκήρυττον εὐθύς. οἱ δὲ 43
Μῆδοι καὶ Ὑρκάνιοι εἶπον ὧδε· Καὶ πῶς ἄν, ἔφασαν,
ἡμεῖς ἄνευ σοῦ καὶ τῶν σῶν διανέμοιμεν ταῦτα; ὁ δ' 44
αὖ Κῦρος πρὸς τοῦτον τὸν λόγον ὧδε προσηνέχθη·
Ἦ γὰρ οὕτως, ἔφη, ὦ ἄνδρες, γιγνώσκετε ὡς ὅ,τι ἂν
δέῃ πραχθῆναι, ἐπὶ πᾶσι πάντας ἡμᾶς δεήσει παρεῖναι,
καὶ οὔτε ἐγὼ ἀρκέσω πράττων τι πρὸ ὑμῶν ὅ,τι ἂν

---

1 τὰ om. D. **2** ἔσχον D. **3** ἐμὲ] με D. || ἀσσυρίου z. **5** δασμοὺς] δαρεικοὺς Pantazides cf. V 2, 7. 3, 3. **6** καὶ om. D. **7** ἐπιτίθησθε z. **8** τὰ παργγελλόμενα codd. praeter D. **9** λαβόντες διαδίδοτε D. || post. τὸ om. CH. **10** ἄν τινων προσδεηθῆτε D. **12** ἤδη om. D. **13** post καπήλους add. καὶ ἐμπόρους D, in marg. G. || ὅ τι ἔχει ἕκαστος zD, εἴ τι ἔχουσι C, ἥν τι ἔχωσι E. || τὸ πράσιμον z. **14** ἄλλα ἄγειν xD (in marg. G), λέγειν z. || <καλῶς> ego cf. § 39, <εὖ> Naber. **15** καὶ ταῦτα D. || ἐκήρυττεν Pantazides cf. V 3, 44. 52. An. III 4, 36. || εὐθύς om. x. **18** αὖ] οὖν D. **19** ἦ] εἰ D. || ἔφη punctis notat G. **20** δέῃ] δεήσῃ x. || ποιηθῆναι D. **21** post ἀρκέσω add. ὑμῖν D, s. v. G. || τι om. D. || ὅ,τι] ἃ D.

δέῃ, οὔτε ὑμεῖς πρὸ ἡμῶν; καὶ πῶς ἂν ἄλλως πλείω
μὲν πράγματα ἔχοιμεν, μείω δὲ διαπραττοίμεθα ἢ
45 οὕτως; ἀλλ' ὁρᾶτε, ἔφη, ὑμεῖς· ἡμεῖς μὲν γὰρ διεφυλάξαμέν τε ὑμῖν τάδε, καὶ ὑμεῖς ἡμῖν πιστεύετε καλῶς
διαπεφυλάχθαι· ὑμεῖς δ' αὖ διανείματε, καὶ ἡμεῖς
46 πιστεύσομεν ὑμῖν καλῶς διανενεμηκέναι. καὶ ἄλλο δέ
τι αὖ ἡμεῖς πειρασόμεθα κοινὸν ἀγαθὸν πράττειν. ὁρᾶτε γὰρ δή, ἔφη, νυνὶ πρῶτον ἵπποι ὅσοι ἡμῖν πάρεισιν, οἱ δὲ προσάγονται· τούτους οὖν εἰ μὲν ἐάσομεν ἀναμβάτους, ὠφελήσουσι μὲν οὐδὲν ἡμᾶς, πράγματα δὲ παρέξουσιν ἐπιμέλεσθαι· ἢν δὲ ἱππέας ἐπ' αὐτοὺς καταστήσωμεν, ἅμα πραγμάτων τε ἀπαλλαξό-
47 μεθα καὶ ἰσχὺν ἡμῖν αὐτοῖς προσθησόμεθα. εἰ μὲν οὖν ἄλλους ἔχετε οἷστισιν ἂν δοίητε αὐτούς, μεθ' ὧν ἂν καὶ κινδυνεύοιτε ἥδιον, εἴ τι δέοι, ἢ μεθ' ἡμῶν, ἐκείνοις δίδοτε· εἰ μέντοι ἡμᾶς βούλεσθε
48 παραστάτας μάλιστα ἔχειν, ἡμῖν αὐτοὺς δότε. καὶ γὰρ νῦν ὅτε ἄνευ ἡμῶν προσελάσαντες ἐκινδυνεύετε, πολὺν μὲν φόβον ἡμῖν παρείχετε μή τι πάθητε, μάλα δὲ αἰσχύνεσθαι ἡμᾶς ἐποιήσατε ὅτι οὐ παρῆμεν ὅπουπερ

---

1 ἂν om. G. **2** μὲν om. AH. **3** ὑμεῖς om. D. || γὰρ om. x. || ἐφυλάξαμεν xz. **4** τε om. D. || ἐπιστεύσατε D, s. v. G. **5** δ' xD, δέ γ' z. **6** καὶ ἄλλοις δέ τι αὖ z (καὶ ἄλλο τι δὲ αὖ s. v. G), καὶ ἄλλοις δὲ αὖ x, καὶ ἐν τούτῳ αὖ ἄλλο τι D. **8** νῦν x. || ὅσοι ἵπποι x. **9** ἐὰν ἐάσωμεν D. **10** ἀναβάτας D, ἀναμβάτους (ἀναμ s. v.) G, ἀναβάτους x. || ὠφελήσομεν μὲν οὐδὲ ἡμᾶς D. **11** πρᾶγμα D. **12** ἀπαλλαγησόμεθα D. **13** εἰ μὲν οὖν om. E. **14** ἔχοιτε D. || οἷς ἄν τισιν G. || δοίοιτε EG, δέητε C et fortasse Hpr (δοίητε, sed οι in ras.). **15** κινδυνεύητε xz. || εἴ τι δεοίμεθα ὑμῶν, ἐκείνοις D. **16** βούλεσθε] ἂν βούλοισθε z. **17** ante μάλιστα add. ἂν xz (sed s. v. H) || αὐτοῖς D. **18** ἐκινδυνεύσατε D. **19** μὲν om. x. **20** ᾗπερ E.

ὑμεῖς· ἢν δὲ λάβωμεν τοὺς ἵππους, ἑψόμεθα ὑμῖν.
κἂν μὲν δοκῶμεν ὠφελεῖν πλέον ἀπ' αὐτῶν συναγωνιζό- 49
μενοι, οὕτω προθυμίας οὐδὲν ἐλλείψομεν· ἢν δὲ
πεζοὶ γενόμενοι δοκῶμεν καιριωτέρως ἂν παρεῖναι, τό
τε καταβῆναι ἐν μέσῳ καὶ εὐθὺς πεζοὶ ὑμῖν παρεσό-
μεθα· τοὺς δ' ἵππους μηχανησόμεθα οἷς ἂν παραδοί-
ημεν. ὁ μὲν οὕτως ἔλεξεν· οἱ δὲ ἀπεκρίναντο· Ἀλλ' 50
ἡμεῖς μέν, ὦ Κῦρε, οὔτ' ἄνδρας ἔχομεν οὓς ἀναβιβά-
σαιμεν ἂν ἐπὶ τούτους τοὺς ἵππους, οὔτ' εἰ εἴχομεν,
σοῦ ταῦτα βουλομένου ἄλλο ἂν ἀντὶ τούτων ᾑρούμεθα.
καὶ νῦν, ἔφασαν, τούτους λαβὼν ποίει ὅπως ἄριστόν
σοι δοκεῖ εἶναι. Ἀλλὰ δέχομαί τε, ἔφη, καὶ ἀγαθῇ 51
τύχῃ ἡμεῖς τε ἱππεῖς γενοίμεθα καὶ ὑμεῖς διέλοιτε τὰ
κοινά. πρῶτον μὲν οὖν τοῖς θεοῖς, ἔφη, ἐξαιρεῖτε
ὅ,τι ἂν οἱ μάγοι ἐξηγῶνται· ἔπειτα δὲ καὶ Κυαξάρῃ
ἐκλέξασθε ὁποῖ' ἂν οἴεσθε αὐτῷ μάλιστα χαρίζεσθαι.
καὶ οἳ γελάσαντες εἶπον ὅτι γυναῖκας ἐξαιρετέον εἴη. 52
Γυναῖκάς τε τοίνυν ἐξαιρεῖτε, ἔφη, καὶ ἄλλο ὅ,τι
ἂν δοκῇ ὑμῖν. ἐπειδὰν δ' ἐκείνῳ ἐξέλητε, τοὺς ἐμοί,
ὦ Ὑρκάνιοι, ἐθελουσίους τούτους ἐπισπομένους

2 πλείονα D. || ἀπ' αὐτῶν Cobet, ἐπ' αὐτῶν xz, ἐπὶ τῶν ἵππων D. 3 ἐλλείψομεν D, ἂν λείψωμεν z, ἂν ἐλλείψωμεν x, δὴ ἐλλείψομεν Richards. 5 τε om. z. || εὐθύ AH. 6 μηχανευσόμεθα z. || παραδιδοίημεν D, παραδοίοιμεν G. 8 ἀναβιβάσομεν x. 9 ἂν om. xz || εἰ εἴχομεν] ἔχοιμεν D. 10 ἄλλο ἂν] ἄλλον C, οὐκ ἂν ἄλλο D. 11 τούτους λαβὼν] λαβὼν τοὺς ἵππους D. 12 δοκεῖ σοι D. 13 γενώμεθα D. 14 ἔφη τοῖς θεοῖς D. 15 καὶ om. D. 16 ἐξέλετε D. || ὅποι CAH, ὅπη E. || οἴησθε AHD. || μάλιστα χαρίζεσθαι om. D. 17 γυναῖκας ἂν καλὰς ἐξαιρετέον ἂν εἴη D, ἂν om., καλὰς in marg, post. ἂν s. v. G. 18 ἄλλο ὅτι x, ὅτι ἄλλο z, ἄλλο εἴ τι D. 19 ἐπειδὰν δ' D, ἐπεὶ δ' ἂν z, ἐπειδὰν x. || ἐξέλητε] ἐξέλοιπε x. 20 ὦ ὑρκάνιοι τοὺς ἐμοί D. || ὦ] οἱ z. || ὑρκανοὶ HA. || ἐθε-

53 πάντας ἀμέμπτους ποιεῖτε εἰς δύναμιν. ὑμεῖς δ' αὖ, ὦ Μῆδοι, τοὺς πρώτους συμμάχους γενομένους τιμᾶτε τούτους, ὅπως εὖ βεβουλεῦσθαι ἡγήσωνται ἡμῖν φίλοι γενόμενοι. νείματε δὲ πάντων τὸ μέρος καὶ τῷ παρὰ Κυαξάρου ἥκοντι αὐτῷ τε καὶ τοῖς μετ' αὐτοῦ· καὶ συνδιαμένειν δὲ παρακαλεῖτε, ὡς ἐμοὶ τοῦτο συνδοκοῦν· ἵνα καὶ Κυαξάρῃ μᾶλλον εἰδὼς περὶ
54 ἑκάστου ἀπαγγείλῃ τὰ ὄντα. Πέρσαις δ', ἔφη, τοῖς μετ' ἐμοῦ, ὅσα ἂν περιττὰ γένηται ὑμῶν καλῶς κατεσκευασμένων, ταῦτα ἀρκέσει· καὶ γάρ, ἔφη, μάλα πως ἡμεῖς οὐκ ἐν χλιδῇ τεθράμμεθα ἀλλὰ χωριτικῶς, ὥστε ἴσως ἂν ἡμῶν καταγελάσαιτε, εἴ τι σεμνὸν ἡμῖν περιτεθείη, ὥσπερ, ἔφη, οἶδ' ὅτι πολὺν ὑμῖν γέλωτα παρέξομεν καὶ ἐπὶ τῶν ἵππων καθήμενοι, οἶμαι δ', ἔφη, καὶ ἐπὶ τῆς γῆς καταπίπτοντες.

55 Ἐκ τούτου οἱ μὲν ᾖσαν ἐπὶ τὴν διαίρεσιν, μάλα ἐπὶ τῷ ἱππικῷ γελῶντες· ὁ δὲ τοὺς ταξιάρχους καλέσας ἐκέλευσε τοὺς ἵππους λαμβάνειν καὶ τὰ τῶν ἵππων σκεύη καὶ τοὺς ἱπποκόμους, καὶ ἀριθμήσαντας <δια>λαβεῖν κληρωσαμένους εἰς τάξιν ἴσους ἑκάστοις.
56 αὖθις δὲ ὁ Κῦρος ἀνειπεῖν ἐκέλευσεν, εἴ τις εἴη ἐν

λουσίους τούτους xD et G (τούτους in ras.), ἐθέλουσιν οὓς HA. || ἐπισπωμένους xD, ἐπιεπομένους μήδους z. **1** πάντας ἀμέμπτους CD, ἀμέμπτους πάντως z, πάντας πρώτους E. **3** τούτους τιμᾶτε D. **5** παρὰ om. D. || ante ἥκοντι add. ἀγγέλῳ D (in marg. G). || μετ' αὐτοῦ] σὺν αὐτῷ x. **6** δὲ] τε x. || post ὡς add. καὶ D (s. v. G). || τούτου συνδοκοῦντος codd. praeter D. **11** χωρητικῶς xGHprD. **12** καταγελῴη x, καταγελώητε D. **13** περιτιθείητε z, περιτεθείητε x. || ὑμῖν om. x. **14** οἶδα x. **16** ἐκ τούτου D et (in marg.) G, κατὰ τοῦτο xz. || μάλα om. D. **17** ταξιάρχας x. **18** ἐκέλευε D. **19** post. καὶ om. z. **20** διαλαβεῖν Hug, λαβεῖν codd. || ἑκάστους HAE. **21** αὖτις z, αὐτὸς xDG.

τῷ Ἀσσυρίων ἢ Σύρων ἢ Ἀραβίων στρατεύματι ἀνὴρ δοῦλος ἢ Μήδων ἢ Περσῶν ἢ Βακτρίων ἢ Καρῶν ἢ Κιλίκων ἢ Ἑλλήνων ἢ ἄλλοθέν ποθεν βεβιασμένος, ἐκφαίνεσθαι. οἱ δὲ ἀκούσαντες τοῦ κήρυκος ἄσμενοι 57
πολλοὶ προεφάνησαν· ὁ δ᾽ ἐκλεξάμενος αὐτῶν τοὺς τὰ εἴδη βελτίστους ἔλεγεν ὅτι ἐλευθέρους αὐτοὺς ὄντας δεήσει ὅπλα ὑποφέρειν ἃ ἂν αὐτοῖς διδῶσι· τὰ δ᾽ ἐπιτήδεια ὅπως ἂν ἔχωσιν ἔφη αὐτῷ μελήσειν. καὶ 58
εὐθὺς ἄγων πρὸς τοὺς ταξιάρχους συνέστησεν αὐτούς, καὶ ἐκέλευσε τά τε γέρρα καὶ τὰς ψιλὰς μαχαίρας τούτοις δοῦναι, ὅπως ἔχοντες σὺν τοῖς ἵπποις ἕπωνται, καὶ τὰ ἐπιτήδεια τούτοις ὥσπερ καὶ τοῖς μετ᾽ αὐτοῦ Πέρσαις λαμβάνειν, αὐτοὺς δὲ τοὺς θώρακας καὶ τὰ ξυστὰ ἔχοντας ἀεὶ ἐπὶ τῶν ἵππων ὀχεῖσθαι, [καὶ αὐτὸς οὕτω ποιῶν κατῆρχεν] ἐπὶ δὲ τοὺς πεζοὺς τῶν ὁμοτίμων ἀνθ᾽ αὐτοῦ ἕκαστον καθιστάναι ἄλλον ἄρχοντα τῶν ὁμοτίμων.

Οἱ μὲν δὴ ἀμφὶ ταῦτα εἶχον. Γωβρύας δ᾽ ἐν VI
τούτῳ παρῆν ὁ Ἀσσύριος πρεσβύτης ἀνὴρ ἐφ᾽ ἵππου σὺν ἱππικῇ θεραπείᾳ· εἶχον δὲ πάντες τὰ ἐφίππων ὅπλα. καὶ οἱ μὲν ἐπὶ τῷ τὰ ὅπλα παραλαμβάνειν τεταγμένοι ἐκέλευον παραδιδόναι τὰ ξυστά, ὅπως κατακαίοιεν

---

1 τῷ] τῶν G. **2** ἢ βακτριανῶν D et (qui post κιλίκων transp.) x. **3** βεβιασμένων xz. **4** κηρύγματος D. **5** προ(ς D)εφάνησαν codd. **6** καλλίστους D. **7** ἃ ἂν αὐτοῖς xDg, κἂν αὐτοὶ (-τὰ G) z. **8** ἂν om. z. ‖ ἔχωσιν … **11** δοῦναι ὅπως om. x. **8** αὐτῷ DH. **10** ἐκέλευε H. ‖ τε om. D. **11** σὺν om. z. **12** μεθ᾽ ἑαυτοῦ D. **14** ἀεὶ om. xAG, del. H. ‖ [καὶ αὐτὸς οὕτω ποιῶν κατῆρχεν] ego. **16** αὐτοῦ x et (qui ῶν s. v.) G, ἑαυτῶν DF (Cam.), αὐτοῦ AH. **19** ὁ om. codd. praeter D. ‖ ἵππων codd., corr. Schneider. **20** ἐφ᾽ ἵππων τὰ Pantazides. ‖ πάντα add. post ὅπλα x, post πάντες AH.

ὥσπερ τἆλλα. ὁ δὲ Γωβρύας εἶπεν ὅτι Κῦρον πρῶτον
βούλοιτο ἰδεῖν· καὶ οἱ ὑπηρέται τοὺς μὲν ἄλλους
ἱππέας αὐτοῦ κατέλιπον, τὸν δὲ Γωβρύαν ἄγουσι πρὸς
2 τὸν Κῦρον. ὁ δ' ὡς εἶδε τὸν Κῦρον, ἔλεξεν ὧδε· Ὦ
δέσποτα, ἐγώ εἰμι τὸ μὲν γένος Ἀσσύριος· ἔχω δὲ
καὶ τεῖχος ἰσχυρὸν καὶ χώρας ἐπάρχω πολλῆς· καὶ
ἵππον ἔχω εἰς χιλίαν, ἣν τῷ τῶν Ἀσσυρίων βασιλεῖ
παρειχόμην καὶ φίλος ἦν ἐκείνῳ ὡς μάλιστα· ἐπεὶ δὲ
ἐκεῖνος τέθνηκεν ὑφ' ὑμῶν ἀνὴρ ἀγαθὸς ὤν, ὁ δὲ
παῖς ἐκείνου τὴν ἀρχὴν ἔχει ἔχθιστος ὢν ἐμοί, ἥκω
πρὸς σὲ καὶ ἱκέτης προσπίπτω καὶ δίδωμί σοι ἐμαυ-
τὸν δοῦλον καὶ σύμμαχον, σὲ δὲ τιμωρὸν αἰτοῦμαι
ἐμοὶ γενέσθαι· καὶ παῖδα οὕτως ὡς δυνατόν σε
3 ποιοῦμαι· ἄπαις δ' εἰμὶ ἀρρένων παίδων. ὃς γὰρ ἦν
μοι μόνος καὶ καλὸς κἀγαθός, ὦ δέσποτα, καὶ ἐμὲ
φιλῶν καὶ τιμῶν ὥσπερ ἂν εὐδαίμονα πατέρα παῖς τιμῶν
τιθείη, τοῦτον ὁ νῦν βασιλεὺς οὗτος καλέσαντος τοῦ
τότε βασιλέως, πατρὸς δὲ τοῦ νῦν, ὡς δώσοντος τὴν
θυγατέρα τῷ ἐμῷ παιδί, ἐγὼ μὲν ἀπεπεμψάμην μέγα
φρονῶν ὅτι δῆθεν τῆς βασιλέως θυγατρὸς ὀψοίμην
τὸν ἐμὸν υἱὸν γαμέτην· ὁ δὲ νῦν βασιλεὺς εἰς θήραν
αὐτὸν παρακαλέσας καὶ ἀνεὶς αὐτῷ θηρᾶν ἀνὰ κρά-
τος, ὡς πολὺ κρείττων αὐτοῦ ἱππεὺς ἡγούμενος εἶναι,
ὁ μὲν ὡς φίλῳ συνεθήρα, φανείσης δ' ἄρκτου διώ-

---

1 post ὥσπερ add. καὶ D. 3 αὐτοῦ om. x. 4 ὧδε om. codd. praeter D. 5 γένος ἀσσύριος μὲν G. || ἔχων xAH. 6 ὀχυρὸν Zon. || ἐπάρχων x, ὑπάρχων z. 7 ἔχων E, om. D. || εἰς] δ' (δὲ A) εἰς z (s. v. δ' H). || χιλίαν] χιλίων τριακοσίων G, χιλίαν et s. v. τ' H. || ἣν om. D. 9 ἐκεῖνος μὲν z. 10 ὁ ἐκείνου z. 15 μόνος καλὸς ὦ δέσποτα καὶ ἀγαθὸς D. 16 ἂν om. D. 21 εἰς] ἐπὶ D. 22 αὐτῷ] αὐτὸν x. 23 κρεῖσσον C. 24 φίλος Gpr.

κοντες ἀμφότεροι, ὁ μὲν νῦν ἄρχων οὗτος ἀκοντίσας
ἥμαρτεν, ὡς μήποτε ὤφελεν, ὁ δ' ἐμὸς παῖς βαλών,
οὐδὲν δέον, καταβάλλει τὴν ἄρκτον. καὶ τότε μὲν δὴ 4
ἀνιαθεὶς ἄρ' οὗτος κατέσχεν ὑπὸ σκότου τὸν φθόνον·
ὡς δὲ πάλιν λέοντος παρατυχόντος ὁ μὲν αὖ ἥμαρτεν,
οὐδὲν οἶμαι θαυμαστὸν παθών, ὁ δ' αὖ ἐμὸς παῖς
αὖθις τυχὼν κατειργάσατό τε τὸν λέοντα καὶ εἶπεν,
Ἄρα βέβληκα δὶς ἐφεξῆς καὶ καταβέβληκα θῆρα ἑκατεράκις,
ἐν τούτῳ δὴ οὐκέτι κατίσχει ὁ ἀνόσιος τὸν
φθόνον, ἀλλ' αἰχμὴν παρά τινος τῶν ἑπομένων
ἁρπάσας, εἰς τὰ στέρνα παίσας τὸν μόνον μοι καὶ
φίλον παῖδα ἀφείλετο τὴν ψυχήν. καὶ ἐγὼ μὲν ὁ τάλας 5
νεκρὸν ἀντὶ νυμφίου ἐκομισάμην καὶ ἔθαψα τηλικοῦτος
ὢν ἄρτι γενειάσκοντα τὸν ἄριστον παῖδα τὸν ἀγαπητόν·
ὁ δὲ κατακανὼν ὥσπερ ἐχθρὸν ἀπολέσας οὔτε
μεταμελόμενος πώποτε φανερὸς ἐγένετο οὔτε ἀντὶ τοῦ
κακοῦ ἔργου τιμῆς τινος ἠξίωσε τὸν κατὰ γῆς. ὅ γε
μὴν πατὴρ αὐτοῦ καὶ συνῴκτισέ με καὶ δῆλος ἦν συναχθόμενός
μοι τῇ συμφορᾷ. ἐγὼ οὖν, εἰ μὲν ἔζη 6
ἐκεῖνος, οὐκ ἄν ποτε ἦλθον πρὸς σὲ ἐπὶ τῷ ἐκείνου
κακῷ· πολλὰ γὰρ φιλικὰ καὶ ἔπαθον ὑπ' ἐκείνου καὶ

---

1 νῦν om. D. 2 ὡς] ὥστε z. || μήποτε] μὴ x. || οὐδὲν δέον βαλὼν καὶ καταβάλλει D. 4 ἄρα κατέσχεν οὕτως D. 5 αὖ om. x. 6 οἶμαι θαυμαστὸν D, θαυμαστὸν οἴομαι xz. 7 αὖθις] δυστυχῶς D. || τε om. D. 8 ἄρα xz, ἆρα D Pantazides (qui post ἑκατεράκις signum interrogationis posuit), ὅρα Naber. || μιᾷ δὶς D, μιᾷ in marg. G. || καὶ om. D || θῆρας D (ς s. v. G). 9 δὴ] δὲ D. || κατέσχεν D. 11 παίσας D, εἰς τὰ στέρνα παίσας om. z (in marg. G). 12 κἀγὼ z. 14 δ' ὢν z. 15 κατακαινὼν x, κατακαίνων z. || οὔτε] οὐ xAH. 17 τινὸς τιμῆς G. 18 συνῴκισε z. 19 μοι] μου D (οὗ s. v. G). || ἐγὼ μὲν οὖν GD. 21 φιλικὰ καὶ Weiske, φίλια καὶ D, φιλικὰ cet. || ἔπαθον δὴ D.

ὑπηρέτησα ἐκείνῳ· ἐπεὶ δ' εἰς τὸν τοῦ ἐμοῦ παιδὸς φονέα
ἡ ἀρχὴ περιήκει, οὐκ ἄν ποτε τούτῳ ἐγὼ δυναίμην
εὔνους γενέσθαι, οὐδὲ οὗτος ἐμὲ εὖ οἶδ' ὅτι φίλον
ἄν ποτε ἡγήσαιτο. οἶδε γὰρ ὡς ἐγὼ πρὸς αὐτὸν ἔχω
καὶ ὡς πρόσθεν φαιδρῶς βιοτεύων νῦν διάκειμαι,
7 ἔρημος ὢν καὶ διὰ πένθους τὸ γῆρας διάγων· εἰ οὖν
σύ με δέχῃ καὶ ἐλπίδα τινὰ λάβοιμι τῷ φίλῳ παιδὶ
τιμωρίας ἄν τινος μετὰ σοῦ τυχεῖν, καὶ ἀνηβῆσαι ἂν
πάλιν δοκῶ μοι καὶ οὔτε ζῶν ἂν ἔτι αἰσχυνοίμην
8 οὔτε ἀποθνήσκων ἀνιώμενος ἂν τελευτᾶν δοκῶ. ὁ
μὲν οὕτως εἶπε· Κῦρος δ' ἀπεκρίνατο, Ἀλλ' ἤνπερ,
ὦ Γωβρύα, καὶ φρονῶν φαίνῃ ὅσαπερ λέγεις πρὸς
ἡμᾶς, δέχομαί τε ἱκέτην σε καὶ τιμώρησίν σοι τοῦ
παιδὸς σὺν θεοῖς ὑπισχνοῦμαι. λέξον δέ μοι, ἔφη,
ἂν σοι ταῦτα ποιῶμεν καὶ τὰ τείχη ἔχειν ἐῶμέν σε
καὶ τὴν χώραν καὶ τὰ ὅπλα καὶ τὴν δύναμιν ἣν
πρόσθεν εἶχες, σὺ ἡμῖν τί ἀντὶ τούτων ὑπηρετάσεις;
9 ὁ δὲ εἶπε, Τὰ μὲν τείχη, ὅταν ἔλθῃς, οἶκόν σοι
παρέξω· δασμὸν δὲ τῆς χώρας ὅνπερ ἔφερον ἐκείνῳ
σοὶ ἀποίσω καὶ ὅποι ἂν στρατεύῃ, συστρατεύσομαι τὴν

---

2 ἀρχὴ αὕτη D. ‖ περιήει G (corr. in marg. man. rec.). ‖ τούτῳ om. G. ‖ ἐγὼ τούτῳ D. **3** οὗτος φιλεῖν ἄν ποτε ἐμὲ ἡγήσαιτο D. ‖. δέ με xz. **5** πρόσθε AG, πρὸς σὲ H. ‖ βιοτεύω AG. ‖ νυνὶ D. **6** εἰ μὲν οὖν ἐμὲ σὺ δέχει D. **7** δέξει Richards, δέχοιο Hartman. **8** ἂν bis om. D. **9** δοκεῖ x. ‖ οὔτε] οὔτ' ἂν D. ‖ ἔτι αἰσχυνοίμην DG, ἐπαισχυνοίμην xAH. **13** τιμώρησίν Cobet, τιμωρήσειν codd. ‖ σοι τοῦ παιδὸς xz, τὸν φονέα Dg, σοι τοῦ παιδὸς τὸν φόνον Zon. **14** σὺν θεοῖς om. x. **15** ἐάν DG. ‖ ποιῶμαι AHpr. ‖ ἔχειν ἐῶμέν σε x, ἐῶμεν ἔχειν σε D, σε ἔχειν ἐῶμεν z. **16** καὶ τὰ ὅπλα om. G. ‖ ἣν x, ἥνπερ cet. **18** ἔλθῃς] θέλῃς D. **19** δὲ] τε D (τ s. v. G). **20** ὅπῃ x, ὅπου D. ‖ στρατεύῃ] δεήσοι στρατεύειν D. ‖ συστρατεύσομαί σοι D.

ἐκ τῆς χώρας δύναμιν ἔχων. ἔστι δέ μοι, ἔφη, καὶ θυγάτηρ παρθένος ἀγαπητὴ γάμου ἤδη ὡραία, ἣν ἐγὼ πρόσθεν μὲν ᾤμην τῷ νῦν βασιλεύοντι γυναῖκα τρέφειν· νῦν δὲ αὐτή τέ με ἡ θυγάτηρ πολλὰ γοωμένη ἱκέτευσε μὴ δοῦναι αὐτὴν τῷ τοῦ ἀδελφοῦ φονεῖ, ἐγώ τε ὡσαύτως γιγνώσκω. νῦν δέ σοι δίδωμι βουλεύσασθαι καὶ περὶ ταύτης οὕτως ὥσπερ ἂν καὶ ἐγὼ βουλεύων περὶ σοῦ φαίνωμαι. οὕτω δὴ ὁ Κῦρος εἶπεν, Ἐπὶ 10
τούτοις, ἔφη, ἐγὼ ἀληθευομένοις δίδωμί σοι τὴν ἐμὴν καὶ λαμβάνω τὴν σὴν δεξιάν· θεοὶ δ' ἡμῖν μάρτυρες ἔστων. ἐπεὶ δὲ ταῦτα ἐπράχθη, ἀπιέναι τε κελεύει τὸν Γωβρύαν ἔχοντα τὰ ὅπλα καὶ ἐπήρετο πόση τις ὁδὸς ὡς αὐτὸν εἴη, ὡς ἥξων. ὁ δ' ἔλεγεν, Ἢν αὔριον ἴῃς πρῴ, τῇ ἑτέρᾳ ἂν αὐλίζοιο παρ' ἡμῖν.

Οὕτω δὴ οὗτος μὲν ᾤχετο ἡγεμόνα καταλιπών. οἱ 11
δὲ Μῆδοι παρῆσαν, ἃ μὲν οἱ μάγοι ἔφρασαν τοῖς θεοῖς ἐξελεῖν, ἀποδόντες τοῖς μάγοις, Κύρῳ δ' ἐξῃρηκότες τὴν καλλίστην σκηνὴν καὶ τὴν Σουσίδα γυναῖκα, ἣ καλλίστη δὴ λέγεται ἐν τῇ Ἀσίᾳ γυνὴ γενέσθαι, καὶ μουσουργοὺς δὲ δύο τὰς κρατίστας, δεύτερον δὲ Κυαξάρῃ τὰ δεύτερα τοιαῦτα, ⟨τὰ⟩ δὲ ἄλλα ὧν ἐδέοντο ἑαυτοῖς ἐκπληρώσαντες, ὡς μηδενὸς ἐνδεόμενοι στρα-

1 ἔφη om. x. 2 θυγάτριον x. || ἤδη om. D. 3 ᾠόμην D. 4 με D, μοι xz. 8 σοῦ D, σε xz (οῦ s. v. G). || οὕτω δὴ οὕτως (οὗτος E) ἔφη καὶ ὁ κῦρος ἐπὶ τούτοις εἶπεν x. 9 ἀληθευόμενος xz, ἀληθεύων Zon. || post δίδωμί add. τέ D. 13 ἂν xGH, ἣν cet. 15 οὕτω(ς AH) δὴ οὗτος μὲν xz, ὁ μὲν δὴ γωβρύας D. 16 ἃ Stephanus, τὰ codd. || οἱ μάγοι] σιγῇ z, σιγοὶ Hpr. || ἔφρασαν CD, ἔφασαν zE. 19 ἐν τῇ ἀσίᾳ γυνὴ xz, τῶν ἐν τῇ ἀσίᾳ D. 20 post. δὲ om. D. 21 τὰ δεύτερα τοιαῦτα, <τὰ> δὲ ego, δεύτερα δὲ κυαξάρῃ [τὰ δεύτερα τοιαῦτα] αὐτοὶ δὲ Pantazides. || post ὧν add. τε D. 22 δεόμενοι xAH. || στρατεύοιντο D.

12 τεύωνται· πάντα γὰρ ἦν πολλά. προσέλαβον δὲ καὶ Ὑρκάνιοι ὧν ἐδέοντο· ἰσόμοιρον δὲ ἐποίησαν καὶ τὸν παρὰ Κυαξάρου ἄγγελον· τὰς δὲ περιττὰς σκηνὰς ὅσαι ἦσαν Κύρῳ παρέδοσαν, ὡς τοῖς Πέρσαις γένοιντο. τὸ δὲ νόμισμα ἔφασαν, ἐπειδὰν ἅπαν συλλεχθῇ, διαδώσειν· καὶ διέδωκαν.

2 οἱ ὑρκάνιοι et ἐποιήσαντο D. || καὶ om. xz. 3 παρὰ om. D. || τὰς δὲ περιττὰς z, τὰς δὲ περσικὰς x, τὰ δὲ περὶ τὰς D. 5 συναχθῇ δώσειν καὶ ἔδωκαν D.

E

Οἱ μὲν δὴ ταῦτ' ἔπραξάν τε καὶ ἔλεξαν. ὁ δὲ 1
Κῦρος τὰ μὲν Κυαξάρου ἐκέλευσε διαλαβόντας φυλάττειν οὓς ᾔδει οἰκειοτάτους αὐτῷ ὄντας· καὶ ὅσα ἐμοὶ δίδοτε, ἡδέως, ἔφη, δέχομαι· χρήσεται δ' αὐτοῖς ὑμῶν ὁ ἀεὶ μάλιστα δεόμενος. φιλόμουσος δέ τις τῶν Μήδων εἶπε, Καὶ μὴν ἐγώ, ὦ Κῦρε, τῶν μουσουργῶν ἀκούσας <χθὲς> ἑσπέρας ὧν σὺ νῦν ἔχεις, ἤκουσά τε ἡδέως κἄν μοι δῷς αὐτῶν μίαν, στρατεύεσθαι ἄν μοι δοκῶ ἥδιον ἢ οἴκοι μένειν. ὁ δὲ Κῦρος εἶπεν, Ἀλλ' ἐγώ, ἔφη, καὶ δίδωμί σοι καὶ χάριν οἶμαι σοὶ πλείω ἔχειν ὅτι ἐμὲ ᾔτησας ἢ σὺ ἐμοὶ ὅτι λαμβάνεις· οὕτως ἐγὼ ὑμῖν διψῶ χαρίζεσθαι. ταύτην μὲν οὖν ἔλαβεν ὁ αἰτήσας.

Καλέσας δὲ ὁ Κῦρος Ἀράσπαν Μῆδον, ὃς ἐκ παι- 2
δὸς ἦν ἑταῖρος αὐτῷ, ᾧ καὶ τὴν στολὴν ἐκδὺς ἔδωκε τὴν Μηδικήν, ὅτε παρὰ Ἀστυάγους εἰς Πέρσας ἀπῄει,

---

§ 1 om. G (in marg. g), libro 4 adnumerat D. || *δὴ* om. Dg. || *τε καὶ ἔλεξαν* om. AH. 2 *ἐκέλευσε τὰ μὲν κυαξάρους* g. 3 post *ὅσα* add. *δὲ* xAHg. 4 *δίδοται* Zon. || *ἔφη ἐγὼ δέξομαι* Dg, *δέχομαι ἔφη* x. 5 *ἀεὶ* om. xAH. || *δὲ*] *δὴ* H. 6 *εἶπε καὶ μὴν ἐγὼ*] *εἶπεν ἐγὼ νῦν* AH. 7 <*χθὲς*> ego. || *ἡδέως ἤκουσά τε* AH. 8 *κἄν*] *καὶ ἢν* Dg. || *μίαν* om. AH. 10 *ἔγωγε* Dg. || *σοι* om. Dg. 11 *ἐμὲ*] *με* Dg, del. Cobet. || ante *ἢ* add. *καὶ* x. 12 *χαρίσασθαι* Ath. 14 *ἀράσπην* codd. (ut postea -*ης*). || *ἦν ἐκ παιδὸς αὐτῷ ἑταῖρος* D, *ἦν αὐτῷ ἐκ παιδὸς ἑταῖρος* z. || *ἐκ παίδων* Zon.

τοῦτον ἐκέλευσε διαφυλάττειν αὐτῷ τὴν γυναῖκα καὶ
3 τὴν σκηνήν· ἦν δὲ αὕτη ἡ γυνὴ Ἀβραδάτου τοῦ
Σουσίου· ὅτε δὲ ἡλίσκετο τὸ τῶν Ἀσσυρίων στρατόπεδον, ὁ ἀνὴρ αὐτῆς οὐκ ἔτυχεν ἐν τῷ στρατοπέδῳ ὤν, ἀλλὰ πρὸς τὸν Βακτρίων βασιλέα πρεσβεύων ᾤχετο· ἔπεμψε δὲ αὐτὸν ὁ Ἀσσύριος περὶ συμμαχίας· ξένος γὰρ ὢν ἐτύγχανε τῷ τῶν Βακτρίων βασιλεῖ· ταύτην οὖν ὁ Κῦρος ἐκέλευε διαφυλάττειν τὸν Ἀράσπαν,
4 ἕως ἂν αὐτὸς λάβῃ. κελευόμενος δὲ ὁ Ἀράσπας ἐπήρετο, Ἑόρακας δή, ὦ Κῦρε, ἔφη, τὴν γυναῖκα, ἥν με κελεύεις φυλάττειν; Μὰ Δί', ἔφη ὁ Κῦρος, οὐκ ἔγωγε. Ἀλλ' ἐγώ, ἔφη, ἡνίκα ἐξῃροῦμέν σοι αὐτήν· καὶ δῆτα, ὅτε μὲν εἰσήλθομεν εἰς τὴν σκηνὴν αὐτῆς, τὸ πρῶτον οὐ διέγνωμεν αὐτήν· χαμαί τε γὰρ ἐκάθητο καὶ αἱ θεράπαιναι πᾶσαι περὶ αὐτήν· καὶ τοίνυν ὁμοίαν ταῖς δούλαις εἶχε τὴν ἐσθῆτα· ἐπεὶ δὲ γνῶναι βουλόμενοι ὁποία εἴη ἡ δέσποινα πάσας περιεβλέψαμεν, ταχὺ πάνυ καὶ πασῶν ἐφαίνετο διαφέρουσα τῶν ἄλλων, καίπερ καθημένη κεκαλυμμένη τε καὶ εἰς γῆν
5 ὁρῶσα. ὡς δὲ ἀναστῆναι αὐτὴν ἐκελεύσαμεν, συνανέστησαν μὲν αὐτῇ ἅπασαι αἱ ἀμφ' αὐτήν, διήνεγκε δ' ἐνταῦθα πρῶτον μὲν τῷ μεγέθει, ἔπειτα δὲ καὶ τῇ

---

1 διαφυλάττειν x, διαφυλάξαι cet. || post τὴν add. τε codd. praeter x. 2 ante ἀβραδάτου add. τοῦ zD. 3 σουσίου] σούσων βασιλέως x. 5 post τὸν add. τῶν zE. || βακτριανῶν zD (ut 7). 8 ἐκέλευσεν ὁ κῦρος zD. 10 ἑώρακας δὴ ὦ κῦρε ἔφη τὴν γυναῖκα x, ἑώρακας δ' ἔφη ὦ κῦρε τὴν γυναῖκα cet. (nisi quod τ. γυν. ὦ κῦρε transp. G). 12 ἐγώ] ἔγωγε x. || ἐξῃρούμην xz. || αὐτήν σοι x. 14 οὐκ ἔγνωμεν x. 15 αἱ ... τοίνυν om. x. 16 ἔσχε C. 17 ὁποία C, ὁποῖα E, ποία cet. 18 πάνυ om. zD. 20 συνέστησαν x. 21 πᾶσαι D. 22 καὶ τῇ ἀρετῇ] τῇ ῥώμῃ D.

ἀρετῇ καὶ τῇ εὐσχημοσύνῃ καίπερ ἐν ταπεινῷ σχήματι ἑστηκυῖα. δῆλα δ' ἦν αὐτῇ καὶ τὰ δάκρυα στάζοντα, τὰ μὲν κατὰ τῶν πέπλων, τὰ δὲ καὶ ἐπὶ τοὺς πόδας. ὡς δ' ἡμῶν ὁ γεραίτατος εἶπε, Θάρρει, ὦ γύναι· 6
καλὸν μὲν γὰρ κἀγαθὸν ἀκούομεν καὶ τὸν σὸν ἄνδρα εἶναι· νῦν μέντοι ἐξαιροῦμεν ἀνδρί σε εὖ ἴσθι ὅτι οὔτε τὸ εἶδος ἐκείνου χείρονι οὔτε τὴν γνώμην οὔτε δύναμιν ἧττω ἔχοντι, ἀλλ' ὡς ἡμεῖς γε νομίζομεν, εἴ τις καὶ ἄλλος ἀνήρ, καὶ Κῦρος ἄξιός ἐστι θαυμάζεσθαι, οὗ σὺ ἔσῃ τὸ ἀπὸ τοῦδε· ὡς οὖν τοῦτο ἤκουσεν ἡ γυνή, περικατερρήξατό τε τὸν ἄνωθεν πέπλον καὶ ἀνωδύρατο· συνανεβόησαν δὲ καὶ αἱ δμωαί. ἐν 7
τούτῳ δὲ ἐφάνη μὲν αὐτῆς τὸ πλεῖστον μέρος τοῦ προσώπου, ἐφάνη δὲ ἡ δέρη καὶ αἱ χεῖρες· καὶ εὖ ἴσθι, ἔφη, ὦ Κῦρε, ὡς ἐμοί τε ἔδοξε καὶ τοῖς ἄλλοις ἅπασι τοῖς ἰδοῦσι μήπω φῦναι μηδὲ γενέσθαι γυνὴ ἀπὸ θνητῶν τοιαύτη ἐν τῇ Ἀσίᾳ· ἀλλὰ πάντως, ἔφη, καὶ σὺ θέασαι αὐτήν. καὶ ὁ Κῦρος ἔφη, [Ναὶ] Μὰ 8
Δία, πολύ γε ἧττον, εἰ τοιαύτη ἐστὶν οἵαν σὺ λέγεις. Τί δαί; ἔφη ὁ νεανίσκος. Ὅτι, ἔφη, εἰ νυνὶ σοῦ ἀκούσας ὅτι καλή ἐστι πεισθήσομαι ἐλθεῖν θεασόμενος

---

1 τῇ om. G. **2** ἐσχηκυῖα G, corr. s. v. man. rec. || καταστάζοντα D. **3** καὶ ἐπὶ D, κατὰ xz. **4** ὁ] ὅ τε x. || γεραίτατος F (Cam.), γεραίτερος cet. **6** μέντοι] δ' x. || σε ἔφη εὖ D. **8** τὴν δύναμιν ἀλλ' (om. ἧττω ἔχοντι) D. **10** τὸ om. z. || τοῦτο Dg, τούτου xz. **11** περιερρήξατο Cobet V. L. ed. II 641. || τε] γε D. || πέπλον ἄνωθεν G. **12** ἀνωδύρετο x. || συνεβόησαν x. || δὲ] δέ γε x, δὲ αὐτῇ D. **14** δειρὰ x. **15** ἔφη om. G. || ὦ om. D. || ἐμοί τε D, ἔμοιγε xz. **16** πᾶσι D. || μηδὲ γενέσθαι del. Cobet. || γυναῖκα et **17** τοιαύτην D, γυνή om. G, τοιαύτην g. **18** θεάσῃ D. || ναὶ del. Cobet. **20** δαί D, δή xAH, δ' G. || ἔφη εἰ νυνὶ] καὶ νῦν D. **21** ἐστιν εἰ πεισθήσομαι D, πεισθήσομαί ἐστιν G.

οὐδὲ πάνυ μοι σχολῆς οὔσης, δέδοικα μὴ πολὺ θᾶτ-
τον ἐκείνη αὖθις ἀναπείσῃ καὶ πάλιν ἐλθεῖν θεασόμενον·
ἐκ δὲ τούτου ἴσως ἂν ἀμελήσας ὧν με δεῖ πράττειν
καθήμην ἐκείνην θεώμενος.
9 Καὶ ὁ νεανίσκος ἀναγελάσας εἶπεν, Οἴει γάρ, ἔφη,
ὦ Κῦρε, ἱκανὸν εἶναι κάλλος ἀνθρώπου ἀναγκάζειν
τὸν μὴ βουλόμενον πράττειν παρὰ τὸ βέλτιστον; εἰ
μέντοι, ἔφη, τοῦτο οὕτως ἐπεφύκει, πάντας ἂν ἠνάγκα-
10 ζεν ὁμοίως. ὁρᾷς, ἔφη, τὸ πῦρ, ὡς πάντας ὁμοίως
καίει; πέφυκε γὰρ τοιοῦτον· τῶν δὲ καλῶν τῶν μὲν
ἐρῶσι τῶν δ' οὔ, καὶ ἄλλος γε ἄλλου. ἐθελούσιον
γάρ, ἔφη, ἐστί, καὶ ἐρᾷ ἕκαστος ὧν ἂν βούληται.
αὐτίκ', ἔφη, οὐκ ἐρᾷ ἀδελφὸς ἀδελφῆς, ἄλλος δὲ
ταύτης, οὐδὲ πατὴρ θυγατρός, ἄλλος δὲ ταύτης· καὶ
11 γὰρ φόβος καὶ νόμος ἱκανὸς ἔρωτα κωλύειν. εἰ δέ γ',
ἔφη, νόμος τεθείη μὴ ἐσθίοντας μὴ πεινῆν καὶ μὴ
πίνοντας μὴ διψῆν, μηδὲ ῥιγοῦν τοῦ χειμῶνος μηδὲ
θάλπεσθαι τοῦ θέρους, οὐδεὶς ἂν νόμος δυνηθείη
διαπράξασθαι ταῦτα πείθεσθαι ἀνθρώπους· πεφύκασι
γὰρ ὑπὸ τούτων κρατεῖσθαι. τὸ δ' ἐρᾶν ἐθελούσιόν
ἐστιν· ἕκαστος γοῦν τῶν καθ' ἑαυτὸν ἐρᾷ, ὥσπερ ἱματίων
12 καὶ ὑποδημάτων. Πῶς οὖν, ἔφη ὁ Κῦρος, εἰ ἐθελού-

---

1 οὐδὲ] οὐ D. 2 ἐκείνη με αὖθις D. || αὖθις] με ὀφθεῖσ' Pantazides. 4 καθοίμην xz. 6 ἀναγκάζειν] βουλόμενον ποιεῖν AH (ποιεῖν om. pr), ποιεῖν (in marg. ἀναγκάζειν) G. 8 τοῦτο ἔφη D. 9 ὅρα D. 10 τοιοῦτο z (-ν g). || δὲ om. z. 11 ἐθελούσιον . . . 12 βούληται om. x. || ἐθελούσιον DG, ἐθέλουσι AH. 12 ἔφη om. D. || ἐρᾷ om. z. 17 ῥιγῶν Dind. 18 νόμος del. Hug. || δυνασθείη Bisshop. || διαπράξεσθαι AG. 19 ἀνθρώπους ταῦτα πείθεσθαι D. 20 ὑπ' αὐτῶν D. 21 γοῦν] γὰρ (οὖν s. v.) G. || αὐτὸν D. 22 ὁ κῦρος . . . 2 p. 217 ἔφη om. z.

σιόν ἐστι τὸ ἐρασθῆναι, οὐ καὶ παύσασθαι ἔστιν ὅταν τις βούληται; ἀλλ' ἐγώ, ἔφη, ἑόρακα καὶ κλαίοντας ὑπὸ λύπης δι' ἔρωτα, καὶ δουλεύοντάς γε τοῖς ἐρωμένοις καὶ μάλα κακὸν νομίζοντας πρὶν ἐρᾶν τὸ δουλεύειν, καὶ διδόντας γε πολλὰ ὧν οὐ βέλτιον αὐτοῖς στέρεσθαι, καὶ εὐχομένους ὥσπερ καὶ ἄλλης τινὸς νόσου ἀπαλλαγῆναι, καὶ οὐ δυναμένους μέντοι ἀπαλλάττεσθαι, ἀλλὰ δεδεμένους ἰσχυροτέρᾳ ἀνάγκῃ ἢ εἰ ἐν σιδήρῳ ἐδέδεντο. παρέχουσι γοῦν ἑαυτοὺς τοῖς ἐρωμένοις πολλὰ καὶ εἰκῇ ὑπηρετοῦντας· καὶ μέντοι οὐδ' ἀποδιδράσκειν ἐπιχειροῦσι, τοιαῦτα κακὰ ἔχοντες, ἀλλὰ καὶ φυλάττουσι τοὺς ἐρωμένους μή ποι ἀποδρῶσι.

Καὶ ὁ νεανίσκος εἶπε πρὸς ταῦτα, Ποιοῦσι γάρ, 13
ἔφη, ταῦτα· εἰσὶ μέντοι, ἔφη, μοχθηροὶ οἱ τοιοῦτοι διόπερ οἶμαι καὶ εὔχονται μὲν ἀεὶ ὡς ἄθλιοι ὄντες ἀποθανεῖν, μυρίων δ' οὐσῶν μηχανῶν ἀπαλλαγῆς τοῦ βίου οὐκ ἀπαλλάττονται. οἱ αὐτοὶ δέ γε οὗτοι καὶ κλέπτειν ἐπιχειροῦσι καὶ οὐκ ἀπέχονται τῶν ἀλλοτρίων, ἀλλ' ἐπειδάν τι ἁρπάσωσιν ἢ κλέψωσιν, ὁρᾷς, ἔφη, ὅτι σὺ πρῶτος, ὡς οὐκ ἀναγκαῖον <ὂν> τὸ κλεπτειν, αἰτιᾷ τὸν κλέπτοντα καὶ ἁρπάζοντα, καὶ οὐ συγγιγνώσκεις, ἀλλὰ κολάζεις. οὕτω μέντοι, ἔφη, καὶ οἱ καλοὶ 14
οὐκ ἀναγκάζουσιν ἐρᾶν ἑαυτῶν οὐδ' ἐφίεσθαι ἀνθρώ-

---

1 παύσεσθαι C, παύεσθαι E. **2** τις om. x ‖ ἑόρακα] ὁρᾷς AH, ἑώρακα g (in G rasura 4 literarum). ‖ κλάοντας Hpr Gpr. **5** πολλὰ ὧν (ὡς E) οὐ x, πολλὰ οὗ (οὐ g) Dg, πολλῶν οὐ Hpr, ὧν πολλῶν οὐ z. ‖ post βέλτιον add. ἦν D. **6** τινὸς ἄλλης D. **8** post ἰσχυροτέρᾳ add. τινὶ D. ‖ ἐν om. D. **11** ἐκδιδράσκειν D. **14** μοχθηροὶ οἱ τοιοῦτοι C, οἱ τοι. μοχ. zE, ante ἔφη οἱ μοχθηροὶ transp. D. **15** διόπερ] οἵπερ D. ‖ αἰεὶ z. ‖ ὡς om. D. **19** ἁρπάσωσιν] ἁρπάσωσί τι AH, ἁρπάσωσι G. ‖ ἔφη om z. **20** ὡς ED, ὅτι z, ὅτι ὡς z. ‖ <ὂν> Hug. **23** οὐκ] καὶ οὐκ z.

πους ὧν μὴ δεῖ, ἀλλὰ τὰ μοχθηρὰ ἀνθρώπια πασῶν
οἶμαι τῶν ἐπιθυμιῶν ἀκρατῆ ἐστι, κἄπειτα ἔρωτα
αἰτιῶνται· οἱ δέ γε καλοὶ κἀγαθοὶ ἐπιθυμοῦντες καὶ
χρυσίου καὶ ἵππων ἀγαθῶν καὶ γυναικῶν καλῶν, ὅμως
πάντων τούτων δύνανται ἀπέχεσθαι ὥστε μὴ ἅπτεσθαι
15 αὐτῶν παρὰ τὸ δίκαιον· ἐγὼ γοῦν, ἔφη, ταύτην
ἑορακὼς καὶ πάνυ καλῆς δοξάσης μοι εἶναι ὅμως καὶ
παρά σοί εἰμι καὶ ἱππεύω καὶ τἆλλα τὰ ἐμοὶ προσ-
16 ήκοντα ἀποτελῶ. Ναὶ μὰ Δί', ἔφη ὁ Κῦρος· ἴσως γὰρ
θᾶττον ἀπῆλθες ἢ ἐν ὅσῳ χρόνῳ ἔρως πέφυκε συσκευ-
άζεσθαι ἄνθρωπον. καὶ πυρὸς γάρ τοι ἔστι θιγόντα
μὴ εὐθὺς καίεσθαι καὶ τὰ ξύλα οὐκ εὐθὺς ἀναλάμπει·
ὅμως δ' ἔγωγε οὔτε πυρὸς ἑκὼν εἶναι ἅπτομαι οὔτε
τοὺς καλοὺς εἰσορῶ. οὐδέ γε σοὶ συμβουλεύω, ἔφη,
ὦ Ἀράσπα, ἐν τοῖς καλοῖς ἐᾶν τὴν ὄψιν ἐνδιατρί-
βειν· ὡς τὸ μὲν πῦρ τοὺς ἁπτομένους καίει, οἱ δὲ
καλοὶ καὶ τοὺς ἄπωθεν θεωμένους ὑφάπτουσιν, ὥστε
17 αἴθεσθαι τῷ ἔρωτι. Θάρρει, ἔφη, ὦ Κῦρε· οὐδ' ἐὰν
μηδέποτε παύσωμαι θεώμενος, οὐ μὴ κρατηθῶ ὥστε
ποιεῖν τι ὧν μὴ χρὴ ποιεῖν. Κάλλιστα, ἔφη, λέγεις·
φύλαττε τοίνυν, ἔφη, ὥσπερ σε κελεύω καὶ ἐπιμελοῦ

---

2 τῶν om. D. ‖ ἐστι] εἰσι x. **3** γε om. D. **5** ἁπάντων D. ‖ τούτων ῥᾳδίως δύνανται D. ‖ ἅπτεσθαι DG, ἐπέχεσθαι xAH. **6** ἔφη post ἑορακὼς transp. x. **7** μοι καλῆς δοξάσης D. ‖ δοξαζούσης x. ‖ εἶναι om. D. ‖ post. καὶ om. D. **8** τἀμοὶ (τὰ μοί g) Dg, παρὰ σοὶ z, ἐμοὶ x, corr. Dind. **9** γὰρ om. z. **10** ὁ ante ἔρως add. D. ‖ σκευάζεσθαι z. **11** ἔστι om. x. ‖ θήγοντα xD. **13** prius οὔτε Dg, οὐ zE, οὐκ εὐθύς C. **14** ἐσορῶ D. ‖ γε om. D. **15** ἐᾶν om. D. ‖ διατρίβειν z. **17** ἄποθεν zC. ‖ ὑφάπτουσιν ὥστε Dg, ὑφάπτουσί γε xz. **18** ἔφη om. D. ‖ ἢν μηδεπώποτε D. **20** ποιεῖν del. Cobet. **21** ἔφη om. D.

αὐτῆς· ἴσως γὰρ ἂν πάνυ ἡμῖν ἐν καιρῷ γένοιτο αὕτη
ἡ γυνή. τότε μὲν δὴ ταῦτ' εἰπόντες διελύθησαν. 18

Ὁ δὲ νεανίσκος ἅμα μὲν ὁρῶν καλὴν τὴν γυναῖκα, ἅμα δὲ αἰσθανόμενος τὴν καλοκἀγαθίαν αὐτῆς, ἅμα δὲ θεραπεύων αὐτὴν καὶ οἰόμενος χαρίζεσθαι αὐτῇ, ἅμα δὲ αἰσθανόμενος οὐκ ἀχάριστον οὖσαν, ἀλλ' ἐπιμελομένην διὰ τῶν αὐτῆς οἰκετῶν ὡς καὶ εἰσιόντι εἴη αὐτῷ τὰ δέοντα καὶ εἴ ποτε ἀσθενήσειεν, ὡς μηδενὸς ἐνδέοιτο, ἐκ πάντων τούτων ἡλίσκετο ἔρωτι, καὶ ἴσως οὐδὲν θαυμαστὸν ἔπασχε. καὶ ταῦτα μὲν δὴ οὕτως ἐπράττετο.

Βουλόμενος δὲ ὁ Κῦρος ἐθελοντὰς μένειν μεθ' 19
ἑαυτοῦ τούς τε Μήδους καὶ τοὺς συμμάχους, συνεκά-
λεσε πάντας τοὺς ἐπικαιρίους· ἐπεὶ δὲ συνῆλθον, ἔλεξε
τοιάδε. Ἄνδρες Μῆδοι καὶ πάντες οἱ παρόντες, ἐγὼ 20
ὑμᾶς οἶδα σαφῶς ὅτι οὔτε χρημάτων δεόμενοι σὺν
ἐμοὶ ἐξήλθετε οὔτε Κυαξάρῃ νομίζοντες τοῦτο ὑπηρε-
τεῖν, ἀλλ' ἐμοὶ βουλόμενοι τοῦτο χαρίζεσθαι καὶ ἐμὲ
τιμῶντες νυκτοπορεῖν καὶ κινδυνεύειν σὺν ἐμοὶ ἠθε-
λήσατε. καὶ χάριν τούτων ἐγὼ ὑμῖν ἔχω μέν, εἰ μὴ 21
ἀδικῶ· ἀποδιδόναι δὲ ἀξίαν οὔπω δύναμιν ἔχειν μοι
δοκῶ. καὶ τοῦτο μὲν οὐκ αἰσχύνομαι λέγων· τὸ δ'
Ἐὰν μένητε παρ' ἐμοί, ἀποδώσω, τοῦτο, εὖ ἴστε, ἔφη,

---

1 ἂν καὶ πάνυ D. ‖ ἡμῖν] μοι x. ‖ καιρῷ τι γένοιτο D. **3** καλὴν] ὑπερκαλλῆ D. ‖ τὴν om. xz. **4** αἰσθόμενος xD. **6** αἰσθανόμενος post οὖσαν transp. x. ‖ αἰσθόμενος D. **7** ἀντεπιμελουμένην D (ἐπιμελουμένην et ἀντι s. v. G). ‖ αὐτῆς xz. ‖ εἰσιόντι] εἰ οἷόν τε DG. **8** αὐτῷ xDHg, om. AG. **9** ἐνδέοιτο Dind., ἂν δέοιτο xz, δέοιτο D. ‖ τούτων in marg. G. **12** ἐθέλονται codd. praeter D. **13** αὐτοῦ H. **18** τοῦτο om. D. **20** μέν om. D. ‖ εἴ γε μὴ D. **21** οὔπω ἀξίαν xz. **23** ἦν D. ‖ μενῆτε xAH. ‖ τοῦτο εὖ ἴστε x, εὖ ἴστε ὅτι τοῦτο D, εὖ ἴστε

αἰσχυνοίμην ἂν εἰπεῖν· νομίζω γὰρ ἐμαυτὸν ἐοικέναι
⟨ἂν⟩ λέγοντι ταῦτα ἕνεκα τοῦ ὑμᾶς μᾶλλον ἐθέλειν παρ'
ἐμοὶ καταμένειν. ἀντὶ δὲ τούτου τάδε λέγω· ἐγὼ γὰρ
ὑμῖν, κἂν ἤδη ἀπίητε Κυαξάρῃ πειθόμενοι, ὅμως, ἂν
ἀγαθόν τι πράξω, πειράσομαι οὕτω ποιεῖν ὥστε καὶ
22 ὑμᾶς ἐμὲ ἐπαινεῖν. οὐ γὰρ δὴ αὐτός γε ἄπειμι, ἀλλὰ
καὶ Ὑρκανίοις οἷς τοὺς ὅρκους καὶ τὰς δεξιὰς ἔδωκα
ἐμπεδώσω καὶ οὔποτε τούτους προδιδοὺς ἁλώσομαι,
καὶ τῷ νῦν διδόντι Γωβρύᾳ καὶ τείχη ἡμῖν καὶ χώραν
καὶ δύναμιν πειράσομαι ποιεῖν μὴ μεταμελῆσαι τῆς
23 πρὸς ἐμὲ ὁδοῦ. καὶ τὸ μέγιστον δή, θεῶν οὕτω διδόντων περιφανῶς ἀγαθὰ καὶ φοβοίμην ἂν αὐτοὺς
καὶ αἰσχυνοίμην ἀπολιπὼν ταῦτα εἰκῇ ἀπελθεῖν. ἐγὼ
μὲν οὖν οὕτως, ἔφη, ποιήσω· ὑμεῖς δὲ ὅπως γιγνώσκετε οὕτω καὶ ποιεῖτε, καὶ ἐμοὶ εἴπατε ὅ,τι ἂν ὑμῖν
24 δοκῇ. ὁ μὲν οὕτως εἶπε.

Πρῶτος δ' ὁ φήσας ποτὲ συγγενὴς τοῦ Κύρου εἶναι εἶπεν, Ἀλλ' ἐγὼ μέν, ἔφη, ὦ βασιλεῦ· βασιλεὺς γὰρ ἔμοιγε δοκεῖς σὺ φύσει πεφυκέναι οὐδὲν ἧττον ἢ ὁ ἐν τῷ σμήνει φυόμενος τῶν μελιττῶν ἡγεμών· ἐκείνῳ τε γὰρ αἱ μέλιτται ἑκοῦσαι μὲν πείθονται, ὅπου

z. || ἔφη om. DG. **1** νομίζοιμι Dg. || post γὰρ add. ἂν Hartman, malim post ἐοικέναι. || ἐμαυτὸν Dg, ἑαυτὸν xz. **2** post λέγοντι add. ὅτι z. || ταῦτα] τούτου in marg. G. || ἐθέλειν μᾶλλον D. **4** ὅπως xz. || ἤν τι ἀγαθὸν D. **6** ὑμᾶς ἐμέ D, ἐμὲ ὑμᾶς xz. **7** ὑρκανίοις οἷς x, ὑρκανίους οἷς D, ὑρκανίοις HG, ὑρκανίους ('ut videtur' Dind.) A. || post δεξιὰς add. ἃς z. **9** νῦν] μὲν ταῦτα D. **10** μὴ] μήποτε D. **11** οὕτω περιφανῶς τῶν θεῶν διδόντων D. **13** εἰκῇ Dg, κἀκεῖ xz. **14** οὖν om. G. || ἔφη οὕτω D. || ὅπως καὶ γιγνώσκετε D. **18** εἶπεν xz, πρὸς ταῦτα ἔλεξεν D. || βασιλεὺς μὲν γὰρ D. **19** σὺ om. xz. **21** γὰρ αἰεὶ αἱ D. || μὲν om. D.

δ' ἂν μένῃ, οὐδεμία ἐντεῦθεν ἀπέρχεται· ἐὰν δέ ποι
ἐξίῃ, οὐδεμία αὐτοῦ ἀπολείπεται. οὕτω δεινός τις ἔρως
αὐταῖς τοῦ ἄρχεσθαι ὑπ' ἐκείνου ἐγγίγνεται· καὶ πρὸς 25
σὲ δέ μοι δοκοῦσι παραπλησίως πως οἱ ἄνθρωποι
φιλίως διακεῖσθαι. καὶ γὰρ εἰς Πέρσας ὅτε παρ' ἡμῶν
ἀπῄεις, τίς Μήδων ἢ γέρων ἢ νέος σοῦ ἀπελείφθη
τὸ μή σοι ἀκολουθεῖν ἔστε Ἀστυάγης ἡμᾶς ἀπέστρε-
ψεν; ἐπειδὴ δ' ἐκ Περσῶν βοηθὸς ἡμῖν ὡρμήθης,
σχεδὸν αὖ ἑωρῶμεν τοὺς φίλους σου πάντας ἐθελου-
σίους συνεπομένους. ὅτε δ' αὖ τῆς δεῦρο στρατείας
ἐπεθύμησας, πάντες σοι Μῆδοι ἑκόντες ἠκολούθησαν.
νῦν δ' αὖ οὕτως ἔχομεν ὡς σὺν μὲν σοὶ ὅμως καὶ 26
ἐν τῇ πολεμίᾳ ὄντες θαρροῦμεν, ἄνευ δὲ σοῦ καὶ
οἴκαδε ἀπιέναι φοβούμεθα. οἱ μὲν οὖν ἄλλοι ὅπως
ποιήσουσιν αὐτοὶ ἐροῦσιν· ἐγὼ δέ, ὦ Κῦρε, καὶ ὧν
ἐγὼ κρατῶ καὶ μενοῦμεν παρὰ σοὶ καὶ ὁρῶντες σὲ
ἀνεξόμεθα καὶ καρτερήσομεν ὑπὸ σοῦ εὐεργετούμενοι.

Ἐπὶ τούτῳ ἔλεξεν ὁ Τιγράνης ὧδε· Σύ, ἔφη, ὦ 27
Κῦρε, μήποτε θαυμάσῃς ἂν ἐγὼ σιωπῶ· ἡ γὰρ ψυχή,
ἔφη, οὐχ ὡς βουλεύσουσα παρεσκεύασται ἀλλ' ὡς ποι-
ήσουσα ὅ,τι ἂν παραγγέλλῃς. ὁ δὲ Ὑρκάνιος εἶπεν, 28
Ἀλλ' ἐγὼ μέν, ὦ Μῆδοι, εἰ νῦν ἀπέλθοιτε, δαίμονος

---

1 ἂν] ἐὰν G. || ἐὰν] ἢν D. || που codd., corr. Dind. **2** αὐταῖς ἔρως D. **3** συγγένηται D, συγγεγένηται F (Cam.). **5** φιλίως ego, οὗτοι D, οὕτω cet., del. Hug. **6** ἀπίῃς xz. || ἢ νέος ἢ γέρων zD. **7** τὸ zE, τοῦ CD. || ἔστε Vat. 987. Med. 55, 19, εἰς ὅτε xz, ἕως ὅτε D. **8** ἐπεὶ D. || περσῶν] ποδῶν AH. **9** ὁρῶμεν codd., corr. Camerarius. **10** ἐφεπομένους x. **11** σοι DG, οἱ cet. **12** δ' αὖ οὕτως D, γ' αὖ οὕτως A, γ' αὔ(γ' αὔ- H)τως xGH. || σοὶ μὲν D. || ὁμοίως xz. **15** ποιήσωσιν z. **17** ἀνθεξόμεθα z. **18** ἐπὶ τούτοις ὁ τιγράνης ἔλεξεν D. **19** μήποτε] μήτι D. || σιγῶ D. || γὰρ] γάρ μοι Dg. **22** ἀπέλθητε xG.

ἂν φαίην τὴν ἐπιβουλὴν εἶναι τὸ μὴ ἐᾶσαι ὑμᾶς μέγα εὐδαίμονας γενέσθαι· ἀνθρωπίνῃ δὲ γνώμῃ τίς ἂν ἢ φευγόντων πολεμίων ἀποτρέποιτο ἢ ὅπλα παραδιδόντων οὐκ ἂν λαμβάνοι ἢ ἑαυτοὺς διδόντων καὶ τὰ ἑαυτῶν οὐκ ἂν δέχοιτο, ἄλλως τε καὶ τοῦ ἡγεμόνος ἡμῖν ὄντος τοιούτου ὃς ἐμοὶ δοκεῖ, [ὡς] ὄμνυμι ὑμῖν πάντας τοὺς θεούς, εὖ ποιῶν ἡμᾶς μᾶλλον ἥδεσθαι ἢ
29 ἑαυτὸν πλουτίζων; ἐπὶ τούτῳ πάντες οἱ Μῆδοι τοιάδ' ἔλεγον· Σύ, ὦ Κῦρε, καὶ ἐξήγαγες ἡμᾶς καὶ οἴκαδε ὅταν ἀπιέναι καιρὸς δοκῇ, σὺν σοὶ ἡμᾶς ἄγε. ὁ δὲ Κῦρος ταῦτα ἀκούσας ἐπηύξατο, Ἀλλ', ὦ Ζεῦ μέγιστε, αἰτοῦμαί σε, δὸς τοὺς ἐμὲ τιμῶντας νικῆσαί με εὖ
30 ποιοῦντα. ἐκ τούτου ἐκέλευσε τοὺς μὲν ἄλλους φυλακὰς καταστήσαντας ἀμφ' αὑτοὺς ἤδη ἔχειν, τοὺς δὲ Πέρσας διαλαβεῖν τὰς σκηνάς, τοῖς μὲν ἱππεῦσι τὰς τούτοις πρεπούσας, τοῖς δὲ πεζοῖς τὰς τούτοις ἀρκούσας· καὶ οὕτω καταστήσασθαι ὅπως ποιοῦντες οἱ ἐν ταῖς σκηναῖς πάντα τὰ δέοντα φέρωσιν εἰς τὰς τάξεις τοῖς Πέρσαις καὶ τοὺς ἵππους τεθεραπευμένους παρέχωσι, Πέρσαις δὲ μηδὲν ἄλλο ᾖ ἔργον ἢ τὰ πρὸς τὸν πόλεμον ἐκπονεῖν. ταύτην μὲν οὖν οὕτω διῆγον τὴν ἡμέραν.

1 ἂν ἦν φαίην DF (Cam.). || ἐπιβουλὴν] βούλησιν D. 3 τῶν πολεμίων z. 4 παραδιδόντων D. 5 ἡμῖν ED, ὑμῖν zC. 6 ὃς] ὡς D. || ὡς] ὃς D, del. Schneider. 8 τοιαῦτα D. 9 prius καὶ om. D. 10 καιρός σοι δοκῇ εἶναι et ἀπάγαγε D. 11 ἀκούσας ταῦτα G. 12 δός μοι τοὺς x. || με om. D. 13 φυλακὰς Stephanus, φύλακας codd. 14 αὐτοὺς CH. 17 καταστήσεσθαι xz. 18 πάντα Vat. 987. Med. 55, 19, πάντες xz, ἅπαντες D. || φέροιεν D. 19 τεθραμμένους x. 20 πέρσαι D. || ἄλλο om. x. || ᾖ om. D, erasit G. 21 τὸν om. D. || μὲν οὕτω τὴν ἡμέραν διήγαγον D.

Πρῲ δ' ἀναστάντες ἐπορεύοντο πρὸς Γωβρύαν, II
Κῦρος μὲν ἐφ' ἵππου καὶ οἱ Περσῶν ἱππεῖς γεγενη-
μένοι εἰς δισχιλίους· οἱ δὲ τὰ τούτων γέρρα καὶ τὰς
κοπίδας ἔχοντες ἐπὶ τούτοις εἵποντο, ἴσοι ὄντες τὸν
ἀριθμόν· καὶ ἡ ἄλλη δὲ στρατιὰ τεταγμένη ἐπορεύετο.
ἕκαστον δ' ἐκέλευσε τοῖς καινοῖς αὑτῶν θεράπουσιν
εἰπεῖν ὅτι ὅστις ἂν αὐτῶν ἢ τῶν ὀπισθοφυλάκων φαί-
νηται ὄπισθεν ἢ τοῦ μετώπου πρόσθεν ἴῃ ἢ κατὰ ⟨τὰ⟩
πλάγια ἔξω τῶν ἐν τάξει ἰόντων ἁλίσκηται, κολασθή-
σεται. δευτεραῖοι δὲ ἀμφὶ δείλην γίγνονται πρὸς τῷ 2
Γωβρύα χωρίῳ, καὶ ὁρῶσιν ὑπερίσχυρόν τε τὸ ἔρυμα
καὶ ἐπὶ τῶν τειχῶν πάντα παρεσκευασμένα ὡς ἂν
κράτιστα ἀπομάχοιντο· καὶ βοῦς δὲ πολλοὺς καὶ πάμ-
πολλα πρόβατα ὑπὸ τὰ ἐρυμνὰ προσηγμένα ἑώρων.
πέμψας δ' ὁ Γωβρύας πρὸς τὸν Κῦρον ἐκέλευσε περι- 3
ελάσαντα ἰδεῖν ᾗ ἡ πρόσοδος εὐπετεστάτη, εἴσω δὲ
πέμψαι πρὸς ἑαυτὸν τῶν πιστῶν τινας, οἵτινες αὐτῷ
τὰ ἔνδον ἰδόντες ἀπαγγελοῦσιν. οὕτω δὴ ὁ Κῦρος 4
αὐτὸς μὲν τῷ ὄντι βουλόμενος ἰδεῖν εἴ που εἴη αἱρέ-
σιμον τὸ τεῖχος, εἰ ψευδὴς φαίνοιτο ὁ Γωβρύας, περι-
ήλαυνε πάντοθεν, ἑώρα τε ἰσχυρότερα πάντα ἢ προσ-

---

1 *τὸν γωβρύαν* D. **2** *ἵππῳ* D. **3** *εἰς*] *ἀμφὶ τοὺς* D. ‖ *δὲ*] *δὴ* D. **5** *ἐπορεύετο τεταγμένη* D. **6** *αὐτῶν* x, *ἑαυτῶν* z. ‖ *θεραπεύουσιν* G. **8** *ἴῃ* CG, *εἴῃ* EAH, om. D. ‖ ⟨*τὰ*⟩ Pantazides. **9** *ἐν τῇ τάξει* xz. ‖ *ἰόντων* Pantazides, *ὄντων* codd. **11** *γωβρύαν* xzε. **13** *ἀπομάχοιτο* codd. praeter D. **14** *προηγμένα* xzε. **15** *τὸν* om. ε. ‖ *πρὸς τὸν κῦρον ἐκέλευσε* Pxz, *ἐκέλευσε τὸν κῦρον* D. **16** *ᾗ* Camerarius, *εἰ* codd. [P] ε. **17** *αὐτῶν* codd. [P] ε, corr. Stephanus. **18** *οὕτω δὴ ὁ κῦρος αὐτὸς μὲν*] *ὁ δὲ κῦρος* ε. **19** *που*] *πῃ* Pmg.D. **20** *τεῖχος*] *χωρίον* D. ‖ *εἰ* Weiske, *ἢ* codd. ε. ‖ *ψευδὴς εἴη ὁ γω.* P, *ἔσοιτό τι* P mg. ‖ *φαίνοιτο*] *γένοιτο* x. ‖ *περιήλαυνε καὶ ἑώρα πάντοθεν ἰσχυρότερα* D. **21** *προσῆλθεν* zε.

ἐλθεῖν· οὓς δ' ἔπεμψε πρὸς Γωβρύαν, ἀπήγγελλον τῷ
Κύρῳ ὅτι τοσαῦτα εἴη ἔνδον ἀγαθὰ ὅσα ἐπ' ἀνθρώ-
πων γενεάν, ὡς σφίσι δοκεῖν, μὴ ἂν ἐπιλιπεῖν τοὺς
5 ἔνδον ὄντας. ὁ μὲν δὴ Κῦρος ἐν φροντίδι ἦν ὅ,τι
ποτ' εἴη ταῦτα, ὁ δὲ Γωβρύας αὐτός τε ἐξῄει πρὸς
αὐτὸν καὶ τοὺς ἔνδοθεν πάντας ἐξῆγε φέροντας οἶνον,
ἄλφιτα, ἄλευρα, ἄλλους δ' ἐλαύνοντας βοῦς, αἶγας,
οἶς, σῦς, καὶ εἴ τι βρωτόν, πάντα ἱκανὰ προσῆγον ὡς
6 δειπνῆσαι πᾶσαν τὴν σὺν Κύρῳ στρατιάν. οἱ μὲν δὴ
ἐπὶ τούτῳ ταχθέντες διῄρουν τε ταῦτα καὶ ἐδειπνο-
ποίουν. ὁ δὲ Γωβρύας, ἐπεὶ πάντες αὐτῷ οἱ ἄνδρες
ἔξω ἦσαν, εἰσιέναι τὸν Κῦρον ἐκέλευσεν ὅπως νομίζοι
ἀσφαλέστατον. προεισπέμψας οὖν ὁ Κῦρος προσκόπους
καὶ δύναμιν αὐτὸς οὕτως εἰσῄει. ἐπειδὴ δ' εἰσῆλθεν
ἀναπεπταμένας ἔχων τὰς πύλας, παρεκάλει πάντας
7 τοὺς φίλους καὶ ἄρχοντας τῶν μεθ' ἑαυτοῦ. ἐπεὶ δὲ
ἔνδον ἦσαν, ἐκφέρων ὁ Γωβρύας φιάλας χρυσᾶς καὶ
πρόχους καὶ κάλπιδας καὶ κόσμον παντοῖον καὶ δα-
ρεικοὺς ἀμέτρους τινὰς καὶ πάντα καλὰ πολλά, τέλος

1 τὸν γωβρύαν D. 2 εἴη om. D. 3 γενεὰς D. || ἐπιλείπειν D, ἐκλιπεῖν AHε. 6 ἐξήγαγε D. 7 ἄλφιτα om. xzε. || βοῦς καὶ ὗς, ὄιας, αἶγας D. 8 ὄεις CHpr, ὄες E, ὄις z. || σῦς om. x. || βρωτόν] ἄρρητον zε. 9 πᾶσαν] καλῶς ἅπασαν D. || οἱ μὲν δή] καὶ οἱ ε. 10 τοῦτο AHcor. ε. || διηροῦντό τε xzε, διηροῦντο D, corr. Fischer. || ταῦτα om. E, ante διηροῦντο transp. D. || ἐδειπνοποιοῦντο Dzε. 11 ὁ δὲ . . . εἰσιέναι] ἐπεὶ δὲ οἱ ἄνδρες ἔξω ἦσαν, ὁ γωβρύας εἰσιέναι ε. || αὐτῷ] αὐτῶν z, om. x, post ἄνδρες transp. D. 12 ἐκέλευε τὸν κῦρον D. 13 ἀσφαλέστατον zε [P]. 14 καὶ ante αὐτὸς add. xD, δὲ ε. || ἐπειδὴ δ' εἰσῆλθεν P, ἐπεὶ δ' εἰσῆλθον xε. 15 ἔχων τὰς πύλας PD, τὰς πύλας ἔχων xzε. || πάντας τοὺς φίλους PD, τοὺς φίλους πάντας xzε. 16 αὐτοῦ H, αὐτοῦ ε. || ἐπεὶ Px, ἐπειδὴ cet. 18 καλπίδας AH. 19 καὶ πολλὰ D.

τὴν θυγατέρα, δεινόν τι κάλλος καὶ μέγεθος, πενθικῶς δ' ἔχουσαν τοῦ ἀδελφοῦ τεθνηκότος, ἐξάγων ὧδε εἶπεν· Ἐγώ σοι, ὦ Κῦρε, τὰ μὲν χρήματα ταῦτα δωροῦμαι, τὴν δὲ θυγατέρα ταύτην ἐπιτρέπω διαθέσθαι ὅπως ἂν σὺ βούλῃ· ἱκετεύομεν δέ, ἐγὼ μὲν καὶ πρόσθεν τοῦ υἱοῦ, αὕτη δὲ νῦν τοῦ ἀδελφοῦ τιμωρὸν γενέσθαι σε.

Ὁ δὲ Κῦρος πρὸς ταῦτα εἶπεν, Ἀλλ' ἐγὼ μὲν σοὶ 8
καὶ τότε ὑπεσχόμην ἀψευδοῦντός σου τιμωρήσειν εἰς δύναμιν· νῦν δὲ ὅτε ἀληθεύοντά σε ὁρῶ, ἤδη ὀφείλω τὴν ὑπόσχεσιν, καὶ ταύτῃ ὑπισχνοῦμαι τὰ αὐτὰ ταῦτα σὺν θεοῖς ποιήσειν. καὶ τὰ μὲν χρήματα ταῦτα, ἔφη, ἐγὼ μὲν δέχομαι, δίδωμι δὲ αὐτὰ τῇ παιδὶ ταύτῃ κἀκείνῳ ὃς ἂν γήμῃ αὐτήν. ἓν δὲ δῶρον ἄπειμι ἔχων παρὰ σοῦ ἀνθ' οὗ οὐδ' ἂν τὰ ἐν Βαβυλῶνι, [εἰ ἐκεῖ πλεῖστά ἐστιν,] οὐδὲ τὰ πανταχοῦ [ἀντὶ τούτου οὗ σύ
μοι δεδώρησαι] ἥδιον ἂν ἔχων ἀπέλθοιμι. καὶ ὁ Γω- 9
βρύας θαυμάσας τε τί τοῦτ' εἴη καὶ ὑποπτεύσας μὴ τὴν θυγατέρα λέγοι, οὕτως ἤρετο· Καὶ τί τοῦτ' ἔστιν, ἔφη, ὦ Κῦρε; καὶ ὁ Κῦρος ἀπεκρίνατο, Ὅτι, ἔφη, ἐγώ, ὦ Γωβρύα, πολλοὺς μὲν οἶμαι εἶναι ἀνθρώπους οἳ οὔτε ἀσεβεῖν ἂν θέλοιεν οὔτε ἀδικεῖν οὔτε ἂν

1 τι] ἄρα D. 2 ἐξαγαγὼν D. ‖ ὧδε] τάδε D. 3 ὦ κῦρε, ἐγώ σοι D. ‖ δωροῦμαι] δίδωμι D. 4 ἐπιτρέπω] ἐπιτάττω D. 5 βούλει G. 6 αὐτῇ xz. 8 πρὸς ταῦτα om. ε. ‖ μὲν σοὶ x, σοὶ μὲν z, μὲν D. 10 ὅτε . . . ὀφείλω] σοι ἐρῶ ὀφείλων εz. ‖ σε ἀληθεύοντα Dg. 12 χρήματα ἔφη ἐγὼ ταῦτα δέχομαι D. ‖ ἔφη om. x. 14 ὃς γαμεῖ x. 15 οὗ ἐγὼ οὐδ' D. ‖ εἰ ἐκεῖ xAH, ἐκεῖ Gε, ἐν ᾗ Dg. ‖ εἰ ἐκεῖ πλεῖστά ἐστιν del. Hirschig. 16 ἀντὶ τούτου οὗ σύ μοι δεδώρησαι del. Hirschig. 18 τε τί z, τί x, τί ποτε D. ‖ τε τί . . . 19 ἤρετο om. ε. 20 prius ἔφη] λέγει D. ‖ ὦ κῦρε ἔφη x. ‖ καὶ ὁ κῦρος] ὁ δὲ ε. 21 ἐγώ om. D. ‖ οἴομαι D. ‖ εἶναι om. xzε. 22 θέλοιεν z, ἐθέλοιεν cet.

ψεύδοιντο ἑκόντες εἶναι· διά τε τὸ μηδένα αὐτοῖς ἠθεληκέναι προέσθαι μήτε χρήματα πολλὰ μήτε τυραννίδα μήτε τείχη ἐρυμνὰ μήτε τέκνα ἀξιέραστα, ἀποθνή-
10 σκουσι πρότερον πρὶν δῆλοι γενέσθαι οἷοι ἦσαν· ἐμοὶ δὲ σὺ νυνὶ καὶ τείχη ἐρυμνὰ καὶ πλοῦτον παντοδαπὸν καὶ δύναμιν τὴν σὴν καὶ θυγατέρα ἀξιόκτητον ἐγχειρίσας πεποίηκάς με δῆλον γενέσθαι πᾶσιν ἀνθρώποις ὅτι οὔτ' ἂν ἀσεβεῖν περὶ ξένους θέλοιμι οὔτ' ἂν ἀδικεῖν χρημάτων ἕνεκα οὔτε συνθήκας ἂν ψευδοίμην
11 ἑκὼν εἶναι. τούτων ἐγώ, εὖ ἴσθι, ἕως ἂν ἀνὴρ δίκαιος ὦ καὶ δοκῶν εἶναι τοιοῦτος ἐπαινῶμαι ὑπ' ἀνθρώπων, οὔποτ' ἐπιλήσομαι, ἀλλὰ πειράσομαί σε ἀντι-
12 τιμῆσαι πᾶσι τοῖς καλοῖς. καὶ ἀνδρὸς δ', ἔφη, τῇ θυγατρὶ μὴ φοβοῦ ὡς ἀπορήσεις ἀξίου ταύτης· πολλοὶ γὰρ καὶ ἀγαθοὶ φίλοι εἰσὶν ἐμοί· ὧν τις γαμεῖ ταύτην· εἰ μέντοι χρήμαθ' ἕξει τοσαῦτα ὅσα σὺ δίδως ἢ καὶ ἄλλα πολλαπλάσια τούτων, οὐκ ἂν ἔχοιμι εἰπεῖν· σὺ μέντοι εὖ ἴσθι ὅτι εἰσί τινες αὐτῶν οἳ ὧν μὲν σὺ δίδως χρημάτων οὐδὲ μικρὸν τούτων ἕνεκά σε μᾶλλον θαυμάζουσιν· ἐμὲ δὲ ζηλοῦσι νυνὶ καὶ εὔχονται πᾶσι θεοῖς γενέσθαι ποτὲ ἐπιδείξασθαι ὡς πιστοὶ μέν εἰσιν οὐδὲν ἧττον ἐμοῦ τοῖς φίλοις, τοῖς δὲ πολεμίοις ὡς

---

2 πολλὰ] μεγάλα D. 4 γενέσθαι D, γίνεσθαι z, ἦσαν x. || οἷοί τε x. 5 νυνὶ z, νῦν D, om. x. 8 ἐθέλοιμι D, θέλοιμι cet. 9 ἕνεκεν D. || ψευδοίμην ἂν D. 10 τούτων xz, τοῦτον Hpr, τούτου g, τοῦτ' οὖν ε, τοῦτο οὖν D, τοῦτ' οὖν τοῦτον cod. Peiresc. || εὖ ἴσθι z, σοι εὖ ἴσθι D, ἔφη x. 15 καὶ ἀγαθοὶ A. || ἐμοί om. G. || ταύτην] αὐτήν D. 16 σὺ om. zε. || ἢ . . . 19 δίδως om. zε. 19 μικρῶν xHpr. 20 θαυμάσουσιν xHε. 21 γενέσθαι ποτὲ πᾶσι θεοῖς x, γενέσθαι πᾶσι θεοῖς zε. || ἐπιδείξασθαι xz, καὶ ἑαυτοὺς ἐπιδεῖξαι D, καὶ ἑαυτοὺς g. 22 ὡς om. D.

οὔποτ' ἂν ὑφεῖντο ζῶντες, εἰ μή τις θεὸς βλάπτοι·
ἀντὶ δ' ἀρετῆς καὶ δόξης ἀγαθῆς ὅτι οὐδ' ἂν τὰ Σύ-
ρων πρὸς τοῖς σοῖς καὶ Ἀσσυρίων πάντα προέλοιντο
τοιούτους ἄνδρας εὖ ἴσθι ἐνταῦθα καθημένους. καὶ ὁ 13
Γωβρύας εἶπε γελάσας, Πρὸς τῶν θεῶν, ἔφη, ὦ Κῦρε,
δεῖξον δή μοι ποῦ οὗτοί εἰσιν, ἵνα [σε] τούτων τινὰ
αἰτήσωμαι παῖδά μοι γενέσθαι. καὶ ὁ Κῦρος εἶπεν,
Οὐδὲν ἐμοῦ σε δεήσει πυνθάνεσθαι, ἀλλ' ἂν σὺν ἡμῖν
ἕπῃ, αὐτὸς σὺ ἕξεις καὶ ἄλλῳ δεικνύναι αὐτῶν ἕκαστον.

Τοσαῦτ' εἰπὼν δεξιάν τε λαβὼν τοῦ Γωβρύα καὶ 14
ἀναστὰς ἐξῄει, καὶ τοὺς μεθ' αὐτοῦ ἐξῆγεν ἅπαντας·
καὶ πολλὰ δεομένου τοῦ Γωβρύα ἔνδον δειπνεῖν οὐκ
ἠθέλησεν, ἀλλ' ἐν τῷ στρατοπέδῳ ἐδείπνει καὶ τὸν
Γωβρύαν σύνδειπνον παρέλαβεν. ἐπὶ στιβάδος δὲ κατα- 15
κλινεὶς ἤρετο αὐτὸν ὧδε· Εἰπέ μοι, ἔφη, ὦ Γωβρύα,
πότερον οἴει σοὶ εἶναι πλείω ἢ ἑκάστῳ ἡμῶν στρώ-
ματα; καὶ ὃς εἶπεν, Ὑμῖν νὴ Δί' εὖ οἶδ' ὅτι, ἔφη,
καὶ στρώματα πλείω ἐστὶ καὶ κλῖναι, καὶ οἰκία γε
πολὺ μείζων ἡ ὑμετέρα τῆς ἐμῆς, οἵ γε οἰκίᾳ μὲν
χρῆσθε γῇ τε καὶ οὐρανῷ, κλῖναι δ' ὑμῖν εἰσιν ὁπόσαι

---

1 οὐδέποτ' D. || τις θεὸς z, τις θεῶν x, θεὸς D. **3** περι-ἕλοιντο D. **4** ἴσθι ἄνδρας ἐνταῦθα D. || καὶ ὁ] ὁ δὲ ε. **5** εἶπε γελάσας z, γελάσας εἶπε ε, ἔφη γελάσας x, ἐπιγελάσας Dg. || ὦ κῦρε πρὸς τῶν θεῶν ε. || τῶν om. D. **6** δή om. D. || [σε] ego. **7** καὶ ὁ κῦρος] ὁ δὲ ε. || καὶ . . . εἶπεν om. D. **8** ante οὐδὲν add. ἀμέλει ἔφη D. || σε D, σοι x, om. zε. || δεήσοι G, δεήσῃ AHCε. || ἀλλ' ἂν] ἀλλὰ ε. || ἢν D. || σὺν xD, σὺ zε. **10** τοσαῦτα δ' D. || εἰπὼν καὶ δεξιάν x. || τ' ἔλαβε D. || καὶ om. x. **11** μετ' αὐτοῦ xε, σὺν αὐτῷ D. || πάντας ἐξήγαγε D. **14** post παρέλαβεν D et g ex § 19 repet. μέγιστον δ' . . . παρατίθεσθαι. || δὲ om. D. || κατακλιθεὶς D. **15** ἤρετο] εἴρετο ε. **16** εἶναι σοὶ D. || ἡμῶν ἑκάστῳ D. **17** καὶ ὃς εἶπεν om. D. || νὴ τὸν δί' D. || ἔφη om. D. **19** πολὺ] πολλῷ D. **20** χρῆσθαι zε.

εὐναὶ γένοιντ' ἂν ἐπὶ γῆς· στρώματα δὲ νομίζετε οὐχ
ὅσα πρόβατα φύει [ἔρια], ἀλλ' ὅσα ὄρη τε καὶ πεδία
ἀνίησι. τὸ μὲν δὴ πρῶτον συνδειπνῶν αὐτοῖς ὁ Γω-
16 βρύας καὶ ὁρῶν τὴν φαυλότητα τῶν παρατιθεμένων
βρωμάτων πολὺ σφᾶς ἐνόμιζεν ἐλευθεριωτέρους εἶναι
17 αὐτῶν· ἐπεὶ δὲ κατενόησε τὴν μετριότητα τῶν συσσί-
των· ἐπ' οὐδενὶ γὰρ βρώματι οὐδὲ πώματι Πέρσης
ἀνὴρ τῶν πεπαιδευμένων οὔτ' ἂν ὄμμασιν ἐκπεπληγ-
μένος καταφανὴς γένοιτο οὔτε ἁρπαγῇ οὔτε τῷ νῷ μὴ
οὐχὶ προσκοπεῖν ἅπερ ἂν καὶ μὴ ἐπὶ σίτῳ ὤν· ἀλλ'
ὥσπερ οἱ ἱππικοὶ διὰ τὸ μὴ ταράττεσθαι ἐπὶ τῶν ἵπ-
πων δύνανται ἅμα ἱππεύοντες καὶ ὁρᾶν καὶ ἀκούειν
καὶ λέγειν τὸ δέον, οὕτω κἀκεῖνοι ἐν τῷ σίτῳ οἴονται
δεῖν φρόνιμοι καὶ μέτριοι φαίνεσθαι· τὸ δὲ κεκινῆ-
σθαι ὑπὸ τῶν βρωμάτων καὶ τῆς πόσεως πάνυ αὐτοῖς
18 ὑικὸν καὶ θηριῶδες δοκεῖ εἶναι· ἐνενόησε δὲ αὐτῶν
καὶ ὡς ἐπηρώτων ἀλλήλους τοιαῦτα οἷα ἐρωτηθῆναι
ἥδιον ἢ μὴ καὶ ὡς ἔσκωπτον οἷα σκωφθῆναι ἥδιον ἢ
μή· ἅ τε ἔπαιζον, ὡς πολὺ μὲν ὕβρεως ἀπῆν, πολὺ δὲ
τοῦ αἰσχρόν τι εἰπεῖν, πολὺ δὲ τοῦ χαλεπαίνεσθαι πρὸς

---

1 γένοιντ' ἂν εὐναί D. || νομίζεται z. **2** ὁπόσα D. || ἔρια om. D, del. Dind. || ὅσα] ὁπόσα φρύγανα D (φρύγανα etiam g). **3** τὸ] τότε D. || ὁ γωβρύας συνδειπνῶν αὐτοῖς ὁρῶν D. **5** ἐλευθερωτέρους (-ρου A) z. § 17—19 παρασκευάζειν susp. Lincke. **6** συσσίτων Muretus, σίτων codd. ε. **7** πώματι xHpr, πόματι cet. ε **8** ὄμμασιν ἂν D. || ἐμπεπληγμένος G. **9** καὶ καταφανὴς xAHε. || ⟨ἐν⟩ τῷ νῷ vel προσκοπεῖν ⟨δυνάμενος⟩ Richards. || τῷ om. D. **10** προνοεῖν Dg, σκοπεῖν πρὸς Tillmann. || μὴ om. zε. **16** ὑικὸν x, συικὸν AHε, κυνικὸν DG (qui s. v. ὑικόν). || καὶ θηριῶδες del. Cobet. || ἐδόκει zε. || ἐνόησε zε. **17** ἐπηρώτων τε D. **18** post prius ἥδιον add. ἦν D, εἶναι x. || καὶ ἔσκωπτον . . . μὴ zε. || ὡς ἔσκωπτον xD. || post alterum ἥδιον add. ἦν Dg. **20** εἰπεῖν x, ποιεῖν cet.

ἀλλήλους. μέγιστον δὲ αὐτῷ ἔδοξεν εἶναι τὸ ἐν στρα- 19
τείᾳ ὄντας τῶν εἰς τὸν αὐτὸν κίνδυνον ἐμβαινόντων
μηδενὸς οἴεσθαι δεῖν πλείω παρατίθεσθαι, ἀλλὰ τοῦτο
νομίζειν ἡδίστην εὐωχίαν εἶναι τοὺς συμμάχεσθαι
μέλλοντας ὅτι βελτίστους παρασκευάζειν. ἡνίκα δὲ 20
Γωβρύας ὡς εἰς οἶκον ἀπιὼν ἀνίστατο, εἰπεῖν λέγε-
ται, Οὐκέτι θαυμάζω, ὦ Κῦρε, εἰ ἐκπώματα μὲν καὶ
ἱμάτια καὶ χρυσίον ἡμεῖς ὑμῶν πλέονα κεκτήμεθα,
αὐτοὶ δὲ ἐλάττονος ὑμῶν ἄξιοί ἐσμεν. ἡμεῖς μὲν γὰρ
ἐπιμελούμεθα ὅπως ἡμῖν ταῦτα ὡς πλεῖστα ἔσται, ὑμεῖς
δέ μοι δοκεῖτε ἐπιμέλεσθαι ὅπως αὐτοὶ ὡς βέλτιστοι
ἔσεσθε. ὁ μὲν ταῦτ' εἶπεν· ὁ δὲ Κῦρος, Ἄγ', ἔφη, 21
ὦ Γωβρύα, ὅπως πρῴ παρέσῃ ἔχων τοὺς ἱππέας ἐξ-
ωπλισμένους, ἵνα καὶ τὴν δύναμίν σου ἴδωμεν, καὶ ἅμα
διὰ τῆς σῆς χώρας ἄξεις ἡμᾶς, ὅπως ἂν εἰδῶμεν ἅ τε
δεῖ φίλια καὶ πολέμια ἡμᾶς νομίζειν.

Τότε μὲν δὴ ταῦτ' εἰπόντες ἀπῆλθον ἑκάτερος ἐπὶ 22
τὰ προσήκοντα.

Ἐπεὶ δὲ ἡμέρα ἐγένετο, παρῆν ὁ Γωβρύας ἔχων τοὺς ἱππέας, καὶ ἡγεῖτο. ὁ δὲ Κῦρος, ὥσπερ προσήκει ἀνδρὶ ἄρχοντι, οὐ μόνον τῷ πορεύεσθαι τὴν ὁδὸν προσεῖχε τὸν νοῦν, ἀλλ' ἅμα προϊὼν ἐπεσκοπεῖτο εἴ

---

1 αὐτῶν Dg. || τὸ ἐν στρατείᾳ ὄντας del. Lincke. || τὸ] τῷ AH. || στρατιᾷ xzε. **2** ὄντα Thalheim. **3** παρασκευάζεσθαι D (ad § 15 αὐτῷ et παρατίθεσθαι D). **4** μάχεσθαι zε. **6** ὁ γωβρύας D, γωβρύας del. Marchant. **7** ἐκπόματα AH. **8** πλείονα D. **9** γὰρ om. D. **10** ὡς om. xAH. **11** ὡς om. G. || κράτιστοι D. **14** prius καὶ om. G. **16** δεῖ φίλια καὶ] δὴ φίλα ἢ D. || ἡμᾶς om. z. **17** δὴ om. z. || ἑκάτερος D, ἑκάτεροι Pxz. **20** τοὺς PxD, om. z. || ὥσπερ PD, ὡς xz. **21** τῷ om. z. || προέρχεσθαι Pmg. **22** ἀλλὰ προιὼν D. || προσιὼν P. || ἐσκοπεῖτο PD, προεσκοπεῖτο Pmg. || εἰ bis (in textu et s. v.) P.

τι δυνατὸν εἴη τοὺς πολεμίους ἀσθενεστέρους ποιεῖν
23 ἢ αὐτοὺς ἰσχυροτέρους. καλέσας οὖν τὸν Ὑρκάνιον
καὶ τὸν Γωβρύαν, τούτους γὰρ ἐνόμιζεν εἰδέναι μά-
λιστα ὧν αὐτὸς ᾤετο δεῖσθαι μαθεῖν, Ἐγώ τοι, ἔφη,
ὦ ἄνδρες φίλοι, οἶμαι σὺν ὑμῖν ἂν ὡς πιστοῖς βου-
λευόμενος περὶ τοῦ πολέμου τοῦδε οὐκ ἂν ἐξαμαρτά-
νειν· ὁρῶ γὰρ ὅτι μᾶλλον ὑμῖν ἢ ἐμοὶ σκεπτέον ὅπως
ὁ Ἀσσύριος ἡμῶν μὴ ἐπικρατήσει. ἐμοὶ μὲν γάρ, ἔφη,
τῶνδε ἀποσφαλέντι ἔστιν ἴσως καὶ ἄλλη ἀποστροφή·
ὑμῖν δ', εἰ οὗτος ἐπικρατήσει, ὁρῶ ἅμα πάντα τὰ
24 ὄντα ἀλλότρια γιγνόμενα. καὶ γὰρ ἐμοὶ μὲν πολέμιός
ἐστιν, οὐκ ἐμὲ μισῶν, ἀλλ' οἰόμενος ἀσύμφορον ἑαυτῷ
μεγάλους εἶναι ἡμᾶς, καὶ στρατεύει διὰ τοῦτο ἐφ'
ἡμᾶς· ὑμᾶς δὲ καὶ μισεῖ, ἀδικεῖσθαι νομίζων ὑφ'
ὑμῶν. πρὸς ταῦτα ἀπεκρίναντο ἀμφότεροι κατὰ ταὐτὰ
περαίνειν ὅ,τι μέλλει, ὡς ταῦτ' εἰδόσι σφίσι καὶ μέλον
αὐτοῖς ἰσχυρῶς ὅπῃ τὸ μέλλον ἀποβήσοιτο.
25 Ἐνταῦθα ἤρξατο ὧδε· Λέξατε δή μοι, ἔφη, ὑμᾶς
νομίζει μόνους πολεμικῶς ἔχειν ὁ Ἀσσύριος πρὸς

---

1 τι om. Pz. || τοὺς μὲν πολεμίους D. **2** ἢ αὐτοὺς xz, αὐτοὺς δὲ D. **3** ἐνόμιζε μάλιστα εἰδέναι D. || εἰδέναι] εἶναι z. **4** δεῖν x. **5** οἴομαι D. || ἂν om. D. || βουλευομένοις GH. **7** γὰρ ὑμῖν ἔτι μᾶλλον ἢ ἐμοὶ σκεπτέον ὂν D (in G s. v. ἔτι). || ὑμῶν x. **8** ἐπικρατήσῃ xz. **9** ἐπισφαλέντι et ἐπιστροφή x. **10** οὕτως G. || ἅμα πάντα xz, ἅπαντα D. **12** ἀσύμφορον εἶναι αὐτῷ ἡμᾶς μεγάλους εἶναι D. **13** ἐστράτευσε Dg. **14** καὶ ἀδικεῖσθαι νομίζει D. **15** κατὰ ταὐτὰ D, καὶ τὰ αὐτὰ xz. **16** μέλλει xDF (Cam.) G, μέλει AH. **17** αὐτοῖς P. || ισχυρως αυτοις Pmg. || ὅποι x, οπηι Pmg. (in P nil nisi ο . . .). || τὸ μέλλον Pxz, τὰ νῦν παρόντα Pmg. Dg. || ἀποβήσεται DG. **18** post ἐνταῦθα add. δὴ codd. praeter PD. **19** μονους νομιζει P, μόνους ἐνόμιζε D (ἐνόμιζε etiam g). || πολεμιους PE, πολεμιως Pmg., πολεμίζειν (om. ἔχειν) D.

ἑαυτόν, ἢ ἐπίστασθε καὶ ἄλλον τινὰ αὐτῷ πολέμιον;
Ναὶ μὰ Δί', ἔφη ὁ Ὑρκάνιος, πολεμιώτατοι μέν εἰσιν
αὐτῷ Καδούσιοι, ἔθνος πολύ τε καὶ ἄλκιμον· Σάκαι
γε μὴν ὅμοροι ἡμῖν, οἳ κακὰ πολλὰ πεπόνθασιν ὑπὸ
τοῦ Ἀσσυρίου· ἐπειρᾶτο γὰρ κἀκείνους ὥσπερ καὶ
ἡμᾶς καταστρέψασθαι. Οὐκοῦν, ἔφη, οἴεσθε νῦν αὐ- 26
τοὺς ἀμφοτέρους ἡδέως ἂν ἐπιβῆναι μεθ' ἡμῶν τῷ
Ἀσσυρίῳ; ἔφασαν καὶ σφόδρ' ἄν, εἴ πῄ γε δύναιντο
συμμεῖξαι. Τί δ', ἔφη, ἐν μέσῳ ἐστὶ τοῦ συμμεῖξαι;
Ἀσσύριοι, ἔφασαν, τὸ αὐτὸ ἔθνος δι' οὗπερ νυνὶ
πορεύῃ. ἐπεὶ δὲ ταῦτα ἤκουσεν ὁ Κῦρος, Τί γάρ, ἔφη, 27
ὦ Γωβρύα, οὐ σὺ τοῖ νεανίσκου τούτου ὃς νῦν εἰς
τὴν βασιλείαν καθέστηκεν ὑπερηφανίαν πολλήν τινα
τοῦ τρόπου κατηγόρεις; Τοιαῦτα γάρ, οἶμαι, ἔφη ὁ
Γωβρύας, ἔπαθον ὑπ' αὐτοῦ. Πότερα δῆτα, ἔφη ὁ
Κῦρος, εἰς σὲ μόνον τοιοῦτος ἐγένετο ἢ καὶ εἰς ἄλλους
τινάς; Νὴ Δί', ἔφη ὁ Γωβρύας, καὶ εἰς ἄλλους γε 28
πολλούς· ἀλλὰ τοὺς μὲν ἀσθενοῦντας οἷα ὕβριζε τί
δεῖ λέγειν; ἑνὸς δὲ ἀνδρὸς πολὺ δυνατωτέρου ἢ ἐγὼ
υἱόν, καὶ ἐκείνου ἑταῖρον ὄντα ὥσπερ τὸν ἐμόν, συμ-
πίνοντα παρ' ἑαυτῷ συλλαβὼν ἐξέτεμεν, ὡς μέν τινες
ἔφασαν, ὅτι ἡ παλλακὶς αὐτοῦ ἐπήνεσεν αὐτὸν ὡς

---

1 τινὰ om. D. **3** πολύ τε] καὶ μάλα πολὺ D. **4** μὴν om. D. || πολλὰ κακὰ D. **6** οἴεσθε ἔφη D. || οἴεσθε νῦν xD, οἴεσθ' ἂν νῦν z. **7** μεθ' ἡμῶν] σὺν ἡμῖν γε D. **8** σφόδρ' ἄν z, σφόδρα xD. || γε om. D. **9** post μέσῳ add. ἔφη D. **10** νῦν D. **13** τινὰ πολλὴν G. **14** κατηγόρεις cod. Peiresc., κατηγορεῖς cet. || οἶμαι om. x. **15** ab ἔπαθον rursus incipit F fol. 25r. || δῆτα] δ' y. || ἔφη om. zε. **16** τοιοῦτος ἐγένετο post τινὰς transp. x. || ἄλλον τινὰ y. **18** πολλούς om. xAHε. || ὑβρίζει xz. **20** ἐκείνου] ἐκεῖνον Pantazides. || ἕτερον Gpr. || ὄντα om. F. || συμπίνων Fzε. **21** πρ(ος) P. **22** παλλακὶς Pmg. ut vid. et y, παλλακή cet. || αὐτοῦ aut αὐτὸν om. P.

καλὸς εἴη καὶ ἐμακάρισε τὴν μέλλουσαν αὐτῷ γυναῖκα ἔσεσθαι· ὡς δ' αὐτὸς νῦν λέγει, ὅτι ἐπείρασεν αὐτοῦ τὴν παλλακίδα. καὶ νῦν οὗτος εὐνοῦχος μέν ἐστι, τὴν
29 δ' ἀρχὴν ἔχει, ἐπεὶ ὁ πατὴρ αὐτοῦ ἐτελεύτησεν. Οὐκοῦν, ἔφη, οἴει ἂν καὶ τοῦτον ἡμᾶς ἡδέως ἰδεῖν, εἰ οἴοιτο ἑαυτῷ βοηθοὺς ἂν γενέσθαι; Εὖ μὲν οὖν οἶδα, ἔφη ὁ Γωβρύας· ἀλλ' ἰδεῖν τοι αὐτὸν χαλεπόν ἐστιν, ὦ Κῦρε. Πῶς; ἔφη ὁ Κῦρος. Ὅτι εἰ μέλλει τις ἐκείνῳ
30 συμμείξειν, παρ' αὐτὴν δεῖ Βαβυλῶνα παριέναι. Τί οὖν, ἔφη, τοῦτο χαλεπόν; Ὅτι νὴ Δί', ἔφη ὁ Γωβρύας, οἶδα ἐξελθοῦσαν ⟨ἂν⟩ δύναμιν ἐξ αὐτῆς πολλαπλασίαν ἧς σὺ ἔχεις νῦν· εὖ δ' ἴσθι ὅτι καὶ δι' αὐτὸ τοῦτο ἧττόν σοι νῦν ἢ τὸ πρότερον Ἀσσύριοι καὶ τὰ ὅπλα ἀποφέρουσι καὶ τοὺς ἵππους ἀπάγουσιν, ὅτι τοῖς ἰδοῦσιν αὐτῶν ὀλίγη ἔδοξεν εἶναι ἡ σὴ δύναμις· καὶ ὁ λόγος οὗτος πολὺς ἤδη ἔσπαρται· δοκεῖ δέ μοι, ἔφη, βέλτιον εἶναι φυλαττομένους πορεύεσθαι.
31 Καὶ ὁ Κῦρος ἀκούσας τοῦ Γωβρύα τοιαῦτα τοιάδε πρὸς αὐτὸν ἔλεξε. Καλῶς μοι δοκεῖς, ὦ Γωβρύα, λέγειν, κελεύων ὡς ἀσφαλέστατα τὰς πορείας ποιεῖ-

---

1 τὴν μέλλουσαν . . . **2** ἐπείρασεν om. G. ‖ τὴν γυναῖκα τὴν μέλλουσαν αὐτοῦ ἔσεσθαι F (αὐτοῦ etiam D). **2** αὐτὸς y et (qui post νῦν transp.) G. **3** παλλακήν C. **5** ἔφη om. F. ‖ ἡμᾶς ἡδέως ἰδεῖν Cε, ἡμᾶς ἰδεῖν ἡδέως y, ἡδέως ἡμᾶς ἰδεῖν z. **6** αὐτῷ y, ἑαυτοῦ Czε, αὐτοῦ E post ἄν. ‖ οἶδα ἔφη y, ἔφη οἶδα cet. ‖ οἶδα om. ε. **8** μέλλοι ED. **9** συμμίξειν z, συμμίξαι xy. ‖ αὐτὴν δεῖ βαβυλῶνα παρεῖναι y. **10** ὁ om. y. **11** ⟨ἂν⟩ Schäfer. ‖ ἐξ αὐτῆς] αὐτόθεν y. **12** ἧς . . . νῦν] ἢ σὺ νῦν ἔχεις y. ‖ ὅτι] ἔφη z. ‖ καὶ δι' αὐτὸ τοῦτο] διὰ ταῦτα y. **13** καὶ ἧττόν xz. ‖ τὸ πρότερον] πρῶτον οἱ y. **15** αὐτῶν] αὐτὴν g. ‖ εἶναι om. xD. ‖ σὴ om. y. **16** οὗτος ὁ λόγος y. **17** δέ] δή AH. ‖ φυλαττομένω z. **19** post δοκεῖς add. ἔφη F. ‖ λέγειν ὦ γωβρύα xz.

σθαι. ἔγωγ' οὖν σκοπῶν οὐ δύναμαι ἐννοῆσαι ἀσφαλεστέραν οὐδεμίαν πορείαν ἡμῖν τῆς πρὸς αὐτὴν Βαβυλῶνα εἶναι, εἰ ἐκεῖ τῶν πολεμίων ἐστὶ τὸ κράτιστον. πολλοὶ μὲν γάρ εἰσιν, ὡς σὺ φῄς· εἰ δὲ θαρρήσουσι, καὶ δεινοὶ ἡμῖν, ὡς ἐγώ φημι, ἔσονται. μὴ ὁρῶντες 32 μὲν οὖν ἡμᾶς, ἀλλ' οἰόμενοι ἀφανεῖς εἶναι διὰ τὸ φοβεῖσθαι ἐκείνους, σάφ' ἴσθι, ἔφη, ὅτι τοῦ μὲν φόβου ἀπαλλάξονται ὃς αὐτοῖς ἐγένετο, θάρρος δ' ἐμφύσεται ἀντὶ τούτου τοσούτῳ μεῖζον ὅσῳ ἂν πλείονα χρόνον ἡμᾶς μὴ ὁρῶσιν· ἂν δὲ ἤδη ἴωμεν ἐπ' αὐτούς, πολλοὺς μὲν αὐτῶν εὑρήσομεν ἔτι κλαίοντας τοὺς ἀποθανόντας ὑφ' ἡμῶν, πολλοὺς δ' ἔτι τραύματα ἐπιδεδεμένους ἃ ὑπὸ τῶν ἡμετέρων ἔλαβον, πάντας δ' ἔτι μεμνημένους τῆς μὲν τοῦδε τοῦ στρατεύματος τόλμης, τῆς δ' αὐτῶν φυγῆς τε καὶ συμφορᾶς. εὖ δ' ἴσθι, 33 ἔφη, ὦ Γωβρύα, [ἵνα καὶ τοῦτ' εἰδῇς,] οἱ πολλοὶ ἄνθρωποι, ὅταν μὲν θαρρῶσιν, ἀνυπόστατον τὸ φρόνημα παρέχονται· ὅταν δὲ δείσωσιν, ὅσῳ ἂν πλείους ὦσι, τοσούτῳ μείζω καὶ ἐκπεπληγμένον μᾶλλον τὸν φόβον κέκτηνται. ἐκ πολλῶν μὲν γὰρ καὶ κακῶν λόγων 34 ηὐξημένος αὐτοῖς πάρεστιν, ἐκ πολλῶν δὲ καὶ πονηρῶν σχημάτων, ἐκ πολλῶν δὲ καὶ δυσθύμων τε καὶ

---

1 ἐγὼ z. ‖ ἀσφαλέστερον ἂν x. **2** οὐδεμίαν om. F. ‖ τῆς] τοῦ Weckherlin. ‖ βαβυλῶνα πορείας xz. **3** εἶναι Marchant, ἰέναι codd. ‖ κράτος G. **4** πολὺ Fpr Gpr. ‖ θαρσοῦσι z (similia postea). **5** δεινοὶ xF, δειλοὶ D, δῆλοι z. ‖ ἔσεσθαι y. **8** ἐγένετο xy. ‖ ἐμφύεται x. **9** τόσῳ y. **10** ἦν y. **13** ἐλάμβανον G. **14** τοῦδε μὲν τοῦ y. **15** αὐτῶν D, αὐτῶν cet. praeter E, in quo αὐτῆς. **16** ὦ γωβρύα ἔφη C, ἔφη om. y. ‖ ἵνα καὶ τοῦτ' εἰδῇς del. Schneider, εἶναι καὶ τοῦτο ἤδη ὡς yg. **17** θαρρήσωσιν y. **19** μείζω] μεῖζον xF. **21** ηὐξημένος] εὑρησόμενος z. **22** σχημάτων Toup ad Longin. p. 480, χρημάτων yG, χρωμάτων xz (sed G corr.).

ἐξεστηκότων προσώπων ἤθροισται. ὥσθ' ὑπὸ τοῦ μεγέθους οὐ ῥᾴδιον αὐτόν ἐστιν οὔτε λόγοις κατασβέσαι οὔτε προσάγοντα πολεμίοις μένος ἐμβαλεῖν οὔτε ἀπάγοντα ἀναθρέψαι τὸ φρόνημα, ἀλλ' ὅσῳ ἂν μᾶλλον αὐτοῖς παρακελεύῃ θαρρεῖν, τοσούτῳ ἐν δεινοτέροις
35 ἡγοῦνται εἶναι. ἐκεῖνο μέντοι νὴ Δί', ἔφη, σκεψώμεθα ἀκριβῶς ὅπως ἔχει. εἰ μὲν γὰρ τὸ ἀπὸ τοῦδε αἱ νῖκαι ἔσονται ἐν τοῖς πολεμικοῖς ἔργοις ὁπότεροι ἂν πλείονα ὄχλον ἀπαριθμήσωσιν, ὀρθῶς καὶ σὺ φοβῇ περὶ ἡμῶν καὶ ἡμεῖς τῷ ὄντι ἐν δεινοῖς ἐσμεν· εἰ μέντοι ὥσπερ πρόσθεν διὰ τοὺς εὖ μαχομένους ἔτι καὶ νῦν αἱ μάχαι κρίνονται, θαρρῶν οὐδὲν ἂν σφαλείης· πολὺ μὲν γὰρ σὺν τοῖς θεοῖς πλείονας εὑρήσεις παρ' ἡμῖν τοὺς θέλοντας μάχεσθαι ἢ παρ' ἐκείνοις·
36 ὡς δ' ἔτι μᾶλλον θαρρῇς, καὶ τόδε κατανόησον· οἱ μὲν γὰρ πολέμιοι πολὺ μὲν ἐλάττονές εἰσι νῦν ἢ πρὶν ἡττηθῆναι ὑφ' ἡμῶν, πολὺ δ' ἐλάττονες ἢ ὅτε ἀπέδρασαν ἡμᾶς· ἡμεῖς δὲ καὶ μείζονες νῦν, ἐπεὶ νενικήκαμεν, καὶ ἰσχυρότεροι, ἐπεὶ ὑμεῖς ἡμῖν προσγεγένησθε· μὴ γὰρ ἔτι ἀτίμαζε μηδὲ τοὺς σούς, ἐπεὶ σὺν ἡμῖν εἰσι· σὺν γὰρ τοῖς νικῶσι, σάφ' ἴσθι, ὦ
37 Γωβρύα, θαρροῦντες καὶ οἱ ἀκόλουθοι ἕπονται. μὴ

1 ἤθροισται] εἶθ' D. 2 ἀποσβέσαι Fg. 4 ἀπάγοντα y, ἀπαγαγόντα xz. || ἀνατρέψαι F. 5 αὐτοῖς] αὐτὸς y. || θαρρεῖν παρακελεύῃ yz. || τόσῳ y. 10 δεινῷ y. 12 αἱ μάχαι om. x. || σφάλοιο y. 13 μὲν om. z. || τοῖς om. y. || παρ' ἡμῖν πλείονας εὑρήσεις y. 15 θαρρήσεις Cz, θαρσήσῃς E. 16 νῦν om. y. 17 πολὺ δὲ μᾶλλον y. || ἢ om. z. 18 νῦν καὶ μείζονες G. || post μείζονες νῦν add. ἢ πρὶν xz. || ἐνικήσαμεν y. 19 ἰσχυροί z. || post ἰσχυρότεροι add. ἐπεὶ εὐτυχήκαμεν καὶ πλείονες δὲ xz. || προσγεγένησθε E, προσεγένεσθε cet. 20 ἔτι om. y. 21 post. σὺν] νῦν x. 22 μὴ om. y.

λανθανέτω δέ σε μηδὲ τοῦτο, ἔφη, ὅτι ἔξεστι μὲν τοῖς πολεμίοις καὶ νῦν ἰδεῖν ἡμᾶς· γοργότεροι δέ, σάφ' ἴσθι, οὐδαμῶς ἂν φανείημεν αὐτοῖς ἢ ἰόντες ἐπ' ἐκείνους. ὡς οὖν ἐμοῦ ταῦτα γιγνώσκοντος ἄγε ἡμᾶς τὴν εὐθὺ [ἐπὶ] Βαβυλῶνος.

III Οὕτω μὲν δὴ πορευόμενοι τεταρταῖοι πρὸς τοῖς ὁρίοις τῆς Γωβρύα χώρας ἐγένοντο. ὡς δὲ ἐν τῇ πολεμίᾳ ἦν, κατέστησε λαβὼν ἐν τάξει μεθ' ἑαυτοῦ τούς τε πεζοὺς καὶ τῶν ἱππέων ὅσους ἐδόκει καλῶς αὐτῷ ἔχειν· τοὺς δ' ἄλλους ἱππεῖς ἀφῆκε καταθεῖν, καὶ ἐκέλευσε τοὺς μὲν ὅπλα ἔχοντας κατακαίνειν, τοὺς δ' ἄλλους καὶ πρόβατα ὅσα ἂν λάβωσι πρὸς αὐτὸν ἄγειν. ἐκέλευσε δὲ καὶ τοὺς Πέρσας συγκαταθεῖν· καὶ ἧκον πολλοὶ μὲν αὐτῶν κατακεκυλισμένοι ἀπὸ τῶν ἵππων, πολλοὶ δὲ καὶ λείαν πλείστην ἄγοντες. 2 ὡς δὲ παρῆν ἡ λεία, συγκαλέσας τούς τε τῶν Μήδων ἄρχοντας καὶ τῶν Ὑρκανίων καὶ τοὺς ὁμοτίμους ἔλεξεν ὧδε. Ἄνδρες φίλοι, ἐξένισεν ἡμᾶς ἅπαντας πολλοῖς ἀγαθοῖς Γωβρύας. εἰ οὖν, ἔφη, τοῖς θεοῖς ἐξελόντες τὰ νομιζόμενα καὶ τῇ στρατιᾷ τὰ ἱκανὰ τὴν ἄλλην τούτῳ δοίημεν λείαν, ἆρ' ἄν, ἔφη, καλὸν ποιήσαιμεν τῷ εὐθὺς φανεροὶ εἶναι ὅτι καὶ τοὺς εὖ ποιοῦντας πειρώ-

---

3 φανείημεν αὐτοῖς x, αὐτοῖς φανείημεν cet. || ἢ ἰόντες] μένοντες z. || ἐπ'] ἔτι AH. 4 ταῦτα] ὄντος D, ὄντως F (οὕτως f). 5 τὴν εὐθὺ [ἐπὶ] Richards, εὐθὺ τὴν ἐπὶ codd. Zon., τὴν ἐπὶ del. Cobet, def. Büchsenschütz Phil. 62, p. 270. 6 πρὸς] ἐπὶ y. 8 λαβεῖν x. 9 ὁπόσους y. || αὐτῷ καλῶς yE. 10 ἱππεῖς xz. || καταμαθεῖν EFGH. 11 κατακλίνειν AHpr. 12 λάβωσιν ἄγειν πρὸς ἑαυτόν y. || αὐτὸν xz. 17 καὶ om. z. || ὧδε y, ὦ Pxz. 19 ante γωβρύας add. ὁ y. || ἀφελόντες codd., ἐξελόντες corr. Aldina. 20 ἱκανὰ δοίημεν τὴν ἄλλην τούτῳ λείαν yz. 21 δόντες x. || ἆρ' y, ἆρα G, ἄρα xAH. || τῷ] τοῦ yg. 22 φανεροὺς xz.

3 μεθα νικᾶν εὖ ποιοῦντες; ὡς δὲ τοῦτ' ἤκουσαν, πάν-
τες μὲν ἐπῄνουν, πάντες δ' ἐνεκωμίαζον· εἷς δὲ καὶ
ἔλεξεν ὧδε· Πάνυ, ἔφη, ὦ Κῦρε, τοῦτο ποιήσωμεν·
καὶ γάρ μοι δοκεῖ, ἔφη, ὁ Γωβρύας πτωχούς τινας
ἡμᾶς νομίζειν, ὅτι οὐ δαρεικῶν μεστοὶ ἥκομεν οὐδὲ
ἐκ χρυσῶν φιαλῶν πίνομεν· εἰ δὲ τοῦτο ποιήσομεν,
γνοίη ἄν, ἔφη, ὅτι ἔστιν ἐλευθερίους εἶναι καὶ ἄνευ
4 χρυσοῦ. Ἄγε δή, ἔφη, τὰ τῶν θεῶν ἀποδόντες τοῖς
μάγοις καὶ ὅσα τῇ στρατιᾷ ἱκανὰ ἐξελόντες τἆλλα κα-
λέσαντες τὸν Γωβρύαν δότε αὐτῷ· οὕτω δὴ λαβόντες
ἐκεῖνοι ὅσα ἔδει τἆλλα ἔδοσαν τῷ Γωβρύᾳ.
5 Ἐκ τούτου δὴ ᾔει πρὸς Βαβυλῶνα παραταξάμενος
ὥσπερ ὅτε ἡ μάχη ἦν. ὡς δ' οὐκ ἀντεξῇσαν οἱ
Ἀσσύριοι, ἐκέλευσεν ὁ Κῦρος τὸν Γωβρύαν προσελά-
σαντα εἰπεῖν ὅτι εἰ βούλεται ἐξιὼν ὁ βασιλεὺς ὑπὲρ
τῆς χώρας μάχεσθαι, κἂν αὐτὸς σὺν ἐκείνῳ μάχοιτο·
εἰ δὲ μὴ ἀμυνεῖ τῇ χώρᾳ, ὅτι ἀνάγκη τοῖς κρατοῦσι
6 πείθεσθαι. ὁ μὲν δὴ Γωβρύας προσελάσας ἔνθα ἀσφα-
λὲς ἦν ταῦτα εἶπεν, ὁ δ' αὐτῷ ἐξέπεμψεν ἀποκρινού-
μενον τοιάδε· Δεσπότης ὁ σὸς λέγει, ὦ Γωβρύα, Οὐχ

---

2 καὶ om. G. 3 πάνυ] παντ(ως) P, πάντες F. ‖ ποιήσομεν D. 4 ἔμοιγε y, μοι om. P. ‖ ἔφη δοκεῖ P(?) F. 5 ἐνόμιζεν ἡμᾶς F. 6 φιαλων πιν P, φιαλῶν ἐπίνομεν y, πίνομεν φιαλῶν cet. ‖ ποιήσομεν xGHpr, ποιήσωμεν AHcor., ποιήσαιμεν Pyg. 7 ἔφη P s. v. ‖ ἔστιν post χρυσοῦ (-ίου y) Py. ‖ ελευθεροις P, (ελευθε)ρους Pmg., ἐλεύθερος z. 8 ἄγε] ἴτε Py. 9 ἱκανὰ ἐξελόντες Py, ἐξελόντες ἱκανὰ xz. ‖ τὰ ἄλλα y. ‖ κελεύσαντες x, (. . . . . .)αντες P. 10 δότε αὐτῷ . . . 14 γωβρύαν om. x. 11 τὰ ἄλλα y. 12 ᾔει Pmg. z, ἄγει Pyg. ‖ ante βαβυλῶνα add. αὐτὴν Py, την Pmg. 14 ἐκέλευσεν ὁ κῦρος Py, καὶ ὁ κῦρος ἐκέλευσε z. 15 ὁ βασιλεὺς ἐξιὼν xz. 17 ὅτι om. Hpr. 18 προσελάσας y, προσήλασεν z, ἤλασεν x. 19 εἶπεν y, εἰπεῖν xz. ‖ αὐτὸν x. ‖ ἐξέπεμψεν y, ἔπεμψεν x, ἔπεμπεν z.

ὅτι ἀπέκτεινά σου τὸν υἱὸν μεταμέλει μοι, ἀλλ' ὅτι
οὐ καὶ σὲ προσαπέκτεινα. μάχεσθαι δὲ ἂν βούλησθε,
ἥκετε εἰς τριακοστὴν ἡμέραν· νῦν δ' οὔπω ἡμῖν σχολή·
ἔτι γὰρ παρασκευαζόμεθα. ὁ δὲ Γωβρύας εἶπεν, 7
Ἀλλὰ μήποτέ σοι λήξειεν αὕτη ἡ μεταμέλεια· δῆλον
γὰρ ὅτι ἀνιῶ σέ τι, ἐξ οὗ αὕτη σε ἡ μεταμέλεια ἔχει.

Ὁ μὲν δὴ Γωβρύας ἀπήγγειλε τὰ τοῦ Ἀσσυρίου· 8
ὁ δὲ Κῦρος ἀκούσας ταῦτα ἀπήγαγε τὸ στράτευμα·
καὶ καλέσας τὸν Γωβρύαν, Εἰπέ μοι, ἔφη, οὐκ ἔλεγες
μέντοι σὺ ὅτι τὸν ἐκτμηθέντα ὑπὸ τοῦ Ἀσσυρίου οἴει
ἂν σὺν ἡμῖν γενέσθαι; Εὖ μὲν οὖν, ἔφη, δοκῶ εἰδέναι· πολλὰ γὰρ δὴ ἔγωγε κἀκεῖνος ἐπαρρησιασάμεθα
πρὸς ἀλλήλους. Ὁπότε τοίνυν σοι δοκεῖ, ⟨ἔφη,⟩ καλῶς 9
ἔχειν, πρόσιθι πρὸς αὐτόν· καὶ πρῶτον μὲν οὕτω ποίει ὅπως ἂν αὐτοὶ ὅ,τι ἂν λέγῃ εἰδῆτε· ἐπειδὰν δὲ συγγένῃ αὐτῷ, ἐὰν γνῷς αὐτὸν φίλον ἡμῖν βουλόμενον εἶναι, τοῦτο δεῖ μηχανᾶσθαι ὅπως λάθῃ φίλος ὢν ἡμῖν· οὔτε γὰρ ἂν φίλους τις ποιήσειεν ἄλλως πως πλείω

---

1 μεταμελεῖ AH. **2** δ' ἂν y, δὲ ἐὰν cet. || βούλοισθε F. **3** ἡμῖν οὔπω y. **4** δὲ yHpr, μὲν G, μὲν δὴ xAHcor || εἶπεν] ἔφη x. **5** λήξει F. **6** σέ τι EAH, σε ἔτι C, σ' ἔτι G, σε ἐγὼ y. || σε post μεταμέλεια transp. P. **7** ἀπήγγελλε F. **8** ἀκούσας om. x. **10** οἴει] η s. v. add. P. **11** δοκῶ εἶναι (sic!) ἔφη F, ε. δ. εἰδέναι P cet. **12** δὴ Pxz, ἤδη y. **13** ὁπότ' οὖν καλῶς σοι δοκεῖ ἔχειν y, σοι (καλως δο)κει P. || ⟨ἔφη⟩ ego. **14** πρόσ(προ- x)ιθι πρὸς αὐτὸν yx, π(ροσιθι προς) αὐτὸν P, πρὸς αὐτὸν πρόιθι z. **15** ὅπως ἂν αὐτοὶ ὅτι ἂν λέγῃ εἰδῆτε Py (sed ἂν . . . συγγένῃ αὐτῷ in marg. F), ὅπως ἂν οὗτος λέγῃ x, ὅπως ἂν αὐτὸς λέγῃ ἤδη γε z (ὅτι ἂν in marg. G), (αυτ)ου αν Pmg., ὅπως ἂν αὐτοὶ λάθρᾳ συνῆτε Muretus, ὅπως ἂν λέγῃ αὐτοὶ εἰδῆτε Pantazides, ὅπως αὐτοὶ ἂν λέγῃ εἰδείητε Sauppe. **16** ἐὰν μὲν y. || φίλον ἡμῖν Pg, φίλον ἡμῶν y. || (ειναι βουλομ)ενον P. **17** τοῦτο δεῖ g, τοῦτο δὴ xAH, (τουτο δει) δη P, τοῦτ' ἤδη y. **18** πως et **1** p. 238 ἀγαθὰ om. F. || πλείω Pxz, πλεῖστα y.

ἀγαθὰ ἐν πολέμῳ ἢ πολέμιος δοκῶν εἶναι οὔτ' ἂν ἐχθροὺς πλείω τις βλάψειεν ἄλλως πως ἢ φίλος δοκῶν
10 εἶναι. Καὶ μήν, ἔφη ὁ Γωβρύας, οἶδ' ὅτι κἂν πρίαιτο Γαδάτας τὸ μέγα τι ποιῆσαι κακὸν τὸν νῦν βασιλέα Ἀσσυρίων. ἀλλ' ὅ,τι ἂν δύναιτο, τοῦτο καὶ ἡμᾶς δεῖ
11 σκοπεῖν. Λέγε δή μοι, ἔφη ὁ Κῦρος, εἰς τὸ φρούριον τὸ πρὸ τῆς χώρας, ὅ φατε Ὑρκανίοις τε καὶ Σάκαις ἐπιτετειχίσθαι τῇδε τῇ χώρᾳ πρόβολον εἶναι τοῦ πολέμου, ἆρ' ἄν, ἔφη, οἴει ὑπὸ τοῦ φρουράρχου παρεθῆναι τὸν εὐνοῦχον ἐλθόντα σὺν δυνάμει; Σαφῶς γ', ἔφη ὁ Γωβρύας, εἴπερ ἀνύποπτος ὢν, ὥσπερ νῦν
12 ἐστιν, ἀφίκοιτο πρὸς αὐτόν. Οὐκοῦν, ἔφη, ἀνύποπτος ἂν εἴη, εἰ προσβάλοιμι μὲν ἐγὼ πρὸς τὰ χωρία αὐτοῦ ὡς λαβεῖν βουλόμενος, ἀπομάχοιτο δὲ ἐκεῖνος ἀνὰ κράτος· καὶ λάβοιμι μὲν αὐτοῦ τι ἐγώ, ἀντιλάβοι δὲ κἀκεῖνος ἡμῶν ἢ ἄλλους τινὰς ἢ καὶ ἀγγέλους πεμπομένους ὑπ' ἐμοῦ πρὸς τούτους οὓς φατε πολεμίους τῷ Ἀσσυρίῳ εἶναι· καὶ οἱ μὲν ληφθέντες λέγοιεν ὅτι ἐπὶ στράτευμα ἔρχονται [καὶ κλίμακας ὡς ἐπὶ τὸ φρούριον ἄξοντες], ὁ δ' εὐνοῦχος ἀκούσας προσποιήσαιτο προ-

---

1 post οὔτ' add. ἄλλως πως F. 2 πλείω om. xz. 3 ⟨πολλοῦ⟩ Richards. 5 καὶ ἡμᾶς δεῖ (δὴ F, sed in margine, ut G, δοκεῖ) y, δεῖ καὶ ἡμᾶς cet. 6 εἰς τοῦτο τὸ y. 7 πρὸ om. y. 8 τοῦ del. Hirschig cf. § 23. 9 ἄν om. y. || οἴει ἔφη y. || ὑπὸ in marg. G. 11 ἀνύποπτος . . . 12 ἔφη om. x. 13 προβάλοιμι G, προσβάλλοιμι D. || μὲν om. y. 15 μὲν] δὲ z. || αὐτοῦ om. x. || ἐγώ τι x. || ἀντιλάβῃ zC, (αντ)ιλ(αβοι) P, ἀντιλάβοιτο Pmg.E. 16 prius ἢ x, ἢ καὶ Pz, τι (τε D) καὶ y. 19 στράτευμα xz, στρατεύματος y, στρα(τευ)ματε (sed α super ε) P, στρατε(υματος?) et στρατευμα γε Pmg. || ερχονται P, ἀπέρχονται xz, ἔρχεται y. || [καὶ . . . ἄξοντες] ego, καὶ κλίμακας del. Hirschig. || ὡς ἐπὶ Dind., ως υπο P, ὡς xz, ὡσπερεὶ Dg, ὥσπερ F. 20 ἄξοντες G, sed ε super α pos. || προσ(ποιησαιτο ακου)σα(ς) (ταυτα?) (προσαγ)γειλαι (βουλομενος πα)ρειναι P,

αγγεῖλαι βουλόμενος ταῦτα παρεῖναι. καὶ ὁ Γωβρύας 13
εἶπεν ὅτι οὕτω μὲν γιγνομένων σαφῶς παρείη ἂν
αὐτόν, καὶ δέοιτό γ' ἂν αὐτοῦ μένειν ἕως ἀπέλθοις.
Οὐκοῦν, ἔφη ὁ Κῦρος, εἴ γε ἅπαξ εἰσέλθοι, δύναιτ'
ἂν ἡμῖν ὑποχείριον ποιῆσαι τὸ χωρίον; Εἰκὸς γοῦν, 14
ἔφη ὁ Γωβρύας, τὰ μὲν ἔνδον ἐκείνου συμπαρασκευ-
άζοντος, τὰ δ' ἔξωθεν σοῦ ἰσχυρότερα προσάγοντος.
Ἴθι οὖν, ἔφη, καὶ πειρῶ ταῦτα διδάξας καὶ διαπρα-
ξάμενος παρεῖναι· πιστὰ δὲ αὐτῷ οὐκ ἂν μείζω οὔτ'
εἴποις οὔτε δείξαις ὧν αὐτὸς σὺ τυγχάνεις παρ' ἡμῶν
εἰληφώς.

Ἐκ τούτου ᾤχετο μὲν ὁ Γωβρύας· ἄσμενος δὲ ἰδὼν 15
αὐτὸν ὁ εὐνοῦχος συνωμολόγει τε πάντα καὶ συν-
έθετο ἃ ἔδει. ἐπεὶ δὲ ἀπήγγειλεν ὁ Γωβρύας ὅτι
πάντα δοκοίη ἰσχυρῶς τῷ εὐνούχῳ τὰ ἐπισταλέντα, ἐκ
τούτου τῇ ὑστεραίᾳ προσέβαλε μὲν ὁ Κῦρος, ἀπεμά-
χετο δὲ ὁ Γαδάτας. ἦν δὲ καὶ ὃ ἔλαβε χωρίον ὁ
Κῦρος, ὁποῖον ἔφη ὁ Γαδάτας. τῶν δὲ ἀγγέλων οὓς 16
ἔπεμψεν ὁ Κῦρος προειπὼν ᾗ πορεύσοιντο, τοὺς μὲν
εἴασεν ὁ Γαδάτας διαφεύγειν· [ὅπως ἄγοιεν τὰ στρα-

προαγγ(ειλαι) Pmg., προσαγγεῖλαι y. **1** ταῦτα om. y. **2** ὅτι om. y. || post σαφῶς add. οἶδα P, οἶδα ὅτι y. || παρείη ἂν F (παρείσομαι f), παρίοι ἂν D, παριέναι xz(P?). **3** δέοιντο z(P). || αὐτοὺς C, αὐτὸς E(P?). || ἕως xz(P), ἔστε σὺ y. || ἀπέλθοις F, ἀπέλθῃς cet. (P). **4** οὐκοῦν ἂν ἔφη y (habuit P). **7** σοῦ om. x. || προσαγαγόντος F. **8** ἴσθι A (P). || οὖν] νῦν y(P). **10** εἴποις ἂν οὔτε y. **15** post εὐνούχῳ add. ἔχειν yg (P s. v.). **16** προσέβαλε μὲν] προσέβαλλε μὲν GHF, προσεβαλεν P. **17** ἦν δὲ ... γαδάτας om. xz. **18** τοὺς δὲ ἀγγέλους x. **19** προέπεμψεν x, ἔφησε y, (εφησ)ε Pmg.?. || (προειπων) πορευ(εσθαι) P ut vid. || ᾗ] οἱ yg. || πορεύσονται y. **20** διαφυγειν P. || [ὅπως ... **1** p. 240 κομίζοιεν] Pantazides, post πορεύσοιντο transp. Marchant. || στρώματα x, σταυρώματα Naber.

τεύματα καὶ τὰς κλίμακας κομίζοιεν·] οὓς δ᾽ ἔλαβε,
βασανίζων ἐναντίον πολλῶν, ὡς ἤκουσεν ἐφ᾽ ἃ ἔφα-
σαν πορεύεσθαι, εὐθέως συσκευασάμενος ὡς ἐξαγγε-
17 λῶν τῆς νυκτὸς ἐπορεύετο. τέλος δὲ πιστευθεὶς ὡς
βοηθὸς εἰσέρχεται εἰς τὸ φρούριον· καὶ τέως μὲν
συμπαρεσκεύαζεν ὅ,τι ἐδύνατο τῷ φρουράρχῳ· ἐπεὶ δὲ
ὁ Κῦρος ἦλθε, καταλαμβάνει τὸ χωρίον συνεργοὺς
ποιησάμενος καὶ τοὺς παρὰ τοῦ Κύρου αἰχμαλώτους.
18 ἐπεὶ δὲ τοῦτο ἐγένετο, εὐθὺς [Γαδάτας] ὁ εὐνοῦχος
τὰ ἔνδον καταστήσας ἐξῆλθε πρὸς τὸν Κῦρον, καὶ τῷ
19 νόμῳ προσκυνήσας εἶπε, Χαῖρε, ὦ Κῦρε. Ἀλλὰ ποιῶ
ταῦτ᾽, ἔφη· σὺ γάρ με σὺν τοῖς θεοῖς οὐ κελεύεις
μόνον ἀλλὰ καὶ ἀναγκάζεις χαίρειν. εὖ γὰρ ἴσθι, ἔφη,
ὅτι ἐγὼ μέγα ποιοῦμαι φίλιον τοῦτο τὸ χωρίον τοῖς
ἐνθάδε συμμάχοις καταλείπων· σὲ δ᾽, ἔφη, ὦ Γαδάτα,
ὁ Ἀσσύριος παῖδας μέν, ὡς ἔοικε, τὸ ποιεῖσθαι ἀφεί-
λετο, οὐ μέντοι τό γε φίλους δύνασθαι κτᾶσθαι ἀπ-
εστέρησεν· ἀλλ᾽ εὖ ἴσθι ὅτι ἡμᾶς τοιούτους τῷ ἔργῳ
τούτῳ φίλους πεποίησαι, οἵ σοι, ἐὰν δυνώμεθα, πειρα-

---

1 ους ελαβε P. 2 ἐνώπιον x. || post ὡς add. δ᾽ y (P?), δὲ g. 3 συσκευασάμενος Pz, συσκεψάμενος x, συνεσκευασμένος y. || εξαγγελων P cor., ἐξαγγέλλων xAHP, ἐξαγγέλων FG. 4 της τ ευθειας (πι s. v.) P, πιστευθείς cet. 6 παρεσκ(ευαζεν) P (sed συν s. v.), συμπαρεσκευάζετο xz. || ἐδύνατο Py, cet. δύναιτο. 8 τοῦ κύρου AG, τῷ κύρῳ x, κύρῳ y. 9 ἐγένετο om. G. || ὁ γαδάτας y, del. Zeune. 11 χαίροις F. || ὦ om. xz. 14 φίλιον Zeune, φίλων D, φίλον cet. 15 καταλείπων Ppr. et Med. 55, 19, καταλιπών P cor. xz, καταλιπεῖν P s. v. et F. || σὲ x, σοῦ Pyz. 16 ποιεῖν y. || ἀφείλετο om. x. 17 φιλους κτα(σθαι) δυνασθ(αι) P, φίλους κτᾶσθαί σε δύνασθαι y (συγκτᾶσθαι G). 18 τοιούτους om. codd., sed hab. P (τοιουτωι Pmg). 19 ἢν Py, cet. ἐάν. || πειρασομεθα P, πειρασώμεθα HA.

*σόμεθα μὴ χείρους βοηθοὶ παραστῆναι ἢ εἰ παῖδας
ἐκγόνους ἐκτήσω. ὁ μὲν τοιαῦτα ἔλεγεν. ἐν δὲ τούτῳ* 20
*ὁ Ὑρκάνιος ἄρτι ἠσθημένος τὸ γεγενημένον προσθεῖ
τῷ Κύρῳ καὶ λαβὼν τὴν δεξιὰν αὐτοῦ εἶπεν, Ὦ μέγα
ἀγαθὸν σὺ τοῖς φίλοις Κῦρε, ὡς πολλήν με τοῖς θεοῖς
ποιεῖς χάριν ὀφείλειν ὅτι σοί με συνήγαγον. Ἴθι νῦν,* 21
*ἔφη ὁ Κῦρος, καὶ λαβὼν τὸ χωρίον οὗπερ ἕνεκά με
ἀσπάζῃ διατίθει αὐτὸ οὕτως ὡς ἂν τῷ ὑμετέρῳ φύλῳ
πλείστου ἄξιον ᾖ καὶ τοῖς ἄλλοις συμμάχοις, μάλιστα
δ', ἔφη, Γαδάτᾳ τουτῳΐ, ὃς ἡμῖν αὐτὸ λαβὼν παρέδωκεν.*
Τί οὖν; ἔφη ὁ Ὑρκάνιος, ἐπειδὰν Καδούσιοι ἔλθωσι 22
*καὶ Σάκαι καὶ οἱ ἐμοὶ πολῖται, καλέσωμεν καὶ τούτων, ἵνα κοινῇ βουλευσώμεθα πάντες ὅσοις προσήκει
πῶς ἂν συμφορώτατα χρῴμεθα τῷ φρουρίῳ; ταῦτα
μὲν οὕτω συνῄνεσεν ὁ Κῦρος· ἐπεὶ δὲ συνῆλθον οἷς* 23
*ἔμελε περὶ τοῦ φρουρίου, ἐβουλεύσαντο κοινῇ φυλάττειν οἷσπερ ἀγαθὸν ἦν φίλιον ὄν, ὅπως αὐτοῖς μὲν
πρόβολος εἴη πολέμου, τοῖς δ' Ἀσσυρίοις ἐπιτετειχισ-*

---

1 *χείρους* Py, *χείρονες* cet. **2** *εκ(γο)νους* P, *ἐγγόνους* xFHpr. || *ἐκτήσω* yPmg. || *τοιαῦτα* yP, *ταῦτ'* cet. || *ἔλεξεν* yP s. v. || *ἐκ δὲ τούτου* x. **3** *τοῦ γεγενημένου* yP s. v. || *προσθεὶς* D, *προσελθὼν* F (*προσθεῖ* P). **4** *τῷ* aut sequens *καὶ* om. P. **5** *με*] *μὲν* z. **6** *ποιεῖν χάριν ὀφείλεις* x. || *ἴσθι* yA. || *νῦν* PxzF, *τοίνυν* D. **7** *ὁ* om. P. **8** *ἀσπάζει* P. || *αὐτῷ* AHF. || *τῷ τε ὑμετέρῳ* F. || *ἡμετέρῳ* x. || *φίλῳ* z. **10** *τουτωΐ* Hirschig, *τούτῳ* codd. (P). || *αὐτό* om. y. || *παρέδωκεν* y, (*παρεδωκεν*) *αὐτὸ* P, *παραδίδωσι* cet. **11** *εἰ ἐπειδὰν* HA et P ut vid. **12** *καλέσαιμεν* yHpr(P?). || *τούτων* Pantazides cf. Krüger Gr. § 47, 15, 3. Cyr. I 4, 20. V 5, 7. VII 4, 5, *τοῦτον* codd. et P. **13** *βουλευσώμεθα* Py, *συμβουλευσώμεθα* xz. **14** *φρουρίῳ*] *χω(ριωι)* P. **15** *μὲν οὖν οὕτω* x || *καὶ ὁ κῦρος* y. **16** *ἔμελε* Hcor., *ἔμελλε* cet. **17** *φίλον* G. || *ὄν* om. F. || *ἑαυτοῖς* y. || *μὲν* om. G. **18** *εἴη*] *ᾗ* GH, *ἦοι* A. || post *ἐπιτετειχισμένον* add. *εἴη* xz.

24 μένον. τούτων γενομένων πολὺ δὴ προθυμότερον καὶ
πλείους καὶ Καδούσιοι συνεστρατεύοντο καὶ Σάκαι
καὶ Ὑρκάνιοι· καὶ συνελέγη ἐντεῦθεν στράτευμα Κα-
δουσίων μὲν πελτασταὶ εἰς δισμυρίους καὶ ἱππεῖς εἰς
τετρακισχιλίους, Σακῶν δὲ τοξόται εἰς μυρίους καὶ
ἱπποτοξόται εἰς δισχιλίους· καὶ Ὑρκάνιοι δὲ πεζούς τε
ὁπόσους ἐδύναντο προσεξέπεμψαν καὶ ἱππεῖς ἐξεπλή-
ρωσαν εἰς δισχιλίους· τὸ γὰρ πρόσθεν καταλελειμμέ-
νοι ἦσαν πλείους οἴκοι αὐτοῖς ἱππεῖς, ὅτι καὶ οἱ Κα-
δούσιοι καὶ οἱ Σάκαι τοῖς Ὑρκανίοις πολέμιοι ἦσαν.
25 ὅσον δὲ χρόνον ἐκαθέζετο ὁ Κῦρος ἀμφὶ τὴν περὶ τὸ
φρούριον οἰκονομίαν, τῶν κατὰ ταῦτα τὰ χωρία πολλοὶ
μὲν ἀπῆγον ἵππους, πολλοὶ δὲ ἀπέφερον ὅπλα, φοβού-
μενοι ἤδη πάντας τοὺς προσχώρους.
26 Ἐκ δὲ τούτου προσέρχεται τῷ Κύρῳ ὁ Γαδάτας
καὶ λέγει ὅτι ἥκουσιν αὐτῷ ἄγγελοι ὡς ὁ Ἀσσύριος,
ἐπεὶ πύθοιτο τὰ περὶ τοῦ φρουρίου, χαλεπῶς τε
ἐνέγκοι καὶ συσκευάζοιτο ὡς ἐμβαλῶν ἐς τὴν ἑαυτοῦ
χώραν. ἢν οὖν ἀφῇς με, ὦ Κῦρε, τὰ τείχη ἂν πειρα-
27 θείην διασῶσαι, τῶν δ' ἄλλων μείων λόγος. καὶ ὁ
Κῦρος εἶπεν, Ἢν οὖν ἴῃς νῦν, πότε ἔσῃ οἴκοι; καὶ

---

1 τούτων γενομένων xz, ἐπεὶ δὲ τοῦτο ἐγένετο Py. 2 πλείους καδουσίων P ut vid. y. ‖ ἐστρατεύοντο Py. ‖ οἱ Σάκαι P ut vid. 3 ἐνταῦθα y(P). 4 δισχιλίους xD, χιλίους z (in G s. v. δισ-), δισμυρίους F. 5 δὲ om. xz. 7 ὅσους y. ‖ προσέπεμψαν CAH, συνέπεμψαν E. ‖ ἱππεῖς xz. ‖ προσεπλήρωσαν y. 9 αὐτῶν y. ‖ ὅτι y, ὅτε xz. ‖ καὶ om. y. 10 οἱ om. xz. ‖ Ὑρκανίοις ego, ἀσσυρίοις codd. 12 οἰκοδομίαν z (ac H cor. quidem). ‖ τῶν ἀσσυρίων post τοῖς add. y. ‖ τῶν κατ' αὐτὰ χωρίων xz. 14 προχώρους x(P). 16 ὁ om. x. 17 πύθοιτο τὰ] ἤκουσε x. 18 παρασκευάζοιτο y. ‖ ἐς x. ‖ ἑαυτοῦ xz, αὐτοῦ y. 19 ἢν y, ἐὰν cet. (ut 21). ‖ πειρῴμην y. 21 οὖν om. x. ‖ νῦν om. z.

*ὁ Γαδάτας εἶπεν, Εἰς τρίτην δειπνήσω ἐν τῇ ἡμετέρᾳ.
Ἦ καὶ τὸν Ἀσσύριον, ἔφη, οἴει ἐκεῖ ἤδη καταλήψε-
σθαι; Εὖ μὲν οὖν, ἔφη, οἶδα· σπεύσει γὰρ ἕως ἔτι
πρόσω δοκεῖς ἀπεῖναι. Ἐγὼ δ', ἔφη ὁ Κῦρος, ποσταῖος* 28
*ἂν τῷ στρατεύματι ἐκεῖσε ἀφικοίμην; πρὸς τοῦτο δὴ
ὁ Γαδάτας λέγει, Πολὺ ἤδη, ὦ δέσποτα, ἔχεις τὸ
στράτευμα καὶ οὐκ ἂν δύναιο μεῖον ἢ ἐν ἓξ ἢ ἑπτὰ
ἡμέραις ἐλθεῖν πρὸς τὴν ἐμὴν οἴκησιν. Σὺ μὲν
τοίνυν, ἔφη ὁ Κῦρος, ἄπιθι ὡς τάχιστα· ἐγὼ δ' ὡς
ἂν δυνατὸν ᾖ πορεύσομαι. ὁ μὲν δὴ Γαδάτας ᾤχετο·* 29
*ὁ δὲ Κῦρος συνεκάλεσε πάντας τοὺς ἄρχοντας τῶν
συμμάχων· καὶ ἤδη πολλοί τε ἐδόκουν καὶ καλοὶ
κἀγαθοὶ παρεῖναι· ἐν οἷς δὴ λέγει ὁ Κῦρος ταῦτα.*

Ἄνδρες σύμμαχοι, Γαδάτας διέπραξεν ἃ δοκεῖ πᾶσιν 30
*ἡμῖν πολλοῦ ἄξια εἶναι, καὶ ταῦτα πρὶν καὶ ὁτιοῦν
ἀγαθὸν ὑφ' ἡμῶν παθεῖν. νῦν δὲ ὁ Ἀσσύριος εἰς τὴν
χώραν αὐτοῦ ἐμβαλεῖν ἀγγέλλεται, δῆλον ὅτι ἅμα μὲν
τιμωρεῖσθαι αὐτὸν βουλόμενος, ὅτι δοκεῖ ὑπ' αὐτοῦ
μεγάλα βεβλάφθαι· ἅμα δὲ ἴσως κἀκεῖνο ἐννοεῖται ὡς
εἰ οἱ μὲν πρὸς ἡμᾶς ἀφιστάμενοι μηδὲν ὑπ' ἐκείνου
κακὸν πείσονται, οἱ δὲ σὺν ἐκείνῳ ὄντες ὑφ' ἡμῶν
ἀπολοῦνται, ὅτι τάχιστα οὐδένα εἰκὸς σὺν αὐτῷ βου-
λήσεσθαι εἶναι. νῦν οὖν, ὦ ἄνδρες, καλόν τι ἄν μοι* 31

---

2 ἤδη om. F. **3** ἕως ἔτι] ὅσῳ σὺ yg. **4** πρόσω δοκεῖς ἀπεῖναι xz, δοκεῖς εἶναι πρόσω F, πρόσω δοκεῖς ἰέναι Dg. **5** ἂν z, σὺν y (D in ras.), ἂν σὺν x. **6** τὸ om. xz. **7** ἂν] ἐὰν AH. || ἐν om. E. **13** δὴ καὶ ὁ κῦρος λέγει τάδε y. **14** ἐδόκει xAH. **16** ὑφ' ἡμῶν ἀγαθὸν z. **17** ἐμβάλλειν D, ἐμβαλλεῖν F. **18** ὑπ'] ἀπ' xAH. **19** μέγα βεβλάφθαι ὑπ' αὐτοῦ y. || ἴσως om. C. || καὶ ἐκεῖνο F, κἀκεῖνος z, κἀκείνη E. **20** μὲν] τε F. **21** πήσονται AHcor. **22** ὅτι del. Hartman. || τάχιστα xF, ὡς τάχιστα D, τάχα z. || βούλεσθαι y.

δοκοῦμεν ποιῆσαι, εἰ προθύμως Γαδάτᾳ βοηθήσαιμεν ἀνδρὶ εὐεργέτῃ· καὶ ἅμα δίκαια ποιοῖμεν ἂν χάριν ἀποδιδόντες· ἀλλὰ μὴν καὶ σύμφορά γ' ἄν, ὡς ἐμοὶ
32 δοκεῖ, πράξαιμεν ἡμῖν αὐτοῖς. εἰ γὰρ πᾶσι φαινοίμεθα τοὺς μὲν κακῶς ποιοῦντας νικᾶν πειρώμενοι κακῶς ποιοῦντες, τοὺς δ' εὐεργέτας ἀγαθοῖς ὑπερβαλλόμενοι, εἰκὸς ἐκ τῶν τοιούτων φίλους μὲν πολλοὺς ἡμῖν βούλεσθαι γίγνεσθαι, ἐχθρὸν δὲ μηδένα ἐπιθυμεῖν
33 εἶναι· εἰ δὲ ἀμελῆσαι δόξαιμεν Γαδάτα, πρὸς τῶν θεῶν ποίοις λόγοις ἂν ἄλλον πείθοιμεν χαρίζεσθαί τι ἡμῖν; πῶς δ' ἂν τολμῷμεν ἡμᾶς αὐτοὺς ἐπαινεῖν; πῶς δ' ἂν ἀντιβλέψαι τις ἡμῶν δύναιτο Γαδάτᾳ, εἰ ἡττῴμεθ' εὖ ποιοῦντος τοσοῦτοι ὄντες ἑνὸς ἀνδρὸς
34 καὶ τούτου οὕτω διακειμένου; ὁ μὲν οὕτως εἶπεν· οἱ δὲ πάντες ἰσχυρῶς συνεπῄνουν ταῦτα ποιεῖν.

Ἄγε τοίνυν, ἔφη, ἐπεὶ καὶ ὑμῖν συνδοκεῖ ταῦτα, ἐπὶ μὲν τοῖς ὑποζυγίοις καὶ ὀχήμασι καταλίπωμεν ἕκαστοι τοὺς μετ' αὐτῶν ἐπιτηδειοτάτους πορεύεσθαι.
35 Γωβρύας δ' ἡμῖν ἀρχέτω αὐτῶν καὶ ἡγείσθω αὐτοῖς· καὶ γὰρ ὁδῶν ἔμπειρος καὶ τἆλλα ἱκανός· ἡμεῖς δ', ἔφη, καὶ ἵπποις τοῖς δυνατωτάτοις καὶ ἀνδράσι πορευώμεθα, τὰ ἐπιτήδεια τριῶν ἡμερῶν λαβόντες· ὅσῳ

---

1 βοηθήσομεν xD. 2 ποιοῦμεν xz. 3 ἐμοὶ δοκεῖ G, ἐμοὶ δοκῶ xAH, ἐγὼ δοκῶ y. 4 πράττοιμεν y. || ante γὰρ add. μὲν Hirschig. 6 εὐεργέτας xF, εὐεργετοῦντας cet. 7 ἡμῖν πολλοὺς y. 10 λόγοις ἄλλους πείθοι(ω F)μεν ἂν y. 11 τι ἂν ἡμῖν F. 12 ἂν om. HA. || ἡμῶν] ἡμᾶς x. 13 ante εὖ add. αὐτοῦ yz. || τοσοίδε y. || ὑφ' ἑνὸς AH. 14 μὲν οὖν οὕτως y. 15 συνεπῄνουν ἰσχυρῶς y. 16 ἄγετε z. || ἐπείπερ y. 17 ὀχήμασι yG, χρήμασι xAH. || καταλείπωμεν y. 18 μετὰ τούτων y. || ἐπιτηδειοτέρους F. 19 αὐτοῖς] αὐτός y. 21 πορευόμεθα F.

δ' ἂν κουφότερον συσκευασώμεθα καὶ εὐτελέστερον,
τοσούτῳ ἥδιον τὰς ἐπιούσας ἡμέρας ἀριστήσομέν τε
καὶ δειπνήσομεν καὶ καθευδήσομεν. νῦν δ', ἔφη, πο-
ρευώμεθα ὧδε· πρώτους μὲν ἄγε σύ, Χρυσάντα, τοὺς 36
θωρακοφόρους, ἐπεὶ ὁμαλή τε καὶ πλατεῖα ἡ ὁδός
ἐστι, τοὺς ταξιάρχους ἔχων ἐν μετώπῳ πάντας· ἡ δὲ
τάξις ἑκάστη ἐφ' ἑνὸς ἴτω· ἀθρόοι γὰρ ὄντες καὶ τά-
χιστα καὶ ἀσφαλέστατα πορευοίμεθ' ἄν. τούτου δ' 37
ἕνεκα, ἔφη, τοὺς θωρακοφόρους κελεύω ἡγεῖσθαι ὅτι
τοῦτο βραδύτατόν ἐστι τοῦ στρατεύματος· τοῦ δὲ βρα-
δυτάτου ἡγουμένου ἀνάγκη ῥᾳδίως ἕπεσθαι πάντα τὰ
θᾶττον ἰόντα· ὅταν δὲ τὸ τάχιστον ἡγῆται ἐν νυκτί,
οὐδέν ἐστι θαυμαστὸν καὶ διασπᾶσθαι τὰ στρατεύματα·
τὸ γὰρ προταχθὲν ἀποδιδράσκει. ἐπὶ δὲ τούτοις, ἔφη, 38
Ἀρτάβαζος τοὺς Περσῶν πελταστὰς καὶ τοξότας
ἀγέτω· ἐπὶ δὲ τούτοις Ἀνδαμύας ὁ Μῆδος τὸ Μήδων
πεζόν· ἐπὶ δὲ τούτοις Ἔμβας τὸ Ἀρμενίων πεζόν· ἐπὶ
δὲ τούτοις Ἀρτούχας Ὑρκανίους· ἐπὶ δὲ τούτοις Θαμ-
βράδας τὸ Σακῶν πεζόν· ἐπὶ δὲ τούτοις Δατάμας

---

1 συσκευαζώμεθα F. 2 τόσῳ τὰς ἐπιούσας ἡμέρας ἥδιον y. 3 δ' om. z. || πορευόμεθα FprA. 4 πρώτους Cpr(?) Hirschig, πρῶτον C cor. cet. || ἄγε σύ xGH, σὺ ἄγε F, σύγε ἄγε D, ἄγε A. || ὦ χρυσάντα F. 5 ante ἐπεὶ add. ἄγε δὴ y. || ἡ om y. 6 πάντας ἐν μετώπῳ x. 7 ἑκάστη σοι ἐφ' F. || καὶ om. y. 8 ἂν πορευοίμεθα y. 9 κελεύω τοὺς θωρακοφόρους xz. 10 βαρύτατον et βαρυτάτου codd., corr. Cobet cf. An. VII 3, 37. 12 θᾶττον ἰόντα] ἐλάσσονα yG. 13 διασπᾶσθαι FG, διεσπᾶσθαι AH, διασπάσασθαι xD. 14 τὸ γὰρ προταθὲν x, τὰ γὰρ (τοίγαρ F) ἀποσπασθέντα yG. || τούτω Fpr. 15 ἀρταβάτας F, ἀρτάβας D. 16 ἀνδραμύας CF, ἀνδραμάς D. 17 πεζόν] πεζικόν (bis et 19) codd. || prius ἐπὶ . . . ἀρμενίων πεζὸν om. F, prius ἐπὶ . . . 19 σακῶν πεζὸν om. D. 18 post ὑρκανίους add. ἀγέτω F. || θαμβάτας F. || δαμάτας codd. praeter D.

39 Καδουσίους. ἀγόντων δὲ καὶ οὗτοι πάντες ἐν μετώπῳ
μὲν τοὺς ταξιάρχους ἔχοντες, δεξιοὺς δὲ τοὺς πελτα-
στάς, ἀριστεροὺς δὲ τοὺς τοξότας τοῦ ἑαυτῶν πλαι-
σίου· οὕτω γὰρ πορευόμενοι καὶ εὐχρηστότεροι γί-
40 γνονται. ἐπὶ δὲ τούτοις οἱ σκευοφόροι, ἔφη, πάντων
ἑπέσθων· οἱ δὲ ἄρχοντες αὐτῶν ἐπιμελείσθων ὅπως
συνεσκευασμένοι τε ὦσι πάντα πρὶν καθεύδειν καὶ
πρῲ σὺν τοῖς σκεύεσι παρῶσιν εἰς τὴν τεταγμένην
41 χώραν καὶ ὅπως κοσμίως ἕπωνται. ἐπὶ δὲ τοῖς σκευο-
φόροις, ἔφη, τοὺς Πέρσας ἱππέας Μαδάτας ὁ Πέρσης
ἀγέτω, ἔχων καὶ οὗτος τοὺς ἑκατοντάρχους τῶν ἱπ-
πέων ἐν μετώπῳ· ὁ δ' ἑκατόνταρχος τὴν τάξιν ἀγέτω
42 εἰς ἕνα, ὥσπερ οἱ πέζαρχοι. ἐπὶ τούτοις Ῥαμβάκας ὁ
Μῆδος ὡσαύτως τοὺς ἑαυτοῦ ἱππέας· ἐπὶ τούτοις σύ,
ὦ Τιγράνη, τὸ σεαυτοῦ ἱππικόν· καὶ οἱ ἄλλοι δὲ ἵπ-
παρχοι μεθ' ὧν ἕκαστοι ἀφίκοντο πρὸς ἡμᾶς. ἐπὶ τού-
τοις Σάκαι ἄγετε· ἔσχατοι δέ, ὥσπερ ἦλθον, Καδού-
σιοι ἰόντων· Ἀλκεύνα, σὺ δὲ ὁ ἄγων αὐτοὺς ἐπιμελοῦ
τὸ νῦν εἶναι πάντων τῶν ὄπισθεν καὶ μηδένα ἔα
43 ὕστερον τῶν σῶν ἱππέων γίγνεσθαι. ἐπιμελεῖσθε δὲ
τοῦ σιωπῇ πορεύεσθαι οἵ τε ἄρχοντες καὶ πάντες δὲ
οἱ σωφρονοῦντες· διὰ γὰρ τῶν ὤτων ἐν τῇ νυκτὶ

---

1 τῷ μετώπῳ y. **3** τοὺς ἑαυτῶν πλαγίους xz. **5** ἔφη οἱ σκευοφόροι y. **6** ἐπέσθωσαν Cz, ἐπέστωσαν E. ‖ ἐπιμελείστωσαν πάντων ὅπως ἂν συνεσκευασμένοι y. **7** πάντα om. G. **8** εἰς] πρὸς F. ‖ συντεταγμένην z. **9** εὐκοσμίως x, κοσμίως om. G. **10** μαιδάτας y. **11** ἀγέσθω x. ‖ ἵππων z. **13** δὲ τούτοις y, τούτῳ (τοῦτο A) xz. ‖ ὁ ῥαμβάκας y, ἱ(ἱ)ερσομβάτας xz (ἱεροσομβάτας H pr?). **14** ἑαυτῶν Cz. ‖ ἐπὶ δὲ y. **15** σαυτοῦ y. **16** ὧν] οὓς z. ‖ ἕκαστος ἀφίκετο y. **18** ἰόντων· ἀλκεύ(ῦ)να y, ἀγόντων στράτευμα xz. ‖ ὁ om. y. **19** τῶν om. xz. ‖ ἔα] ἕνα x, om. y. **20** δὲ om. G. **21** οἵ τε om. G. ‖ δὲ om. ED.

ἀνάγκη μᾶλλον ἢ διὰ τῶν ὀφθαλμῶν ἕκαστα καὶ αἰ-
σθάνεσθαι καὶ σκέπτεσθαι· καὶ τὸ ταραχθῆναι δὲ ἐν
τῇ νυκτὶ πολὺ μεῖζόν ἐστι πρᾶγμα ἢ ἐν τῇ ἡμέρᾳ καὶ
δυσκαταστατώτερον· οὗ ἕνεκα ἥ τε σιωπὴ ἀσκητέα καὶ
ἡ τάξις φυλακτέα. τὰς δὲ νυκτερινὰς φυλακάς, ὅταν 44
μέλλητε νυκτὸς ἀναστήσεσθαι, χρὴ ὡς βραχυτάτας καὶ
πλείστας ποιεῖσθαι, ὡς μηδένα ἡ ἐν τῇ φυλακῇ
ἀγρυπνία πολλὴ οὖσα λυμαίνηται ἐν τῇ πορείᾳ· ἡνίκα
δ' ἂν ὥρα ᾖ πορεύεσθαι, σημαίνειν τῷ κέρατι. ὑμεῖς 45
δ' ἔχοντες ἃ δεῖ ἕκαστοι πάρεστε εἰς τὴν ἐπὶ Βαβυ-
λῶνος ὁδόν· ὁ δ' ὁρμώμενος ἀεὶ τῷ κατ' οὐρὰν παρ-
εγγυάτω ἕπεσθαι.

Ἐκ τούτου δὴ ᾤχοντο ἐπὶ τὰς σκηνὰς καὶ ἅμα 46
ἀπιόντες διελέγοντο πρὸς ἀλλήλους ὡς μνημονικῶς ὁ
Κῦρος ὁπόσοις συνέταττε πᾶσιν ὀνομάζων ἐνετέλλετο.
ὁ δὲ Κῦρος ἐπιμελείᾳ τοῦτο ἐποίει· πάνυ γὰρ ἐδόκει 47
αὐτῷ θαυμαστὸν εἶναι εἰ οἱ μὲν βάναυσοι ἴσασι τῆς
ἑαυτοῦ τέχνης ἕκαστος τῶν ἐργαλείων τὰ ὀνόματα,
καὶ ὁ ἰατρὸς δὲ οἶδε καὶ τῶν ὀργάνων καὶ τῶν φαρ-
μάκων οἷς χρῆται πάντων τὰ ὀνόματα, ὁ δὲ στρατη-
γὸς οὕτως ἠλίθιος ἔσοιτο ὥστε οὐκ εἴσοιτο τῶν ὑφ'

---

1 καὶ om. F. **2** σκέπτεσθαι ego, πράσσεσθαι xy, προΐστασθαι z. ‖ ταραχθῆναι] πραχθῆναι xz. **3** τῇ] om. xy. **4** οὗ εἵνεκα D, οὕνεκα xz. **5** διαφυλακτέα y. ‖ ante φυλακάς add. ἔφη D. **6** ἐξαναστήσεσθαι αἰεὶ χρὴ y. ‖ καὶ ὡς y. **7** μηδένα καὶ ἡ y. **9** σημανεῖ z. **10** ἕκαστοι] ἕκαστον Hirschig. ‖ βαβυλῶνα z. **11** ἐγγυτάτω ἑπέσθω y (ἑπέσθω etiam g). **13** δὴ] οὖν y. **14** ἀπόντες z. ‖ μνημονικὸς F. **15** ὁπόσοις . . . **16** ὁ κῦρος om. z. ‖ πᾶσιν Heindorf, πῶς codd. **16** γὰρ] δὲ y. ‖ ἐδόκει αὐτῷ x, αὐτῷ ἐδόκει z, ante εἶναι transp. y. **18** ἑαυτοῦ Cz, ἑαυτῶν Eg, αὐτοῦ D, αὐτοῦ F. ‖ τῶν ἑαυτοῦ (sed punctis notatum in G) ἐργαλείων z, τ. αὐτοῦ ἐργ. C.

ἑαυτὸν ἡγεμόνων τὰ ὀνόματα, οἷς ἀνάγκη ἐστὶν αὐτῷ ὀργάνοις χρῆσθαι καὶ ὅταν καταλαβεῖν τι βούληται καὶ ὅταν φυλάξαι καὶ ὅταν θαρρῦναι καὶ ὅταν φοβῆσαι· καὶ τιμῆσαι δὲ ὁπότε τινὰ βούλοιτο, πρέπον αὐ-
48 τῷ ἐδόκει εἶναι ὀνομαστὶ προσαγορεύειν. ἐδόκουν δ' αὐτῷ οἱ γιγνώσκεσθαι δοκοῦντες ὑπὸ τοῦ ἄρχοντος καὶ τοῦ καλόν τι ποιοῦντες ὁρᾶσθαι μᾶλλον ὀρέγεσθαι καὶ τοῦ αἰσχρόν τι ποιεῖν μᾶλλον προθυμεῖσθαι ἀπ-
49 έχεσθαι. ἠλίθιον δὲ καὶ τοῦτ' ἐδόκει εἶναι αὐτῷ τὸ ὁπότε τι βούλοιτο πραχθῆναι, οὕτω προστάττειν ὥσπερ ἐν οἴκῳ ἔνιοι δεσπόται προστάττουσιν, Ἴτω τις ἐφ'
50 ὕδωρ, Ξύλα τις σχισάτω· οὕτω γὰρ προσταττομένων εἰς ἀλλήλους τε ὁρᾶν πάντες ἐδόκουν αὐτῷ καὶ οὐδεὶς περαίνειν τὸ προσταχθὲν καὶ πάντες ἐν αἰτίᾳ εἶναι καὶ οὐδεὶς [τῇ αἰτίᾳ] οὔτε αἰσχύνεσθαι οὔτε φοβεῖσθαι διὰ τὸ ὁμοίως σὺν πολλοῖς αἰτίαν ἔχειν· διὰ ταῦτα δὴ αὐτὸς πάντας ὠνόμαζεν ὅτῳ τι προστάττοι.

51 Καὶ Κῦρος μὲν δὴ περὶ τούτων οὕτως ἐγίγνω-

---

1 ἑαυτὸν xDg, ἑαυτῷ z, αὐτῷ F. ‖ αὐτῷ] αὐτοῖς z. **2** λαβεῖν x, προκαταλαβεῖν yg. **3** φυλάξειν xz. **4** ante τιμῆσαι add. ὅταν xAH, πρὸς τὸ yG, del. Schneider. ‖ πότε xAH. ‖ τὸ πρέπον z. **5** ἐδόκει] εὖ δοκεῖ F. ‖ ὀνόματι xz. **7** ποιοῦντος F. ‖ μᾶλλον ὀρέγεσθαι om. y. **8** ποιεῖν] ποιοῦντος F. **9** καὶ om. D. ‖ εἶναι ἐδόκει αὐτῷ x, αὐτῷ ἐδόκει εἶναι y. **10** τι βούλοιτο Dind., βούλοιτό τι y, ὅτι βούλοιτο z, βούλοιτο x. ‖ οὕτω z, ὅτῳ x, αὐτῷ F, om. D. ‖ ὥσπερ . . . **11** προστάττουσιν om. C, ὥσπερ . . . **12** σχισάτω E. ‖ ὥσπερ] καὶ D, ὥσπερ καὶ F. **11** προστάττουσι δεσπόται y. **12** προσταττομένων yg, ταττομένων Ez, πραττομένων C. **13** τε om. y. ‖ ἅπαντες y, πάντες τε xz. **14** πραχθὲν C. **15** [τῇ αἰτίᾳ] ego. **16** διὰ τὸ ὁμοίως ego. **17** πάντας ὠνόμαζεν αὐτὸς xz. ‖ ὅτῳ τι y, ὅτῳ τε Hpr, ὅτῳ x, ὁπότε z. ‖ πράττοι y. **19** ὁ κῦρος G. ‖ οὕτω περὶ τούτων y.

σκεν. οἱ δὲ στρατιῶται τότε μὲν δειπνήσαντες καὶ
φυλακὰς καταστησάμενοι καὶ συσκευασάμενοι πάντα ἃ
ἔδει ἐκοιμήθησαν. ἡνίκα δ' ἦν ἐν μέσῳ νυκτῶν, ἐσή- 52
μηνε τῷ κέρατι. Κῦρος δ' εἰπὼν τῷ Χρυσάντᾳ ὅτι
ἐπὶ τῇ ὁδῷ ὑπομενοίη ἐν τῷ πρόσθεν τοῦ στρατεύ-
ματος ἐξῄει λαβὼν τοὺς ἀμφ' αὐτὸν ὑπηρέτας· βραχεῖ
δὲ χρόνῳ ὕστερον Χρυσάντας παρῆν ἄγων τοὺς θω-
ρακοφόρους. τούτῳ μὲν ὁ Κῦρος δοὺς ἡγεμόνας τῆς 53
ὁδοῦ πορεύεσθαι ἐκέλευσεν ἡσύχως· οὐ γάρ πω ἐν ὁδῷ
πάντες ἦσαν· αὐτὸς δὲ ἑστηκὼς ἐν τῇ ὁδῷ τὸν μὲν
προσιόντα προυπέμπετο ἐν τάξει, ἐπὶ δὲ τὸν ὑστερί-
ζοντα ἔπεμπε καλῶν. ἐπεὶ δὲ πάντες ἐν ὁδῷ ἦσαν, 54
πρὸς μὲν Χρυσάνταν ἱππέας ἔπεμψεν ἐροῦντας ὅτι ἐν
ὁδῷ ἤδη πάντες· ἄγε οὖν θᾶττον. αὐτὸς δὲ παρ- 55
ελαύνων τὸν ἵππον εἰς τὸ πρόσθεν ἥσυχος κατ-
εθεᾶτο τὰς τάξεις. καὶ οὓς μὲν ἴδοι εὐτάκτως καὶ σιω-
πῇ ἰόντας, προσελαύνων αὐτοῖς τίνες τε εἶεν ἤρετο
καὶ ἐπεὶ πύθοιτο ἐπῄνει· εἰ δέ τινας θορυβουμένους
αἴσθοιτο, τὸ αἴτιον τούτου σκοπῶν κατασβεννύναι τὴν
ταραχὴν ἐπειρᾶτο.

Ἓν μόνον παραλέλειπται τῆς ἐν νυκτὶ ἐπιμελείας 56

---

1 μὲν om. x. 2 συνεσκευασμένοι F. 3 ἐν μέσῳ z, ἐκ μέσων xy. ‖ ἐσήμαινε Ey. 4 εἶπε xz. 5 ὁδῷ] ἔω z. ‖ ἐπιμένοι xG, ἐπιμένοι δὴ y, ἑ(ἑ)πόμενοι AH, corr. post Schneiderum (ὑπομένοι) Dind. 6 δὲ post ἐξῄει add. xz. ‖ αὑτὸν CFAH. ‖ βραχὺ AG. 7 παρῆν χρυσάντας ἔχων y. 8 μὲν οὖν et δοὺς τοὺς y. 9 ἐκέλευσεν x. ‖ ἡσύχως . . . 10 ἦσαν] ἥσυχον ἕως ἄγγελος ἔλθοι ὅτι πάντες ἐν ὁδῷ y. ‖ οὐ γὰρ . . . ἦσαν del. Hirschig cf. § 54. 10 τῇ ὁδῷ] τῷ αὐτῷ y. 12 ἔπεμπε καλῶν] πέμπων ἐκάλει Hirschig. 14 ἤδη] ἦσαν y. ‖ ἄγε δὴ οὖν D. ‖ post οὖν add. ἤδη z. 17 οἵτινές τε F, οἵτινες D. ‖ ἠρώτα y. 19 αἰσθάνοιτο τὸν αἴτιον y. 20 ταραχὴν] ἀρχὴν y. 21 μόνον om. F. ‖ post μόνον s. v. add. οὐ G. ‖ παραλέλειπται F, παραλείπεται xzf, παρελέλειπτο D.

αὐτοῦ, ὅτι πρὸ παντὸς τοῦ στρατεύματος πεζοὺς εὐ-
ζώνους οὐ πολλοὺς προύπεμπεν, ἐφορωμένους ὑπὸ
Χρυσάντα καὶ ἐφορῶντας αὐτόν, ὡς ὠτακουστοῦντες
καὶ εἴ πως ἄλλως δύναιντο αἰσθάνεσθαί τι, σημαί-
νοιεν τῷ Χρυσάντᾳ ὅ,τι καιρὸς δοκοίη εἶναι· ἄρχων
δὲ καὶ ἐπὶ τούτοις ἦν ὃς καὶ τούτους ἐκόσμει, καὶ τὸ
μὲν ἄξιον λόγου ἐσήμαινε, τὸ δὲ μὴ οὐκ ἠνώχλει λέ-
57 γων. τὴν μὲν δὴ νύκτα οὕτως ἐπορεύετο· ἐπεὶ δὲ
ἡμέρα ἐγένετο, τοὺς μὲν Καδουσίων ἱππέας, ὅτι αὐ-
τῶν καὶ οἱ πεζοὶ ἐπορεύοντο ἔσχατοι, παρὰ τούτοις
κατέλιπεν, ὡς μηδ' οὗτοι ψιλοὶ ἱππέων ἴοιεν· τοὺς δ'
ἄλλους εἰς τὸ πρόσθεν παρελαύνειν ἐκέλευσεν, ὅτι καὶ
οἱ πολέμιοι ἐν τῷ πρόσθεν ἦσαν, ὅπως εἴ τί που ἐν-
αντιοῖτο αὐτῷ, ἀπαντῴη ἔχων τὴν ἰσχὺν ἐν τάξει καὶ
μάχοιτο, εἴ τέ τί που φεῦγον ὀφθείη, ὡς ἐξ ἑτοιμο-
58 τάτου διώκοι. ἦσαν δὲ αὐτῷ αἰεὶ τεταγμένοι οὕς τε
διώκειν δέοι καὶ οὓς παρ' αὐτῷ μένειν· πᾶσαν δὲ τὴν
59 τάξιν λυθῆναι οὐδέποτε εἴα. Κῦρος μὲν δὴ οὕτως
ἦγε τὸ στράτευμα· οὐ μέντοι αὐτός γε μιᾷ χώρᾳ
ἐχρῆτο, ἀλλ' ἄλλοτε ἀλλαχῇ περιελαύνων ἐφεώρα τε

---

1 στρατεύματος] στρατοπέδου y. **3** ἐφορῶντες AH. ‖ ὠτακουστοῦντας y, ὑπακουστοῦντας (-ες z) xz. **4** δύνανται y. ‖ τι om. z. **6** ἐπὶ τούτοις ἦν] ἐπὶ τούτων εἷς ἦν F, ἐπιτάττων εἷς ἦν D. **7** ἄξιον μὲν y. **8** ἐπορεύετο xF, ἐπορεύοντο cet. **9** τοὺς μὲν τῶν y, τῶν μὲν xGH, τὸ μὲν A. **10** ἔσχατοι (-ν D) ἐπορεύοντο y. **11** κατέλειπεν et εἶεν y. **12** ἐκέλευεν CGH. **13** τί] τε zD. ‖ ἐναντιοῖτο] ἐναντίον y. **14** ὑπαντῴη Hirschig. ‖ ὑφ' αὐτῷ ἔχων ἐν τάξει τὴν ἰσχὺν μάχοιτο y. **15** τί om. z. ‖ ὡς] ὅπως y. **16** διώκοιεν y. ‖ δὲ om. AH. ‖ ἀεὶ EG. ‖ τεταγμένοι εἰ δέοι διωγμοῦ οὕς y. **17** ἑαυτῷ y, αὐτῷ G. **19** γε] τε F, om. x **20** ἄλλοτε] ἅτε x. ‖ ἀλλαχῇ] ἄλλῃ μάχῃ G. ‖ ἀφεώρα G.

καὶ ἐπεμελεῖτο, εἴ του δέοιντο. οἱ μὲν δὴ ἀμφὶ Κῦ-
ρον οὕτως ἐπορεύοντο.
Ἐκ δὲ τοῦ Γαδάτα ἱππικοῦ τῶν δυνατῶν τις IV
ἀνδρῶν ἐπεὶ ἑώρα αὐτὸν ἀφεστηκότα ἀπὸ τοῦ Ἀσσυ-
ρίου, ἐνόμισεν, εἴ τι οὗτος πάθοι, αὐτὸς ἂν λαβεῖν
παρὰ τοῦ Ἀσσυρίου πάντα τὰ Γαδάτα· οὕτω δὴ πέμ-
πει τινὰ τῶν ἑαυτοῦ πιστῶν πρὸς τὸν Ἀσσύριον καὶ
κελεύει τὸν ἰόντα, εἰ καταλάβοι ἤδη ἐν τῇ Γαδάτα
χώρᾳ τὸ Ἀσσύριον στράτευμα, λέγειν τῷ Ἀσσυρίῳ ὅτι
εἰ βούλοιτο ἐνεδρεῦσαι, λάβοι ἂν Γαδάταν καὶ τοὺς
σὺν αὐτῷ. δηλοῦν δὲ ἐνετέλλετο ὅσην τε εἶχεν ὁ Γα- 2
δάτας δύναμιν καὶ ὅτι Κῦρος οὐ συνέποιτο αὐτῷ· καὶ
τὴν ὁδὸν ἐδήλωσεν ᾗ προσιέναι μέλλοι. προσεπέστειλε
δὲ τοῖς αὐτοῦ οἰκέταις, ὡς πιστεύοιτο μᾶλλον, καὶ τὸ
τεῖχος ὃ ἐτύγχανεν αὐτὸς ἔχων ἐν τῇ Γαδάτα χώρᾳ
παραδοῦναι τῷ Ἀσσυρίῳ καὶ τὰ ἐνόντα· ἥξειν δὲ καὶ
αὐτὸς ἔφασκεν, εἰ μὲν δύναιτο, ἀποκτείνας Γαδάταν,
εἰ δὲ μή, ὡς σὺν τῷ Ἀσσυρίῳ τὸ λοιπὸν ἐσόμενος.
ἐπεὶ δὲ ὁ ἐπὶ ταῦτα ταχθεὶς ἐλαύνων ὡς δυνατὸν ἦν 3
τάχιστα ἀφικνεῖται πρὸς τὸν Ἀσσύριον καὶ ἐδήλωσεν
ἐφ' ἃ ἥκοι, ἀκούσας ἐκεῖνος τό τε χωρίον παρέλαβεν
εὐθὺς καὶ πολλὴν ἵππον ἔχων καὶ ἅρματα ἐνήδρευεν

1 δέοιτο A, δέοιντο H. 4 ἀνδρῶν] ἀνὴρ F. 5 ante εἴ τι add. ὅτι y (ἐνόμισεν ... 6 ἀσσυρίου in marg. G). ‖ ἂν om. F. 6 τὰ γαδάτα D, τὰ γαδάτου F, τὰ ἀγαθὰ xG, τἀγαθά H. 10 λαβοι ἂν y, λαβεῖν xz (λαβεῖν ἂν g). ‖ τοὺς ἄλλους τοὺς σὺν y. 12 δύναμιν post εἶχεν transp. y. ‖ συνέποιτο yg, συνείπετο xz. 13 ᾗ μέλλοι (-ει D) προσιέναι ἐδήλωσεν y. ‖ προαπέστειλεν F. 14 post δὲ add. καὶ y. ‖ αὐτοῦ xz, ἑαυτοῦ y (τοὺς ἑ. οἰκέτας F). 15 ἔτυχεν x. 16 δοῦναι y. 17 ἔφασκεν] ἔφη y. ‖ δύναται ἀποκτεῖναι x. 18 σὺν] ἐν F. 19 ἐξελαύνων x. 21 εὐθὺς παρέλαβεν (-λαμβάνει F, καταλαμβάνει D), codd. praeter x.

4 ἐν κώμαις ἀθρόαις. ὁ δὲ Γαδάτας ὡς ἐγγὺς ἦν τού-
των τῶν κωμῶν, πέμπει τινὰς προδιερευνησομένους.
ὁ δὲ Ἀσσύριος ὡς ἔγνω προσιόντας τοὺς διερευνητάς,
φεύγειν κελεύει ἅρματα ἐξαναστάντα δύο ἢ τρία καὶ
ἵππους ὀλίγους, ὡς δὴ φοβηθέντας καὶ ὀλίγους ὄν-
τας. οἱ δὲ διερευνηταὶ ὡς εἶδον ταῦτα, αὐτοί τε ἐδί-
ωκον καὶ τῷ Γαδάτᾳ κατέσειον· καὶ ὃς ἐξαπατηθεὶς
διώκει ἀνὰ κράτος. οἱ δὲ Ἀσσύριοι, ὡς ἐδόκει ἁλώ-
σιμος εἶναι ὁ Γαδάτας, ἀνίστανται ἐκ τῆς ἐνέδρας.
5 καὶ οἱ μὲν ἀμφὶ Γαδάταν ἰδόντες [ὥσπερ εἰκὸς] ἔφευ-
γον, οἱ δ' αὖ ὥσπερ εἰκὸς ἐδίωκον. καὶ ἐν τούτῳ ὁ
ἐπιβουλεύων τῷ Γαδάτᾳ παίει αὐτόν, καὶ καιρίας μὲν
πληγῆς ἁμαρτάνει, τύπτει δὲ αὐτὸν εἰς τὸν ὦμον καὶ
τιτρώσκει. ποιήσας δὲ τοῦτο ἐξίσταται, ἕως σὺν τοῖς
διώκουσιν ἐγένετο· ἐπεὶ δ' ἐγνώσθη ὃς ἦν, ὁμοῦ δὴ
[σὺν τοῖς Ἀσσυρίοις] προθύμως ἐκτείνων τὸν ἵππον
6 σὺν τῷ βασιλεῖ ἐδίωκεν. ἐνταῦθα δὴ ἡλίσκοντο μὲν
δῆλον ὅτι οἱ βραδυτάτους ἔχοντες τοὺς ἵππους ὑπὸ
τῶν ταχίστους· ἤδη δὲ μάλα πάντες πιεζόμενοι διὰ τὸ
κατατετρῦσθαι ὑπὸ τῆς πορείας οἱ τοῦ Γαδάτα ἱππεῖς

2 προερευνησομένους y. 3 ὡς δὲ ἔγνω ὁ ἀσσύριος F. ‖ διερευνήσοντας y, διερμηνευτάς x. 5 ὡς δὴ] ἡδέως δὲ G, ἡδέως δὴ AH, ἤδη ὡς δὴ Dind. 6 διερμηνευταὶ x, προδιερευνηταί z, προερευνηταί y. 9 ante ἀνίστανται add. εὐθὺς y, ἔνθεν g. 10 [ὥσπερ εἰκὸς] ego. ‖ ἔφευγον ... εἰκὸς om. z (in marg. g, in his ὡς, non ὥσπερ). 11 ὥσπερ εἰκὸς del. Cobet. 14 ἕως ... ἐγένετο] ὡς σὺν διώκουσι γένοιτο y. 15 ὃς] ὡς z. ‖ ὁμοῦ δὴ σὺν τοῖς ἀσσυρίοις zE, ὁμοῦ δ' ἦν ἐν τοῖς ἀσσυρίοις C, ὁμοῦ δὴ ὁ ἀσσύριος y, σὺν τοῖς Ἀσσυρίοις scholion ad σὺν τοῖς διώκουσιν (14) esse putat Pantazides. 17 μὲν om. F. 18 ἔχοντες τοὺς ἵππους xz, ἵππους ἔχοντες y. 19 ταχίστων codd., corr. Cobet. ‖ ἤδη] ἦσαν gy. ‖ πιεζούμενοι A cf. Thuc. 8, 61. EF, πιεζοῦντες Mem. III 10, 13 B Crönert Memoria gr. Herc. p. 224, 3. 20 κατα-

καθορῶσι τὸν Κῦρον προσιόντα σὺν τῷ στρατεύματι·
δοκεῖν δὲ χρὴ ἀσμένους καὶ ὥσπερ εἰς λιμένα ἐκ χει-
μῶνος προσφέρεσθαι αὐτούς. ὁ δὲ Κῦρος τὸ μὲν πρῶ- 7
τον ἐθαύμασεν· ὡς δ' ἔγνω τὸ πρᾶγμα, ἔστε μὲν πάν-
τες ἐναντίοι ἤλαυνον, ἐναντίος καὶ αὐτὸς ἐν τάξει ἦγε
τὴν στρατιάν· ὡς δὲ γνόντες οἱ πολέμιοι τὸ ὂν ἐτρά-
ποντο εἰς φυγήν, ἐνταῦθα δὴ ὁ Κῦρος διώκειν ἐκέλευσε
τοὺς πρὸς τοῦτο τεταγμένους, αὐτὸς δὲ σὺν τοῖς
ἄλλοις εἵπετο ὡς ᾤετο συμφέρειν. ἐνταῦθα δὴ καὶ 8
ἅρματα ἡλίσκοντο, ἔνια μὲν καὶ ἐκπιπτόντων τῶν ἡνιό-
χων, τῶν μὲν ἐν τῇ ἀναστροφῇ, τῶν δὲ καὶ ἄλλως,
ἔνια δὲ καὶ περιτεμνόμενα ὑπὸ τῶν ἱππέων. [ἡλίσκετο]
καὶ ἀποκτείνουσιν ἄλλους τε πολλοὺς καὶ τὸν παί-
σαντα Γαδάταν. τῶν μέντοι πεζῶν Ἀσσυρίων, οἳ ἔτυ- 9
χον τὸ Γαδάτα χωρίον πολιορκοῦντες, οἱ μὲν εἰς τὸ
τεῖχος κατέφυγον τὸ ἀπὸ Γαδάτα ἀποστάν, οἱ δὲ
φθάσαντες εἰς πόλιν τινὰ τοῦ Ἀσσυρίου μεγάλην,
ἔνθα καὶ αὐτὸς σὺν τοῖς ἵπποις καὶ τοῖς ἅρμασι κατ-
έφυγεν ὁ Ἀσσύριος.

Κῦρος μὲν δὴ διαπραξάμενος ταῦτα ἐπανεχώρει 10

τετρῦσθαι D, κατατετρῶσθαι Fd, κατατάττεσθαι xz, κατατετάσθαι Schneider. || οἱ om. y. 1 καθορῶσι δὲ y. 2 δὲ] δὴ F. || χρὴ ἀσμένους καὶ F, χρὴ ἀσμένους καὶ ἡδέως CG, χρησαμένους καὶ ἡδέως AH, χρὴ ἀσμένως καὶ ἡδέως ED. || ἐς HA. || λιμένας y. || ἐκ om. z. 4 ἔστε μὲν D, ἔστε F, ὡς xz. 5 ἀντίοι, ἀντίος et ἦγεν ἐν τάξει y. 6 ὂν καὶ D. || ἐτράποντο y, ἐτράπησαν zE, ἐνετράπησαν C. 7 δὴ om. xz. || ὁ om. G. || ἐκέλευσε διώκειν y. 9 εἵπετο ante σὺν transp. y. || ἔνθα y. 10 ἡλίσκοντο xz, ἡλίσκετο y. || καὶ . . . 11 τῶν μὲν om. z. || τῶν om. F. 12 [ἡλίσκετο] Marchant. 13 δὲ post ἀποκτείνουσι add. xz. || παίσαντα] παῖδα τὸν x, παίσαντα τὸν D. 15 ante οἱ μὲν add. οἱ πλεῖστοι αὐτῶν y. 16 κατέφευγον xz. 17 τοῦ ἀσσυρίου xGH, ἀσσυρίου A, τῶν ἀσσυρίου F, τῶν ἀσσυρίων D. 18 τοῖς ἅρμασι καὶ τοῖς ἵπποις y. || κατέφευγεν xAH. 20 ἐπαναχωρεῖ xz.

εἰς τὴν Γαδάτα χώραν. καὶ προστάξας οἷς ἔδει ἀμφὶ
τὰ αἰχμάλωτα ἔχειν, εὐθὺς ἐπορεύετο, ὡς ἐπισκέψαιτο
τὸν Γαδάταν πῶς ἔχοι ἐκ τοῦ τραύματος. πορευομένῳ
δὲ αὐτῷ ὁ Γαδάτας ἐπιδεδεμένος ἤδη τὸ τραῦμα
ἀπαντᾷ. ἰδὼν δὲ αὐτὸν ὁ Κῦρος ἥσθη τε καὶ εἶπεν,
11 Ἐγὼ δὲ πρὸς σὲ ἦα ἐπισκεψόμενος πῶς ἔχεις. Ἐγὼ
δέ γ', ἔφη ὁ Γαδάτας, ναὶ μὰ τοὺς θεοὺς σὲ ἐπανα-
θεασόμενος ἦα ὁποῖός τίς ποτε φαίνῃ ἰδεῖν ὁ τοιαύ-
την ψυχὴν ἔχων· ὅστις οὔτ' οἶδα ἔγωγε ὅ,τι νῦν ἐμοῦ
δεόμενος οὔτε μὲν ὑποσχόμενός γέ μοι ταῦτα πράξειν
οὔτ' εὖ πεπονθὼς ὑπ' ἐμοῦ εἴς γε τὸ ἴδιον οὐδ' ὁτι-
οῦν, ἀλλ' ὅτι τοὺς φίλους ἔδοξά σοί τι ὀνῆσαι, οὕτω
μοι προθύμως ἐβοήθησας ὡς νῦν τὸ μὲν ἐπ' ἐμοὶ
12 οἴχομαι, τὸ δ' ἐπὶ σοὶ σέσωμαι. οὐ μὰ τοὺς θεούς,
ὦ Κῦρε, εἰ ἦν οἷος ἔφυν ἐξ ἀρχῆς καὶ ἐπαιδοποιησά-
μην, οὐκ οἶδ' ἂν εἰ ἐκτησάμην παῖδα τοιοῦτον περὶ
ἐμέ· ἐπεὶ ἄλλους τε οἶδα παῖδας καὶ τοῦτον τὸν νῦν
Ἀσσυρίων βασιλέα πολὺ πλείω ἤδη τὸν ἑαυτοῦ πατέρα
13 ἀνιάσαντα ἢ σὲ νῦν δύναται ἀνιᾶν. καὶ ὁ Κῦρος
πρὸς ταῦτα εἶπεν ὧδε. Ὦ Γαδάτα, ἦ πολὺ μεῖζον
παρεὶς θαῦμα ἐμὲ νῦν θαυμάζεις. Καὶ τί δὴ τοῦτ'

---

1 εἰς] πρὸς x. ‖ οἷς ἔδει] ὡς ἔδει x, om. F. ‖ περὶ x. **2** ἔχειν om. x. ‖ ἐπισκέψοιτο z. **3** ὅπως y. ‖ ἔχοι z, ἔχει xy. ‖ τραύματος] στρατεύματος Fpr Hpr. **4** ἤδη ante ὁ transp. y. **5** ἀπήντα y. ‖ ὁ κῦρος αὐτὸν y. **6** δὲ om. C. ‖ ἦα] ἔφη y. ‖ ὅπως zE. ‖ ἔχεις xz, ἔχεις (-οις F) ἐπορευόμην y. **7** γ' ἔφη] εἶπεν y. **8** ὁποῖός τίς ποτε y, ὅστις xz. **9** ἐγὼ y. ‖ νῦν om. y. **11** ante εὖ add. μὴν F. ‖ γε] τε F. **12** σοι ἔδοξά y. ‖ ὠνῆσαι AH. **13** ἐπ'] ἐν F, om. x. **14** σέσωσμαι codd. **15** ὦ κῦρε om. z. **16** ἂν om. y. ‖ παῖδά ποτ' ἂν τοιοῦτον y, τοιοῦτον παῖδα x. **17** τε om. y. ‖ τοῦτον νῦν τὸν xz. **18** ἤδη xz, δὴ y. ‖ ἑαυτοῦ xz, αὐτοῦ· F, αὐτοῦ D. **19** νῦν δύναται] δύναται νῦν F, δύναται AG.

ἔστιν; ἔφη ὁ Γαδάτας. Ὅτι τοσοῦτοι μέν, ἔφη, Περσῶν
ἐσπούδασαν περὶ σέ, τοσοῦτοι δὲ Μήδων, τοσοῦτοι
δὲ Ὑρκανίων, πάντες δὲ οἱ παρόντες Ἀρμενίων καὶ
Σακῶν καὶ Καδουσίων. καὶ ὁ Γαδάτας ἐπηύξατο, 14
Ἀλλ', ὦ Ζεῦ, ἔφη, καὶ τούτοις πόλλ' ἀγαθὰ δοῖεν οἱ
θεοί, καὶ πλεῖστα τῷ αἰτίῳ τοῦ καὶ τούτους τοιούτους
εἶναι. ὅπως μέντοι οὓς ἐπαινεῖς τούτους, ὦ Κῦρε, καὶ
ξενίσωμεν καλῶς, δέχου τάδε ξένια οἷα ἐγὼ ⟨δοῦ-
ναι⟩ δύναμαι. ἅμα δὲ προσῆγε πάμπολλα, ὥστε καὶ
θύειν τὸν βουλόμενον καὶ ξενίζεσθαι πᾶν τὸ στρά-
τευμα ἀξίως τῶν καλῶς πεποιημένων καὶ καλῶς συμ-
βάντων.

Ὁ δὲ Καδούσιος ὠπισθοφυλάκει καὶ οὐ μετέσχε 15
τῆς διώξεως· βουλόμενος δὲ καὶ αὐτὸς λαμπρόν τι
ποιῆσαι, οὔτε ἀνακοινωσάμενος οὔτε εἰπὼν οὐδὲν
Κύρῳ καταθεῖ τὴν πρὸς Βαβυλῶνα χώραν. διεσπαρμέ-
νοις δὲ τοῖς ἵπποις αὐτοῦ ἀπιὼν ὁ Ἀσσύριος ἐκ τῆς
ἑαυτοῦ πόλεως, οἷ κατέφυγε, συντυγχάνει μάλα συν-
τεταγμένον ἔχων τὸ ἑαυτοῦ στράτευμα. ὡς δ' ἔγνω 16
μόνους ὄντας τοὺς Καδουσίους, ἐπιτίθεται, καὶ τόν
τε ἄρχοντα τῶν Καδουσίων ἀποκτείνει καὶ ἄλλους
πολλούς, καὶ ἵππους τινὰς λαμβάνει τῶν Καδουσίων
καὶ ἣν ἄγοντες λείαν ἐτύγχανον ἀφαιρεῖται. καὶ ὁ

---

1 περσῶν ἔφη y. 3 ἀρμενίων] ὑρκανίων y. 5 ἔφη om. x. 7 καὶ ὅπως y. || καὶ om. yA. 8 καλῶς] καὶ ἄλλως xz. || τάδε] τὰ y. || ⟨δοῦναι⟩ Laar. 9 προῆγε x. || πάμπολλα D, πάντα πολλὰ xz, πάντα πάμπολλα F. 11 τῶν καλῶν z. 15 οὐδὲν εἰπὼν G, εἰπών τι x. 16 τῷ κύρῳ κατέθει y. || χώραν del. Bisshop. || διεσπαρμένοις C, διεσπαρμένος zE, διεσπασμένοις Df, διεσπασμένους F. 17 αὐτοῦ D. 18 οἷ Dind., οὗ xzZon., οὗ δὴ y. || μάλα δὴ y. 19 ἑαυτοῦ xz, αὑτοῦ F, αὐτοῦ D. 21 ἄρχον x. 22 τινὰς] δὲ πολλοὺς y.

μὲν Ἀσσύριος διώξας ἄχρι οὗ ἀσφαλὲς ᾤετο εἶναι
ἀπετράπετο· οἱ δὲ Καδούσιοι ἐσῴζοντο πρὸς τὸ στρατό-
17 πεδον ἀμφὶ δείλην οἱ πρῶτοι. Κῦρος δ' ὡς ᾔσθετο
τὸ γεγονός, ἀπήντα τε τοῖς Καδουσίοις καὶ ὅντινα ἴδοι
τετρωμένον ἀναλαμβάνων τοῦτον μὲν ὡς Γαδάταν
ἔπεμπεν, ὅπως θεραπεύοιτο, τοὺς δ' ἄλλους συγκατεσκή-
νου καὶ ὅπως τὰ ἐπιτήδεια ἕξουσι συνεπεμελεῖτο
παραλαμβάνων Περσῶν τῶν ὁμοτίμων συνεπιμελητάς·
ἐν γὰρ τοῖς τοιούτοις οἱ ἀγαθοὶ ἐπιπονεῖν ἐθέλουσι.
18 καὶ ἀνιώμενος μέντοι ἰσχυρῶς δῆλος ἦν, ὡς καὶ τῶν
ἄλλων δειπνούντων ἡνίκα ὥρα ἦν, Κῦρος ἔτι σὺν τοῖς
ὑπηρέταις καὶ τοῖς ἰατροῖς οὐδένα ἑκὼν ἀτημέλητον
παρέλειπεν, ἀλλ' ἢ αὐτόπτης ἐφεώρα ἢ εἰ μὴ αὐτὸς
ἐξανύτοι, πέμπων φανερὸς ἦν τοὺς θεραπεύσοντας.
19 Καὶ τότε μὲν οὕτως ἐκοιμήθησαν. ἅμα δὲ τῇ ἡμέρᾳ
κηρύξας συνιέναι τῶν μὲν ἄλλων τοὺς ἄρχοντας, τοὺς
δὲ Καδουσίους ἅπαντας, ἔλεξε τοιάδε.

Ἄνδρες σύμμαχοι, ἀνθρώπινον τὸ γεγενημένον· τὸ γὰρ ἁμαρτάνειν ἀνθρώπους ὄντας οὐδὲν οἶμαι θαυμαστόν. ἄξιοί γε μέντοι ἐσμὲν τοῦ γεγενημένου πράγματος τούτου ἀπολαῦσαί τι ἀγαθόν, τὸ μαθεῖν μήποτε διασπᾶν ἀπὸ τοῦ ὅλου δύναμιν ἀσθενεστέραν

---

1 ἄχρις xz, μέχρις D, μέχρι F. 4 ὑπήντα y. ‖ τε om. xF. 6 ἀπέπεμπεν y. ‖ θεραπεύσοιτο xz. ‖ κατεσκήνου Schneider. 7 ἔχοιεν y. 9 τοῖς τοιούτοις] τοσούτοις F. ‖ συνεπιπονεῖν y. ‖ θέλουσι C. ‖ post ἐθέλουσι add. καὶ ἀνεῖν ἐθέλουσι z (sed H mg.), καὶ ἀνεῖν Suidas. 10 μέντοι αὐτὸς ἰσχυρῶς y. ‖ ὡς] ὃς zC. 11 ἡνίκα ἤδη y. 13 παρέλιπεν D, κατέλειπεν zE, κατέλιπεν C. ‖ ἀφεώρα F. 14 ἐξανύσοι G. ‖ θεραπεύσοντας D, θεραπεύοντας cet. 17 πάντας y. 18 ξύμμαχοι G. ‖ ἀνθρώπινον μὲν τὸ γεγενημένον πάθος y. 19 οἴομαι xz. 20 ἄξιον μέντοι γε ἡμῖν τοῦ y. 21 τούτου πράγματος y.

τῆς τῶν πολεμίων δυνάμεως. καὶ οὐ τοῦτο, ἔφη, λέγω 20 ὡς οὐ δεῖ ποτε καὶ ἐλάττονι ἔτι μορίῳ ἰέναι, ὅπου ἂν δέῃ, ᾗ νῦν ὁ Καδούσιος ᾤχετο· ἀλλ' ἐάν τις κοινούμενος ὁρμᾶται τῷ ἱκανῷ βοηθῆσαι, ἔστι μὲν ἀπαρτηθῆναι, ἔστι δὲ τῷ ὑπομένοντι ἐξαπατήσαντι τοὺς πολεμίους ἄλλοσε τρέψαι ἀπὸ τῶν ἐξεληλυθότων, ἔστι δὲ τἆλλα παρέχοντα πράγματα τοῖς πολεμίοις τοῖς φίλοις ἀσφάλειαν παρέχειν· καὶ οὕτω μὲν οὐδ' ὁ χωρὶς ὢν ἀπέσται, ἀλλ' ἐξαρτήσεται τῆς ἰσχύος· ὁ δὲ ἀπεληλυθὼς μὴ ἀνακοινωσάμενος, ὅπου ἂν ᾖ, οὐδὲν διάφορον πάσχει ἢ εἰ μόνος ἐστρατεύετο. ἀλλ' ἀντὶ μὲν τούτου, 21 ἔφη, ἢν θεὸς θέλῃ, ἀμυνούμεθα τοὺς πολεμίους οὐκ εἰς μακράν. ἀλλ' ἐπειδὰν τάχιστα ἀριστήσητε, ἄξω ὑμᾶς ἔνθα τὸ πρᾶγμα ἐγένετο· καὶ ἅμα μὲν θάψομεν τοὺς τελευτήσαντας, ἅμα δὲ δείξομεν τοῖς πολεμίοις ἔνθα κρατῆσαι νομίζουσιν ἐνταῦθα ἄλλους αὐτῶν κρείττους, ἢν θεὸς θέλῃ καὶ ὅπως γε μηδὲ τὸ χωρίον ἡδέως ὁρῶσιν ἔνθα κατέκανον ἡμῶν τοὺς συμμάχους· ἐὰν δὲ μὴ ἀντεπεξίωσι, καύσομεν αὐτῶν τὰς κώμας καὶ δηώσομεν τὴν χώραν, ἵνα μὴ ἃ ἡμᾶς ἐποίησαν

---

1 οὐ] οὐχὶ F, om. x. 2 οὐχὶ δήποτε y (δήποτε etiam g). || ἐλάττονι ἔτι] εἴτι ἐλάσσονι F, εἴτε ἐλάσσονι D. || ὅπου ἂν cod. Meermannianus G, που (ποῦ x) ἂν xAH, ὁπότ' ἂν F, ὁπόταν D. 3 ἣν y. || τι x. || κινούμενος xyG. 4 ἀπαρτηθῆναι Marchant cf. ἐξαρτήσεται (l. 9), ἀπατηθῆναι codd., ἀπαντηθῆναι Pantazides, σφαλῆναι vel ἡττηθῆναι Herwerden. 8 οὐδ' ὁ] οὐδὲ z. 9 ἀπελθὼν y. 10 ὅπου ἂν ᾖ om. z (ὅ. ἂν εἴη g). || οὐδέν τι διάφορόν τι y. 12 ἐὰν codd. praeter y. 13 τάχιστα om. F. 14 ὑμᾶς ἐγὼ ἔνθα y. 15 τοὺς πολεμίους F. 16 νομίσουσιν z. || κρείττους αὐτῶν x. 17 καὶ ὅπως . . . 18 συμμάχους post ἀνιῶνται (2 p. 258) transposuerunt Schneider et Richards. 17 μηδὲ] μὴ διὰ x. 18 κατέκαινον y, ἀπέκτειναν xz. || συμμάχους, ἐὰν μὴ (om. δὲ) Pantazides cf. I 1, 3. VIII 5, 15. Mem. II 1, 8. 19 ἐὰν] ἢν y. || ἀντεξίασι x. || καύσωμεν yz. 20 δηώσωμεν zD.

ὁρῶντες εὐφραίνωνται, ἀλλὰ τὰ ἑαυτῶν κακὰ θεώμενοι
22 ἀνιῶνται. οἱ μὲν οὖν ἄλλοι, ἔφη, ἀριστᾶτε ἰόντες· ὑμεῖς δέ, ὦ Καδούσιοι, πρῶτον μὲν ἀπελθόντες ἄρχοντα ὑμῶν αὐτῶν ἕλεσθε ᾗπερ ὑμῖν νόμος, ὅστις ὑμῶν ἐπιμελήσεται σὺν τοῖς θεοῖς καὶ σὺν ἡμῖν, ἤν τι προσδέησθε· ἐπειδὰν δὲ ἕλησθε [καὶ ἀριστήσητε],
23 πέμψατε πρὸς ἐμὲ τὸν αἱρεθέντα. οἱ μὲν δὴ ταῦτ' ἔπραξαν· ὁ δὲ Κῦρος ἐπεὶ ἐξήγαγε τὸ στράτευμα, κατέστησεν εἰς τάξιν τὸν ᾑρημένον ὑπὸ τῶν Καδουσίων καὶ ἐκέλευσε πλησίον αὑτοῦ ἄγειν τὴν τάξιν, ὅπως, ἔφη, ἂν δυνώμεθα, ἀναθαρρύνωμεν τοὺς ἄνδρας. οὕτω δὴ ἐπορεύοντο· καὶ ἐξελθόντες ἔθαπτον μὲν τοὺς Καδουσίους, ἐδῄουν δὲ τὴν χώραν. ποιήσαντες δὲ ταῦτα ἀπῆλθον τὰ ἐπιτήδεια ἐκ τῆς πολεμίας ἔχοντες πάλιν εἰς τὴν Γαδάτα.
24 Ἐννοήσας δὲ ὅτι οἱ πρὸς αὐτὸν ἀφεστηκότες ὄντες πλησίον Βαβυλῶνος κακῶς πείσονται, ἢν μὴ αὐτὸς αἰεὶ παρῇ, οὕτως ὅσους τε τῶν πολεμίων ἀφίει, τούτους ἐκέλευσε λέγειν τῷ Ἀσσυρίῳ, καὶ αὐτὸς κήρυκα ἔπεμψε πρὸς αὐτὸν ταὐτὰ λέγοντα, ὅτι ἕτοιμος εἴη τοὺς ἐργαζομένους τὴν γῆν ἐᾶν καὶ μὴ ἀδικεῖν, εἰ καὶ ἐκεῖνος βούλοιτο ἐᾶν ἐργάζεσθαι τοὺς τῶν πρὸς ἑαυτὸν

4 αὐτῶν om. x. 5 ὑμῖν C. || ἢν y. 6 προσδεήσεσθε G, προσδεήησθε F. || ἐπειδὰν δὲ ἕλησθε om. y. || καὶ ἀριστήσετε z, καὶ ἀριστήσαντες y, del. Hug. 7 πρός με z. 8 ἐπειδὴ y. 9 καὶ κατέστησαν y. 10 καὶ om. F. || αὐτοῦ codd. praeter F, qui ἑαυτοῦ. 11 ἢν y. 12 ἐλθόντες yz. || μὲν om. CAG. 17 καλῶς z. || πήσονται AHcor. || ἢν y. 18 αἰεὶ xz, om. y. || ἀφίῃ codd. || καὶ τούτους y (καὶ etiam g). 19 ἐκέλευε y. 20 ταὐτὰ Dind., ταῦτα codd. || λέγων G. || λέγοντα ταῦτα ED. 21 ἐᾶν τοὺς ἐργαζομένους τὴν γῆν-y. || καὶ ἐκεῖνος xz, ἐκεῖνος y. 22 ἑαυτὸν xz, αὐτὸν y.

ἀφεστηκότων ἐργάτας. καίτοι, ἔφη, σὺ μὲν ἢν καὶ 25
δύνῃ κωλύειν, ὀλίγους τινὰς κωλύσεις· ὀλίγη γάρ
ἐστι χώρα ἡ τῶν πρὸς ἐμὲ ἀφεστηκότων ἐγὼ δὲ
πολλὴν ἄν σοι χώραν ἐφώην ἐνεργὸν εἶναι. εἰς δὲ τὴν
τοῦ καρποῦ κομιδήν, ἐὰν μὲν πόλεμος ᾖ, ὁ ἐπικρατῶν
οἶμαι καρπώσεται· ἐὰν δὲ εἰρήνη, δῆλον, ἔφη, ὅτι
σύ. ἐὰν μέντοι τις ἢ τῶν ἐμῶν ὅπλα ἀνταίρηται σοὶ
ἢ τῶν σῶν ἐμοί, τούτους, ἔφη, ὡς ἂν δυνώμεθα
ἑκάτεροι ἀμυνοίμεθα. ταῦτα ἐπιστείλας τῷ κήρυκι 26
ἔπεμψεν αὐτόν. οἱ δὲ Ἀσσύριοι ὡς ἤκουσαν ταῦτα,
πάντα ἐποίουν πείθοντες τὸν βασιλέα συγχωρῆσαι
ταῦτα καὶ ὅτι μικρότατον τοῦ πολέμου λιπεῖν. καὶ ὁ 27
Ἀσσύριος μέντοι εἴτε ὑπὸ τῶν ὁμοφύλων πεισθεὶς
εἴτε καὶ αὐτὸς οὕτω βουληθεὶς συνήνεσε ταῦτα καὶ
ἐγένοντο συνθῆκαι τοῖς μὲν ἐργαζομένοις εἰρήνην
εἶναι, τοῖς δ' ὁπλοφόροις πόλεμον. ταῦτα μὲν δὴ 28
διεπέπρακτο περὶ τῶν ἐργατῶν ὁ Κῦρος· τὰς μέντοι
νομὰς τῶν κτηνῶν τοὺς μὲν ἑαυτοῦ φίλους ἐκέλευσε
καταθέσθαι, εἰ βούλοιντο, ἐν τῇ ἑαυτῶν ἐπικρατείᾳ·
τὴν δὲ τῶν πολεμίων λείαν ἦγον ὁπόθεν δύναιντο,
ὅπως εἴη ἡ στρατεία ἡδίων τοῖς συμμάχοις. οἱ μὲν

1 σὺ ἔφη (om. μὲν) x. || ἢν y. 2 κωλύεις xAH. 3 χώρα xz, γῆ y (ut χώραν: γῆν 4). 4 ἂν om. xz. 5—8 ἢν ter y. 5 κρατῶν y. 6 εἰρήνη γένηται (γενήσεται D) δηλονότι σὺ ἔφη y. 7 ὅπλα yG, ὁπλιτῶν xAH. || ἀνταναιρεῖταί σοι ὅπλα Photios p. 145, 20 Reitzenstein. 9 ἀμυνούμεθα C ante ἑκάτεροι, E ante ὡς transp. 10 ἔπεμψεν αὐτόν xz, ἀπέπεμπεν y. || ὡς] ἐπεὶ y. 11 πάντα] πάντες F. || ἐποίουν πείθοντες y, ἔπειθόν τε x, ἐπέπειθόν τε z. 12 post ὅτι add. εἰς xz. || σμικρότατον AHF. 13 post εἴτε add. καὶ xz. 15 μὲν om. xz. 17 περὶ τῶν ἐργατῶν διεπέπρακτο y. 20 δὲ yg, μέντοι xz. || ἦγεν D. || δύναιτο y. 21 εἴη y, ᾖ xz. || στρατιὰ F (ut p. 260, 3 στρατιάν).

γὰρ κίνδυνοι οἱ αὐτοὶ καὶ ἄνευ τοῦ λαμβάνειν τὰ ἐπιτήδεια, ἡ δ' ἐκ τῶν πολεμίων τροφὴ κουφοτέραν τὴν στρατείαν ἐδόκει παρέχειν.

29 Ἐπεὶ δὲ παρεσκευάζετο ἤδη ὁ Κῦρος ὡς ἀπιών, παρῆν ὁ Γαδάτας ἄλλα τε δῶρα πολλὰ καὶ παντοῖα φέρων ὡς ἂν ἐξ οἴκου μεγάλου, καὶ ἵππους δὲ ἦγε πολλοὺς ἀφελόμενος τῶν ἑαυτοῦ ἱππέων οἷς ἠπιστήκει
30 διὰ τὴν ἐπιβουλήν. ὡς δ' ἐπλησίασεν, ἔλεξε τοιάδε. Ὦ Κῦρε, νῦν μέν σοι ἐγὼ ταῦτα δίδωμι ἐν τῷ παρόντι, καὶ χρῶ αὐτοῖς, ἐὰν δέῃ τι· νόμιζε δ', ἔφη, καὶ τἆλλα πάντα τἀμὰ σὰ εἶναι. οὔτε γὰρ ἔστιν οὔτ' ἔσται ποτὲ ὅτῳ ἐγὼ ἀπ' ἐμοῦ φύντι καταλείψω τὸν ἐμὸν οἶκον· ἀλλ' ἀνάγκη, ἔφη, σὺν ἐμοὶ τελευτῶντι
31 πᾶν ἀποσβῆναι τὸ ἡμέτερον γένος καὶ ὄνομα. καὶ ταῦτα, ἔφη, ὦ Κῦρε, ὄμνυμί σοι τοὺς θεούς, οἳ καὶ ὁρῶσι πάντα καὶ ἀκούουσι πάντα, οὔτε ἄδικον οὔτ' αἰσχρὸν οὐδὲν οὔτ' εἰπὼν οὔτε ποιήσας ἔπαθον. καὶ ἅμα ταῦτα λέγων κατεδάκρυσε τὴν ἑαυτοῦ τύχην καὶ οὐκέτι ἐδυνάσθη πλείω εἰπεῖν.

32 Καὶ ὁ Κῦρος ἀκούσας τοῦ μὲν πάθους ᾤκτιρεν αὐτόν, ἔλεξε δὲ ὧδε. Ἀλλὰ τοὺς μὲν ἵππους δέχομαι, ἔφη· σέ τε γὰρ ὠφελήσω εὐνουστέροις δοὺς αὐτοὺς ἢ

4 ὁ κῦρος ἤδη ὡς F, ὁ κῦρος ἰδίως D. 5 τε] γε xAH. 6 post φέρων add. καὶ ἄγων codd. praeter C. || δὲ ἦγε] γε F, γε ἦγε D. 7 ἠπιστήκει] ἐφε(ι)στήκει zf. 8 ἔλεξεν ὧδε D. 9 ἐγὼ ταῦτα δίδωμι xG, ἔγωγ' αὐτὰ δίδωμι AH, ἐγὼ ἄγω ταῦτα y. || ἵνα ἐν τῷ παρόντι χρῇ (χρῶ in ras. f) αὐτοῖς ἄν τι δέῃ y. 12 ὅτῳ] ὅτε G. || καταλείψομαι x. 14 ἀποσβεννύναι G. || ὄνομα] οἴκημα x. 15 τοὺς om. xz. 16 post. πάντα om. y. || post. οὔτε] οὐδὲ vel οὐδ' z. 17 εἶπον y (ων in ras. F). 18 τὴν αὐτὸς αὐτοῦ D, τὴν αὐτος αὐτοῦ F. 19 ἠδυνήθη xz. || πλέον x. 22 τοῖς εὐνουστέροις G.

οἳ νῦν σοι εἶχον, ὡς ἔοικεν, ἐγώ τε οὗ δὴ πάλαι
ἐπιθυμῶ, τὸ Περσῶν ἱππικὸν θᾶττον ἐκπληρώσω εἰς
τοὺς μυρίους ἱππεῖς· τὰ δ᾽ ἄλλα χρήματα σὺ ἀπαγα-
γὼν φύλαττε, ἔστ᾽ ἂν ἐμὲ ἴδῃς ἔχοντα ὥστε σοῦ μὴ
ἡττᾶσθαι ἀντιδωρούμενον· εἰ δὲ πλείω μοι δοὺς
ἀπίοις ἢ λαμβάνοις παρ᾽ ἐμοῦ, μὰ τοὺς θεοὺς οὐκ οἶδ᾽
ὅπως ἂν δυναίμην μὴ αἰσχύνεσθαι. πρὸς ταῦτα ὁ 33
Γαδάτας εἶπεν, Ἀλλὰ ταῦτα μέν, ἔφη, πιστεύω σοι·
ὁρῶ γάρ σου τὸν τρόπον· φυλάττειν μέντοι ὅρα εἰ
ἐπιτήδειός εἰμι. ἕως μὲν γὰρ φίλοι ἦμεν τῷ Ἀσσυρίῳ, 34
καλλίστη δὴ ἐδόκει εἶναι ἡ τοῦ ἐμοῦ πατρὸς κτῆσις· τῆς
γὰρ μεγίστης πόλεως Βαβυλῶνος ἐγγὺς οὖσα ὅσα μὲν
ὠφελεῖσθαι ἔστιν ἀπὸ μεγάλης πόλεως, ταῦτα ἀπ-
ελαύομεν, ὅσα δὲ ἐνοχλεῖσθαι, οἴκαδε δεῦρ᾽ ἀπιόντες
τούτων ἐκποδὼν ἦμεν· νῦν δ᾽ ἐπεὶ ἐχθροί ἐσμεν, δῆ-
λον ὅτι ἐπειδὰν σὺ ἀπέλθῃς, καὶ αὐτοὶ ἐπιβουλευσό-
μεθα καὶ ὁ οἶκος ὅλος, καὶ οἶμαι λυπηρῶς βιωσόμεθα
τοὺς ἐχθροὺς καὶ πλησίον ἔχοντες καὶ κρείττους
ἡμῶν αὐτῶν ὁρῶντες. τάχ᾽ οὖν εἴποι τις ἄν· καὶ τί 35
δῆτα οὐχ οὕτως ἐνενοοῦ πρὶν ἀποστῆναι; ὅτι, ὦ
Κῦρε, ἡ ψυχή μου διὰ τὸ ὑβρίσθαι καὶ ὀργίζεσθαι
οὐ τὸ ἀσφαλέστατον σκοποῦσα διῆγεν, ἀλλ᾽ ἀεὶ τοῦτο

1 οἳ om. z. || οὗ D, οὖν F, ὃ xz. 2 ἐπιθυμῶν F, ἐπεθύμουν Dg. || τοῦ περσῶν ἱππικοῦ θᾶττον ἐκπλήσω y. || τὸ τῶν περσῶν G. 3 ἱππεῖς xz. || σὺ ἀπαγαγὼν] συναπαγαγὼν z, συναπάγων F. 4 φύλαττε ἔφη y. || ἄν με y. || ἴδῃς y, εἰδῇς cum cet. f. 5 διδοὺς xz. 6 ἀπίῃς x. || λαμβάνῃς C, λαμβάνων E. || οἶδα πῶς xz. 8 μέν om. x. || ἔφη om. y. 9 ὅρα εἰ] ἄρα Df, ἆρα F. 10 τῶν ἀσσυρίων x. 11 δὴ om. xz. 13 ταῦτα] ταύτης C. || ἀπελαμβάνομεν C, ἐλαμβάνομεν E. 17 ὁ om. x. 18 ante τοὺς add. ὅλως xz. 19 εἴποις D, τις εἴποι F. || καὶ om. z. 20 δῆτα] δὴ F. || οὐχ οὕτως] ταῦτα οὐκ y. 21 ὑβρίζεσθαι x. 22 ἀεὶ y.

κυοῦσα, ἆρά ποτ' ἔσται ἀποτείσασθαι τὸν καὶ θεοῖς
ἐχθρὸν καὶ ἀνθρώποις, ὃς διατελεῖ μισῶν, οὐκ ἤν τίς
τι αὐτὸν ἀδικῇ, ἀλλ' ἐάν τινα ὑποπτεύσῃ βελτίονα
36 ἑαυτοῦ εἶναι. τοιγαροῦν οἶμαι αὐτὸς πονηρὸς ὢν πᾶσι
πονηροτέροις ἑαυτοῦ συμμάχοις χρήσεται. ἐὰν δέ τις
ἄρα καὶ βελτίων αὐτοῦ φανῇ, θάρρει, ἔφη, ὦ Κῦρε,
οὐδέν σε δεήσει τῷ ἀγαθῷ ἀνδρὶ μάχεσθαι, ἀλλ'
ἐκεῖνος τοῦτο ἀρκέσει μηχανώμενος, ἕως ἂν ἕλῃ τὸν
ἑαυτοῦ βελτίονα. τοῦ μέντοι ἐμὲ ἀνιᾶν καὶ σὺν
πονηροῖς ῥᾳδίως οἶμαι κρατῶν ἔσται.

37 Ἀκούσαντι ταῦτα τῷ Κύρῳ ἔδοξεν ἄξια ἐπιμελείας
λέγειν· καὶ εὐθὺς εἶπε, Τί οὖν, ἔφη, ὦ Γαδάτα,
οὐχὶ τὰ μὲν τείχη φυλακῇ ἐχυρὰ ἐποιήσαμεν, ὅπως
ἄν σοι σῶα ᾖ χρῆσθαι ἀσφαλῶς, ὁπόταν εἰς αὐτὰ ἴῃς·
αὐτος δὲ σὺν ἡμῖν στρατεύῃ, ἵνα ἢν οἱ θεοὶ ὥσπερ
νῦν σὺν ἡμῖν ὦσιν, οὗτος σὲ φοβῆται, ἀλλὰ μὴ σὺ
τοῦτον; ὅ,τι δὲ ἡδύ σοι ὁρᾶν τῶν σῶν ἢ ὅτῳ συνὼν
χαίρεις, ἔχων σὺν σαυτῷ πορεύου. καὶ σύ τ' ἂν ἐμοί,
ὥς γ' ἐμοὶ δοκεῖ, πάνυ χρήσιμος εἴης, ἐγώ τε σοὶ
38 ὅσα ἂν δύνωμαι πειράσομαι. ἀκούσας ταῦτα ὁ Γαδάτας
ἀνέπνευσέ τε καὶ εἶπεν, Ἆρ' οὖν, ἔφη, δυναίμην ἂν

---

1 κύουσα y, κύουσ' xz. ‖ ἀποτίσεσθαι xz. **2** διατελεῖ xz et (ιατελ in ras.) F, δῆλός ἐστι D. **3** ἀδικήσῃ y. ‖ ἢν y. **4** ἑαυτοῦ xz, αὐτοῦ y. **5** ἑαυτοῦ xz, αὐτοῦ y. ‖ ξυμμάχοις G. ‖ ἢν y. **8** τούτῳ ἀρκέσει xz, ἀρκέσει τοῦτο y. ‖ ἕως ἂν ἕλῃ xG, ἕως ἀνέλῃ AH, ὡς ἀπολέσει y. **9** σὺν τοῖς πονηροῖς y. **10** κρατῶν ἔσται ego cf. V 5, 26, κρείττων ἔσται codd. ‖ κρείττων οἶμαι x. **11** τῷ κύρῳ ταῦτα y. **13** ἐχυρὰ φυλακῇ x, φυλακῇ ἰσχυρά y. ‖ ἐποίησας yg. **14** σῶα om. et εἴη pro ᾖ y. ‖ αὐτὰ] αὐτὸν F. **16** φοβεῖται F. **17** ἢ] ᾖ z. **18** σαυτῷ Hertlein, ἑαυτῷ xz, ἐμοὶ y. **19** γ' ἐμοὶ δοκεῖ Dind., γέ μοι δοκῶ z, ἐγὼ δοκῶ y, γέ μοι x. ‖ ἂν post πάνυ add. y. ‖ ἐγώ τε yG, ἔγωγε xAH. **20** ὅσα ἂν z, ὡς ἐὰν y, ὅταν ἂν x. **21** ἔφη νῦν δυναίμην F.

συσκευασάμενος φθάσαι πρίν σε ἐξιέναι; βούλομαι γάρ
τοι, ἔφη, καὶ τὴν μητέρα ἄγειν μετ' ἐμαυτοῦ. Ναὶ μὰ
Δί', ἔφη, φθάσεις μέντοι. ἐγὼ γὰρ ἐπισχήσω ἕως ἂν
φῇς καλῶς ἔχειν. οὕτω δὴ ὁ Γαδάτας ἀπελθὼν 39
φύλαξι μὲν τὰ τείχη σὺν Κύρῳ ὠχυρώσατο, συνεσκευά-
σατο δὲ πάντα ὁπόσοις ἂν οἶκος μέγας καλῶς οἰκοῖτο.
ἤγετο δὲ καὶ τῶν ἑαυτοῦ τῶν τε πιστῶν οἷς ἥδετο
καὶ ὧν ἠπίστει πολλούς, ἀναγκάσας τοὺς μὲν καὶ
γυναῖκας ἄγειν, τοὺς δὲ καὶ ἀδελφούς, ⟨τοὺς δὲ καὶ παῖ-
δας⟩, ὡς δεδεμένους τούτοις κατέχοι αὐτούς. καὶ τὸν μὲν 40
Γαδάταν εὐθὺς ὁ Κῦρος ἐν τοῖς περὶ αὐτὸν ᾔει ἔχων
καὶ ὁδῶν φραστῆρα καὶ ὑδάτων καὶ χιλοῦ καὶ σίτου,
ὡς εἴη ἐν [τοῖς] ἀφθονωτάτοις στρατοπεδεύεσθαι.

Ἐπεὶ δὲ πορευόμενος καθεώρα τὴν τῶν Βαβυλω- 41
νίων πόλιν καὶ ἔδοξεν αὐτῷ ἡ ὁδὸς ἣν ᾔει παρ' αὐτὸ
τὸ τεῖχος φέρειν, καλέσας τὸν Γωβρύαν καὶ τὸν
Γαδάταν ἠρώτα εἰ εἴη ἄλλη ὁδός, ὥστε μὴ πάνυ
ἐγγὺς τοῦ τείχους ἄγειν. καὶ ὁ Γωβρύας εἶπεν, Εἰσὶ 42
μέν, ὦ δέσποτα, καὶ πολλαὶ ὁδοί· ἀλλ' ἔγωγ', ἔφη,
ᾤμην καὶ βούλεσθαι ἄν σε νῦν ὅτι ἐγγυτάτω τῆς
πόλεως ἄγειν, ἵνα καὶ ἐπιδείξαις αὐτῷ ὅτι τὸ στράτευμά

---

2 ἄγειν μετ' ἐμαυτοῦ xz (in G ἐμ s. v.), μετ' ἐμαυτοῦ ἀγαγεῖν y. **3** φθήσει Hertlein, φθάσεις codd. ‖ ἕως xz, ἔστ' y. **4** καλῶς σὺ φῇς y. **5** φύλαξι] ἐφύλαξε y. ‖ ante ὠχυρώσατο add. ἃ y. **6** ἂν om. y. ‖ καλῶς om. F. **7** ἦγε F. **8** ὧν] ἃς D, οἷς F. ‖ πολλοὺς αὐτῶν y. **9** ἀδελφὰς yg. ‖ <τοὺς δὲ καὶ παῖδας> ego **10** κατέχει x. **11** εὐθὺς om y, τοὐντεῦθεν Nitsche. ‖ ἐν z, σὺν xyg. ‖ αὐτὸν codd. ‖ ᾔει ἔχων] ἔχων εἴη y. **12** φραστῆρας Suidas. ‖ καὶ σίτου om. z. **13** εἴη] ἀεὶ D, ἀνεὶ F. ‖ [τοῖς] Dind. ‖ στρατεύοιτο y. **14** καθώρα F. **15** παρ' αὐτὸ] παρὰ F. **17** ἠρώτα om. x. ‖ ἄλλη ὁδὸς εἴη y. ‖ πάνυ πλησίον ἄγειν τοῦ τείχους y. **20** ᾤμην y. ‖ ἐγγύτατα ἄγειν τῆς πόλεως y. **21** καὶ om. F. ‖ ἐπιδείξῃς y. ‖ αὐτῷ]

σου ἤδη πολύ τέ ἐστι καὶ καλόν ἐπειδὴ καὶ ὅτε ἔλαττον εἶχες προσῆλθές τε πρὸς αὐτὸ τὸ τεῖχος καὶ ἐθεᾶτο ἡμᾶς οὐ πολλοὺς ὄντας· νῦν δὲ εἰ καὶ παρεσκευασμένος τί ἐστιν, ὥσπερ πρὸς σὲ εἶπεν ὅτι παρασκευάζοιτο ὡς μαχούμενός σοι, οἶδ' ὅτι ἰδόντι αὐτῷ τὴν σὴν δύναμιν πάλιν ἀπαρασκευαστότατα τὰ ἑαυτοῦ φανεῖται.

43 Καὶ ὁ Κῦρος πρὸς ταῦτα εἶπε, Δοκεῖς μοι, ὦ Γωβρύα, θαυμάζειν ὅτι ἐν ᾧ μὲν χρόνῳ πολὺ μείονα ἔχων στρατιὰν ἦλθον, πρὸς αὐτὸ τὸ τεῖχος προσῆγον· νῦν δ' ἐπεὶ πλείονα δύναμιν ἔχω, οὐκ ἐθέλω ὑπ'
44 αὐτὰ τὰ τείχη ἄγειν. ἀλλὰ μὴ θαύμαζε· οὐ γὰρ τὸ αὐτό ἐστι προσάγειν καὶ παράγειν. προσάγουσι μὲν γὰρ πάντες οὕτω ταξάμενοι ὡς ἂν ἄριστοι εἶεν μάχεσθαι, καὶ ἀπάγουσι δὲ οἱ σώφρονες ᾗ ἂν ἀσφα-
45 λέστατα, οὐχ ᾗ ἂν τάχιστα ἀπέλθοιεν. παριέναι δὲ ἀνάγκη ἐστὶν ἐκτεταμέναις μὲν ταῖς ἁμάξαις, ἀνειρμένοις δὲ καὶ τοῖς ἄλλοις σκευοφόροις ἐπὶ πολύ· ταῦτα

αὐτοῖς F, αὐτὸ Gpr. || ὅτι . . . ἤδη] καὶ τὸ στράτευμα ὅτι ἤδη σοι F, τὸ στρ. ὅτι σοι D. **1** ἐπεὶ y. **2** προῆλθες xz. **3** ἐθεῶντο Fg. || εἰ καὶ xz, καὶ εἰ y. **4** τί z, τίς xy. || πρὸς σὲ εἶπεν g, πρὸς σὲ εἰπεῖν xz, προεῖπεν y. **5** παρεσκευάσατο y. || **5** σοι om. F. || ὅτι y, ὅτι ὡς xz. **6** ἀπαρασκεύαστα y. || τὰ om. z. **7** ἑαυτοῦ xz, αὐτοῦ F. **9** μὲν om. xz. **10** ἔχων . . . **11** δύναμιν om. x. **10** προσήγαγον νῦν δὲ πλείω δύναμιν ἔχων y. **12** γὰρ post ἀλλὰ et ἔφη post θαύμαζε add. y. **13** ante καὶ add. τε y, τι x. **14** ἅπαντες y. || οὕτω ταξάμενοι ὡς] οἱ παραταξάμενοι ᾗ Suidas || ἄριστοι εἶεν μάχεσθαι] οἴωνται ἄριστα μάχεσθαι y. **15** καὶ . . . **16** ἀπέλθοιεν del. Hug. **15** καὶ ἀπάγουσι δὲ xz, ἀπάγουσι μέντοι y, παράγουσι δὲ Suidas. **16** ἀνάγκη δὲ z. **17** ἐστὶν om. Suidas. || ἐκτεταγμέναις F. || ἀνειρμένοις Dind., ἀνειργμένοις y Suidas cf. Hell. VII 1, 31. Cyr. 3, 7, ἀνειργομένοις xz (in E super γο Marchantio teste obelus), ἀνεῳγμένοις Pantazides cf. VII 1, 33. An. VII 1, 15. 17.

δὲ πάντα δεῖ προκεκαλύφθαι τοῖς ὁπλοφόροις καὶ μη-
δαμῇ τοῖς πολεμίοις γυμνὰ ὅπλων τὰ σκευοφόρα φαί-
νεσθαι. ἀνάγκη οὖν οὕτω πορευομένων ἐπὶ λεπτὸν 46
καὶ ἀσθενὲς τὸ μάχιμον τετάχθαι· εἰ οὖν βούλοιντο
ἀθρόοι ἐκ τοῦ τείχους προσπεσεῖν πῃ, ὅπῃ προσμεί-
ξαιεν, πολὺ ἂν ἐρρωμενέστεροι συμμιγνύοιεν τῶν
παριόντων· καὶ τοῖς μὲν ἐπὶ μακρὸν πορευομένοις 47
μακραὶ καὶ αἱ ἐπιβοήθειαι, τοῖς δ' ἐκ τοῦ τείχους
βραχὺ πρὸς τὸ ἐγγὺς καὶ προσδραμεῖν καὶ πάλιν ἀπ-
ελθεῖν. ἢν δὲ μὴ μεῖον ἀπέχοντες παρίωμεν ἢ ἐφ' 48
ὅσον καὶ νῦν ἐκτεταμένοι πορευόμεθα, τὸ μὲν πλῆθος
κατόψονται ἡμῶν· ὑπὸ δὲ τῶν παρυφασμένων ὅπλων
πᾶς ὄχλος δεινὸς φαίνεται. ἂν δ' οὖν τῷ ὄντι ἐπ- 49
εξίωσί πῃ, ἐκ πολλοῦ προορῶντες αὐτοὺς οὐκ ἂν ἀπ-
αράσκευοι λαμβανοίμεθα. μᾶλλον δέ, ὦ ἄνδρες, ἔφη,
οὐδ' ἐπιχειρήσουσιν, ὁπόταν πρόσω δέῃ ἀπὸ τοῦ τεί-
χους ἀπιέναι, ἂν μὴ τῷ ὅλῳ ὑπολάβωσι τοῦ παντὸς
κρείττους εἶναι· φοβερὰ γὰρ ἡ ἀποχώρησις. ἐπεὶ δὲ 50
ταῦτ' εἶπεν, ἔδοξέ τε ὀρθῶς τοῖς παροῦσι λέγειν καὶ

---

1 δεῖ πάντα y. **4** μαχικὸν F. || βούλονται xz. **5** ἀθρόοι . . πῃ] ἐκ τοῦ τείχους ἀθρόοι πῃ προσπεσεῖν y. || πῃ] ποῖ z, ὁ πεσεῖν C, om. E. || προσμίξειε(ν) xz. **6** πολλῷ y. || ἂν om. xGH. || ἐρρωμενέστεροι Hertlein, ἐρρωμενέστερον xy, ἐρρωμενεστέρων z, ἐρρωμενεστέρως g. || συμμιγνύειν y, μιγνύειν xz. **7** μακρῷ y. **8** αἱ om. FG. || τοῖς] τοὺς y. **9** τὸ] τοὺς y. || ἀνελθεῖν G. **11** ὁπόσον y. || καὶ νῦν . . . πλῆθος om. z. **12** ἡμᾶς xz. || κατόψονται ἡμᾶς καὶ ὥσπερ νῦν, ἐκτεταμένοι πορευώμεθα Pantazides. **13** πᾶς . . . φαίνεται] καὶ ὁ ὄχλος δεινὸς φανεῖται Pantazides. || ἢν δ' ἄρα καὶ οὕτως ἰόντων ἐπεξίωσι y et qui σιωπῇ add. g. **15** δ' ἔφη ὦ ἄνδρες y. **16** ἐπιχειροῦσιν ὅταν y. **17** ἢν y. || ὑπολάβωσι τοῦ παντὸς xz, πίστεώς που πάντως y, πιστεύωσί που πάντως Schneider et qui πιστεύσωσι, Nitsche. **18** φοβερὸν yg. || ἡ om. F.

ἦγεν ὁ Γωβρύας ὥσπερ ἐκέλευσε. παραμειβομένου δὲ τὴν πόλιν τοῦ στρατεύματος αἰεὶ τὸ ὑπολειπόμενον ἰσχυρότερον ποιούμενος ἀπεχώρει.

51 Ἐπεὶ δὲ πορευόμενος οὕτως ἐν ταῖς γιγνομέναις ἡμέραις ἀφικνεῖται εἰς τὰ μεθόρια τῶν Σύρων καὶ Μήδων, ἔνθενπερ ὡρμᾶτο, ἐνταῦθα δὴ τρία ὄντα τῶν Σύρων φρούρια, ἓν μὲν αὐτὸς τὸ ἀσθενέστατον βίᾳ προσβαλὼν ἔλαβε, τὼ δὲ δύο [φρουρίω] φοβῶν μὲν Κῦρος, πείθων δὲ Γαδάτας <ἀν>έπεισε παραδοῦναι τοὺς φυλάττοντας.

V Ἐπεὶ δὲ ταῦτα διεπέπρακτο, πέμπει πρὸς Κυαξάρην καὶ ἐπέστειλεν αὐτῷ ἥκειν ἐπὶ τὸ στρατόπεδον, ὅπως περὶ τῶν φρουρίων ὧν εἰλήφεσαν βουλεύσαιντο ὅ,τι χρήσαιντο, καὶ ὅπως θεασάμενος τὸ στράτευμα καὶ περὶ τῶν ἄλλων σύμβουλος γίγνοιτο ὅ,τι δοκοίη ἐκ τούτου πράττειν· ἐὰν δὲ κελεύῃ, εἰπέ, ἔφη, ὅτι ἐγὼ
2 ἂν ὡς ἐκεῖνον ἰοίην συστρατοπεδευσόμενος. ὁ μὲν δὴ ἄγγελος ᾤχετο ταῦτ' ἀπαγγελῶν. ὁ δὲ Κῦρος ἐν τού-

1 ἦγεν] ἡγεῖτο, sed post ἐκέλευσεν transp. y. || παραμειβομένου . . . στρατεύματος xy, τοῦ παραμειβομένου δὲ στρατεύματος z. 2 αἰεὶ xz (post ὑπολειπόμενον A), ἀεὶ y. 5 εἰς] πρὸς y. || ἀσσυρίων (ut 7) y. 6 ἔνθενπερ z, ἔνθαπερ x, ὅθενπερ y. || ὥρμητο Hertlein, ὡρμᾶτο codd. 7 αὐτὸς] αὐτῶν y. 8 προσβαλὼν βίᾳ y. || προσλαβὼν Gpr. || δύω xz. || φρουρίω om. Zon. 9 ἀνέπεισε ego, ἔπεισε codd., παρεσκεύασαν Zon. 11 διεπράξατο y. 12 ἐπέστελλεν codd. praeter x. || ἥκειν αὐτῷ D, ἥκειν αὐτὸν F. || στράτευμα y. 13 post περὶ add. τε y. 14 χρήσονται F. || ὅπως om. z. 15 γίγνοιτο ὅ,τι] γένηται ὅτι ἂν xz. 16 τούτων F. || ἢν y. || ἐγὼ ἂν ὡς FD, ἔγνω ὡς ἂν xGH, ἔγνω ἂν ὡς f, ἔγνωσαν A. 17 ἰοίην Dind., ἰὼν xzF, ἴοιμι D. || στρατοπεδευσόμενος yAH, στρατοπεδευσάμενος xG, corr. Dind. || δὴ om. z. 18 ἀπαγγέλλων zCD, ἀπαγγέλων EF, corr. Dind. || ἐν τούτῳ ἐκέλευσε] ἐκέλευσε τούτῳ τὸν γαδάτην y (-αν D).

τῷ ἐκέλευσε τὴν τοῦ Ἀσσυρίου σκηνήν, ἣν Κυαξάρῃ
οἱ Μῆδοι ἐξεῖλον, ταύτην κατασκευάσαι ὡς βέλτιστα
τῇ τε ἄλλῃ κατασκευῇ ἣν εἶχον καὶ τῷ γυναῖκα εἰσ-
αγαγεῖν εἰς τὸν γυναικῶνα τῆς σκηνῆς καὶ σὺν ταύτῃ
τὰς μουσουργούς, αἵπερ ἐξῃρημέναι ἦσαν Κυαξάρῃ.
οἱ μὲν δὴ ταῦτ' ἔπραττον. ὁ δὲ πεμφθεὶς πρὸς τὸν 3
Κυαξάρην ἐπεὶ ἔλεξε τὰ ἐντεταλμένα, ἀκούσας αὐτοῦ
ὁ Κυαξάρης ἔγνω βέλτιον εἶναι τὸ στράτευμα μένειν
ἐν τοῖς μεθορίοις. καὶ γὰρ οἱ Πέρσαι οὓς μετεπέμ-
ψατο ὁ Κῦρος ἧκον· ἦσαν δὲ μυριάδες τέτταρες τοξο-
τῶν καὶ πελταστῶν. ὁρῶν οὖν καὶ τούτους σινομέ- 4
νους πολλὰ τὴν Μηδικήν, τούτων δὴ ἐδόκει ἥδιον
ἀπαλλαγῆναι μᾶλλον ἢ ἄλλον ὄχλον εἰσδέξασθαι. ὁ
μὲν δὴ ἐκ Περσῶν ἄγων τὸ στράτευμα ἐρόμενος τὸν
Κυαξάρην κατὰ τὴν τοῦ Κύρου ἐπιστολὴν εἴ τι δέοιτο
τοῦ στρατοῦ, ἐπεὶ οὐκ ἔφη δεῖσθαι, αὐθημερόν, ἐπεὶ
ἤκουσε παρόντα Κῦρον, ᾤχετο πρὸς αὐτὸν ἄγων τὸ
στράτευμα.

Ὁ δὲ Κυαξάρης ἐπορεύετο τῇ ὑστεραίᾳ σὺν τοῖς 5
παραμείνασιν Μήδων ἱππεῦσιν· ὡς δ' ᾔσθετο ὁ Κῦρος
προσιόντα αὐτόν, λαβὼν τούς τε τῶν Περσῶν ἱππέας,
πολλοὺς ἤδη ὄντας, καὶ τοὺς Μήδους πάντας καὶ τοὺς
Ἀρμενίους καὶ τοὺς Ὑρκανίους καὶ τῶν ἄλλων συμ-

1 κυαξάρει ἣν xz. **2** ἐξῆγον x. || κάλλιστα y. **3** παρασκευῇ xz Zon. || εἶχε xy. || τῷ γυναῖκα xz, τὼ γυναῖκε y, τὴν γυναῖκα Pantazides. || εἰσάγειν x. **4** ταύτῃ xz, αὐταῖς y. **7** προστεταγμένα x. || ὁ κυαξάρης αὐτοῦ y. **9** ἐν τοῖς] αὐτοῖς G. **11** τούτους] τοὺς z. **12** δὴ ego, ἂν codd. **13** μᾶλλον om. z. || ἄλλον] ὅλον x. **14** τὸ στράτευμα x, τὸν στρατὸν cet. **15** τοῦ om. yz. **16** στρατεύματος y. **19** τῇ ὑστεραίᾳ ἐπορεύετο y. **20** τῶν μήδων Zon. || ἱππεῦσιν μήδων xz. **21** τῶν περσῶν] πέρσας y. **22** πάντας] παρόντας xzZon. **23** καὶ τοὺς ὑρκανίους om. z.

μάχων τοὺς εὐιπποτάτους τε καὶ εὐοπλοτάτους ἀπήντα,
6 ἐπιδεικνὺς τῷ Κυαξάρῃ τὴν δύναμιν. ὁ δὲ Κυαξάρης ἐπεὶ εἶδε σὺν μὲν τῷ Κύρῳ πολλούς τε καὶ καλοὺς καὶ ἀγαθοὺς ἑπομένους, σὺν αὑτῷ δὲ ὀλίγην τε καὶ ὀλίγου ἀξίαν θεραπείαν, ἄτιμόν τι αὐτῷ ἔδοξεν εἶναι καὶ ἄχος αὐτὸν ἔλαβεν. ἐπεὶ δὲ καταβὰς ἀπὸ τοῦ ἵππου ὁ Κῦρος προσῆλθεν ὡς φιλήσων αὐτὸν κατὰ νόμον, ὁ Κυαξάρης κατέβη μὲν ἀπὸ τοῦ ἵππου, ἀπεστράφη δέ· καὶ ἐφίλησε μὲν οὔ, δακρύων δὲ φανε-
7 ρὸς ἦν. ἐκ τούτου δὴ ὁ Κῦρος τοὺς μὲν ἄλλους πάντας ἀποστάντας ἐκέλευσεν ἀναπαύεσθαι· αὐτὸς δὲ λαβόμενος τῆς δεξιᾶς τῆς Κυαξάρου καὶ ἀπαγαγὼν αὐτὸν τῆς ὁδοῦ ἔξω ὑπὸ φοίνικάς τινας, τῶν τε Μηδικῶν πίλων ὑποβαλεῖν ἐκέλευσεν αὐτῷ καὶ καθίσας αὐτὸν καὶ παρακαθισάμενος εἶπεν ὧδε.

8 Εἰπέ μοι, ἔφη, πρὸς τῶν θεῶν, ὦ θεῖε, τί μοι ὀργίζῃ καὶ τί χαλεπὸν ὁρῶν οὕτω χαλεπῶς φέρεις; ἐνταῦθα δὴ ὁ Κυαξάρης ἀπεκρίνατο, Ὅτι, ὦ Κῦρε, δοκῶν γε δὴ ἐφ' ὅσον ἀνθρώπων μνήμη ἐφικνεῖται καὶ τῶν πάλαι προγόνων καὶ πατρὸς βασιλέως πεφυκέναι καὶ αὐτὸς βασιλεὺς νομιζόμενος εἶναι, ἐμαυτὸν μὲν ὁρῶ οὕτω ταπεινῶς καὶ ἀναξίως ἐλαύνοντα, σὲ

---

1 ἱπποτάτους x. ‖ τε καὶ εὐοπλοτάτους om. xz. 2 ante ἐπιδεικνὺς add. λαβὼν καὶ y. 3 μὲν om. x. 4 συνεπομένους y. ‖ σὺν αὐτῷ δὲ x, σὺν ἑαυτῷ δὲ z, καὶ αὐτῷ y. 5 ἔδοξεν αὐτῷ y. 6 ὁ κῦρος ἀπὸ τοῦ ἵππου y. 7 ἦλθεν yE. 8 νόμον] μόνον x. 10 δὴ] δὲ y. 11 ἅπαντας F. ‖ ἀναστάντας xz. ‖ ἀναπαύσασθαι y. 12 post. τῆς F, τοῦ cet. ‖ καὶ om. F. 13 τόν τε μηδικὸν πῖλον x. 14 ὑποβάλλειν y. 15 παρακαθεζόμενος y. ‖ εἶπεν] ἤρετο y. 18 δὴ κυαξάρης αὐτῷ λέγει τοιάδε F, δὴ ὁ κ. αὐ. λ. τάδε D. ‖ ὅτι ἔφη y. ‖ ὦ γε x. 19 ὅσων xAHprD. ‖ ἀφικνεῖται xz. 20 πεφυκὼς gF. 21 ἑαυτὸν E. 22 ὁρῶν xzF.

δὲ τῇ ἐμῇ θεραπείᾳ καὶ τῇ ἄλλῃ δυνάμει μέγαν τε
καὶ μεγαλοπρεπῆ παρόντα. καὶ ταῦτα χαλεπὸν μὲν 9
οἶμαι καὶ ὑπὸ πολεμίων παθεῖν, πολὺ δ', ὦ Ζεῦ, χα-
λεπώτερον ὑφ' ὧν ἥκιστα ἐχρῆν ταῦτα πεπονθέναι.
ἐγὼ μὲν γὰρ δοκῶ δεκάκις ἂν κατὰ γῆς καταδῦναι
ἥδιον ἢ ὀφθῆναι οὕτω ταπεινὸς καὶ ἰδεῖν τοὺς ἐμοὺς
ἐμοῦ ἀμελήσαντας καὶ ἐπεγγελῶντας ἐμοί. οὐ γὰρ
ἀγνοῶ τοῦτο, ἔφη, ὅτι οὐ σύ μου μόνον μείζων εἶ,
ἀλλὰ καὶ οἱ ἐμοὶ δοῦλοι ἰσχυρότεροι ἐμοῦ ὑπαντι-
άζουσί μοι καὶ κατεσκευασμένοι εἰσὶν ὥστε δύνασθαι
ποιῆσαι μᾶλλον ἐμὲ κακῶς ἢ παθεῖν ὑπ' ἐμοῦ. καὶ 10
ἅμα ταῦτα λέγων πολὺ ἔτι μᾶλλον ἐκρατεῖτο ὑπὸ τῶν
δακρύων, ὥστε καὶ τὸν Κῦρον ἐπεσπάσατο ἐμπλησθῆ-
ναι δακρύων τὰ ὄμματα. ἐπισχὼν δὲ μικρὸν ἔλεξε
τοιάδε ὁ Κῦρος.

Ἀλλὰ ταῦτα μέν, ὦ Κυαξάρη, οὔτε λέγεις ἀληθῆ
οὔτε ὀρθῶς γιγνώσκεις, εἰ οἴει τῇ ἐμῇ παρουσίᾳ Μή-
δους κατεσκευάσθαι ὥστε ἱκανοὺς εἶναι σὲ κακῶς ποι-
εῖν. τὸ μέντοι σε θυμοῦσθαι καὶ φοβεῖσθαι οὐ θαυ- 11
μάζω· εἰ μέντοι γε δικαίως ἢ ἀδίκως αὐτοῖς χαλεπαί-
νεις, παρήσω τοῦτο· οἶδα γὰρ ὅτι βαρέως ἂν φέροις
ἀκούων ἐμοῦ ἀπολογουμένου ὑπὲρ αὐτῶν· τὸ μέντοι

---

3 χαλεπώτατον F. **5** δοκῶ ἔφη y. ‖ τῆς ante γῆς add. yz. ‖ ἥδιον δῦναι y. **7** ἐμοὺς om. y. ‖ ἀμελήσαντας ἐπιγελῶντας y. **8** εἶ] εἶναι x. **9** ἀπαντῶσι xz (ὑπαντῶσι g). **10** κατασκευασάμενοι x. ‖ εἰσὶν om. y. **15** ὁ om. GH. **16** ὦ κυαξάρη xz, ἔφη ὦ θεῖε y. ‖ ἀληθῶς y. **18** κατασκευάσασθαι x, παρεσκευάσθαι F. ‖ ὥστε ἱκανοὺς εἶναι σὲ] σοι ἱκανοὺς εἶναι z. **19** καὶ φοβεῖσθαι om. z. ‖ οὐ del. Pantazides cf. Hell. VI 5, 46. resp. Lac. 9, 5. **20** μέντοι γε] μέντοι F, μὲν γὰρ Pantazides. ‖ ἀδίκως ἢ δικαίως AG, ἢ ἀδίκως H mg. ‖ ἐχαλέπαινες y. **21** φέρῃς CGD, φέρεις E.

ἄνδρα ἄρχοντα πᾶσιν ἅμα χαλεπαίνειν τοῖς ἀρχομένοις,
τοῦτο ἐμοὶ δοκεῖ μέγα ἁμάρτημα εἶναι. ἀνάγκη γὰρ
διὰ τὸ πολλοὺς μὲν φοβεῖν πολλοὺς ἐχθροὺς ποιεῖ-
σθαι, διὰ δὲ τὸ πᾶσιν ἅμα χαλεπαίνειν πᾶσιν αὐτοῖς
12 ὁμόνοιαν ἐμβάλλειν. ὧν ἕνεκα, εὖ ἴσθι, ἐγὼ οὐκ
ἀπέπεμπον ἄνευ ἐμαυτοῦ τούτους, φοβούμενος μή τι
γένοιτο διὰ τὴν σὴν ὀργὴν ὅ,τι πάντας ἡμᾶς λυπήσοι.
ταῖτα μὲν οὖν σὺν τοῖς θεοῖς ἐμοῦ παρόντος ἀσφα-
λῶς ἔχει σοι· τὸ μέντοι σε νομίζειν ὑπ' ἐμοῦ ἀδικεῖ-
σθαι, τοῦτο ἐγὼ πάνυ χαλεπῶς φέρω, εἰ ἀσκῶν ὅσον
δύναμαι τοὺς φίλους ὡς πλεῖστα ἀγαθὰ ποιεῖν ἔπειτα
13 τἀναντία τούτου δοκῶ ἐξεργάζεσθαι. ἀλλὰ γάρ, ἔφη,
μὴ οὕτως εἰκῇ ἡμᾶς αὐτοὺς αἰτιώμεθα· ἀλλ', εἰ δυ-
νατόν, σαφέστατα κατίδωμεν ποῖόν ἐστι τὸ παρ' ἐμοῦ
ἀδίκημα. καὶ τὴν ἐν φίλοις δικαιοτάτην ὑπόθεσιν ἔχω
ὑποτιθέναι· ἐὰν γάρ τί σε φανῶ κακὸν πεποιηκώς,
ὁμολογῶ ἀδικεῖν· ἐὰν μέντοι μηδὲν φαίνωμαι κακὸν
πεποιηκὼς μηδὲ βουληθείς, οὐ καὶ σὺ αὖ ὁμολογήσεις
14 μηδὲν ὑπ' ἐμοῦ ἀδικεῖσθαι; Ἀλλ' ἀνάγκη, ἔφη. Ἐὰν
δὲ δὴ καὶ ἀγαθά σοι πεπραχὼς δῆλος ὦ καὶ προθυ-
μούμενος πρᾶξαι ὡς ἐγὼ πλεῖστα ἐδυνάμην, οὐκ ἂν
καὶ ἐπαίνου σοι ἄξιος εἴην μᾶλλον ἢ μέμψεως; Δί-

---

1 ἄρχοντα ἄνδρα x. **2** ἔμοιγε F. **3** τὸ πολλοὺς μὲν φοβεῖν] μὲν τοῦτο HA, μὲν φοβεῖν G. **4** ἅμα πᾶσι y. **5** οὕνεκα xAH. ‖ οὐχὶ y. **7** σὴν om. G. **9** ἕξει y. **10** χαλεπῶς πάνυ y. **12** τἀναντία] ἐναντία F, ἐναντίον D. ‖ τούτω G. **13** μὴ om. xz. ‖ εἰ] ἢ Pantazides. **14** ὁποῖόν y. **15** ἔχω ὑποτιθέναι xz, ἐγὼ ὑποτίθεμαι y. **16** ἣν y. ‖ σ' ἐγὼ φανῶ F. ‖ πεποιηκὼς κακῶς x. **17** ὁμολογῶ . . . **18** πεποιηκώς om. F. **17** ἣν D. ‖ μέντοι] δέ τι x. ‖ φαίνομαι x, del. Herwerden. **18** μηδὲ yz, οὐδὲ x. **19** ἀλλ' om. y. ‖ ἣν y. **20** πεπραχώς σοι xy (sed πεπραγώς F). **21** ὡς ἐγὼ zC, ὁπόσα y, ὡς ἐγὼ ὁπόσα E. **22** καὶ om. y. ‖ σοι om. xz. ‖ μᾶλλον ἄξιος εἴην

καιον γοῦν, ἔφη. Ἄγε τοίνυν, ἔφη ὁ Κῦρος, σκοπῶ- 15
μεν τὰ ἐμοὶ πεπραγμένα πάντα καθ' ἓν ἕκαστον· οὕτω
γὰρ μάλιστα δῆλον ἔσται ὅ,τι τε αὐτῶν ἀγαθόν ἐστι
καὶ ὅ,τι κακόν. ἀρξώμεθα δ', ἔφη, ἐκ τῆσδε τῆς 16
ἀρχῆς, εἰ καὶ σοὶ ἀρκούντως δοκεῖ ἔχειν. σὺ γάρ δή-
που ἐπεὶ ᾔσθου πολλοὺς πολεμίους ἠθροισμένους,
καὶ τούτους ἐπὶ σὲ καὶ τὴν σὴν χώραν ὁρμωμένους,
εὐθὺς ἔπεμπες πρός τε τὸ Περσῶν κοινὸν συμμάχους
αἰτούμενος καὶ πρὸς ἐμὲ ἰδίᾳ δεόμενος πειρᾶσθαι αὐ-
τὸν ἐμὲ ἐλθεῖν ἡγούμενον, εἴ τινες Περσῶν ἴοιεν.
οὐκοῦν ἐγὼ ἐπείσθην τε ταῦτα ὑπὸ σοῦ καὶ παρεγε-
νόμην ἄνδρας ἄγων σοι ὡς ἦν δυνατὸν πλείστους τε
καὶ ἀρίστους; Ἦλθες γὰρ οὖν, ἔφη. Ἐν τούτῳ τοί- 17
νυν, ἔφη, πρῶτόν μοι εἰπὲ πότερον ἀδικίαν τινά μου
πρὸς σὲ κατέγνως ἢ μᾶλλον εὐεργεσίαν; Δῆλον, ἔφη
ὁ Κυαξάρης, ὅτι ἔκ γε τούτων εὐεργεσίαν. Τί γάρ, 18
ἔφη, ἐπεὶ οἱ πολέμιοι ἦλθον καὶ διαγωνίζεσθαι ἔδει
πρὸς αὐτούς, ἐν τούτῳ κατενόησάς πού με ἢ πόνου
ἀποστάντα ἤ τινος κινδύνου φεισάμενον; Οὐ μὰ τὸν
Δί', ἔφη, οὐ μὲν δή. Τί γάρ, ἐπεὶ <τῆς> νίκης γε- 19
νομένης σὺν τοῖς θεοῖς ἡμετέρας καὶ ἀναχωρησάντων
τῶν πολεμίων παρεκάλουν ἐγώ σε ὅπως κοινῇ μὲν

et δίκαιος x. 3 γὰρ δὴ y. ‖ κατάδηλα F, κατάδηλον D. ‖ τε om. G. 4 ἐκ om. xz. 5 δοκεῖ ἀρκούντως y. ‖ σὺ] οὐ G. 7 καὶ et σὴν om. x (καὶ etiam G). ‖ ὡρμημένους y. 8 κοινὸν περσῶν G. 9 αὐτόν με y. 10 ἴοιμεν G. 11 οὔκουν Dind. 12 ἄγων] φέρων F (ἄγων in marg.). ‖ ἦν (ἣν) δυνατὸν xz, ἐδυνάμην y. 13 οὖν om. x. 14 ἔφη post εἰπέ transp F. ‖ μοι πρῶτον y. ‖ τινά μου] ἐμοῦ y. 15 ἔγνως F. 16 ὅτι ἔκ γε τούτων xz, ἔν γε τούτῳ y. 17 ἐπεὶ Schneider, εἰπὲ z, εἰπέ μοι x, ἐπειδὴ yg. 18 πού om y. 19 τινος ante ἀποστάντα transp. F, om. D. 20 <τῆς> Hertlein. ‖ γενομένης νίκης x 22 σε ἐγὼ y.

αὐτοὺς διώκοιμεν, κοινῇ δὲ τιμωροίμεθα, κοινῇ δὲ εἴ τι καλὸν κἀγαθὸν συμβαίνοι, τοῦτο καρποίμεθα, ἐν
20 τούτοις ἔχεις τινά μου πλεονεξίαν κατηγορῆσαι; ὁ μὲν δὴ Κυαξάρης πρὸς τοῦτο ἐσίγα· ὁ δὲ Κῦρος πάλιν ἔλεγεν ὧδε· Ἀλλ' ἐπεὶ πρὸς τοῦτο σιωπᾶν ἥδιόν σοι ἢ ἀποκρίνασθαι, τόδε γ', ἔφη, εἰπὲ εἴ τι ἀδικεῖσθαι ἐνόμισας ὅτι ἐπεί σοι οὐκ ἀσφαλὲς ἐδόκει εἶναι τὸ διώκειν, σὲ μὲν αὐτὸν ἀφῆκα τοῦ κινδύνου τούτου μετέχειν, ἱππέας δὲ τῶν σῶν συμπέμψαι μοι ἐδεόμην σου· εἰ γὰρ καὶ τοῦτο αἰτῶν ἠδίκουν, ἄλλως τε καὶ προπαρεσχηκὼς ἐμαυτόν σοι σύμμαχον, τοῦτ' αὖ, ἔφη,
21 παρὰ σοῦ ἐπιδεικνύσθω. ἐπεὶ δ' αὖ καὶ πρὸς τοῦτο ἐσίγα ὁ Κυαξάρης, Ἀλλ' εἰ μηδὲ τοῦτο, ἔφη, βούλει ἀποκρίνασθαι, σὺ δὲ τοὐντεῦθεν λέγε εἴ τι αὖ ἠδίκουν ὅτι σοῦ ἀποκριναμένου ἐμοὶ ὡς οὐκ ἂν βούλοιο, εὐθυμουμένους ὁρῶν Μήδους, τούτου παύσας αὐτοὺς ἀναγκάζειν κινδυνεύσοντας ἰέναι, εἴ τι αὖ σοι δοκῶ τοῦτο χαλεπὸν ποιῆσαι ὅτι ἀμελήσας τοῦ ὀργίζεσθαί σοι ἐπὶ τούτοις πάλιν ἤτουν σε οὗ ἤδη οὔτε σοὶ μεῖον

---

1 διώκοιμεν] διοικοῖμεν xAH. || τιμωρώμεθα y. || εἰ κακὸν ἢ ἀγαθὸν ἐμβαίνοι G, εἰ ἀγαθὸν ἢ κακὸν συμβαίνοι F, εἴτι καλὸν κἀγαθὸν ἐμβαίνοι xAH, εἴτι ἀγαθὸν ἢ καλὸν συμβαίνοι D (Marchantio teste). **3** ἔχοις G. || ἐμοῦ y. **4** δὴ om. F. || πρὸς ταῦτα y, ἐν τούτῳ x. **5** ἐπεὶ y, εἰ xz. **6** τόδε] τό z. **7** ὅτι] ὅτι οὐκ z. || ἐδόκει οὐκ ἀσφαλές y. **8** τὸ om. z. || αὐτὸν om. x. || οὐκ ἀφῆκα τούτου τοῦ κινδύνου y. || τούτου om. z. **9** μετέχειν om. z (post ἀφῆκα transp. g). || συμπέμψαι μοι] συμπέμψαι F, πέμψαι μοι cet. praeter D, in quo nil nisi πέμψαι. **11** παρὰ σοῦ ἔφη z. || ἔφη om. x. **12** ταῦτα y. **13** βούλει om. G. **14** δὲ om. y. || εἴ τι αὖ] ὅτι ἂν x. **16** τούτου Stephanus, τούτους codd. **17** ἀναγκάσειν z. || κινδυνεύσαντας F. || δοκῶ σοι y. **19** οὗ Valckenarii codex ignotus, ὃ yG, οὓς xAH. || ἤδη Dind., ᾔδειν yG, ἡγῇ xAH. || ante οὔτε add. ὅτι AH. || μεῖον ὂν y et G (in ras.), ἄμεινον xAH.

ὃν δοῦναι οὐδὲν οὔτε ῥᾷον Μήδοις ἐπιταχθῆναι· τὸν
γὰρ βουλόμενον δήπου ἕπεσθαι ᾔτησά σε δοῦναί μοι.
οὐκοῦν τούτου τυχὼν παρὰ σοῦ οὐδὲν ἤνυτον, εἰ μὴ 22
τούτους πείσαιμι. ἐλθὼν οὖν ἔπειθον αὐτοὺς καὶ οὓς
ἔπεισα τούτους ἔχων ἐπορευόμην σοῦ ἐπιτρέψαντος.
εἰ δὲ τοῦτο αἰτίας ἄξιον νομίζεις, οὐδ' ὅ,τι ἂν διδῷς,
ὡς ἔοικε, παρὰ σοῦ δέχεσθαι ἀναίτιόν ἐστιν. οὐκοῦν 23
ἐξωρμήσαμεν οὕτως· ἐπειδὴ δ' ἐξήλθομεν, τί ἡμῖν
πεπραγμένον οὐ φανερόν ἐστιν; οὐ τὸ στρατόπεδον
ἑάλωκε τῶν πολεμίων; οὐ τεθνᾶσι πολλοὶ τῶν ἐπὶ σὲ
ἐλθόντων; ἀλλὰ μὴν τῶν γε ζώντων ἐχθρῶν πολλοὶ
μὲν ὅπλων ἐστέρηνται, πολλοὶ δὲ ἵππων· χρήματά γε
μὴν τὰ τῶν φερόντων καὶ ἀγόντων τὰ σὰ πρόσθεν
νῦν ὁρᾷς τοὺς σοὺς φίλους καὶ ἄγοντας καὶ ἔχοντας,
τὰ μὲν σοί, τὰ δ' αὖ τοῖς ὑπὸ τὴν σὴν ἀρχήν. τὸ 24
δὲ πάντων μέγιστον καὶ κάλλιστον, τὴν μὲν σὴν χώ-
ραν αὐξανομένην ὁρᾷς, τὴν δὲ τῶν πολεμίων μειου-
μένην· καὶ τὰ μὲν τῶν πολεμίων φρούρια ἐχόμενα,
τὰ δὲ σὰ τὰ πρότερον εἰς τὴν Σύρων ἐπικράτειαν

---

1 δοῦναί μοι yg. || οὔτε] οὐδὲ xAH. || ῥᾴδιον y. || μήδοις ῥᾷον x. || ante τὸν add. οὐδὲν y. 2 σε] σοι yC. 3 ἤνυτον Fischer, ἤνυον Dg, ἦν xAHF. 4 πείσαιμι . . . 5 τούτους om. z. 5 ἔχων] λαβὼν y. 6 εἰ δὴ τοῦτό γε y. || τούτου x. || ἀξιοῖς νομίζειν z. || δίδως xD. 7 ὡς] ἴσως xHG, ἴσω A. || δέχεσθαι παρὰ σοῦ y 8 ὡρμήθημεν y, ἐξώρμησα μὲν G. || ἐπεὶ F, ἐπειδὰν x. || δὲ ἐξέλθωμεν x. 10 ἥλωκε τῶν Schneider, ἡλωκότων xz, ἥλω τῶν D, ἥλω τὸ τῶν F. || ἐπὶ σ' ἐλθόντων F, ἐπεισελθόντων D. 11 τῶν γε ζώντων y, τῶν τε ζώντων x, τῶν πεζῶν τῶν z (G super π pos. γ). || οὐ πολλοὶ μὲν y. 12 στέρονται F, στεροῦνται D. || γε μὴν y, μέν γε δὴ xz. 13 πρότερον y. 14 ἔχοντας καὶ ἄγοντας y. 15 αὖ τοῖς y, αὐτοῖς xz. || ἀρχήν om. x. 16 σὴν μὲν G. 19 τὰ δὲ σὰ εἰς τὴν σὴν πρότερόν σοι ὁρᾷς ἐπικράτειαν AH, τὰ δὲ σὰ εἰς τὴν σὴν πρότερον σοί G (ἐπικράτειαν . . . 1 p. 274 σοι in marg.).

συντελοῦντα νῦν τἀναντία σοὶ προσκεχωρηκότα· τούτων δὲ εἴ τι κακόν σοι ἢ εἴ τι μὴ ἀγαθόν σοι μαθεῖν μὲν ἔγωγε βούλεσθαι οὐκ οἶδ' ὅπως ἂν εἴποιμι· ἀκοῦσαι μέντοι γε οὐδὲν κωλύει. ἀλλὰ λέγε
25 ὅ,τι γιγνώσκεις περὶ αὐτῶν. ὁ μὲν δὴ Κῦρος οὕτως εἰπὼν ἐπαύσατο· ὁ δὲ Κυαξάρης ἔλεξε πρὸς ταῦτα τάδε.

Ἀλλ', ὦ Κῦρε, ὡς μὲν ταῦτα ἃ σὺ πεποίηκας κακά ἐστιν οὐκ οἶδ' ὅπως χρὴ λέγειν· εὖ γε μέντοι, ἔφη, ἴσθι ὅτι ταῦτα τἀγαθὰ τοιαῦτά ἐστιν οἷα ὅσῳ
26 πλείονα φαίνεται, τοσούτῳ μᾶλλον ἐμὲ βαρύνει. τήν τε γὰρ χώραν, ἔφη, ἐγὼ ἂν τὴν σὴν ἐβουλόμην τῇ ἐμῇ δυνάμει μείζω ποιεῖν μᾶλλον ἢ τὴν ἐμὴν ὑπὸ σοῦ ὁρᾶν οὕτως αὐξανομένην· σοὶ μὲν γὰρ ταῦτα ποιοῦντι καλά, ἐμοὶ δέ γέ ἐστί πῃ ταὐτὰ ἀτιμίαν φέ-
27 ροντα. καὶ χρήματα οὕτως ἄν μοι δοκῶ ἥδιόν σοι δωρεῖσθαι ἢ παρὰ σοῦ οὕτω λαμβάνειν ὡς σὺ νῦν ἐμοὶ δίδως· τούτοις γὰρ πλουτιζόμενος ὑπὸ σοῦ καὶ μᾶλλον αἰσθάνομαι οἷς πενέστερος γίγνομαι. καὶ τούς γ' ἐμοὺς ὑπηκόους ἰδὼν μικρά γε ἀδικουμένους ὑπὸ

---

1 συντελοῦντα Herwerden, συγκυροῦντα xF (def. Richards), συγκατασπασθέντα AD, om. GH. || νῦν τἀναντία σοι om. H. || προκεχωρηκότα xF. 2 post. σοι om. y. 3 μὲν om. G. 4 γε ἔφη οὐδὲν y. 5 ὅ,τι] εἴτι G. || οὕτως] ταῦτα x. 8 ὡς] εἰ y. 9 καλὰ (in ras.) G. 10 ταῦτα ἀγαθὰ xyAH, ἀγαθὰ ταῦτα G, ταῦτα τὰ ἀγαθὰ Iuntina. || ὅσῳ μᾶλλον z, ὅσῳ μᾶλλον ἂν x. 11 πλείω y. || φαίνηται xz. || τόσῳ y, τοσοῦτο AH. || ἐμὲ μᾶλλον D, ἐπ' ἐμὲ μᾶλλον F. || ἐμὲ . . . 13 μᾶλλον om. z. 12 γὰρ om. x. 14 γὰρ om. x. 15 δέ γέ xz, γε δ' y. || πῃ] που G, πως E. || ταῦτα zy, om. x, corr. Schneider. 16 οὕτως . . . σοι] γε ἔφη ἐγὼ ἄν σοι δοκῶ ἥδιον οὕτω y. 17 οὕτω om. y. || ὡς xz, ὧν y. || σὺ νῦν xy, σὺν AH, σὺ G. 19 μᾶλλον] μάλα yg. 20 γ'] τε y. || ἐμοὺς] ἐμοῦ Bisshop.

σοῦ ἧττον ἂν δοκῶ λυπεῖσθαι ἢ νῦν ὁρῶν ὅτι μεγάλα
ἀγαθὰ πεπόνθασιν ὑπὸ σοῦ. εἰ δέ σοι, ἔφη, ταῦτα 28
δοκῶ ἀγνωμόνως ἐνθυμεῖσθαι, μὴ ἐν ἐμοὶ αὐτὰ ἀλλ'
εἰς σὲ τρέψας πάντα καταθέασαι οἷά σοι φαίνεται. τί
γὰρ ἄν, εἴ τις κύνας, οὓς σὺ τρέφεις φυλακῆς ἕνεκα
σαυτοῦ τε καὶ τῶν σῶν, τούτους θεραπεύων γνωρι-
μωτέρους ἑαυτῷ ἢ σοὶ ποιήσειεν, ἆρ' ἄν σε εὐφράναι
τούτῳ τῷ θεραπεύματι; εἰ δὲ τοῦτό σοι δοκεῖ μικρὸν 29
εἶναι, ἐκεῖνο κατανόησον· εἴ τις τοὺς σὲ θεραπεύον-
τας, οὓς σὺ καὶ φρουρᾶς καὶ στρατείας ἕνεκα κέκτη-
σαι, τούτους οὕτω διαθείη ὥστ' ἐκείνου μᾶλλον ἢ
σοῦ βούλεσθαι εἶναι, ἆρ' ἂν ἀντὶ ταύτης τῆς εὐεργε-
σίας χάριν αὐτῷ εἰδείης; τί δέ, ὃ μάλιστα ἄνθρωποι 30
ἀσπάζονταί τε καὶ θεραπεύουσιν οἰκειότατα, εἴ τις
τὴν γυναῖκα τὴν σὴν οὕτω θεραπεύσειεν ὥστε φιλεῖν
αὐτὴν μᾶλλον ποιήσειεν ἑαυτὸν ἢ σέ, ἆρ' ἄν σε τῇ
εὐεργεσίᾳ ταύτῃ εὐφραίνοι; πολλοῦ γ' ἂν οἶμαι καὶ
δέοι ἀλλ' εὖ οἶδ' ὅτι πάντων ἂν μάλιστα ἀδικοίη σε
τοῦτο ποιήσας. ἵνα δὲ εἴπω καὶ τὸ μάλιστα τῷ ἐμῷ 31
πάθει ἐμφερές, εἴ τις οὓς σὺ ἤγαγες Πέρσας οὕτω

---

1 ἂν om. x. ‖ ὁρῶ F. **2** δοκῶ ταῦτα F. **3** αὐτὰ zC, ταῦτα yE. **4** εἰς σὲ] ἐν σοὶ y. ‖ τρέψας] οἴεσθαι xAH. ‖ καταθεᾶσθαι xz (-ᾶσαι in ras. G). **5** ἂν ἔφη y. ‖ εἴ τις] τις C, om. ED. ‖ ἃς yg. ‖ τρέφοις F. **6** τε om. F. ‖ ταύτας θεραπεύων ἑαυτῷ γνωριμωτέρας y. **7** ἄρα AH. ‖ post ἄν add. ἔφη, deinde εὐφραίνοι y. **9** κἀκεῖνο y. ‖ σὲ om. y. **10** στρατείας] θεραπείας y, ὑπηρεσίας Nitsche. **11** διαθείη (-ς D) y, διατιθείη xz. ‖ ἢ σοῦ om. y. **12** ἆρ' ἂν Vat. 987, ἆρ' yE. ἆρα zC. **13** αὐτῷ om. y. **15** prius τὴν om. F. ‖ αὐτὴν φιλεῖν y. **16** ποιήσειν xAH. **17** εὐφραί(ά D)νοι y, εὐφράναι xz. ‖ γ' ἂν] τ' ἂν ἔφη y. **18** εὖ οἶδ' om. xz. ‖ ἂν om. x. ‖ μάλιστ' ἂν y. ‖ ἀδικοῖ z. **19** τὸ om. x. **20** προσφερές y. ‖ ἤγαγες σὺ G.

θεραπεύσειεν ὥστε αὐτῷ ἥδιον ἕπεσθαι ἢ σοί, ἆρ'
ἂν φίλον αὐτὸν νομίζοις; οἶμαι μὲν οὔ, ἀλλὰ πολε-
32 μιώτερον ἂν ἢ εἰ πολλοὺς αὐτῶν κατακάνοι. τί δ',
εἴ τις τῶν σῶν φίλων φιλοφρόνως σου εἰπόντος λαμ-
βάνειν ὁπόσα ἐθέλοι εἶτα τοῦτο ἀκούσας λαβὼν
οἴχοιτο ἅπαντα ὁπόσα δύναιτο, καὶ αὐτὸς μὲν τοῖς
σοῖς γε πλουτοίη, σὺ δὲ μηδὲ μετρίοις ἔχοις χρῆσθαι,
ἆρ' ἂν δύναιο τὸν τοιοῦτον ἄμεμπτον φίλον νομίζειν;
33 νῦν μέντοι ἐγώ, ὦ Κῦρε, εἰ μὴ ταῦτα ἀλλὰ τοιαῦτα
ὑπὸ σοῦ δοκῶ πεπονθέναι. σὺ γὰρ ἀληθῆ λέγεις· εἰ-
πόντος ἐμοῦ τοὺς θέλοντας ἄγειν λαβὼν ᾤχου πᾶσάν
μου τὴν δύναμιν, ἐμὲ δὲ ἔρημον κατέλιπες· καὶ νῦν
ἃ ἔλαβες τῇ ἐμῇ δυνάμει ἄγεις δή μοι καὶ τὴν ἐμὴν
χώραν αὔξεις [σὺν] τῇ ἐμῇ ῥώμῃ· ἐγὼ δὲ δοκῶ οὐδὲν
συναίτιος ὢν τῶν ἀγαθῶν παρέχειν ἐμαυτὸν ὥσπερ
γυνὴ εὖ ποιεῖν, καὶ τοῖς τε ἄλλοις ἀνθρώποις καὶ
τοῖσδε τοῖς ἐμοῖς ὑπηκόοις σὺ μὲν ἀνὴρ φαίνῃ, ἐγὼ
34 δ' οὐκ ἄξιος ἀρχῆς. ταῦτά σοι δοκεῖ εὐεργετήματ' εἶ-
ναι, ὦ Κῦρε; εὖ ἴσθ' ὅτι εἴ τι ἐμοῦ ἐκήδου, οὐδενος
ἂν οὕτω με ἀποστερεῖν ἐφυλάττου ὡς ἀξιώματος καὶ
τιμῆς. τί γὰρ ἐμοὶ πλέον τὸ τὴν γῆν πλατύνεσθαι,
αὐτὸν δὲ ἀτιμάζεσθαι; οὐ γάρ τοι ἐγὼ Μήδων ἦρχον

---

2 νομίζεις G. **3** ἀποκτεῖναι xz. **4** λαμβάνειν xz, λάμβανε τῶν ἐμῶν y. **5** ἐθέλοι z, ἐθέλει x, ἐθέλεις D, ἐθέλῃς F. ‖ εἶτα Marchant, εἰ y, εἶτ' αὐτοὶ C, εἶτ' αὐτὸς zE, εἶτ' οὗτος Hug, εἶτ' οὕτως Nitsche. ‖ οἴχοιτο λαβὼν πάντα y. **6** δύναιτο . . . μὲν om. y. **7** γε τοῖς σοῖς G, τοῖς σοῖς y. ‖ μηδὲ om. z. ‖ μετρίως AH. **9** post μέντοι add. ἔφη y. ‖ ὦ om. G. **10** δοκῶ ὑπὸ σοῦ y. **11** ἐθέλοντας y. **12** μου τὴν om. x. **13** ἄγεις δή μοι xz, λέγεις ἐμὲ y. **14** αὔξειν y, ἄξεις x. ‖ [σὺν] Hartman. ‖ ῥώμῃ] δυνάμει ED. ‖ οὐδὲν δοκῶ x. **17** τοῖσγε G. ‖ ἐμοῖς] ἐμοῦ Bisshop cf. § 27. **18** post ταῦτα add. οὖν y. **20** ἂν om. z. **21** τί . . . **22** ἀτιμάζεσθαι om. x.

διὰ τὸ κρείττων αὐτῶν πάντων εἶναι, ἀλλὰ μᾶλλον διὰ τὸ αὐτοὺς τούτους ἀξιοῦν ἡμᾶς ἑαυτῶν πάντα βελτίονας εἶναι.

Καὶ ὁ Κῦρος ἔτι λέγοντος αὐτοῦ ὑπολαβὼν εἶπε, 35 *Πρὸς τῶν θεῶν, ἔφη, ὦ θεῖε, εἴ τι κἀγώ σοι πρότερον ἐχαρισάμην, καὶ σὺ νῦν ἐμοὶ χάρισαι ὃ ἂν δεηθῶ σου· παῦσαι, ἔφη, τὸ νῦν εἶναι μεμφόμενός μοι· ἐπειδὰν δὲ πεῖραν ἡμῶν λάβῃς πῶς ἔχομεν πρὸς σέ, ἐὰν μὲν δή σοι φαίνηται τὰ ὑπ' ἐμοῦ πεπραγμένα ἐπὶ τῷ σῷ ἀγαθῷ πεποιημένα, ἀσπαζομένου τέ μού σε ἀντασπάζου με εὐεργέτην τε νόμιζε, ἐὰν δ' ἐπὶ θάτερα, τότε μοι μέμφου. Ἀλλ' ἴσως μέντοι, ἔφη ὁ* 36 *Κυαξάρης, καλῶς λέγεις· κἀγὼ οὕτω ποιήσω. Τί οὖν; ἔφη ὁ Κῦρος, ἦ καὶ φιλήσω σε; Εἰ σὺ βούλει, ἔφη. Καὶ οὐκ ἀποστρέψῃ με ὥσπερ ἄρτι; Οὐκ ἀποστρέψομαι, ἔφη. καὶ ὃς ἐφίλησεν αὐτόν.*

Ὡς δὲ εἶδον οἱ Μῆδοί τε καὶ οἱ Πέρσαι καὶ οἱ 37 *ἄλλοι, πᾶσι γὰρ ἔμελεν ὅ,τι ἐκ τούτων ἔσοιτο, εὐθὺς ἥσθησάν τε καὶ ἐφαιδρύνθησαν. καὶ ὁ Κῦρος δὲ καὶ ὁ Κυαξάρης ἀναβάντες ἐπὶ τοὺς ἵππους ἡγοῦντο, καὶ ἐπὶ μὲν τῷ Κυαξάρῃ οἱ Μῆδοι εἵποντο, Κῦρος γὰρ αὐτοῖς οὕτως ἐπένευσεν, ἐπὶ δὲ τῷ Κύρῳ οἱ Πέρσαι,*

---

1 *κρείττω* G. ‖ *πάντων αὐτῶν* y. **2** *τὸ καὶ αὐτοὺς* y. *ἡμᾶς* om. x. ‖ *ἑαυτῶν* xAH, *αὑτῶν* G, *αὐτῶν* y. **5** *καὶ ἐγώ* F. **6** *ὃ* F, *ὧν* xDg, om. z. ‖ *σου δεηθῶ* y. **8** *ὅπως* y. **9** *ἣν* y. ‖ *μὲν* om. xz. ‖ *δή* om. y. **10** *τῷ ἀγαθῷ τῷ σῷ* y. ‖ *πεποιημένα* om. xzV. ‖ *τέ μού* z (*ἀσπαζόμενόν τέ με* Vpr), *τε ἐμοῦ* y, *μού* x. **11** *με* om. xzV. ‖ *νόμιζε* (*ὀνόμαζε* D) *εἶναι ἣν* y. **12** *μοι*] *μου* F. ‖ *μέντοι*] *τοι* y. **13** *κἀγὼ ποιήσω ταῦτα* y. **14** *βούλῃ* CFpr. **15** *καὶ* . . . **16** *ἔφη* om. xzV. **17** *τε* om. y. ‖ *καὶ ἄλλοι* (*δὲ* add. F) *πολλοί* y. **18** *ἔμελλεν* V, *ἔμελε τί* y. **19** *ἐφαιδρύνοντο* F.

38 οἱ δ' ἄλλοι ἐπὶ τούτοις. ἐπεὶ δὲ ἀφίκοντο ἐπὶ τὸ
στρατόπεδον καὶ κατέστησαν τὸν Κυαξάρην εἰς τὴν
κατεσκευασμένην σκηνήν, οἷς μὲν ἐτέτακτο παρεσκεύ-
39 αζον τὰ ἐπιτήδεια τῷ Κυαξάρῃ· οἱ δὲ Μῆδοι ὅσον χρό-
νον σχολὴν πρὸ δείπνου ἦγεν ὁ Κυαξάρης ᾖσαν πρὸς αὐτόν, οἱ μὲν καὶ αὐτοὶ καθ' ἑαυτούς, οἱ δὲ πλεῖστοι ὑπὸ Κύρου ἐγκέλευστοι, δῶρα ἄγοντες, ὁ μέν τις οἰνοχόον καλόν, ὁ δ' ὀψοποιὸν ἀγαθόν, ὁ δ' ἀρτοποιόν, ὁ δὲ μουσουργόν, ὁ δ' ἐκπώματα, ὁ δ' ἐσθῆτα καλήν· πᾶς δέ τις ὡς ἐπὶ τὸ πολὺ ἕν γέ τι ὧν εἰλήφει ἐδω-
40 ρεῖτο αὐτῷ· ὥστε τὸν Κυαξάρην μεταγιγνώσκειν ὡς
οὔτε ὁ Κῦρος ἀφίστη αὐτοὺς ἀπ' αὐτοῦ οὔθ' οἱ Μῆδοι ἧττόν τι αὐτῷ προσεῖχον τὸν νοῦν ἢ καὶ πρόσθεν.
41 Ἐπεὶ δὲ δείπνου ὥρα ἦν, καλέσας ὁ Κυαξάρης ἠξίου τὸν Κῦρον διὰ χρόνου ἰδὼν αὐτὸν συνδειπνεῖν. ὁ δὲ Κῦρος ἔφη, Μὴ δὴ σὺ κέλευε, ὦ Κυαξάρη· ἢ οὐχ ὁρᾷς ὅτι οὗτοι οἱ παρόντες ὑφ' ἡμῶν πάντες ἐπαιρόμενοι πάρεισιν; οὔκουν καλῶς ἂν πράττοιμι εἰ τούτων ἀμελῶν τὴν ἐμὴν ἡδονὴν θεραπεύειν δοκοίην. ἀμελεῖσθαι δὲ δοκοῦντες στρατιῶται οἱ μὲν ἀγαθοὶ πολὺ ἀθυμότεροι γίγνονται, οἱ δὲ πονηροὶ πολὺ ὑβρι-

---

1 ἐπὶ δὲ τούτοις οἱ ἄλλοι y. **3** ἐπετέτακτο y. **6** καθ' ἑαυτοὺς (αὐτοὺς G) xz Suidas, ἀφ' ἑαυτῶν y. **7** ὑπὸ κύρου ἐγκέλευστοι z, ἐγκέλευστοι x, ὡς κεκέλευστο ὑπὸ κύρου D, ἐκελεύοντο ὑπὸ κύρου F. **8** καλόν om. xzV. **9** ὁ δ' ἐκπώματα, ὁ δ' xy, οἱ δ' ἐκπώματα, οἱ δ' zV. **10** τις om. z, s. v. V. ‖ τὸ om. x. **12** ὁ om. y. ‖ ἀφίστη (φι in ras.) F, ἀπέστησεν D. ‖ αὐτοὺς (υς in ras.) F, αὐτὸν g. ‖ οὔθ'] οὔτε F. **13** καὶ om. C. **15** ἰδὼν Bothe, ἰδόντα codd. **16** ἔφη] εἶπε y. ‖ δὴ] δὲ xz (ex δὴ V). ‖ ἢ om. xzV. **17** ὑφ' (ε s. v.) F. **18** ἐπηρμένοι y. ‖ πράττοιεν x. **19** ἡδονὴν yz, ὁδὸν x. ‖ δοκοίη x, δοκοίεν F. **20** οἱ ἀμελεῖσθαι δοκοῦντες Suidas. ‖ οἱ στρατιῶται x. **21** πολὺ ἂν y. ‖ γίγνοιντο yg. ‖ post. πολὺ] πολλοὶ G.

στότεροι. ἀλλὰ σὺ μέν, ἔφη, ἄλλως τε καὶ ὁδὸν μα- 42
κρὰν ἥκων δείπνει ἤδη· καὶ εἴ τινές σε τιμῶσιν, ἀντ-
ασπάζου καὶ εὐώχει αὐτούς, ἵνα σε καὶ θαρρήσωσιν·
ἐγὼ δ' ἀπιὼν ἐφ' ἅπερ λέγω τρέψομαι. αὔριον δ', 43
ἔφη, πρῳ δεῦρ' ἐπὶ τὰς σὰς θύρας παρέσονται οἱ ἐπι-
καίριοι, ὅπως βουλευσώμεθα πάντες σὺν σοί ὅ,τι χρὴ
ποιεῖν τὸ ἐκ τοῦδε. σὺ δ' ἡμῖν ἔμβαλε <βουλὴν>
παρὼν περὶ τούτου πότερον ἔτι δοκεῖ στρατεύεσθαι ἢ
καιρὸς ἤδη διαλύειν τὴν στρατιάν. ἐκ τούτου ὁ μὲν 44
Κυαξάρης ἀμφὶ δεῖπνον εἶχεν, ὁ δὲ Κῦρος συλλέξας
τοὺς ἱκανωτάτους τῶν φίλων καὶ φρονεῖν καὶ συμ-
πράττειν, εἴ τι δέοι, ἔλεξε τοιάδε.

Ἄνδρες φίλοι, ἃ μὲν δὴ πρῶτα ηὐξάμεθα, πάρεστι
σὺν θεοῖς. ὅπῃ γὰρ ἂν πορευώμεθα, κρατοῦμεν τῆς
χώρας· καὶ μὲν δὴ τοὺς πολεμίους ὁρῶμεν μειου-
μένους, ἡμᾶς δὲ αὐτοὺς πλείονάς τε καὶ ἰσχυροτέρους
γιγνομένους. εἰ δὲ ἡμῖν ἔτι ἐθελήσειαν οἱ νῦν προσ- 45
γεγενημένοι σύμμαχοι παραμεῖναι, πολλῷ ἂν μᾶλλον
ἀνύσαι δυναίμεθα καὶ εἴ τι βιάσασθαι καιρὸς καὶ εἴ
τι πεῖσαι δέοι. ὅπως οὖν τὸ μένειν ὡς πλείστοις συν-
δοκῇ τῶν συμμάχων, οὐδὲν μᾶλλον τοῦτο ἐμὸν ἔργον
ἢ ὑμέτερον μηχανᾶσθαι, ἀλλ' ὥσπερ καὶ ὅταν 46

---

4 ἔλεγον y. 5 πάντες οἱ yg. 6 πάντες om. y (punctis notavit G). || ὅ,τι] τί y. 7 <βουλὴν> Hug. 8 δοκεῖς codd., δοκεῖ Iuntina. 9 διαλύσειν F. 11 τῶν φίλων ante τοὺς transp. G. 12 εἴ z, ὅ y, ἄν x. 13 πρῶτα ... θεοῖς] πρῶτον εὐχόμεθα σὺν τοῖς θεοῖς πάρεστιν ἡμῖν y. 15 δὴ καὶ τοὺς y. 16 ἰσχυροτάτους x. 17 θελήσειαν y. || προσγενόμενοι y. 18 καὶ πολλῷ ἂν ἀνῦσαι μᾶλλον y. 19 δυνάμεθα zF. 20 συνδοκῇ] συνδόξαι y, συνδοκεῖ G (-οι s. v.). 21 τοῦτο μᾶλλον G. || ἔργον ἐμὸν AHpr. 22 post ἢ add. καὶ yz. || post ὥσπερ om. καὶ y.

μάχεσθαι δέῃ, ὁ πλείστους χειρωσάμενος ἀλκιμώτατος δοξάζεται εἶναι, οὕτω καὶ ὅταν πεῖσαι δέῃ, ὁ πλείστους ὁμογνώμονας ἡμῖν ποιήσας οὗτος δικαίως ἂν λεκτικώτατός τε καὶ πρακτικώτατος κρίνοιτο ἂν εἶναι. 47 μὴ μέντοι ὡς λόγον ἡμῖν ἐπιδειξόμενοι οἷον ἂν εἴποιτε πρὸς ἕκαστον αὐτῶν τοῦτο μελετᾶτε, ἀλλ' ὡς τοὺς πεπεισμένους ὑφ' ἑκάστου δήλους ἐσομένους οἷς
48 ἂν πράττωσιν οὕτω παρασκευάζεσθε. καὶ ὑμεῖς μέν, ἔφη, τούτων ἐπιμελεῖσθε· ἐγὼ δὲ ὅπως ἂν ἔχοντες τὰ ἐπιτήδεια ὅσον ἂν ἔγωγε δύνωμαι οἱ στρατιῶται περὶ τοῦ στρατεύεσθαι βουλεύωνται τούτου πειράσομαι ἐπιμελεῖσθαι.

---

1 μάχεσθαι δέῃ] μάχη ᾖ y. **2** πεῖσαι δέῃ] που δέῃ βουλῆς y, πείσεσθαι δέῃ G, βουλῆς δέῃ g. **4** τε om. xzV. || καὶ πρακτικώτατος om. x. || κρίνοιτο ἂν] φαίνοιτο y, φαίνοιτο ἂν g. **5** οἷον] ὃ y. || εἴπητε xzV, εἴποιτε y. **7** post τοὺς add. τε zC, γε V. || ἐσομένους] εἶναι g. **10** ὅσα ἂν ἐγὼ y. **11** βούλωνται xGH. || τούτου] om. y, τούτους AH, τούτῳ x.

ϛ

Ταύτην μὲν δὴ τὴν ἡμέραν οὕτω διαγαγόντες καὶ
δειπνήσαντες ἀνεπαύοντο. τῇ δ' ὑστεραίᾳ πρῷ ἧκον
ἐπὶ τὰς Κυαξάρου θύρας πάντες οἱ σύμμαχοι. ἕως
οὖν ὁ Κυαξάρης ἐκοσμεῖτο, ἀκούων ὅτι πολὺς ὄχλος
ἐπὶ ταῖς θύραις εἴη, ἐν τούτῳ οἱ φίλοι τῷ Κύρῳ
προσῆγον οἱ μὲν Καδουσίους δεομένους αὐτοῦ μένειν,
οἱ δὲ Ὑρκανίους, ὁ δέ τις Σάκας, ὁ δέ τις καὶ
Γωβρύαν· Ὑστάσπας δὲ Γαδάταν τὸν εὐνοῦχον
προσῆγε, δεόμενον τοῦ Κύρου μένειν. ἔνθα δὴ ὁ 2
Κῦρος γιγνώσκων ὅτι Γαδάτας πάλαι ἀπωλώλει τῷ
φόβῳ μὴ λυθείη ἡ στρατιά, ἐπιγελάσας εἶπεν, Ὦ
Γαδάτα, δῆλος εἶ, ἔφη, ὑπὸ τοῦ Ὑστάσπου τούτου
πεπεισμένος ταῦτα γιγνώσκειν ἃ λέγεις. καὶ ὁ Γαδάτας 3
ἀνατείνας τὰς χεῖρας πρὸς τὸν οὐρανὸν ἀπώμοσεν ἦ
μὴν μὴ ὑπὸ τοῦ Ὑστάσπου πεισθεὶς ταῦτα γιγνώσκειν·
ἀλλ' οἶδα, ἔφη, ὅτι ἂν ὑμεῖς ἀπέλθητε, ἔρρει τἀμὰ
παντελῶς· διὰ τοῦτ', ἔφη, καὶ τούτῳ ἐγὼ αὐτὸς

---

3 ἕως xz, ἐν ᾧ y. **4** ὁ om. x. **5** τὰς θύρας xz. **6** αὐτοῦ μένειν δεομένους EG. **7** ὁ δέ τις (καὶ om. etiam A) γωβρύαν, ὁ δέ τις σάκας y. **10** ὁ γαδάτης y. **12** ἔφη εἶ y. ‖ τοῦ om. y. ‖ τούτου VzC, τοῦδε y, om. E. **15** τοῦ om. y. ‖ γινώσκειν ταῦτα πεισθεὶς x, ταῦτα πεπεῖσθαι ἃ γινώσκοι y. **16** ἦν y. ‖ ἐκρεῖ Vxz. **17** τοῦτ' V, τοῦτο x, ταῦτα cet.

διελεγόμην, ἐρωτῶν εἰ εἰδείη τί ἐν νῷ ἔχεις [ὑπὲρ τῆς
4 διαλύσεως τοῦ στρατεύματος] ποιεῖν. καὶ ὁ Κῦρος
εἶπεν, Ἀδίκως ἄρα ἐγὼ Ὑστάσπαν τόνδε καταιτιῶμαι.
Ἀδίκως μέντοι νὴ Δί', ἔφη ὁ Ὑστάσπας, ὦ Κῦρε·
ἐγὼ γὰρ ἔλεγον τῷ Γαδάτᾳ τῷδε τοσοῦτον μόνον ὡς
οὐχ οἷόν τέ σοι εἴη στρατεύεσθαι, λέγων ὅτι ὁ πατήρ
5 σε μεταπέμπεται. καὶ ὁ Κῦρος, Τί λέγεις; ἔφη· καὶ
σὺ τοῦτο ἐτόλμησας ἐξενεγκεῖν, εἴτ' ἐγὼ ἐβουλόμην
εἴτε καὶ μή; Ναὶ μὰ Δί', ἔφη· ὁρῶ γάρ σε ὑπερεπιθυ-
μοῦντα ἐν Πέρσαις περίβλεπτον περιελθεῖν καὶ τῷ
πατρὶ ἐπιδείξασθαι ᾗ ἕκαστα διεπράξω. ὁ δὲ Κῦρος
ἔφη, Σὺ δ' οὐκ ἐπιθυμεῖς οἴκαδε ἀπελθεῖν; Οὐ μὰ
Δί', ἔφη ὁ Ὑστάσπας, οὐδ' ἄπειμί γε, ἀλλὰ μένων
στρατηγήσω, ἕως ἂν ποιήσω Γαδάταν τουτονὶ τοῦ
Ἀσσυρίου δεσπότην.
6 Οἱ μὲν δὴ τοιαῦτ' ἔπαιζον σπουδῇ πρὸς ἀλλήλους.
ἐν δὲ τούτῳ Κυαξάρης σεμνῶς κεκοσμημένος ἐξῆλθε
καὶ ἐπὶ θρόνου Μηδικοῦ ἐκαθέζετο. ὡς δὲ πάντες
συνῆλθον οὓς ἔδει καὶ σιωπὴ ἐγένετο, ὁ Κυαξάρης
ἔλεξεν ὧδε. Ἄνδρες σύμμαχοι, ἴσως, ἐπειδὴ παρὼν
τυγχάνω καὶ πρεσβύτερός εἰμι Κύρου, εἰκὸς ἄρχειν

1 διελεγόμην] προσῆλθον y. ‖ τί . . . ὑπὲρ] τίνα γνώμην ἔχοις περὶ y. ‖ νόῳ xz. ‖ [ὑπὲρ . . . στρατεύματος] Hug. 2 ποιεῖν om. y. 3 post ἐγὼ add. ὡς ἔοικεν y. ‖ ὑστάσπαν τόνδε Hug, ὑστάσπου τοῦδε xzV, ὑστάσπην y. ‖ αἰτιῶμαι y. 4 ἀδίκως . . . 5 ὡς] καὶ ὁ ὑστάσπης εἶπεν, ναὶ μὰ δί' ἔφη ὦ κῦρε, ἀδίκως μὲν δή, ἐπεὶ (δ' add. D) ἔγωγε καὶ ἀντέλεγον γαδάτῃ ὡς y. ‖ 5 ὁ om. V. 6 τε om. G. ‖ στρατεύεσθαι] μένειν y. 7 μεταπέμποιτο yg. 8 τοῦτο σὺ y. ‖ εἴτ'] ἐπεὶ zV. 9 καὶ om. yzV. ‖ ναὶ om. D. 12 ἀπελθεῖν] διελθεῖν xAH. ‖ οὐ om. y. 14 ἕως xz, ἔστ' y. ‖ ἂν om. x. ‖ τουτονὶ τὸν γαδάταν x. ‖ δεσπότην τοῦ ἀσσυρίου y. 16 τοιαῦτ'] τοῦτ' x. 17 ὁ κυαξάρης y. 19 ὁ om. y. 20 ἔλεξεν z, ἔλεγεν x, εἶπεν y. ‖ ἴσως om. zV. 21 με ἄρχειν y.

*με λόγου. νῦν οὖν δοκεῖ μοι εἶναι καιρὸς περὶ
τούτου πρῶτον διαλέγεσθαι πότερον στρατεύεσθαι
ἔτι [καιρὸς] δοκεῖ [εἶναι] ἢ διαλύειν ἤδη τὴν
στρατιάν λεγέτω οὖν τις, ἔφη, περὶ αὐτοῦ τούτου ᾗ
γιγνώσκει. ἐκ τούτου πρῶτος μὲν εἶπεν ὁ Ὑρκάνιος,* 7
*Ἄνδρες σύμμαχοι, οὐκ οἶδα μὲν ἔγωγε εἴ τι δεῖ
λόγων ὅπου αὐτὰ τὰ ἔργα δεικνύει τὸ κράτιστον.
πάντες γὰρ ἐπιστάμεθα ὅτι ὁμοῦ μὲν ὄντες πλείω κακὰ
τοὺς πολεμίους ποιοῦμεν ἢ πάσχομεν· ὅτε δὲ χωρὶς
ἦμεν ἀλλήλων, ἐκεῖνοι ἡμῖν ἐχρῶντο ὡς ἐκείνοις ἦν
ἥδιστον, ἡμῖν γε μὴν ὡς χαλεπώτατον. ἐπὶ τούτῳ ὁ* 8
*Καδούσιος εἶπεν, Ἡμεῖς δὲ τί ἂν λέγοιμεν, ἔφη, περὶ
τοῦ οἴκαδε ἀπελθόντες ἕκαστοι χωρὶς εἶναι, ὁπότε γε
οὐδὲ στρατευομένοις, ὡς ἔοικε, χωρίζεσθαι συμφέρει;
ἡμεῖς γοῦν οὐ πολὺν χρόνον δίχα τοῦ ὑμετέρου πλή-
θους στρατευσάμενοι δίκην ἔδομεν ὡς καὶ ὑμεῖς ἐπί-
στασθε ἐπὶ τούτῳ Ἀρτάβαζος ὅ ποτε φήσας εἶναι* 9
*Κύρου συγγενὴς ἔλεξε τοιάδε· Ἐγὼ δ', ἔφη, ὦ
Κυαξάρη, τοσοῦτον διαφέρομαι τοῖς πρόσθεν λέγουσιν
οὗτοι μὲν γάρ φασιν ὅτι δεῖ μένοντας στρατεύεσθαι,
ἐγὼ δὲ λέγω ὅτι ὅτε μὲν οἴκοι ἦν, ἐστρατευόμην· καὶ* 10
γὰρ ἐβοήθουν πολλάκις τῶν ἡμετέρων ἀγομένων καὶ

---

1 *μοι δοκεῖ καιρὸς ἔφη εἶναι περὶ τούτου διαλέγεσθαι πρῶτον* y (*λέγεσθαι* xzV). **3** *ἔτι καιρὸς* Vz, *καιρὸς ἔτι* x, *καιρὸς* om. F et *ἔτι* post *εἶναι* transp. y. || *εἶναι δοκεῖ* Zon., *εἶναι* del. Dind. || *ἤδη*] *δεῖ* x. **4** *τις οὖν* G. **5** *πρῶτον* xz. **7** *λόγου* xzV. || *δείκνυσι* solus F. **8** *μὲν ὄντες* Jacobs, *μένοντες* codd. praeter D, in quo corr. *μὲν μένοντες*. || *κακὰ* om. xzV. **9** *ποιοῦμεν τοὺς πολεμίους* y. **11** *τοῦτο* AH. **13** *ὁπότε*] *ὅπου* F. **15** *διὰ τοῦ ἡμετέρου* xz. **17** *ὁ συγγενὴς εἶναί ποτε φήσας κύρῳ εἶπε τάδε* y. **20** *ὅτι δεῖ* y, *ἔτι δεῖν* (*δεῖ* G) CzV, *ἔτι* E. **21** *ὅτε οἴκοι ἤμην* xzV. **22** *ἀγομένων . . .* **1** p. 284 *ἡμετέρων* om. xzV περὶ τῶν ἡμετέρων φρουρίων ὡς ἐπιβουλευσομένων πολλάκις πράγματα εἶχον φοβούμενός τε καὶ φρουρῶν· καὶ ταῦτ' ἔπραττον τὰ οἰκεῖα δαπανῶν. νῦν δ' ἔχω μὲν τὰ ἐκείνων φρούρια, οὐ φοβοῦμαι δ' ἐκείνους, εὐωχοῦμαι δὲ τὰ ἐκείνων καὶ πίνω τὰ τῶν πολεμίων. ὡς οὖν τὰ μὲν οἴκοι στρατείαν οὖσαν, τάδε δὲ ἑορτήν, ἐμοὶ μὲν οὐ δοκεῖ, ἔφη, διαλύειν τήνδε τὴν

11 πανήγυριν. ἐπὶ τούτῳ ὁ Γωβρύας εἶπεν, Ἐγὼ δ', ὦ ἄνδρες σύμμαχοι, μέχρι μὲν τοῦδε ἐπαινῶ τὴν Κύρου δεξιάν· οὐδὲν γὰρ ψεύδεται ὧν ὑπέσχετο· εἰ δ' ἄπεισιν ἐκ τῆς χώρας, δῆλον ὅτι ὁ μὲν Ἀσσύριος ἀναπνεύσεται, οὐ τίνων ποινὰς ὧν τε ὑμᾶς ἐπεχείρησεν ἀδικεῖν καὶ ὧν ἐμὲ ἐποίησεν· ἐγὼ δὲ ἐν τῷ μέρει πάλιν ἐκείνῳ δώσω δίκην ὅτι ὑμῖν φίλος ἐγενόμην.

12 Ἐπὶ τούτοις πᾶσι Κῦρος εἶπεν, Ὦ ἄνδρες, οὐδ' ἐμὲ λανθάνει ὅτι ἐὰν μὲν διαλύωμεν τὸ στράτευμα, τὰ μὲν ἡμέτερα ἀσθενέστερα γίγνοιτ' ἄν, τὰ δὲ τῶν πολεμίων πάλιν αὐξήσεται. ὅσοι τε γὰρ αὐτῶν ὅπλα ἀφῄρηνται, ταχὺ ἄλλα ποιήσονται ὅσοι τε ἵππους ἀπεστέρηνται, ταχὺ πάλιν ἄλλους ἵππους κτήσονται· ἀντὶ δὲ τῶν ἀποθανόντων ἕτεροι ἐφηβήσουσιν [καὶ

---

1 σφετέρων y. ‖ ἐπιβουλευομένων y. 2 γράμματα xz. 3 ἔχω μὲν zV, ἔχο μὲν C, ἔχωμεν F, ἔχομεν E. 4 καὶ οὐ yg. | δ' om. y. 5 καὶ πίνω xz, πίνω τε F, πίνω δὲ D. 6 στρατιὰν y. ‖ τάδε] τὰ xzV. 7 ἔφην C, om. E. 8 δ' om. xzV. 9 μὲν om. F. 10 δὲ ἄπιτε y. 12 ἀναπνεύσεται Hertlein, ἀναπαύσεται codd. 13 δὲ om. G. 14 ἐκείνῳ πάλιν xz. 15 τουτοισὶ CAH. ‖ ὁ κῦρος Zon. ‖ οὐδ' ἐμὲ λανθάνει, ὦ ἄνδρες ὡς εἰ διαλύσομεν Zon. 16 ἐὰν μὲν xz. ἢν νῦν gy (ἐὰν νῦν g). 17 γίγνοιτ' ἂν xAG, γίγνοιντ' ἂν H et qui ἀσθενέστερα post ἂν transp., Zon., γίγνεται y. 18 πάλιν om Zon. ‖ τε] μὲν y. 19 ταχὺ . . . 20 ἀπεστέρηνται om. F. 20 ἵππους del. Herwerden ‖ κεκτήσονται V. 21 ante ἐφηβήσουσι (-σον-

ἐπιγενήσονται] ὥστε οὐδὲν θαυμαστὸν εἰ πάνυ ἐν τάχει
πάλιν ἡμῖν πράγματα παρέχειν δυνήσονται. τί δῆτα 13
ἐγὼ Κυαξάρην ἐκέλευσα λόγον ἐμβαλεῖν περὶ καταλύσεως τῆς στρατιᾶς; εὖ ἴστε ὅτι φοβούμενος τὸ μέλλον. ὁρῶ γὰρ ἡμῖν ἀντιπάλους προσιόντας οἷς ἡμεῖς, εἰ
ὧδε στρατευσόμεθα, οὐ δυνησόμεθα μάχεσθαι. προσ- 14
έρχεται μὲν γὰρ δήπου χειμών, στέγαι δὲ εἰ καὶ ἡμῖν αὐτοῖς εἰσιν, ἀλλὰ μὰ Δί' οὐχ ἵπποις οὐδὲ θεράπουσιν οὐδὲ τῷ δήμῳ τῶν στρατιωτῶν, ὧν ἄνευ ἡμεῖς οὐκ ἂν δυναίμεθα στρατεύεσθαι· τὰ δ' ἐπιτήδεια ὅπου μὲν ἡμεῖς ἐληλύθαμεν ὑφ' ἡμῶν ἀνήλωται· ὅποι δὲ μὴ ἀφίγμεθα, διὰ τὸ ἡμᾶς φοβεῖσθαι ἀνακεκομισμένοι εἰσὶν εἰς ἐρύματα, ὥστε αὐτοὶ μὲν ἔχειν, ἡμᾶς δὲ
ταῦτα μὴ δύνασθαι λαμβάνειν. τίς οὖν οὕτως 15
ἀγαθὸς ἢ τίς οὕτως ἰσχυρὸς ὃς λιμῷ καὶ ῥίγει δύναιτ' ἂν μαχόμενος στρατεύεσθαι; εἰ μὲν οὖν οὕτω στρατευσόμεθα, ἐγὼ μέν φημι χρῆναι ἑκόντας ἡμᾶς καταλῦσαι τὴν στρατιὰν μᾶλλον ἢ ἄκοντας ὑπ' ἀμηχανίας ἐξελαθῆναι. εἰ δὲ βουλόμεθα ἔτι στρατεύεσθαι, τόδ' ἐγώ φημι χρῆναι ποιεῖν, ὡς τάχιστα πειρᾶσθαι τῶν μὲν ἐκείνων ὀχυρῶν ὡς πλεῖστα παραιρεῖν, ἡμῖν δ' αὐτοῖς ὡς πλεῖστα ὀχυρὰ ποιεῖσθαι ἐὰρ γὰρ ταῦτα

ται F) add. καὶ y. || [καὶ ἐπιγενήσονται] Schneider. **1** πάνυ om. y. **3** λόγον ἐκέλευσα y. || ἐμβάλλειν xz. **4** στρατείας z. || ἴστε ἔφη ὅτι y. **7** χειμὼν δήπου AHV. **9** οὐκ . . . **11** ἡμεῖς om. G. **10** δυνάμεθα F. || ὅπου] ὅπη E, ὅποι Dind. **12** ἀνακεκομισμένα g. **13** αὐτοῖς F. **15** ἰσχυρῶς y. || ὃς om. xz. **17** χρῆναι . . . **20** φημι om. xz, i. marg. (sed φημι ἔτι) V. **19** ἐξε(-α- F)λασθῆναι y. **20** ἔτι χρῆναι xH. || πειρᾶσθαι ὡς τάχιστα y. **21** ὀχυρῶν ἡμᾶς ὡς yg. || παραιρεῖν codd. Zon., καθαιρεῖν Hertlein, περιαιρεῖν Pantazides cf. Hell. II 2, 22. III 2, 30. V 2, 1. **22** ἰσχυρὰ yg. || ἐὰν] εἰ y.

γένηται, τὰ μὲν ἐπιτήδεια πλείω ἕξουσιν ὁπότεροι ἂν
πλείω δύνωνται λαβόντες ἀποτίθεσθαι, πολιορκήσον-
16 ται δὲ ὁπότεροι ἂν ἥττους ὦσι. νῦν δ' οὐδὲν δια-
φέρομεν τῶν ἐν πελάγει πλεόντων· καὶ γὰρ ἐκεῖνοι
πλέουσι μὲν ἀεί, τὸ δὲ πεπλευσμένον οὐδὲν οἰκειό-
τερον τοῦ ἀπλεύστου καταλείπουσιν. ἐὰν δὲ φρούρια
ἡμῖν γένηται, ταῦτα δὴ τοῖς μὲν πολεμίοις ἀλλο-
τριώσει τὴν χώραν, ἡμῖν δ' ὑπ' εὐδίᾳ μᾶλλον πάντ'
17 ἔσται. ὃ δ' ἴσως ἄν τινες ὑμῶν φοβηθεῖεν, εἰ δεήσει
πόρρω τῆς ἑαυτῶν φρουρεῖν, μηδὲν τοῦτο ὀκνήσητε.
ἡμεῖς μὲν γὰρ ἐπείπερ καὶ ὣς οἴκοθεν ἀποδημοῦμεν,
φρουρήσειν ὑμῖν ἀναδεχόμεθα τὰ ἐγγύτατα χωρία τῶν
πολεμίων, ὑμεῖς δὲ τὰ πρόσορα ὑμῖν αὐτοῖς τῆς
18 Ἀσσυρίας ἐκεῖνα κτᾶσθε καὶ ἐργάζεσθε. ἐὰν γὰρ ἡμεῖς
τὰ πλησίον αὐτῶν φρουροῦντες δυνώμεθα σῴζεσθαι,
ἐν πολλῇ ὑμεῖς εἰρήνῃ ἔσεσθε οἱ τὰ πρόσω αὐτῶν
ἔχοντες· οὐ γὰρ οἶμαι δυνήσονται τῶν ἐγγὺς ἑαυτῶν
ἀμελοῦντες τοῖς πρόσω ὑμῖν ἐπιβουλεύειν.

19 Ὡς δὲ ταῦτ' ἐρρήθη, οἵ τε ἄλλοι πάντες ἀνιστά-
μενοι συμπροθυμήσεσθαι ταῦτ' ἔφασαν καὶ Κυαξάρης.
Γαδάτας δὲ καὶ Γωβρύας καὶ τεῖχος [ἑκάτερος αὐτῶν],

---

1 πλείονα y. **2** λαμβάνοντες y. **3** δὲ om. F. || ἥττους] κρείττους xzV (ἥττους g). **4** ante πελάγει add. τῷ codd. praeter V. **5** μὲν γὰρ ἀεί F. **6** ἐὰν] ἦν F. **7** δὴ] ἤδη y. **8** ὑπ' εὐδίᾳ D, ὑπεύδια F, ὑπ' εὐδίαν xz. || ἔσται πάντα y. **9** ἡμῶν VzE. || δεήσοι xAHV. **10** μὴ δὲ xz. || τούτῳ g. || ὀκνήσετε xyg. **11** εἴπερ xzV. || καὶ erasit G. **12** φρουρήσει F. || ἀναδεχοίμεθα zC. **13** προσόρια et τῆς δὲ συρίας y. **14** ἦν y. **15** πλησίον y, πλείω xzV. || δυνώμεθα φρουροῦντες y **16** ἔσεσθε] om. y, βιοτεύσετε in marg. g, quod post ἔχοντες add. y (βιοτεύσεται F). **17** ἑαυτῶν] αὐτοῖς y. **18** ante ἀμελοῦντες add. κακῶν y, ὄντων xAH, om. VG. **19** τε om. xG. **21** [ἑκάτερος αὐτῶν] ego, αὐτῶν ἑκατέροις y.

ἣν ἐπιτρέψωσιν οἱ σύμμαχοι, τειχιεῖσθαι ἔφασαν, ὥστε
καὶ ταῦτα φίλια τοῖς συμμάχοις ὑπάρχειν. ὁ οὖν 20
Κῦρος ἐπεὶ ἑώρα προθύμους πάντας ὄντας πράττειν
ὅσα ἔλεξε, τέλος εἶπεν, Εἰ τοίνυν περαίνειν βουλόμεθα
ὅσα φαμὲν χρῆναι ποιεῖν, ὡς τάχιστ' ἂν δέοι γενέσθαι
μηχανὰς μὲν εἰς τὸ καθαιρεῖν τὰ τῶν πολεμίων τείχη,
τέκτονας δὲ εἰς τὸ ἡμῖν ὀχυρὰ πυργοῦσθαι. ἐκ τού- 21
του ὑπέσχετο ὁ μὲν Κυαξάρης μηχανὴν αὐτὸς ποιησά-
μενος παρέξειν, ἄλλην δὲ Γαδάτας καὶ Γωβρύας, ἄλλην
δὲ Τιγράνης· αὐτὸς δὲ Κῦρος ἔφη δύο πειράσεσθαι
ποιήσασθαι. ἐπεὶ δὲ τοῦτ' ἔδοξεν, ἐπορίζοντο μὲν 22
μηχανοποιούς, παρεσκευάζοντο δ' ἕκαστοι εἰς τὰς
μηχανὰς ὧν ἔδει· ἄνδρας δ' ἐπέστησαν οἳ ἐδόκουν
ἐπιτηδειότατοι εἶναι ἀμφὶ ταῦτ' ἔχειν.

Κῦρος δ' ἐπεὶ ἔγνω ὅτι διατριβὴ ἔσται ἀμφὶ ταῦτα, 23
ἐκάθισε τὸ στράτευμα ἔνθα ᾤετο ὑγιεινότατον εἶναι
καὶ εὐπροσοδώτατον ὅσα ἔδει προσκομίζεσθαι· ὅσα
τε ἐρυμνότητος προσεδεῖτο, ἐποιήσατο, ὡς ἐν
ἀσφαλεῖ οἱ αἰεὶ μένοντες εἶεν, εἴ ποτε καὶ πρόσω τῇ
ἰσχύι ἀποστρατοπεδεύοιτο. πρὸς δὲ τούτοις ἐρωτῶν 24
οὓς ᾤετο μάλιστα εἰδέναι τὴν χώραν ὁπόθεν ἂν ὡς
πλεῖστα ὠφελοῖτο τὸ στράτευμα, ἐξῆγεν ἀεὶ εἰς προνο-

1 τειχίσασθαι xz. 3 πάντας post προθύμους x, post ἑώρα y, post ἐπεὶ z. 4 εἶπεν] ἔφη y. || παραινεῖν xAHV. 5 τάχιστα ἃ ἂν F. 7 ἐχυρὰ yG. 8 ὁ om. y. 9 post γαδάτης add. τε y. 10 prius δὲ om. y. || ἄλλην (in F punctis notatum) δὲ αὐτὸς y. || ἔφη δύο] ἔφατο D et verisimiliter F, in quo ηδυ in ras. || πειράσεσθαι Med. 55, 19, πειρᾶσθαι cet. 11 ποιήσασθαι y, ποιήσειν xz. || ἐπόριζον yg. 13 δεῖ zC, δέοι E. 15 διατριβὴ ἔσται (ἔστιν G) xz, διατριβήσεται y. 16 ἐκάθισε μὲν τὸ y. 17 δεῖ xzV. || ὅσα τε ἐρυμνότητος] ἐρυμνὸν δ' εἴ πῃ y. 19 αἰεὶ V. 20 ἀποστρατοπεδεύοιντο Vz (-σαιντο D). 21 ὡς] τὰ y. 22 ὠφελεῖτο x.

μάς, ἅμα μὲν ὅπως ὅτι πλεῖστα λαμβάνοι τῇ στρατιᾷ
τὰ ἐπιτήδεια, ἅμα δ' ὅπως μᾶλλον ὑγιαίνοιεν καὶ
ἰσχύοιεν διαπονούμενοι ταῖς πορείαις, ἅμα δ' ὅπως ἐν
25 ταῖς ἀγωγαῖς τὰς τάξεις ὑπομιμνήσκοιντο. ὁ μὲν δὴ
Κῦρος ἐν τούτοις ἦν.

Ἐκ δὲ Βαβυλῶνος αὐτόμολοι καὶ ἁλισκόμενοι ταὔτ'
ἔλεγον ὅτι ὁ Ἀσσύριος οἴχοιτο ἐπὶ Λυδίας, πολλὰ
τάλαντα χρυσίου καὶ ἀργυρίου ἄγων καὶ ἄλλα
26 κτήματα καὶ κόσμον παντοδαπόν. ὁ μὲν οὖν ὄχλος
τῶν στρατιωτῶν ἔλεγεν ὡς ὑπεκτίθοιτο ἤδη τὰ χρή-
ματα φοβούμενος· ὁ δὲ Κῦρος γιγνώσκων ὅτι οἴχοιτο
συστήσων εἴ τι δύναιτο ἀντίπαλον ἑαυτῷ, ἀντι-
παρεσκευάζετο ἐρρωμένως, ὡς μάχης ἔτι δεῆσον· ὥστ'
ἐξεπίμπλη μὲν τὸ τῶν Περσῶν ἱππικόν, τοὺς μὲν ἐκ
τῶν αἰχμαλώτων, τοὺς δέ τινας καὶ παρὰ τῶν φίλων
λαμβάνων ἵππους· ταῦτα γὰρ παρὰ πάντων ἐδέχετο
καὶ ἀπεωθεῖτο οὐδέν, οὔτε εἴ τις ὅπλον διδοίη καλὸν
27 οὔτ' εἴ τις ἵππον· κατεσκευάζετο δὲ καὶ ἅρματα ἔκ τε
τῶν αἰχμαλώτων ἁρμάτων καὶ ἄλλοθεν ὁπόθεν ἐδύ-
νατο. καὶ τὴν μὲν Τρωικὴν διφρείαν πρόσθεν οὖσαν
καὶ τὴν Κυρηναίων ἔτι καὶ νῦν ἁρματηλασίαν

---

1 ὅπως] ὡς y. ‖ post πλεῖστα add. μὲν EGH. 3 διαπορευόμενοι xz. ‖ δ'] θ' xAH. 6 ante αὐτόμολοι add. οἱ y. ‖ καὶ om. xz. ‖ ante ἁλισκόμενοι add. οἱ yAg. ‖ ταῦτ' codd., corr. Bothe. 7 λυδίαν Zon. 8 ἀργυρίου καὶ χρυσίου y. 9 καὶ om. xz. 10 ἔλεγεν] ὑπελάμβανον F, ὑπελάμβανεν Dg. 11 οἴχοιτο] post. οι in ras. F. 12 εἴ τι] ὅ,τι y. ‖ ἑαυτὸν yg. 13 δεήσοι y. ‖ ὥστ' Poppo, ὡς δ' xzV, καὶ y, καὶ οὕτως V corr. 14 ἐξεπίμπλα μὲν Dg, ἐξεπίμπλαμεν F. ‖ περσῶν] πεζῶν F. 17 οὔτε εἴ τις] οὐδὲ ἂν xz. ‖ ἐδίδου y. 18 οὔτ' εἴ τις ἵππον] οὔτε ἵππον y. ‖ ἐκ om. y. 19 ἁρμάτων glossema putat esse Pantazides. ‖ δύναιτο y. 20 τρωικὴν om. xzV. ‖ διφρίαν xzF. 21 ἔτι καὶ νῦν xz, ἔτι νῦν οὖσαν yg.

κατέλυσε· τὸν γὰρ πρόσθεν χρόνον καὶ οἱ ἐν τῇ Μηδίᾳ
καὶ Συρίᾳ καὶ Ἀραβίᾳ καὶ πάντες οἱ ἐν τῇ Ἀσίᾳ τοῖς
ἅρμασιν οὕτως ἐχρῶντο ὥσπερ νῦν οἱ Κυρηναῖοι.
ἔδοξε δ' αὐτῷ, ὃ κράτιστον εἰκὸς ἦν εἶναι τῆς δυνά- 28
μεως, ὄντων τῶν βελτίστων ἐπὶ τοῖς ἅρμασι, τοῦτο
ἐν ἀκροβολιστῶν μέρει εἶναι καὶ εἰς τὸ κρατεῖν οὐδὲν
μέγα [βάρος] συμβάλλεσθαι. ἅρματα γὰρ τριακόσια
τοὺς μὲν μαχομένους παρέχεται τριακοσίους, ἵπποις
δ' οὗτοι χρῶνται διακοσίοις καὶ χιλίοις· ἡνίοχοι δ'
αὐτοῖς εἰσὶ μὲν ὡς εἰκὸς οἷς μάλιστα πιστεύουσιν, οἱ
βέλτιστοι· εἰς τριακοσίους δὲ διάδοχοί εἰσιν, οἳ οὐδ'
ὁτιοῦν τοὺς πολεμίους βλάπτουσι. ταύτην μὲν οὖν τὴν 29
διφρείαν κατέλυσεν· ἀντὶ δὲ τούτου πολεμιστήρια
κατεσκευάσατο ἅρματα τροχοῖς τε ἰσχυροῖς, ὡς μὴ
ῥᾳδίως συντρίβηται, ἄξοσί τε μακροῖς· ἧττον γὰρ
ἀνατρέπεται πάντα τὰ πλατέα· τὸν δὲ δίφρον τοῖς
ἡνιόχοις ἐποίησεν ὥσπερ πύργον ἰσχυρῶν ξύλων· ὕψος
δὲ τούτων ἐστὶ μέχρι τῶν ἀγκώνων, ὡς δύνωνται
ἡνιοχεῖσθαι οἱ ἵπποι ὑπὲρ τῶν δίφρων· τοὺς δ' ἡνι-
όχους ἐθωράκισε πάντα πλὴν τῶν ὀφθαλμῶν. προσ- 30
έθηκε δὲ καὶ δρέπανα σιδηρᾶ ὡς διπήχη πρὸς τοὺς

1 μηδείᾳ xz. 4 ἔδοξε δ' y, ἔδοξεν xz. || ἦν εἰκὸς y, om. ἦν A. 5 ὄντων τῶν yg, ὂν τῶν zC, ὄντων E. || τοῦτο μὴ ἐν y. 6 μὲν s. v. V (ἐν v). 7 βάρος xz, μέρος Vy, del. Bornemann. || συμβαλέσθαι xz. 8 ἵππους CAH. 9 post δ'] δ' αὖ g. 10 πιστεύσουσιν Hf. 11 post βέλτιστοι add. ἄλλοι δ' xz, δὲ (i. m.) οὗτοί εἰσιν V. || δὲ διάδοχοί εἰσιν ego, οὗτοι δέ εἰσιν yg, οὗτοί εἰσιν xzV, εἰσὶ τριακόσιοι οὗτοι Schneider. 12 τοῖς πολεμίοις F. 13 διφρίαν EF 14 κατεσκευάσατο] κατεσκεύασε τὰ F, κατεσκεύασεν D. 15 συντριβῆναι Hirschig. 18 post ἀγκώνων add. τοῦ ἡνιόχου y. 21 καὶ om. C. || σιδήρεα et διπήχεα y (διπήχεα etiam g).

ἄξονας ἔνθεν καὶ ἔνθεν τῶν τροχῶν καὶ ἄλλα κάτω ὑπὸ τῷ ἄξονι εἰς γῆν βλέποντα, ὡς ἐμβαλούντων εἰς τοὺς ἐναντίους τοῖς ἅρμασιν. ὡς δὲ τότε Κῦρος ταῦτα κατεσκεύασεν, οὕτως ἔτι καὶ νῦν τοῖς ἅρμασι χρῶνται οἱ ἐν τῇ βασιλέως χώρᾳ. ἦσαν δὲ αὐτῷ καὶ κάμηλοι πολλαὶ παρά τε τῶν φίλων συνειλεγμέναι καὶ
31 ⟨αἱ⟩ αἰχμάλωτοι πᾶσαι συνηθροισμέναι. καὶ ταῦτα μὲν οὕτω συνεπεραίνετο.

Βουλόμενος δὲ κατάσκοπόν τινα πέμψαι ἐπὶ Λυδίας καὶ μαθεῖν ὅ,τι πράττοι ὁ Ἀσσύριος, ἔδοξέν αὐτῷ ἐπιτήδειος εἶναι Ἀράσπας ἐλθεῖν ἐπὶ τοῦτο ὁ φυλάττων τὴν καλὴν γυναῖκα. συνεβεβήκει γὰρ τῷ Ἀράσπᾳ τοιάδε. ληφθεὶς ἔρωτι τῆς γυναικὸς ἠναγκάσθη
□ 32 προσενεγκεῖν λόγους αὐτῇ περὶ συνηθείας. ἡ δὲ ἀπέφησε μὲν καὶ ἦν πιστὴ τῷ ἀνδρὶ καίπερ ἀπόντι· ἐφίλει γὰρ αὐτὸν ἰσχυρῶς· οὐ μέντοι κατηγόρησε τοῦ Ἀράσπου πρὸς τὸν Κῦρον, ὀκνοῦσα συμβαλεῖν φίλους
33 ἄνδρας. ἐπεὶ δὲ ὁ Ἀράσπας δοκῶν ὑπηρετήσειν τῷ τυχεῖν ἃ ἐβούλετο ἠπείλησε τῇ γυναικὶ ὅτι εἰ μὴ βούλοιτο ἑκοῦσα, ἄκουσα ποιήσοι ταῦτα, ἐκ τούτου ἡ γυνή, ὡς ἔδεισε τὴν βίαν, οὐκέτι κρύπτει, ἀλλὰ πέμπει τὸν εὐνοῦχον πρὸς τὸν Κῦρον καὶ κελεύει λέξαι

---

1 καὶ ante ἔνθεν om. G. ‖ τῶν om. xz, s. v. V. 2 ante γῆν add. τὴν xzV. ‖ εἰσβαλούντων xz. 4 κατεσκεύαζεν xz. 5 χρῶνται καὶ y. ‖ χώρᾳ del. Bisshop. 7 αἱ add. Dind. ‖ συνηθροισμέναι del. Pantazides ut glossema ad συνειλεγμέναι. 8 ἐπεραίνετο y, συνεπαίρετο x, συνεπεραίνετο z (εραίνετο in ras. G). 9 τινα κατάσκοπον y. ‖ λυδίαν Zon. 12 τὴν γυναῖκα τὴν καλὴν G. ‖ γὰρ] δὲ x. 14 προσήγαγε Zon. ‖ συνηθείας xzV, συνουσίας yg. 17 συμβάλλειν y. 18 δὲ] οὖν G. ‖ ὑπηρετήσειν τῷ τυχεῖν] ὑπηρετεῖν ἀπετύγχανεν y (ἐτύγχανεν in marg. g). 20 ποιήσει xZon., ποιήσοιτο y.

πάντα ὁ δ' ὡς ἤκουσεν, ἀναγελάσας ἐπὶ τῷ κρείτ- 34
τονι τοῦ ἔρωτος φάσκοντι εἶναι, πέμπει Ἀρτάβαζον σὺν τῷ εὐνούχῳ καὶ κελεύει αὐτῷ εἰπεῖν βιάζεσθαι μὲν μὴ τοιαύτην γυναῖκα, πείθειν δὲ εἰ δύναιτο, οὐκ
ἔφη κωλύειν. ἐλθὼν δ' Ἀρτάβαζος πρὸς τὸν Ἀράσπαν 35
ἐλοιδόρησεν αὐτόν, παρακαταθήκην ὀνομάζων τὴν γυναῖκα, ἀσέβειάν τε αὐτοῦ ψέγων ἀδικίαν τε καὶ ἀκράτειαν, ὥστε τὸν Ἀράσπαν πολλὰ μὲν δακρύειν ὑπὸ λύπης, καταδύεσθαι δ' ὑπὸ τῆς αἰσχύνης, ἀπολωλέναι δὲ τῷ φόβῳ μή τι καὶ πάθοι ὑπὸ Κύρου.
Ὁ οὖν Κῦρος καταμαθὼν ταῦτα ἐκάλεσεν αὐτὸν 36
καὶ μόνος μόνῳ ἔλεξεν, Ὁρῶ σε, ἔφη, ὦ Ἀράσπα, φοβούμενόν τε ἐμὲ καὶ ἐν αἰσχύνῃ δεινῶς ἔχοντα. παῦσαι οὖν τούτων· ἐγὼ γὰρ θεούς τε ἀκούω ἔρωτος ἡττῆσθαι, ἀνθρώπους τε οἶδα καὶ μάλα δοκοῦντας φρονίμους εἶναι οἷα πεπόνθασιν ὑπ' ἔρωτος· καὶ αὐτὸς δ' ἐμαυτοῦ κατέγνων μὴ ἂν καρτερῆσαι ὥστε συνὼν καλοῖς ἀμελεῖν αὐτῶν. καὶ σοὶ δὲ τούτου τοῦ πράγματος ἐγὼ αἴτιός εἰμι· ἐγὼ γάρ σε συγκαθεῖρξα
τούτῳ τῷ ἀμάχῳ πράγματι. καὶ ὁ Ἀράσπας ὑπολαβὼν 37
εἶπεν, Ἀλλὰ σὺ μέν, ὦ Κῦρε, καὶ ταῦτα ὅμοιος εἶ οἷόσπερ καὶ τἆλλα, πρᾶός τε καὶ συγγνώμων τῶν ἀνθρωπίνων ἁμαρτημάτων· ἐμὲ δ', ἔφη, καὶ οἱ ἄλλοι ἄνθρωποι καταδύουσι τῷ ἄχει. ὡς γὰρ ὁ θροῦς δι-

---

1 ἅπαντα y. 5 ante ἀρτάβαζος add. ὁ codd. praeter V. 6 ἐλοιδόρησε(ν F) παρακαταθήκην τε y, τε s. v. V. 7 ἑαυτοῦ V. ‖ ψέγων ego, λέγων codd. ‖ καὶ] τὴν Hartman. 8 ἀκρασίαν yg. 10 καὶ om. y. 11 post ἐκάλεσε(ν) add. τε y. 15 ἡσσῆσθαι y (ἡσσᾶσθαι Vf), ἡττᾶσθαι xzZon. ‖ φρονίμους δοκοῦντας F. 18 ἀμελῆσαι y. ‖ σοὶ] σοῦ x. 19 συγκαθεῖρξα y, συγκατῆρξα xz. 22 ὥσπερ xHV. 24 καταλύουσι yg.

ἦλθε τῆς ἐμῆς συμφορᾶς, οἱ μὲν ἐχθροὶ ἐφήδονταί
μοι, οἱ δὲ φίλοι προσιόντες συμβουλεύουσιν ἐκποδὼν
ἔχειν ἐμαυτόν, μή τι καὶ πάθω ὑπὸ σοῦ, ὡς ἠδικη-
38 κότος ἐμοῦ μεγάλα. καὶ ὁ Κῦρος εἶπεν, Εὖ τοίνυν
ἴσθι, ὦ Ἀράσπα, ὅτι ταύτῃ τῇ δόξῃ οἷός τ' εἶ ἐμοί
τε ἰσχυρῶς χαρίσασθαι καὶ τοὺς συμμάχους μεγάλα
ὠφελῆσαι. Εἰ γὰρ γένοιτο, ἔφη ὁ Ἀράσπας, ὅ,τι ἐγώ
39 σοι ἐν καιρῷ ἂν γενοίμην [αὖ χρήσιμος]. Εἰ τοίνυν,
ἔφη, προσποιησάμενος ἐμὲ φεύγειν ἐθέλοις εἰς τοὺς
πολεμίους ἐλθεῖν, οἶμαι ἄν σε πιστευθῆναι ὑπὸ τῶν
πολεμίων. Ἔγωγε ναὶ μὰ Δί', ἔφη ὁ Ἀράσπας, καὶ
ὑπὸ τῶν φίλων οἶδα ὅτι ὡς σὲ πεφευγὼς λόγον ἂν
40 [παρ]έχοιμι. Ἔλθοις ἂν τοίνυν, ἔφη, ἡμῖν πάντα εἰ-
δὼς τὰ τῶν πολεμίων· οἶμαι δὲ καὶ λόγων καὶ βου-
λευμάτων κοινωνὸν ἄν σε ποιοῖντο διὰ τὸ πιστεύειν,
ὥστε μηδὲ ἓν σε λεληθέναι ὧν βουλόμεθα εἰδέναι.
Ὡς πορευσομένου, ἔφη, ἤδη νυνί· καὶ γὰρ τοῦτο ἴσως
ἓν τῶν πιστῶν ἔσται τὸ δοκεῖν με ὑπὸ σοῦ μελλή-
41 σαντά τι παθεῖν ἐκπεφευγέναι. Ἦ καὶ δυνήσῃ ἀπο-
λιπεῖν, ἔφη, τὴν καλὴν Πάνθειαν; Δύο γάρ, ἔφη, ὦ
Κῦρε, σαφῶς ἔχω ψυχάς· νῦν τοῦτο πεφιλοσόφηκα
μετὰ τοῦ ἀδίκου σοφιστοῦ τοῦ Ἔρωτος. οὐ γὰρ δὴ
μία γε οὖσα ἅμα ἀγαθή τέ ἐστι καὶ κακή, οὐδ' ἅμα

---

2 συμβουλεύειν CAH. 3 τι om. G. 5 οἷός τ' εἶ yg, οἷος εἶ V corr., om. xz. 6 ἐχυρῶς H. 8 pro ἂν coni. αὖ et αὖ χρήσιμος del. Weiske. 10 οἶμαι y. 11 ἔγωγε] ἐγὼ μὲν y. 12 ὡς] ὁ G. 13 ἔχοιμι Herwerden et Richards (cf. Her. 5, 66), παρέχοιμι codd. 16 μηδὲ ἓν σε] μηδὲν F, μηδὲ D. 17 ὡς πορεύσομαι οὖν yg. 18 δοκεῖν με] δοκοῦν με xGH, δοκοῦμεν A. || μελλήσοντα g, μελήσοντα F. 19 καὶ om. F. || ἔφη ἀπολιπεῖν F. 20 πανθίαν F.

καλῶν τε καὶ αἰσχρῶν ἔργων ἐρᾷ καὶ ταὐτὰ ἅμα βού-
λεταί τε καὶ οὐ βούλεται πράττειν, ἀλλὰ δῆλον ὅτι
δύο ἐστὸν ψυχά, καὶ ὅταν μὲν ἡ ἀγαθὴ κρατῇ, τὰ
καλὰ πράττεται, ὅταν δὲ ἡ πονηρά, τὰ αἰσχρὰ ἐπι-
χειρεῖται. νῦν δὲ ὡς σὲ σύμμαχον ἔλαβε, κρατεῖ ἡ
ἀγαθὴ καὶ πάνυ πολύ. Εἰ τοίνυν καὶ σοὶ δοκεῖ πο- 42
ρεύεσθαι, ἔφη ὁ Κῦρος, ὧδε χρὴ ποιεῖν, ἵνα κἀκεί-
νοις πιστότερος ᾖς· ἐξάγγελλέ τε αὐτοῖς τὰ παρ' ἡμῶν,
οὕτω τε ἐξάγγελλε ὡς ἂν αὐτοῖς τὰ παρὰ σοῦ λεγό-
μενα ἐμποδὼν μάλιστ' ἂν εἴη ὧν βούλονται πράττειν·
εἴη δ' ἂν ἐμποδών, εἰ ἡμᾶς φαίης παρασκευάζεσθαι
ἐμβαλεῖν ποι τῆς ἐκείνων χώρας· ταῦτα γὰρ ἀκούον-
τες ἧττον ἂν παντὶ σθένει ἀθροίζοιντο, ἕκαστός τις
φοβούμενος καὶ περὶ τῶν οἴκοι. καὶ μένε, ἔφη, παρ' 43
ἐκείνοις ὅτι πλεῖστον χρόνον· ἃ γὰρ ἂν ποιῶσιν ὅταν
ἐγγύτατα ἡμῶν ὦσι, ταῦτα μάλιστα καιρὸς ἡμῖν εἰδέ-
ναι ἔσται. συμβούλευε δ' αὐτοῖς καὶ ἐκτάττεσθαι ὅπῃ
ἂν δοκῇ κράτιστον εἶναι· ὅταν γὰρ σὺ ἀπέλθῃς εἰδέ-
ναι δοκῶν τὴν τάξιν αὐτῶν, ἀναγκαῖον οὕτω τετάχ-
θαι αὐτοῖς· μετατάττεσθαι γὰρ ὀκνήσουσι, καὶ ἤν πῃ
ἄλλῃ μετατάττωνται, ἐξ ὑπογύου ταράξονται. Ἀράσπας 44
μὲν δὴ οὕτως ἐξελθὼν καὶ συλλαβὼν τοὺς πιστοτά-

---

1 ταῦτα codd., corr. Stephanus. || βούλεταί τε] βούλελέται C, βούλεται E. 2 δῆλον ὅτι om. xG. 3 ψυχαὶ xAHV 4 ἐπιχειρῆται VG. 6 πολλὰ x. || σοὶ om. G. 8 ᾖς] εἶ F, ἦ D. 9 αὐτῷ y. 10 βούλονται] βούλωνται V, βούλοιτο F, om. D. 11 εἴη δ' ἂν ἐμποδών om. xzV. 12 ποι Cobet, που codd. || χώρας del. Kappeyne v. d. Coppello 13 ἀθροίζοιτο C. || τις] τι x. 16 ἡμῖν καιρὸς y. 17 ὅπῃ] ὅποι F. 20 αὐτοῖς μετατάττεσθαι γὰρ om. Vxz. || ὀκνήσωσι xz. 21 post μετατάττωνται interpunxi, non post ὑπογύου. || ὑπογυίου G. 22 καὶ om. y. || παραλαβὼν Zon.

τους θεράποντας καὶ εἰπὼν πρός τινας ἃ ᾤετο συμφέρειν τῷ πράγματι ᾤχετο.

45 Ἡ δὲ Πάνθεια ὡς ᾔσθετο οἰχόμενον τὸν Ἀράσπαν, πέμψασα πρὸς τὸν Κῦρον εἶπε, Μὴ λυποῦ, ὦ Κῦρε, ὅτι Ἀράσπας οἴχεται εἰς τοὺς πολεμίους· ἢν γὰρ ἐμὲ ἐάσῃς πέμψαι πρὸς τὸν ἐμὸν ἄνδρα, ἐγώ σοι ἀναδέχομαι ἥξειν πολὺ Ἀράσπου πιστότερον φίλον· καὶ δύναμιν δὲ οἶδ᾽ ὅτι ὁπόσην ἂν δύνηται ἔχων παρέσται σοι. καὶ γὰρ ὁ μὲν πατὴρ τοῦ νῦν βασιλεύοντος φίλος ἦν αὐτῷ· ὁ δὲ νῦν βασιλεύων καὶ ἐπεχείρησέ ποτε ἐμὲ καὶ τὸν ἄνδρα διασπάσαι ἀπ᾽ ἀλλήλων· ὑβριστὴν οὖν νομίζων αὐτὸν εὖ οἶδ᾽ ὅτι ἄσμενος ἂν
46 πρὸς ἄνδρα οἷος σὺ εἶ ἀπαλλαγείη. ἀκούσας ταῦτα ὁ Κῦρος ἐκέλευε πέμπειν πρὸς τὸν ἄνδρα· ἡ δ᾽ ἔπεμψεν. ὡς δ᾽ ἔγνω ὁ Ἀβραδάτας τὰ παρὰ τῆς γυναικὸς σύμβολα, καὶ τἆλλα δὲ ᾔσθετο ὡς εἶχεν, ἄσμενος πορεύεται πρὸς τὸν Κῦρον ἵππους ἔχων ἀμφὶ τοὺς χιλίους. ὡς δ᾽ ἦν πρὸς τοῖς τῶν Περσῶν σκοποῖς, πέμπει πρὸς τὸν Κῦρον εἰπὼν ὃς ἦν. ὁ δὲ Κῦρος
47 εὐθὺς ἄγειν κελεύει αὐτὸν πρὸς τὴν γυναῖκα. ὡς δ᾽ εἰδέτην ἀλλήλους ἡ γυνὴ καὶ ὁ Ἀβραδάτας, ἠσπάζοντο ἀλλήλους ὡς εἰκὸς ἐκ δυσελπίστων. ἐκ τούτου δὴ λέγει

---

1 καὶ om. Lincke cf. Krüger ad An. I 1, 7 (in F καὶ per compendium scriptum est). ‖ ἃ] οἷα y. 3 πανθία F. 4 ὦ om. V. 5 ἢν] ἐὰν y. 6 πρὸς] εἰς G. 7 πιστότερόν σοι φίλον F. 8 δύναιτο zC. 9 μὲν om. xzV. 10 βασιλεὺς ὢν y (βασιλεὺς etiam g). 12 αὐτὸν om. F. ‖ εὖ om. y. ‖ ἂν] δὴ Richards. 13 σὺ om. G. ‖ ἀπαλλαγήσεται xz. 14 κελεύει y. 15 ἀβραδάτης semper y. ‖ τὰ παρὰ] τἀπὶ V. 16 ante ὡς add. καὶ F. 18 δισχιλίους y. ‖ τῶν om. y. 20 εὐθὺς om. xzV. 21 ἰδέτην zD, ἰδέτοιν x. ‖ ἀλλήλους G, ἀλλήλοιν xAH, ἀλλήλω y Zon. ‖ ὁ ante ἀβραδάτης om. y. ‖ ἠσπάσαντο y 22 δυσελπίστου g.

ἡ Πάνθεια τοῦ Κύρου τὴν ὁσιότητα καὶ τὴν σωφροσύ-
νην καὶ τὴν πρὸς αὐτὴν κατοίκτισιν. ὁ δὲ Ἀβραδάτας
ἀκούσας εἶπε, Τί ἂν οὖν ἐγὼ ποιῶν, ὦ Πάνθεια, χά-
ριν Κύρῳ ὑπέρ τε σοῦ καὶ ἐμαυτοῦ ἀποδοίην; Τί δὲ
ἄλλο, ἔφη ἡ Πάνθεια, ἢ πειρώμενος εἶναι περὶ ἐκεῖνον
οἷόσπερ ἐκεῖνος περὶ σέ;

Ἐκ τούτου δὴ ἔρχεται πρὸς τὸν Κῦρον ὁ Ἀβρα- 48
δάτας· καὶ ὡς εἶδεν αὐτόν, λαβόμενος τῆς δεξιᾶς εἶ-
πεν, Ἀνθ' ὧν σὺ εὖ πεποίηκας ἡμᾶς, ὦ Κῦρε, οὐκ
ἔχω τί μεῖζον εἴπω ἢ ὅτι φίλον σοι ἐμαυτὸν δίδωμι
καὶ θεράποντα καὶ σύμμαχον· καὶ ὅσα ἂν ὁρῶ σε
σπουδάζοντα, συνεργὸς πειράσομαι γίγνεσθαι ὡς ἂν
δύνωμαι κράτιστος. καὶ ὁ Κῦρος εἶπεν, Ἐγὼ δὲ δέ- 49
χομαι· καὶ νῦν μέν σε ἀφίημι, ἔφη, σὺν τῇ γυναικὶ
δειπνεῖν· αὖθις δὲ καὶ παρ' ἐμοὶ δεήσει σε σκηνοῦν
σὺν τοῖς σοῖς τε καὶ ἐμοῖς φίλοις.

Ἐκ τούτου ὁρῶν ὁ Ἀβραδάτας σπουδάζοντα τὸν 50
Κῦρον περὶ τὰ δρεπανηφόρα ἅρματα καὶ περὶ τοὺς
τεθωρακισμένους ἵππους τε καὶ ἱππέας, ἐπειρᾶτο συν-
τελεῖν αὐτῷ εἰς τὰ ἑκατὸν ἅρματα ἐκ τοῦ ἱππικοῦ τοῦ
ἑαυτοῦ ὅμοια ἐκείνοις· αὐτὸς δὲ ὡς ἡγησόμενος αὐτῶν
ἐπὶ τοῦ ἅρματος παρεσκευάζετο. συνεζεύξατο δὲ τὸ 51
ἑαυτοῦ ἅρμα τετράρρυμόν τε καὶ ἵππων ὀκτώ· [ἡ δὲ
Πάνθεια ἡ γυνὴ αὐτοῦ ἐκ τῶν ἑαυτῆς χρημάτων

---

2 ἑαυτὴν F, αὐτὴν cet. Zon. || κατοίκισιν F. 4 καὶ ὑπὲρ σοῦ καὶ ὑπὲρ ἐμοῦ ἀποδιδοίην y. 5 φησὶν G. || post πειρώμενος add. ὅμοιος yAH. || περὶ ἐκεῖνον εἶναι οἷόσπερ καὶ ἐκεῖνος y. 9 εὖ σὺ ἐποίησας F. 10 μείζων F. 12 συνεργός σοι yg. || γενέσθαι D. 13 ἐγὼ δέχομαί τε y (τε etiam g). 16 ἐμοῖς] ἐμοῦ F. 21 ἐκείνοις Hug cf. VI 2, 7. 23 (et 5 p. 296) τετρά(ρ)ρυμόν yAH, τετράρυθμόν C, τετράριθμόν EG. || ἡ δὲ . . . 2 p 296 περιβραχιόνια del. Bornemann ut ex 4, 2 illata.

χρυσοῦν τε αὐτῷ θώρακα ἐποιήσατο καὶ χρυσοῦν κρά-
νος, ὡσαύτως δὲ καὶ περιβραχιόνια.] τοὺς δὲ ἵππους
τοῦ ἅρματος χαλκοῖς πᾶσι προβλήμασι κατεσκευάσατο.
52 Ἀβραδάτας μὲν ταῦτα ἔπραττε· Κῦρος δὲ ἰδὼν τὸ
τετράρρυμον αὐτοῦ ἅρμα κατενόησεν ὅτι οἷόν τε εἴη
καὶ ὀκτάρρυμον ποιήσασθαι, ὥστε ὀκτὼ ζεύγεσι βοῶν
ἄγειν . . . τῶν μηχανῶν τὸ κατώτατον οἴκημα· ἦν δὲ
τοῦτο τριώρυγον μάλιστα ἀπὸ τῆς γῆς σὺν τοῖς τρο-
53 χοῖς. τοιοῦτοι δὲ πύργοι σὺν τάξει ἀκολουθοῦντες
ἐδόκουν αὐτῷ μεγάλη μὲν ἐπικουρία γενήσεσθαι τῇ
ἑαυτῶν φάλαγγι, μεγάλη δὲ βλάβη τῇ τῶν πολεμίων
τάξει. ἐποίησε δὲ ἐπὶ τῶν οἰκημάτων καὶ περιδρόμους
καὶ ἐπάλξεις· ἀνεβίβαζε δ' ἐπὶ τὸν πύργον ἕκαστον
54 ἄνδρας εἴκοσιν. ἐπεὶ δὲ πάντα συνειστήκει αὐτῷ τὰ
περὶ τοὺς πύργους, ἐλάμβανε τοῦ ἀγωγίου πεῖραν·
καὶ πολὺ ῥᾷον ἦγε τὰ ὀκτὼ ζεύγη τὸν πύργον καὶ
τοὺς ἐπ' αὐτῷ ἄνδρας ἢ τὸ σκευοφορικὸν βάρος
ἕκαστον τὸ ζεῦγος. σκευῶν μὲν γὰρ βάρος ἀμφὶ τὰ
πέντε καὶ εἴκοσι τάλαντα ἦν ζεύγει· τοῦ δὲ πύργου,
ὥσπερ τραγικῆς σκηνῆς τῶν ξύλων πάχος ἐχόντων,
καὶ εἴκοσιν ἀνδρῶν καὶ ὅπλων, τούτων ἐγένετο ἔλατ-

---

2 περιβραχίονα F. 3 κατεσκευάζετο G. 5 κατενόησεν om. G. || ὅτι AH, ὡς y, om. xG. 6 ὀκτάρυμον yzC, ὀκτάριθμον E. 7 lacunam post ἄγειν esse censeo. || κατώτατον codd., κατωτάτω Buttmann, del. Herwerden. 8 τριώρυγον Dind., τριόργυ(-ι D)ον yg, τὸ τριόργυον V, τὸ τριώρων G, τὸ τριώρυον xAH. 10 post αὐτῷ add. ἂν Richards. || μεγάλην ἐπικουρίαν (om. μὲν) ποιῆσαι τῇ F. || γενήσεσθαι Marchant. 11 ἑαυτῶν F, ἑαυτοῦ cet. || μεγάλην δὲ βλάβην f. 13 ἀνεβίβαζε δ'] ἀνεβίβαζεν xG. || τῶν πύργων y. 14 συνεστήκει F. 15 ἀγωγήμου F, ἀγωγίμου D. 16 ῥάδιον F. 19 εἴκοσι καὶ πέντε y. || ζεύγη z. 20 πάχος y, πάχους xzV. || ἐχόντων D, ὄντων cet. 21 τούτων Hutchinson post Philelphum (qui

τον ἢ πεντεκαίδεκα τάλαντα ἑκάστῳ ζεύγει τὸ ἀγώ-
γιον. ὡς δ' ἔγνω εὔπορον οὖσαν τὴν ἀγωγήν, παρ- 55
εσκευάζετο ὡς ἄξων τοὺς πύργους σὺν τῷ στρατεύματι, νομίζων τὴν ἐν πολέμῳ πλεονεξίαν ἅμα σωτηρίαν τε εἶναι καὶ δικαιοσύνην καὶ εὐδαιμονίαν.

Ἦλθον δ' ἐν τούτῳ τῷ χρόνῳ καὶ παρὰ τοῦ Ἰνδοῦ II
χρήματα ἄγοντές <τινες> καὶ ἀπήγγελλον αὐτῷ ὅτι ὁ Ἰνδὸς ἐπιστέλλει τοιάδε. Ἐγώ, ὦ Κῦρε, ἥδομαι ὅτι μοι ἐπήγγειλας ὧν ἐδέου, καὶ βούλομαί σοι ξένος εἶναι καὶ πέμπω σοι χρήματα· κἂν ἄλλων δέῃ, μεταπέμπου. ἐπέσταλται δὲ τοῖς παρ' ἐμοῦ ποιεῖν ὅ,τι ἂν σὺ
κελεύῃς. ἀκούσας δὲ ὁ Κῦρος εἶπε, Κελεύω τοίνυν 2
ὑμᾶς τοὺς μὲν ἄλλους μένοντας ἔνθα κατεσκηνώκατε φυλάττειν τὰ χρήματα καὶ ζῆν ὅπως ὑμῖν ἥδιστον· τρεῖς δέ μοι ἐλθόντες ὑμῶν ἐς τοὺς πολεμίους ὡς παρὰ τοῦ Ἰνδοῦ περὶ συμμαχίας, καὶ τὰ ἐκεῖ μαθόντες ὅ,τι ἂν λέγωσί τε καὶ ποιῶσιν, ὡς τάχιστα ἀπαγγείλατε ἐμοί τε καὶ τῷ Ἰνδῷ· κἂν ταῦτά μοι καλῶς ὑπηρετήσητε, ἔτι μᾶλλον ὑμῖν χάριν εἴσομαι τούτου ἢ ὅτι χρήματα πάρεστε ἄγοντες. καὶ γὰρ οἱ μὲν δούλοις ἐοικότες κατάσκοποι οὐδὲν ἄλλο δύνανται εἰδότες ἀπαγγέλλειν ἢ ὅσα πάντες ἴσασιν· οἱ δὲ οἷοίπερ ὑμεῖς

---

harum turrium vertit), τούτοις codd. **1** ἀγώγιον· τὸ ἀγόμενον βάρος ἐπὶ τῆς ἁμάξης. οὕτως Ξενοφῶν Photios p. 27, 22 Reitz. et Suidas. **3** ὡς ἅμα ἄξων yg. || πύργους] ἵππους G. **5** καὶ δικαιοσύνην εἶναι xz. **7** ἄγοντές <τινες> ego. || ἀπήγγελον F, ἀπήγγειλον x. **8** ἐπιστέλλοι F. || μοι om. xz **9** ἀπήγγειλας xAH. || ὧν ἐδέου post ἥδομαι transp. G. **11** ἐντέταλται Zon. **12** κελεύεις xF. || δὲ om. y. **13** μὲν om. F. **15** εἰς y Zon. **17** ποιήσωσιν xz. **18** κἂν] καὶ xg. **19** ὑπηρετήσατε Gpr. **20** πάρεσται ἀγόντες (sic) F. || δοῦλοι H. **22** ἀπαγγέλειν F. ante οἷοίπερ add. τοιοῦτοι yg.

ἄνδρες πολλάκις καὶ τὰ βουλευόμενα καταμανθάνου-
3 σιν. οἱ μὲν δὴ Ἰνδοὶ ἡδέως ἀκούσαντες καὶ ξενισθέν-
τες τότε παρὰ Κύρῳ, συσκευασάμενοι τῇ ὑστεραίᾳ
ἐπορεύοντο, ὑποσχόμενοι ἦ μὴν μαθόντες ὅσα ἂν
δύνωνται πλεῖστα ἐκ τῶν πολεμίων ἥξειν ὡς δυνατὸν
τάχιστα.

4 Ὁ δὲ Κῦρος τά τε ἄλλα εἰς τὸν πόλεμον παρ-
εσκευάζετο μεγαλοπρεπῶς, ὡς δὴ ἀνὴρ οὐδὲν μικρὸν
ἐπινοῶν πράττειν, ἐπεμελεῖτο δὲ οὐ μόνον ὧν ἔδοξε
τοῖς συμμάχοις, ἀλλὰ καὶ ἔριν ἐνέβαλλε πρὸς
ἀλλήλους ὅπως αὐτοὶ ἕκαστοι φανοῦνται καὶ εὐοπλό-
τατοι καὶ ἱππικώτατοι καὶ ἀκοντιστικώτατοι καὶ
5 τοξικώτατοι καὶ φιλοπονώτατοι. ταῦτα δὲ ἐξειργάζετο
ἐπὶ τὰς θήρας ἐξάγων καὶ τιμῶν τοὺς κρατίστους
ἕκαστα· καὶ τοὺς ἄρχοντας δὲ οὓς ἑώρα ἐπιμελομένους
τούτου ὅπως οἱ αὐτῶν κράτιστοι ἔσονται στρατιῶται,
καὶ τούτους ἐπαινῶν τε παρώξυνε καὶ χαριζόμενος
6 αὐτοῖς ὅ,τι δύναιτο. εἰ δέ ποτε θυσίαν ποιοῖτο καὶ
ἑορτὴν ἄγοι, καὶ ἐν ταύτῃ ὅσα πολέμου ἕνεκα
μελετῶσιν ἄνθρωποι πάντων τούτων ἀγῶνας ἐποίει
καὶ ἆθλα τοῖς νικῶσι μεγαλοπρεπῶς ἐδίδου, καὶ ἦν
πολλὴ εὐθυμία ἐν τῷ στρατεύματι.

7 Τῷ δὲ Κύρῳ σχεδόν τι ἤδη ἀποτετελεσμένα ἦν

---

1 βουλόμενα x, βουλεύματα D. 2 δὴ om. H. ‖ ἀκούσαντες ἡδέως y. 4 ὑποσχόμενοι om. G. 5 δυνατὸν] ἂν δύνωνται y, om. E. 7 εἰς] πρὸς y. 8 ὡς δὴ] ὥστε xzV. ‖ σμικρὸν G. 9 ὑπονοῶν xzV. ‖ ἐπιμελεῖσθαι xAHV. ‖ οὐ . . . 10 ἐνέβαλλε om. x. ‖ ὧν om. zV. 11 ante ὅπως add. τοῖς φίλοις y, i. mg. V. ‖ φανῶνται x. 13 δὲ om. xzV. 14 ἐπί τε y. 15 ἑκασταχῇ y. ‖ δὲ] μὲν x. ‖ ἐπιμελουμένους y. 16 τούτου] τούτων E, τούτους CAH. ‖ αὐτῶν Stephanus, αὐτοὶ xz, αὐτοῦ yg. 20 μελετῶσιν] πολεμῶσιν F. 21 μεγαλοπρεπῆ Bisshop.

ὅσα ἐβούλετο ἔχων στρατεύεσθαι πλὴν τῶν μηχανῶν.
καὶ γὰρ οἱ Πέρσαι ἱππεῖς ἔκπλεῳ ἤδη ἦσαν εἰς τοὺς
μυρίους, καὶ τὰ ἅρματα τὰ δρεπανηφόρα, ἅ τε αὐτὸς
κατεσκεύαζεν, ἔκπλεω ἤδη ἦν εἰς τὰ ἑκατόν, ἅ τε
Ἀβραδάτας ὁ Σούσιος ἐπεχείρησε κατασκευάζειν ὅμοια
τοῖς Κύρου, καὶ ταῦτα ἔκπλεω ἦν εἰς ἄλλα ἑκατόν.
καὶ τὰ Μηδικὰ δὲ ἅρματα ἐπεπείκει Κῦρος Κυαξάρην 8
εἰς τὸν αὐτὸν τρόπον τοῦτον μετασκευάσαι ἐκ τῆς
Τρωικῆς καὶ Λιβυκῆς διφρείας· καὶ ἔκπλεω καὶ ταῦτα
ἦν εἰς ἄλλα ἑκατόν. καὶ ἐπὶ τὰς καμήλους δὲ τεταγ-
μένοι ἦσαν [ἄνδρες] δύο ἐφ' ἑκάστην τοξόται. καὶ ὁ
μὲν πλεῖστος στρατὸς οὕτως εἶχε τὴν γνώμην ὡς ἤδη
παντελῶς κεκρατηκὼς καὶ οὐδὲν ὄντα τὰ τῶν πολεμίων.

Ἐπεὶ δὲ οὕτω διακειμένων ἦλθον οἱ Ἰνδοὶ ἐκ 9
τῶν πολεμίων οὓς ἐπεπόμφει Κῦρος ἐπὶ κατασκοπήν,
καὶ ἔλεγον ὅτι Κροῖσος μὲν ἡγεμὼν καὶ στρατηγὸς
πάντων ᾑρημένος εἴη τῶν πολεμίων, δεδογμένον δ'
εἴη πᾶσι τοῖς συμμάχοις βασιλεῦσι πάσῃ τῇ δυνάμει
ἕκαστον παρεῖναι, χρήματα δὲ εἰσφέρειν πάμπολλα,
ταῦτα δὲ τελεῖν καὶ μισθουμένους οὓς δύναιντο καὶ
δωρουμένους οἷς δέοι, ἤδη δὲ καὶ μεμισθωμένους 10
εἶναι πολλοὺς μὲν Θρᾳκῶν μαχαιροφόρους, Αἰγυπτίους
δὲ προσπλεῖν, καὶ ἀριθμὸν ἔλεγον εἰς δώδεκα
μυριάδας σὺν ἀσπίσι ποδήρεσι καὶ δόρασι μεγάλοις,

---

1 ὁπόσα y. **4** ἔκπλεω V, ἔκπλεα cet. (item 6. 9). || ἅ] ὃ xH. **9** διφρίας F. **10** ἐς V. **11** [ἄνδρες] ego, om. Zon. **12** μὲν om. G. **14** ἐπεὶ . . . **15** πολεμίων om. F. **17** εἴη] ἐπὶ xz. **18** πάσῃ (πᾶσι F) δυνάμει y. **20** δύναιτο F. **21** δέει F. **22** Θρᾳκῶν] θώρακα V. **24** σὺν ἀσπίσι] σὺν ἀσπίσι ταῖς yV, συνασπισταῖς Hpr. || καὶ δόρασι om. xz.

οἵαπερ καὶ νῦν ἔχουσι, καὶ κοπίσι· προσέτι δὲ καὶ Κυπρίων στράτευμα· παρεῖναι δ' ἤδη Κίλικας πάντας καὶ Φρύγας ἀμφοτέρους καὶ Λυκάονας καὶ Παφλαγόνας καὶ Καππαδόκας καὶ Ἀραβίους καὶ Φοίνικας καὶ σὺν τῷ Βαβυλῶνος ἄρχοντι τοὺς Ἀσσυρίους, καὶ Ἴωνας δὲ καὶ Αἰολέας καὶ σχεδὸν πάντας τοὺς Ἕλληνας τοὺς ἐν τῇ Ἀσίᾳ ἐποικοῦντας σὺν Κροίσῳ ἠναγκάσθαι ἕπεσθαι, πεπομφέναι δὲ Κροῖσον καὶ εἰς
11 Λακεδαίμονα περὶ συμμαχίας· συλλέγεσθαι δὲ τὸ στράτευμα ἀμφὶ τὸν Πακτωλὸν ποταμόν, προϊέναι δὲ μέλλειν αὐτοὺς εἰς Θύμβραρα, ἔνθα καὶ νῦν ὁ σύλλογος τῶν ὑπὸ βασιλέα βαρβάρων τῶν κάτω [Συρίας], καὶ ἀγορὰν πᾶσι παρηγγέλθαι ἐνταῦθα κομίζειν· σχεδὸν δὲ τούτοις ταὐτὰ ἔλεγον καὶ οἱ αἰχμάλωτοι· ἐπεμελεῖτο γὰρ καὶ τούτου ὁ Κῦρος ὅπως ἁλίσκοιντο παρ' ὧν ἔμελλε πεύσεσθαί τι· ἔπεμπε δὲ καὶ δούλοις
12 ἐοικότας κατασκόπους [ὡς αὐτομόλους]· ὡς οὖν ταῦτα ἤκουσεν ὁ στρατὸς τοῦ Κύρου, ἐν φροντίδι τε ἐγένετο, ὥσπερ εἰκός, ἡσυχαίτεροί τε ἢ ὡς εἰώθεσαν διεφοίτων, φαιδροί τε οὐ πάνυ ἐφαίνοντο, ἐκυκλοῦντό τε καὶ μεστὰ ἦν πάντα ἀλλήλους ἐρωτώντων καὶ διαλεγομένων.

---

1 προσέτι] προσπλεῖν yg, quod post στράτευμα add. V corr. 2 ἤδη καὶ κίλικας y. 6 αἰολαίας F. 7 ἀποικοῦντας xAHV, κατοικοῦντας cod. Meermannianus. 11 θυμβραία xG, θύμραρα F, θύβραρα D, θυμβραιὰ AH. ‖ καὶ om. F. 12 [Συρίας] Lincke. 14 δὲ om. xG. ‖ ταῦτα τούτοις F. ‖ ταὐτὰ D, ταῦτα cet. 16 παρ' om. y. 17 [ὡς αὐτομόλους] ego. ‖ ἤκουσε ταῦτα y. 18 τῷ κύρῳ Vxz (sed τοῦ κύρου g). ‖ τε om. AG. ‖ ἐγένετο] ἕκαστος ἐγίγνετο y. 19 καὶ ἡσυχαίτεροι xG. ‖ ἡσυχαίτερόν F. ‖ ἑώθεσαν AH, εἰώθασι D. 20 φαιδροί . . . ἐφαίνοντο del. Hug. ‖ ante οὐ add. οἱ πολλοὶ y. ‖ ἐλυποῦντό xzV. 21 post ἐρωτώντων add. περὶ τούτων y, περὶ πάντων AHV, quod post διαλεγομένων add. G et (om. περὶ) E.

Ὡς δὲ ᾔσθετο ὁ Κῦρος φόβον διαθέοντα ἐν τῇ 13
στρατιᾷ, συγκαλεῖ τούς τε ἄρχοντας τῶν στρατευμάτων καὶ πάντας ὁπόσων ἀθυμούντων ἐδόκει βλάβη τις γίγνεσθαι καὶ προθυμουμένων ὠφέλεια. προεῖπε δὲ τοῖς ὑπηρέταις, καὶ ἄλλος εἴ τις βούλοιτο τῶν ὁπλοφόρων προσίστασθαι ἀκουσόμενος τῶν λόγων, μὴ κωλύειν. ἐπεὶ δὲ συνῆλθον, ἔλεξε τοιάδε.

Ἄνδρες σύμμαχοι, ἐγὼ τοίνυν ὑμᾶς συνεκάλεσα 14
ἰδών τινας ὑμῶν, ἐπεὶ αἱ ἀγγελίαι ἦλθον ἐκ τῶν πολεμίων, πάνυ ἐοικότας πεφοβημένοις ἀνθρώποις. δοκεῖ γάρ μοι θαυμαστὸν εἶναι εἴ τις ὑμῶν ὅτι μὲν οἱ πολέμιοι συλλέγονται δέδοικεν, ὅτι δὲ ἡμεῖς πολὺ μὲν πλείους συνειλέγμεθα νῦν ἢ ὅτε ἐνικῶμεν ἐκείνους, πολὺ δὲ ἄμεινον σὺν θεοῖς παρεσκευάσμεθα νῦν ἢ πρόσθεν, ταῦτα δὲ ὁρῶντες οὐ θαρρεῖτε. ὦ πρὸς 15
θεῶν, ἔφη, τί δῆτα ἂν ἐποιήσατε οἱ νῦν δεδοικότες, εἰ ἤγγελλόν τινες τὰ παρ᾽ ἡμῖν νῦν ὄντα ταῦτα ἀντίπαλα ἡμῖν προσιόντα, καὶ πρῶτον μὲν ἠκούετε, ἔφη, ὅτι οἱ πρότερον νικήσαντες ὑμᾶς οὗτοι πάλιν ἔρχονται ἔχοντες ἐν ταῖς ψυχαῖς ἣν τότε νίκην ἐκτήσαντο· ἔπειτα δὲ οἱ τότε ἐκκόψαντες τῶν τοξοτῶν καὶ ἀκοντιστῶν τὰς ἀκροβολίσεις νῦν οὗτοι ἔρχονται καὶ ἄλλοι ὅμοιοι τούτοις πολλαπλάσιοι· ἔπειτα δὲ ὥσπερ οὗτοι ὁπλισά- 16

---

3 βλάβη ἐδόκει τις y, ἐδόκει τις βλάβη G. 6 προσίστασθαι Stephanus, προΐστασθαι codd. 8 ἐγὼ τοίνυν] ἐγώ τοι y, ἐγώ τοι νῦν Pantazides. || συνέλεξα y. 12 συλλέγονται] λέγονται συλλέγεσθαι D, συλλέγεσθαι λέγονται F, λέγονται, sed initio verbi lacuna paucarum litterarum, in marg. συλλέγεσθαι G. 13 μὲν om. xz. || μείους g. 14 σὺν θεῷ F. 17 ἤγγελόν F. 18 παρ᾽ ὑμῖν xzV. || ὅτι xz, s. v. V. 19 πρότερον E, πρότεροι xzV, πρόσθεν D, πρόσθεν μὲν F. || ὑμᾶς CVz (sed H cor.), ὑ s. v. E, ἡμᾶς y. 20 ἥν ποτε xz. 22 ἀκροπόλεις xzVf

μενοι τοὺς πεζοὺς τότ' ἐνίκων, νῦν οὕτω καὶ οἱ ἱππεῖς αὐτῶν παρεσκευασμένοι πρὸς τοὺς ἱππέας προσέρχονται, καὶ τὰ μὲν τόξα καὶ ἀκόντια ἀποδεδοκιμάκασι, παλτὸν δὲ ἓν ἰσχυρὸν ἕκαστος λαβὼν προσελαύνειν διανενόηται ὡς ἐκ χειρὸς τὴν μάχην ποιησόμε-
17 νος· ἔτι δὲ ἅρματα ἔρχεται, ἃ οὐχ οὕτως ἑστήξει ὥσπερ πρόσθεν ἀπεστραμμένα ὡς εἰς φυγήν, ἀλλ' οἵ τε ἵπποι εἰσὶ κατατεθωρακισμένοι οἱ ἐν τοῖς ἅρμασιν, οἵ τε ἡνίοχοι <ὥσπερ> ἐν πύργοις ἑστᾶσι ξυλίνοις τὰ ὑπερέχοντα ἅπαντα συνεστεγασμένοι θώραξι καὶ κράνεσι, δρέπανά τε σιδηρᾶ περὶ τοῖς ἄξοσι προσήρμοσται, ὡς ἐλῶντες καὶ οὗτοι εὐθὺς εἰς τὰς τάξεις τῶν ἐναν-
18 τίων· πρὸς δ' ἔτι κάμηλοι εἰσὶν αὐτοῖς ἐφ' ὧν προσελῶσιν, ὧν μίαν ἑκάστην ἑκατὸν ἵπποι οὐκ ἂν ἀνάσχοιντο ἰδόντες· ἔτι δὲ πύργους προσίασιν ἔχοντες ἀφ' ὧν τοῖς μὲν ἑαυτῶν ἀρήξουσιν, ὑμᾶς δὲ βάλλοντες
19 κωλύσουσι τοῖς ἐν τῷ ἰσοπέδῳ μάχεσθαι· εἰ δὴ ταῦτα ἀπήγγελλέ τις ὑμῖν ἐν τοῖς πολεμίοις ὄντα, οἱ νῦν φοβούμενοι τί ἂν ἐποιήσατε; ὁπότε ἀπαγγελλομένων ὑμῖν ὅτι Κροῖσος μὲν ᾕρηται τῶν πολεμίων στρατηγός, ὃς τοσούτῳ Σύρων κακίων ἐγένετο ὅσῳ Σύροι μὲν μάχῃ ἡττηθέντες ἔφυγον, Κροῖσος δὲ ἰδὼν

---

3 ἀκοντίδια F. 4 ἓν om. G. || ἰσχυρότερον y. 6 ἑστήξεται codd., corr. Elmsley. 7 ἀποστραφέντα y. || ὡς y, ὥσπερ xz. 8 post. οἱ om. y. 9 <ὥσπερ> ego. 11 περὶ] πρὸς y. || προσήλωται F. 12 ἐλῶντες] ἑλόντες xGHpr. 13 κάμηλοι εἴσιν F. || εἰσὶν] ἐν xAHV, om. G. 14 ἂν om. xz, s. v. V. 15 ἔχοντες προσιᾶσιν y. 16 ὑμᾶς yCAHV. 17 κωλύσουσι τοῖς] κωλύσουσιν y. || δὴ om. F. 18 ἀπήγγελλέ] ἤγγειλέ F. || ἡμῖν zVC. || ἐν τοῖς] αὐτοῖς AG. 20 ὑμῖν om. y. || τοῖς πολεμίοις y. 22 ἡττημένους y, συνηττημένους xzV, σύρους ἡττημένους Hug.

ἡττημένους ἀντὶ τοῦ ἀρήγειν τοῖς συμμάχοις φεύγων
ᾤχετο· ἔπειτα δὲ διαγγέλλεται δήπου ὅτι αὐτοὶ μὲν 20
οἱ πολέμιοι οὐχ ἱκανοὶ ἡγοῦνται ὑμῖν εἶναι μάχεσθαι, ἄλλους δὲ μισθοῦνται, ὡς ἄμεινον μαχουμένους ὑπὲρ σφῶν ἢ αὐτοί. εἰ μέντοι τισὶ ταῦτα μὲν τοιαῦτα ὄντα δεινὰ δοκεῖ εἶναι, τὰ δὲ ἡμέτερα φαῦλα, τούτους ἐγώ φημι χρῆναι, ὦ ἄνδρες, ἀφεῖναι εἰς τοὺς ἐναντίους· πολὺ γὰρ ἐκεῖ ὄντες πλείω ἂν ἡμᾶς ὠφελοῖεν ἢ παρόντες.

Ἐπεὶ δὲ ταῦτα εἶπεν ὁ Κῦρος, ἀνέστη Χρυσάντας 21
ὁ Πέρσης καὶ ἔλεξεν ὧδε. Ὦ Κῦρε, μὴ θαύμαζε εἴ τινες ἐσκυθρώπασαν ἀκούσαντες τῶν ἀγγελλομένων· οὐ γὰρ φοβηθέντες οὕτω διετέθησαν, ἀλλ' ἀχθεσθέντες· ὥσπερ γε, ἔφη, εἴ τινων βουλομένων τε καὶ οἰομένων ἤδη ἀριστήσειν ἐξαγγελθείη τι ἔργον ὃ ἀνάγκη εἴη πρὸ τοῦ ἀρίστου ἐξεργάσασθαι, οὐδεὶς ἂν οἶμαι ἡσθείη ἀκούσας· οὕτω τοίνυν καὶ ἡμεῖς ἤδη οἰόμενοι πλουτήσειν, ἐπεὶ ἠκούσαμεν ὅτι ἐστὶ περίλοιπον ἔργον ὃ δεῖ ἐξεργάσασθαι, συνεσκυθρωπάσαμεν, οὐ φοβούμενοι, ἀλλὰ πεποιῆσθαι ἂν ἤδη καὶ τοῦτο βουλόμενοι.
ἀλλὰ γὰρ ἐπειδὴ οὐ περὶ Συρίας μόνον ἀγωνιούμεθα, 22
ὅπου σῖτος πολὺς καὶ πρόβατά ἐστι καὶ φοίνικες οἱ καρποφόροι, ἀλλὰ καὶ περὶ Λυδίας, ἔνθα πολὺς μὲν οἶνος, πολλὰ δὲ σῦκα, πολὺ δὲ ἔλαιον, θάλαττα δὲ

---

2 δὲ y, δὴ C, δὲ δὴ zE. **3** ἡμῖν yVpr. **4** μαχομένους yAG. **5** εἰ om. xzV. **8** ἐναντίους] πολεμίους F. || πολλοὶ G. || ἂν om. xzV. **9** ἢ παρόντες ὠφελοῖεν xz. **10** δὲ om. y. **11** post κῦρε add. ἔφη F. **14** γε om. x. || οἰομένων] βουλο (sic) C. **15** ἤδη y, τε cet. praeter E, qui καὶ οἰομένων τε om. || ἀπαγγελθείη ἔργον y. **17** τοῦτο ἀκούσας Dg, ἀκούσας τοῦτο F. **18** ὅτι om. F. || περίλοιπον] τι λοιπὸν yg. περίλυπον V. **21** ἐπεὶ F.

προσκλύζει καθ᾽ ἣν πλείω ἔρχεται ἢ ὅσα τις ἑόρακεν ἀγαθά, ταῦτα, ἔφη, ἐννοούμενοι οὐκέτι ἀχθόμεθα, ἀλλὰ θαρροῦμεν ὡς μάλιστα, ἵνα θᾶττον καὶ τούτων τῶν Λυδίων ἀγαθῶν ἀπολαύωμεν. ὁ μὲν οὕτω εἶπεν· οἱ δὲ σύμμαχοι πάντες ἥσθησάν τε τῷ λόγῳ καὶ ἐπῄνεσαν.

23 Καὶ μὲν δή, ἔφη ὁ Κῦρος, ὦ ἄνδρες, δοκεῖ μοι ἰέναι ἐπ᾽ αὐτοὺς ὡς τάχιστα, ἵνα πρῶτον μὲν αὐτοὺς φθάσωμεν ἀφικόμενοι, ἢν δυνώμεθα, ὅπου τὰ ἐπιτήδεια αὐτοῖς συλλέγεται· ἔπειτα δὲ ὅσῳ ἂν θᾶττον ἴωμεν, τοσούτῳ μείω μὲν τὰ παρόντα εὑρήσομεν
24 αὐτοῖς, πλείω δὲ τὰ ἀπόντα. ἐγὼ μὲν δὴ οὕτω λέγω· εἰ δέ τις ἄλλῃ πῃ γιγνώσκει ἢ ἀσφαλέστερον εἶναι ἢ ῥᾷον ἡμῖν, διδασκέτω. ἐπεὶ δὲ συνηγόρευον μὲν πολλοὶ ὡς χρεὼν εἴη ὅτι τάχιστα πορεύεσθαι ἐπὶ τοὺς πολεμίους, ἀντέλεγε δὲ οὐδείς, ἐκ τούτου δὴ ὁ Κῦρος ἤρχετο λόγου τοιοῦδε.

25 Ἄνδρες σύμμαχοι, αἱ μὲν ψυχαὶ καὶ τὰ σώματα καὶ τὰ ὅπλα οἷς δεήσει χρῆσθαι ἐκ πολλοῦ ἡμῖν σὺν θεῷ παρεσκεύασται· νῦν δὲ τὰ ἐπιτήδεια δεῖ εἰς τὴν ὁδὸν συσκευάζεσθαι αὐτοῖς τε ἡμῖν καὶ ὁπόσοις τετράποσι χρώμεθα μὴ μεῖον ἢ εἴκοσιν ἡμερῶν. ἐγὼ γὰρ λογιζόμενος εὑρίσκω πλέον ἢ πεντεκαίδεκα ἡμερῶν ἐσομένην ὁδόν, ἐν ᾗ οὐδὲν εὑρήσομεν τῶν ἐπιτηδείων· ἀνεσκεύασται γὰρ τὰ μὲν ὑφ᾽ ἡμῶν, τὰ δὲ

---

1 πλείω ἔρχεται ἢ ὅσα om. x. 3 ἀλλά γε y. || θαρροῦμεν Vg, θαρρῶμεν xz, θαρροῦντες y. || μάλιστα Dind., τάχιστα codd. || τούτων om. y. 4 ἀπολαύσωμεν y. 6 μοι καὶ ἰέναι yg. 9 ἂν om. xzV. 10 μείω μὲν F, μείονα μὲν D, μειούμενα xz. || αὐτοῖς εὑρήσομεν yHV. 12 ἄλλως πως yg. 13 διδασκέτω . . . μὲν om. A. || μὲν] ἡμῖν xH. 18 δεήσοι G. 21 ἐγὼ . . 23 ἡμερῶν om. xzV. 22 πλέον Dindorf, πλεόνων F, πλέον ὂν Dg.

ὑπὸ τῶν πολεμίων ὅσα ἐδύναντο. συσκευάζεσθαι οὖν 26
χρὴ σῖτον μὲν ἱκανόν· ἄνευ γαρ τούτου οὔτε μάχε-
σθαι οὔτε ζῆν δυναίμεθ' ἄν· οἶνον δὲ τοσοῦτον
ἕκαστον ἔχειν χρὴ ὅσος ἱκανὸς ἔσται ἐθίσαι ἡμᾶς αὐτοὺς
ὑδροποτεῖν πολλὴ γὰρ ἔσται τῆς ὁδοῦ ἄοινος, εἰς ἣν
οὐδ' ἂν πάνυ πολὺν οἶνον συσκευασώμεθα, διαρκέσει.
ὡς οὖν μὴ ἐξαπίνης ἄοινοι γενόμενοι νοσήμασι 27
περιπίπτωμεν, ὧδε χρὴ ποιεῖν· ἐπὶ μὲν τῷ σίτῳ
εὐθὺς ἀρχώμεθα πίνειν ὕδωρ· τοῦτο γὰρ ἤδη ποιοῦντες
οὐ πολὺ μεταβαλοῦμεν. καὶ γὰρ ὅστις ἀλφιτοσιτεῖ, 28
ὕδατι μεμαγμένην ἀεὶ τὴν μᾶζαν ἐσθίει, καὶ ὅστις
ἀρτοσιτεῖ, ὕδατι δεδευμένον τὸν ἄρτον, καὶ τὰ ἑφθὰ
δὲ πάντα μεθ' ὕδατος τοῦ πλείστου ἐσκεύασται. μετὰ
δὲ τὸν σῖτον ἐὰν οἶνον ἐπιπίνωμεν, οὐδὲν μεῖον ἔχουσα
ἡ ψυχὴ ἀναπαύσεται. ἔπειτα δὲ καὶ τοῦ μετὰ δεῖπνον 29
ἀφαιρεῖν χρή, ἕως ἂν λάθωμεν ὑδροπόται γενόμενοι.
ἡ γὰρ κατὰ μικρὸν παράλλαξις πᾶσαν ποιεῖ φύσιν
ὑποφέρειν τὰς μεταβολάς· διδάσκει δὲ καὶ ὁ θεός,
ἀπάγων ἡμᾶς κατὰ μικρὸν ἔκ τε τοῦ χειμῶνος εἰς τὸ
ἀνέχεσθαι ἰσχυρὰ θάλπη ἔκ τε τοῦ θάλπους εἰς τὸν

---

1 συσκευάζεσθαι . . . **2** ἱκανόν] σκευάζεσθαι γὰρ (δὲ E) τὸ ἱκανὸν χρή x, σκευάζεσθαι οὖν σῖτον (utrumque in ras.) ἱκανὸν χρή G, σκευάζεσθαι γὰρ χρὴ τὸ (τὸν Hpr) ἱκανόν AH, σκ. γὰρ χρὴ ἱκ. V, (συσκευάζεσθαι Suidas). **4** χρὴ ἔχειν ἕκαστον ἐν ὅσῳ ἱκανὸν ἔσται (ἐστιν F) y, Suidas om. ἔχειν, hab. ἐστιν. **5** ἐστι D. **8** post σίτῳ add. νῦν y. **9** ἀρχόμεθα G. **11** ὕδατι . . . **12** ἀρτοσιτεῖ om. G. **11** μεμαγμένην Hemsterhuys, μεμιγμένην codd. Suidas ‖ καὶ ὅστις] ὅστις δὲ Suidas s. v. ἀρτοσιτεῖ et μᾶζα. **13** τοῦ πλείστου] τὰ πλεῖστα Pollux. **14** ἐὰν D, ἂν F, εἰ VzC, καὶ E. ‖ ἐπιπίνοιμεν V corr. **15** τὸ δεῖπνον y. **16** ante ἀφαιρεῖν add. ὃ F. ‖ ἕως ἂν xz, ἔστ' ἂν F, ἔστ' D(?). ‖ μάθωμεν VzC, om. E. **17** σμικρὸν G. ‖ μετάλλαξις y. ‖ μεταποιεῖ F. **19** ἀπαγαγὼν y. ‖ τε om. Vxz. **20** ἔκ τε] καὶ ἐκ y.

ἰσχυρὸν χειμῶνα· ὃν χρὴ μιμουμένους εἰς ὃ δεῖ ἐλθεῖν
30 προειθισμένους ἡμᾶς ἀφικνεῖσθαι. καὶ τὸ τῶν στρω-
μάτων δὲ βάρος εἰς τὰ ἐπιτήδεια καταδαπανᾶτε· τὰ μὲν
γὰρ ἐπιτήδεια περιττεύοντα οὐκ ἄχρηστα ἔσται· στρω-
μάτων δὲ ἐνδεηθέντες μὴ δείσητε ὡς οὐχ ἡδέως
καθευδήσετε· εἰ δὲ μή, ἐμὲ αἰτιᾶσθε. ἐσθὴς μέντοι
ὅτῳ ἐστὶν ἀφθονωτέρα παροῦσα, πολλὰ καὶ ὑγιαίνοντι
31 καὶ κάμνοντι ἐπικουρεῖ. ὄψα δὲ χρὴ συνεσκευάσθαι ὅσα
ἐστὶν ὀξέα καὶ δριμέα καὶ ἁλμυρά· ταῦτα γὰρ ἐπὶ
σῖτόν τε ἄγει καὶ ἐπὶ πλεῖστον ἀρκεῖ. ὅταν δ' ἐκβαίνω-
μεν εἰς ἀκέραια, ὅπου ἤδη εἰκὸς ἡμᾶς σῖτον λαμβά-
νειν, χειρομύλας χρὴ αὐτόθεν παρασκευάσασθαι αἷς
σιτοποιησόμεθα· τοῦτο γὰρ κουφότατον τῶν σιτο-
32 ποιικῶν ὀργάνων. συνεσκευάσθαι δὲ χρὴ καὶ ὧν ἀσθε-
νοῦντες δέονται ἄνθρωποι· τούτων γὰρ ὁ μὲν ὄγκος
μικρότατος, ἢν δὲ τύχη τοιαύτη γένηται, μάλιστα
δεήσει. ἔχειν δὲ χρὴ καὶ ἱμάντας· τὰ γὰρ πλεῖστα καὶ
ἀνθρώποις καὶ ἵπποις ἱμᾶσιν ἤρτηται· ὧν κατατριβο-
μένων καὶ ῥηγνυμένων ἀνάγκη ἀργεῖν, ἢν μή τις ἔχῃ
περίζυγα. ὅστις δὲ πεπαίδευται καὶ παλτὸν ξύσασθαι,
33 ἀγαθὸν καὶ ξυήλης μὴ ἐπιλαθέσθαι. ἀγαθὸν δὲ καὶ
ῥίνην φέρ σθαι· ὁ γὰρ λόγχην ἀκονῶν ἐκεῖνος καὶ

1 δεῖ ἐλθεῖν] διελθεῖν G. 3 τὰ ἐπιτήδεια xy. 6 καθευδήσηται C, καθευδήσητε H. || εὐθὺς D, ἐσθὴς cet., nonne ἐδητύς? 8 ante χρὴ add. ἃ CAH. || συσκευάζεσθαι F. 9 post ὀξέα add. ἐπὶ πλεῖστον yg. || ἐπὶ σῖτον] ἐλάχιστον Pantazides cf. Hiero 1, 22 (ἄγειν = βάρος ἔχειν cf. Demosth. κατ' Ἀνδροτ. § 71, κατὰ Τιμοκρ. § 129. Athen. σ 502 F). 11 ἡμᾶς εἰκὸς ἤδη σίτον F. 12 χειρομύλους G, μύλας y. || χρὴ om. Vxz. || παρασκευάσασθε Vz, παρεσκευᾶσθαι (sic) x. 16 τοιάδε g. 17 ἐδέησεν yg. || post ἱμάντας add. τούτων γὰρ τριβομένων Suidas. 18/19 τριβομένων et καταρρηγνυμένων y.

τὴν ψυχήν τι παρακουᾷ. ἔπεστι γάρ τις αἰσχύνη λόγ-
χην ἀκουῶντα κακὸν εἶναι. ἔχειν δὲ χρὴ καὶ ξύλα
περίπλεω καὶ ἅρμασι καὶ ἁμάξαις· ἐν γὰρ πολλαῖς
πράξεσι πολλὰ ἀνάγκη καὶ τὰ ἀπαγορεύοντα εἶναι.
ἔχειν δὲ δεῖ καὶ τὰ ἀναγκαιότατα ὄργανα ἐπὶ ταῦτα § 34
πάντα· οὐ γὰρ πανταχοῦ χειροτέχναι παραγίγνονται·
τὸ δ' ἐφ' ἡμέραν ἀρκέσον ὀλίγοι τινὲς οἳ οὐχ ἱκανοὶ
ποιῆσαι. ἔχειν δὲ χρὴ καὶ ἄμην καὶ σμινύην κατὰ
ἅμαξαν ἑκάστην, καὶ κατὰ τὸν νωτοφόρον δὲ ἀξίνην
καὶ δρέπανον· ταῦτα γὰρ καὶ ἰδίᾳ ἑκάστῳ χρήσιμα
καὶ ὑπὲρ τοῦ κοινοῦ πολλάκις ὠφέλιμα γίγνεται. τὰ 35
μὲν οὖν εἰς τροφὴν δέοντα οἱ ἡγεμόνες τῶν ὁπλοφό-
ρων ἐξετάζετε τοὺς ὑφ' ὑμῖν αὐτοῖς· οὐ γὰρ δεῖ
παριέναι ὅτου ἄν τις τούτων ἐνδέηται· ἡμεῖς γὰρ τού-
των ἐνδεεῖς ἐσόμεθα. ἃ δὲ κατὰ τὰ ὑποζύγια κελεύω
ἔχειν, ὑμεῖς οἱ τῶν σκευοφόρων ἄρχοντες ἐξετάζετε,
καὶ τὸν μὴ ἔχοντα κατασκευάζεσθαι ἀναγκάζετε. ὑμεῖς 36
δ' αὖ οἱ τῶν ὁδοποιῶν ἄρχοντες ἔχετε μὲν ἀπογε-
γραμμένους παρ' ἐμοῦ τοὺς ἀποδεδοκιμασμένους καὶ
τοὺς ἐκ τῶν ἀκοντιστῶν καὶ τοὺς ἐκ τῶν τοξοτῶν καὶ
τοὺς ἐκ τῶν σφενδονητῶν· τούτων δὲ χρὴ τοὺς μὲν
ἀπὸ τῶν ἀκοντιστῶν πέλεκυν ἔχοντας ξυλοκόπον ἀναγ-
κάζειν στρατεύεσθαι, τοὺς δ' ἀπὸ τῶν τοξοτῶν σμι-

---

1 τι om. F. **3** περίπλεω Dind., περίπλεα codd. **4** πολλὴ Fg. **6** ἁπανταχοῦ y. **7** οἳ om. x, ἣ D. ‖ ἱκανὸν GH. **9** τὸν] τὸ D, om. F. **10** χρήσιμα ἑκάστῳ y. **13** ὑφ'] ἐφ' AHD. ‖ οὐ] εἰ xAH cor. **14** παρεῖναι xAH. ‖ ἐνδέηται y, δέηται xz. ‖ γὰρ om. xzV. **15** ἐνδεὴς V. ‖ ἃ δὲ κατὰ] ὅσα δὲ καὶ y. **18** ὁδοποιῶν cum ceteris f, ὁδῶν F. **20** τοὺς ἐκ τῶν om. F. **21** ἐκ] ἀπὸ y. ‖ δὲ] οὖν G. ‖ χρὴ om. xH, post ἀκοντιστῶν transp. V corr. **22** τῶν om. Vxz. ‖ ξυλοτόμον Vxz. **23** ἀπὸ G, ἐκ y, om. xAHV.

νύην, τοὺς δ' ἀπὸ τῶν σφενδονητῶν ἄμην· τούτους
δὲ ἔχοντας ταῦτα πρὸ τῶν ἁμαξῶν κατ' ἴλας πορεύ-
εσθαι, ὅπως ἤν τι δέῃ ὁδοποιίας, εὐθὺς ἐνεργοὶ ἦτε,
καὶ ἐγὼ ἤν τι δέωμαι, ὅπως εἰδῶ ὅθεν δεῖ λαβόντα
37 τούτοις χρῆσθαι. ἄξω δὲ καὶ τοὺς ἐν τῇ στρατιωτικῇ
ἡλικίᾳ σὺν τοῖς ὀργάνοις χαλκέας τε καὶ τέκτονας καὶ
σκυτοτόμους, ὅπως ἄν τι δέῃ καὶ τοιούτων τεχνῶν ἐν
τῇ στρατιᾷ, μηδὲν ἐλλείπηται. οὗτοι δὲ ὁπλοφόρου
μὲν τάξεως ἀπολελύσονται, ἃ δὲ ἐπίστανται, τῷ βου-
λομένῳ μισθοῦ ὑπηρετοῦντες ἐν τῷ τεταγμένῳ ἔσον-
38 ται. ἢν δέ τις καὶ ἔμπορος βούληται ἕπεσθαι πωλεῖν
τι βουλόμενος, τῶν μὲν προειρημένων ἡμερῶν τὰ ἐπι-
τήδεια ἔχειν ἤν τι πωλῶν ἁλίσκηται, πάντων στερή-
σεται· ἐπειδὰν δ' αὗται παρέλθωσιν αἱ ἡμέραι, πω-
λήσει ὅπως ἂν βούληται. ὅστις δ' ἂν τῶν ἐμπόρων
πλείστην ἀγορὰν παρέχων φαίνηται, οὗτος καὶ παρὰ
τῶν συμμάχων καὶ παρ' ἐμοῦ δώρων καὶ τιμῆς τεύ-
39 ξεται. εἰ δέ τις χρημάτων προσδεῖσθαι νομίζει εἰς
ἐμπολήν, γνωστῆρας ἐμοὶ προσαγαγὼν καὶ ἐγγυητὰς
ἦ μὴν πορεύσεσθαι σὺν τῇ στρατιᾷ, λαμβανέτω ὧν
ἡμεῖς ἔχομεν. ἐγὼ μὲν δὴ ταῦτα προαγορεύω· εἰ δέ
40 τίς τι καὶ ἄλλο δέον ἐνορᾷ, πρὸς ἐμὲ σημαινέτω. καὶ

1 τῶν om. VzE. 2 εἴλας Hpr, ἴλλας xz. 3 εὐθὺ x. 4 ὁπόθεν δὴ (δεῖ pr) F. 6 τε om. y. 7 ἄν τι δέῃ] ὁπόσα ἂν δέηται y. 8 ἐλλείπηται DHpr, ἐλλίπηται xz (sed H corr.), λίπηται F. 9 ἀπολύσονται (λύσονται in ras.) G, ἀπολελαύσονται AH cor. 11 πωλεῖν τι βουλόμενος del. Schneider. 13 ἢν δέ τι yAV, ἢν δέ τις xGH. 14 δ'] δὲ F, om. Vxz. ‖ αἱ ἡμέραι om. y. 15 δ' ὅπως AEH. 17 δώρων om. x. ‖ καὶ τιμῆς om. y. 19 προσάγων y. ‖ καὶ ἐγγυητὰς om. Cobet. ‖ ἐγγύους y. 20 πορεύσεσθαι post Stephanum Bisshop. ‖ στρατείᾳ xz. 21 προαγορεύω D, προσαγορεύω cet. 22 ὁρᾷ y.

ὑμεῖς μὲν ἀπιόντες συσκευάζεσθε, ἐγὼ δὲ θύσομαι
ἐπὶ τῇ ὁρμῇ· ὅταν δὲ τὰ τῶν θεῶν καλῶς ἔχῃ, σημα-
νοῦμεν. παρεῖναι δὲ χρὴ ἅπαντας τὰ προειρημένα
ἔχοντας εἰς τὴν τεταγμένην ὥραν πρὸς τοὺς ἡγεμό-
νας αὐτῶν. ὑμεῖς δὲ οἱ ἡγεμόνες τὴν ἑαυτοῦ ἕκαστος 41
τάξιν εὐτρεπισάμενος πρὸς ἐμὲ πάντες συμβάλλετε,
ἵνα τὰς ἑαυτῶν ἕκαστοι χώρας καταμάθητε.

Ἀκούσαντες δὲ ταῦτα οἱ μὲν συνεσκευάζοντο, ὁ III
δὲ Κῦρος ἐθύετο. ἐπεὶ δὲ καλὰ τὰ ἱερὰ ἦν, ὡρμᾶτο
σὺν τῷ στρατεύματι· καὶ τῇ μὲν πρώτῃ ἡμέρᾳ ἐξ-
εστρατοπεδεύσατο ὡς δυνατὸν ἐγγύτατα, ὅπως εἴ τίς
τι ἐπιλελησμένος εἴη, μετέλθοι, καὶ εἴ τίς τι ἐνδεό-
μενος γνοίη, τοῦτο ἐπιπαρασκευάσαιτο. Κυαξάρης μὲν 2
οὖν τῶν Μήδων ἔχων τὸ τρίτον μέρος κατέμενεν, ὡς
μηδὲ τὰ οἴκοι ἔρημα εἴη ὁ δὲ Κῦρος ἐπορεύετο ὡς
ἐδύνατο τάχιστα, τοὺς ἱππέας μὲν πρώτους ἔχων, καὶ
πρὸ τούτων διερευνητὰς καὶ σκοποὺς αἰεὶ ἀναβιβάζων
ἐπὶ τὰ πρόσθεν εὐσκοπώτατα· μετὰ δὲ τούτους ἦγε τὰ
σκευοφόρα, ὅπου μὲν πεδινὸν εἴη, πολλοὺς ὁρμαθοὺς
ποιούμενος τῶν ἁμαξῶν καὶ τῶν σκευοφόρων· ὄπισθεν
δὲ ἡ φάλαγξ ἐφεπομένη, εἴ τι τῶν σκευοφόρων ὑπο-
λείποιτο, οἱ προστυγχάνοντες τῶν ἀρχόντων ἐπεμέ-
λοντο ὡς μὴ κωλύοιντο πορεύεσθαι. ὅπου δὲ στενο- 3
τέρα εἴη ἡ ὁδός, διὰ μέσου ποιούμενοι τὰ σκευοφόρα

---

4 ὥραν ego. 5 αὐτῶν Marchant, ἑαυτῶν codd. 6 συμβαλεῖτε y. 7 καταλάβητε g. 8 ὁ δὲ κῦρος] ὁ δ' y. 10 ἐστρατοπεδεύσατο F. 11 δυνατὸν] ἐδύνατο y. 12 ἐπιλελησμένος τι E, ἐπιλελησμένος C. 13 post τοῦτο add. καὶ F. 14 κατέμεινεν y. 15 ὡς ἠ(ἐ)δύνατο ἐπορεύετο xG. 19 πεδίον y, πεδεινὸν EH. 20 ὄπισθεν . . . 21 σκευοφόρων] om. VG, εἴ τω xAH. 21 ὑπελείπετο E. 23 κωλύοιεν yg. || ὅπου] ὅποι VzC, ὅπῃ E. || στενωτέρα D. 24 ἡ om. F.

ἔνθεν καὶ ἔνθεν ἐπορεύοντο οἱ ὁπλοφόροι· καὶ εἴ τι
ἐμποδίζοι, οἱ κατὰ ταῦτα ἀεὶ γιγνόμενοι τῶν στρατιωτῶν
ἐπεμέλοντο. ἐπορεύοντο δὲ ὡς τὰ πολλὰ αἱ τάξεις
παρ' ἑαυταῖς ἔχουσαι τὰ σκευοφόρα· ἐπετέτακτο γὰρ
πᾶσι τοῖς σκευοφόροις κατὰ τὴν ἑαυτῶν ἑκάστους τά-
4 ξιν ἰέναι, εἰ μή τι ἀναγκαῖον ἀποκωλύοι. καὶ σημεῖον
δὲ ἔχων ὁ τοῦ ταξιάρχου σκευοφόρος ἡγεῖτο γνωστὸν
τοῖς τῆς ἑαυτοῦ τάξεως· ὥσθ' ἀθρόοι τε ἐπορεύοντο ἐπ-
εμελοῦντό τε ἰσχυρῶς ἕκαστος τῶν ἑαυτοῦ ὡς μὴ ὑπο-
λείποιντο. καὶ οὕτω ποιούντων οὔτε ζητεῖν ἔδει ἀλ-
λήλους ἅμα τε παρόντα ἅπαντα καὶ σωότερα ἦν καὶ
θᾶττον τὰ δέοντα εἶχον οἱ στρατιῶται.
5 Ὡς δὲ οἱ προϊόντες σκοποὶ ἔδοξαν ἐν τῷ πεδίῳ
ὁρᾶν ἀνθρώπους λαμβάνοντας καὶ χιλὸν καὶ ξύλα,
καὶ ὑποζύγια δὲ ἑώρων ἕτερα τοιαῦτα ἄγοντα, τὰ δὲ
καὶ νεμόμενα, καὶ τὰ πρόσω αὖ ἀφορῶντες ἐδόκουν
καταμανθάνειν μετεωριζόμενον καπνὸν ἢ κονιορτόν,
ἐκ τούτων πάντων σχεδὸν ἐγίγνωσκον ὅτι εἴη που
6 πλησίον τὸ στράτευμα τῶν πολεμίων. εὐθὺς οὖν πέμ-
πει τινὰ ὁ σκόπαρχος ἀγγελοῦντα ταῦτα τῷ Κύρῳ. ὁ
δὲ ἀκούσας ταῦτα ἐκείνους μὲν ἐκέλευσε μένοντας ἐπὶ
ταύταις ταῖς σκοπαῖς ὅ,τι ἂν ἀεὶ καινὸν ὁρῶσιν ἐξ-

---

2 ἐμποδίζοι οἱ] ἐμποδίζοιτο F. || ἀεὶ ego, αὖ y, om. cet. 4 ἐπετέτακτο γὰρ om. F. 5 ἑαυτῶν xz, ἑαυτοῦ y. || ἑκάστους Hertlein, ἑκάστου xzF, ἕκαστον D. 6 ἀποκωλύσειεν F. 7 τοῦ ταξιάρχου ὁ y. 8 ἑαυτῶν VzD. || τε post ἀθρόοι add. F. 9 ἕκαστος D, ἕκαστοι cet. || ἑαυτῶν D. || ὑπολίποιντο codd. praeter CD. 11 σαώτερα codd. praeter y. 13 ὡς δὲ οἱ] οἱ δ' οὖν F. || προσιόντες F. 14 prius καὶ om. x. 15 τὰ δὲ y, τά τε A, τε xGHV. 16 τὰ πρόσω Gpr. || ἐφορῶντες xz. 17 ante καπνὸν add. ἢ y. 18 πάντων xz. || σχεδὸν et που om. y. 20 σκοπάρχης codd. || ὁ σκοπάρχης τινὰ y. 22 αἰεὶ y. || ἐξαγγέλειν F, ἀπαγγέλλειν Zon.

αγγέλλειν· τάξιν δ' ἔπεμψεν ἱππέων εἰς τὸ πρόσθεν
καὶ ἐκέλευσε πειραθῆναι συλλαβεῖν τινας τῶν ἀνὰ τὸ
πεδίον ἀνθρώπων, ὅπως σαφέστερον μάθοιεν τὸ ὄν.
οἱ μὲν δὴ ταχθέντες τοῦτο ἔπραττον. αὐτὸς δὲ τὸ 7
ἄλλο στράτευμα αὐτοῦ κατεχώριζεν, ὅπως παρασκευ-
άσαιντο ὅσα ᾤετο χρῆναι πρὶν πάνυ δμοῦ εἶναι. καὶ
πρῶτον μὲν ἀριστᾶν παρηγγύησεν, ἔπειτα δὲ μένον-
τας ἐν ταῖς τάξεσι τὸ παραγγελλόμενον περιμένειν· ἐπεὶ 8
δὲ ἠρίστησαν, συνεκάλεσε καὶ ἱππέων καὶ πεζῶν καὶ
ἁρμάτων τοὺς ἡγεμόνας, καὶ τῶν μηχανῶν δὲ καὶ τῶν
σκευοφόρων τοὺς ἄρχοντας καὶ τῶν ἁρμαμαξῶν· καὶ
οὗτοι μὲν συνῆσαν. οἱ δὲ καταδραμόντες εἰς τὸ πε- 9
δίον συλλαβόντες ἀνθρώπους ἦγαγον· οἱ δὲ ληφθέν-
τες ἀνερωτώμενοι ὑπὸ τοῦ Κύρου ἔλεγον ὅτι ἀπὸ τοῦ
στρατοπέδου εἶεν, προεληλυθότες ἐπὶ χιλόν, οἱ δ' ἐπὶ
ξύλα, παρελθόντες τὰς προφυλακάς· διὰ γὰρ τὸ πλῆ-
θος τοῦ στρατοῦ σπάνια πάντ' εἶναι. καὶ ὁ Κῦρος 10
ταῦτα ἀκούσας, Πόσον, ἔφη, ἄπεστιν ἐνθένδε τὸ
στράτευμα; οἱ δ' ἔλεγον, Ὡς δύο παρασάγγας. ἐπὶ
τούτοις ἤρετο ὁ Κῦρος, Ἡμῶν δ', ἔφη, λόγος τις ἦν
παρ' αὐτοῖς; Ναὶ μὰ Δί', ἔφασαν, καὶ πολύς γε ὡς
ἐγγὺς ἤδη εἴτε προσιόντες. Τί οὖν; ἔφη ὁ Κῦρος,
ἦ καὶ ἔχαιρον ἀκούοντες; τοῦτο δὲ ἐπήρετο τῶν

5 παρεσκευάσαντο Fpr. 7 παρεγγύησεν G. 8 περιμένειν ego, προσνοεῖν z, προνοεῖν cet. 9 καὶ πεζῶν καὶ ἱππέων ἡγεμόνας καὶ ἁρμάτων x. 10 τοὺς om. codd. praeter yg. 13 συλληφθέντες z Zon. 15 προεληλυθότες z, προσεληλυθότες x, προεληλύθοιεν δ' (δὲ D) y. 16 προελθόντες VzC, προεληλυθότες E. 18 ὁπόσον Suidas. || post πόσον add. δὲ yz. 19 post ἔλεγον add. ὅτι zV. 20 τούτων y. 21 ἔφησαν z. 22 ἤδη om. F. || ἦτε codd. Zon., corr. Dind. || ἦτε ἤδη y. 23 ἦ καὶ om. y. || post ἀκούοντες add. ἰόντας xz. || τοῦτο δὲ] ὁ δὲ τοῦτ' (-το D) y.

παρόντων ἕνεκα. Οὐ μὰ Δί', εἶπον ἐκεῖνοι, οὐ
11 μὲν δὴ ἔχαιρον, ἀλλὰ καὶ μάλα ἠνιῶντο. Νῦν δ',
ἔφη ὁ Κῦρος, τί ποιοῦσιν; Ἐκτάττονται, ἔφασαν· καὶ
ἐχθὲς δὲ καὶ τρίτην ἡμέραν τὸ αὐτὸ τοῦτο ἔπραττον. Ὁ
δὲ τάττων, ἔφη ὁ Κῦρος, τίς ἐστιν; οἱ δὲ ἔφασαν,
Αὐτός τε Κροῖσος καὶ σὺν αὐτῷ Ἕλλην τις ἀνήρ, καὶ
ἄλλος δέ τις Μῆδος· οὗτος μέντοι ἐλέγετο φυγὰς εἶναι
παρ' ὑμῶν. καὶ ὁ Κῦρος εἶπεν, Ἀλλ', ὦ Ζεῦ μέγιστε,
λαβεῖν μοι γένοιτο αὐτὸν ὡς ἐγὼ βούλομαι.
12 Ἐκ τούτου τοὺς μὲν αἰχμαλώτους ἀπάγειν ἐκέλευσεν,
εἰς δὲ τοὺς παρόντας ὡς λέξων τι ἀνήγετο.
ἐν τούτῳ δὲ παρῆν ἄλλος αὖ ἀπὸ τοῦ σκοπάρχου, λέγων
ὅτι ἱππέων τάξις μεγάλη ἐν τῷ πεδίῳ προφαίνοιτο·
καὶ ἡμεῖς μέν, ἔφη, εἰκάζομεν ἐλαύνειν αὐτοὺς
βουλομένους ἰδεῖν τόδε τὸ στράτευμα. καὶ γὰρ πρὸ
τῆς τάξεως ταύτης ἄλλοι ὡς τριάκοντα ἱππεῖς συχνὸν
προελαύνουσι, καὶ μέντοι, ἔφη, κατ' αὐτοὺς ἡμᾶς,
ἴσως βουλόμενοι λαβεῖν, ἢν δύνωνται, τὴν σκοπήν·
ἡμεῖς δ' ἐσμὲν μία δεκὰς οἱ ἐπὶ ταύτης τῆς σκοπῆς.
13 καὶ ὁ Κῦρος ἐκέλευσε τῶν περὶ αὐτὸν ἀεὶ ὄντων ἱππέων
ἐλάσαντας ὑπὸ τὴν σκοπὴν ἀδήλους τοῖς πολεμίοις
ἀτρεμίαν ἔχειν. Ὅταν δ', ἔφη, ἡ δεκὰς ἡ ἡμετέρα
λείπῃ τὴν σκοπήν, ἐξαναστάντες ἐπίθεσθε τοῖς

---

2 δὴ] δή γε xAHV, δὴ καὶ G. ‖ ἔχαιρον del. Hirschig. ‖ ἀλλὰ om. y. 4 χθὲς EGD. 5 prius δὲ om. xAH. ‖ ὁ om. GV. 8 ἀλλ' ὦ] ἀλλὰ F. 12 αὖ om. G. ‖ παρὰ y, ἀπὸ cet. 16 ταύτης om. y. ‖ συχνοὶ xG, συχνῶς D. 17 προσελαύνουσι codd., corr. Stephanus. ‖ ἔφη om. y. ‖ κατ'] καὶ xzV. 18 βουλόμενοι λαβεῖν ἴσως x. 19 οἱ ἐπὶ ταύτης τῆς σκοπῆς] ἡ ἐπὶ ταύτης τῆς σκοπῆς xzV, ἐπὶ ταύτῃ τῇ σκοπῇ y, del. Hartman. 21 ἀδήλοις F. 23 λίπῃ C, ἀπολίπῃ E. ‖ ἐξαναστάντες ... 1 p. 313 σκοπήν om. F.

ἀναβαίνουσιν ἐπὶ τὴν σκοπήν. ὡς δὲ ὑμᾶς μὴ λυπῶ-
σιν οἱ ἀπὸ τῆς μεγάλης τάξεως, ἀντέξελθε σύ, ἔφη,
ὦ Ὑστάσπα, τὴν χιλιοστὺν τῶν ἱππέων λαβὼν καὶ
ἐπιφάνηθι ἐναντίος τῇ τῶν πολεμίων τάξει. διώξῃς
δὲ μηδαμῇ εἰς ἀφανές, ἀλλ' ὅπως αἱ σκοπαί σοι δια-
μένωσιν ἐπιμεληθεὶς πάριθι. ἢν δ' ἄρα ἀνατείναντές
τινες τὰς δεξιὰς προσελαύνωσιν ὑμῖν, δέχεσθε φιλίως
τοὺς ἄνδρας.
Ὁ μὲν δὴ Ὑστάσπας ἀπιὼν ὡπλίζετο· οἱ δ' ὑπη- 14
ρέται ἤλαυνον εὐθὺς ὡς ἐκέλευσεν. ἀπαντᾷ δ' αὐτοῖς
καὶ δὴ ἐντὸς τῶν σκοπῶν σὺν τοῖς θεράπουσιν ὁ
πεμφθεὶς πάλαι κατάσκοπος, ὁ φύλαξ τῆς Σουσίδος
γυναικός. ὁ μὲν οὖν Κῦρος ὡς ἤκουσεν, ἀναπηδήσας 15
ἐκ τῆς ἕδρας ὑπήντα τε αὐτῷ καὶ ἐδεξιοῦτο· οἱ δὲ
ἄλλοι ὥσπερ εἰκὸς μηδὲν εἰδότας ἐκπεπληγμένοι ἦσαν
τῷ πράγματι, ἕως Κῦρος εἶπεν, Ἄνδρες φίλοι, ἥκει
ἡμῖν ἀνὴρ ἄριστος. νῦν γὰρ ἤδη πάντας ἀνθρώπους
δεῖ εἰδέναι τὰ τούτου ἔργα. οὗτος οὔτε αἰσχροῦ ἡτ-
τηθεὶς οὐδενὸς ᾤχετο οὔτ' ἐμὲ φοβηθείς, ἀλλ' ὑπ'
ἐμοῦ πεμφθεὶς ὅπως ἡμῖν μαθὼν τὰ τῶν πολεμίων
σαφῶς τὰ ὄντα ἐξαγγείλειεν. ἃ μὲν οὖν ἐγώ σοι ὑπ- 16
εσχόμην, ὦ Ἀράσπα, μέμνημαί τε καὶ ἀποδώσω σὺν

---

1 δὲ om. F. **2** ἀντέξελθε σύ] ἀντεξέλθετε z. **4** ἀντίος y. ‖ διώξῃς Hug, διώξῃ Bisshop, διώξεις codd. **5** μηδαμῇ xD, μηδαμοῖ F, οὐδαμῇ G, οὐδαμοῖ AH. ‖ διαμένουσιν F. **6** μελ-ληθεὶς G. ‖ ἂν et ἀνατείνοντες y. **7** τινες post ὑμῖν transp. y ‖ δέχεσθαι VAH. ‖ φίλως F. **11** post σκοπῶν add. ἀράσπας Fg, ἁρπάσας D. **12** ὁ Budaeus, ἢ xzV, om. y. **13** ἤκουσεν xz, εἶδεν yg. **15** εἰδότας Schliack, Stegmann, Richards cf. IV 2, 32. Hell. V 2, 24. Isocr. VI 136a XII 2545 Plat. Tim. 24 D. r. publ. III 406 B Aen. Tact. 39, 1, εἰδότες codd. **16** ὁ κῦρος y Zon. **19** οὐδενὸς om. F.

τούτοις πᾶσι. δίκαιον δὲ καὶ ὑμᾶς ἅπαντας, ὦ ἄνδρες, τοῦτον τιμᾶν ὡς ἀγαθὸν ἄνδρα· ἐπὶ γὰρ τῷ ἡμετέρῳ ἀγαθῷ καὶ ἐκινδύνευσε καὶ αἰτίαν ὑπέσχεν,
17 ᾗ ἐβαρύνετο. ἐκ τούτου δὴ πάντες ἠσπάζοντο τὸν Ἀράσπαν καὶ ἐδεξιοῦντο. εἰπόντος δὲ Κύρου ὅτι τούτων μὲν εἴη ἅλις, Ἃ δὲ καιρὸς ἡμῖν εἰδέναι, ταῦτ', ἔφη, διηγοῦ, ὦ Ἀράσπα· καὶ μηδὲν ἔλαττον τοῦ ἀληθοῦς μηδὲ μεῖον τὰ τῶν πολεμίων. κρεῖττον γὰρ μείζω οἰηθέντας μείονα ἰδεῖν ἢ μείω ἀκούσαντας
18 ἰσχυρότερα εὑρίσκειν. Καὶ μήν, ἔφη ὁ Ἀράσπας, ὡς ἂν ἀσφαλέστατά γε εἰδείην ὁπόσον τὸ στράτευμά ἐστιν ἐποίουν· συνεξέταττον γὰρ παρὼν αὐτός. Σὺ μὲν ἄρα, ἔφη ὁ Κῦρος, οὐ τὸ πλῆθος μόνον οἶσθα, ἀλλὰ καὶ τὴν τάξιν αὐτῶν. Ἐγὼ μὲν ναὶ μὰ Δί', ἔφη ὁ Ἀράσπας, καὶ ὡς διανοοῦνται τὴν μάχην ποιεῖσθαι. Ἀλλ' ὅμως, ἔφη ὁ Κῦρος, τὸ πλῆθος ἡμῖν
19 πρῶτον εἰπὲ ἐν κεφαλαίῳ. Ἐκεῖνοι τοίνυν, ἔφη, πάντες τεταγμένοι ἐπὶ τριάκοντα τὸ βάθος καὶ πεζοὶ καὶ ἱππεῖς πλὴν τῶν Αἰγυπτίων ἐπέχουσιν ἀμφὶ τὰ τετταράκοντα στάδια· πάνυ γάρ μοι, ἔφη, ἐμέλησεν ὥστε

1 δὲ] γὰρ yg. 6 τοίνυν post μὲν add. zF. ‖ ἅλις εἴη y. ‖ δὲ καιρὸς] δ' ὁ καιρὸς G, δ' ὁ ἑταῖρος xz. ‖ εἰδέναι] εἶδεν CAH, οἶδε E. 7 ἔφη post διηγοῦ transp. C, post ἀράσπα E. ‖ ἐλάττου xz Suid., μείου y. 8 μηδὲ μείου om. y. 9 μείζονα F. 10 ἰσχυρότερα] μείζονα g. 11 ἂν . . . 12 ἐποίουν] ὡς σαφέστατά γ' ἂν εἰδείην ἃ ἐποίουν y (σαφέστατα etiam g). ‖ γε] τε x. ‖ ὁπόσον . . . ἐποίουν del. Cobet 12 ξυνεξέταττον z. ‖ αὐτός Cobet, αὐτοῖς xz, αὐτοὺς y. 13 μὲν om. x. ‖ ἄρα] γὰρ xzV. ‖ οἶσθας AH. 15 διανοοῦμαι x. 17 τοίνυν om. x. ‖ ἔφη om ED. 18 ante ἐπὶ add. εἰσὶν xzV. 19 ἐπέχουσιν Leonclavius, ἀπέχουσιν D, οὗτοι δ' ἀμφέχουσιν xAHV, οὗτοι δ' ἀπέχουσιν G (sed π in ras.), ἔχουσιν F, unde μέτωπον δ' ἀμφότεροι ἔχουσι Pantazides.

εἰδέναι ὁπόσον κατεῖχον χωρίον. Οἱ δ' Αἰγύπτιοι, 20
ἔφη ὁ Κῦρος, πῶς εἰσι τεταγμένοι; ὅτι εἶπας Πλὴν
τῶν Αἰγυπτίων. Τούτους δὲ οἱ μυρίαρχοι ἔταττον
εἰς ἑκατὸν πανταχῇ τὴν μυριοστὺν ἑκάστην· τοῦτον
γὰρ σφίσι καὶ οἴκοι νόμον ἔφασαν εἶναι τῶν τάξεων
καὶ ὁ Κροῖσος μέντοι μάλα ἄκων συνεχώρησεν αὐτοῖς
οὕτω τάττεσθαι· ἐβούλετο γὰρ ὅτι πλεῖστον ὑπερφα-
λαγγῆσαι τοῦ σοῦ στρατεύματος. Πρὸς τί δή, ἔφη ὁ
Κῦρος, τοῦτο ἐπιθυμῶν; Ὡς ναὶ μὰ Δί', ἔφη, τῷ
περιττῷ κυκλωσόμενος. καὶ ὁ Κῦρος εἶπεν, Ἀλλ' οὔ-
τοι ἂν εἰδεῖεν εἰ οἱ κυκλούμενοι κυκλωθεῖεν. ἀλλ' ἃ 21
μὲν καιρὸς παρὰ σοῦ μαθεῖν, ἀκηκόαμεν· ὑμᾶς δὲ
χρή, ὦ ἄνδρες, οὕτω ποιεῖν· νῦν μὲν ἐπειδὰν ἐνθέν-
δε ἀπέλθητε, ἐπισκέψασθε καὶ τὰ τῶν ἵππων καὶ τὰ
ὑμῶν αὐτῶν ὅπλα· πολλάκις γὰρ μικροῦ ἐνδείᾳ καὶ
ἀνὴρ καὶ ἵππος καὶ ἅρμα ἀχρεῖον γίγνεται· αὔριον
δὲ πρῴ, ἕως ἂν ἐγὼ θύωμαι, πρῶτον μὲν χρὴ ἀρι-
στῆσαι καὶ ἄνδρας καὶ ἵππους, ὅπως ὅ,τι ἂν πράττειν
ἀεὶ καιρὸς ᾖ μὴ τούτου ἡμῖν ἐνδέῃ· ἔπειτα δὲ σύ,
ἔφη, ὦ Ἀρσάμα, ..., τὸ δεξιὸν κέρας ἔχε ὥσπερ καὶ

---

1 κατεῖχον D, κατεῖχε(ν) xz, κρατεῖ F. **2** ὁ om. G. || κῦρος εἰπὲ πῶς y. **3** μυρίαρχοι x, μυριάρχαι cet. **4** τούτων G. **5** οἴκοι νόμον] οἰκονόμον Fg. || ἔφασαν] ἔθεσαν xzV. **6** μέντοι xz, μὲν y. **7** πλεῖστον] πλείστω F. **8** ὁ κῦρος om. x. **10** οὔτοι Brodaeus, οὔποτ' Pantazides, οὗτοι codd., οὗτος (vel αὐτὸς) ἂν εἰδείη Richards. **11** οἱ om. y. || post κυκλωθεῖεν add. ἂν Pantazides cf. An. IV 8, 7. **12** παρὰ σοῦ καιρὸς z, καιρὸς om F. **14** ἐπισκέψασθαι V. || post. τὰ om. y **15** πολλάκις γὰρ] ὡς πολλάκις y. **17** ἂν om. y. || θύομαι D. || πρῶτον μὲν] πρῶτόν γε F. **18** ὅπως om. xzV. || post ὅ,τι add. δ' xAHV. **19** καιρὸς εἴη y. || τουτο (sic) V. || ἡμῖν] ὑμῖν V, μῖν (μιν) z. **20** ἀρσάμα Pantazides, qui lacunam ita supplendam τὸ ἀριστερόν, σὺ δέ, ὦ χρυσάντα cf. VII 1, 3 statuit, ἀράσπα codd. || ὥσπερ] ὡς F. || καὶ ἔχεις xzV, κατέχεις y, καὶ ἔχεις, καὶ οἱ ἄλλοι μυρίαρχοι ᾗπερ νῦν ἔχετε· ὁμοῦ δὲ τοῦ ἀγῶνος ὄντος οὐδενὶ ἅρματι καιρὸς ἵππους μεταξευγνύναι. παραγγείλατε δὲ τοῖς ταξιάρχοις καὶ λοχαγοῖς ἐπὶ φάλαγγος καθίστασθαι εἰς δύο ἔχοντας ἕκαστον τὸν λόχον. ὁ δὲ λόχος ἦν ἕκαστος εἴκοσι τέτταρες.

22 Καί τις εἶπε τῶν μυριάρχων, Καὶ δοκοῦμέν σοι, ἔφη, ὦ Κῦρε, ἱκανῶς ἕξειν εἰς τοσούτους τεταγμένοι πρὸς οὕτω βαθεῖαν φάλαγγα; καὶ ὁ Κῦρος εἶπεν, Αἱ δὲ βαθύτεραι φάλαγγες ἢ ὡς ἐξικνεῖσθαι τοῖς ὅπλοις τῶν ἐναντίων τί σοι, ἔφη, δοκοῦσιν ἢ τοὺς πολεμίους
23 βλάπτειν ἢ τοὺς συμμάχους ὠφελεῖν; ἐγὼ μὲν γάρ, ἔφη, τοὺς εἰς ἑκατὸν τούτους ὁπλίτας εἰς μυρίους ἂν μᾶλλον βουλοίμην τετάχθαι· οὕτω γὰρ ἂν ἐλαχίστοις μαχοίμεθα. ἐξ ὅσων μέντοι ἐγὼ τὴν φάλαγγα βαθυνῶ οἴομαι ὅλην ἐνεργὸν καὶ σύμμαχον ποιήσειν αὐτὴν
24 ἑαυτῇ. ἀκοντιστὰς μὲν ἐπὶ τοῖς θωρακοφόροις τάξω, ἐπὶ δὲ τοῖς ἀκοντισταῖς τοξότας. τούτους γὰρ πρωτοστάτας μὲν πῶς ἄν τις τάττοι, οἳ καὶ αὐτοὶ ὁμολογοῦσι μηδεμίαν μάχην ἂν ὑπομεῖναι ἐκ χειρός; προβεβλημένοι δὲ τοὺς θωρακοφόρους μενοῦσί τε, καὶ οἱ

ἔχετε Pantaz. **1** ὁμοῦ] ἐμοῦ AH. **2** δὲ] γὰρ y. ‖ post ἅρματι add. ἔτι D. ‖ τοὺς ἵππους y. **3** τοῖς om. y. **8** ἔφη om. y. ‖ εἰς] ὡς F. ‖ τεταγμένους z. **9** post οὕτω iterat τεταγμένοι F. **10** ἢ om. xzV. **11** δοκοῦσιν ἔφη y. ‖ ἢ] εἶναι xV, εἶναι ἢ G, om. y. **13** εἰς μυρίους xz, δισμυρίους y. **14** βουλοίμην μᾶλλον y. ‖ μᾶλλον] τούτους x. ‖ post ἂν add. ἐν xH. ‖ ἐλαχίστους μαχούμεθα F. **15** ὅσων] οἵων y. ‖ βαθύνων xAH. **16** οἴομαι codd. **17** καὶ ἑαυτῇ Gpr. ‖ μὲν] γὰρ F, om. D. **18** ante τοξότας add, τοὺς xz. **19** πῶς ἄν τις Med. 55, 19, τοι ἄν τις z, lac. post μέν, deinde ἄν τις V, ἄν τις xy, τίς ἂν Stephanus.

μὲν ἀκοντίζοντες, οἱ δὲ τοξεύοντες, ὑπὲρ τῶν πρόσθεν
πάντως λυμανοῦνται τοὺς πολεμίους. ὅ,τι δ' ἂν κακ-
ουργῇ τις τοὺς ἐναντίους, δῆλον ὅτι παντὶ τούτῳ
τοὺς συμμάχους κουφίζει. τελευταίους μέντοι στήσω 25
τοὺς ἐπὶ πᾶσι καλουμένους. ὥσπερ γὰρ οἰκίας οὔτε
ἄνευ λιθολογήματος ὀχυροῦ οὔτε ἄνευ τῶν στέγην
ποιούντων ὄφελος οὐδέν, οὕτως οὐδὲ φάλαγγος οὔτ'
ἄνευ τῶν πρώτων οὔτ' ἄνευ τῶν τελευταίων, εἰ μὴ
ἀγαθοὶ ἔσονται, ὄφελος οὐδέν. ἀλλ' ὑμεῖς τ', ἔφη, 26
ὡς παραγγέλλω τάττεσθε, καὶ ὑμεῖς οἱ τῶν πελταστῶν
ἄρχοντες ἐπὶ τούτοις ὡσαύτως τοὺς λόχους καθίστατε
καὶ ὑμεῖς οἱ τῶν τοξοτῶν ἐπὶ τοῖς πελτασταῖς ὡσαύ-
τως. σὺ δέ, ὃς τῶν ἐπὶ πᾶσιν ἄρχεις, τελευταίους 27
ἔχων τοὺς ἄνδρας παράγγελλε τοῖς σαυτοῦ ἐφορᾶν τε
ἑκάστῳ τοὺς καθ' αὑτὸν καὶ τοῖς μὲν τὸ δέον ποιοῦ-
σιν ἐπικελεύειν, τοῖς δὲ μαλακυνομένοις ἀπειλεῖν ἰσχυ-
ρῶς· ἢν δέ τις στρέφηται προδιδόναι θέλων, θανάτῳ
ζημιοῦν. ἔργον γάρ ἐστι τοῖς μὲν πρωτοστάταις θαρ-
ρύνειν τοὺς ἑπομένους καὶ λόγῳ καὶ ἔργῳ· ὑμᾶς δὲ
δεῖ τοὺς ἐπὶ πᾶσι τεταγμένους πλείω φόβον παρέχειν
τοῖς κακοῖς τοῦ ἀπὸ τῶν πολεμίων. καὶ ὑμεῖς μὲν 28
ταῦτα ποιεῖτε. σὺ δέ, ὦ Εὐφράτα, ὃς ἄρχεις τῶν ἐπὶ
ταῖς μηχαναῖς, οὕτω ποίει ὅπως τὰ ζεύγη τὰ τοὺς

---

1 comma post τοξεύοντες vulgo positum del. Pantazides cf. VIII 5, 12. Hell. II 4, 15. 2 πάντως Pantaz., πάντων codd. ‖ τις κακουργῇ G. 5 ἐπὶ πᾶσι] κατόπιν πάντων x. 6 ὀχυροῦν z. ‖ στέγειν AHV. 7 οὐδὲν ὄφελος xz. ‖ οὐδὲ] οὔτε F. 8 ἢν . . . ὦσιν y. 9 τ' om. xzV. 13 τῶν] τοῦ G (in ras.). 14 σεαυτοῦ E, ἑαυτοῦ cet. 15 τοὺς] τοῖς GH. 16 μαλακυνομένοις y, κακυνομένοις xzV Dind. 18 προστάταις F. ‖ θρασύνειν xz. 19 ὑμᾶς δὲ y, καὶ ὑμᾶς z, καὶ ὑμᾶς δὲ x. 20 φόβῳ F. 22 ἀβραδάτα y, βραδάτα G.

πύργους ἄγοντα ἕψεται ὡς ἐγγύτατα τῆς φάλαγγος.
29 σὺ δ', ὦ Δαοῦχε, ὃς ἄρχεις τῶν σκευοφόρων, ἐπὶ
τοῖς πύργοις ἄγε πάντα τὸν τοιοῦτον στρατόν· οἱ δὲ
ὑπηρέται σου ἰσχυρῶς κολαζόντων τοὺς<προσωτέρω>προ-
30 ϊόντας τοῦ καιροῦ ἢ λειπομένους. σὺ δέ, ὦ Καρδοῦχε, ὃς
ἄρχεις τῶν ἁρμαμαξῶν αἳ ἄγουσι τὰς γυναῖκας, κατάστη-
σον αὐτὰς τελευταίας ἐπὶ τοῖς σκευοφόροις. ἑπόμενα γὰρ
ταῦτα πάντα καὶ πλήθους δόξαν παρέξει [καὶ ἐνεδρεύ-
ειν ἡμῖν ἐξουσία ἔσται], καὶ τοὺς πολεμίους, ἢν κυ-
κλοῦσθαι πειρῶνται, μείζω τὴν περιβολὴν ἀναγκάσει
ποιεῖσθαι· ὅσῳ δ' ἂν μεῖζον χωρίον περιβάλλωνται,
31 τοσούτῳ ἀνάγκη αὐτοὺς ἀσθενεστέρους γίγνεσθαι. καὶ
ὑμεῖς μὲν οὕτω ποιεῖτε· σὺ δέ, ὦ Ἀρτάοζε καὶ Ἀρτα-
γέρσα, [τὴν] χιλιοστὺν ἑκάτερος τῶν σὺν ὑμῖν πεζῶν
32 ἐπὶ τούτοις ἔχετε. καὶ σύ, ὦ Φαρνοῦχε καὶ Ἀσιαδά-
τα, τὴν τῶν ἱππέων χιλιοστὺν ἧς ἑκάτερος ἄρχει ὑμῶν
μὴ συγκατατάττετε εἰς τὴν φάλαγγα, ἀλλ' ὄπισθεν
τῶν ἁρμαμαξῶν ἐξοπλίσθητε καθ' ὑμᾶς αὐτούς· ἔπειτα
πρὸς ἐμὲ ἥκετε σὺν τοῖς ἄλλοις ἡγεμόσιν. οὕτω δὲ

---

1 πύργους ἄγοντα] ὑπηρέτας καὶ τοὺς πύργους φέροντα (-ς F) y, ὑπηρέτας καὶ τοὺς in marg. g. **2** δαδοῦχε xAG. ‖ σκευοφόρων] ἁρμαμαξῶν g. ‖ ἐπὶ τοῖς πύργοις y, ἐπὶ ταῖς μηχαναῖς C, ἐπὶ τοῖς πύργοις ἐπὶ ταῖς μηχαναῖς VzE. **3** ἄγετε y. ‖ τὸν om. F. **4** post σου add. τῶν ὄχλων xzV, τὸν ὄχλον (= τοῦ ὄχλου τοὺς προϊόντας) Pantaz., del. Dind. ‖ <προσωτέρω> ego cf. An. IV 3, 34. **5** καδοῦχε C, καροῦχα VzE (καρδοῦχε g). **6** αἳ . . . γυναῖκας del. Weiske. **8** πάντα ταῦτα AH. ‖ παρέξει F, παρέξειν D, παρέχει xzV. ‖ [καὶ . . . 9 ἔσται] ego. **9** τοὺς πολεμίους Schneider, τοῖς πολεμίοις codd. **10** πειρῶνται xz, βούλωνται y. **11** μεῖζον vulg., μείζω codd. ‖ περιβάλωνται zV. **13** post μὲν add. αὖ y, οὖν G. ‖ ἀρτάβανε G, ῥαρτάοζεF. ‖ ἀρτασάασε x, ἀρταγέσα G. 14 [τὴν] ego. **15** ἐπὶ τούτοις ἔχετε om. y. ‖ φαρμενοῦχε καὶ ἀσιάδα F. **16** ὑμῶν ἄρχει y. **17** κατατάσσετε x. ‖ ὄπισθε AH.

δεῖ ὑμᾶς παρεσκευάσθαι ὡς πρώτους δεῆσον ἀγωνί-
ζεσθαι. καὶ σὺ δὲ ὁ ἄρχων τῶν ἐπὶ ταῖς καμήλοις 33
ἀνδρῶν, ὄπισθεν τῶν ἁρμαμαξῶν ἐκτάττου· ποίει δ᾽
ὅ,τι ἄν σοι παραγγέλλῃ Ἀρταγέρσης. ὑμεῖς δ᾽ οἱ τῶν 34
ἁρμάτων ἡγεμόνες διακληρωσάμενοι, ὁ μὲν λαχὼν
ὑμῶν πρὸ τῆς φάλαγγος τὰ μεθ᾽ ἑαυτοῦ ἑκατὸν ἔχων
ἅρματα καταστησάτω· αἱ δ᾽ ἕτεραι ἑκατοστύες τῶν
ἁρμάτων, ἡ μὲν κατὰ τὸ δεξιὸν πλευρὸν τῆς στρατιᾶς
στοιχοῦσα ἑπέσθω τῇ φάλαγγι ἐπὶ κέρως, ἡ δὲ κατὰ
τὸ εὐώνυμον. Κῦρος μὲν οὕτω διέταττεν. 35

Ἀβραδάτας δὲ ὁ Σούσων βασιλεὺς εἶπεν, Ἐγώ σοι,
ὦ Κῦρε, ἐθελούσιος ὑφίσταμαι τὴν κατὰ πρόσωπον
τῆς ἀντίας φάλαγγος τάξιν ἔχειν, εἰ μή τί σοι ἄλλο
δοκεῖ. καὶ ὁ Κῦρος ἀγασθεὶς αὐτὸν καὶ δεξιωσάμενος 36
ἐπήρετο τοὺς ἐπὶ τοῖς ἄλλοις ἅρμασι Πέρσας, Ἦ καὶ
ὑμεῖς, ἔφη, ταῦτα συγχωρεῖτε; ἐπεὶ δ᾽ ἐκεῖνοι
ἀπεκρίναντο ὅτι οὐ καλὸν εἴη ταῦτα ὑφίεσθαι, διεκλή-
ρωσεν αὐτούς, καὶ ἔλαχεν ὁ Ἀβραδάτας ᾗπερ ὑφίστατο,
καὶ ἐγένετο κατὰ τοὺς Αἰγυπτίους. τότε μὲν δὴ 37
ἀπιόντες καὶ ἐπιμεληθέντες ὧν προεῖπεν ἐδειπνο-
ποιοῦντο καὶ φυλακὰς καταστησάμενοι ἐκοιμήθησαν.

Τῇ δ᾽ ὑστεραίᾳ πρῲ Κῦρος μὲν ἐθύετο, ὁ δ᾽ IV
ἄλλος στρατὸς ἀριστήσας καὶ σπονδὰς ποιησάμενος
ἐξωπλίζετο πολλοῖς μὲν καὶ καλοῖς χιτῶσι, πολλοῖς δὲ

---

1 δεῆσον ὑμᾶς ἀγωνίζεσθαι y. **2** ὁ xG, ὦ yAHV. ‖ τῶν om. zV. **4** ὅ,τι ἂν yz, ὃ C, ὡς E. ‖ παραγγέλλει x ‖ ἀρταγέρσας yg. **6** πρὸ τῆς] πρὸς τῆς HVpr, πρώτης F. ‖ αὐτοῦ G. ‖ ἑκατὸν] ἕκαστος y, om. G. **9** στείχουσα z. ‖ κέρας y. **11** σοι κῦρε] σοι ὦ κῦρε EDV, σε ὦ κῦρε F. **12** ὑπίσταμαι z. **14** δοκῇ V. ‖ ὁ om. D oct. **16. 17** ταῦτα V cet. **18** ὁ om. F. **20** προεῖπεν Schneider, προεῖπον codd. **21** φύλακας F. **22** ὁ μὲν κῦρος y. **24** μὲν om. y.

καὶ καλοῖς θώραξι καὶ κράνεσιν· ὥπλιζον δὲ καὶ
ἵππους προμετωπιδίοις καὶ προστερνιδίοις· καὶ τοὺς
μὲν μονίππους παραμηριδίοις, τοὺς δ' ὑπὸ τοῖς
ἅρμασιν ὄντας παραπλευριδίοις· ὥστε ἤστραπτε μὲν
χαλκῷ, ἤνθει δὲ φοινικίσι πᾶσα ἡ στρατιά.

2 Καὶ τῷ Ἀβραδάτᾳ δὲ τὸ τετράρρυμον ἅρμα καὶ
ἵππων ὀκτὼ παγκάλως ἐκεκόσμητο. ἐπεὶ δ' ἔμελλε τὸν
λινοῦν θώρακα, ὃς ἐπιχώριος ἦν αὐτοῖς, ἐνδύεσθαι,
προσφέρει αὐτῷ ἡ Πάνθεια ⟨χρυσοῦν⟩ καὶ χρυσοῦν
κράνος καὶ περιβραχιόνια καὶ ψέλια πλατέα περὶ τοὺς
καρποὺς τῶν χειρῶν καὶ χιτῶνα πορφυροῦν ποδήρη
στολιδωτὸν τὰ κάτω καὶ λόφον ὑακινθινοβαφῆ. ταῦτα
δ' ἐποιήσατο λάθρᾳ τοῦ ἀνδρὸς ἐκμετρησαμένη τὰ
3 ἐκείνου ὅπλα. ὁ δὲ ἰδὼν ἐθαύμασέ τε καὶ ἐπήρετο
τὴν Πάνθειαν, Οὐ δήπου, ὦ γύναι, συγκόψασα τὸν
σαυτῆς κόσμον τὰ ὅπλα μοι ἐποιήσω; Μὰ Δί', ἔφη ἡ
Πάνθεια, οὔκουν τόν γε πλείστου ἄξιον· σὺ γὰρ
ἔμοιγε, ἢν καὶ τοῖς ἄλλοις φανῇς οἷόσπερ ἐμοὶ δοκεῖς
εἶναι, μέγιστος κόσμος ἔσῃ. ταῦτα δὲ λέγουσα ἅμα
ἐνέδυε τὰ ὅπλα, καὶ λανθάνειν μὲν ἐπειρᾶτο, ἐλείβετο
δὲ αὐτῇ τὰ δάκρυα κατὰ τῶν παρειῶν.

4 Ἐπεὶ δὲ καὶ πρόσθεν ὢν ἀξιοθέατος ὁ Ἀβραδάτας

---

2 προμετωπίοις F. **3** μονίππους xz, ἵππους y. ‖ παραμηρίοις xAGV, παραμηρίους H. ‖ τοὺς δ' ὑπὸ] τοῖς δ' ἐπὶ F (δ' ἐπὶ D quoque). **4** ὄντας om. y. ‖ παραπλευριδίους H. **5** φοινικοῖς x. ‖ ἡ πᾶσα x. **6** τετράρυμον yz. **7** ἵππω x. **9** πανθία Fpr (ut semper). ‖ <χρυσοῦν> Meyer. ‖ καὶ om. xzV. **10** περιβραχείονα F. ‖ ψέλλια xz. **12** στολιωτὸν F, φολιδωτὸν xG. ‖ τὰ om. y. **13** τοῦ ἀνδρὸς om. x. **14** ὅπλα om. VGH. ‖ ἤρετο y. **15** οὐ y, σὺ xz Zon. **16** αὐτῆς F. ‖ μοι om. x. **18** ἔμοιγε ἢν] ἔμοιγ' ἂν y. ‖ φανῇς οἷόσπερ] φανεὶς οἷος D, φάνηθι ὡς F. **19** ἔσῃ z, ἔσει x, om. y. ‖ δὲ om. y. **20** ante τὰ add. τε y. **21** αὐτῆς EAH, αὐτοῖς C.

ὡπλίσθη τοῖς ὅπλοις τούτοις, ἐφάνη μὲν κάλλιστος
καὶ ἐλευθεριώτατος, ἅτε καὶ τῆς φύσεως ὑπαρχούσης·
λαβὼν δὲ παρὰ τοῦ ὑφηνιόχου τὰς ἡνίας παρεσκευά-
ζετο ὡς ἀναβησόμενος ἤδη ἐπὶ τὸ ἅρμα. ἐν δὲ 5
τούτῳ ἡ Πάνθεια ἀποχωρῆσαι κελεύσασα τοὺς παρόν-
τας πάντας ἔλεξεν, Ἀλλ' ὅτι μέν, ὦ Ἀβραδάτα, εἴ τις
καὶ ἄλλη πώποτε γυνὴ τὸν ἑαυτῆς ἄνδρα μεῖζον
τῆς ἑαυτῆς ψυχῆς ἐτίμησεν, οἶμαί σε γιγνώσκειν ὅτι
καὶ ἐγὼ μία τούτων εἰμί. τί οὖν ἐμὲ δεῖ καθ' ἓν
ἕκαστον λέγειν; τὰ γὰρ ἔργα οἶμαί σοι πιθανώτερα
παρεσχῆσθαι τῶν νῦν <ἂν> λεχθέντων λόγων. ὅμως 6
δὲ οὕτως ἔχουσα πρὸς σὲ ὥσπερ σὺ οἶσθα, ἐπομνύω
σοι τὴν ἐμὴν καὶ σὴν φιλίαν ἦ μὴν ἐγὼ βούλεσθαι
ἂν μετὰ σοῦ ἀνδρὸς ἀγαθοῦ γενομένου κοινῇ γῆν
ἐπιέσασθαι μᾶλλον ἢ ζῆν μετ' αἰσχυνομένου αἰσχυνο-
μένη· οὕτως ἐγὼ καὶ σὲ τῶν καλλίστων καὶ ἐμαυτὴν
ἠξίωκα. Κύρῳ δὲ δοκῶ μεγάλην τινὰ ἡμᾶς χάριν 7
ὀφείλειν ὅτι με αἰχμάλωτον γενομένην καὶ ἐξαιρε-
θεῖσαν αὐτῷ οὔτε με ὡς δούλην ἠξίωσε κεκτῆσθαι
οὔτε ὡς ἐλευθέραν ἐν ἀτίμῳ ὀνόματι, διεφύλαξε
δὲ σοὶ ὥσπερ ἀδελφοῦ γυναῖκα λαβών. πρὸς δὲ καὶ 8
ὅτε Ἀράσπας ἀπέστη αὐτοῦ ὁ ἐμὲ φυλάττων,
ὑπεσχόμην αὐτῷ, εἴ με ἐάσειε πρὸς σὲ πέμψαι, ἥξειν

2 καὶ om. FE. 3 δὲ καὶ παρὰ x. ‖ ἡνιόχου z. 5 ὑπο-χωρῆσαι y. 7 καὶ om. F. ‖ γυνὴ πώποτε G. ‖ αὑτῆς F, αὐτῆς D. ‖ μείζω xF. 9 τούτων μία y. 11 <ἂν> Cobet. ‖ λόγων om. y. 12 ἔχουσα] ἑκοῦσα y. 13 τὴν σὴν φιλίαν y, σὴν φιλίαν cet. Zon. 17 ante κύρῳ add. καὶ yz. ‖ μεγάλην τινὰ δοκῶ zC. 19 αὐτῷ x, ἑαυτῷ cet. ‖ ante ὡς add. με xz. 20 ἐν om. G. ‖ διεφύλαξε] διὸ ἐφύλαξεν F. 23 ἐάσει DG, ἐάσεις F. ‖ post ἥξειν add. ἔσεσθαι Vxz (sed in G punctis notatum), post ἀμείνονα Zon.

αὐτῷ σὲ πολὺ Ἀράσπου ἄνδρα καὶ πιστότερον καὶ ἀμείνονα.

9 Ἡ μὲν ταῦτα εἶπεν· ὁ δὲ Ἀβραδάτας ἀγασθεὶς τοῖς λόγοις καὶ θιγὼν αὐτῆς τῆς κεφαλῆς ἀναβλέψας εἰς τὸν οὐρανὸν ἐπηύξατο, Ἀλλ' ὦ Ζεῦ μέγιστε, δός μοι φανῆναι ἀξίῳ μὲν Πανθείας ἀνδρί, ἀξίῳ δὲ Κύρου φίλῳ τοῦ ἡμᾶς τετιμηκότος. ταῦτ' εἰπὼν κατὰ τὰς
10 θύρας τοῦ ἁρματείου δίφρου ἀνέβαινεν ἐπὶ τὸ ἅρμα. ἐπεὶ δὲ ἀναβάντος αὐτοῦ κατέκλεισε τὸν δίφρον ὁ ὑφηνίοχος, οὐκ ἔχουσα ἡ Πάνθεια πῶς ἂν ἔτι ἄλλως ἀσπάσαιτο αὐτόν, κατεφίλησε τὸν δίφρον καὶ τῷ μὲν προήει ἤδη τὸ ἅρμα, ἡ δὲ λαθοῦσα αὐτὸν συνεφείπετο, ἕως ἐπιστραφεὶς καὶ ἰδὼν αὐτὴν ὁ Ἀβραδάτας εἶπε, Θάρρει, Πάνθεια, καὶ χαῖρε καὶ ἄπιθι ἤδη.
11 ἐκ τούτου δὴ οἱ εὐνοῦχοι καὶ αἱ θεράπαιναι λαβοῦσαι ἀπῆγον αὐτὴν εἰς τὴν ἁρμάμαξαν καὶ κατακλίναντες κατεκάλυψαν τῇ σκηνῇ. οἱ δὲ ἄνθρωποι, καλοῦ ὄντος τοῦ θεάματος τοῦ τε Ἀβραδάτου καὶ τοῦ ἅρματος, οὐ πρόσθεν ἐδύναντο θεάσασθαι αὐτὸν πρὶν ἡ Πάνθεια ἀπῆλθεν.

12 Ὡς δ' ἐκεκαλλιερήκει μὲν ὁ Κῦρος, ἡ δὲ στρατιὰ παρετέτακτο αὐτῷ ὥσπερ παρήγγειλε, κατέχων σκοπὰς ἄλλας πρὸ ἄλλων συνεκάλεσε τοὺς ἡγεμόνας καὶ

---

1 *ἀράσπα* xz. ‖ *ἄνδρα καὶ* om. F. **3** post *ἀγασθεὶς* add. *αὐτὴν* yg. ‖ *τοῖς λόγοις* om. y. **4** *θίγων* codd. ‖ *εἰς*] *πρὸς* y. **6** ante *κύρου* add. *καὶ* zV. **7** *τιμήσαντος* codd. praeter x. ‖ *τὰς* om. F. **8** *ἁρματίου* F. **9** *αὐτοῦ* del. Bisshop. **10** *οὐκ*] *οὐδ'* AH. ‖ *ἂν* om. y. ‖ *ἔτι* om. x. ‖ *ἄλλως ἢ ἀσπάσετο* y. **11** *τῷ*] *τὸ* F. **13** *αὐτὴν*] *αὐτὸς* g. ‖ *ὁ* om. xzV. **16** *αὐτὴν ἀπῆγον* y, *αὐτὴν* om. E. ‖ *κατακλίναντες*] *κατέκλιναν καὶ* y. **17** *τὴν σκηνὴν* E Pollux. **18** *τε* om. yG. **21** *δ' ἐκεκαλλιερήκει* D, *δὲ κεκαλλιερήκει* VGHE, *δὲ* (*καὶ* add. CA) *καλλιερήκει* FCA.

ἔλεξεν ὧδε. Ἄνδρες φίλοι καὶ σύμμαχοι, τὰ μὲν ἱερὰ 13
οἱ θεοὶ ἡμῖν φαίνουσιν οἷάπερ ὅτε τὴν πρόσθεν
νίκην ἔδοσαν· ὑμᾶς δ' ἐγὼ βούλομαι ἀναμνῆσαι ὧν
μοι δοκεῖτε μεμνημένοι πολὺ ἂν εὐθυμότεροι εἰς τὸν
ἀγῶνα ἰέναι. ἠσκήκατε μὲν γὰρ τὰ εἰς τὸν πόλεμον 14
πολὺ μᾶλλον τῶν πολεμίων, συντέτραφθε δὲ καὶ συν-
τέταχθε ἐν τῷ αὐτῷ πολὺ πλείω ἤδη χρόνον ἢ οἱ
πολέμιοι καὶ συννενικήκατε μετ' ἀλλήλων· τῶν δὲ
πολεμίων οἱ πολλοὶ συνήττηνται μεθ' αὑτῶν. οἱ δὲ
ἀμάχητοι ἑκατέρων οἱ μὲν τῶν πολεμίων ἴσασιν ὅτι
προδότας τοὺς παραστάτας ἔχουσιν, ὑμεῖς δὲ οἱ μεθ'
ἡμῶν ἴστε ὅτι μετὰ θελόντων τοῖς συμμάχοις ἀρήγειν
μαχεῖσθε. εἰκὸς δὲ τοὺς μὲν πιστεύοντας ἀλλήλοις 15
ὁμόνως μάχεσθαι μένοντας, τοὺς δὲ ἀπιστοῦντας
ἀναγκαῖον βουλεύεσθαι πῶς ἂν ἕκαστοι τάχιστα
ἐκποδὼν γένοιντο. ἴωμεν δή, ὦ ἄνδρες, ἐπὶ τοὺς 16
πολεμίους, ἅρματα μὲν ἔχοντες ὡπλισμένα πρὸς ἄοπλα
τὰ τῶν πολεμίων, ὡς δ' αὕτως καὶ ἱππέας καὶ ἵππους
ὡπλισμένους πρὸς ἀόπλους, ὡς ἐκ χειρὸς μάχεσθαι.
πεζοῖς δὲ τοῖς μὲν ἄλλοις οἷς καὶ πρόσθεν μαχεῖσθε, 17
Αἰγύπτιοι δὲ ὁμοίως μὲν ὡπλισμένοι εἰσίν, ὁμοίως
δὲ τεταγμένοι· τάς τε γὰρ ἀσπίδας μείζους ἔχουσιν ἢ

---

1 ὧδε] τάδε G. 2 ἡμῖν om. F, transp. post ἱερά D. 5 μὲν om y. 6 μᾶλλον ἢ z. 7 τῷ om. x. || ἤδη om. F. 9 prius οἱ om. F. || συνήττηνται] μὲν ἥττηνται yg. || μεθ' ἑαυτῶν F, καθ' ἑαυτῶν Dg, μετ' αὐτῶν xzV. 10 ἀμάχητοι οἱ μήπω μεμαχημένοι Photios p 88, 24 Reitz. = Suidas s. v. ἄμαχος. 12 μετ' ἐθελόντων F. || τῶν συμμάχων yg. 13 μαχεῖσθε x, μάχεσθε (-αι F) cet. 14 ὁμόνως Dind., ὁμονόως codd. 15 ἂν om. y. || ἐκποδὼν τάχιστα F. 16 ἴμεν F. 20 ἄλλοις] πολλοῖς g. || οἷς] οἵοις y. 21 αἰγυπτίοις δὲ οἱ ὁμοίως y. 22 ἀσπίδας] ἐλπίδας G.

ὡς ποιεῖν τι καὶ ὁρᾶν, τεταγμένοι τε εἰς ἑκατὸν δῆλον
ὅτι κωλύσουσιν ἀλλήλους μάχεσθαι πλὴν πάνυ ὀλί-
18 γων. εἰ δὲ ὠθοῦντες ἐξώσειν πιστεύουσιν, ἵπποις
αὐτοὺς πρῶτον δεήσει ἀντέχειν καὶ σιδήρῳ ὑφ' ἵππων
ἰσχυριζομένῳ· ἢν δέ τις αὐτῶν καὶ ὑπομείνῃ, πῶς
ἅμα δυνήσεται ἱππομαχεῖν τε καὶ φαλαγγομαχεῖν καὶ
πυργομαχεῖν; καὶ γὰρ οἱ ἀπὸ τῶν πύργων ἡμῖν μὲν
ἐπαρήξουσι, τοὺς δὲ πολεμίους παίοντες ἀμηχανεῖν
19 ἀντὶ τοῦ μάχεσθαι ποιήσουσιν. εἰ δέ τινος ἔτι ἐνδεῖ-
σθαι δοκεῖτε, πρὸς ἐμὲ λέγετε· σὺν γὰρ θεοῖς οὐδε-
νὸς ἀπορήσομεν. καὶ εἰ μέν τις εἰπεῖν τι βούλεται,
λεξάτω· εἰ δὲ μή, ἐλθόντες πρὸς τὰ ἱερὰ καὶ προσ-
20 ευξάμενοι οἷς ἐθύσαμεν θεοῖς ἴτε ἐπὶ τὰς τάξεις· καὶ
ἕκαστος ὑμῶν ὑπομιμνῃσκέτω τοὺς μεθ' ἑαυτοῦ ἅπερ
ἐγὼ ὑμᾶς, καὶ ἐπιδεικνύτω τις τοῖς ἀρχομένοις ἑαυτὸν
ἄξιον ἀρχῆς, ἄφοβον δεικνὺς καὶ σχῆμα καὶ πρόσωπον
καὶ λόγους.

---

1 καὶ ὡς ὁρᾶν F. ‖ ἑκατὸν] ἕκαστον CAH. 3 δὲ τῷ ὠθοῦντες yg. 5 ἰσχυριζομένων g. ‖ ὑπομένῃ y. 6 καὶ πυργομαχεῖν om. xzV. 7 ὑμῖν F. 9 τινές HA, τι D. 10 γὰρ om. x. ‖ οὐδὲν y. 11 βούλεταί τι x. 13 ἐθύομεν y. 14 ἑαυτοῦ xD, αὐτοῦ cet.

Z

Οἱ μὲν δὴ εὐξάμενοι τοῖς θεοῖς ἀπῇσαν πρὸς τὰς 1
τάξεις· τῷ δὲ Κύρῳ καὶ τοῖς ἀμφ' αὐτὸν προσήνεγ-
καν οἱ θεράποντες ἐμφαγεῖν καὶ πιεῖν ἔτι οὖσιν ἀμφὶ
τὰ ἱερά. ὁ δὲ Κῦρος ὥσπερ εἶχεν ἑστηκὼς ἀπαρξά-
μενος ἠρίστα καὶ μετεδίδου ἀεὶ τῷ μάλιστα δεομένῳ·
καὶ σπείσας καὶ εὐξάμενος ἔπιε, καὶ οἱ ἄλλοι δὲ οἱ
περὶ αὐτὸν οὕτως ἐποίουν. μετὰ δὲ ταῦτα αἰτησά-
μενος Δία πατρῷον ἡγεμόνα εἶναι καὶ σύμμαχον
ἀνέβαινεν ἐπὶ τὸν ἵππον καὶ τοὺς ἀμφ' αὐτὸν
ἐκέλευεν. ὡπλισμένοι δὲ πάντες ἦσαν οἱ περὶ τὸν 2
Κῦρον τοῖς αὐτοῖς Κύρῳ ὅπλοις, χιτῶσι φοινικοῖς,
θώραξι χαλκοῖς, κράνεσι χαλκοῖς, λόφοις λευκοῖς, μα-
χαίραις, παλτῷ κρανεΐνῳ ἑνὶ ἕκαστος· οἱ δὲ ἵπποι
προμετωπιδίοις καὶ προστερνιδίοις καὶ παραμηριδίοις
χαλκοῖς· τὰ δ' αὐτὰ ταῦτα παραμηρίδια ἦν καὶ τῷ ἀνδρί·
τοσοῦτον μόνον διέφερον τὰ Κύρου ὅπλα ὅτι τὰ μὲν
ἄλλα ἐκέχριτο τῷ χρυσοειδεῖ χρώματι, τὰ δὲ Κύρου

---

2 αὐτὸν G. 3 ἐμφαγεῖν καὶ πιεῖν V cor., ἐμφαγεῖν καὶ ἐμπιεῖν (-ποιεῖν D) y, ἐμπιεῖν καὶ φαγεῖν xz. ‖ ἀμφὶ] ἐπὶ F. 6 καὶ οἱ ἄλλοι δὲ] οἱ δὲ ἄλλοι F. 9 αὐτὸν xH. 10 ἐκέλευσεν AGD. ‖ ἦσαν om. xzV 12 λόφοις δὲ λευκοῖς xGH, om. A. 13 κρανεΐνῳ D, κράνει xzV, κραΐνῳ F. ‖ οἷς ἑνὶ y. 14 καὶ παραμηριδίοις Weiske, καὶ παραπλευριδίοις yg, om xzV. 15 καὶ παραμηρίδια ἦν codd., corr. Weiske. 16 διέφερον xz, διέφερεν y. ‖ ὅπλα . . . 17 κύρου om. x. 17 ἐκέχριτο Cobet, ἐκέχριστο zD, ἐκέχρωστο F.

3 ὅπλα ὥσπερ κάτοπτρον ἐξέλαμπεν· ἐπεὶ δὲ ἀνέβη καὶ
ἔστη ἀποβλέπων ἧπερ ἔμελλε πορεύεσθαι, βροντὴ δεξιὰ
ἐφθέγξατο· ὁ δ' εἶπεν, Ἑψόμεθά σοι, ὦ Ζεῦ μέγιστε.
καὶ ὡρμᾶτο ἐν μὲν δεξιᾷ ἔχων Χρυσάνταν τὸν ἵππ-
αρχον καὶ τοὺς ἱππέας, ἐν ἀριστερᾷ δὲ Ἀρσάμαν καὶ
4 τοὺς πεζούς. παρηγγύησε δὲ παρορᾶν πρὸς τὸ
σημεῖον καὶ ἐν ἴσῳ ἕπεσθαι· ἦν δὲ αὐτῷ τὸ σημεῖον
αἰετὸς χρυσοῦς ἐπὶ δόρατος μακροῦ ἀνατεταμένος. καὶ
νῦν δ' ἔτι τοῦτο τὸ σημεῖον τῷ Περσῶν βασιλεῖ δια-
μένει. πρὶν δὲ ὁρᾶν τοὺς πολεμίους εἰς τρὶς ἀν-
έπαυσε τὸ στράτευμα.
5 Ἐπεὶ δὲ προεληλύθεσαν ὡς εἴκοσι σταδίους, ἤρχον-
το ἤδη τὸ τῶν πολεμίων στράτευμα ἀντιπροσιὸν
καθορᾶν. ὡς δ' ἐν τῷ καταφανεῖ πάντες ἀλλήλοις
ἐγένοντο καὶ ἔγνωσαν οἱ πολέμιοι πολὺ ἑκατέρωθεν
ὑπερφαλαγγοῦντες, στήσαντες τὴν αὐτῶν φάλαγγα, οὐ
γὰρ ἔστιν ἄλλως κυκλοῦσθαι, ἐπέκαμπτον εἰς κύκλω-
σιν, ὥσπερ γάμμα ἑκατέρωθεν τὴν ἑαυτῶν τάξιν
6 ποιήσαντες, ὡς πάντοθεν ἅμα μάχοιντο. ὁ δὲ Κῦρος
ὁρῶν ταῦτα οὐδέν τι μᾶλλον ἀφίστατο, ἀλλ' ὡσαύτως
ἡγεῖτο. κατανοῶν δὲ ὡς πρόσω τὸν καμπτῆρα ἑκατέ-

---

2 βλέπων zy. 4 μὲν ἐν codd., corr. Dind. 5 ἀρίσμαν zV, ἀρίσμον x, ἀρασάμβαν D, ἀρασάμαν F, corr. Philelphus. 6 παρορᾶν interpretatus est Pantazides παραβλέπειν vel εἰς τὸν πλησίον ὁρᾶν cf. παρόρα ἐπὶ τὸν ἡγούμενον apud Köchly. II 1 p. 194. 9 τῷ] τῶν F. 10 εἰς DG, καὶ cet. ‖ ἀνέπαυσε] ἀνέσπασε F. 12 post δὲ add. ἤδη xzV. ‖ προεληλύθεσαν F, προσεληλύθε(ει- D)σαν xzVD. ‖ ὡς] εἰς F. 14 καθορᾶν Dind., παρορᾶν codd., προορᾶν Pantazides cf. Rehdantz ad An. I 8, 20. ‖ ἀλλήλοις] ἕλληνες xAH. 16 ἐπιφαλαγγοῦντες F. ‖ αὐτῶν xz, ἑαυτῶν y. 17 ἐπεκάμπτουν AH. 18 ὅπως ὥσπερ y. 19 ὡς et ὁ om. y. ‖ κῦρος δὲ y. 20 τι om. F. ‖ ὡσαύτως] ὡς F. 21 ἐποιήσαντο ἑκατέρωθεν f (I. II numeris superpositis

ρωθεν ἐποιήσαντο περὶ ὃν κάμπτοντες ἀνέτεινον τὰ
κέρατα, Ἐννοεῖς, ἔφη, ὦ Χρυσάντα, ἔνθα τὴν ἐπικαμ-
πὴν ποιοῦνται; Πάνυ γε, ἔφη ὁ Χρυσάντας, καὶ θαυ-
μάζω γε· πολὺ γάρ μοι δοκοῦσιν ἀποσπᾶν τὰ κέρατα
ἀπὸ τῆς ἑαυτῶν φάλαγγος. Ναὶ μὰ Δί', ἔφη ὁ
Κῦρος, καὶ ἀπό γε τῆς ἡμετέρας. Τί δὴ τοῦτο; Δῆλον 7
ὅτι, ἔφη, φοβούμενοι μὴ ἢν ἐγγὺς ἡμῶν γένωνται τὰ
κέρατα τῆς φάλαγγος ἔτι πρόσω οὔσης, ἐπιθώμεθα αὐ-
τοῖς. Ἔπειτ', ἔφη ὁ Χρυσάντας, πῶς δυνήσονται
ὠφελεῖν οἱ ἕτεροι τοὺς ἑτέρους οὕτω πολὺ ἀπέχοντες
ἀλλήλων; Ἀλλὰ δῆλον, ἔφη ὁ Κῦρος, ὅτι ἡνίκα ἂν
γένωνται τὰ κέρατα ἀναβαίνοντα κατ' ἀντιπέρας τῶν
πλαγίων τοῦ ἡμετέρου στρατεύματος, στραφέντες ὡς εἰς
φάλαγγα [ἅμα πάντοθεν] ἡμῖν προσίασιν, ὡς ἅμα πάν-
τοθεν μαχούμενοι. Οὐκοῦν, ἔφη ὁ Χρυσάντας, εὖ σοι 8
δοκοῦσι βουλεύεσθαι; Πρός γε ἃ ὁρῶσι· πρὸς δὲ ἃ οὐχ
ὁρῶσιν ἔτι κάκιον ἢ εἰ κατὰ κέρας προσῆσαν. ἀλλὰ
σὺ μὲν, ἔφη, ὦ Ἀρσάμα, ἡγοῦ τῷ πεζῷ ἠρέμα ὥσπερ
ἐμὲ ὁρᾷς· καὶ σύ, ὦ Χρυσάντα, ἐν ἴσῳ τούτῳ τὸ
ἱππικὸν ἔχων συμπαρέπου. ἐγὼ δὲ ἄπειμι ἐκεῖσε ὅθεν
μοι δοκεῖ καιρὸς εἶναι ἄρχεσθαι τῆς μάχης· ἅμα δὲ
παριὼν ἐπισκέψομαι ἕκαστα πῶς ἡμῖν ἔχει. ἐπειδὰν 9
δ' ἐκεῖ γένωμαι, ὅταν ἤδη ὁμοῦ προσιόντες ἀλλήλοις

indicavit). 1 ἐποιήσατο A. || ἔτεινον x. 7 ἔφη om. codd. praeter yg. || ἢν ἐγγὺς] ἔνεγγυς z. || γένωνται x, γένηται cet. 8 ἔτι πρόσω] ἐπὶ πρόσω vel ἐπιπρόσω xz. 11 ἀλλὰ δῆλον et ὁ κῦρος om. z, ἀλλὰ . . . κῦρος om. V. 12 γένωνται zV, γένηται cet. 13 στραφέντες] στραφεῖεν CAHV, στραφήσονται E. 14 [ἅμα πάντοθεν] ego. || προσίασιν . . . πάντοθεν om. xzV. || προσίασιν cod. Med. 55, 19, προίασιν y. 16 γε om. x. 17 κακῆι F. || εἰ om. G. 20 περίειμι yg. 22 καὶ ἐπισκέψομαι y. || ἐπὰν F.

γιγνώμεθα, παιᾶνα ἐξάρξω, ὑμεῖς δὲ ἐπείγεσθε. ἡνίκα δ' ἂν ἡμεῖς ἐγχειρῶμεν τοῖς πολεμίοις, αἰσθήσεσθε μέν, οὐ γὰρ οἶμαι ὀλίγος θόρυβος ἔσται, ὁρμήσεται δὲ τηνικαῦτα Ἀβραδάτας ἤδη σὺν τοῖς ἅρμασιν εἰς τοὺς ἐναντίους· οὕτω γὰρ αὐτῷ εἰρήσεται· ὑμᾶς δὲ χρὴ ἕπεσθαι ἐχομένους ὅτι μάλιστα τῶν ἁρμάτων. οὕτω γὰρ μάλιστα τοῖς πολεμίοις τεταραγμένοις ἐπιπεσούμεθα. παρέσομαι δὲ κἀγὼ ᾗ ἂν δύνωμαι τάχιστα διώκων τοὺς ἄνδρας, ἢν οἱ θεοὶ θέλωσι.

10 Ταῦτ' εἰπὼν καὶ ξύνθημα παρεγγυήσας Ζεὺς σωτὴρ καὶ ἡγεμὼν ἐπορεύετο. μεταξὺ δὲ τῶν ἁρμάτων καὶ τῶν θωρακοφόρων διαπορευόμενος ὁπότε προσβλέψειέ τινας τῶν ἐν ταῖς τάξεσι, τότε μὲν εἶπεν ἄν, Ὦ ἄνδρες, ὡς ἡδὺ ὑμῶν τὰ πρόσωπα θεάσασθαι. τοτὲ δ' αὖ ἐν ἄλλοις ἂν ἔλεξεν, Ἆρα ἐννοεῖτε, ἄνδρες, ὅτι ὁ νῦν ἀγών ἐστιν οὐ μόνον περὶ τῆς τήμερον νίκης, ἀλλὰ καὶ περὶ τῆς πρόσθεν ἣν νενικήκατε καὶ περὶ
11 πάσης εὐδαιμονίας; ἐν ἄλλοις δ' ἂν παριὼν εἶπεν, Ὦ ἄνδρες, τὸ ἀπὸ τοῦδε οὐδέν ποτε ἔτι θεοὺς αἰτιατέον ἔσται· παραδεδώκασι γὰρ ἡμῖν πολλά τε καὶ ἀγαθὰ κτήσασθαι. ἀλλ' ἄνδρες ἀγαθοὶ γενώμεθα.
12 κατ' ἄλλους δ' αὖ τοιάδε, Ὦ ἄνδρες, εἰς τίνα ποτ'

---

1 γενώμεθα x. ‖ παιῶνα AH. ‖ ἐξάρχω xG. ‖ ἐπείγεσθε] ἐφέπεσθε yg. 2 αἰσθήσεσθαι F. 3 οὐ γὰρ οἶμαι] οὐκ οἴομαι F. ‖ ὁρμήσεται] εὑρήσετε xAHV. 4 τηνικαῦτα] ἡνίκα αὐτὸς xzV. 5 εὑρήσετε F. 7 τῶν πολεμίων τεταραγμένων x. 10 συνθήματα y. ‖ ζεῦ y. ‖ σῶτερ D. 13 τότε] τὸ F. 14 ἡμῶν F. ‖ τοτὲ . . . 16 περὶ om. F. 15 ἄλλοις ἂν] ἄλλοισιν xz. 17 καὶ om. Vz. ‖ ἐνικήσατε y. 18 δ' ἂν] δὲ xzV. ‖ παριὼν Hug, προσιὼν xzV, αὖ προιὼν y. 19 οὐδέν ποτε] οὐδέποτε G, οὐδέν D. ‖ ἔτι ante ἔσται transp. y. 20 καὶ μεγάλα ἀγαθὰ yg. 21 ὦ ἄνδρες codd., corr. Dind. 22 ὦ ἄνδρες om. F. ‖ ποτ' ἂν] ποτὲ xz.

ἂν καλλίονα ἔρανον ἀλλήλους παρακαλέσαιμεν ἢ εἰς
τόνδε; νῦν γὰρ ἔξεστιν ἀγαθοῖς ἀνδράσι γενομένοις
πολλὰ κἀγαθὰ ἀλλήλοις εἰσενεγκεῖν. κατ' ἄλλους δ' 13
αὖ, Ἐπίστασθε μέν, οἶμαι, ὦ ἄνδρες, ὅτι νῦν ἆθλα
πρόκειται τοῖς νικῶσι μὲν διώκειν, παίειν, κατακαί-
νειν, ἀγαθὰ ἔχειν, καλὰ ἀκούειν, ἐλευθέροις εἶναι,
ἄρχειν· τοῖς δὲ κακοῖς δῆλον ὅτι τἀναντία τούτων.
ὅστις οὖν ἑαυτὸν φιλεῖ, μετ' ἐμοῦ μαχέσθω· ἐγὼ γὰρ
κακὸν οὐδὲν οὐδ' αἰσχρὸν ἑκὼν εἶναι προσήσομαι.
ὁπότε δ' αὖ γένοιτο κατά τινας τῶν πρόσθεν συμ- 14
μαχεσαμένων, εἶπεν ἄν, Πρὸς δὲ ὑμᾶς, ὦ ἄνδρες, τί
δεῖ λέγειν; ἐπίστασθε γὰρ οἵαν τε οἱ ἀγαθοὶ ἐν ταῖς
μάχαις ἡμέραν ἄγουσι καὶ οἵαν οἱ κακοί

Ὡς δὲ παριὼν κατὰ Ἀβραδάταν ἐγένετο, ἔστη· καὶ 15
ὁ Ἀβραδάτας παραδοὺς τῷ ὑφηνιόχῳ τὰς ἡνίας προσ-
ῆλθεν αὐτῷ προσέδραμον δὲ καὶ ἄλλοι τῶν πλησίον
τεταγμένων καὶ πεζῶν καὶ ἁρματηλατῶν. ὁ δ' αὖ
Κῦρος ἐν τοῖς παραγεγενημένοις ἔλεξεν, Ὁ μὲν θεός,
ὦ Ἀβραδάτα, ὥσπερ σὺ ἠξίους, συνηξίωσέ σε καὶ τοὺς
σὺν σοὶ πρωτοστάτας εἶναι τῶν συμμάχων σὺ δὲ
τοῦτο μέμνησο, ὅταν δέῃ σε ἤδη ἀγωνίζεσθαι, ὅτι
Πέρσαι οἵ τε θεασόμενοι ὑμᾶς ἔσονται καὶ οἱ ἑψό-
μενοι ὑμῖν καὶ οὐκ ἐάσοντες ἐρήμους ὑμᾶς ἀγωνί-

4 ἐπίστασθαι F. ‖ ὦ ἄνδρες οἶμαι x. 5 παίειν om. zV, καὶ x. 6 κάλ' y. ‖ ἐλευθέρους EF. 8 ἑαυτὸν x, αὑτὸν AHpr, αὐτὸν VyH cor. 9 οὐδὲν κακὸν y. ‖ ἑκὼν om. F. ‖ προσήσομαι Aldina, προισομαι F (sed ι in ras , accentus erasus), προήσομαι cet. 10 πρόσθε F. ‖ συμμεμαχουμένων EF, συμμεμαχεσμένων zC. 14 ἐσιὼν g. ‖ καθ' ἁβραδάτην F. ‖ καὶ] μὲν xzV. 15 προσῆλθε δ' αὐτῷ xzV. 16 καὶ οἱ ἄλλοι y. 18 post ἔλεξεν add. τοιάδε yE. 19 ἠξίωσέν F. ‖ σε om. xzV. 22 θεασάμενοι xF. ‖ ἔσονται] ἕπονται F. 23 καὶ om. F. ‖ ἐάσονται x, ες in ras. H. ‖ ἡμᾶς z.

16 ζεσθαι. καὶ ὁ Ἀβραδάτας εἶπεν, Ἀλλὰ τὰ μὲν καθ'
ἡμᾶς ἔμοιγε δοκεῖ, ὦ Κῦρε, καλῶς ἔχειν· ἀλλὰ τὰ
πλάγια λυπεῖ με, ὅτι τὰ μὲν τῶν πολεμίων κέρατα
ἰσχυρὰ ὁρῶ ἀνατεινόμενα καὶ ἅρμασι καὶ παντοδαπῇ
στρατιᾷ· ἡμέτερον δ' οὐδὲν ἄλλο αὐτοῖς ἀντιτέτακται
ἢ ἅρματα· ὥστ' ἔγωγ', ἔφη, εἰ μὴ ἔλαχον τήνδε τὴν
τάξιν, ᾐσχυνόμην ἂν ἐνθάδε ὤν· οὕτω πολύ μοι δο-
17 κῶ ἐν ἀσφαλεστάτῳ εἶναι. καὶ ὁ Κῦρος εἶπεν, Ἀλλ'
εἰ τὰ παρὰ σοὶ καλῶς ἔχει, θάρρει ὑπὲρ ἐκείνων· ἐγὼ
γάρ σοι σὺν θεοῖς ἔρημα τῶν πολεμίων τὰ πλάγια
ταῦτα ἀποδείξω. καὶ σὺ μὴ πρότερον ἔμβαλλε τοῖς
ἐναντίοις, διαμαρτύρομαι, πρὶν ἂν φεύγοντας τούτους
οὓς νῦν φοβῇ θεάσῃ· τοιαῦτα δ' ἐμεγαληγόρει, μελ-
λούσης τῆς μάχης γίγνεσθαι· ἄλλως δ' οὐ μάλα με-
γαλήγορος ἦν· Ὅταν μέντοι τούτους ἴδῃς φεύγοντας,
ἐμέ τε ἤδη παρεῖναι νόμιζε καὶ ὅρμα εἰς τοὺς ἄν-
δρας· καὶ σὺ γὰρ τότε τοῖς μὲν ἐναντίοις κακίστοις
18 ἂν χρήσαιο, τοῖς δὲ μετὰ σαυτοῦ ἀρίστοις. ἀλλ' ἕως
ἔτι σοι σχολή, ὦ Ἀβραδάτα, πάντῃ παρελάσας παρὰ
τὰ σαυτοῦ ἅρματα παρακάλει τοὺς σὺν σοὶ εἰς τὴν
ἐμβολήν, τῷ μὲν προσώπῳ παραθαρρύνων, ταῖς δ'
ἐλπίσιν ἐπικουφίζων. ὅπως δὲ κράτιστοι φανεῖσθε
τῶν ἐπὶ τοῖς ἅρμασι, φιλονικίαν αὐτοῖς ἔμβαλλε· καὶ

1 μὲν om. y. 3 μὲν πλάγια τῶν Vxz. || κέρατα om. y. 6 ἐγὼ x. || τήνδε τὴν] αὐτὴν G. 8 ἀσφαλεστέρῳ Richards. 10 τὰ ante τῶν πολεμίων transp F. 12 πολεμίοις διαμαρτύρομαι yg, αἰγυπτίοις ὡς ἐναντίοις μαρτύρομαι Vxz (sed ὡς in ras. H), corr. Dind. 15 post μέντοι add. ἔφη F. || τούτους ἴδῃς D, τούτους om. x. 16 εἰς] πρὸς F. 17 καὶ γὰρ σὺ μὲν τοῖς ἐναντίοις x. 19 ἐστί σοι G. || πάντῃ ego, πάντας g. || παρακαλέσας g. 22 δὲ om. x. || φανεῖσθε FG, φανῆσθε cet. (ῆ in ras. H).

γάρ, εὖ ἴσθι, ἢν τάδε εὖ γένηται, πάντες ἐροῦσι τὸ
λοιπὸν μηδὲν εἶναι κερδαλεώτερον ἀρετῆς. ὁ μὲν δὴ
Ἀβραδάτας ἀναβὰς παρήλαυνε καὶ ταῦτ' ἐποίει.
Ὁ δ' αὖ Κῦρος παριὼν ὡς ἐγένετο πρὸς τῷ εὐω- 19
νύμῳ, ἔνθα ὁ Ὑστάσπας τοὺς ἡμίσεις ἔχων ἦν τῶν
Περσῶν ἱππέων, ὀνομάσας αὐτὸν εἶπεν, Ὦ Ὑστάσπα,
νῦν ὁρᾷς ἔργον τῆς σῆς ταχυεργίας· νῦν γὰρ ἢν φθά-
σωμεν τοὺς πολεμίους κατακανόντες, οὐδεὶς ἡμῶν
ἀποθανεῖται. καὶ ὁ Ὑστάσπας ἐπιγελάσας εἶπεν, Ἀλ- 20
λὰ περὶ μὲν τῶν ἐξ ἐναντίας ἡμῖν μελήσει, τοὺς δ'
ἐκ πλαγίου σὺ ἄλλοις πρόσταξον, ὅπως μηδ' οὗτοι σχο-
λάζωσι. καὶ ὁ Κῦρος εἶπεν, Ἀλλ' ἐπί γε τούτους ἐγὼ
αὐτὸς παρέρχομαι· ἀλλ', ὦ Ὑστάσπα, τόδε μέμνησο,
ὅτῳ ἂν ἡμῶν ὁ θεὸς νίκην διδῷ, ἤν τί που μένῃ πο-
λέμιον, πρὸς τὸ μαχόμενον ἀεὶ συμβάλλωμεν. ταῦτ' 21
εἰπὼν προῄει. ἐπεὶ δὲ κατὰ τὸ πλευρὸν παριὼν ἐγέ-
νετο καὶ κατὰ τὸν ἄρχοντα τῶν ταύτῃ ἁρμάτων, πρὸς
τοῦτον ἔλεξεν, Ἐγὼ δὲ ἔρχομαι ὑμῖν ἐπικουρήσων·
ἀλλ' ὁπόταν αἴσθησθε ἡμᾶς ἐπιτιθεμένους κατ' ἄκρον,
τότε καὶ ὑμεῖς πειρᾶσθε ἅμα διὰ τῶν πολεμίων ἐλαύ-
νειν· πολὺ γὰρ ἐν ἀσφαλεστέρῳ ἔσεσθε ἔξω γενόμενοι
ἢ ἔνδον ἀπολαμβανόμενοι. ἐπεὶ δ' αὖ παριὼν ἐγέ- 22
νετο ὄπισθεν τῶν ἁρμαμαξῶν, Ἀρταγέρσαν μὲν καὶ
Φαρνοῦχον ἐκέλευσεν ἔχοντας τήν τε τῶν πεζῶν χι-

---

1 εὖ om. D. ‖ τὸ λοιπὸν] πολλοὶ C. 4 ὡς om. G. ‖ τὸ εὐώνυμον x. 5 ὁ om. y. 7 εἰ φθάσομεν xzV. 8 κατακαίνοντες xzV. 9 ἐπιγελάσας] ἔτι καλέσας F. 10 τοῖς δ' F. 11 σὺ om. xHV. 14 διδῷ y, διαδῆ x, διδοῖ GH, om. A ‖ διδοῖ νίκην G. 15 συμβάλωμεν F. 16 προιὼν ἐγίγνετο y (προιὼν etiam E). 18 δ' ἐπέρχομαι xzV. 19 ἡμᾶς om. x. ‖ ἐπιτεθειμένους VzC. 20 πειρᾶσθαι Fpr. 24 ἐκέλευεν F. ‖ τε om. xzV. ‖ πεζῶν] περσῶν xzV.

λιοστὺν καὶ τὴν τῶν ἱππέων μένειν αὐτοῦ. Ἐπειδὰν δ', ἔφη, αἰσθάνησθε ἐμοῦ ἐπιτιθεμένου τοῖς κατὰ τὸ δεξιὸν κέρας, τότε καὶ ὑμεῖς τοῖς καθ' ὑμᾶς ἐπιχειρεῖτε· μαχεῖσθε δ', ἔφη, πρὸς κέρας, ᾗπερ ἀσθενέστατον στράτευμα γίγνεται, φάλαγγα [δ'] ἔχοντες, ὥσπερ ἂν ἰσχυρότατοι εἴητε. καὶ εἰσὶ μέν, ὡς ὁρᾶτε, τῶν πολεμίων ἱππεῖς οἱ ἔσχατοι· πάντως δὲ πρόετε πρὸς αὐτοὺς τὴν τῶν καμήλων τάξιν, καὶ εὖ ἴστε ὅτι καὶ πρὶν μάχεσθαι γελοίους τοὺς πολεμίους θεάσεσθε.

23 Ὁ μὲν δὴ Κῦρος ταῦτα διαπραξάμενος ἐπὶ τὸ δεξιὸν παρῄει· ὁ δὲ Κροῖσος νομίσας ἤδη ἐγγύτερον εἶναι τῶν πολεμίων τὴν φάλαγγα σὺν ᾗ αὐτὸς ἐπορεύετο ἢ τὰ ἀνατεινόμενα κέρατα, ἦρε τοῖς κέρασι σημεῖον μηκέτι ἄνω πορεύεσθαι, ἀλλ' αὐτοῦ ἐν χώρᾳ στραφῆναι. ὡς δ' ἔστησαν ἀντία πρὸς τὸ τοῦ Κύρου στράτευμα ὁρῶντες, ἐσήμηνεν αὐτοῖς πορεύεσθαι πρὸς
24 τοὺς πολεμίους. καὶ οὕτω δὴ προσῄεσαν τρεῖς φάλαγγες ἐπὶ τὸ Κύρου στράτευμα, ἡ μὲν μία κατὰ πρόσωπον, τὼ δὲ δύο, ἡ μὲν κατὰ τὸ δεξιόν, ἡ δὲ κατὰ τὸ εὐώνυμον· ὥστε πολὺν φόβον παρεῖναι πάσῃ τῇ Κύρου στρατιᾷ. ὥσπερ γὰρ μικρὸν πλινθίον ἐν μεγάλῳ τεθέν, οὕτω καὶ τὸ Κύρου στράτευμα πάντοθεν περιείχετο ὑπὸ τῶν πολεμίων καὶ ἱππεῦσι καὶ ὁπλίταις καὶ πελτοφόροις καὶ τοξόταις καὶ ἅρμασι

4 ᾗπερ Castalio, ὥσπερ codd. || ἀσθενέστατον D, ἀστενέστερον cet. 5 [δ'] Dind., φάλαγγας ἔχοντες Vz (καὶ A praeterea add.). 6 ἰσχυρότεροι F. || ἂν εἴητε g. 11 παρείη Fpr. 13 ἢ τὰ ἀνατεινόμενα] ἐπανατεινόμενα τὰ xzV. 14 ἄνωθεν D. || ἀλλ' ἐν τῇ χώρᾳ y. 15 ἀντία] πάντες yg. || τοῦ om. y. 16 ἐσήμαινεν yE. 17 προσῄεσαν xz, προῄεσαν F, προΐεσαν D. 18 τὸ] τῷ V. 19 τὼ] τὰ z. 20 πολὺν] τὸ λοιπὸν xzV. 21 στρατείᾳ AHV. 24 post ἅρμασι add. καὶ z.

πλὴν ἐξόπισθεν. ὅμως δὲ ὡς ὁ Κῦρος [ἐπεὶ] παρήγ- 25
γειλεν, ἐστράφησαν πάντες ἀντιπρόσωποι τοῖς πολε-
μίοις· καὶ ἦν μὲν πολλὴ πάντοθεν σιγὴ ὑπὸ τοῦ
τὸ μέλλον ὀκνεῖν· ἡνίκα δὲ ἔδοξε τῷ Κύρῳ καιρὸς
εἶναι, ἐξῆρχε παιᾶνα, συνεπήχησε δὲ πᾶς ὁ στρατός.
μετὰ δὲ τοῦτο τῷ Ἐνυαλίῳ τε ἅμα ἐπηλάλαξαν καὶ 26
ἐξανίσταται ὁ Κῦρος, καὶ εὐθὺς μὲν μετὰ τῶν ἱππέων
λαβὼν πλαγίους τοὺς πολεμίους ὁμόσε αὐτοῖς τὴν
ταχίστην συνεμείγνυεν· οἱ δὲ πεζοὶ αὐτῷ συντεταγμένοι
ταχὺ ἐφείποντο, καὶ περιεπτύσσοντο ἔνθεν καὶ ἔνθεν,
ὥστε πολὺ ἐπλεονέκτει· φάλαγγι γὰρ κατὰ κέρας
προσέβαλεν· ὥστε ταχὺ ἰσχυρὰ φυγὴ ἐγένετο τοῖς
πολεμίοις.
Ὡς δὲ ᾔσθετο Ἀρταγέρσης ἐν ἔργῳ ὄντα τὸν Κῦρον, 27
ἐπιτίθεται καὶ αὐτὸς κατὰ τὰ εὐώνυμα, προεὶς τὰς
καμήλους ὥσπερ Κῦρος ἐκέλευσεν. οἱ δὲ ἵπποι αὐ-
τὰς ἐκ πάνυ πολλοῦ οὐκ ἐδέχοντο, ἀλλ' οἱ μὲν
ἔκφρονες γιγνόμενοι ἔφευγον, οἱ δ' ἐξήλλοντο, οἱ δ'
ἐνέπιπτον ἀλλήλοις. τοιαῦτα γὰρ πάσχουσιν ἵπποι
ὑπὸ καμήλων. ὁ δὲ Ἀρταγέρσης συντεταγμένους ἔχων 28
τοὺς μεθ' ἑαυτοῦ ταραττομένοις ἐπέκειτο· καὶ τὰ ἅρ-

1 ὡς (et ἐπεὶ del.) Hug, καὶ codd. 2 ἐξέστησαν C, ἐξεστράφησαν E. || ἀντιπρόσωπον zC, ἐπίπροσθεν (τῶν πολεμίων) E. 3 πάντοθεν x, πανταχόθεν cet. 4 καιρὸς ἤδη εἶναι y. 5 παιῶνα z. 6 τοῦτο] τούτῳ V. || τῷ om. VG. || ἅμα τε F. || ἐξηλάλαξαν x. || καὶ ἐξανίσταται] ἵσταται y. 7 μὲν μετὰ] μετὰ xVGH cor., μὲν τὰ AHpr. 8 λαθὼν xAHV. 10 περιέπτυσσον (-πυσον F) y. 11 ἐπλεονέκτουν Fg. 12 προσέβαλεν x, προσέβαλλον yg, προσέβαλλεν zVpr. 14 δὲ om. F. || ὁ ἀρταγέρσας F. || ἔργῳ] ἴσῳ xAHVg. 16 ἅπερ F. || αὐτὰς . . . 19 ἵπποι om. x. 17 ὅτι ὁ ἵππος φεύγει τὴν κάμηλον in marg. F. 18 ἐξήλοντο G. 19 ἔπιπτον ἐπ' ἀλλήλοις F. || οἱ ἵπποι AD. 21 μετ' αὐτοῦ F, μεθ' ἑαυτῶν V

ματα δὲ κατὰ τὸ δεξιὸν καὶ τὸ εὐώνυμον ἅμα ἐνέβαλλε. καὶ πολλοὶ μὲν τὰ ἅρματα φεύγοντες ὑπὸ τῶν κατὰ κέρας ἑπομένων ἀπέθνῃσκον, πολλοὶ δὲ τούτους φεύγοντες ὑπὸ τῶν ἁρμάτων ⟨ἀν⟩ηλίσκοντο.

29 Καὶ ὁ Ἀβραδάτας δὲ οὐκέτι ἔμελλεν, ἀλλ' ἀναβοήσας, Ἄνδρες φίλοι, ἕπεσθε, ἐνίει οὐδὲν φειδόμενος τῶν ἵππων, ἀλλ' ἰσχυρῶς ἐξαιμάττων τῷ κέντρῳ· συνεξώρμησαν δὲ καὶ οἱ ἄλλοι ἁρματηλάται. καὶ τὰ μὲν ἅρματα ἔφευγεν αὐτοὺς εὐθύς, τὰ μὲν καὶ ἀνα-
30 λαβόντα τοὺς παραιβάτας, τὰ δὲ καὶ ἀπολιπόντα. ὁ δὲ Ἀβραδάτας ἀντικρὺ διάττων εἰς τὴν τῶν Αἰγυπτίων φάλαγγα ἐμβάλλει· συνεισέβαλον δὲ αὐτῷ καὶ οἱ ἐγγύτατα τεταγμένοι. πολλαχοῦ μὲν οὖν καὶ ἄλλοθι δῆλον ὡς οὐκ ἔστιν ἰσχυροτέρα φάλαγξ ἢ ὅταν ἐκ φίλων συμμάχων ἠθροισμένη ᾖ, καὶ ἐν τούτῳ δὲ ἐδήλωσεν. οἱ μὲν γὰρ ἑταῖροί τε αὐτοῦ καὶ ὁμοτράπεζοι συνεισέβαλον· οἱ δ' ἄλλοι ἡνίοχοι ὡς εἶδον ὑπομένοντας πολλῷ στίφει τοὺς Αἰγυπτίους, ἐξέκλιναν κατὰ τὰ φεύγοντα ἅρματα καὶ τούτοις ἐφείπον-
31 το. οἱ δὲ ἀμφὶ Ἀβραδάταν ᾗ μὲν ἐνέβαλλον, ἅτε οὐ δυναμένων διαχάσασθαι τῶν Αἰγυπτίων διὰ τὸ μέ-

---

1 post δὲ add. τά τε y. ‖ ἐνέβαλε V Zon. 2 ὑπὸ τῶν . . . 4 φεύγοντες om. AH. 3 κέρας . . . 4 ὑπὸ τῶν om. V, post ὑπὸ add. τῶν ἁρμάτων et om. τῶν κατὰ . . . 4 ἁρμάτων G. 4 ⟨ἀν⟩ηλίσκοντο ego, ἡλίσκοντο codd. 5 ὁ om. VHG Zon. ‖ ἀλλὰ βοήσας z. 6 post ἕπεσθε add. μοι G. ‖ ἐνίει] om. G, ἰσχυρῶς g. 9 ⟨ἐναντία⟩ ἅρματα Herwerden. ‖ καὶ om. x. 10 παραβάτας xF. 11 διάττων F, δι' αὐτῶν cet. ‖ αἰγυπτίων] πολεμίων x. 12 post ἐμβάλλει add. τὴν τῶν αἰγυπτίων x. ‖ συνέβαλλον F. 13 οὖν om. G. 14 ἔνεστιν xAHV. 15 συμμάχων ἠθροισμένων zV, ἠθροισμένων συμμάχων x. 16 τε om. y. 17 οὐ συνεισέβαλλον F (συνεισέβαλλον etiam VG). 20 ᾗ] οἱ G. ‖ ἐνέβαλον V. 21 διαχάσασθαι Ay (sed in F lacuna et rasura

νειν τοὺς ἔνθεν καὶ ἔνθεν αὐτῶν, τοὺς μὲν ὀρθοὺς
τῇ ῥύμῃ τῇ τῶν ἵππων παίοντες ἀνέτρεπον, τοὺς δὲ
πίπτοντας κατηλόων καὶ αὐτοὺς καὶ ὅπλα καὶ ἵπποις
καὶ τροχοῖς. ὅτου δ' ἐπιλάβοιτο τὰ δρέπανα, πάντα
βίᾳ διεκόπτετο καὶ ὅπλα καὶ σώματα. ἐν δὲ τῷ ἀδιη- 32
γήτῳ τούτῳ ταράχῳ ὑπὸ τῶν παντοδαπῶν σωρευμά-
των ἐξαλλομένων τῶν τροχῶν ἐκπίπτει ὁ Ἀβραδάτας
καὶ ἄλλοι δὲ τῶν συνεισβαλόντων, καὶ οὗτοι μὲν ἐν-
ταῦθα ἄνδρες ἀγαθοὶ γενόμενοι κατεκόπησαν καὶ ἀπ-
έθανον· οἱ δὲ Πέρσαι συνεπισπόμενοι, ᾗ μὲν ὁ Ἀβρα-
δάτας ἐνέβαλε καὶ οἱ σὺν αὐτῷ, ταύτῃ ἐπεισπεσόντες
τεταραγμένους ἐφόνευον, ᾗ δὲ ἀπαθεῖς ἐγένοντο οἱ
Αἰγύπτιοι, πολλοὶ δ' οὗτοι ἦσαν, ἐχώρουν ἐναντίοι
τοῖς Πέρσαις.

Ἔνθα δὴ δεινὴ μάχη ἦν καὶ δοράτων καὶ ξυστῶν 33
καὶ μαχαιρῶν· ἐπλεονέκτουν μέντοι οἱ Αἰγύπτιοι καὶ
πλήθει καὶ τοῖς ὅπλοις. τά τε γὰρ δόρατα ἰσχυρὰ
καὶ μακρὰ ἔτι καὶ νῦν ἔχουσιν, αἵ τε ἀσπίδες πολὺ
μᾶλλον τῶν θωράκων καὶ τῶν γέρρων καὶ στεγά-
ζουσι τὰ σώματα καὶ πρὸς τὸ ὠθεῖσθαι συνεργάζονται
πρὸς τοῖς ὤμοις οὖσαι. συγκλείσαντες οὖν τὰς ἀσπί-
δας ἐχώρουν καὶ ἐώθουν. οἱ δὲ Πέρσαι οὐκ ἐδύναν- 34
το ἀντέχειν, ἅτε ἐν ἄκραις ταῖς χερσὶ τὰ γέρρα ἔχον-

---

inter alteram α et σ), διωρί(-ή- E)σαι x, διαχωρῆσαι GHV
1 αὐτῷ z. 2 post. τῇ om. Vz Zon. ‖ ἱππέων xz. ‖ παίοντες] φεύγοντας x. ‖ ἀνετρέποντο z. 3 ἵππους καὶ τροχούς codd., corr. Camerarius. 8 συνεισβαλλόντων CD. 10 συνεπισπώμενοι xGH. 11 συνεισπεσόντες xzV. 12 τεταγμένους CGH, om. E. ‖ ἀπειθεῖς F. 13 ἐναντίον VH Zon. 17 ἰσχυρά τε καὶ μακρὰ ἃ y. 19 στέγουσιν F. 20 καὶ om. G. 22 ἐωθοῦντο F. 23 ἄκραις yg, ἴσαις Vz, ἴσαις ἄκραις x.

τες, ἀλλ' ἐπὶ πόδα ἀνεχάζοντο παίοντες καὶ παιόμενοι, ἕως ὑπὸ ταῖς μηχαναῖς ἐγένοντο. ἐπεὶ μέντοι ἐνταῦθα ἦλθον, ἐπαίοντο αὖθις οἱ Αἰγύπτιοι ἀπὸ τῶν πύργων· καὶ οἱ ἐπὶ πᾶσι δὲ οὐκ εἴων φεύγειν οὔτε τοὺς τοξότας οὔτε τοὺς ἀκοντιστάς, ἀλλ' ἀνατεταμένοι τὰς
35 μαχαίρας ἠνάγκαζον καὶ τοξεύειν καὶ ἀκοντίζειν. ἦν δὲ πολὺς μὲν ἀνδρῶν φόνος, πολὺς δὲ κτύπος ὅπλων καὶ βελῶν παντοδαπῶν, πολλὴ δὲ βοὴ τῶν μὲν ἀνακαλούντων ἀλλήλους, τῶν δὲ παρακελευομένων, τῶν δὲ θεοὺς ἐπικαλουμένων.

36 Ἐν δὲ τούτῳ Κῦρος διώκων τοὺς καθ' αὑτὸν παραγίγνεται. ὡς δ' εἶδε τοὺς Πέρσας ἐκ τῆς χώρας ἑωσμένους, ἤλγησέ τε καὶ γνοὺς ὅτι οὐδαμῶς ἂν θᾶττον σχοίη τοὺς πολεμίους τῆς εἰς τὸ πρόσθεν προόδου ἢ εἰ εἰς τὸ ὄπισθεν περιελάσειεν αὐτῶν, παραγγείλας ἕπεσθαι τοῖς μεθ' ἑαυτοῦ περιήλαυνεν εἰς τὸ ὄπισθεν· καὶ εἰσπεσόντες παίουσιν ἀποροῦντας καὶ
37 πολλοὺς κατακαίνουσιν. οἱ δὲ Αἰγύπτιοι ὡς ᾔσθοντο, ἐβόων τε ὅτι ὄπισθεν οἱ πολέμιοι καὶ ἐστρέφοντο ἐν ταῖς πληγαῖς. καὶ ἐνταῦθα δὴ φύρδην ἐμάχοντο καὶ πεζοὶ καὶ ἱππεῖς, πεπτωκὼς δέ τις ὑπὸ τῷ Κύρου ἵππῳ καὶ πατούμενος παίει εἰς τὴν γαστέρα τῇ μαχαίρᾳ τὸν ἵππον αὐτοῦ· ὁ δὲ ἵππος πληγεὶς σφα-

---

1 ἀνεχάζοντο] ἠναγκάζοντο x. **9** ἀλλήλους . . . παρακελευομένων om. G. ‖ ἀλλήλων H. ‖ παρακαλουμένων xH. **11** ἑαυτὸν V. **12** τοὺς om. x. **14** σχοίη] ἔχοι ἢ z. ‖ προόδου F, προσόδου cet. **15** εἰ om. codd., add. Philelphus. ‖ περιελάσει G. ‖ post παραγγείλας add. οὖν y. **16** ἕπεσθε AH. ‖ ἑαυτοῦ xGD, αὐ(αὑ)τοῦ cet. ‖ παρήλαυνεν Zon. **17** ἀποροῦντας ego, ἀφορῶντας codd., <οὐκ> ἀφορῶντας 'not looking at them = aversos' Richards. **18** κατακλίνουσιν F. **19** ὅτι om. G. **20** ἐν] οἱ ἐν y. **22** ἱππικῷ xzV.

δάζων ἀποσείεται τὸν Κῦρον. ἔνθα δὴ ἔγνω ἄν τις 38
ὅσου ἄξιον εἴη τὸ φιλεῖσθαι ἄρχοντα ὑπὸ τῶν περὶ
αὐτόν. εὐθὺς γὰρ ἀνεβόησάν τε πάντες καὶ προσπε-
σόντες ἐμάχοντο, ἐώθουν, ἐωθοῦντο, ἔπαιον, ἐπαίοντο.
καταπηδήσας δέ τις τῶν τοῦ Κύρου ὑπηρετῶν ἀνα-
βάλλει αὐτὸν ἐπὶ τὸν ἑαυτοῦ ἵππον ὡς δ' ἀνέβη 39
ὁ Κῦρος, κατεῖδε πάντοθεν ἤδη παιομένους τοὺς
Αἰγυπτίους καὶ γὰρ Ὑστάσπας ἤδη παρῆν σὺν τοῖς
Περσῶν ἱππεῦσι καὶ Χρυσάντας. ἀλλὰ τούτους ἐμ-
βάλλειν μὲν οὐκέτι εἴα εἰς τὴν φάλαγγα τῶν Αἰγυπ-
τίων, ἔξωθεν δὲ τοξεύειν καὶ ἀκοντίζειν ἐκέλευσεν.
ὡς δ' ἐγένετο περιελαύνων παρὰ τὰς μηχανάς,
ἔδοξεν αὐτῷ ἀναβῆναι ἐπὶ τῶν πύργων τινὰ καὶ
κατασκέψασθαι εἴ πῃ καὶ ἄλλο τι μένοι τῶν πο-
λεμίων καὶ μάχοιτο. ἐπεὶ δὲ ἀνέβη, κατεῖδε μεστὸν 40
τὸ πεδίον ἵππων, ἀνθρώπων, ἁρμάτων, φευγόντων,
διωκόντων, κρατούντων, κρατουμένων μένον δ' οὐ-
δαμοῦ οὐδὲν ἔτι ἐδύνατο κατιδεῖν πλὴν τὸ τῶν Αἰγυπ-
τίων <στῖφος> οὗτοι δὲ ἐπειδὴ ἠποροῦντο, κύκλον
ποιησάμενοι, ὥστε ὁρᾶσθαι πάντοθεν τὰ ὅπλα, ὑπὸ ταῖς

---

2 περὶ αὐτὸν] ἀρχομένων x. 3 ἀνεβόησάν τε] ἀναβοήσαντες x. 4 ἐώθουν om. VzF. || ἐωθοῦντο om. x. 5 [ἀπὸ τοῦ ἵππου] ego, s. v. V. || ἀναλαμβάνει x. 7 ἤδη om. F. 9 μὲν ἐμβάλλειν x, μὲν ἐμβαλεῖν zV. 11 ἐκέλευσεν xA, ἐκέλευεν cet. 12 παρελαύνων xzV Zon. || παρὰ] περὶ CF, ἐπὶ D. 14 εἴ τι πῃ F. || ἄλλοι F, ἄλλῃ D. || τι om. F. || μένει x, μένοιεν F (μάχοιντο f). 17 μένον δ'] τῶν μὲν πολεμίων φευγόντων, τῶν δ' αὐτοῦ κρατούντων, κρατουμένων δέ y, τῶν μ. πολ. φευγ., τῶν δὲ αὐτοῦ κρατούντων g. 19 <στῖφος> ego cf. 3, 3. 20 πάντοθεν post ὁρᾶσθαι transp. Muretus cf. An. II 3, 3, πάντοθεν κυκλοποιησάμενοι VzC, πάντοθεν κύκλῳ ποιησάμενοι E, κύκλῳ πάντοθεν ποιησάμενοι D, κύκλῳ πάντοσε ποιησάμενοι F, κύκλον ποιησάμενοι Castalio.

ἀσπίσιν ἐκάθηντο· καὶ ἐποίουν μὲν οὐδὲν ἔτι, ἔπασχον δὲ πολλὰ καὶ δεινά.

41 Ἀγασθεὶς δὲ ὁ Κῦρος αὐτοὺς καὶ οἰκτίρων ὅτι ἀγαθοὶ ἄνδρες ὄντες ἀπώλλυντο, ἀνεχώρισε πάντας τοὺς περιμαχομένους καὶ μάχεσθαι οὐδένα ἔτι εἴα. πέμπει δὲ πρὸς αὐτοὺς κήρυκα ἐρωτῶν πότερα βούλονται ἀπολέσθαι πάντες ὑπὲρ τῶν προδεδωκότων αὐτοὺς ἢ σωθῆναι ἄνδρες ἀγαθοὶ δοκοῦντες εἶναι. οἱ δ' ἀπεκρίναντο, Πῶς δ' ἂν ἡμεῖς σωθείημεν ἄνδρες
42 ἀγαθοὶ δοκοῦντες εἶναι; ὁ δὲ Κῦρος πάλιν ἔλεγεν, Ὅτι ἡμεῖς ὑμᾶς ὁρῶμεν μόνους καὶ μένοντας καὶ μάχεσθαι ἐθέλοντας. Ἀλλὰ τοὐντεῦθεν, ἔφασαν οἱ Αἰγύπτιοι, τί καλὸν ἂν ποιοῦντες σωθείημεν; καὶ ὁ Κῦρος αὖ πρὸς τοῦτο εἶπεν, [Εἰ τῶν τε συμμαχομένων μηδένα προδόντες σωθείητε] Τά τε ὅπλα παραδόντες φίλοι τε γενόμενοι τοῖς αἱρουμένοις ὑμᾶς σῶ-
43 σαι, ἐξὸν ἀπολέσαι. ἀκούσαντες ταῦτα ἐπήροντο, Ἢν δὲ γενώμεθά τοι φίλοι, τί ἡμῖν ἀξιώσεις χρῆσθαι; ἀπεκρίνατο ὁ Κῦρος· Εὖ ποιεῖν καὶ εὖ πάσχειν. ἐπηρώτων πάλιν οἱ Αἰγύπτιοι, Τίνα εὐεργεσίαν; πρὸς τοῦτο εἶπεν ὁ Κῦρος, Μισθὸν μὲν ὑμῖν δοίην ἂν πλείονα ἢ νῦν λαμβάνετε ὅσον ἂν χρόνον πόλεμος ᾖ· εἰρήνης δὲ γενομένης τῷ βουλομένῳ ὑμῶν μένειν

---

3 δὲ καὶ ὁ F. 4 ὄντες ἄνδρες EV, ὄντες om. GD. ‖ ἀπώλοντο x, ἀπόλοιντο D, υ in ras. F. ‖ ἀνεχώρησε codd. 7 πάντας y. ‖ ὑπὲρ] ὑπὸ yzV. 8 αὐτὸν AH cor. ‖ οἱ δ' ἀπεκρίναντο om. zV. 12 θέλοντας Vxz. ‖ τοὐντεῦθέν τοι F. 13 τί y, ὅ τι x Zon., ὅ τι καὶ zV. 14 τοῦτο] αὐτοὺς y. ‖ εἰ . . . 15 σωθείητε del. Hug, εἰ et σωθείητε del. Cobet. 15 τε om. xz. ‖ ante παραδόντες add. ἡμῖν xz, μὴ y. 17 ἐξὸν] ἐξ ὧν F. 18 φίλοι σοι y. 21 ὑμῖν μὲν x, ὑμῖν D. ‖ ἂν om. xzV. 22 ἐλαμβάνετε codd., corr. Cobet.

παρ' ἐμοὶ χώραν τε δώσω καὶ πόλεις καὶ γυναῖκας
καὶ οἰκέτας. ἀκούσαντες ταῦτα οἱ Αἰγύπτιοι τὸ μὲν 44
ἐπὶ Κροῖσον συστρατεύειν ἀφελεῖν σφίσιν ἐδεήθησαν·
τούτῳ γὰρ μόνῳ γιγνώσκεσθαι ἔφασαν· τὰ δ' ἄλλα
συνομολογήσαντες ἔδοσαν πίστιν καὶ ἔλαβον. καὶ οἱ 45
Αἰγύπτιοί τε οἱ καταμείναντες τότε ἔτι καὶ νῦν βασιλεῖ πιστοὶ διαμένουσι, Κῦρός τε πόλεις αὐτοῖς ἔδωκε, τὰς μὲν ἄνω, αἳ ἔτι καὶ νῦν πόλεις Αἰγυπτίων καλοῦνται, Λάρισαν δὲ καὶ Κυλλήνην περὶ Κύμην πλησίον θαλάττης, ἃς ἔτι καὶ νῦν οἱ ἀπ' ἐκείνων ἔχουσι. ταῦτα δὲ διαπραξάμενος ὁ Κῦρος ἤδη σκοταῖος ἀναγαγὼν ἐστρατοπεδεύσατο ἐν Θυμβράροις.

Ἐν δὲ τῇ μάχῃ τῶν μὲν πολεμίων Αἰγύπτιοι μόνοι 46
εὐδοκίμησαν, τῶν δὲ σὺν Κύρῳ τὸ Περσῶν ἱππικὸν κράτιστον ἔδοξεν εἶναι· ὥστ' ἔτι καὶ νῦν διαμένει ἡ ὅπλισις ἣν τότε Κῦρος τοῖς ἱππεῦσι κατεσκεύασεν.
εὐδοκίμησε δὲ ἰσχυρῶς καὶ τὰ δρεπανηφόρα ἅρματα· 47
ὥστε καὶ τοῦτο ἔτι καὶ νῦν διαμένει τὸ πολεμιστήριον τῷ ἀεὶ βασιλεύοντι. αἱ μέντοι κάμηλοι ἐφόβουν 48
μόνον τοὺς ἵππους, οὐ μέντοι κατέκαινόν γε οἱ ἐπ' αὐτῶν ἱππέας, οὐδ' αὐτοί γε ἀπέθνῃσκον ὑπὸ ἱππέων· οὐδεὶς γὰρ ἵππος ἐπέλαζε. καὶ χρήσιμον μὲν 49

---

4 συγγιγνώσκεσθαι g. § 45 usque ad ἔχουσι del. Lincke. 5 post. καὶ om. F. 6 οἱ δὲ αἰγύπτιοι καταμείναντες F. || πιστοὶ βασιλεῖ y. 8 αἰγυπτίων πόλεις y. 9 λάρισσαν codd. praeter F. || δὲ Zeune, τε codd. || κιλλίνην F. || περὶ ego, παρὰ codd. 10 καὶ νῦν ἔτι x. 11 δὲ om. x. || ἀναγαγών· ἀντὶ τοῦ ἀπαγαγών. Ξενοφῶν Photios p. 107, 17 ed. Reitz., Suidas. 12 θυμβάροις x. 13 μὲν Dg, om. cet. οἱ αἰγύπτιοι F. 14 τότε περσὸν ἱππικὸν F (τότε etiam D). 15 ὥστε καὶ ἔτι F. 16 ὅπλισις] πόλις xAHV. 20 μόνον] μὲν τῷ ὄντι y. 21 ἱππέας ego.

ἐδόκει εἶναι· ἀλλὰ γὰρ οὔτε τρέφειν οὐδεὶς ἐθέλει καλὸς κἀγαθὸς κάμηλον ὥστ' ἐποχεῖσθαι, οὔτε μελετᾶν ὡς πολεμήσων ἀπὸ τούτων. οὕτω δὴ ἀπολαβοῦσαι πάλιν τὸ ἑαυτῶν σχῆμα ἐν τοῖς σκευοφόροις διάγουσι.

II Καὶ οἱ μὲν ἀμφὶ τὸν Κῦρον δειπνοποιησάμενοι καὶ φυλακὰς καταστησάμενοι, ὥσπερ ἔδει, ἐκοιμήθησαν. Κροῖσος μέντοι εὐθὺς ἐπὶ Σάρδεων ἔφευγε σὺν τῷ στρατεύματι· τὰ δ' ἄλλα φῦλα ὅποι ἐδύνατο προσωτάτω ἐν τῇ νυκτὶ τῆς ἐπ' οἶκον ὁδοῦ ἕκαστος ἀπ-
2 εχώρει. ἐπειδὴ δὲ ἡμέρα ἐγένετο, εὐθὺς ἐπὶ Σάρδεις ἦγε Κῦρος. ὡς δ' ἐγένετο πρὸς τῷ τείχει τῷ ἐν Σάρδεσι, τάς τε μηχανὰς ἀνίστη ὡς προσβαλῶν πρὸς τὸ
3 τεῖχος καὶ κλίμακας παρεσκευάζετο. ταῦτα δὲ ποιῶν κατὰ τὰ ἀποτομώτατα δοκοῦντα εἶναι τοῦ Σαρδιανῶν ἐρύματος τῆς ἐπιούσης νυκτὸς ἀναβιβάζει Χαλδαίους τε καὶ Πέρσας. ἡγήσατο δ' αὐτοῖς ἀνὴρ Πέρσης δοῦλος γεγενημένος τῶν ἐν τῇ ἀκροπόλει τινὸς φρουρῶν καὶ καταμεμαθηκὼς κατάβασιν εἰς τὸν πο-
4 ταμὸν καὶ ἀνάβασιν τὴν αὐτήν. ὡς δ' ἐγένετο τοῦτο δῆλον ὅτι εἴχετο τὰ ἄκρα, πάντες δὴ ἔφευγον οἱ Λυδοὶ ἀπὸ τῶν τειχῶν ὅποι ἐδύνατο ἕκαστος τῆς πόλεως. Κῦρος δὲ ἅμα τῇ ἡμέρᾳ εἰσῄει εἰς τὴν πόλιν
5 καὶ παρήγγειλεν ἐκ τῆς τάξεως μηδένα κινεῖσθαι. ὁ δὲ Κροῖσος κατακλεισάμενος ἐν τοῖς βασιλείοις Κῦρον

---

1 οὔτε] οὕτω D. 3 ὡς] ὥστε y. ‖ οὕτω δὲ ἀναβαλοῦσαι x. 4 αὐτῶν F. 6 φύλακας y. ‖ ἔδει] ἐδόκει y. 8 ὅποι C, ὅπῃ cet. 9 ἐπ' οἶκον ὁδοῦ] ἐποικόνου F. 10 ἐπεὶ δὲ δὴ z, ἐπεὶ δὲ E. ‖ σάρδις F. 11 πρὸς τῷ . . . 12 πρὸς τὸ om. F. 11 πρὸς τῷ τείχει om. G. 15 ἐρύματα D. 17 γενόμενος x. 18 καὶ om. z. ‖ κατάβασίν τινα εἰς F. 19 τὴν ante ἀνάβασιν add. Vxz (sed H cor.). 21 ὅποι C, ὅπῃ cet. ‖ τῆς πόλεως om. x.

ἐβόα ὁ δὲ Κῦρος τοῦ μὲν Κροίσου φύλακας κατέλι-
πεν, αὐτὸς δὲ ἀπαγαγὼν πρὸς τὴν ἐχομένην ἄκραν
ὡς εἶδε τοὺς μὲν Πέρσας φυλάττοντας τὴν ἄκραν,
ὥσπερ ἔδει, τὰ δὲ τῶν Χαλδαίων ὅπλα ἔρημα, κατα-
δεδραμήκεσαν γὰρ ἁρπασόμενοι τὰ ἐκ τῶν οἰκιῶν,
εὐθὺς συνεκάλεσεν αὐτῶν τοὺς ἄρχοντας καὶ εἶπεν
αὐτοῖς ἀπιέναι ἐκ τοῦ στρατεύματος ὡς τάχιστα. Οὐ 6
γὰρ ἄν, ἔφη, ἀνασχοίμην πλεονεκτοῦντας ὁρῶν τοὺς
ἀτακτοῦντας. καὶ εὖ μέν, ἔφη, ἐπίστασθε ὅτι παρ-
εσκευαζόμην ἐγὼ ὑμᾶς τοὺς ἐμοὶ συστρατευσαμένους
πᾶσι Χαλδαίοις μακαριστοὺς ποιῆσαι· νῦν δ', ἔφη,
μὴ θαυμάζετε ἤν τις καὶ ἀπιοῦσιν ὑμῖν κρείττων ἐν-
τύχῃ. ἀκούσαντες ταῦτα οἱ Χαλδαῖοι ἔδεισάν τε καὶ 7
ἱκέτευον παύσασθαι ὀργιζόμενον καὶ τὰ χρήματα πάντα
ἀποδώσειν ἔφασαν. ὁ δὲ εἶπεν ὅτι οὐδὲν αὐτῶν
δέοιτο. Ἀλλ' εἴ με, ἔφη, βούλεσθε παύσασθαι ἀχ-
θόμενον, ἀπόδοτε πάντα ὅσα ἐλάβετε τοῖς διαφυ-
λάξασι τὴν ἄκραν. ἢν γὰρ αἴσθωνται οἱ ἄλλοι στρα-
τιῶται ὅτι πλεονεκτοῦσιν οἱ εὔτακτοι γενόμενοι, πάντα
μοι καλῶς ἕξει. οἱ μὲν δὴ Χαλδαῖοι οὕτως ἐποίησαν 8
ὡς ἐκέλευσεν ὁ Κῦρος καὶ ἔλαβον οἱ πειθόμενοι
πολλὰ καὶ παντοῖα χρήματα. ὁ δὲ Κῦρος καταστρα-
τοπεδεύσας τοὺς ἑαυτοῦ, ὅπου ἐδόκει ἐπιτηδειότατον
εἶναι τῆς πόλεως, μένειν ἐπὶ τοῖς ὅπλοις παρήγγειλε
καὶ ἀριστοποιεῖσθαι.

---

1 κατέλειπεν CFGHpr. 4 καταδεδραμήκεσαν VG, κατεδραμήκεσαν F. 5 ἁρπαζόμενοι Vxz. ‖ τὰ om. codd. praeter Dg. 6 αὐτῶν om. ε. 7 ὡς om. Vxzε. 10 συστρατευομένους xzV. 11 χαλδαίους F. 12 κρείσσω AHε. 13 τε om. y. 14 πάντα om. y. 18 ἄλλον F. 23 τὸ ἐπιτηδειότατον VzC. 24 εἶναι om. Vxz. ‖ ἐπὶ om. Vz. ‖ παρήγγειλε καὶ] παρήγγειλεν xzV.

9 Ταῦτα δὲ διαπραξάμενος ἀγαγεῖν ἐκέλευσεν αὑτῷ
τὸν Κροῖσον. ὁ δὲ Κροῖσος ὡς εἶδε τὸν Κῦρον,
Χαῖρε, ἔφη, ὦ δέσποτα· τοῦτο γὰρ ἡ τύχη καὶ ἔχειν
τὸ ἀπὸ τοῦδε δίδωσι σοὶ καὶ ἐμοὶ προσαγορεύειν.
10 Καὶ σύ [γε], ἔφη, ὦ Κροῖσε, ἐπείπερ ἄνθρωποί γέ ἐσμεν
ἀμφότεροι. ἀτάρ, ἔφη, ὦ Κροῖσε, ἆρ' ἄν τί μοι θε-
λήσαις συμβουλεῦσαι; Βουλοίμην γ' ἄν, ἔφη, ὦ
Κῦρε, ἀγαθόν τί σοι εὑρεῖν· τοῦτο γὰρ ἂν οἶμαι ἀγα-
11 θὸν κἀμοὶ γενέσθαι. Ἄκουσον τοίνυν, ἔφη, ὦ Κροῖσε,
ἐγὼ γὰρ ὁρῶν τοὺς στρατιώτας πολλὰ πεπονηκότας
καὶ πολλὰ κεκινδυνευκότας καὶ νῦν νομίζοντας πόλιν
ἔχειν τὴν πλουσιωτάτην ἐν τῇ Ἀσίᾳ μετὰ Βαβυλῶνα,
ἀξιῶ ὠφεληθῆναι τοὺς στρατιώτας. γιγνώσκω γάρ,
ἔφη, ὅτι εἰ μή τινα καρπὸν λήψονται τῶν πόνων, οὐ
δυνήσομαι αὐτοὺς πολὺν χρόνον πειθομένους ἔχειν.
διαρπάσαι μὲν οὖν αὐτοῖς ἐφεῖναι τὴν πόλιν οὐ βού-
λομαι· τήν τε γὰρ πόλιν νομίζω ἂν διαφθαρῆναι, ἔν
τε ἁρπαγῇ εὖ οἶδ' ὅτι οἱ πονηρότατοι πλεονεκτή-
12 σαιεν ἄν. ἀκούσας ταῦτα ὁ Κροῖσος ἔλεξεν, Ἀλλ'
ἐμέ, ἔφη, ἔασον λέξαι πρὸς οὓς ἂν ἐγὼ Λυδῶν ἕλωμαι
ὅτι διαπέπραγμαι παρὰ σοῦ μὴ ποιῆσαι ἁρπαγὴν μηδὲ
ἐᾶσαι ἀφανισθῆναι παῖδας καὶ γυναῖκας· ὑπεσχόμην

---

1 ταῦτα . . 2 κροῖσον om. zV. 1 αὐτῷ F, αὑτῷ cet. 3 ὦ δέσποτα ἔφη xz. || καὶ om. zV. 4 τὸ om. y. || σοὶ καὶ ἐμοὶ] μοι HA, σοὶ καὶ GV. 5 [γε] ego. || ἐπείπερ . . . 6 κροῖσε om. G. || post. γε om. x. 6 ἐθελήσαις yzV. 7 ante βουλοίμην add. καὶ y. || γ' om. y. 9 καὶ ἐμοὶ F. 12 τῇ om. Zon. 14 ὅτι om. y. || τῶν πόνων λήψονται y. 16 αὐτοῖς F, αὐτοὺς V. || βούλομαι] δύναμαι F, in marg. γρ. βούλομαι. 17 νομίζω] μείζω x. || ἂν] ἅμα y. || διαρπαγῆναι zV 18 ante ἁρπαγῇ add. τῇ xzV. || πλεονεκτήσειαν y. 19 ἄν om. FH. 20 ἕλωμαι ego cf. § 23, ἐθέλω VxzZon., θέλω y. 21 ἐγὼ παρὰ y. 22 ὑπισχνοῦμαι y.

δέ σοι ἀντὶ τούτων ἦ μὴν παρ' ἑκόντων Λυδῶν ἔσεσθαι πᾶν ὅ,τι καλὸν κἀγαθόν ἐστιν ἐν Σάρδεσιν.
ἢν γὰρ ταῦτα ἀκούσωσιν, οἶδ' ὅτι ἥξει σοι πᾶν ὅ,τι 13
ἐστὶν ἐνθάδε καλὸν κτῆμα ἀνδρὶ καὶ γυναικί· καὶ ὅμως εἰς νέωτα πολλῶν καὶ καλῶν πάλιν σοι πλήρης ἡ πόλις ἔσται· ἢν δὲ διαρπάσῃς, καὶ αἱ τέχναι σοι, ἅς πηγάς φασι εἶναι τῶν καλῶν, διεφθαρμέναι
ἔσονται. ἐξέσται δέ σοι ἰδόντι τὰ ἐλθόντα ἔτι καὶ 14
περὶ τῆς ἁρπαγῆς βουλεύσασθαι. πρῶτον δ', ἔφη, ἐπὶ τοὺς ἐμοὺς θησαυροὺς πέμπε καὶ παραλαμβανόντων οἱ σοὶ φύλακες παρὰ τῶν ἐμῶν φυλάκων. ταῦτα μὲν δὴ ἅπαντα οὕτω συνήνεσε ποιεῖν ὁ Κῦρος ὥσπερ ἔλεξεν ὁ Κροῖσος.

Τάδε δέ μοι πάντως, ἔφη, ὦ Κροῖσε, λέξον πῶς 15
σοι ἀποβέβηκε τὰ ἐκ τοῦ ἐν Δελφοῖς χρηστηρίου· σοὶ γὰρ δὴ λέγεται πάνυ γε τεθεραπεῦσθαι ὁ Ἀπόλλων
καί σε πάντα ἐκείνῳ πειθόμενον πράττειν. Ἐβουλό- 16
μην ἄν, ἔφη, ὦ Κῦρε, οὕτως ἔχειν· νῦν δὲ πάντα τἀναντία εὐθὺς ἐξ ἀρχῆς πράττων προσηνέχθην τῷ Ἀπόλλωνι. Πῶς δέ; ἔφη ὁ Κῦρος· δίδασκε· πάνυ γὰρ
παράδοξα λέγεις. Ὅτι πρῶτον μέν, ἔφη, ἀμελήσας 17
ἐρωτᾶν τὸν θεόν, εἴ τι ἐδεόμην, ἀπεπειρώμην αὐτοῦ εἰ δύναιτο ἀληθεύειν. τοῦτο δ', ἔφη, μὴ ὅτι θεός,

3 ἥξει σοι] ἥξουσι zC. 4 prius καὶ] ἢ y. 5 ὅμως ego, ὁμοίως codd. || σοι om. AGV. 6 ἔσται om. z, post πλήρης transp. y, ἐστίν V. 7 εἶναι τῶν καλῶν C, τῶν καλῶν εἶναι cet. praeter E, qui εἶναι om. 8 ἔξεστι g. || τὰ z, ταῦτα xyg. 10 θησαυροὺς om. y. || παραλαμβανέτωσαν codd., corr. Dind. 12 ἅπαντα xz, πάντα yHpr. || συνήνεσεν ὁ κῦρος ποιεῖν y. 14 τάδε δέ] τὰ δὲ FG, τάδε VAH. || ἔφη πάντως y. || ὦ om. A. 15 prius σοι om. Vxz. || τὰ ἐν δελφοῖς χρηστήρια F. 16 γε om. y. 18 δ' ἂν y. 20 δέ om. y. 23 ἔφη post θεὸς transp. x.

ἀλλὰ καὶ ἄνθρωποι καλοὶ κἀγαθοί, ἐπειδὰν γνῶσιν
18 ἀπιστούμενοι, οὐ φιλοῦσι τοὺς ἀπιστοῦντας. ἐπεὶ μέν-
τοι ἔγνω καὶ μάλ' ἄτοπα ἐμοῦ ποιοῦντος, καίπερ πρόσω
19 Δελφῶν ἀπέχοντος, οὕτω δὴ πέμπω περὶ παίδων. ὁ
δέ μοι τὸ μὲν πρῶτον οὐδ' ἀπεκρίνατο· ἐπεὶ δ' ἐγὼ
πολλὰ μὲν πέμπων ἀναθήματα χρυσᾶ, πολλὰ δ' ἀρ-
γυρᾶ, πάμπολλα δὲ θύων ἐξιλασάμην αὐτόν ποτε,
ὡς ἐδόκουν, τότε δή μοι ἀποκρίνεται ἐρωτῶντι τί ἄν
μοι ποιήσαντι παῖδες γένοιντο· ὁ δὲ εἶπεν ὅτι ἔσοιντο.
20 καὶ ἐγένοντο μέν, οὐδὲ γὰρ οὐδὲ τοῦτο ἐψεύσατο,
γενόμενοι δὲ οὐδὲν ὤνησαν. ὁ μὲν γὰρ κωφὸς ὢν
διετέλει, ὁ δὲ ἄριστος γενόμενος ἐν ἀκμῇ τοῦ βίου
ἀπώλετο. πιεζόμενος δὲ ταῖς περὶ τοὺς παῖδας συμ-
φοραῖς πάλιν πέμπω καὶ ἐπερωτῶ τὸν θεὸν τί ἂν
ποιῶν τὸν λοιπὸν βίον εὐδαιμονέστατα διατελέσαιμι·
ὁ δέ μοι ἀπεκρίνατο,

Σαυτὸν γιγνώσκων εὐδαίμων, Κροῖσε, περάσεις.

21 ἐγὼ δ' ἀκούσας τὴν μαντείαν ἥσθην· ἐνόμιζον γὰρ
τὸ ῥᾷστόν μοι αὐτὸν προστάξαντα τὴν εὐδαιμονίαν
διδόναι. ἄλλους μὲν γὰρ γιγνώσκειν τοὺς μὲν οἷόν
τ' εἶναι τοὺς δ' οὔ· ἑαυτὸν δὲ ὅστις ἐστὶ πάντα τινὰ
22 ἐνόμιζον ἄνθρωπον εἰδέναι. καὶ τὸν μετὰ ταῦτα δὴ
χρόνον, ἕως μὲν εἶχον ἡσυχίαν, οὐδὲν ἐνεκάλουν με-
τὰ τὸν τοῦ παιδὸς θάνατον ταῖς τύχαις· ἐπειδὴ δὲ

---

2 ἀπιστοῦντας] φιλοῦντας x. 3 καίπερ Hug, καὶ codd. 4 δελφῶν] δὲ ἀφ' ὧν F. ‖ ἀπέσχοντο x. 5 οὐδ'] οὐκ Cg. 7 αὐτόν ποτε V, ποτὲ αὐτόν cet. 8 ἀπεκρίνατο C, ἀπεκρίνετο E. 9 μοι om. F. 10 ἐγένετο z. ‖ prius οὐδὲ] οὐ y. 12 διατελεῖ y. 14 ἐρωτῶ F. 17 ἑαυτὸν y. 18 ἐγὼ yG, ἐπεὶ xAH. 19 τὸ] τόγε y. 20 οἵους y. 21 δὲ om. F. 22 ἀνθρώπων F. ‖ τὸ F. 23 χρόνον . . . εἶχον om. F. 24 ἐπειδὴ] ἐπεὶ xV.

ἀνεπείσθην ὑπὸ τοῦ Ἀσσυρίου ἐφ' ὑμᾶς στρατεύε-
σθαι, εἰς πάντα κίνδυνον ἦλθον· ἐσώθην μέντοι
οὐδὲν κακὸν λαβών. οὐκ αἰτιῶμαι δὲ οὐδὲ τάδε τὸν
θεόν· ἐπεὶ γὰρ ἔγνων ἐμαυτὸν μὴ ἱκανὸν ὑμῖν μά-
χεσθαι, ἀσφαλῶς σὺν τῷ θεῷ ἀπῆλθον καὶ αὐτὸς καὶ
οἱ σὺν ἐμοί. νῦν δ' αὖ πάλιν ὑπό τε πλούτου τοῦ 23
παρόντος διαθρυπτόμενος καὶ ὑπὸ τῶν δεομένων μου
προστάτην γενέσθαι [καὶ ὑπὸ τῶν δώρων ὧν ἐδίδοσάν
μοι καὶ ὑπ' ἀνθρώπων], οἵ με κολακεύοντες ἔλεγον
ὡς εἰ ἐγὼ θέλοιμι ἄρχειν, πάντες ἂν ἐμοὶ πείθοιντο
καὶ μέγιστος ἂν εἴην ἀνθρώπων, ὑπὸ τοιούτων δὲ
λόγων ἀναφυσώμενος, ὡς εἵλοντό με πάντες οἱ κύκλῳ
βασιλεῖς προστάτην τοῦ πολέμου, ὑπεδεξάμην τὴν
στρατηγίαν, ὡς ἱκανὸς ὢν μέγιστος γενέσθαι, ἀγνοῶν 24
ἄρα ἐμαυτόν, ὅτι σοὶ ἀντιπολεμεῖν ἱκανὸς ᾤμην εἶναι,
πρῶτον μὲν ἐκ θεῶν γεγονότι, ἔπειτα δὲ διὰ βασι-
λέων πεφυκότι, ἔπειτα δ' ἐκ παιδὸς ἀρετὴν ἀσκοῦντι·
τῶν δ' ἐμῶν προγόνων ἀκούω τὸν πρῶτον βασιλεύ-
σαντα ἅμα βασιλέα τε καὶ ἐλεύθερον γενέσθαι. ταῦτ'
οὖν ἀγνοήσας δικαίως, ἔφη, ἔχω τὴν δίκην. ἀλλὰ 25
νῦν δή, ἔφη, ὦ Κῦρε, γιγνώσκω μὲν ἐμαυτόν· σὺ
δ', ἔφη, ἔτι δοκεῖς ἀληθεύειν τὸν Ἀπόλλω ὡς εὐδαί-
μων ἔσομαι γιγνώσκων ἐμαυτὸν; σὲ δὲ ἐρωτῶ διὰ

---

4 ἱκανὸν x, ἱκανῶς z, ἱκανὸν εἶναι y, ἱκανὸν ὄντα Bisshop. 8 [καὶ . . . 9 ἀνθρώπων] ego. 10 θέλοιμι x, ἐθέλοιμι zF, ἑλοίμην D. ‖ post πάντες add. πάντ' x. 12 εἵλοντο] προείλοντο E, προσείχοντο C. ‖ κύκλῳ om. x. 14 ὢν] ὡς DHV. 16 δὲ om. xy. 17 δ' om. F. ‖ ἀρετὴν om. x. 19 τε βασιλέα z. 20 νίκην Gpr. 21 νῦν γὰρ δὴ y. ‖ γιγνώσκων z. 22 ἔφη om. x. ‖ ἔτι δοκεῖς ἀληθεύειν x, εἰ δοκεῖς ἔτι ἀληθεύ(σ D)ειν y, δοκεῖς ἔτι ἀληθεύσειν Vz. 23 ἐρωτῶν AH.

τοῦτο ὅτι ἄριστ' ἄν μοι δοκεῖς εἰκάσαι τοῦτο ἐν τῷ παρόντι· καὶ γὰρ δύνασαι ποιῆσαι.

26 *Καὶ ὁ Κῦρος εἶπε, Βουλήν μοι δὸς περὶ τούτου, ὦ Κροῖσε· ἐγὼ γάρ σου ἐννοῶν τὴν πρόσθεν εὐδαιμονίαν οἰκτίρω τέ σε καὶ ἀποδίδωμι ἤδη γυναῖκά τε ἔχειν ἣν εἶχες καὶ τὰς θυγατέρας, ἀκούω γάρ σοι εἶναι, καὶ τοὺς φίλους καὶ τοὺς θεράποντας καὶ τράπεζαν σὺν οἵαπερ ἐξῆτε· μάχας δέ σοι καὶ πολέμους*
27 *ἀφαιρῶ. Μὰ Δία μηδὲν τοίνυν, ἔφη ὁ Κροῖσος, σὺ ἐμοὶ ἔτι βουλεύου ἀποκρίνασθαι περὶ τῆς ἐμῆς εὐδαιμονίας· ἐγὼ γάρ ἤδη σοι λέγω, ἢν ταῦτά μοι ποιήσῃς ἃ λέγεις, ὅτι ἣν ἄλλοι τε μακαριωτάτην ἐνόμιζον εἶναι βιοτὴν καὶ ἐγὼ συνεγίγνωσκον αὐτοῖς, ταύτην*
28 *καὶ ἐγὼ νῦν ἔχων διάξω. καὶ ὁ Κῦρος εἶπε, Τίς δ' ἦν ὁ ἔχων ταύτην τὴν μακαρίαν βιοτήν; Ἡ ἐμὴ γυνή, εἶπεν, ὦ Κῦρε· ἐκείνη γὰρ τῶν μὲν ἀγαθῶν καὶ τῶν μαλακῶν καὶ εὐφροσυνῶν πασῶν ἐμοὶ τὸ ἴσον μετεῖχε, φροντίδων δὲ ὅπως ταῦτα ἔσται καὶ πολέμου καὶ μάχης οὐ μετῆν αὐτῇ. οὕτω δὴ καὶ σὺ δοκεῖς ἐμὲ κατασκευάζειν ὥσπερ ἐγὼ ἣν ἐφίλουν μάλιστα ἀνθρώπων, ὥστε τῷ Ἀπόλλωνι ἄλλα μοι δοκῶ χαρι-*
29 *στήρια ὀφειλήσειν. ἀκούσας δ' ὁ Κῦρος τοὺς λόγους αὐτοῦ ἐθαύμασε μὲν τὴν εὐθυμίαν, ἦγε δὲ τὸ λοιπὸν ὅποι καὶ αὐτὸς πορεύοιτο, εἴτε ἄρα καὶ χρήσιμόν τι*

---

1 *ὅτι* om. G. ‖ *δοκῇς* G. ‖ *τούτω* F. **4** *γάρ*] *δέ* y. **6** *ἔχειν ἣν ἔχεις* zV, *ἣν ἔχεις ἔχειν* x. **8** *ἐζῶτε* VxzD, *ἔζωτε* F. **9** *σὺ*] *σὺν* x. **10** *ἐμοὶ*] *ἐμοῦ* y, del. Marchant. ‖ *ἀποκρίνασθαι* del. Herwerden **11** *ποιήσαις* zC. **12** ante *λέγεις* add. *σὺ* y. ‖ *μακαριστοτάτην* y. **14** *δ' ἦν* y, *δὲ* g, *δὴ* cet. **15** *μακαριωτάτην* x. ‖ *'μὴ* D. **16** *ὦ κῦρε εἶπεν* x. ‖ *μὲν* ante *γὰρ* transp. C, add. E. **19** post *δὴ* add. *μοι* y. **21** ante *δοκῶ* add. *ἔφη* F, post *δοκῶ* D. **23** *αὐτοὺς* Gpr. **24** *ὅπου* F, *ὅπῃ* VAHED.

*νομίζων αὐτὸν εἶναι εἴτε καὶ ἀσφαλέστερον οὕτως
ἡγούμενος.*

Καὶ τότε μὲν οὕτως ἐκοιμήθησαν. τῇ δ' ὑστε- III
*ραίᾳ καλέσας ὁ Κῦρος τοὺς φίλους καὶ τοὺς ἡγεμόνας
τοῦ στρατεύματος, τοὺς μὲν αὐτῶν ἔταξε τοὺς θη-
σαυροὺς παραλαμβάνειν, τοὺς δ' ἐκέλευσεν ὁπόσα παρα-
δοίη Κροῖσος χρήματα, πρῶτον μὲν τοῖς θεοῖς ἐξ-
ελεῖν ὁποῖ' ἂν οἱ μάγοι ἐξηγῶνται, ἔπειτα τἆλλα χρή-
ματα παραδεχομένους ἐν ζυγάστροις στήσαντας ἐφ'
ἁμαξῶν ἐπισκευάσαι καὶ διαλαχόντας τὰς ἁμάξας κο-
μίζειν ὅποιπερ ἂν αὐτοὶ πορεύωνται, ἵνα ὅπου καιρὸς
εἴη διαλαμβάνοιεν ἕκαστοι τὰ ἄξια. οἱ μὲν δὴ ταῦτ'* 2
ἐποίουν.

*Ὁ δὲ Κῦρος καλέσας τινὰς τῶν παρόντων ὑπηρε-
τῶν, Εἴπατέ μοι, ἔφη, ἑόρακέ τις ὑμῶν Ἀβραδάταν;
θαυμάζω γάρ, ἔφη, ὅτι πρόσθεν θαμίζων ἐφ' ἡμᾶς
νῦν οὐδαμοῦ φαίνεται. τῶν οὖν ὑπηρετῶν τις ἀπ-* 3
*εκρίνατο ὅτι Ὦ δέσποτα, οὐ ζῇ, ἀλλ' ἐν τῇ μάχῃ ἀπ-
έθανεν ἐμβαλὼν τὸ ἅρμα εἰς τοὺς Αἰγυπτίους· οἱ δ'
ἄλλοι πλὴν τῶν ἑταίρων αὐτοῦ ἐξέκλιναν, ὥς φασιν,
ἐπεὶ τὸ στῖφος εἶδον τὸ τῶν Αἰγυπτίων. καὶ νῦν γε,* 4
*ἔφη, λέγεται αὐτοῦ ἡ γυνὴ ἀνελομένη τὸν νεκρὸν καὶ
ἐνθεμένη εἰς τὴν ἁρμάμαξαν, ἐν ἧπερ αὐτὴ ὠχεῖτο,
προσκεκομικέναι αὐτὸν ἐνθάδε ποι πρὸς τὸν Πακτω-*

---

7 ὁ κροῖσος Zon. ‖ κτήματα D. 8 ὁποῖ'] ὅσα E, ὅποι D. **9** ἐπ' yz (ἐφ' g). **10** ἁμαξῶν] ἁμάξης Suid., ἁμάξας zV, ἁμάξας D. ‖ ἐπισκευάσαι . . . ἁμάξας om. Vz. **11** ὅπηπερ yEHV. ‖ ἂν om. x. ‖ πορεύονται x. ‖ ὅπη yzV. **12** δεξιά x **15** ἑωράκει y. **16** ἐφ'] ἀμφ' AH, παρ' Hartman. **19** *αἰγυπτίους*] πολεμίους x. **20** ὥς φασιν om. x. **21** γε om. y. **22** ἡ γυνὴ αὐτοῦ x. **24** ποι] σοι F.

5 λὸν ποταμόν. καὶ τοὺς μὲν εὐνούχους καὶ τοὺς θερά-
ποντας αὐτοῦ ὀρύττειν φασὶν ἐπὶ λόφου τινὸς θήκην
τῷ τελευτήσαντι· τὴν δὲ γυναῖκα λέγουσιν ὡς κάθη-
ται χαμαὶ κεκοσμηκυῖα οἷς εἶχε τὸν ἄνδρα, τὴν κεφα-
6 λὴν αὐτοῦ ἔχουσα ἐπὶ τοῖς γόνασι. ταῦτα ἀκούσας ὁ
Κῦρος ἐπαίσατο ἄρα τὸν μηρὸν καὶ εὐθὺς ἀναπηδή-
σας ἐπὶ τὸν ἵππον λαβὼν χιλίους ἱππέας ἤλαυνεν ἐπὶ
7 τὸ πάθος Γαδάταν δὲ καὶ Γωβρύαν ἐκέλευσεν ὅ,τι
δύναιντο λαβόντας καλὸν κόσμημα ἀνδρὶ φίλῳ καὶ
ἀγαθῷ τετελευτηκότι μεταδιώκειν· καὶ ὅστις εἶχε τὰς
ἑπομένας ἀγέλας, καὶ βοῦς καὶ ἵππους εἶπε τούτῳ καὶ
ἅμα πρόβατα πολλὰ ἐλαύνειν ὅπου ἂν αὐτὸν πυν-
θάνηται ὄντα, ὡς ἐπισφαγείη τῷ Ἀβραδάτᾳ.
8 Ἐπεὶ δὲ εἶδε τὴν γυναῖκα χαμαὶ καθημένην καὶ
τὸν νεκρὸν κείμενον, ἐδάκρυσέ τε ἐπὶ τῷ πάθει καὶ
εἶπε, Φεῦ, ὦ ἀγαθὴ καὶ πιστὴ ψυχή, οἴχῃ δὴ ἀπολι-
πὼν ἡμᾶς; καὶ ἅμα ἐδεξιώσατο αὐτὸν καὶ ἡ χεὶρ τοῦ
νεκροῦ ἐπηκολούθησεν· ἀπεκέκοπτο γὰρ κοπίδι ὑπὸ
9 τῶν Αἰγυπτίων. ὁ δὲ ἰδὼν πολὺ ἔτι μᾶλλον ἤλγησε·
καὶ ἡ γυνὴ δὲ ἀνωδύρατο καὶ δεξαμένη δὴ παρὰ τοῦ
Κύρου ἐφίλησέ τε τὴν χεῖρα καὶ πάλιν ὡς οἷόν τ' ἦν
10 προσήρμοσε, καὶ εἶπε, Καὶ τἆλλά τοι, ὦ Κῦρε, οὕτως
ἔχει· ἀλλὰ τί δεῖ σε ὁρᾶν; καὶ ταῦτα, ἔφη, οἶδ' ὅτι
δι' ἐμὲ οὐχ ἥκιστα ἔπαθεν, ἴσως δὲ καὶ διὰ σέ, ὦ

---

2 φασὶν ὀρύττειν y. 4 post τὴν add. τε y. 5 ταῦτα ἀκούσας] ἀκούσας δὲ y. 6 ἔπαισε(ν) y. || ἄρα om. F. 9 ἀνδρὶ om zV. 12 ἅμα] ἄλλα y. || ἐλαύνειν πολλὰ F. || ὅπου Priscian., ὅπῃ xG, ὅποι yAHV. || αὐτὸν] ἑαυτὸν y, om. x. || πυνθάνωνται y. 16 ὦ om. F. 17 ἐδεξιώσατο y, ἐδεξιοῦτο cet. 18 ἐπικολούθησεν F. || ἀπεκόπτετο x. 19 δὲ] δὴ xH. 20 δὲ] δὴ G, om. V. || ἀνωδύρετο x. || δὴ] τὴν χεῖρα yV. 21 τὴν χεῖρα xg, om. cet. || τ' om. x.

Κῦρε, οὐδὲν ἧττον. ἐγώ τε γὰρ ἡ μώρα πολλὰ δι-
εκελευόμην αὐτῷ οὕτω ποιεῖν, ὅπως σοι φίλος ἄξιος
γενήσοιτο· αὐτός τε οἶδ' ὅτι οὗτος οὐ τοῦτο ἐνε-
νόει ὅ,τι πείσοιτο, ἀλλὰ τί ἄν σοι ποιήσας χαρίσαιτο.
καὶ γὰρ οὖν, ἔφη, αὐτὸς μὲν ἀμέμπτως τετελεύτηκεν,
ἐγὼ δ' ἡ παρακελευομένη ζῶσα παρακάθημαι. καὶ ὁ 11
Κῦρος χρόνον μέν τινα σιωπῇ κατεδάκρυσεν, ἔπειτα
δὲ ἐφθέγξατο, Ἀλλ' οὗτος μὲν δή, ὦ γύναι, ἔχει τὸ
κάλλιστον τέλος· νικῶν γὰρ τετελεύτηκε· σὺ δὲ λα-
βοῦσα τοῖσδε ἐπικόσμει αὐτὸν τοῖς παρ' ἐμοῦ· παρῆν
δὲ ὁ Γωβρύας καὶ ὁ Γαδάτας πολὺν καὶ καλὸν κόσ-
μον φέροντες· ἔπειτα δ', ἔφη, ἴσθι ὅτι οὐδὲ τὰ ἄλλα
ἄτιμος ἔσται, ἀλλὰ καὶ τὸ μνῆμα πολλοὶ χώσουσιν
ἀξίως ἡμῶν καὶ ἐπισφαγήσεται αὐτῷ ὅσα εἰκὸς ἀνδρὶ
ἀγαθῷ. καὶ σὺ δ', ἔφη, οὐκ ἔρημος ἔσῃ, ἀλλ' ἐγώ 12
σε καὶ σωφροσύνης ἕνεκα καὶ πάσης ἀρετῆς καὶ τἆλλα
τιμήσω καὶ συστήσω ὅστις ἀποκομιεῖ σε ὅποι ἂν αὐτὴ
ἐθέλῃς· μόνον, ἔφη, δήλωσον πρὸς ἐμὲ πρὸς ὅντινα
χρήζεις κομισθῆναι. καὶ ἡ Πάνθεια εἶπεν, Ἀλλὰ θάρ- 13
ρει, ἔφη, ὦ Κῦρε, οὐ μή σε κρύψω πρὸς ὅντινα βού-
λομαι ἀφικέσθαι. ὁ μὲν δὴ ταῦτ' εἰπὼν ἀπήει, κατ- 14
οικτίρων τήν τε γυναῖκα οἵου ἀνδρὸς στέροιτο καὶ
τὸν ἄνδρα οἵαν γυναῖκα καταλιπὼν οὐκέτ' ὄψοιτο. ἡ
δὲ γυνὴ τοὺς μὲν εὐνούχους ἐκέλευσεν ἀποστῆναι, ἕως

---

1 μωρὰ G. 3 γενήσοιτο F, λόγου φανείη Vxz Zon., λόγου φανήσοιτο D. || ἐννενόει F. 4 ὅ,τι] τί y. || ἂν ποιήσας σοι VzD. || χαρίσοιτο codd. praeter F. 11 ὁ ante γαδάτας om. AH. 14 ὑμῶν F. 17 ἀποκομίσει Vxz. || ὅπῃ xD. 18 δ' ἔφη x. || πρὸς ἐμὲ om. x. 19 χρήζεις] ἂν χρήζῃς y. 20 ante βούλομαι add. ἐγὼ F. 21 ἀπήει] ἀπείη F pr. 22 γυναῖκα . . . 23 οἵαν om. F. 22 στεροῖτο codd. praeter D (et F). 23 ante οὐκέτ' add. καὶ ὃν F. || ὄψεται x.

ἄν, ἔφη, τόνδ' ἐγὼ ὀδύρωμαι ὡς βούλομαι· τῇ δὲ τροφῷ εἶπε παραμένειν, καὶ ἐπέταξεν αὐτῇ, ἐπειδὰν ἀποθάνῃ, περικαλύψαι αὐτήν τε καὶ τὸν ἄνδρα ἑνὶ ἱματίῳ. ἡ δὲ τροφὸς πολλὰ ἱκετεύουσα μὴ ποιεῖν τοῦτο, ἐπεὶ οὐδὲν ἤνυτε καὶ χαλεπαίνουσαν ἑώρα, ἐκάθητο κλαίουσα. ἡ δὲ ἀκινάκην πάλαι παρεσκευασμένον σπασαμένη σφάττει ἑαυτὴν καὶ ἐπιθεῖσα ἐπὶ τὰ στέρνα τοῦ ἀνδρὸς τὴν ἑαυτῆς κεφαλὴν ἀπέθνησκεν. ἡ δὲ τροφὸς ἀνωλοφύρατό τε καὶ περιεκάλυπτεν ἄμφω
15 ὥσπερ ἡ Πάνθεια ἐπέστειλεν. ὁ δὲ Κῦρος ὡς ᾔσθετο τὸ ἔργον τῆς γυναικός, ἐκπλαγεὶς ἵεται, εἴ τι δύναιτο βοηθῆσαι. οἱ δὲ εὐνοῦχοι ἰδόντες τὸ γεγενημένον, τρεῖς ὄντες σπασάμενοι κἀκεῖνοι τοὺς ἀκινάκας ἀποσφάττονται οὗπερ ἔταξεν αὐτοὺς ἑστηκότες. [καὶ νῦν τὸ μνῆμα μέχρι τοῦ νῦν τῶν εὐνούχων κεχῶσθαι λέγεται· καὶ ἐπὶ μὲν τῇ ἄνω στήλῃ τοῦ ἀνδρὸς καὶ τῆς γυναικὸς ἐπιγεγράφθαι φασὶ τὰ ὀνόματα, Σύρια γράμματα, κάτω δὲ εἶναι τρεῖς λέγουσι στήλας καὶ
16 ἐπιγεγράφθαι ΣΚΗΠΤΟΥΧΩΝ.] ὁ δὲ Κῦρος ὡς ἐπλησίασε τῷ πάθει ἀγασθείς τε τὴν γυναῖκα καὶ κατολοφυράμενος ἀπῄει· καὶ τούτων μὲν ᾗ εἰκὸς ἐπ-

---

1 post ἂν add. ἐγὼ F. || ἔφη τοῦτον ὀδύρωμαι y. || ὡς βούλομαι om. zV. 3 αὐτήν τε] αὐτήν F, αὐτῇ D. || ἐν ἑνὶ zV. 5 ἤνυτε Dind., ἤνυσε F, ἤνυε cet. 6 παρεσκευασμένον σπασαμένη F, παρεσκευασμένη σπασαμένη D, παρασκευασαμένη xzV. 8 τοῦ ἀνδρὸς transp. post κεφαλὴν G. 10 ἐπέστελλεν VzC, ἐκέλευεν E. 11 ἵετο y. 14 καὶ . . . 19 σκηπτούχων del. Dind. 14 νῦν] μὴν Richards. 15 τοῦ νῦν om. yzV. || κεχρῶσθαι F. 17 σύρεια V. 18 κάτω δὲ] καὶ τῶνδε F, καὶ τῷδε D. || στήλας λέγουσι F (14—19 def. Pantazides scribens: καὶ μέχρι νῦν τὸ μνῆμα τῶν εὐνούχων κεχωρίσθαι λέγεται· καὶ ἐπὶ . . . καὶ ἐπιγεγράφθαι τὰ τῶν σκηπτούχων, de gen. τῶν εὐν. = τοῦ τῶν εὐν. cf. An. V 4, 34). 21 ἀπολοφυράμενος x.

εμελήθη ὡς τύχοιεν πάντων τῶν καλῶν, καὶ τὸ μνῆμα
ὑπερμέγεθες ἐχώσθη, ὥς φασιν.

Ἐκ δὲ τούτου στασιάζοντες οἱ Κᾶρες καὶ πολε- IV
μοῦντες πρὸς ἀλλήλους, ἅτε τὰς οἰκήσεις ἔχοντες ἐν
ἐχυροῖς χωρίοις, ἑκάτεροι ἐπεκαλοῦντο τὸν Κῦρον
ὁ δὲ Κῦρος αὐτὸς μὲν μένων ἐν Σάρδεσι μηχανὰς
ἐποιεῖτο καὶ κριούς, ὡς τῶν μὴ πειθομένων ἐρείψων
τὰ τείχη, Ἀδούσιον δὲ ἄνδρα Πέρσην καὶ τἆλλα οὐκ
ἄφρονα οὐδ' ἀπόλεμον, καὶ πάνυ δὴ εὔχαριν, πέμπει
ἐπὶ τὴν Καρίαν, στράτευμα δούς· καὶ Κίλικες δὲ καὶ
Κύπριοι πάνυ προθύμως αὐτῷ συνεστράτευσαν. ὧν 2
ἕνεκα ⟨Κῦρος⟩ οὐδ' ἔπεμψε πώποτε Πέρσην σατράπην
οὔτε Κιλίκων οὔτε Κυπρίων, ἀλλ' ἦρκουν αὐτῷ αἰεὶ οἱ
ἐπιχώριοι βασιλεύοντες· δασμὸν μέντοι ἐλάμβανε καὶ
στρατιᾶς ὁπότε δέοιτο ἐπήγγελλεν αὐτοῖς. ὁ δὲ Ἀδού- 3
σιος ἄγων τὸ στράτευμα ἐπὶ τὴν Καρίαν ἦλθε, καὶ
ἀπ' ἀμφοτέρων τῶν Καρῶν παρῆσαν πρὸς αὐτὸν
ἕτοιμοι ὄντες δέχεσθαι εἰς τὰ τείχη ἐπὶ κακῷ τῶν
ἀντιστασιαζόντων· ὁ δὲ Ἀδούσιος πρὸς ἀμφοτέρους
ταὐτὰ ἐποίει· δικαιότερά τε ἔφη λέγειν τούτους ὁπο-
τέροις διαλέγοιτο, λαθεῖν τε ἔφη δεῖν τοὺς ἐναντίους
φίλους σφᾶς γενομένους, ὡς δὴ οὕτως ἂν μᾶλλον
ἐπιπεσὼν ἀπαρασκεύοις τοῖς ἐναντίοις. πιστὰ δ' ἠξίου

---

1 τύχοι G. 5 ἰσχυροῖς F, ὀχυροῖς D. 6 δὲ] δ' αὖ F. ‖ μὲν om. xzV. 7 ἐρείψων] καταρίψων F. 8 καδούσιον Vxz (ut -ιος postea). 9 πάνυ δὴ] παντὶ F. 11 συνεστρατεύσαντο y. 12 ⟨κῦρος⟩ ego. ‖ ἔπεμπε x. ‖ ποτὲ x. 13 κυπρίων οὔτε κιλίκων y. ‖ ἀεὶ y. 15 στρατείας xzVD. 16 ante ἄγων add. ἐπεί F. 17 ἀπ' om. y. ‖ αὐτὴν x. 20 τὰ αὐτὰ F, ταῦτα cet. ‖ τε ἔφη] δ' ἔφη F, ἔφη D. 21 διελέγετο F. 22 φίλους om. F. ‖ ἂν om. xzV. 23 ἐπεισπεσὼν x.

γενέσθαι, καὶ τοὺς μὲν Κᾶρας ὀμόσαι ἀδόλως δέ-
ξεσθαι εἰς τὰ τείχη σφᾶς καὶ ἐπ' ἀγαθῷ τῷ Κύρου
καὶ Περσῶν· αὐτὸς δὲ ὀμόσαι θέλειν ἀδόλως εἰσιέναι
4 εἰς τὰ τείχη καὶ ἐπ' ἀγαθῷ τῶν δεχομένων. ταῦτα
δὲ ποιήσας ἀμφοτέροις λάθρα ἑκατέρων νύκτα συν-
έθετο τὴν αὐτήν, καὶ ἐν ταύτῃ εἰσήλασέ τε εἰς τὰ τείχη
καὶ παρέλαβε τὰ ἐρύματα ἀμφοτέρων. ἅμα δὲ τῇ
ἡμέρᾳ καθεζόμενος εἰς τὸ μέσον σὺν τῇ στρατιᾷ ἐκά-
λεσεν ἑκατέρων τοὺς ἐπικαιρίους. οἱ δὲ ἰδόντες ἀλ-
λήλους ἠχθέσθησαν, νομίζοντες ἐξηπατῆσθαι ἀμφό-
5 τεροι. ὁ μέντοι Ἀδούσιος ἔλεξε τοιάδε· Ἐγὼ ὑμῖν,
ὦ ἄνδρες, ὤμοσα ἀδόλως εἰσιέναι εἰς τὰ τείχη καὶ
ἐπ' ἀγαθῷ τῶν δεχομένων. εἰ μὲν οὖν ἀπολῶ ὁπο-
τέρους ὑμῶν, νομίζω ἐπὶ κακῷ εἰσεληλυθέναι Καρῶν·
ἢν δὲ εἰρήνην ὑμῖν ποιήσω καὶ ἀσφάλειαν ἐργάζεσθαι
ἀμφοτέροις τὴν γῆν, νομίζω ὑμῖν ἐπ' ἀγαθῷ παρεῖναι.
νῦν οὖν χρὴ ἀπὸ τῆσδε τῆς ἡμέρας ἐπιμείγνυσθαί τε
ἀλλήλοις φιλικῶς, ἐργάζεσθαί τε τὴν γῆν ἀδεῶς, δι-
δόναι τε τέκνα καὶ λαμβάνειν παρ' ἀλλήλων. ἢν δὲ
παρὰ ταῦτα ἀδικεῖν τις ἐπιχειρῇ, τούτοις Κῦρός τε
6 καὶ ἡμεῖς πολέμιοι ἐσόμεθα. ἐκ τούτου πύλαι μὲν
ἀνεῳγμέναι ἦσαν ⟨αἱ⟩ τῶν τειχῶν, μεσταὶ δὲ αἱ ὁδοὶ πο-

---

1 ὀμόσαι] ὀμόσε Gpr. ‖ post ἀδόλως add. τε yz. ‖ δέξασθαι codd., corr. Dind. 2 σφᾶς post ἀγαθῷ transp. y. ‖ τῷ] τοῦ xyG. ‖ τοῦ κύρου . . . 4 ἀγαθῷ om. G. 3 ὀμόσαι θέλειν del. Cobet. ‖ ἰέναι g. 4 εἰς] πρὸς x. 6 εἰσήλασέ τε post Leonclavium Hug, εἰσήλ(λ x)ατο xzV, εἰσῆλθεν y. 8 τῇ om. F. 9 οἱ] ὡς Gpr. 10 ἠγάσθησαν x. ‖ νομίσαντες y. 11 εἰς μέσον ἔλεξε y. 12 ὤμοσα ὦ ἄνδρες y. 13 εἰ μὲν y, εἴπερ xVG, εἶπεν AH. 14 καρῶν] καιρῷ HA. 17 οὖν] δὲ xg. 18 ante ἐργάζεσθαι add. καὶ x. 20 ἐπιχειρεῖ V. 21 ἐσόμεθα πολέμιοι G. 22 ⟨αἱ⟩ ego. ‖ αἱ ante ὁδοὶ om. x.

ῥεὐομένων παρ' ἀλλήλους, μεστοὶ δὲ οἱ χῶροι ἐργα-
ζομένων· ἑορτὰς δὲ κοινῇ ἦγον, εἰρήνης δὲ καὶ εὐ-
φροσύνης πάντα πλέα ἦν ἐν δὲ τούτῳ ἧκον παρὰ 7
Κύρου ἐρωτῶντες εἴ τι στρατιᾶς προσδέοιτο ἢ μηχα-
νημάτων· ὁ δὲ Ἀδούσιος ἀπεκρίνατο ὅτι καὶ τῇ παρ-
ούσῃ ἐξείη ἄλλοσε χρῆσθαι στρατιᾷ· καὶ ἅμα ταῦτα
λέγων ἀπῆγε τὸ στράτευμα, φρουροὺς ἐν ταῖς ἄκραις
καταλιπών οἱ δὲ Κᾶρες ἱκέτευον μένειν αὐτόν ἐπεὶ
δὲ οὐκ ἤθελε, προσέπεμψαν πρὸς Κῦρον δεόμενοι
πέμψαι Ἀδούσιον σφίσι σατράπην.

Ὁ δὲ Κῦρος ἐν τούτῳ ἀπεστάλκει Ὑστάσπαν στρά- 8
τευμα ἄγοντα ἐπὶ Φρυγίαν τὴν περὶ Ἑλλήσποντον.
ἐπεὶ δ' ἧκεν ὁ Ἀδούσιος, μετάγειν αὐτὸν ἐκέλευσεν
ᾗπερ ὁ Ὑστάσπας προῴχετο, ὅπως μᾶλλον πείθοιντο
τῷ Ὑστάσπᾳ, ἀκούσαντες ἄλλο στράτευμα προσιόν. οἱ 9
μὲν οὖν Ἕλληνες οἱ ἐπὶ θαλάττῃ οἰκοῦντες πολλὰ
δόντες δῶρα διεπράξαντο ὥστε εἰς μὲν τὰ τείχη βαρ-
βάρους μὴ δέχεσθαι, δασμὸν δὲ ἀποφέρειν καὶ στρα-
τεύειν ὅποι Κῦρος ἐπαγγέλλοι. ὁ δὲ Φρυγῶν βα- 10
σιλεὺς παρεσκευάζετο μὲν ὡς καθέξων τὰ ἐρυμνὰ
καὶ οὐ πεισόμενος καὶ παρήγγειλεν οὕτως· ἐπεὶ δὲ
ἀφίσταντο αὐτοῦ οἱ ὕπαρχοι καὶ ἔρημος ἐγίγνετο, τε-

---

1 παρ'] ἐπ' y. 3 τὰ πάντα y. || ἧκον οἱ παρὰ τοῦ (om. VG) κύρου xz, παρὰ κύρῳ ἧκον y. 4 στρατείας xzV. 6 ἐξείη y, ἔχειν xzV. || ἀλλαχόσε xVAH. || χρῆσθαι om. x. || στρατείᾳ z. 9 συνέπεμψαν yg. || πρὸς] κατὰ x. || τὸν κῦρον y. 10 πέμψαι post σφίσι transp. yE. 12 περὶ] ἐπὶ xzV. 13 δ' om. F. 15 ἀκούοντες y. 17 δῶρα δόντες x, δόντες δῶρα Vz, δῶρα διδόντες F, δῶρα διδοῦντες D. 18 ἀποφέρειν Zon., ὑποφέρειν codd. 19 ὅπη FZon. || ἀπαγγέλλοι D, παραγγέλλοι E. || ante φρυγῶν add. τῶν yz. 21 παρήγγελλεν yVAH. || ἐπεὶ δὲ] ἐπειδὴ z. 22 τελευτῶν om. x.

λευτῶν εἰς χεῖρας ἦλθεν Ὑστάσπᾳ ἐπὶ τῇ Κύρου δίκῃ.
καὶ ὁ Ὑστάσπας καταλιπὼν ἐν ταῖς ἄκραις ἰσχυρὰς
Περσῶν φρουρὰς ἀπῄει ἄγων σὺν τοῖς ἑαυτοῦ καὶ
11 Φρυγῶν πολλοὺς ἱππέας καὶ πελταστάς. ὁ δὲ Κῦρος
ἐπέστελλεν Ἀδουσίῳ συμμείξαντα πρὸς Ὑστάσπαν τοὺς
μὲν ἑλομένους Φρυγῶν τὰ σφέτερα σὺν τοῖς ὅπλοις
ἄγειν, τοὺς δὲ ἐπιθυμήσαντας πολεμεῖν τούτων ἀφελο-
μένους τοὺς ἵππους καὶ τὰ ὅπλα σφενδόνας ἔχοντας
πάντας κελεύειν ἕπεσθαι.
12 Οὗτοι μὲν δὴ ταῦτ' ἐποίουν. Κῦρος δὲ ὡρμᾶτο
ἐκ Σάρδεων, φρουρὰν μὲν πεζὴν καταλιπὼν πολλὴν
ἐν Σάρδεσι, Κροῖσον δὲ ἔχων, ἄγων δὲ πολλὰς ἁμά-
ξας πολλῶν καὶ παντοδαπῶν χρημάτων. ἧκε δὲ καὶ
ὁ Κροῖσος γεγραμμένα ἔχων ἀκριβῶς ὅσα ἐν ἑκάστῃ
ἦν τῇ ἁμάξῃ· καὶ διδοὺς τῷ Κύρῳ τὰ γράμματα εἶπε,
Ταῦτ', ἔφη, ἔχων, ὦ Κῦρε, εἴσῃ τόν τέ σοι ὀρθῶς
13 ἀποδιδόντα ἃ ἄγει καὶ τὸν μή. καὶ ὁ Κῦρος ἔλεξεν,
Ἀλλὰ σὺ μὲν καλῶς ποιεῖς, ὦ Κροῖσε, προνοῶν· ἔμοι-
γε μέντοι ἄξουσι τὰ χρήματα οἵπερ καὶ ἔχειν αὐτὰ
ἄξιοί εἰσιν· ὥστε ἤν τι καὶ κλέψωσι, τῶν ἑαυτῶν
κλέψονται. καὶ ἅμα ταῦτα λέγων ἔδωκε τὰ γράμματα
τοῖς φίλοις καὶ τοῖς ἄρχουσιν, ὅπως εἰδεῖεν τῶν ἐπι-
14 τρόπων οἵ τε σῶα αὐτοῖς ἀποδιδοῖεν οἵ τε μή. ἦγε
δὲ καὶ Λυδῶν οὓς μὲν ἑώρα καλλωπιζομένους καὶ

---

1 ὑστάσπας AH. 2 εἰς τὰς ἄκρας x. 5 ἐπέτελλε V. 9 κελεύειν πάντας y. 10 ὁ δὲ κῦρος F, ὁ κῦρος δὲ D. 11 πεζὴν] περσικὴν y. || πολλὴν καταλιπὼν yG. 12 παμπόλλας F. 13 ἧκε δὲ καὶ] ὅτι ἧκεν ε. 14 ὁ om. y. 16 εἴσῃ y, ἴσθι xzVε. 18 ἐποίεις zVε, ἐποίησας Zon. || προνοῶν ὦ κροῖσε y. || ὦ om. x. 20 κλέψουσι x. || ante τῶν add. τὰ g. || ἑαυτοῦ F. 23 οἵ τε zF, εἴτε cet. || σῶα codd. ε, σᾶ Dind. || post. οἵ τε] εἴτε GD, εἴτε καὶ x. 24 δὲ om. G.

ὅπλοις καὶ ἵπποις καὶ ἅρμασι καὶ πάντα πειρωμένους
ποιεῖν ὅ,τι ᾤοντο αὐτῷ χαριεῖσθαι, τούτους μὲν σὺν
τοῖς ὅπλοις· οὓς δὲ ἑώρα ἀχαρίτως ἑπομένους, τοὺς
μὲν ἵππους αὐτῶν παρέδωκε Πέρσαις τοῖς πρώτοις
συστρατευσαμένοις, τὰ δὲ ὅπλα κατέκαυσε· σφενδόνας
δὲ καὶ τούτους ἠνάγκασεν ἔχοντας ἕπεσθαι. καὶ πάν- 15
τας δὲ τοὺς ἀόπλους τῶν ὑποχειρίων γενομένων σφεν-
δονᾶν ἠνάγκαζε μελετᾶν, νομίζων τοῦτο τὸ ὅπλον
δουλικώτατον εἶναι· σὺν μὲν γὰρ ἄλλῃ δυνάμει μάλα
ἔστιν ἔνθα ἰσχυρῶς ὠφελοῦσι σφενδονῆται παρόντες,
αὐτοὶ δὲ καθ' ἑαυτοὺς οὐδ' ἂν οἱ πάντες σφενδονῆ-
ται μείνειαν πάνυ ὀλίγους ὁμόσε ἰόντας σὺν ὅπλοις
ἀγχεμάχοις.

Προϊὼν δὲ τὴν ἐπὶ Βαβυλῶνος κατεστρέψατο μὲν 16
Φρύγας τοὺς ἐν τῇ μεγάλῃ Φρυγίᾳ, κατεστρέψατο δὲ
Καππαδόκας, ὑποχειρίους δ' ἐποιήσατο Ἀραβίους. ἐξ-
έπλησε δὲ ἀπὸ πάντων τούτων Περσῶν μὲν ἱππέας
οὐ μεῖον τετρακισμυρίους, πολλοὺς δὲ ἵππους τῶν
αἰχμαλώτων καὶ πᾶσι τοῖς συμμάχοις διέδωκε· καὶ
πρὸς Βαβυλῶνα ἀφίκετο παμπόλλους μὲν ἱππέας ἔχων,
παμπόλλους δὲ τοξότας καὶ ἀκοντιστάς, σφενδονήτας
δὲ ἀναρίθμους.

Ἐπεὶ δὲ πρὸς Βαβυλῶνι ἦν ὁ Κῦρος, περιέστησε V

---

1 ἵπποις καὶ ὅπλοις y. 2 ἑαυτῷ F, αὐτῷ agnoscit Suidas. 3 ἀχαρίστως xyVg Suid. || ἑπομένους] ἐπιμένοντας Suid. 5 συστρατευσαμένοις y, συστρατευομένοις cet. (συ s. v. G). 6 δὲ] τε F. 8 ἠνάγκασε y. || τὸ om. y. 9 μάλα] μᾶλλον y. 10 ἰσχυρῶς om. x. 11 ἑαυτοὺς xVGH Suid. 12 σὺν om. Suid. 14 προσιὼν xGH. || κατετρέψατο F. 16 ἐξέπλησε Vz. ἐξώπλισε xyg. 18 post μεῖον add. ἢ yg. 20 παμπόλλους] μάλα πολλοὺς y. || ἔχων] ἄγων xV. 22 ἀναριθμήτους xG.

μὲν πᾶν τὸ στράτευμα περὶ τὴν πόλιν, ἔπειτα αὐτὸς
περιήλαυνε τὴν πόλιν σὺν τοῖς φίλοις τε καὶ ἐπικαι-
2 ρίοις τῶν συμμάχων. ἐπεὶ δὲ κατεθεάσατο τὰ τείχη,
ἀπάγειν παρεσκευάζετο τὴν στρατιὰν ἀπὸ τῆς πόλεως·
ἐξελθὼν δέ τις αὐτόμολος εἶπεν ὅτι ἐπιτίθεσθαι μέλ-
λοιεν αὐτῷ, ὁπότε ἀπάγοι τὸ στράτευμα· καταθεωμέ-
νοις γάρ, ἔφη, αὐτοῖς ἀπὸ τοῦ τείχους ἀσθενὴς ἐδό-
κει εἶναι ἡ φάλαγξ· καὶ οὐδὲν θαυμαστὸν ἦν οὕτως
ἔχειν· περὶ γὰρ πολὺ τεῖχος κυκλουμένοις ἀνάγκη ἦν
3 ἐπ' ὀλίγων τὸ βάθος γενέσθαι τὴν φάλαγγα. ἀκού-
σας οὖν ὁ Κῦρος ταῦτα, στὰς κατὰ μέσον τῆς αὑτοῦ
στρατιᾶς σὺν τοῖς περὶ αὐτὸν παρήγγειλεν ἀπὸ τοῦ
ἄκρου ἑκατέρωθεν τοὺς ὁπλίτας ἀναπτύσσοντας τὴν
φάλαγγα ἀπιέναι παρὰ τὸ ἑστηκὸς τοῦ στρατεύματος,
ἕως γένοιτο ἑκατέρωθεν τὸ ἄκρον κατ' αὐτὸν καὶ
4 κατὰ τὸ μέσον. οὕτως οὖν ποιούντων οἵ τε μένοντες
εὐθὺς θαρραλεώτεροι ἐγίγνοντο ἐπὶ διπλασίων τὸ βά-
θος γιγνόμενοι, οἵ τ' ἀπιόντες ὡσαύτως θαρραλεώτε-
ροι· εὐθὺς γὰρ οἱ μένοντες ⟨ἀντ'⟩ αὐτῶν πρὸς τοὺς
πολεμίους ἐγίγνοντο. ἐπεὶ δὲ πορευόμενοι ἑκατέρωθεν
συνῆψαν τὰ ἄκρα, ἔστησαν ἰσχυρότεροι γεγενημένοι,
οἵ τε ἀπεληλυθότες διὰ τοὺς ἔμπροσθεν, οἵ τ' ἔμπρο-

1 περὶ] πρῶτον περὶ F (τὸ πρῶτον ante πᾶν D, si Marchantio credis). 4 παρεσκευάσατο xzV 5 ante αὐτόμολος add. αὐτῷ y. 6 καταθεόμενος Gpr. 8 εἶναι om. G. 9 πέριξ y. || κυκλουμένους codd., corr. Bornemann. 10 ὀλίγον codd., corr. Hertlein. 11 αὐτοῦ zCF, ἑαυτοῦ E. 12 στρατείας z. || παρήγγελλεν F et (-ελεν) A. 15 καθ' ἑαυτὸν y. 17 ἐγίγνοντο ... 18 θαρραλεώτεροι om. x. 17 διπλάσιον zVD. 19 ⟨ἀντ'⟩ Hertlein. || τοὺς πολεμίους E, τοῖς πολεμίοις cet., τῶν πολεμίων Pantazides cf. I 4, 23. Ages. 2, 11. Hell. IV 3, 18. An. I 10, 3.

σθεν διὰ τοὺς ὄπισθεν προσγεγενημένους. ἀναπτυχ- 5
θείσης δ' οὕτω τῆς φάλαγγος ἀνάγκη τοὺς πρώτους
ἀρίστους εἶναι καὶ τοὺς τελευταίους, ἐν μέσῳ δὲ τοὺς
κακίστους τετάχθαι· ἡ δ' οὕτως ἔχουσα τάξις καὶ
πρὸς τὸ μάχεσθαι ἐδόκει εὖ παρεσκευάσθαι καὶ πρὸς
τὸ μὴ φεύγειν. καὶ οἱ ἱππεῖς δὲ καὶ οἱ γυμνῆτες οἱ
ἀπὸ τῶν κεράτων αἰεὶ ἐγγύτερον ἐγίγνοντο τοῦ ἄρχον-
τος τοσούτῳ ὅσῳ ἡ φάλαγξ βραχυτέρα ἐγίγνετο ἀνα-
διπλουμένη. ἐπεὶ δὲ οὕτω συνεσπειράθησαν, ἀπῇσαν, 6
ἕως μὲν ἐξικνεῖτο τὰ βέλη ἀπὸ τοῦ τείχους, ἐπὶ πόδα·
ἐπεὶ δὲ ἔξω βελῶν ἐγένοντο, στραφέντες, καὶ τὸ μὲν
πρῶτον ὀλίγα βήματα προϊόντες μετεβάλλοντο ἐπ' ἀσπί-
δα καὶ ἵσταντο πρὸς τὸ τεῖχος βλέποντες· ὅσῳ δὲ
προσωτέρω ἐγίγνοντο, τόσῳ δὲ μανότερον μετεβάλλοντο.
ἐπεὶ δ' ἐν τῷ ἀσφαλεῖ ἐδόκουν εἶναι, ξυνεῖρον ἀπιόν-
τες, ἔστ' ἐπὶ ταῖς σκηναῖς ἐγένοντο.

Ἐπεὶ δὲ κατεστρατοπεδεύσαντο, συνεκάλεσεν ὁ 7
Κῦρος τοὺς ἐπικαιρίους καὶ ἔλεξεν, Ἄνδρες σύμμαχοι,
τεθεάμεθα μὲν κύκλῳ τὴν πόλιν· ἐγὼ δὲ ὅπως μὲν
ἄν τις τείχη οὕτως ἰσχυρὰ καὶ ὑψηλὰ προσμαχόμενος
ἕλοι οὐκ ἐνορᾶν μοι δοκῶ· ὅσῳ δὲ πλείους ἄνθρωποι
ἐν τῇ πόλει εἰσίν, ἐπείπερ οὐ μάχονται ἐξιόντες, το-

---

1 γεγενημένους F. 2 post ἀνάγκη add. ἦν Naber. 5 δοκεῖ y. 6 post. οἱ om. x. || γυμνῆτες οἱ] γυμνῆται ὅσω F. 7 ἀεὶ y. || ἐγένοντο x. 8 τοσοῦτον ὅσον x, ὅσῳ om. F. 9 ἐπεὶ δὲ] ἐπειδὴ z. || συνεπειράθησαν xVAG. 11 ἐγένετο F, ἐγίγνετο D. || μὲν om. y. 12 μετεβάλοντο z (sed -λλ- V). 13 τὸ om. G. 14 τόσῳ δὲ F, τοσῷδε cet. 15 ἐπεὶ] εἰ AH. || ξυνεῖρον zV, ξυνῆρον x, συνεῖρον D, συνείρουν F. 16 ἐγίγνοντο y. 17 κατεστρατοπεδεύσατο zE, κατεστρατοπεδεύθησαν y. 20 ἰσχυρὰ οὕτω x. 21 πλέονες xzV. || ἄνδρες x. 22 τοσοῦτο AHV.

σούτῳ ἂν θᾶττον λιμῷ αὐτοὺς ἡγοῦμαι ἁλῶναι. εἰ
μή τιν' οὖν ἄλλον τρόπον ἔχετε λέγειν, τούτῳ πολιορ-
8 κητέους φημὶ εἶναι τοὺς ἄνδρας. καὶ ὁ Χρυσάντας
εἶπεν, Ὁ δὲ ποταμός, ἔφη, οὗτος οὐ διὰ μέσης τῆς
πόλεως ῥεῖ πλάτος ἔχων πλέον ἢ ἐπὶ δύο στάδια;
Ναὶ μὰ Δί', ἔφη ὁ Γωβρύας, καὶ βάθος γ' ὡς οὐδ'
ἂν δύο ἄνδρες ὁ ἕτερος ἐπὶ τοῦ ἑτέρου ἑστηκὼς τοῦ
ὕδατος ὑπερέχοιεν· ὥστε τῷ ποταμῷ ἔτι ἰσχυροτέρα
9 ἐστὶν ἡ πόλις ἢ τοῖς τείχεσι. καὶ ὁ Κῦρος, Ταῦτα
μέν, ἔφη, ὦ Χρυσάντα, ἐῶμεν ὅσα κρείττω ἐστὶ τῆς
ἡμετέρας δυνάμεως· διαμετρησαμένους δὲ χρὴ ὡς τά-
χιστα τὸ μέρος ἑκάστους ἡμῶν ὀρύττειν τάφρον ὡς
πλατυτάτην καὶ βαθυτάτην, ὅπως ὅτι ἐλαχίστων ἡμῖν
10 τῶν φυλάκων δέῃ. οὕτω δὴ κύκλῳ διαμετρήσας περὶ
τὸ τεῖχος, ἀπολιπὼν ὅσον τύρσεσι μεγάλαις ἀπὸ τοῦ
ποταμοῦ, ὤρυττεν ἔνθεν καὶ ἔνθεν τοῦ τείχους τάφρον
ὑπερμεγέθη, καὶ τὴν γῆν ἀνέβαλλον πρὸς ἑαυτούς.
11 καὶ πρῶτον μὲν πύργους ἐπὶ τῷ ποταμῷ ᾠκοδόμει,
φοίνιξι θεμελιώσας οὐ μεῖον ἢ πλεθριαίοις· — εἰσὶ
γὰρ καὶ μείζονες ἢ τοσοῦτοι τὸ μῆκος πεφυκότες —
καὶ γὰρ δὴ πιεζόμενοι οἱ φοίνικες ὑπὸ βάρους ἄνω
12 κυρτοῦνται, ὥσπερ οἱ ὄνοι οἱ κανθήλιοι· τούτους δ'
ὑπετίθει τούτου ἕνεκα [ὅπως ὅτι μάλιστα ἐοίκοι πο-

---

2 τιν'] τινες x. || τούτῳ] τοσούτῳ x. 4 οὗτος ἔφη y. 9 post κῦρος add εἶπεν F. 12 ἑκάστους Madvig, ἕκαστον D, ἑκάστου cet. || ὑμῶν VzE. 13 βαθυτάτην τε καὶ πλατυτάτην F et (sine τε) D, πλατυτ. καὶ βαθ. cet. || ἐλάχιστον y. || ὑμῖν zV. 14 δέοι x. 15 καὶ ἀπολιπὼν y. 16 ὤρυσσον xzV. || ἔνθεν καὶ ἔνθεν xg, ἔνθα καὶ ἔνθα y, ἐνθένδε ASuid., ἔνθεν δὲ GHV. 17 ἀνέβαλλεν F. 20 καὶ om. y. 21 πιεζόμενοι] αὐξόμενοι F. 22 κυρτῶνται x. || τούτους . . . 2 p. 359 πύργους del. Dind. || δ'] δὴ x. 23 εἵνεκα V. || [ὅπως . . . 1 p. 359 παρασκευα-

λιορκήσειν παρασκευαζομένῳ], ὡς εἰ καὶ διαφύγοι ὁ
ποταμὸς εἰς τὴν τάφρον, μὴ ἀνέλοι τοὺς πύργους.
ἀνίστη δὲ καὶ ἄλλους πολλοὺς πύργους ἐπὶ τῆς ἀμβο-
λάδος γῆς, ὅπως ὅτι πλεῖστα φυλακτήρια εἴη. οἱ μὲν 13
δὴ ταῦτ' ἐποίουν· οἱ δ' ἐν τῷ τείχει κατεγέλων τῆς
πολιορκίας, ὡς ἔχοντες τὰ ἐπιτήδεια πλέον ἢ εἴκοσιν ἐτῶν.
ἀκούσας δὲ ταῦτα ὁ Κῦρος τὸ στράτευμα κατένειμε
δώδεκα μέρη, ὡς μῆνα τοῦ ἐνιαυτοῦ ἕκαστον τὸ μέρος
φυλάξον. οἱ δὲ αὖ Βαβυλώνιοι ἀκούσαντες ταῦτα 14
πολὺ ἔτι μᾶλλον κατεγέλων, ἐννοούμενοι εἰ σφᾶς
Φρύγες καὶ Λυδοὶ καὶ Ἀράβιοι καὶ Καππαδόκαι φυλά-
ξοιεν, οὓς σφίσιν ἐνόμιζον πάντας εὐμενεστέρους εἶναι
ἢ Πέρσαις.

Καὶ αἱ μὲν τάφροι ἤδη ὀρωρυγμέναι ἦσαν. ὁ δὲ 15
Κῦρος ἐπειδὴ ἑορτὴν τοιαύτην ἐν τῇ Βαβυλῶνι ἤκου-
σεν εἶναι, ἐν ᾗ πάντες οἱ Βαβυλώνιοι ὅλην τὴν νύκτα
πίνουσι καὶ κωμάζουσιν, [ἐν ταύτῃ] ἐπειδὴ τάχιστα
συνεσκότασε, λαβὼν πολλοὺς ἀνθρώπους ἀνεστόμωσε
τὰς τάφρους πρὸς τὸν ποταμόν. ὡς δὲ τοῦτο ἐγένετο, 16
τὸ ὕδωρ κατὰ τὰς τάφρους ἐχώρει ἐν τῇ νυκτί, ἡ δὲ

ζομένῳ] Breitenbach, post ᾠκοδόμει (18 p.358) transp. Weckherlin. || πολιορκοῦσι y. 1 ὡσεὶ G. || διαφάγοι y, διάττοι Nitsche. 2 εἰς] ἐκχυθεὶς D; ἐκ F. || ἂν ἕλοι GAx, ἂν ἕλοι H, ἀνέλοιτο D. 3 καὶ om. F. 4 ὅτι] ἔτι z. 6 ἢ om. z, ἢ ὡς x. 8 τὸ om. zV. 9 φυλάξων xVHpr. 10 πολὺ ἔτι yz, ἐπὶ πολὺ x. || κατεγέλων om. F, τούτων κατεγέλων xzV. 11 φρύγιοι xz. || λύκιοι xzV. || καππαδόκες zF. || φυλάξοιεν y, φυλάξαιεν E, φυλάξειεν CHpr, φυλάξειαν zV. 15 ἐπεὶ y. || ἑορτὴν τοιαύτην x, ἑορτὴν Vz, ἑορτὴ αὐτῶν D, ἑορτῆς αὐτῶν F. || ἤκουσεν εἶναι] ἦν y. 16 οἱ om. xzV. 17 [ἐν ταύτῃ] ego, Zon. ad νύκτα refert. || ἐπεὶ y. 18 ἀνεστόμωσε] ἀντὶ τοῦ ἀνέῳξε. Ξενοφῶν Παιδείας ζ'. Photios p. 134, 21 Reitz. 19 post τάφρους add. τὰς οὔσας G. 20 τὸ om. zV.

διὰ τῆς πόλεως τοῦ ποταμοῦ ὁδὸς πορεύσιμος ἀνθρώ-
17 ποις ἐγίγνετο. ὡς δὲ τὸ τοῦ ποταμοῦ οὕτως ἐπορ-
σύνετο, παρηγγύησεν ὁ Κῦρος Πέρσαις χιλιάρχοις καὶ
πεζῶν καὶ ἱππέων εἰς δύο ἄγοντας τὴν χιλιοστὺν παρ-
εἶναι πρὸς αὐτόν, τοὺς δ' ἄλλους συμμάχους κατ'
18 οὐρὰν τούτων ἕπεσθαι ᾗπερ πρόσθεν τεταγμένους. οἱ
μὲν δὴ παρῆσαν· ὁ δὲ καταβιβάσας εἰς τὸ ξηρὸν τοῦ
ποταμοῦ τοὺς ὑπηρέτας καὶ πεζοὺς καὶ ἱππέας, ἐκέ-
λευσε σκέψασθαι εἰ πορεύσιμον εἴη τὸ ἔδαφος τοῦ
19 ποταμοῦ. ἐπεὶ δὲ ἀπήγγειλαν ὅτι πορεύσιμον εἴη, ἐν-
ταῦθα δὴ συγκαλέσας τοὺς ἡγεμόνας τῶν πεζῶν καὶ
ἱππέων ἔλεξε τοιάδε.

20 Ἄνδρες [ἔφη] φίλοι, ὁ μὲν ποταμὸς ἡμῖν παρα-
κεχώρηκε τῆς εἰς τὴν πόλιν ὁδοῦ. ἡμεῖς δὲ θαρροῦν-
τες εἰσίωμεν [μηδὲν φοβούμενοι εἴσω] ἐννοούμενοι ὅτι
οὗτοι ἐφ' οὓς νῦν πορευσόμεθα ἐκεῖνοί εἰσιν οὓς
ἡμεῖς καὶ συμμάχους πρὸς ἑαυτοῖς ἔχοντας καὶ ἐγρη-
γορότας ἅπαντας καὶ νήφοντας καὶ ἐξωπλισμένους
21 καὶ συντεταγμένους ἐνικῶμεν· νῦν δ' ἐπ' αὐτοὺς
ἴμεν ἐν ᾧ πολλοὶ μὲν αὐτῶν καθεύδουσι, πολλοὶ δὲ
[αὐτῶν] μεθύουσι, πάντες δ' ἀσύντακτοί εἰσιν· ὅταν
δὲ ἡμᾶς αἴσθωνται ἔνδον ὄντας, πολὺ ἔτι μᾶλλον

---

1 ἀνθρώποις πορεύσιμος y. 2 ἐγένετο G. || ἐπορσύνετο] ἐπορεύετο xz. 3 χιλιάρχαις AH. 4 καὶ om. F. || ἵππων AH. 8 τοὺς om. G. || prius καὶ om. G, post. F. || ἐκέλευεν y. 9 τὸ ἔδαφος . . . 10 εἴη om. Vz. 12 τάδε F. 13 [ἔφη] ego. 15 post εἰσίωμεν add. δὴ G. || [μηδὲν φοβούμενοι εἴσω] ego, μηδὲν φοβούμενοι om. y. || εἴσω ἐννοούμενοι om. Vz. 16 νῦν πορευσόμεθα] συμπορευσόμεθα xGH et qui -ώμεθα V. 17 ἑαυτοὺς y. 18 ὡπλισμένους y. 20 ἴωμεν xzV. || καθεύδουσιν αὐτῶν G. 21 [αὐτῶν] Herwerden. 22 δὲ καὶ αἴσθωνται Vz. || αἴσθωνται ἡμᾶς yz. || πολὺ ἂν xz, πολὺ δὴ Richards.

ἢ νῦν ἀχρεῖοι ἔσονται ὑπὸ τοῦ ἐκπεπλῆχθαι. εἰ δέ 22
τις τοῦτο ἐννοεῖται, ὃ δὴ λέγεται φοβερὸν εἶναι τοῖς
εἰς πόλιν εἰσιοῦσι, μὴ ἐπὶ τὰ τέγη ἀναβάντες βάλλω-
σιν ἔνθεν καὶ ἔνθεν, τοῦτο μάλιστα θαρρεῖτε· ἢν γὰρ
ἀναβῶσί τινες ἐπὶ τὰς οἰκίας, ἔχομεν σύμμαχον θεὸν
Ἥφαιστον. εὔφλεκτα δὲ τὰ πρόθυρα αὐτῶν, φοίνικος
μὲν αἱ θύραι πεποιημέναι, ἀσφάλτῳ δὲ ὑπεκκαύματι
κεχριμέναι. ἡμεῖς δ' αὖ πολλὴν μὲν δᾷδα ἔχομεν, ἣ ταχὺ 23
πολὺ πῦρ τέξεται, πολλὴν δὲ πίτταν καὶ στυππεῖον,
ἃ ταχὺ πολλὴν παρακαλεῖ φλόγα· ὥστε ἀνάγκην εἶναι
ἢ φεύγειν ταχὺ τοὺς ἀπὸ τῶν οἰκιῶν ἢ ταχὺ κατα-
κεκαῦσθαι. ἀλλ' ἄγετε λαμβάνετε τὰ ὅπλα· ἡγήσομαι 24
δ' ἐγὼ σὺν τοῖς θεοῖς. ὑμεῖς δ', ἔφη, ὦ Γαδάτα καὶ
Γωβρύα, δείκνυτε τὰς ὁδούς· ἴστε γάρ· ὅταν δ' ἐντὸς
γενώμεθα, τὴν ταχίστην ἄγετε ἐπὶ τὰ βασίλεια. Καὶ 25
μήν, ἔφασαν οἱ ἀμφὶ τὸν Γωβρύαν, οὐδὲν ἂν εἴη
θαυμαστὸν εἰ καὶ ἄκλειστοι αἱ πύλαι αἱ τοῦ βασι-
λείου εἶεν· κωμάζει γὰρ ἡ πόλις πᾶσα τῇδε τῇ νυκτί.
φυλακῇ μέντοι πρὸ τῶν πυλῶν ἐντευξόμεθα· ἔστι γὰρ
αἰεὶ τεταγμένη. Οὐκ ἂν μέλλειν δέοι, ἔφη ὁ Κῦρος,
ἀλλ' ἰέναι, ἵνα ἀπαρασκεύους ὡς μάλιστα λάβωμεν
τοὺς ἄνδρας.

2 τι FG. ‖ ἐννοεῖτε F. 3 βάλωσιν zV. 4 τούτῳ y. 5 τινὲς post οἰκίας transp. y. ‖ σύμμαχον om. F. 6 φοίνικας F. 8 κεχρισμέναι codd., corr. Cobet. ‖ post πολλὴν add. μὲν VzD. ‖ ἢ τάχει AH. 10 παρακαλεῖ πολλὴν xz. ‖ ἀνάγκη AH. 12 τὰ om. xVH Zon. 17 θαυμαστὸν ἂν εἴη x. ‖ εἰ καὶ F, εἶναι z, καὶ x, καὶ γὰρ D, lac. V. ‖ post ἄκλειστοι add. γὰρ xzV. 18 εἶεν· κωμάζει Stephanus, ὡς ἐν κώμῳ· δοκεῖ xzV, εἶεν κωμοδοκεῖ y, εἶεν ξενοδοκεῖ Richards, εἶεν δειπνεῖ Hug. ‖ πᾶσα ἡ πόλις y. ‖ post πᾶσα add. εἶναι Muretus. ‖ τῇ om. Vz. 19 ἔστι] ἔστη Gpr. 20 ἀεὶ y. ‖ ἂν μέλλειν Muretus, ἀμελεῖν z, ἂν ἀμελεῖν xy. 21 post μάλιστα add. ἂν zC.

26 Ἐπεὶ δὲ ταῦτα ἐρρήθη, ἐπορεύοντο· τῶν δὲ ἀπαν-
τώντων οἱ μὲν ἀπέθνῃσκον παιόμενοι, οἱ δ' ἔφευγον
πάλιν εἴσω, οἱ δ' ἐβόων· οἱ δ' ἀμφὶ Γωβρύαν
συνεβόων αὐτοῖς, ὡς κωμασταὶ ὄντες καὶ αὐτοί καὶ
ἰόντες ᾗ ἐδύναντο [ὡς] τάχιστα ἐπὶ τοῖς βασιλείοις
27 ἐγένοντο. καὶ οἱ μὲν σὺν τῷ Γωβρύᾳ καὶ Γαδάτᾳ
τεταγμένοι κεκλειμένας εὑρίσκουσι τὰς πύλας τοῦ βα-
σιλείου· οἱ δὲ ἐπὶ τοὺς φύλακας ταχθέντες ἐπεισπί-
πτουσιν αὐτοῖς πίνουσι πρὸς φῶς πολύ, καὶ εὐθὺς
28 ὡς πολεμίοις ἐχρῶντο αὐτοῖς. ὡς δὲ κραυγὴ καὶ κτύ-
πος ἐγίγνετο, αἰσθόμενοι οἱ ἔνδον τοῦ θορύβου, κελεύ-
σαντος τοῦ βασιλέως σκέψασθαι τί εἴη τὸ πρᾶγμα,
29 ἐκθέουσί τινες ἀνοίξαντες τὰς πύλας. οἱ δ' ἀμφὶ τὸν
Γαδάταν ὡς εἶδον τὰς πύλας χαλώσας εἰσπίπτουσι καὶ
τοῖς πάλιν φεύγουσιν εἴσω ἐφεπόμενοι καὶ παίοντες
ἀφικνοῦνται πρὸς τὸν βασιλέα· καὶ ἤδη ἑστηκότα αὐ-
30 τὸν καὶ ἐσπασμένον ὃν εἶχεν ἀκινάκην εὑρίσκουσι. καὶ
τοῦτον μὲν οἱ σὺν Γαδάτᾳ καὶ Γωβρύᾳ ἐχειροῦντο·
καὶ οἱ σὺν αὐτῷ δὲ ἀπέθνῃσκον, ὁ μὲν προβαλλόμενός
τι, ὁ δὲ φεύγων, ὁ δέ γε καὶ ἀμυνόμενος ὅτῳ ἐδύ-
31 νατο. ὁ δὲ Κῦρος διέπεμπε τὰς τῶν ἱππέων τάξεις
κατὰ τὰς ὁδοὺς καὶ προεῖπεν οὓς μὲν ἔξω λαμβάνοιεν
κατακαίνειν, τοὺς δ' ἐν ταῖς οἰκίαις κηρύττειν τοὺς

---

3 εἴσω] ὀπίσω y. ‖ ante γωβρύαν add. τὸν xz. 4 καὶ αὐτοὶ ὄντες y, ὄντες αὐτοὶ z. 5 ὡς codd., om. ed. Etonensis a. 1613. 7 κεκλειμένας F, κεκλεισμένας f cet. Zon. ‖ πύλας] θύρας F. 10 πολέμιοι ἐχρῶντο αὐτοῖς xy, πολέμιοι ἐχρῶντο VAH, πολεμίοις ἐχρῶντο G. 11 καὶ κελεύσαντος y. 13 οἱ δ' ἀμφὶ . . . 14 χαλώσας om. Vz. 14 χαλώσας om. x, εἰς ἃς z. 17 σπασάμενον y. 18 γωβρύᾳ πολλοὶ ἐχειροῦντο xzV. 19 προβαλόμενός (sed -λλ- V) z. 20 τι] τις AG. ‖ δύναιτο y. 21 διέπεμπε τάξεις ἱππέων y.

συριστὶ ἐπισταμένους ἔνδον μένειν· εἰ δέ τις ἔξω λη-
φθείη, ὅτι θανατώσοιτο.
Οἱ μὲν δὴ ταῦτ' ἐποίουν. Γαδάτας δὲ καὶ Γω- 32
βρύας ἧκον· καὶ θεοὺς μὲν πρῶτον προσεκύνουν, ὅτι
τετιμωρημένοι ἦσαν τὸν ἀνόσιον βασιλέα, ἔπειτα δὲ
Κύρου κατεφίλουν καὶ χεῖρας καὶ πόδας, πολλὰ δα-
κρύοντες ἅμα χαρᾷ [καὶ εὐφραινόμενοι]. ἐπεὶ δὲ ἡμέρα 33
ἐγένετο καὶ ᾔσθοντο οἱ τὰς ἄκρας ἔχοντες ἑαλωκυῖάν
τε τὴν πόλιν καὶ τὸν βασιλέα τεθνηκότα, παραδιδόασι
καὶ τὰς ἄκρας. ὁ δὲ Κῦρος τὰς μὲν ἄκρας εὐθὺς 34
παρελάμβανε καὶ φρουράρχους τε καὶ φρουροὺς εἰς
ταύτας ἀνέπεμπε, τοὺς δὲ τεθνηκότας θάπτειν ἐφῆκε
τοῖς προσήκουσι· τοὺς δὲ κήρυκας κηρύττειν ἐκέλευ-
σεν ἀποφέρειν πάντας τὰ ὅπλα Βαβυλωνίους· ὅπου
δὲ ληφθήσοιτο ὅπλα ἐν οἰκίᾳ, προηγόρευεν ὡς πάντες
οἱ ἔνδον ἀποθανοῖντο. οἱ μὲν δὴ ἀπέφερον, ὁ δὲ
Κῦρος ταῦτα μὲν εἰς τὰς ἄκρας κατέθετο, ὡς εἴη
ἕτοιμα, εἴ τί ποτε δέοι χρῆσθαι. ἐπεὶ δὲ ταῦτ' ἐπέπρα- 35
κτο, πρῶτον μὲν τοὺς μάγους καλέσας, ὡς δοριαλώ-
του τῆς πόλεως οὔσης ἀκροθίνια τοῖς θεοῖς καὶ τεμένη
ἐκέλευσεν ἐξελεῖν· ἐκ τούτου δὲ καὶ οἰκίας διεδίδου
καὶ ἀρχεῖα τούτοις οὕσπερ κοινῶνας ἐνόμιζε τῶν κατα-
πεπραγμένων· οὕτω δὲ διένειμεν ὥσπερ ἐδέδοκτο τὰ
κράτιστα τοῖς ἀρίστοις. εἰ δέ τις οἴοιτο μεῖον ἔχειν,

---

1 ληφθήσοιτο y. 5 ἦσαν] εἴησαν y. 6 prius καὶ om. F. 7 καὶ εὐφραινόμενοι del. Lincke. 11 φρουρὰς x. 12 θάπτειν om. y. || ἐφῆκε] ἀνῆκε C, ἀνεῖκε E. 13 ἐκέλευεν yGH. 14 βαβυλωνίους del. Hartman. 15 ληφθεῖεν G, λειφθεῖεν AHcor., λειφθήσοιτο Hpr. || προηγόρευον y. 19 καλέσας τοὺς μάγους D. 21 καὶ om. y. 22 κοινῶνας Vyg Suid., κοινωνοὺς xz. || ἐνομίζετο Gpr Suid. 23 οὕτω δὲ y, καὶ οὕτω z, οὕτω xHpr.

36 διδάσκειν προσιόντας ἐκέλευσε. προεῖπε δὲ Βαβυλω-
νίοις μὲν τὴν γῆν ἐργάζεσθαι καὶ τοὺς δασμοὺς ἀπο-
φέρειν καὶ θεραπεύειν τούτους οἷς ἕκαστοι αὐτῶν
ἐδόθησαν· Πέρσας δὲ τοὺς κοινῶνας καὶ τῶν συμμά-
χων ὅσοι μένειν ᾑροῦντο παρ' αὐτῷ ὡς δεσπότας ὧν
ἔλαβον προηγόρευε διαλέγεσθαι.
37 Ἐκ δὲ τούτου ἐπιθυμῶν ὁ Κῦρος ἤδη κατασκευά-
σασθαι καὶ αὐτὸς ὡς βασιλεῖ ἡγεῖτο πρέπειν, ἔδοξεν
αὐτῷ τοῦτο σὺν τῇ τῶν φίλων γνώμῃ ποιῆσαι, ὡς ὅτι
ἥκιστα ἂν ἐπιφθόνως σπάνιός τε καὶ σεμνὸς φανείη.
ὧδε οὖν ἐμηχανᾶτο τοῦτο. ἅμα τῇ ἡμέρᾳ στὰς ὅπου
ἐδόκει ἐπιτήδειον εἶναι προσεδέχετο τὸν βουλόμενον
38 λέγειν τι καὶ ἀποκρινάμενος ἀπέπεμπεν. οἱ δ' ἄν-
θρωποι ὡς ἔγνωσαν ὅτι προσδέχοιτο, ἧκον ἀμήχανοι
τὸ πλῆθος· καὶ ὠθουμένων περὶ τοῦ προσελθεῖν ἠχή
39 τε πολλὴ καὶ μάχη ἦν. οἱ δὲ ὑπηρέται ὡς ἐδύ-
ναντο διακρίναντες προσίεσαν. ὁπότε δέ τις τῶν
φίλων διωσάμενος τὸν ὄχλον προφανείη, προτείνων
ὁ Κῦρος τὴν χεῖρα προσήγετο αὐτοὺς καὶ οὕτως ἔλε-
γεν· Ἄνδρες φίλοι, περιμένετε, ἕως ⟨ἂν⟩ τὸν ὄχλον
διωσώμεθα· ἔπειτα δὲ καθ' ἡσυχίαν συγγενησόμεθα.

---

1 προσιόντα διδάσκειν y. || ἐκέλευε zF. 2 δασμοὺς] πόδας μὴ x. 3 αὐτῶν ἕκαστοι y. 4 πέρσας δὲ] ὡς πέρσας δὲ καὶ xAH, πέρσας δὲ καὶ VG. || κοινῶνας Dind. (Hpr?), κοινωνοὺς z, κοινωνοῦντας cet. 5 ἑαυτῷ y. 6 ἔλαβεν F. 7 ἐπεθύμει g. || ἤδη om. F. 10 ἀνεπιφθόνως codd. praeter F. 13 ἀποκρινόμενος xz. 15 ἠχή ego, μηχανή codd. || μηχανὴ . . .16 ἦν] πολλὴ μηχανὴ ἦν y. 17 διακρίνοντες ED. || προσίεσαν Stephanus, προσήεσαν codd. || ante τῶν add. καὶ yz. 18 προφανείη] ,φανείη ante διωσάμενος E, post διωσάμενος C. 20 ἄνδρες φίλοι om. Vz. || παραμένετε ἕως xzV, περιμένετε ὡς y. || <ἂν> Hertlein. 21 διωσόμεθα xzV. || ἔπειτα . . . συγγενησόμεθα om. Vz.

οἱ μὲν δὴ φίλοι περιέμενον, ὁ δ' ὄχλος πλείων καὶ πλείων ἐπέρρει, ἔωσπερ ἔφθασεν ἑσπέρα γενομένη πρὶν τοῖς φίλοις αὐτὸν σχολάσαι [καὶ] συγγενέσθαι. οὕτω 40 δὴ ὁ Κῦρος λέγει, Ὥρα, ἔφη, ὦ ἄνδρες, νῦν μὲν [καιρὸς] διαλυθῆναι· αὔριον δὲ πρῷ ἔλθετε· καὶ γὰρ ἐγὼ βούλομαι ὑμῖν τι διαλεχθῆναι. ἀκούσαντες ταῦτα οἱ φίλοι ἄσμενοι ᾤχοντο ἀποθέοντες, δίκην δεδωκότες ὑπὸ πάντων τῶν ἀναγκαίων. καὶ τότε μὲν οὕτως ἐκοιμήθησαν.

Τῇ δ' ὑστεραίᾳ ὁ μὲν Κῦρος παρῆν εἰς τὸ αὐτὸ 41 χωρίον, ἀνθρώπων δὲ πολὺ πλέον πλῆθος περιειστήκει βουλομένων προσιέναι, καὶ πολὺ πρότερον ἢ οἱ φίλοι παρῆσαν. ὁ οὖν Κῦρος περιστησάμενος τῶν ξυστοφόρων Περσῶν κύκλον μέγαν εἶπε μηδένα παριέναι ἢ τοὺς φίλους τε καὶ τοὺς ἄρχοντας τῶν Περσῶν τε καὶ τῶν συμμάχων. ἐπεὶ δὲ συνῆλθον οὗτοι, ἔλεξεν 42 ὁ Κῦρος αὐτοῖς τοιάδε. Ἄνδρες φίλοι καὶ σύμμαχοι. τοῖς μὲν θεοῖς οὐδὲν ἂν ἔχοιμεν μέμψασθαι τὸ μὴ οὐχὶ μέχρι τοῦδε πάντα ὅσα ηὐχόμεθα καταπεπραχέναι· εἰ μέντοι τοιοῦτον ἔσται τὸ μεγάλα πράττειν ὥστε μὴ οἷόν τ' εἶναι μήτε ἀμφ' αὑτὸν σχολὴν ἔχειν μήτε μετὰ τῶν φίλων εὐφρανθῆναι, ἐγὼ μὲν χαίρειν ταύτην τὴν εὐδαιμονίαν κελεύω. ἐνενοήσατε γάρ, 43

1 περιέμενον D, παρέμενον cet. || πλείω καὶ πλείω z. 2 ὥστ' y, ἔωσπερ Vz, ἕως x. || παρέφθασεν x. || ἑσπέρα τε xzV. 3 σχολάσαι αὐτὸν y. || [καὶ] ego. 4 ὥρα Cobet, ἄρα vel ἆρ' codd. || [καιρὸς] Cobet. 6 ἀκούσαντες δὲ y. 8 ἀπὸ yg. 11 πλείω CHpr, πλεῖον cet. || περιεστήκει FGV. 12 βουλόμενον y. 14 ξιφηφόρων x. || μέγα F. 15 ante ἢ add. ἄλλον y. || post. τοὺς om. yz. 16 οὗτοι] αὐτοὶ xGV. 17 τοιαῦτα G. 21 ἀμφ'] ὑφ' G. || αὐτὸν codd. 23 ἐννοήσατε xzVD

ἔφη, καὶ χθὲς δήπου ὅτι ἕωθεν ἀρξάμενοι ἀκούειν
τῶν προσιόντων οὐκ ἐλήξαμεν πρόσθεν ἑσπέρας· καὶ
νῦν ὁρᾶτε τούτους ἄλλους πλείονας τῶν χθὲς παρόντας
44 ὡς πράγματα ἡμῖν παρέξοντας. εἰ οὖν τις τούτοις
ὑφέξει ἑαυτόν, λογίζομαι μικρὸν μέν τι ὑμῖν μέρος
ἐμοῦ μετεσόμενον, μικρὸν δέ τι ἐμοὶ ὑμῶν· ἐμαυτοῦ
45 μέντοι σαφῶς οἶδ' ὅτι οὐδ' ὁτιοῦν μοι μετέσται. ἔτι
δ', ἔφη, καὶ ἄλλο ὁρῶ γελοῖον πρᾶγμα, ἐγὼ γὰρ δήπου
ὑμῖν μὲν ὥσπερ εἰκὸς διάκειμαι· τούτων δὲ τῶν περι-
εστηκότων ἤ τινα ἢ οὐδένα οἶδα, καὶ οὗτοι πάντες οὕτω
παρεσκευασμένοι εἰσὶν ὡς, ἢν νικῶσιν ὑμᾶς ὠθοῦντες,
πρότεροι ἃ βούλονται ὑμῶν παρ' ἐμοῦ διαπραξόμενοι.
ἐγὼ δὲ ἠξίουν τοὺς τοιούτους, εἴ τίς τι ἐμοῦ δέοιτο,
θεραπεύειν ὑμᾶς τοὺς ἐμοὺς φίλους δεομένους προσ-
46 αγωγῆς. ἴσως ἂν οὖν εἴποι τις, τί δῆτα οὐχ οὕτως
ἐξ ἀρχῆς παρεσκευασάμην, ἀλλὰ παρεῖχον ἐν τῷ μέσῳ
ἐμαυτόν. ὅτι τὰ τοῦ πολέμου τοιαῦτα ἐγίγνωσκον
ὄντα ὡς μὴ ὑστερίζειν δέον τὸν ἄρχοντα μήτε τῷ
εἰδέναι ἃ δεῖ μήτε τῷ πράττειν ἃ ἂν καιρὸς ᾖ· τοὺς δὲ
σπανίους ἰδεῖν στρατηγοὺς πολλὰ ἐνόμιζον ὧν δεῖ
47 πραχθῆναι παριέναι. νῦν δ' ἐπειδὴ ὁ φιλοπονώ-
τατος πόλεμος ἀναπέπαυται, δοκεῖ μοι καὶ ἡ ἐμὴ ψυχὴ

1 ἔφη om. F. ‖ ἐχθὲς δήπουθεν y. ‖ ὅτι om. x. 3 τούτους καὶ ἄλλους xzV ‖ ἐχθὲς y. ‖ παρόντων xAHV. 5 ἑαυτὸν] αὐτοῖς z, αὑτὸν V. ‖ μικρὸν G (in ras.), μεῖζον AH. 6 ἐμοῦ om. y. ‖ δὲ] μὲν z. ‖ ἐμοὶ om. z. 7 μοι om. zV. 8 ἔφη om. x. 10 οἶδα z, εἶδον x, γιγνώσκω y. ‖ οὕτω om. VzE. 11 εἰ νικήσωσιν F. 12 πρότερον xAHV. ‖ ἃ βούλονται] ἂν βούλωνται C, ἂν βούλονται E. ‖ διαπραξάμενοι zVpr. 13 τούτους x, τοὺς τοιούτους y, τούτους τοὺς τοιούτους z. ‖ τι om. yA. 16 κατεσκευασάμην y. ‖ ἐμαυτον ἐν τῷ μέσῳ y. 17 γιγνώσκω τοιαῦτα εἶναι (ὄντα D) y. 18 τὸ εἰδέναι zD. 19 τὸ πράττειν yG. 20 δεῖ] χρὴ x. 21 δὲ ἐπεὶ y. ‖ ante ὁ add. καὶ yz.

ἀναπαύσεώς τινος ⟨ὀρθῶς⟩ ἀξιοῦν τυγχάνειν. ὡς οὖν
ἐμοῦ ἀποροῦντος ὅ,τι ἂν τύχοιμι ποιῶν ὥστε καλῶς ἔχειν
τά τε ἡμέτερα καὶ τὰ τῶν ἄλλων ὧν ἡμᾶς δεῖ ἐπι-
μελεῖσθαι, συμβουλευέτω ὅ,τι τις ὁρᾷ συμφορώτατον.
Κῦρος μὲν οὕτως εἶπεν· ἀνίσταται δ' ἐπ' αὐτῷ 48
Ἀρτάβαζος ὁ συγγενής ποτε φήσας εἶναι καὶ εἶπεν,
Ἦ καλῶς, ἔφη, ἐποίησας, ὦ Κῦρε, ἄρξας τοῦ λόγου.
ἐγὼ γὰρ ἔτι νέου μὲν ὄντος σοῦ πάνυ ἀρξάμενος ἐπ-
εθύμουν φίλος γενέσθαι, ὁρῶν δέ σε οὐδὲν δεόμενον
ἐμοῦ κατώκνουν σοι προσιέναι. ἐπειδὴ δ' ἔτυχές ποτε 49
καὶ ἐμοῦ δεηθεὶς [προθύμως] ἐξαγγεῖλαι πρὸς Μήδους
τὰ παρὰ Κυαξάρου, ἐλογιζόμην, εἰ ταῦτα προθύμως
σοι συλλάβοιμι, ὡς οἰκεῖός τέ σοι ἐσοίμην καὶ ἐξέσοιτό
μοι διαλέγεσθαί σοι ὁπόσον χρόνον βουλοίμην. καὶ ἐκεῖνα
μὲν δὴ ἐπράχθη ὥστε σε ἐπαινεῖν. μετὰ τοῦτο Ὑρκά- 50
νιοι μὲν πρῶτοι φίλοι ἐγένοντο ἡμῖν καὶ μάλα πει-
νῶσι συμμάχων· ὥστε μόνον οὐκ ἐν ταῖς ἀγκάλαις
περιεφέρομεν αὐτοὺς ἀγαπῶντες. μετὰ δὲ τοῦτο ἐπεὶ
ἑάλω τὸ πολέμιον στρατόπεδον, οὐκ οἶμαι σχολή σοι
ἦν ἀμφ' ἐμὲ ἔχειν· καὶ ἐγώ σοι συνεγίγνωσκον. ἐκ 51
δὲ τούτου Γωβρύας ἡμῖν φίλος ἐγένετο, καὶ ἐγὼ ἔχαι-
ρον· καὶ αὖθις Γαδάτας· καὶ ἤδη ἔργον σοῦ ἦν μετα-

1 ⟨ὀρθῶς⟩ ego. || οὖν om. y. 4 τις ὅτι y. 5 post μὲν add. οὖν F. 6 post εἶναι add. τοῦ κύρου x. 10 ἐπειδὴ δὲ C, ἐπεὶ δ' cet. 11 [προθύμως] Hug. 12 post παρὰ add. τοῦ G. || πρόθυμος AHV. 13 prius σοι om. E. 14 post ὁπόσον add. ἂν xzV. 15 δὴ ἐπράχθη] διεπράχθη F. || σε om. Vz. || δὲ post μετὰ add. Fg. 16 ἡμῖν ἐγένοντο zy (nisi quod F φίλοι bis sc. ante et post ἡμῖν pos.). 17 ἐν] ἂν F. 18 περιφέρομεν Vz. || ἀγαπῶντες del. Cobet. || δὲ om. A. 19 σχολή σοι ἦν D, σχολήν σοι εἶναι xzV, σχολὴ ποιεῖν F. 20 καὶ om. F. 22 αὖθις] πάλιν y. || ἤδη] δὴ xzV.

λαβεῖν. ἐπεί γε μέντοι καὶ Σάκαι καὶ Καδούσιοι σύμ-
μαχοι ἐγενένηντο, θεραπεύειν εἰκότως ἔδει τούτους·
52 καὶ γὰρ οὗτοι σὲ ἐθεράπευον. ὡς δ' ἤλθομεν πάλιν
ἔνθεν ὡρμήθημεν, ὁρῶν σε ἀμφ' ἵππους ἔχοντα,
ἀμφ' ἅρματα, ἀμφὶ μηχανάς, ἡγούμην, ἐπεὶ ἀπὸ τού-
του σχολάσαις, τότε σε καὶ ἀμφ' ἐμὲ ἕξειν σχολήν.
ὥς γε μέντοι ἦλθεν ἡ δεινὴ ἀγγελία τὸ πάντας ἀνθρώ-
πους ἐφ' ἡμᾶς συλλέγεσθαι, ἐγίγνωσκον ὅτι ταῦτα μέ-
γιστα εἴη· εἰ δὲ ταῦτα καλῶς γένοιτο, εὖ ἤδη ἐδόκουν
εἰδέναι ὅτι πολλὴ ἔσοιτο ἀφθονία τῆς ἐμῆς καὶ [τῆς]
53 σῆς συνουσίας. καὶ νῦν δὴ νενικήκαμέν τε τὴν μεγάλην
μάχην καὶ Σάρδεις καὶ Κροῖσον ὑποχείριον ἔχομεν καὶ
Βαβυλῶνα ᾑρήκαμεν καὶ πάντας κατεστράμμεθα, καὶ
μὰ τὸν Μίθρην ἐγώ τοι ἐχθές, εἰ μὴ πολλοῖς διεπύ-
κτευσα, οὐκ ἂν σοι ἐδυνάμην προσελθεῖν. ἐπεί γε
μέντοι ἐδεξιώσω με καὶ παρὰ σοὶ ἐκέλευσας μένειν,
ἤδη περίβλεπτος ἦν, ὅτι μετὰ σοῦ ἄσιτος καὶ ἄποτος
54 διημέρευον. νῦν οὖν εἰ μὲν ἔσται πῇ ὅπως οἱ πλεί-
στου ἄξιοι γεγενημένοι πλεῖστόν σου μέρος μεθέξομεν·
εἰ δὲ μή, πάλιν αὖ ἐγὼ ἐθέλω παρὰ σοῦ ἐξαγγέλλειν
ἀπιέναι πάντας ἀπὸ σοῦ πλὴν ἡμῶν τῶν ἐξ ἀρχῆς φίλων.
55 Ἐπὶ τούτῳ ἐγέλασε μὲν ὁ Κῦρος καὶ ἄλλοι πολλοί·
Χρυσάντας δ' ἀνέστη ὁ Πέρσης καὶ ἔλεξεν ὧδε. Ἀλλὰ
τὸ μὲν πρόσθεν, ὦ Κῦρε, εἰκότως ἐν τῷ φανερῷ σαυ-

1 καὶ σάκαι] σάκαι τε y. 2 ἐγένοντο x. || ἔδει τούτους εἰκότως y. 4 ἔνθα x. || ὡρμήθην μὲν z. || σε δ' AH cor. 5 καὶ ἡγούμην z (sed punctis notavit G). || τούτων y. 6 ἄξειν C. 7 γε] τε z. 10 εἰδέναι y, εἶναι zC, om. E. || [τῆς] Dind. 13 πάντα z. 14 χθὲς y. 15 ἄν σοι C, σοι om. E, post ἐδυνάμην transp. cet. 16 ἐξεδιώσω AH, ἐξιδιώσω VDh. 22 ἐγέλασεν κῦρος y. 24 εἰκότως ὦ κῦρε y.

τὸν παρεῖχες, δι' ἅ τε αὐτὸς εἶπες καὶ ὅτι οὐχ ἡμᾶς σοι μάλιστα ἦν θεραπευτέον. ἡμεῖς μὲν γὰρ καὶ ἡμῶν αὐτῶν ἕνεκα παρῆμεν· τὸ δὲ πλῆθος ἔδει ἀνακτᾶσθαι ἐκ παντὸς τρόπου, ὅπως ὅτι ἥδιστα συμπονεῖν καὶ συγκινδυνεύειν ἡμῖν ἐθέλοιεν. νῦν δ' ἐπεὶ οὐχ ἕνα 56 τρόπον μόνον ἔχεις, ἀλλὰ καὶ ἄλλους δύνασαι ἀνακτᾶσθαι οὓς καιρὸς εἴη, ἤδη καὶ οἰκίας σε τυχεῖν ἄξιον· ἢ τί ἀπολαύσαις ἂν τῆς ἀρχῆς, εἰ μόνος ἄμοιρος εἴης ἑστίας, οὗ οὔτε ὁσιώτερον χωρίον ἐν ἀνθρώποις οὔτε ἥδιον οὔτε οἰκειότερόν ἐστιν οὐδέν; ἔπειτα δ', ἔφη, οὐκ ἂν οἴει καὶ ἡμᾶς αἰσχύνεσθαι, εἰ σὲ μὲν ὁρῷμεν ἔξω καρτεροῦντα, αὐτοὶ δ' ἐν οἰκίαις εἴημεν καὶ σοῦ δοκοίημεν πλεονεκτεῖν; ἐπεὶ δὲ Χρυσάντας ταῦτα ἔλεξε, συνηγόρευον 57 αὐτῷ κατὰ ταὐτὰ πολλοί. ἐκ τούτου δὴ εἰσέρχεται εἰς τὰ βασίλεια, καὶ τὰ ἐκ Σάρδεων χρήματα ἐνταῦθ' οἱ ἄγοντες ἀπέδοσαν. ἐπεὶ δ' εἰσῆλθεν ὁ Κῦρος, πρῶτον μὲν Ἑστίᾳ ἔθυσεν, ἔπειτα Διὶ βασιλεῖ καὶ εἴ τινι ἄλλῳ θεῷ οἱ μάγοι ἐξηγοῦντο.

Ποιήσας δὲ ταῦτα τὰ ἄλλα ἤδη ἤρχετο διοικεῖν. 58 ἐννοῶν δὲ τὸ αὑτοῦ πρᾶγμα ὅτι ἐπιχειροίη μὲν ἄρχειν πολλῶν ἀνθρώπων, παρασκευάζοιτο δὲ οἰκεῖν ἐν πό-

---

1 εἶπας Dind., εἶπες codd. 5 οὐχ ἕνα τρόπον μόνον ἔχεις ego, οὐχ οὕτω τρόπον (-ου Dg) μόνον ἔχεις xy, οὖν τρόπῳ μόνῳ ἔχεις z, οὐχ οὕτω τρόπῳ μόνῳ ἔχεις V. 6 ἄλλως Hertlein, ἄλλοις Madvig. ‖ ἀνακτᾶσθαι δύνασαι xz. 7 τυγχάνειν x. ‖ ἢ . . . 8 ἀρχῆς] ἢ ἀπολαύσαιό γ' ἂν οὐδὲν τῆς σῆς ἀρχῆς F, ἀπολαύσαις γὰρ οὐδὲν τῆς σῆς ἀρχῆς D. 9 οὗ] ἧς y. 11 καὶ om. y. 14 ante αὐτῷ add. δ' y. ‖ ταὐτὰ Muretus, ταῦτα codd. 16 ἐνταῦθ' οἱ] ἐνταυθοῖ H. ‖ ἐπεὶ δ'] ἐπεὶ δὴ H, ἐπειδὴ A. ‖ ὁ om. Vz. 17 post ἔπειτα add. δὲ y. 18 θεῶν y. 19 ἤδη om. x. 20 αὐτοῦ D, αὑτοῦ cet. 21 παρεσκευάζετο z, κατασκευάζοιτο y. ‖ ante πόλει add. τῇ xzV.

λει τῇ μεγίστῃ τῶν φανερῶν, αὕτη δ᾽ οὕτως ἔχοι αὐτῷ ὡς πολεμιωτάτη ἂν γένοιτο ἀνδρὶ πόλις, ταῦτα δὴ λογιζόμενος φυλακῆς περὶ τὸ σῶμα ἡγήσατο δεῖσθαι.
59 γνοὺς δ᾽ ὅτι οὐδαμοῦ ἄνθρωποι εὐχειρωτότεροί εἰσιν ἢ ἐν σίτοις καὶ ποτοῖς καὶ λουτροῖς καὶ κοίτῃ καὶ ὕπνῳ, ἐσκόπει τίνας ἂν ἐν τοῖς περὶ αὐτὸν πιστοτάτους ἔχοι. ἐνόμισε δὲ μὴ ἂν γενέσθαι ποτὲ πιστὸν ἄνθρωπον ὅστις ἄλλον μᾶλλον φιλήσοι τοῦ τῆς φυλακῆς
60 δεομένου. τοὺς μὲν οὖν ἔχοντας παῖδας ἢ γυναῖκας συναρμοττούσας ἢ παιδικὰ ἔγνω φύσει ἠναγκάσθαι ταῦτα μάλιστα φιλεῖν· τοὺς δ᾽ εὐνούχους ὁρῶν πάντων τούτων στερομένους ἡγήσατο τούτους ἂν περὶ πλείστου ποιεῖσθαι οἵτινες δύναιντο πλουτίζειν μάλιστα αὐτοὺς καὶ βοηθεῖν, εἴ τι ἀδικοῖντο, καὶ τιμὰς περιάπτειν αὐτοῖς· τούτοις δ᾽ εὐεργετοῦντα ὑπερβάλλειν αὐτὸν
61 οὐδέν᾽ ἂν ἡγεῖτο δύνασθαι. πρὸς δὲ τούτοις ἄδοξοι ὄντες οἱ εὐνοῦχοι παρὰ τοῖς ἄλλοις ἀνθρώποις καὶ διὰ τοῦτο δεσπότου ἐπικούρου προσδέονται· οὐδεὶς γὰρ ἀνὴρ ὅστις οὐκ ἂν ἀξιώσειεν εὐνούχου πλέον ἔχειν ἐν παντί, εἰ μή τι ἄλλο κρεῖττον ἀπείργοι· δεσπότῃ δὲ

---

1 ἔχει xA. ‖ αὐτῷ codd. 2 πολεμιωτάτη ἂν E, ἂν πολεμιωτάτη Vy, ἂν πολεμιωτάτη ἂν C, ἀπολεμωτάτη ἂν z. ‖ ἀνδρὶ πόλις om. Vz. 4 εὐχειρό(ω)τεροι xzV. ‖ εἰσὶν εὐχειρωτότεροι y. 5 σιτίοις x. ‖ καὶ λουτροῖς] om. x, καὶ λουτρῷ y. 6 ἐν τοῖς ego, ἐν τούτοις codd. ‖ αὐτὸν E, αὐτὸν CV, ἑαυτὸν cet. ‖ πιστοτάτοις F, πιστοτάτας x. 7 δὲ] δὴ y. ‖ μὴ ἄν ποτέ τινα πιστὸν γενέσθαι D. 8 μᾶλλον ἄλλον x. ‖ φιλήσει xy. 9 γυναῖκα συναρμόζουσαν y. 10 συνηναγκάσθαι yCV, ἂν ἠναγκάσθαι Hug. 12 στερουμένους CF, ἐστερημένους E. ‖ ἡγήσατο μὴ τούτους x. 13 δύνανται xzV. 15 τούτους codd., corr. Pantazides cf. VIII 2, 2. 22. ‖ εὐεργετοῦντας y. 16 οὐδὲν codd., corr. Schneider. 19 ἀνὴρ y, ἂν ἦν xAH, ἦν G. ‖ ἀξιώσειε πλέον ἔχειν εὐνούχου x. 20 τις ἄλλος κρείττων y.

πιστὸν ὄντα οὐδὲν κωλύει πρωτεύειν καὶ τὸν εὐνοῦχον.
ὃ δ᾽ ἂν μάλιστά τις οἰηθείη, ἀνάλκιδας τοὺς εὐνούχους 62
γίγνεσθαι, οὐδὲ τοῦτο ἐφαίνετο αὐτῷ. ἐτεκμαίρετο δὲ
καὶ ἐκ τῶν ἄλλων ζῴων ὅτι οἵ τε ὑβρισταὶ ἵπποι ἐκ-
τεμνόμενοι τοῦ μὲν δάκνειν καὶ ὑβρίζειν ἀποπαύονται,
πολεμικοὶ δὲ οὐδὲν ἧττον γίγνονται, οἵ τε ταῦροι
ἐκτεμνόμενοι τοῦ μὲν μέγα φρονεῖν καὶ ἀπειθεῖν ὑφίεν-
ται, τοῦ δ᾽ ἰσχύειν καὶ ἐργάζεσθαι οὐ στερίσκονται,
καὶ οἱ κύνες δὲ ὡσαύτως τοῦ μὲν ἀπολείπειν τοὺς
δεσπότας ἀποπαύονται ἐκτεμνόμενοι, φυλάττειν δὲ καὶ
εἰς θήραν οὐδὲν κακίους γίγνονται. καὶ οἵ γε ἄνθρω- 63
ποι ὡσαύτως ἠρεμέστεροι γίγνονται στερισκόμενοι ταύ-
της τῆς ἐπιθυμίας, οὐ μέντοι ἀμελέστεροί γε τῶν προσ-
ταττομένων, οὐδ᾽ ἧττόν τι ἱππικοί, οὐδὲ ἧττόν τι
ἀκοντιστικοί, οὐδὲ ἧττον φιλότιμοι. κατάδηλοι δ᾽ 64
ἐγίγνοντο καὶ ἐν τοῖς πολέμοις καὶ ἐν ταῖς θήραις ὅτι
ἔσῳζον τὸ φιλόνικον ἐν ταῖς ψυχαῖς. τοῦ δὲ πιστοὶ
εἶναι ἐν τῇ φθορᾷ τῶν δεσποτῶν μάλιστα βάσανον
ἐδίδοσαν· οὐδένες γὰρ πιστότερα ἔργα ἀπεδείκνυντο ἐν
ταῖς δεσποτικαῖς συμφοραῖς τῶν εὐνούχων. εἰ δέ τι ἄρα 65
τῆς τοῦ σώματος ἰσχύος μειοῦσθαι δοκοῦσιν, ὁ σίδηρος
ἀνισοῖ τοὺς ἀσθενεῖς ἐν τῷ πολέμῳ τοῖς ἰσχυροῖς. ταῦτα

---

2 ἄν τις μάλιστα x. ‖ ante τοὺς add. καὶ GA. 4 καὶ om. x. 5 τοῦ] τὸ z. 9 ἀπολείπειν xD, ἀπολιπεῖν zV et (qui in marg. κύνες ἐκτεμνόμενοι ἀπολείπουσι τοὺς δεσπότας) F. 10 καὶ εἰς] κἂν εἰς z, καὶ y. 11 θήραν] θηρᾶν y. 12 post ἠρεμέστεροι add. μὲν D, τε F. ‖ γίγνονται . . . 13 ἀμελέστεροί γε om. F. 13 προσταχθησομένων B = Paris. 1639, προστεταγμένων (α et ο ead. manu s. v. pos.) F. 14 ἧττον ἀκοντισταὶ y. 15 ἧττόν τι y. ‖ κατάλληλοι F. 16 γίγνονται xzV. ‖ πολεμίοις xVAH. 21 τῆς τοῦ] ἀπίστου HA. 22 ἂν ἰσοῖ (εἰσοῖ) xz. ‖ τοῖς ἰσχυροῖς (-οτέροις y) ἐν τῷ πολέμῳ yz.

δὴ γιγνώσκων ἀρξάμενος ἀπὸ τῶν θυρωρῶν πάντας τοὺς
περὶ τὸ ἑαυτοῦ σῶμα θεραπευτῆρας ἐποιήσατο εὐνούχους.
66 Ἡγησάμενος δὲ οὐχ ἱκανὴν εἶναι τὴν φυλακὴν
ταύτην πρὸς τὸ πλῆθος τῶν δυσμενῶς ἐχόντων, ἐσκό-
πει τίνας τῶν ἄλλων ἂν πιστοτάτους περὶ τὸ βασίλειον
67 φύλακας λάβοι. εἰδὼς οὖν Πέρσας τοὺς οἴκοι κακοβιω-
τάτους μὲν ὄντας διὰ πενίαν, ἐπιπονώτατα δὲ ζῶντας
διὰ τὴν τῆς χώρας τραχύτητα καὶ διὰ τὸ αὐτουργοὺς
εἶναι, τούτους ἐνόμισε μάλιστ' ἂν ἀγαπᾶν τὴν παρ'
68 ἑαυτῷ δίαιταν. λαμβάνει οὖν τούτων μυρίους δορυ-
φόρους, οἳ κύκλῳ μὲν νυκτὸς καὶ ἡμέρας ἐφύλαττον
περὶ τὰ βασίλεια, ὁπότε ἐπὶ χώρας εἴη· ὁπότε δὲ ἐξίοι
69 ποι, ἔνθεν καὶ ἔνθεν τεταγμένοι ἐπορεύοντο. νομίσας
δὲ καὶ Βαβυλῶνος ὅλης φύλακας δεῖν εἶναι ἱκανούς,
εἴτ' ἐπιδημῶν αὐτὸς τυγχάνοι εἴτε καὶ ἀποδημῶν, κατ-
έστησε καὶ ἐν Βαβυλῶνι φρουροὺς ἱκανούς· μισθὸν δὲ
καὶ τούτοις Βαβυλωνίους ἔταξε παρέχειν, βουλόμενος
αὐτοὺς ὡς ἀμηχανωτάτους εἶναι, ὅπως ὅτι ταπεινότατοι
καὶ εὐκαθεκτότατοι εἶεν.

70 Αὕτη μὲν δὴ ἡ περὶ αὐτόν τε φυλακὴ καὶ ἡ ἐν Βαβυ-
λῶνι ⟨φρουρὰ⟩ τότε κατασταθεῖσα καὶ νῦν ἔτι οὕτως ἔχου-
σα διαμένει. σκοπῶν δ' ὅπως ἂν καὶ ἡ πᾶσα ἀρχὴ κατ-
έχοιτο καὶ ἄλλη ἔτι προσγίγνοιτο, ἡγήσατο τοὺς μισθο-
φόρους τούτους δεῖν τοσοῦτον βελτίονας τῶν ὑπηκόων

---

1 δεξάμενος xVAH. || θυρῶν z. 3 ἱκανὸν y. 5 ἂν πιστοτάτους] αὖ πιστοτάτους ἂν y. 6 φύλακας om. x. || τοὺς] τὰς x. 10 ἑαυτῷ xAH, αὐτῷ G, αὑτῷ y. 11 καὶ νυκτὸς y. 12 ἐπὶ χώρας εἴη y, ἔσω ῥαΐσειεν xzV. 13 που codd., corr. Schneider. 14 ἱκανοὺς εἶναι y. 15 αὐτὸς om. x. 17 βαβυλωνίοις F. 20 prius ἡ om. xVAH. 21 <φρουρὰ> ego. || κατασχεθεῖσα z. || ἔτι om. EG. 22 δ'] δ' ἂν Vz. 23 ante μισθοφόρους add. μὲν y. 24 τούτους om. C. || δεῖν ego, οὐ codd.

εἶναι ὅσον ἐλάττονας· τοὺς δὲ ἀγαθοὺς ἄνδρας ἐγί-
γνωσκε συνεκτέον εἶναι, οἵπερ σὺν τοῖς θεοῖς τὸ κρα-
τεῖν παρέσχον, καὶ ἐπιμελητέον ὅπως μὴ ἀνήσουσι τὴν
τῆς ἀρετῆς ἄσκησιν. ὅπως δὲ μὴ ἐπιτάττειν αὐτοῖς 71
δοκοίη, ἀλλὰ γνόντες καὶ αὐτοὶ ταῦτα ἄριστα εἶναι
οὕτως ἐμμένοιέν τε καὶ ἐπιμελοῖντο τῆς ἀρετῆς, συν-
έλεξε τούς τε ὁμοτίμους καὶ πάντας ὁπόσοι ἐπικαίριοι
ἦσαν καὶ ἀξιοχρεώτατοι αὐτῷ ἐδόκουν κοινωνοὶ εἶναι
καὶ πόνων καὶ ἀγαθῶν. ἐπεὶ δὲ συνῆλθον, ἔλεξε τοιάδε. 72
Ἄνδρες φίλοι καὶ σύμμαχοι, τοῖς μὲν θεοῖς μεγί-
στη χάρις ὅτι ἔδοσαν ἡμῖν τυχεῖν ὧν ἐνομίζομεν ἄξιοι
εἶναι. νῦν μὲν γὰρ δὴ ἔχομεν καὶ γῆν πολλὴν καὶ
ἀγαθὴν καὶ οἵτινες ταύτην ἐργαζόμενοι θρέψουσιν
ἡμᾶς· ἔχομεν δὲ καὶ οἰκίας καὶ ἐν ταύταις κατασκευάς.
καὶ μηδείς γε ὑμῶν ἔχων ταῦτα νομισάτω ἀλλότρια 73
ἔχειν· νόμος γὰρ ἐν πᾶσιν ἀνθρώποις ἀίδιός ἐστιν,
ὅταν πολεμούντων πόλις ἁλῷ, τῶν ἑλόντων εἶναι καὶ
τὰ σώματα τῶν ἐν τῇ πόλει καὶ τὰ χρήματα. οὔκουν
ἀδικίᾳ γε ἕξετε ὅ,τι ἂν ἔχητε, ἀλλὰ φιλανθρωπίᾳ οὐκ
ἀφαιρήσεσθε, ἤν τι ἐᾶτε ἔχειν αὐτούς. τὸ μέντοι ἐκ 74
τοῦδε οὕτως ἐγὼ γιγνώσκω ὅτι εἰ μὲν τρεψόμεθα ἐπὶ
ῥᾳδιουργίαν καὶ τὴν τῶν κακῶν ἀνθρώπων ἡδυπάθειαν,
οἳ νομίζουσι τὸ μὲν πονεῖν ἀθλιότητα, τὸ δὲ ἀπόνως

2 οἵπερ] εἴπερ F. || τοῖς] αὐτοῖς E, αυ s v. C. || θεοῖς τὸ om. x. 3 ἐπιμελητέοι x. || μὴ ἀνήσουσι Muretus, μηνύσωσι codd. 5 δοκοίη . . . αὐτοὶ om. F. 6 οὕτως ἐμμένοιεν D, οὕτω(ς) συμμένοιεν VzF, οὕτω συνεμμένειεν x. 8 ἐδόκουν αὐτῷ xzV (nisi quod E ἐδόκουν om.). 11 ἡμῖν ἔδοσαν y. 12 μὲν om. xy. || γῆν πολλὴν καὶ] πόλιν F. 15 ἀλλοτρίαν xz. 17 πό-λιν x. 18 τῶν om. z. || post. τὰ om. x. || οὔκουν] οὐκοῦν οὐκ y. 20 ἀφαιρεθήσεσθε x. || ἤν] ἄν F, ἐάν D. 21 οὕτως om. G. 23 οἵ . . . 1 p. 374 εὐδαιμονίαν om. xG. 23 ἀθλιότητα y, ἀθλιώτατον VHA.

βιοτεύειν εὐδαιμονίαν, ταχὺ ἡμᾶς φημι ὀλίγου ἀξίους
ἡμῖν αὐτοῖς ἔσεσθαι καὶ ταχὺ πάντων τῶν ἀγαθῶν
75 στερήσεσθαι. οὐ γάρ τοι τὸ ἀγαθοὺς ἄνδρας γενέσθαι
τοῦτο ἀρκεῖ ὥστε καὶ διατελεῖν, ἢν μή τις αὐτοῦ διὰ
τέλους ἐπιμελῆται· ἀλλὰ ὥσπερ καὶ αἱ ἄλλαι τέχναι
ἀμεληθεῖσαι μείονος ἄξιαι γίγνονται καὶ τὰ σώματά γε
τὰ εὖ ἔχοντα, ὁπόταν τις αὐτὰ ἀνῇ ἐπὶ ῥᾳδιουργίαν,
πονήρως πάλιν ἔχει, οὕτω καὶ ἡ σωφροσύνη καὶ ἡ
ἐγκράτεια καὶ ἡ ἀλκή, ὁπόταν τις αὐτῶν ἀνῇ τὴν
ἄσκησιν, ἐκ τούτου εἰς τὴν πονηρίαν πάλιν τρέπεται.
76 οὔκουν δεῖ ἀμελεῖν οὐδ' ἐπὶ τὸ αὐτίκα ἡδὺ προϊέναι
αὐτούς. μέγα μὲν γὰρ οἶμαι ἔργον καὶ τὸ ἀρχὴν κατα-
πρᾶξαι, πολὺ δ' ἔτι μεῖζον τὸ λαβόντα διασώσασθαι.
τὸ μὲν γὰρ λαβεῖν πολλάκις τῷ τόλμαν μόνον παρασχο-
μένῳ ἐγένετο, τὸ δὲ λαβόντα κατέχειν οὐκέτι τοῦτο
ἄνευ σωφροσύνης οὐδ' ἄνευ ἐγκρατείας οὐδ' ἄνευ
77 πολλῆς ἐπιμελείας γίγνεται. ἃ χρὴ γιγνώσκοντας νῦν
πολὺ μᾶλλον ἀσκεῖν τὴν ἀρετὴν ἢ πρὶν τάδε τἀγαθὰ
κτήσασθαι, εὖ εἰδότας ὅτι ὅταν πλεῖστά τις ἔχῃ, τότε
πλεῖστοι καὶ φθονοῦσι καὶ ἐπιβουλεύουσι καὶ πολέμιοι
γίγνονται, ἄλλως τε κἂν παρ' ἀκόντων τά τε κτήματα
καὶ τὴν θεραπείαν ὥσπερ ἡμεῖς ἔχῃ. τοὺς μὲν οὖν

---

1 εὐδαιμονίαν Wecklein, ἡδυπάθειαν codd. 2 αὐτοῖς y. 3 τοι om. yε, τι HV. 4 post διατελεῖν add. ὄντας ἀγαθοὺς xy (i. mg. V). 5 ἐπιμέληται F, ἐπιμελεῖται A. ‖ αἱ om. yG. 7 τὰ yE, αὐτὰ VzCε, αὖ τὰ Fischer. ‖ ῥαδιουργία HA. 10 τὴν om. y. 11 ἀμελεῖν y, μέλειν (-λει) VzCε, θέλειν E. 12 αὐτοὺς] om. G, αὑτοὺς cet. ‖ ἔργον οἶμαι xF. ‖ ante καὶ add. εἶναι y. ‖ ἀρχὴν] ἃ χρῆν F, ἔχειν D. 14 πολλάκις . . . παρασχομένῳ] εἰ τὸ τολμᾶν μόνον παράσχομεν ὡς F. ‖ μόνῳ xG. 17 γιγνώσκοντα xGHVε. 20 πλεῖστοι] πλεῖστα x, πλεῖστοι τούτῳ y. 21 καὶ ἂν F. 22 ἔχει F. ‖ οὖν om. ε.

θεοὺς οἴεσθαι χρὴ σὺν ἡμῖν ἔσεσθαι· οὐ γὰρ ἐπιβου-
λεύσαντες ἀδίκως ἔχομεν, ἀλλ' ἐπιβουλευθέντες ἐτι-
μωρησάμεθα. τὸ μέντοι μετὰ τοῦτο κράτιστον ἡμῖν 78
αὐτοῖς παρασκευαστέον· τοῦτο δ' ἐστὶ τὸ βελτίονας
ὄντας τῶν ἀρχομένων ἄρχειν ἀξιοῦν. θάλπους μὲν
οὖν καὶ ψύχους καὶ σίτων καὶ ποτῶν καὶ πόνων
καὶ ὕπνου ἀνάγκη καὶ τοῖς δούλοις μεταδιδόναι· μετα-
διδόντας γε μέντοι πειρᾶσθαι δεῖ ἐν τούτοις πρω-
τεύοντας αὐτῶν φαίνεσθαι. πολεμικῆς δ' ἐπιστή- 79
μης καὶ μελέτης παντάπασιν οὐ μεταδοτέον τούτοις,
οὕστινας ἐργάτας τε ἡμετέρους καὶ δασμοφόρους βουλό-
μεθα καταστήσασθαι, ἀλλ' αὐτοὺς δεῖ τούτοις τοῖς
ἀσκήμασι πλεονεκτεῖν, γιγνώσκοντας ὅτι ἐλευθερίας
ταῦτα ὄργανα καὶ εὐδαιμονίας οἱ θεοὶ τοῖς ἀνθρώποις
ἀπέδειξαν· καὶ ὥσπερ γε ἐκείνους τὰ ὅπλα ἀφῃρήμεθα,
οὕτως ἡμᾶς αὐτοὺς δεῖ μήποτ' ἐρήμους ὅπλων γίγνεσθαι,
εὖ εἰδότας ὅτι τοῖς ἀεὶ ἐγγυτάτω τῶν ὅπλων οὖσι τούτοις
καὶ οἰκειότατά ἐστιν ὅταν ⟨χρῆσθαι⟩ βούλωνται. εἰ δέ 80
τις τοιαῦτα ἐννοεῖται, τί δῆτα ἡμῖν ὄφελος καταπρᾶξαι
ἃ ἐπεθυμοῦμεν, εἰ ἔτι δεήσει καρτερεῖν καὶ πεινῶντας
καὶ διψῶντας καὶ πονοῦντας καὶ ἐπιμελουμένους, ἐκεῖνο
δεῖ καταμαθεῖν ὅτι τοσούτῳ τἀγαθὰ μᾶλλον εὐφραίνει
ὅσῳ ἂν μᾶλλον προπονήσας τις ἐπ' αὐτὰ ἴῃ· οἱ γὰρ

---

2 ἀδίκως ταῦτ' ἔχομεν y. 3 ante κράτιστον add. τὸ F. ‖ ἡμῖν om. Vz. 7 post. καὶ om. x. 8 πρωτεύοντας ego, πρῶτον βελτίονας codd. 9 ἑαυτῶν xHpr. 11 ἐργάτας τε y. ‖ ἡμέρους x. 12 κτήσασθαι x, στήσασθαι G. ‖ αὐτοῖς D. ‖ δεῖ] δὴ CA. ‖ τοῖς om. y. 13 ἀσκήσασι G. 16 μὴ τῶν ὅπλων ποτὲ ἐρήμους γενέσθαι x. 18 καὶ om. x. ‖ ὅταν Pantazides, ἃ ἂν codd. ‖ <χρῆσθαι> ego. ‖ βούλονται V 19 post δῆτα add. ἦν Naber. 20 ἐπιθυμοῦμεν G. ‖ εἰ ἔτι] ἢ τί F, εἴς τι D. 21 καὶ πονοῦντας post ἐπιμελουμένους x. 23 ἴῃ

πόνοι ὄψον τοῖς ἀγαθοῖς· ἄνευ δὲ τοῦ δεόμενον τυγ-
χάνειν τινὸς οὐδὲν οὕτω πολυτελῶς παρασκευασθείη
81 ἂν ὥσθ' ἡδὺ εἶναι. εἰ δὲ ὧν μὲν μάλιστα ἄνθρωποι
ἐπιθυμοῦσιν ὁ δαίμων ἡμῖν ταῦτα συμπαρεσκεύακεν,
ὡς δ' ἂν ἥδιστα ταῦτα φαίνοιτο αὐτός τις αὑτῷ [ταῦτα]
παρασκευάσει, ὁ τοιοῦτος ἀνὴρ τοσούτῳ πλεονεκτήσει
τῶν ἐνδεεστέρων βίου ὡς πεινήσας τῶν ἡδίστων σίτων
τεύξεται καὶ διψήσας τῶν ἡδίστων ποτῶν ἀπολαύσε-
ται καὶ δεηθεὶς ἀναπαύσεως ἥδιστον ἀναπαύσεται.
82 ὧν ἕνεκά φημι χρῆναι νῦν ἐπιταθῆναι ἡμᾶς εἰς ἀνδρ-
αγαθίαν, ὅπως τῶν τε ἀγαθῶν ᾗ ἄριστον καὶ ἥδι-
στον ἀπολαύσωμεν καὶ ὅπως τοῦ πάντων χαλεπωτά-
του ἄπειροι γενώμεθα. οὐ γὰρ τὸ μὴ λαβεῖν τἀγαθὰ
οὕτω χαλεπὸν ὥσπερ τὸ λαβόντα στερηθῆναι λυπηρόν.
83 ἐννοήσατε δὲ κἀκεῖνο τίνα πρόφασιν ἔχοντες ἂν προσ-
ιοίμεθα κακίονες ἢ πρόσθεν γενέσθαι. πότερον ὅτι
ἄρχομεν; ἀλλ' οὐ δήπου τὸν ἄρχοντα τῶν ἀρχομένων
πονηρότερον προσήκει εἶναι. ἀλλ' ὅτι εὐδαιμονέστεροι
δοκοῦμεν νῦν ἢ πρότερον εἶναι; ἔπειτα τῇ εὐδαιμονίᾳ
φήσει τις τὴν κακίαν [ἐπι]πρέπειν; ἀλλ' ὅτι ἐπεὶ κεκτή-
μεθα δούλους, τούτους κολάσομεν, ἢν πονηροὶ ὦσι;
84 καὶ τί προσήκει αὐτὸν ὄντα πονηρὸν πονηρίας ἕνεκα
ἢ βλακείας ἄλλους κολάζειν; ἐννοεῖτε δὲ καὶ τοῦτο

V corr., εἴη y, ἀπίοι xzε. 1 δεομένους F, δεομένου D. 3 μάλιστα μὲν G. 5 αὐτῷ D, αὑτῷ zEFε, αὐτὸ C. || [ταῦτα] Bronn. 7 ὡς z, ὅσῳ xDg, ὡς ὁ F. || post. τῶν om. xAHε. || σίτων om. G. 9 ἀναπαύσεως ἥδιστον xzV, ἀναπαύεσθαι (-σασθαι D) ὡς ἥδιστόν ἐστιν y. 10 φησὶν F. 11 τε τῶν ἀγαθῶν ἄριστον ε. 14 οὕτω γε zV. || ὥσπερ] ὡς y. 15 προσιοίμεθα Schneider, προσιέμεθα xzV, προειλόμεθα F, προειλώμεθα D. 17 ἀλλ' οὐ . . . 18 εἶναι om. x. 20 φήσει τις] τίς φησι y. || πρέπειν Hartman, ἐπιπρέπειν vel ἐπιτρέπειν codd. 21 κολάσομεν D, κολάσωμεν cet. 22 ἕνεκεν G. 23 ἢ]

ὅτι τρέφειν μὲν παρεσκευάσμεθα πολλοὺς καὶ τῶν
ἡμετέρων οἴκων φύλακας καὶ τῶν σωμάτων· αἰσχρὸν
δὲ πῶς οὐκ ἂν εἴη, εἰ δι' ἄλλους μὲν δορυφόρους τῆς
σωτηρίας οἰησόμεθα χρῆναι τυγχάνειν, αὐτοὶ δὲ ἡμῖν
αὐτοῖς οὐ δορυφορήσομεν; καὶ μὴν εὖ γε δεῖ εἰδέναι
ὅτι οὐκ ἔστιν ἄλλη φυλακὴ τοιαύτη οἵα αὐτόν τινα
καλὸν κἀγαθὸν ὑπάρχειν· τοῦτο γὰρ δεῖ συμπαρομαρ-
τεῖν· τῷ δ' ἀρετῆς ἐρήμῳ οὐδὲ ἄλλο καλῶς ἔχειν οὐδὲν
προσήκει. τί οὖν φημι χρῆναι ποιεῖν καὶ ποῦ τὴν 85
ἀρετὴν ἀσκεῖν καὶ ποῦ τὴν μελέτην ποιεῖσθαι; οὐδὲν
καινόν, ὦ ἄνδρες, ἐρῶ· ἀλλ' ὥσπερ ἐν Πέρσαις ἐπὶ
τοῖς ἀρχείοις οἱ ὁμότιμοι διάγουσιν, οὕτω καὶ ἡμᾶς
φημι χρῆναι ἐνθάδε ὄντας τοὺς ὁμοτίμους πάντα ἅπερ
καὶ ἐκεῖ ἐπιτηδεύειν, καὶ ὑμᾶς τε ἐμὲ ὁρῶντας κατανοεῖν
παρόντας εἰ ἐπιμελόμενος ὧν δεῖ διάξω, ἐγώ τε ὑμᾶς
κατανοῶν θεάσομαι, καὶ οὓς ἂν ὁρῶ τὰ καλὰ καὶ
τἀγαθὰ ἐπιτηδεύοντας, τούτους τιμήσω. καὶ τοὺς παῖ- 86
δας δέ, οἳ ἂν ἡμῖν γίγνωνται, ἐνθάδε παιδεύωμεν·
αὐτοί τε γὰρ βελτίονες ἐσόμεθα, βουλόμενοι τοῖς παισὶν
ὡς βέλτιστα παραδείγματα ἡμᾶς αὐτοὺς παρέχειν, οἵ
τε παῖδες οὐδ' ἂν εἰ βούλοιντο ῥᾳδίως πονηροὶ γέ-
νοιντο, αἰσχρὸν μὲν μηδὲν μήτε ὁρῶντες μήτε ἀκού-
οντες, ἐν δὲ καλοῖς κἀγαθοῖς ἐπιτηδεύμασι διημερεύοντες.

καὶ y. || βλακίας F. || ἐννοεῖται Gpr. || δὲ] δ' ἔτι y. || καὶ om. G. **1** παρεσκεύασα C, παρεσκευασάμην D. **2** ἡμετέρων οἴκων z, οἰκιῶν τῶν ἡμετέρων y, ἡμετέρων δὲ οἴκων x || αἴσχιον xzV. **3** δι'] δὴ xzV. **4** χρῆν z. **5** μὴν εὖ γε] εὖ τε ε, τε etiam VAH. || δεῖ om. x. **7** δεῖ] δὴ F. **8** οὐδὲ] οὐδὲν G. || ἄλλῳ y. **9** ποῦ] ποῖ y. **12** ὑμᾶς FEAV. **13** τοὺς ἐντίμους z. || πάντα ἅπερ Stephanus, πάντας ἅπερ codd., πάνθ' ὅσαπερ Dind. **14** τε y ε, γε VzC. || ἐμοὶ z, om. E. **16** ἂν om. F. || κἀγαθὰ F. **18** δέ om. y. || οἷς Vz. || ἡμῖν x, ἡμῶν cet. || παιδεύομεν xFG. **21** γίγνοιντο AG. **23** καὶ ἀγαθοῖς F.

H

1 Κῦρος μὲν οὖν οὕτως εἶπεν· ἀνέστη δ' ἐπ' αὐτῷ
Χρυσάντας καὶ εἶπεν ὧδε. Ἀλλὰ πολλάκις μὲν δή,
ὦ ἄνδρες, καὶ ἄλλοτε κατενόησα ὅτι ἄρχων ἀγαθὸς
οὐδὲν διαφέρει πατρὸς ἀγαθοῦ· οἵ τε γὰρ πατέρες
προνοοῦσι τῶν παίδων ὅπως μήποτε αὐτοὺς τἀγαθὰ
ἐπιλείψει, Κῦρός τέ μοι δοκεῖ νῦν συμβουλεύειν ἡμῖν
ἀφ' ὧν μάλιστ' ἂν εὐδαιμονοῦντες διατελοῖμεν· ὃ δέ
μοι δοκεῖ ἐνδεέστερον ἢ ὡς ἐχρῆν δηλῶσαι, τοῦτο ἐγὼ
2 πειράσομαι τοὺς μὴ εἰδότας διδάξαι. ἐννοήσατε γὰρ
δὴ τίς ἂν πόλις πολεμία ὑπὸ μὴ πειθομένων ἁλοίη·
τίς δ' ἂν φιλία ὑπὸ μὴ πειθομένων διαφυλαχθείη·
ποῖον δ' ἂν ἀπειθούντων στράτευμα νίκης τύχοι· πῶς
δ' ἂν μᾶλλον ἐν μάχαις ἡττῷντο ἄνθρωποι ἢ ἐπειδὰν
ἄρξωνται ἰδίᾳ ἕκαστος περὶ τῆς αὐτοῦ σωτηρίας βου-
λεύεσθαι· τί δ' ἂν ἄλλο ἀγαθὸν τελεσθείη ὑπὸ μὴ
πειθομένων τοῖς κρείττοσι· ποῖαι δὲ πόλεις νομίμως ἂν

In F septimus liber desinit in ὧδε (l. 2), sequitur inscriptio κύρου παιδείας H, sed repetuntur verba κῦρος μὲν οὖν . . . ὧδε. Schneider initium octavi libri a VII 5, 37 capiendum esse censet, Simon (Fleckeisen-Masius 1888 p. 749) a VIII 1, 8 ἐφοίτων μὲν οὖν. — **1** οὖν om. yA. **6** ἐπιλείψει Hpr, ἐπιλείψῃ cet. ε. || τέ] δέ x. || νῦν om. x. **7** ἂν μάλιστα y. **8** χρὴ y. **10** δή] ἔφη y. **13** δ' ἂν . . . ἡττῷντο] δ' ἄλλως μᾶλλον ἡττῶνται ἐν μάχαις y. || ἡττῶνται x. || ἢ om. HA. **14** αὐτοῦ C, ἑαυτοῦ E, om. yzV. **15** ὑπὸ τῶν μὴ g. **16** τοῖς κρείττοσι om. z.

οἰκήσειαν ἢ ποῖοι οἶκοι σωθείησαν· πῶς δ' ἂν νῆες
ὅποι δεῖ ἀφίκοιντο· ἡμεῖς δὲ ἃ νῦν ἔχομεν ἀγαθὰ διὰ 3
τί ἄλλο μᾶλλον κατεπράξαμεν ἢ διὰ τὸ πείθεσθαι τῷ
ἄρχοντι; διὰ τοῦτο γὰρ καὶ νυκτὸς καὶ ἡμέρας ταχὺ
μὲν ὅποι ἔδει παρεγιγνόμεθα, ἀθρόοι δὲ τῷ ἄρχοντι
ἑπόμενοι ἀνυπόστατοι ἦμεν, τῶν δ' ἐπιταχθέντων οὐ-
δὲν ἡμιτελὲς κατελείπομεν. ὡς τοίνυν μέγιστον ἀγαθὸν
τὸ πειθαρχεῖν φαίνεται εἰς τὸ καταπράττειν τἀγαθά,
οὕτως εὖ ἴστε ὅτι τὸ αὐτὸ τοῦτο καὶ εἰς τὸ διασῴζειν
ἃ δεῖ μέγιστον ἀγαθόν ἐστι. καὶ πρόσθεν μὲν δὴ 4
πολλοὶ ἡμῶν ἦρχον μὲν οὐδενός, ἤρχοντο δέ· νῦν δὲ
κατεσκεύασθε οὕτω πάντες οἱ παρόντες ὥστε ἄρχετε
οἱ μὲν πλειόνων, οἱ δὲ μειόνων. ὥσπερ τοίνυν αὐτοὶ
ἀξιώσετε ἄρχειν τῶν ὑφ' ὑμῖν, οὕτω καὶ αὐτοὶ πειθώ-
μεθα οἷς ἂν ἡμᾶς καθήκῃ. τοσοῦτον δὲ διαφέρειν
δεῖ τῶν δούλων ὅσον οἱ μὲν δοῦλοι ἄκοντες τοῖς δε-
σπόταις ὑπηρετοῦσιν, ἡμᾶς δ', εἴπερ ἀξιοῦμεν ἐλεύθε-
ροι εἶναι, ἑκόντας δεῖ ποιεῖν ὃ πλείστου φαίνεται ἄξιον
εἶναι. εὑρήσετε δ', ἔφη, καὶ ἔνθα ἄνευ μοναρχίας
πόλις οἰκεῖται, τὴν μάλιστα τοῖς ἄρχουσιν ἐθέλουσαν
πείθεσθαι ταύτην ἥκιστα τῶν πολεμίων ἀναγκαζομένην

---

1 ἢ ποῖοι] ποῖοι δ' y. **2** ἀγαθὰ ἔχομεν xz. **3** μᾶλλον om. FG. **5** ὅποι xVG, ὅπου y, ὅπῃ E (ὅποι, sed οι in ras., H). || παρεγγινόμεθα x. **7** κατελίπομεν zF, καταλείποιμεν D. || ὡς Hertlein, εἰ codd. **9** οὕτως om. y. || τὸ αὐτὸ y, καὶ αὐτὸ xVHpr, αὐτὸ z. **10** μὲν om. G. **11** μὲν οὐδενὸς ἤρχοντο δὲ y, οὐδενὸς δ' (δὲ) ἤρχομεν xz. || οὐδενὸς δὲ ἠρχόμεθα V. **14** ὑφ'] ἐφ' y. || πειθώμεθα] ἡμεῖς πειθόμεθα F (ἡμεῖς add. etiam D). **15** ἂν] αὖ καὶ D, ἂν καὶ F. || ἡμᾶς] ἡμῖν x, ὑμᾶς VAH. || καθήκει Vz(Hpr)F, καθήκοι xDH cor., corr. Poppo. **16** ante δεῖ add. ἡμᾶς y. **18** ἄξιον φαίνεται xz. **19** εἶναι om. y. **21** ἥκιστα] οὐ μάλιστα G. || ὑπὸ τῶν x.

5 ὑπακούειν. παρῶμέν τε οὖν, ὥσπερ Κῦρος κελεύει, ἐπὶ
τόδε τὸ ἀρχεῖον, ἀσκῶμέν τε δι' ὧν μάλιστα δυνησό-
μεθα κατέχειν ἃ δεῖ, παρέχωμέν τε ἡμᾶς αὐτοὺς χρῆ-
σθαι Κύρῳ ὅ,τι ἂν δέῃ. καὶ τοῦτο γὰρ εὖ εἰδέναι
χρὴ ὅτι οὐ μὴ δυνήσεται Κῦρος εὑρεῖν ὅ,τι αὑτῷ μὲν
ἐπ' ἀγαθῷ χρήσεται, ἡμῖν δὲ οὔ, ἐπείπερ τά γε αὐτὰ
ἡμῖν συμφέρει καὶ οἱ αὐτοί εἰσιν ἡμῖν πολέμιοι.
6 Ἐπεὶ δὲ ταῦτα εἶπε Χρυσάντας, οὕτω δὴ καὶ ἄλ-
λοι ἀνίσταντο πολλοὶ καὶ Περσῶν καὶ τῶν συμμάχων
συνεροῦντες· καὶ ἔδοξε τοὺς ἐντίμους ἀεὶ παρεῖναι
ἐπὶ θύρας καὶ παρέχειν αὐτοὺς χρῆσθαι ὅ,τι ἂν βού-
ληται, ἕως ἀφείη Κῦρος. ὡς δὲ τότε ἔδοξεν, οὕτω
καὶ νῦν ἔτι ποιοῦσιν οἱ κατὰ τὴν Ἀσίαν ὑπὸ βασιλεῖ
7 ὄντες, θεραπεύουσι τὰς τῶν ἀρχόντων θύρας. ὡς δ'
ἐν τῷ λόγῳ δεδήλωται Κῦρος καταστησάμενος εἰς τὸ
διαφυλάττειν ἑαυτῷ τε καὶ Πέρσαις τὴν ἀρχήν, ταὐτὰ
καὶ οἱ μετ' ἐκεῖνον βασιλεῖς νόμιμα ἔτι καὶ νῦν δια-
8 τελοῦσι ποιοῦντες. οὕτω δ' ἔχει καὶ ταῦτα ὥσπερ καὶ
τἆλλα· ὅταν μὲν ὁ ἐπιστάτης βελτίων γένηται, καθα-
ρώτερον τὰ νόμιμα πράττεται· ὅταν δὲ χείρων, φαυ-
λότερον. ἐφοίτων μὲν οὖν ἐπὶ τὰς Κύρου θύρας οἱ
ἔντιμοι σὺν τοῖς ἵπποις καὶ ταῖς αἰχμαῖς, συνδόξαν

---

1 ὑπακούειν codd., ἀκούειν Cobet. 3 δεῖν F. || παρέχομεν FE. 5 δύνηται yVAH. || αὐτῷ Gy, αὑτῷ cet. 6 χρῆται y. || γε om. y. 8 ἄλλοι G, οἱ ἄλλοι cet. 9 τῶν ἄλλων συμμάχων y. 11 αὐτοὺς zD, αὐτοῖς xg. || ὅ,τι ἂν βούληται om. F. || ἂν om. xVAH. || βούλεται x. 12 ἀφείη z, ἂν ἀφείη x, ἂν ἀφίῃ y. || τότε G, τόδε AH, τοῦτο xy. 13 ποιοῦσιν del. Cobet. || βασιλέα y. 16 ἑαυτῷ xyg, αὑτῷ Vz. || ταῦτα xzV, τὰ αὐτὰ y. 17 ὡς νόμιμα y. || καὶ νῦν om. x. 18 δ'] δὴ V. 19 βελτίω VAH. 21 τὰς θύρας κύρου xz. 22 ταῖς αἰχμαῖς καὶ τοῖς ἵπποις y.

πᾶσι τοῖς ἀρίστοις τῶν συγκαταστρεψαμένων τὴν ἀρχήν.

Κῦρος δ' ἐπὶ μὲν τἆλλα καθίστη ἄλλους ἐπιμελη- 9
τάς, καὶ ἦσαν αὐτῷ καὶ προσόδων ἀποδεκτῆρες καὶ
δαπανημάτων δοτῆρες καὶ ἔργων ἐπιστάται καὶ κτη-
μάτων φύλακες καὶ τῶν εἰς τὴν δίαιταν ἐπιτηδείων
ἐπιμεληταί· καὶ ἵππων δὲ καὶ κυνῶν ἐπιμελητὰς καθ-
ίστη οὓς ἐνόμιζε ταῦτα τὰ βοσκήματα βέλτιστ' ἂν
παρέχειν αὐτῷ χρῆσθαι. οὓς δὲ συμφύλακας τῆς εὐ- 10
δαιμονίας οἱ ᾤετο χρῆναι ἔχειν, τούτους ὅπως ὡς
βέλτιστοι ἔσοιντο οὐκέτι τούτου τὴν ἐπιμέλειαν ἄλ-
λοις προσέταττεν, ἀλλ' αὐτοῦ ἐνόμιζε τοῦτο ἔργον
εἶναι. ᾔδει γὰρ ὅτι, εἴ τι μάχης ποτὲ δεήσοι, ἐκ τού-
των αὐτῷ καὶ παραστάτας καὶ ἐπιστάτας ληπτέον εἴη,
σὺν οἷσπερ οἱ μέγιστοι κίνδυνοι· καὶ ταξιάρχους δὲ
καὶ πεζῶν καὶ ἱππέων ἐγίγνωσκεν ἐκ τούτων κατα-
στατέον εἶναι. εἰ δὲ δέοι καὶ στρατηγῶν που ἄνευ 11
ἑαυτοῦ, ᾔδει ὅτι ἐκ τούτων πεμπτέον εἴη· καὶ πόλεων
δὲ καὶ ὅλων ἐθνῶν φύλαξι καὶ σατράπαις ᾔδει ὅτι
τούτων τισὶν εἴη χρηστέον καὶ πρέσβεις γε τούτων
τινὰς πεμπτέον, ὅπερ ἐν τοῖς μεγίστοις ἡγεῖτο εἶναι
εἰς τὸ ἄνευ πολέμου τυγχάνειν ὧν δέοιτο. μὴ ὄντων 12
μὲν οὖν οἵων δεῖ δι' ὧν αἱ μέγισται καὶ πλεῖσται

7 ἐπιμελητὰς] φροντιστὰς Zon. 8 ante ταῦτα add. καὶ xz. 9 αὐτῷ xz, ἑαυτῷ y. || τῆς om. AH. 10 οἱ om. y. || ὅπως om. F. || ὡς om. D. 11 post ἔσοιντο add. αὐτὸς (-τῷ D) ἐσκόπει καὶ y. 12 αὐτοῦ G, αὐτοῦ xAH, ἑαυτοῦ y. 13 ὅτι om. x. || τι z, γε x, τε y. || μάχη z. 14 εἴη] ον F, om. D. 16 prius καὶ om. G. 17 δὲ δέοι y, δέοι δὲ x, δέοι Vz. || στρατηγεῖν· x. 18 ἑαυτοῦ y, αὐτοῦ cet. || ᾔδει ὅτι y, ἥδιόν τι xz. 20 εἴη z, εἶναι x, ἦν F, om. D. 21 ὅπερ] ὅτιπερ G. 22 δέοιντο xzV.

πράξεις ἔμελλον εἶναι, κακῶς ἡγεῖτο τὰ αὑτοῦ ἕξειν.
εἰ δ' οὗτοι εἶεν οἵους δέοι, πάντα ἐνόμιζε καλῶς ἔσε-
σθαι. ἐνέδυ μὲν οὖν οὕτω γνοὺς εἰς ταύτην τὴν
ἐπιμέλειαν· ἐνόμιζε δὲ τὴν αὐτὴν καὶ αὑτῷ ἄσκησιν
εἶναι τῆς ἀρετῆς. οὐ γὰρ ᾤετο οἷόν τε εἶναι μὴ αὐ-
τόν τινα ὄντα οἷον δεῖ ἄλλους παρορμᾶν ἐπὶ τὰ καλὰ
13 καὶ ἀγαθὰ ἔργα. ὡς δὲ ταῦτα διενοήθη, ἡγήσατο
σχολῆς πρῶτον δεῖν, εἰ μέλλοι δυνήσεσθαι τῶν κρατί-
στων ἐπιμελεῖσθαι. τὸ μὲν οὖν προσόδων ἀμελεῖν οὐχ
οἷόν τε ἐνόμιζεν εἶναι, προνοῶν ὅτι πολλὰ καὶ τελεῖν
ἀνάγκη ἔσοιτο εἰς μεγάλην ἀρχήν· τὸ δ' αὖ πολλῶν
κτημάτων ὄντων ἀμφὶ ταῦτα αὐτὸν ἀεὶ ἔχειν ᾔδει ὅτι
ἀσχολίαν παρέξοι τῆς τῶν ὅλων σωτηρίας ἐπιμελεῖσθαι.
14 οὕτω δὴ σκοπῶν, ὅπως ἂν τά τε οἰκονομικὰ καλῶς
ἔχοι καί οἱ σχολὴ γένοιτο, κατενόησέ πως τὴν στρα-
τιωτικὴν σύνταξιν. ὡς γὰρ τὰ πολλὰ δεκάδαρχοι μὲν
δεκαδέων ἐπιμέλονται, λοχαγοὶ δὲ δεκαδάρχων, χιλί-
αρχοι δὲ λοχαγῶν, μυρίαρχοι δὲ χιλιάρχων, καὶ οὕτως
οὐδεὶς ἀτημέλητος γίγνεται, οὐδ' ἢν πάνυ πολλαὶ μυ-
ριάδες ἀνθρώπων ὦσι, καὶ ὅταν ὁ στρατηγὸς βούλη-
ται χρήσασθαί τι τῇ στρατιᾷ, ἀρκεῖ ἢν τοῖς μυριάρ-
15 χοις παραγγείλῃ· ὥσπερ οὖν ταῦτ' ἔχει, οὕτω καὶ ὁ
Κῦρος συνεκεφαλαιώσατο τὰς οἰκονομικὰς πράξεις· ὥστε

---

1 ἤμελλον xz. || τὰ (τ' AHV) αὑτοῦ xzV, τὰ ἑαυτοῦ y. 2 ἐνόμιζε] ἐλογίζετο y. 3 οὖν om. F. 4 ἐνόμισε y. || ἑαυτῷ F, αὑτῷ cet. 5 οὐ γὰρ ᾤετο] οὐχ ε. 6 τὰ ἀ(τά F)γαθὰ καὶ καλὰ y, τὰ καλὰ καὶ τἀγαθὰ Vz (τὰ κ. καὶ τὰ ἀγ. ε). 8 μέλλει V. 10 ἐνόμισεν F. 12 αὐτὸν zxD, ἑαυτὸν F. || ἀεὶ] αἰεὶ (atque ante αὐτὸν) D, om. xF. 13 παρέξει yEAHpr. 14 ὅπως ἂν om. y. 15 οἱ ego, ἡ codd. 17 δεκαδέων y, δεκάδων cet. 18 μυρίαρχοι δὲ χιλιάρχων om. zV. 19 οὐδὲ εἷς y. || ἢν πάνυ] ἂν ἠπάλιν F. 22 οὗτος F.

καὶ τῷ Κύρῳ ἐγένετο ὀλίγοις διαλεγομένῳ μηδὲν τῶν
οἰκείων ἀτημελήτως ἔχειν· καὶ ἐκ τούτου ἤδη σχολὴν
ἦγε πλείω ἢ ἄλλος μιᾶς οἰκίας καὶ μιᾶς νεὼς ἐπιμε-
λούμενος. οὕτω δὴ καταστησάμενος τὸ αὑτοῦ ἐδίδαξε
καὶ τοὺς περὶ αὐτὸν ταύτῃ τῇ καταστάσει χρῆσθαι.

Τὴν μὲν δὴ σχολὴν οὕτω κατεσκευάσατο ἑαυτῷ 16
τε καὶ τοῖς περὶ αὐτόν, ἤρχετο δ' ἐπιστατεῖν τοῦ εἶναι
οἵους δεῖ τοὺς κοινῶνας. πρῶτον μὲν ὁπόσοι ὄντες
ἱκανοὶ ἄλλων ἐργαζομένων τρέφεσθαι μὴ παρεῖεν ἐπὶ
τὰς θύρας, τούτους ἐπεζήτει, νομίζων τοὺς μὲν παρ-
όντας οὐκ ἂν ἐθέλειν οὔτε κακὸν οὔτε αἰσχρὸν οὐδὲν
πράττειν καὶ διὰ τὸ παρ' ἄρχοντι εἶναι καὶ διὰ τὸ
εἰδέναι ὅτι ὁρῷντ' ἂν ὅ,τι πράττοιεν ὑπὸ τῶν βελ-
τίστων· οἳ δὲ μὴ παρεῖεν, τούτους ἡγεῖτο ἢ ἀκρατείᾳ
τινὶ ἢ ἀδικίᾳ ἢ ἀμελείᾳ ἀπεῖναι. τοῦτο οὖν πρῶτον 17
διηγησόμεθα ὡς προσηνάγκαζε τοὺς τοιούτους παρεῖναι.
τῶν γὰρ ἑαυτοῦ μάλιστα φίλων ἐκέλευσεν ἄν τινα
λαβεῖν τὰ τοῦ μὴ φοιτῶντος, φάσκοντα λαμβάνειν τὰ
ἑαυτοῦ. ἐπεὶ οὖν τοῦτο γένοιτο, ἧκον ἂν εὐθὺς οἱ
στερόμενοι ὡς ἠδικημένοι. ὁ δὲ Κῦρος πολὺν μὲν 18

1 μηδὲν D, μηδὲ cet. 3 ἄλλως V. 4 δὴ] δὲ yE. || τὸ] τὰ VF. || ἑαυτοῦ ἐδίδασκεν y, αὑτοῦ ἐδίδαξε cet. 6 ἑαυτῷ xyGV, οὕτω AH. 7 τε om. F. || οἵους δεῖ εἶναι y. 8 κοινωνοὺς F, κοινωνοῦντας G. 9 μὴ] καὶ G, καὶ μὴ AHcor. || παρεῖεν] περ(ι)ιέναι VAHpr, παρεῖεν in ras. G. 11 αἰσχρὸν οὔτε κακὸν G. || οὐδὲν ἂν Vz, οὐδ' ἂν x. 12 καὶ διὰ τὸ εἰδέναι om. GAV. 13 ὁρῷντ' ἂν] ὁρῶνται xzV. || βελτιόνων F. 14 ἢ om. y. || ἀκρατίᾳ F, ἀκρασίᾳ D. 15 ἀδικίᾳ τινὶ zC. 16 ἡγησόμεθα ὡς F, ἡγησάμενος xDg (sed hic in ras.). || προσηναγκάζετο FGV. 17 γὰρ yg, παρ' Vz, γὰρ παρ' xVcor. || ἑαυτῷ solus G. || ἄν τινα λαβεῖν] ἀντιλαβεῖν x, ἄν τι λαβεῖν· F. 18 prius τὰ] τι VH. || τὰ μὴ τοῦ x. 19 εὐθὺς post στερόμενοι transp F, om. x.

χρόνον οὐκ ἐσχόλαζε τοῖς τοιούτοις ὑπακούειν· ἐπεὶ
δὲ ἀκούσειεν αὐτῶν, πολὺν χρόνον ἀνεβάλλετο τὴν
διαδικασίαν. ταῦτα δὲ ποιῶν ἡγεῖτο προσεθίζειν αὐ-
τοὺς θεραπεύειν, ἧττον δὲ ἐχθρῶς ἢ εἰ αὐτὸς κολάζων
19 ἠνάγκαζε παρεῖναι. εἷς μὲν τρόπος διδασκαλίας ἦν
αὐτῷ οὗτος τοῦ παρεῖναι· ἄλλος δὲ τὸ τὰ ῥᾷστα καὶ
κερδαλεώτατα τοῖς παροῦσι προστάττειν· ἄλλος δὲ τὸ
20 μηδέν ποτε τοῖς ἀποῦσι νέμειν· ὁ δὲ δὴ μέγιστος
τρόπος τῆς ἀνάγκης ἦν, εἰ τούτων μηδέν τις ὑπακούοι,
ἀφελόμενος ἂν τοῦτον ἃ ἔχοι ἄλλῳ ἐδίδου ὃν ᾤετο [δύνα-
σθαι] ἂν ἐν τῷ δέοντι παρεῖναι· καὶ οὕτως ἐγίγνετο
αὐτῷ φίλος χρήσιμος ἀντὶ ἀχρήστου. ἐπιζητεῖ δὲ καὶ
ὁ νῦν βασιλεύς, ἤν τις ἀπῇ οἷς παρεῖναι καθήκει.
21 Τοῖς μὲν δὴ μὴ παροῦσιν οὕτω προσεφέρετο.
τοὺς δὲ παρέχοντας ἑαυτοὺς ἐνόμισε μάλιστ' ἂν ἐπὶ
τὰ καλὰ καὶ ἀγαθὰ ἐπαίρειν, ἐπείπερ ἄρχων ἦν αὐτῶν,
εἰ αὐτὸς ἑαυτὸν ἐπιδεικνύειν πειρῷτο τοῖς ἀρχομένοις
22 πάντων μάλιστα κεκοσμημένον τῇ ἀρετῇ. αἰσθάνεσθαι
μὲν γὰρ ἐδόκει καὶ διὰ τοὺς γραφομένους νόμους βελ-
τίους γιγνομένους ἀνθρώπους· τὸν δὲ ἀγαθὸν ἄρ-
χοντα βλέποντα νόμον ἀνθρώποις ἐνόμισεν, ὅτι καὶ

---

2 ante αὐτῶν add. μὲν F. 4 ἐχθροὺς xD. || εἰ om. x. 5 τρόπος οὗτος διδασκαλίας y. 6 οὗτος om. y. || τοῦ παρεῖναι del. Lincke. || ἄλλως F. || τὸ] τοῦ xF. || τὰ ῥᾷστα] τάρεστὰ zV. 8 δὲ] μὲν G. 9 εἴ τις τούτων D, εἰ τούτων μηδενὸς cet., corr. Hertlein. || ὑπακούειν x. 10 δύνασθαι del. Nitsche, δεῖν E. 11 ἐν τῷ] αὐτῷ G. || οὗτος x. 13 νῦν ἔτι βασιλεὺς xD. || ἀπιεὶς καθήκῃ (-οι E) παρεῖναι x. 15 ante ἐπὶ add. παρορμᾶν y. 16 ἐπαίρειν Vz, ἔργα y, παρορμᾶν ἔργα xg. || ἐπείπερ . . . αὐτῶν del. Lincke. || ἄρχων αὐτῶν VH, ἄρχων ἦν αὐτῶν xy, ἄρχων αὐτῶν ἐνόμιζε δικαίως εἶναι z (sed h). 17 ἑαυτοῦ F. || ἐπιδείκνυται Bisshop. 18 κεκοσμημένος y.

τάττειν ἱκανός ἐστι καὶ ὁρᾶν τὸν ἀτακτοῦντα καὶ κολά-
ζειν. οὕτω δὴ γιγνώσκων πρῶτον μὲν τὰ περὶ τοὺς 23
θεοὺς μᾶλλον ἐκπονοῦντα ἐπεδείκνυεν ἑαυτὸν ἐν τούτῳ
τῷ χρόνῳ, ἐπεὶ εὐδαιμονέστερος ἦν. καὶ τότε πρῶ-
τον κατεστάθησαν οἱ μάγοι ...... ὑμνεῖν τε ἀεὶ ἅμα
τῇ ἡμέρᾳ τοὺς θεοὺς καὶ θύειν ἀν' ἑκάστην ἡμέραν
οἷς οἱ μάγοι θεοῖς εἴποιεν. οὕτω δὴ τὰ τότε κατα- 24
σταθέντα ἔτι καὶ νῦν διαμένει παρὰ τῷ ἀεὶ ὄντι βα-
σιλεῖ. ταῦτ' οὖν πρῶτον ἐμιμοῦντο αὐτὸν καὶ οἱ ἄλλοι
Πέρσαι, νομίζοντες καὶ αὐτοὶ εὐδαιμονέστεροι ἔσεσθαι,
ἢν θεραπεύωσι τοὺς θεούς, ὥσπερ ὁ εὐδαιμονέστατός
τε ὢν καὶ ἄρχων· καὶ Κύρῳ δ' ἂν ἡγοῦντο ταῦτα
ποιοῦντες ἀρέσκειν. ὁ δὲ Κῦρος τὴν τῶν μεθ' ἑαυτοῦ 25
εὐσέβειαν καὶ ἑαυτῷ ἀγαθὸν ἐνόμιζε, λογιζόμενος ὥσπερ
οἱ πλεῖν αἱρούμενοι μετὰ τῶν εὐσεβῶν μᾶλλον ἢ μετὰ
τῶν ἠσεβηκέναι τι δοκούντων. πρὸς δὲ τούτοις ἐλο-
γίζετο ὡς εἰ πάντες οἱ κοινῶνες θεοσεβεῖς εἶεν, ἧτ-
τον ἂν αὐτοὺς ἐθέλειν περί τε ἀλλήλους ἀνόσιόν τι
ποιεῖν καὶ περὶ ἑαυτόν, εὐεργέτης νομίζων εἶναι τῶν
κοινώνων. ἐμφανίζων δὲ καὶ τοῦτο ὅτι περὶ πολλοῦ 26
ἐποιεῖτο μηδένα μήτε φίλον ἀδικεῖν μήτε σύμμαχον,
ἀλλὰ τὸ δίκαιον ἰσχυρῶς ἀθρῶν, μᾶλλον καὶ τοὺς ἄλ-
λους ᾤετ' ἂν τῶν μὲν αἰσχρῶν κερδῶν ἀπέχεσθαι,

---

1 πράττειν x. 2 τὰ om. x. 4 ἐπεὶ om. x. || καὶ τότε ... 5 μάγοι et 7 οὕτω ... 8 βασιλεῖ susp. Lincke, qui ὕμνει et ἔθυεν praefert. || lacunam statuit Hug. 5 ὕμνει et 6 ἔθυεν Vz. 6 τοὺς θεοὺς ἅπαντας y, om. x. 7 εἶπον y. || τὰ om. y. 8 ὄντι βασιλεῖ] βασιλεύοντι F. 13 μεθ' ἑαυτοῦ x, μετ' αὐτοῦ (-ὸν D) y, μεθ' αὐτοῦ z. 14 ἀγαθὴν g. 17 ὡς del. Holden. || ἧττον ἂν] ἥττονα z. 19 ἑαυτοῦ x. 20 κοινωνῶν zF. 22 ἀθρῶν y, ὁρῶν xz. 23 μὲν om. x. || κερδῶν codd., κερδέων Dind.

27 διὰ τοῦ δικαίου δ' ἐθέλειν πορεύεσθαι. καὶ αἰδοῦς
δ' ἂν ἡγεῖτο μᾶλλον πάντας ἐμπιμπλάναι, εἰ αὐτὸς
φανερὸς εἴη πάντας οὕτως αἰδούμενος ὡς μήτ' εἰπεῖν
28 ἂν μήτε ποιῆσαι μηδὲν αἰσχρόν. ἐτεκμαίρετο δὲ τοῦτο
οὕτως ἔχειν ἐκ τοῦδε. μὴ γὰρ ὅτι ἄρχοντα, ἀλλὰ καὶ
οὓς οὐ φοβοῦνται, μᾶλλον τοὺς αἰδουμένους αἰδοῦνται τῶν ἀναιδῶν οἱ ἄνθρωποι· καὶ γυναῖκας δὲ ἃς
ἂν αἰδουμένας αἰσθάνωνται, ἀνταιδεῖσθαι μᾶλλον ἐθέ-
29 λουσιν ὁρῶντες. τὸ δ' αὖ πείθεσθαι οὕτω μάλιστ'
ἂν ᾤετο ἔμμονον εἶναι τοῖς περὶ αὐτόν, εἰ τοὺς ἀπροφασίστως πειθομένους φανερὸς εἴη μᾶλλον τιμῶν τῶν
τὰς μεγίστας ἀρετὰς καὶ ἐπιπονωτάτας δοκούντων
παρέχεσθαι. γιγνώσκων δ' οὕτω καὶ ποιῶν διετέλει.
30 καὶ σωφροσύνην δ' αὐτοῦ ἐπιδεικνὺς μᾶλλον ἐποίει
καὶ ταύτην πάντας ἀσκεῖν. ὅταν γὰρ ὁρῶσιν, ᾧ μάλιστα ἔξεστιν ὑβρίζειν, τοῦτον σωφρονοῦντα, οὕτω
μᾶλλον οἵ γε ἀσθενέστεροι ἐθέλουσιν οὐδὲν ὑβριστι-
31 κὸν ποιοῦντες φανεροὶ εἶναι. διῄρει δὲ αἰδῶ καὶ σωφροσύνην τῇδε, ὡς τοὺς μὲν αἰδουμένους τὰ ἐν τῷ
φανερῷ αἰσχρὰ φεύγοντας, τοὺς δὲ σώφρονας καὶ τὰ
32 ἐν τῷ ἀφανεῖ. καὶ ἐγκράτειαν δὲ οὕτω μάλιστ' ἂν
ᾤετο ἀσκεῖσθαι, εἰ αὐτὸς ἐπιδεικνύοι ἑαυτὸν μὴ ὑπὸ
τῶν παραυτίκα ἡδονῶν ἑλκόμενον ἀπὸ τῶν ἀγαθῶν,

---

1 πορίζεσθαι Vz Dind. 3 οὕτως om. y. 4 δ' οὕτως τοῦτο y. 6 οὐ om. y. 7 δὲ] γε y. 8 ἀνταιδεῖσθαι] ἀντεδεῖσθαι V, δεῖσθαι x. 9 οἱ ὁρῶντες y. 10 ἔμμονον] μονον V. 11 φανερῶς F. || τιμᾶν x. 14 αὐτοῦ codd. 15 ἀσκεῖν xz, λέγειν y. 16 τοῦτον] τούτῳ EF. || οὕτω μᾶλλον] οὐ μάλα y. 17 γε] τε x. || ἀσθενέστεροι] σωφρονέστεροι F. || ἐθέλουσιν] οὐ θέλουσιν F. || ὑβριστικώτερον D. 18 διῄρει . . . 21 ἀφανεῖ del. Nitsche. 19 ὡς τοὺς] αὐτοὺς x. || ἴσως τὰ y. 21 καὶ om. F. 22 ἐπιδεικνύει xDGV. || αὐτὸν F.

ἀλλὰ προπονεῖν ἐθέλοντα πρῶτον σὺν τῷ καλῷ τῶν
εὐφροσυνῶν. τοιγαροῦν τοιοῦτος ὢν ἐποίησεν ἐπὶ ταῖς 33
θύραις πολλὴν μὲν τῶν χειρόνων εὐταξίαν, ὑπεικόν-
των τοῖς ἀμείνοσι, πολλὴν δ' αἰδῶ καὶ εὐκοσμίαν πρὸς
ἀλλήλους. ἐπέγνως δ' ἂν ἐκεῖ οὐδένα οὔτε ὀργιζόμε-
νον κραυγῇ οὔτε χαίροντα ὑβριστικῷ γέλωτι, ἀλλὰ
ἰδὼν ἂν αὐτοὺς ἡγήσω τῷ ὄντι εἰς κάλλος ζῆν.

Τοιαῦτα μὲν δὴ ποιοῦντες καὶ δρῶντες ἐπὶ θύ- 34
ραις διῆγον. τῆς πολεμικῆς δ' ἕνεκα ἀσκήσεως ἐπὶ
θήραν ἐξῆγεν οὕσπερ ἀσκεῖν ταῦτα ᾤετο χρῆναι, ταύ-
την ἡγούμενος καὶ ὅλως ἀρίστην ἄσκησιν πολεμικῶν
εἶναι, καὶ ἱππικῆς δὲ ἀληθεστάτην. καὶ γὰρ ἐπόχους 35
ἐν παντοδαποῖς χωρίοις αὕτη μάλιστα ἀποδείκνυσι διὰ
τὸ θηρίοις φεύγουσιν ἐφέπεσθαι, καὶ ἀπὸ τῶν ἵππων
ἐνεργοὺς αὕτη μάλιστα ἀπεργάζεται διὰ τὴν τοῦ λαμ-
βάνειν φιλοτιμίαν καὶ ἐπιθυμίαν· καὶ τὴν ἐγκράτειαν 36
δὲ καὶ πόνους καὶ ψύχη καὶ θάλπη καὶ λιμὸν καὶ
δίψος δύνασθαι φέρειν ἐνταῦθα μάλιστα προσείθιζε
τοὺς κοινῶνας. καὶ νῦν δ' ἔτι βασιλεὺς καὶ οἱ ἄλλοι
οἱ περὶ βασιλέα ταῦτα ποιοῦντες διατελοῦσιν. ὅτι μὲν 37
οὖν οὐκ ᾤετο προσήκειν οὐδενὶ ἀρχῆς ὅστις μὴ βελ-
τίων εἴη τῶν ἀρχομένων καὶ τοῖς προειρημένοις πᾶσι
δῆλον, καὶ ὅτι οὕτως ἀσκῶν τοὺς περὶ αὐτὸν πολὺ
μάλιστα αὐτὸς ἐξεπόνει καὶ τὴν ἐγκράτειαν καὶ τὰς

5 ἐπέγνωσαν F. 6 ὑβριστικῶς xAHV. 9 διῆκον zV. 10 post ταύτην add. οὖν G, αὖ AHV. 11 ἀρίστην ἄσκησιν yg, ἀρετὴν xzV. 15 αὕτη VyG, αὐτὴ xA, αυτη H. 16 ἐγκρά-τειαν] ἐπικράτησιν xz. 17 καὶ πρὸς πόνους et πρὸς τὸ λιμὸν y. 18 ἐνταῦθα] ἔτι τ' αὖ AH, ἐνταῦ G. || προσεθίζει x. 19 δ' om. x. 20 οἱ περὶ] ἐπὶ x. 21 οὐδενὶ] οὐδὲν z. 23 ἀσκῶν πάντας τοὺς y.

38 πολεμικὰς τέχνας καὶ [τὰς] μελέτας. καὶ γὰρ ἐπὶ θή-
ραν τοὺς μὲν ἄλλους ἐξῆγεν, ὁπότε μὴ μένειν ἀνάγκη
τις εἴη· αὐτὸς δὲ καὶ ὁπότε ἀνάγκη εἴη, οἴκοι ἐθήρα
τὰ ἐν τοῖς παραδείσοις θηρία τρεφόμενα· καὶ οὔτ'
αὐτός ποτε πρὶν ἱδρῶσαι δεῖπνον ᾑρεῖτο οὔτε ἵπποις
ἀγυμνάστοις σῖτον ἐνέβαλλε· συμπαρεκάλει δὲ καὶ εἰς
39 ταύτην τὴν θήραν τοὺς περὶ αὐτὸν σκηπτούχους. τοι-
γαροῦν πολὺ μὲν αὐτὸς διέφερεν ἐν πᾶσι τοῖς καλοῖς
ἔργοις, πολὺ δὲ οἱ περὶ ἐκεῖνον, διὰ τὴν ἀεὶ μελέτην.
παράδειγμα μὲν δὴ τοιοῦτον ἑαυτὸν παρείχετο. πρὸς
δὲ τούτῳ καὶ τῶν ἄλλων οὕστινας μάλιστα ὁρῴη τὰ
καλὰ διώκοντας, τούτους καὶ δώροις καὶ ἀρχαῖς καὶ
ἕδραις καὶ πάσαις τιμαῖς ἐγέραιρεν· ὥστε πολλὴν πᾶσι
φιλοτιμίαν ἐνέβαλλεν ὅπως ὅτι ἄριστος ἕκαστος φανή-
σοιτο Κύρῳ.

40 Καταμαθεῖν δὲ τοῦ Κύρου δοκοῦμεν ὡς οὐ τούτῳ
μόνῳ ἐνόμιζε χρῆναι τοὺς ἄρχοντας τῶν ἀρχομένων
διαφέρειν, τῷ βελτίονας αὐτῶν εἶναι, ἀλλὰ καὶ κατα-
γοητεύειν ᾤετο χρῆναι αὐτούς. στολήν τε γοῦν εἵλετο
τὴν Μηδικὴν αὐτός τε φορεῖν καὶ τοὺς κοινῶνας ταύ-
την ἔπεισεν ἐνδύεσθαι· αὕτη γὰρ αὐτῷ συγκρύπτειν
ἐδόκει εἴ τίς τι ἐν τῷ σώματι ἐνδεὲς ἔχοι, καὶ καλλί-
στους καὶ μεγίστους ἐπιδεικνύναι τοὺς φοροῦντας.
41 καὶ γὰρ τὰ ὑποδήματα τοιαῦτα ἔχουσιν ἐν οἷς μάλιστα

---

1 [τὰς] Dind. || θήρας G. 2 μένειν οἴκοι ἀνάγκη y. 3 καὶ om. xzV. || ἀνάγκη τις εἴη x. 7 ἑαυτὸν y. 10 τοιόνδε xz. 11 μάλιστα om. x. 12 τούτοις F. 14 ἐνέβαλεν AD. || ἕκαστος ὅτι ἄριστος yz. || ὅτι om. V. || φανήσοιτο xyVHpr, φανείη τῷ z. 16 τοῦτο μόνον ἐνόμισε y. 18 τῷ] τὸ D. 19 στολήν . . . 21 ἐνδύεσθαι suspecta Linckio. 21 αὐτὴ x. || συγκρύπτειν τε y.

λαθεῖν ἔστι καὶ ὑποτιθεμένους τι, ὥστε δοκεῖν μείζους εἶναι ἢ εἰσί. καὶ ὑποχρίεσθαι δὲ τοὺς ὀφθαλμοὺς προσίετο, ὡς εὐοφθαλμότεροι φαίνοιντο ἢ εἰσί, καὶ ἐντρίβεσθαι, ὡς εὐχροώτεροι ὁρῷντο ἢ πεφύκασιν. ἐμελέτησε δὲ καὶ ὡς μὴ πτύοντες μηδὲ ἀπομυττόμενοι 42 φανεροὶ εἶεν, μηδὲ μεταστρεφόμενοι ἐπὶ θέαν μηδενός, ὡς οὐδὲν θαυμάζοντες. πάντα δὲ ταῦτα ᾤετο φέρειν τι εἰς τὸ δυσκαταφρονητοτέρους φαίνεσθαι τοῖς ἀρχομένοις.

Οὓς μὲν δὴ ἄρχειν ᾤετο χρῆναι, δι' ἑαυτοῦ οὕτω 43 κατεσκεύασε καὶ μελέτῃ καὶ τῷ σεμνῶς προεστάναι αὐτῶν· οὓς δ' αὖ κατεσκεύαζεν εἰς τὸ δουλεύειν, τούτους οὔτε μελετᾶν τῶν ἐλευθερίων πόνων οὐδένα παρώρμα οὔθ' ὅπλα κεκτῆσθαι ἐπέτρεπεν· ἐπεμελεῖτο δὲ ὅπως μήτε ἄσιτοι μήτε ἄποτοί ποτε ἔσοιντο ἐλευθερίων ἕνεκα μελετημάτων. καὶ γὰρ ὁπότε ἐλαύνοιεν 44 τὰ θηρία τοῖς ἱππεῦσιν εἰς τὰ πεδία, φέρεσθαι σῖτον εἰς θήραν τούτοις ἐπέτρεπε, τῶν δὲ ἐλευθέρων οὐδενί· καὶ ὁπότε πορεία εἴη, ἦγεν αὐτοὺς πρὸς τὰ ὕδατα ὥσπερ τὰ ὑποζύγια. καὶ ὁπότε δὲ ὥρα εἴη ἀρίστου, ἀνέμενεν αὐτοὺς ἔστ' ἐμφάγοιέν τι, ὡς μὴ βουλιμιῷεν· ὥστε καὶ οὗτοι αὐτὸν ὥσπερ οἱ ἄριστοι πατέρα ἐκάλουν, εἰ καὶ ἐπεμέλετο αὐτῶν ὅπως ἀναμφιλόγως ἀεὶ ἀνδράποδα διατελοῖεν.

---

1 λανθάνειν y. 4 καὶ om. F. 5 ἐμελέτησαν z. || μὴ y, μηδὲ xzV. 8 τι] τε HA. 11 μελέτῃ καὶ τῷ] μελέτῃ καὶ F, ἐμελέτησε D. 12 κατεσκεύασεν y. 13 οὐδὲ G. 15 ὅμως G. || μὴ . . . μηδὲ y. 16 ὁπόταν zC. 18 εἰς τὴν θήραν y. || ἐλευθερίων F. 19 πρὸς] εἰς G. 20 δὲ om. y. 21 ἔστ' ἂν φάγοιέν x. 23 εἰ καὶ ego, ὅτι codd. || ὅπως . . . διατελοῖεν del. Cobet.

45 Τῇ μὲν δὴ ὅλῃ Περσῶν ἀρχῇ οὕτω τὴν ἀσφάλειαν
κατεσκεύαζεν. ἑαυτῷ δὲ ὅτι μὲν οὐχ ὑπὸ τῶν κατα-
στραφέντων κίνδυνος εἴη παθεῖν τι ἰσχυρῶς ἐθάρρει·
καὶ γὰρ ἀνάλκιδας ἡγεῖτο εἶναι αὐτοὺς καὶ ἀσυντάκ-
τους ὄντας ἑώρα, καὶ πρὸς τούτοις οὐδ' ἐπλησίαζε
46 τούτων οὐδεὶς αὐτῷ οὔτε νυκτὸς οὔτε ἡμέρας. οὓς
δὲ κρατίστους τε ἡγεῖτο καὶ ὡπλισμένους καὶ ἀθρόους
ὄντας ἑώρα — καὶ τοὺς μὲν αὐτῶν ᾔδει ἱππέων ἡγε-
μόνας ὄντας, τοὺς δὲ πεζῶν· πολλοὺς δὲ αὐτῶν καὶ
φρονήματα ἔχοντας ᾐσθάνετο ὡς ἱκανοὺς ὄντας ἄρχειν·
καὶ τοῖς φύλαξι δὲ αὐτοῦ οὗτοι μάλιστα ἐπλησίαζον,
καὶ αὐτῷ δὲ τῷ Κύρῳ τούτων πολλοὶ πολλάκις συν-
εμείγνυσαν· ἀνάγκη γὰρ ἦν, ὅ,τι καὶ χρῆσθαι ἔμελλεν
αὐτοῖς — ὑπὸ τούτων οὖν καὶ κίνδυνος ἦν αὐτὸν μά-
47 λιστα παθεῖν τι κατὰ πολλοὺς τρόπους. σκοπῶν οὖν
ὅπως ἂν αὐτῷ καὶ τὰ ἀπὸ τούτων ἀκίνδυνα γένοιτο,
τὸ μὲν περιελέσθαι αὐτῶν τὰ ὅπλα καὶ ἀπολέμους
ποιῆσαι ἀπεδοκίμασε, καὶ ἄδικον ἡγούμενος καὶ κατά-
λυσιν τῆς ἀρχῆς ταύτην νομίζων· τὸ δ' αὖ μὴ προσ-
ίεσθαι αὐτοὺς καὶ τὸ ἀπιστοῦντα φανερὸν εἶναι ἀρχὴν
48 ἡγήσατο πολέμου· ἓν δὲ ἀντὶ πάντων τούτων ἔγνω
καὶ κράτιστον εἶναι πρὸς τὴν αὐτοῦ ἀσφάλειαν καὶ
κάλλιστον, εἰ δύναιτο ποιῆσαι τοὺς κρατίστους ἑαυτῷ

---

2 κατεσκεύασεν yA. || ἑαυτῷ xz, αὐτῷ y. || καταστρεφόντων x. 4 εἶναι ἡγεῖτο y. 5 ὄντας om. F. 6 αὐτῷ] αὐτῶν AH. 7 τε om. y. 8 ᾔδει om. Vz (ἤδη g). 10 ὡς om. x. 11 οὗτοι γὰρ μάλιστα F. 13 ὅ,τι xyg, εἴ τι z. || καὶ χρῆσθαι] κεχρῆσθαι xy. 14 αὐτὸν . . . 15 πολλοὺς] αὐτῷ μάλιστα πολλοὺς y. 15 σκοπῶν οὖν] σκοπεῖν F. 16 γένοιντο Hpr. 17 περιελέσθαι] παρελέσθαι D, γὰρ παρελέσθαι F. 19 ταύτην yz, τοῦτο x. 21 ante πολέμου add. ἀντὶ z. 22 αὐτοῦ x, ἑαυτοῦ yz.

μᾶλλον φίλους ἢ ἀλλήλοις. ὡς οὖν ἐπὶ τὸ φιλεῖσθαι δοκεῖ ἡμῖν ἐλθεῖν, τοῦτο πειρασόμεθα διηγήσασθαι.

Πρῶτον μὲν γὰρ διὰ παντὸς ἀεὶ τοῦ χρόνου φιλ- II
ανθρωπίαν τῆς ψυχῆς ὡς ἐδύνατο μάλιστα ἐνεφάνιζεν,
ἡγούμενος, ὥσπερ οὐ ῥᾴδιόν ἐστι φιλεῖν τοὺς μισεῖν
δοκοῦντας οὐδ' εὐνοεῖν τοῖς κακόνοις, οὕτω καὶ τοὺς
γνωσθέντας ὡς φιλοῦσι καὶ εὐνοοῦσιν, οὐκ ἂν δύνα-
σθαι μισεῖσθαι ὑπὸ τῶν φιλεῖσθαι ἡγουμένων. ἕως 2
μὲν οὖν χρήμασιν ἀδυνατώτερος ἦν εὐεργετεῖν, τῷ τε
προνοεῖν τῶν συνόντων καὶ τῷ προπονεῖν καὶ τῷ
συνηδόμενος μὲν ἐπὶ τοῖς ἀγαθοῖς φανερὸς εἶναι,
συναχθόμενος δ' ἐπὶ τοῖς κακοῖς, τούτοις ἐπειρᾶτο
τὴν φιλίαν θηρεύειν· ἐπειδὴ δὲ ἐγένετο αὐτῷ ὥστε
χρήμασιν εὐεργετεῖν, δοκεῖ ἡμῖν γνῶναι πρῶτον μὲν
ὡς εὐεργέτημα ἀνθρώποις πρὸς ἀλλήλους οὐδέν ἐστιν
ἀπὸ τῆς αὐτῆς δαπάνης ἐπιχαριτώτερον ἢ σίτων καὶ
ποτῶν μετάδοσις. τοῦτο δ' οὕτω νομίσας πρῶτον μὲν 3
ἐπὶ τὴν αὐτοῦ τράπεζαν συνέταξεν ὅπως οἷς αὐτὸς
σιτοῖτο σίτοις, τούτοις ὅμοια ἀεὶ παρατίθοιτο αὐτῷ
ἱκανὰ παμπόλλοις ἀνθρώποις· ὅσα δὲ παρατεθείη, ταῦτα
πάντα, πλὴν οἷς αὐτὸς καὶ οἱ σύνδειπνοι χρήσαιντο,
διεδίδου οἷς δὴ βούλοιτο τῶν φίλων μνήμην ἐνδείκνυ-
σθαι ἢ φιλοροσύνην. διέπεμπε δὲ καὶ τούτοις οὓς
ἀγασθείη ἢ ἐν φυλακαῖς ἢ ἐν θεραπείαις ἢ ἐν αἰστι-

1 φιλεῖσθαι] φείδεσθαι y. 2 ἡμῖν δοκεῖ y. 3 γὰρ om. y. 6 κακονόοις ε. et codd. praeter x. 9 τῷ τε . . . καὶ τῷ] τὸ . . . καὶ τὸ y. 10 προπονεῖν καὶ τῷ om. D. 13 τὴν φιλίαν om. Vz, post θηρεύειν transp. y. 18 αὐτοῦ zCF. 19 ἀεὶ] δὴ F. 21 αὐτὸς] αὐτοῖς AH. 22 δὴ] ἀεὶ Vy, ἂν xz. || βούλοιντο zD. 23 τούτους οὓς D, τούτοις οἷς G. 24 αἰστισινοῦν] ἄλλαις τισὶ y.

σινοῦν πράξεσιν, ἐνσημαινόμενος τοῦτο, ὅτι οὐκ ἂν
4 λανθάνοιεν χαρίζεσθαι βουλόμενοι. ἐτίμα δὲ καὶ τῶν οἰκετῶν ἀπὸ τῆς τραπέζης ὁπότε τινὰ ἐπαινέσειε· καὶ τὸν πάντα δὲ σῖτον τῶν οἰκετῶν ἐπὶ τὴν αὑτοῦ τράπεζαν ἐπετίθετο, οἰόμενος ὥσπερ καὶ τοῖς κυσὶν ἐμποιεῖν τινα καὶ τοῦτο εὔνοιαν. εἰ δὲ καὶ θεραπεύεσθαί τινα βούλοιτο τῶν φίλων ὑπὸ πολλῶν, καὶ τούτοις ἔπεμπεν ἀπὸ τραπέζης· καὶ νῦν γὰρ ἔτι οἷς ἂν ὁρῶσι πεμπόμενα ἀπὸ τῆς βασιλέως τραπέζης, τούτους πάντες μᾶλλον θεραπεύουσι, νομίζοντες αὐτοὺς ἐντίμους εἶναι καὶ ἱκανοὺς διαπράττειν, ἤν τι δέωνται. ἔτι δὲ καὶ οὐ τούτων μόνον ἕνεκα τῶν εἰρημένων εὐφραίνει τὰ πεμπόμενα παρὰ βασιλέως, ἀλλὰ τῷ ὄντι καὶ ἡδονῇ
5 πολὺ διαφέρει τὰ ἀπὸ τῆς βασιλέως τραπέζης. καὶ τοῦτο μέντοι οὕτως ἔχειν οὐδέν τι θαυμαστόν· ὥσπερ γὰρ καὶ αἱ ἄλλαι τέχναι διαφερόντως ἐν ταῖς μεγάλαις πόλεσιν ἐξειργασμέναι εἰσί, κατὰ τὸν αὐτὸν τρόπον καὶ τὰ παρὰ βασιλεῖ σῖτα πολὺ διαφερόντως ἐκπεπόνηται. ἐν μὲν γὰρ ταῖς μικραῖς πόλεσιν οἱ αὐτοὶ ποιοῦσι κλίνην, θύραν, ἄροτρον, τράπεζαν, πολλάκις δ' ὁ αὐτὸς οὗτος καὶ οἰκοδομεῖ, καὶ ἀγαπᾷ ἢν καὶ οὕτως ἱκανοὺς αὐτὸν τρέφειν ἐργοδότας λαμβάνῃ· ἀδύνατον οὖν πολλὰ τεχνώμενον ἄνθρωπον πάντα κα-

1 ante ὅτι add. τοῦτο V. ‖ οὐκ ἂν] οὐχὶ y. 3 τῆς om. y. 4 αὐτοῦ zCF. 5 καὶ ... 6 θεραπεύεσθαι om. F. 5 κυσὶν] παισὶν g. 7 τινα om. D. ‖ βούλοιτό τινας F. 9 βασιλέων G. 10 θεραπεύουσι μᾶλλον zV. 12 μόνων VG. ‖ τῶν εἰρημένων ἕνεκα F. ‖ τῶν εἰρημένων ut interpretamentum vocis τούτων del. Pantazides. 14 πολὺ] πολλῇ x, πάνυ F. ‖ βασιλέως om. x. 16 αἱ om. xzV. 17 κατὰ om. D. 19 μικραῖς] αὐταῖς z. 20 θύραν, κλίνην y (καινὴν Fpr). 21 οἰκονομεῖ z. 22 λαμβάνει xF. 23 οὖν om. ε. ‖ ἅπαντα y.

λῶς ποιεῖν. ἐν δὲ ταῖς μεγάλαις πόλεσι διὰ τὸ πολλοὺς ἑκάστου δεῖσθαι ἀρκεῖ καὶ μία ἑκάστῳ τέχνη εἰς τὸ τρέφεσθαι· πολλάκις δὲ οὐδ' ὅλη μία· ἀλλ' ὑποδήματα ποιεῖ ὁ μὲν ἀνδρεῖα, ὁ δὲ γυναικεῖα· ἔστι δὲ ἔνθα καὶ ὑποδήματα ὁ μὲν νευρορραφῶν μόνον τρέφεται, ὁ δὲ σχίζων, ὁ δὲ χιτῶνας μόνον συντέμνων, ὁ δέ γε τούτων οὐδὲν ποιῶν ἀλλὰ συντιθεὶς ταῦτα. ἀνάγκη οὖν τὸν ἐν βραχυτάτῳ διατρίβοντα ἔργῳ τοῦτον καὶ ἄριστα δύνασθαι τοῦτο ποιεῖν. τὸ 6
αὐτὸ δὲ τοῦτο πέπονθε καὶ τὰ ἀμφὶ τὴν δίαιταν. ᾧ μὲν γὰρ ὁ αὐτὸς κλίνην στρώννυσι, τράπεζαν κοσμεῖ, μάττει, ⟨ἕψει,⟩ ὄψα ἄλλοτε ἀλλοῖα ποιεῖ, ἀνάγκη οἶμαι τούτῳ, ὡς ἂν ἕκαστον προχωρῇ, οὕτως ἔχειν· ὅπου δὲ ἱκανὸν ἔργον ἑνὶ ἕψειν κρέα, ἄλλῳ ὀπτᾶν, ἄλλῳ δὲ ἰχθὺν ἕψειν, ἄλλῳ ὀπτᾶν, ἄλλῳ ἄρτους ποιεῖν, καὶ μηδὲ τούτους παντοδαπούς, ἀλλ' ἀρκεῖ ἐὰν ἓν εἶδος εὐδοκιμοῦν παρέχῃ, ἀνάγκη οἶμαι ταῦτα οὕτω ποιούμενα πολὺ διαφερόντως ἐξειργάσθαι ἕκαστον.

Τῇ μὲν δὴ τῶν σίτων θεραπείᾳ τοιαῦτα ποιῶν 7
πολὺ ὑπερεβάλλετο πάντας· ὡς δὲ καὶ τοῖς ἄλλοις πᾶσι θεραπεύων πολὺ ἐκράτει, τοῦτο νῦν διηγήσομαι· πολὺ γὰρ διενεγκὼν ἀνθρώπων τῷ πλείστας

2 ἀρκεῖ ἑκάστῳ μία y. 4 ποιεῖν GH. || μὲν δὴ ἀνδρεῖα F. 5 ἔνθα] ὅτε x. || εὐροιραφῶν AH. 9 ἔργῳ om. Vz. || τοῦτον] τοῦτο G Cobet. || καὶ om. y. || δύνασθαι ego, διηναγκάσθαι xzV, διενέγκασθαι y, δὴ ἠναγκάσθαι Hertlein, ἐξειργάσθαι Cobet. || τοῦτο ποιεῖν om. y Cobet. 12 ante μάττει add. σῖτον Naber. || ⟨ἕψει⟩ ego, πέττει y. || ἀλλοῖα] ἄλλα y. 13 τούτῳ] τούτων Hpr, τοῦτο ED, τούτον (sic) H cor. 14 ἑνὶ] ἓν GH cor. || ἑψεῖν F. || ἄλλῳ δὲ . . . 15 ὀπτᾶν om. y (sed Dpr). 16 πανταδαποὺς F. || ἀρκεῖν x. || ἐὰν y, ἂν VGH (in ras.). 17 παράσχῃ Vz. || post οἶμαι add. καὶ xz. 18 ἐξεργάσασθαι y. 19 ταῦτα x. 22 post γὰρ add. δὴ F.

προσόδους λαμβάνειν πολὺ ἔτι πλέον διήνεγκε τῷ
πλεῖστα ἀνθρώπων δωρεῖσθαι. κατῆρξε μὲν οὖν τού-
του Κῦρος, διαμένει δ' ἔτι καὶ νῦν τοῖς βασιλεῦσιν ἡ
8 πολυδωρία. τίνι μὲν γὰρ φίλοι πλουσιώτεροι ὄντες
φανεροὶ ἢ Περσῶν βασιλεῖ; τίς δὲ κοσμῶν κάλλιον
φαίνεται στολαῖς τοὺς περὶ αὑτὸν ἢ βασιλεύς; τίνος
δὲ δῶρα γιγνώσκεται ὥσπερ ἔνια τῶν βασιλέως, ψέλια
καὶ στρεπτοὶ καὶ ἵπποι χρυσοχάλινοι; οὐ γὰρ δὴ
9 ἔξεστιν ἐκεῖ ταῦτα ἔχειν ᾧ ἂν μὴ βασιλεὺς δῷ. τίς
δ' ἄλλος λέγεται δώρων μεγέθει ποιεῖν αἱρεῖσθαι αὑ-
τὸν καὶ ἀντ' ἀδελφῶν καὶ ἀντὶ πατέρων καὶ ἀντὶ παί-
δων; τίς δ' ἄλλος ἐδυνάσθη ἐχθροὺς ἀπέχοντας πολ-
λῶν μηνῶν ὁδὸν τιμωρεῖσθαι ὡς Περσῶν βασιλεύς;
τίς δ' ἄλλος καταστρεψάμενος ἀρχὴν ὑπὸ τῶν ἀρχο-
μένων πατὴρ καλούμενος ἀπέθανεν ἢ Κῦρος; τοῦτο
δὲ τοὔνομα δῆλον ὅτι εὐεργετοῦντός ἐστι μᾶλλον ἢ
10 ἀφαιρουμένου. κατεμάθομεν δὲ ὡς καὶ τοὺς βασιλέως
καλουμένους ὀφθαλμοὺς καὶ τὰ βασιλέως ὦτα οὐκ ἄλ-
λως ἐκτήσατο ἢ τῷ δωρεῖσθαί τε καὶ τιμᾶν· τοὺς γὰρ
ἀπαγγείλαντας ὅσα καιρὸς αὐτῷ εἴη πυθέσθαι με-
γάλως εὐεργετῶν πολλοὺς ἐποίησεν ἀνθρώπους καὶ
ὠτακουστεῖν καὶ διοπτεύειν τί ἂν ἀγγείλαντες ὠφε-
11 λήσειαν βασιλέα. ἐκ τούτου δὴ καὶ πολλοὶ ἐνομίσθη-

---

2 ἀνθρώπους Pantazides cf. § 22 εὐεργετῶν ἀνθρώπους. 5 κάλλιον] κάλλιστος C, κάλλιστα E. 6 στολαῖς] εἰς πολέμους x. || αὑτὸν codd. || ante βασιλεὺς add. ὁ x. || ante τίνος add. τὰ y. 10 αὑτὸν] αὐτὸν x, ἑαυτὸν y, καὶ αὐτὸν z (sed καὶ punctis notavit G). 11 primum καὶ om. G. 13 μηνῶν ὁδὸν] ὁδῶν x. 14 ante ἀρχὴν add. τὴν x. 16 εὐεργετοῦντος δῆλον ὅτι x. 17 κατέμαθον y. 18 ἄλλως] ἄλλῳ g. 20 αὐτῷ] αὐτὰ x. || πυθέσθαι C, πύθεσθαι E, πεπύσθαι cet. 22 κατοπτεύειν yg. || ἂν om. Vz. || ἀπαγγείλαντες y.

σαν βασιλέως ὀφθαλμοὶ καὶ πολλὰ ὦτα. εἰ δέ τις οἴεται ἕνα αἱρετὸν εἶναι ὀφθαλμὸν βασιλεῖ, οὐκ ὀρθῶς οἴεται· ὀλίγα γὰρ εἷς γ' ἂν ἴδοι καὶ εἷς ἀκούσειε· καὶ τοῖς ἄλλοις ὥσπερ ἀμελεῖν ἂν παρηγγελμένον εἴη, εἰ ἑνὶ τοῦτο προστεταγμένον εἴη· πρὸς δὲ καὶ ὅντινα γιγνώσκοιεν ὀφθαλμὸν ὄντα, τοῦτον ἂν εἰδεῖεν ὅτι φυλάττεσθαι δεῖ. ἀλλ' οὐχ οὕτως ἔχει, ἀλλὰ τοῦ φάσκοντος ἀκοῦσαί τι ἢ ἰδεῖν ἄξιον ἐπιμελείας παντὸς βασιλεὺς ἀκούει. οὕτω δὴ πολλὰ μὲν βασιλέως ὦτα, 12 πολλοὶ δ' ὀφθαλμοὶ νομίζονται· καὶ φοβοῦνται πανταχοῦ λέγειν τὰ μὴ σύμφορα βασιλεῖ, ὥσπερ αὐτοῦ ἀκούοντος, καὶ ποιεῖν ἃ μὴ σύμφορα, ὥσπερ αὐτοῦ παρόντος. οὔκουν ὅπως μνησθῆναι ἄν τις ἐτόλμησε πρός τινα περὶ Κύρου φλαῦρόν τι, ἀλλ' ὡς ἐν ὀφθαλμοῖς πᾶσι καὶ ὠσὶ βασιλέως τοῖς ἀεὶ παροῦσιν οὕτως ἕκαστος διέκειτο. τὸ δὲ οὕτω διακεῖσθαι τοὺς ἀνθρώπους πρὸς αὐτὸν ἐγὼ μὲν οὐκ οἶδα ὅ,τι ἄν τις αἰτιάσαιτο μᾶλλον ἢ ὅτι μεγάλα ἤθελεν ἀντὶ μικρῶν εὐεργετεῖν.

13 Καὶ τὸ μὲν δὴ μεγέθει δώρων ὑπερβάλλειν πλουσιώτατον ὄντα οὐ θαυμαστόν· τὸ δὲ τῇ θεραπείᾳ καὶ τῇ ἐπιμελείᾳ τῶν φίλων βασιλεύοντα περιγίγνεσθαι, τοῦτο ἀξιολογώτερον. ἐκεῖνος τοίνυν λέγεται κατά-

1 τινες ᾤοντο et **3** οἴονται y **3** γ' om. x. **4** παραγγελ(λ)όμενον codd., corr. Weckherlin. **5** εἰ . . . εἴη om. Vz. ‖ προστατιόμενον x. **6** τοῦτο x. ‖ ἴδοιεν F. **8** παντὸς] πάντως F. **9** πολλοὶ μὲν βασιλέως ὀφθαλμοὶ πολλὰ δὲ βασιλέως (om. D) ὦτα νομίζεται y. **11** post λέγειν add. τε y. **12** ἃ μὴ om. y. **13** ὅπως] ὥσπερ x. **16** τὸ xy, τοῦ zV. **17** οἶδα] οἶμαι y. **20** τὸ] τῷ xAG. ‖ ὑπερβάλλειν z, ὑπερβαλεῖν x, ὑπερβαλέσθαι y. **21** τὸ δὲ τῇ y, τῇ δὲ xGHV, τῇ A. **22** περιγενέσθαι x. **23** κατάδηλος x, πᾶσι κατάδηλος y, κατ-

δηλος εἶναι μηδενὶ ἂν οὕτως αἰσχυνθεὶς ἡττώμενος
14 ὡς φίλων θεραπείᾳ· καὶ λόγος δὲ αὐτοῦ ἀπομνημονεύεται ὡς λέγοι παραπλήσια ἔργα εἶναι νομέως ἀγαθοῦ καὶ βασιλέως ἀγαθοῦ· τόν τε γὰρ νομέα χρῆναι ἔφη εὐδαίμονα τὰ κτήνη ποιοῦντα χρῆσθαι αὐτοῖς, ἧ δὴ προβάτων εὐδαιμονία, τόν τε βασιλέα ὡσαύτως εὐδαίμονας πόλεις καὶ ἀνθρώπους ποιοῦντα χρῆσθαι αὐτοῖς. οὐδὲν οὖν θαυμαστόν, εἴπερ ταύτην εἶχε τὴν γνώμην, τὸ φιλονίκως ἔχειν πάντων ἀνθρώπων θε-
15 ραπείᾳ περιγίγνεσθαι. καλὸν δ' ἐπίδειγμα καὶ τοῦτο λέγεται Κῦρος ἐπιδεῖξαι Κροίσῳ, ὅτε ἐνουθέτει αὐτὸν ὡς διὰ τὸ πολλὰ διδόναι πένης ἔσοιτο, ἐξὸν αὐτῷ θησαυροὺς χρυσοῦ πλείστους ἑνί γε ἀνδρὶ ἐν τῷ οἴκῳ
16 καταθέσθαι· καὶ τὸν Κῦρον λέγεται ἐρέσθαι, Καὶ πόσα ἂν ἤδη οἴει μοι χρήματα εἶναι, εἰ συνέλεγον χρυσίον ὥσπερ σὺ κελεύεις ἐξ ὅτου ἐν τῇ ἀρχῇ εἰμι; καὶ τὸν Κροῖσον εἰπεῖν πολύν τινα ἀριθμόν. καὶ τὸν Κῦρον πρὸς ταῦτα, Ἄγε δή, φάναι, ὦ Κροῖσε, σύμπεμψον ἄνδρα σὺν Ὑστάσπᾳ τουτῳῒ ὅτῳ σὺ πιστεύεις μάλιστα. σὺ δέ, ὦ Ὑστάσπα, ἔφη, περιελθὼν πρὸς τοὺς φίλους λέγε αὐτοῖς ὅτι δέομαι χρυσίου πρὸς πρᾶξίν τινα· καὶ γὰρ τῷ ὄντι προσδέομαι· καὶ κέλευε

ἄλληλος z. 2 καὶ om. F. 3 λέγοι] δέ τοι AHV. 4 καὶ βασιλέως ἀγαθοῦ om. AHV (-έως ἀγαθοῦ καὶ βασι G), καὶ οὕτως ἔχοντος βασιλέως x. || χρῆναι ἄρα ἔφη y. 5 ἧ δὴ] ἤδη zZon. 6 προβάτοις G. 8 αὐτοῖς] αὐτοῦ x. || εἶχε] ἔχει xzV. 9 θεραπείᾳ πάντων ἀνθρώπων y. 12 τὸ] τὰ AHpr. || αὐτῷ] αὖ τοὺς AH. 15 οἴει ἤδη y. 16 ὅσον zD. 17 καὶ τὸν] τόνδε y. 18 σύμπεμψον] σὺ πέμψον y. 19 τούτῳ codd., corr. Hertlein. 20 ἔφη περιελθὼν] ἔφατο ἄρα ἐλθὼν F ac quamvis Marchant de voce ἐλθὼν taceat, certe D quoque. 21 δέομαι] προσδεήσομαι y.

αὐτοὺς ὁπόσα [ἂν] ἕκαστος δύναιτο πορίσαι μοι χρή-
ματα γράψαντας καὶ κατασημηναμένους δοῦναι τὴν
ἐπιστολὴν τῷ Κροίσου θεράποντι φέρειν. ταῦτα δὲ 17
ὅσα ἔλεγε καὶ γράψας καὶ σημηνάμενος ἐδίδου τῷ
Ὑστάσπᾳ φέρειν πρὸς τοὺς φίλους· ἐνέγραψε δὲ πρὸς
πάντας καὶ Ὑστάσπαν ὡς φίλον αὐτοῦ δέχεσθαι. ἐπεὶ
δὲ περιῆλθε καὶ ἤνεγκεν ὁ Κροίσου θεράπων τὰς ἐπι-
στολάς, ὁ δὴ Ὑστάσπας εἶπεν, Ὦ Κῦρε βασιλεῦ, καὶ
ἐμοὶ ἤδη χρὴ ὡς πλουσίῳ χρῆσθαι· πάμπολλα γὰρ
ἔχων πάρειμι δῶρα διὰ τὰ σὰ γράμματα. καὶ ὁ Κῦρος 18
εἶπεν, Εἷς μὲν τοίνυν καὶ οὗτος ἤδη θησαυρὸς ἡμῖν,
ὦ Κροῖσε· τοὺς δ' ἄλλους καταθεῶ καὶ λόγισαι πόσα
ἐστὶν ἕτοιμα χρήματα, ἤν τι δέωμαι χρῆσθαι. λέγεται
δὴ λογιζόμενος ὁ Κροῖσος πολλαπλάσια εὑρεῖν ἢ ἔφη
Κύρῳ ἂν εἶναι ἐν τοῖς θησαυροῖς ἤδη, εἰ συνέλεγεν.
ἐπεὶ δὲ τοῦτο φανερὸν ἐγένετο, εἰπεῖν λέγεται ὁ Κῦ- 19
ρος, Ὁρᾷς, φάναι, ὦ Κροῖσε, ὡς εἰσὶ καὶ ἐμοὶ θησαυ-
ροί; ἀλλὰ σὺ μὲν κελεύεις με παρ' ἐμοὶ αὐτοὺς συλ-
λέγοντα φθονεῖσθαί τε δι' αὐτοὺς καὶ μισεῖσθαι, καὶ
φύλακας αὐτοῖς ἐφιστάντα μισθοφόρους τούτοις πιστεύ-
ειν· ἐγὼ δὲ τοὺς φίλους πλουσίους ποιῶν τούτους
μοι νομίζω θησαυροὺς καὶ φύλακας ἅμα ἐμοῦ τε καὶ
τῶν ἡμετέρων ἀγαθῶν πιστοτέρους εἶναι ἢ εἰ φρου-
ροὺς μισθοφόρους ἐπεστησάμην. καὶ ἄλλο δέ σοι 20

1 [ἂν] Dind. || δύναιτο Zon. et codd. praeter V cor., qui δύνηται praefert. 3 τῷ κροίσου post φέρειν transp. x. || ταῦτα δὲ . . . 5 φέρειν om. F. 4 prius καὶ om. x. 5 προσενέγραφε y. 6 αὐτοῦ xz, ἑαυτοῦ y. || ἐπειδὴ δὲ y. 8 ante δὴ add. μὲν y. 9 χρὴ om. F. 10 γράμματα] πράγματα g. 11 ante τοίνυν add. δὴ y. 14 λογισάμενος y. 20 τούτους F. 21 τούτοις G. 22 τε] γε AHpr. 23 ἢ εἰ] εἰ ἢ Hpr, εἰ V, ἢ CD. 24 ἄλλα z.

ἐρῶ· ἐγὼ γάρ, ὦ Κροῖσε, ὃ μὲν οἱ θεοὶ δόντες εἰς τὰς ψυχὰς τοῖς ἀνθρώποις ἐποίησαν ὁμοίως πένητας πάντας, τούτου μὲν οὐδ' αὐτὸς δύναμαι περιγενέσθαι, ἀλλ' εἰμὶ ἄπληστος κἀγὼ ὥσπερ οἱ ἄλλοι χρη-
21 μάτων· τῇδέ γε μέντοι διαφέρειν μοι δοκῶ τῶν πλείστων ὅτι οἱ μὲν ἐπειδὰν τῶν ἀρκούντων περιττὰ κτήσωνται, τὰ μὲν αὐτῶν κατορύττουσι, τὰ δὲ κατασήπουσι, τὰ δὲ ἀριθμοῦντες καὶ μετροῦντες καὶ ἱστάντες καὶ διαψύχοντες καὶ φυλάττοντες πράγματα ἔχουσι, καὶ ὅμως ἔνδον ἔχοντες τοσαῦτα οὔτε ἐσθίουσι πλείω ἢ δύνανται φέρειν, διαρραγεῖεν γὰρ ἄν, οὔτ' ἀμφιέννυνται πλείω ἢ δύνανται φέρειν, ἀποπνιγεῖεν γὰρ ἄν, ἀλλὰ ⟨διὰ⟩ τὰ περιττὰ χρήματα πράγματα ἔχουσιν· ἐγὼ δ' ὑπηρετῶ μὲν τοῖς θεοῖς καὶ ὀρέγομαι ἀεὶ πλειόνων·
22 ἐπειδὰν δὲ κτήσωμαι, ἃ ἂν ἴδω περιττὰ ὄντα τῶν ἐμοὶ ἀρκούντων, τούτοις τάς τ' ἐνδείας τῶν φίλων ἐξακοῦμαι καὶ πλουτίζων καὶ εὐεργετῶν ἀνθρώπους εὔνοιαν ἐξ αὐτῶν κτῶμαι καὶ φιλίαν, καὶ ἐκ τούτων καρποῦμαι ἀσφάλειαν καὶ εὔκλειαν· ἃ οὔτε κατασήπεται οὔτε ὑπερπληροῦντα λυμαίνεται, ἀλλὰ ἡ εὔκλεια ὅσῳ ἂν πλείων ᾖ, τοσούτῳ καὶ μείζων καὶ καλλίων καὶ κουφοτέρα φέρειν γίγνεται, πολλάκις δὲ καὶ τοὺς
23 φέροντας αὐτὴν κουφοτέρους παρέχεται. ὅπως δὲ καὶ

---

1 ὃ] ἃ y. 2 ὁμοίως πένητας πάντας x, πάντας ὁμοίως πένητας F, ὁμοίως πάντας πένητας VzD. 4 καὶ ἐγὼ F, om. x. 5 γε om. D. 7 ante κατορύττουσι add. αὖ zV. 8 τὰ] ἃ y. ‖ ἱστάντες καὶ μετροῦντες y. 10 τοσαῦτα] αὐτὰ xy. ‖ πλεῖον (ut 12) zV. 11 διαρραγεῖεν . . . 12 φέρειν om. xD. 13 ⟨διὰ⟩ ego. 15 ἴδω xV, εἰδῶ cet. 16 ἐξακοῦμαι F, ἐξασκοῦμαι D, ἐξαρκοῦμαι xz. 20 ἀλλ' ἡ μὲν εὔκλεια y. 21 πλείω AG. ‖ τοσοῦτον AH. ‖ prius καὶ om. G. 22 φέρειν om. G.

τοῦτο εἰδῇς, ἔφη, ὦ Κροῖσε, ἐγὼ οὐ τοὺς πλεῖστα ἔχοντας καὶ φυλάττοντας πλεῖστα εὐδαιμονεστάτους ἡγοῦμαι· οἱ γὰρ τὰ τείχη φυλάττοντες οὕτως ἂν εὐδαιμονέστατοι εἴησαν· πάντα γὰρ τὰ ἐν ταῖς πόλεσι φυλάττουσιν· ἀλλ' ὃς ἂν κτᾶσθαί τε πλεῖστα δύνηται σὺν τῷ δικαίῳ καὶ χρῆσθαι πλείστοις σὺν τῷ καλῷ, τοῦτον ἐγὼ εὐδαιμονέστατον νομίζω [καὶ τὰ χρήματα]. καὶ ταῦτα μὲν δὴ φανερὸς ἦν ὥσπερ ἔλεγε καὶ πράττων.

Πρὸς δὲ τούτοις κατανοήσας τοὺς πολλοὺς τῶν 24
ἀνθρώπων ὅτι ἢν μὲν ὑγιαίνοντες διατελῶσι, παρα-
σκευάζονται ὅπως ἕξουσι τὰ ἐπιτήδεια καὶ κατατίθενται
τὰ χρήσιμα εἰς τὴν τῶν ὑγιαινόντων δίαιταν· ὅπως
δὲ ἢν ἀσθενήσωσι τὰ σύμφορα παρέσται, τούτου οὐ
πάνυ ἐπιμελουμένους ἑώρα· ἔδοξεν οὖν καὶ ταῦτα ἐκ-
πονῆσαι αὐτῷ, καὶ ἰατρούς τε τοὺς ἀρίστους συν-
εκομίσατο πρὸς αὑτὸν τῷ τελεῖν ἐθέλειν καὶ ὁπόσα
ἢ ὄργανα χρήσιμα ἔφη τις ἂν αὐτῶν γενέσθαι ἢ
φάρμακα ἢ σῖτα ἢ ποτά, οὐδὲν τούτων ὅ,τι οὐχὶ
παρασκευάσας ἐθησαύριζε παρ' αὑτῷ. καὶ ὁπότε δέ 25
τις ἀσθενήσειε τῶν θεραπεύεσθαι ἐπικαιρίων, ἐπ-

---

1 εἰδείης y. **3** τὰ om. y. || οὕτω γ' y. **5** ὃς] ὡς x. || πλεῖστα post ἂν transp. F. || τε F, δὲ D, τις zE, τε τις C. **6** καὶ χρῆσθαι y, χρῆσθαί τε G, καὶ χρῆσθαί τε x, κεχρῆσθαί τε VAH. **7** [καὶ τὰ χρήματα] Schneider. **8** καὶ ἔλεγε codd., corr. Hertlein. **11** μὲν] μὴ g. **13** ὅπως . . . τὰ] ἐὰν δὲ ἀσθενήσωσιν ὅπως τὰ y. **14** συμφέροντα x. **15** πάνυ y, πάντας zV, πάνυ πάντας x. **16** αὐτῷ] αὖ z, om. x. || καὶ ἰατρούς τε y, τούς τε ἰατρούς xzV. || ἐνεκομίσατο F. **17** πρὸς ἑαυτὸν y, πρὸς αὑτὸν Vz, ἑαυτῷ x. || τῷ] τὸ F, om. G. || τελεῖν y, τε λέγειν xz. **18** prius ἢ] τε y. || χρήσιμα ante γενέσθαι transp. y. || αὐτῶν] αὑτῷ xy. **20** ἐθησαύρισε y. || αὑτῷ xz, ἑαυτῷ y. **21** τῶν] τῷ Vz. || θεραπεύεσθαι del. Nikitin.

εσκόπει καὶ παρεῖχε πάντα ὅτου ἔδει. καὶ τοῖς ἰατροῖς δὲ χάριν ᾔδει, ὁπότε τις ἰάσαιτό τινα τῶν παρ' ἐκείνου λαμβάνων.

26 Ταῦτα μὲν δὴ καὶ τοιαῦτα πολλὰ ἐμηχανᾶτο πρὸς τὸ πρωτεύειν παρ' οἷς ἐβούλετο ἑαυτὸν φιλεῖσθαι. ὧν δὲ προηγόρευέ τε ἀγῶνας καὶ ἆθλα προυτίθει, φιλονικίας ἐμποιεῖν βουλόμενος περὶ τῶν καλῶν καὶ ἀγαθῶν ἔργων, ταῦτα τῷ μὲν Κύρῳ ἔπαινον παρεῖχεν ὅτι ἐπεμέλετο ὅπως ἀσκοῖτο ἡ ἀρετή· τοῖς μέντοι ἀρίστοις οἱ ἀγῶνες οὗτοι πρὸς ἀλλήλους καὶ ἔριδας
27 καὶ φιλονικίας ἐνέβαλλον. πρὸς δὲ τούτοις ὥσπερ νόμον κατεστήσατο ὁ Κῦρος, ὅσα διακρίσεως δέοιτο εἴτε δίκῃ εἴτε ἀγωνίσματι, τοὺς δεομένους διακρίσεως συντρέχειν τοῖς κριταῖς. δῆλον οὖν ὅτι ἐστοχάζοντο μὲν οἱ ἀνταγωνιζόμενοί τι ἀμφότεροι τῶν κρατίστων καὶ τῶν μάλιστα φίλων κριτῶν· ὁ δὲ μὴ νικῶν τοῖς μὲν νικῶσιν ἐφθόνει, τοὺς δὲ μὴ ἑαυτὸν κρίνοντας ἐμίσει· ὁ δ' αὖ νικῶν τῷ δικαίῳ προσεποιεῖτο νικᾶν,
28 ὥστε χάριν οὐδενὶ ἡγεῖτο ὀφείλειν. καὶ οἱ πρωτεύειν δὲ βουλόμενοι φιλίᾳ παρὰ Κύρῳ, ὥσπερ ἄλλοι ἐν πόλεσι, καὶ οὗτοι ἐπιφθόνως πρὸς ἀλλήλους εἶχον, ὥσθ' οἱ πλείονες ἐκποδὼν ἐβούλοντο ὁ ἕτερος τὸν ἕτερον γενέσθαι μᾶλλον ἢ συνέπραξαν ἄν τι ἀλλήλοις ἀγαθόν. καὶ ταῦτα μὲν δεδήλωται ὡς ἐμηχανᾶτο τοὺς κρατίστους αὐτὸν μᾶλλον πάντας φιλεῖν ἢ ἀλλήλους.

---

1 ἔδει] ἐδόκει y. 2 τῶν] τοῖς z. 6 ὧν δὲ ... 25 ἢ ἀλλήλους suspecta Simoni (Fleckeisen - Masius 1888 p. 749). ‖ ἀγῶνα F. 8 μὲν τῷ κύρῳ zV. 14 διχάζοντο G. 15 μὲν om. F. ‖ ἀγωνιζόμενοι xzV. 16 κριτῶν] κρεῖττον z. 17 ἑαυτῶν Gpr. 22 ὥσθ'] ὥστε καὶ F. ‖ πλέονες xAH. 25 ἑαυτὸν πάντας μᾶλλον y.

Νῦν δὲ ἤδη διηγησόμεθα ὡς τὸ πρῶτον ἐξήλασε III
Κῦρος ἐκ τῶν βασιλείων· καὶ γὰρ αὐτῆς τῆς ἐξελά-
σεως ἡ σεμνότης ἡμῖν δοκεῖ μία τῶν τεχνῶν εἶναι
τῶν μεμηχανημένων τὴν ἀρχὴν μὴ εὐκαταφρόνητον
εἶναι. πρῶτον μὲν οὖν πρὸ τῆς ἐξελάσεως εἰσκαλέσας
πρὸς αὐτὸν τοὺς τὰς ἀρχὰς ἔχοντας Περσῶν τε καὶ
τῶν ἄλλων συμμάχων διέδωκεν αὐτοῖς τὰς Μηδικὰς
στολάς· καὶ τότε πρῶτον Πέρσαι Μηδικὴν στολὴν
ἐνέδυσαν· διαδιδούς τε ἅμα τάδε ἔλεξεν αὐτοῖς ὅτι
ἐλάσαι βούλοιτο εἰς τὰ τεμένη τὰ τοῖς θεοῖς ἐξῃρημένα
καὶ θῦσαι μετ' ἐκείνων. Πάρεστε οὖν, ἔφη, αὔριον 2
ἐπὶ τὰς θύρας κοσμηθέντες ταῖς στολαῖς ταύταις πρὶν
ἥλιον ἀνατέλλειν, καὶ καθίστασθε ὡς ἂν ὑμῖν Φεραύ-
λας ὁ Πέρσης ἐξαγγείλῃ παρ' ἐμοῦ· καὶ ἐπειδάν, ἔφη,
ἐγὼ ἡγῶμαι, ἕπεσθε ἐν τῇ ῥηθείσῃ χώρᾳ. ἢν δ' ἄρα
τινὶ δοκῇ ὑμῶν ἄλλῃ κάλλιον εἶναι ἢ ὡς [ἂν] νῦν
ἐλαύνομεν, ἐπειδὰν πάλιν ἔλθωμεν, διδασκέτω με·
ὅπῃ γὰρ ἂν κάλλιστον καὶ ἄριστον ὑμῖν δοκῇ εἶναι,
ταύτῃ ἕκαστα δεῖ καταστήσασθαι. ἐπεὶ δὲ τοῖς κρα- 3
τίστοις διέδωκε τὰς καλλίστας στολάς, ἐξέφερε δὴ καὶ
ἄλλας Μηδικὰς στολάς, παμπόλλας γὰρ παρεσκευάσατο,
οὐδὲν φειδόμενος οὔτε πορφυρίδων οὔτε ὀρφνίνων
οὔτε φοινικίδων οὔτε καρυκίνων ἱματίων· νείμας δὲ

---

2 γὰρ ἐξ αὐτῆς y. 3 δοκεῖ ἡμῖν y. 6 πρὸς] εἰς V. || αὐτὸν xz, ἑαυτὸν y. || ἄγοντας V. 7 τῶν om. CF. || συμμάχων om. xzV. 9 διδούς F. || τόδε Hertlein. || ἔλεξεν x, ἔλεγεν cet. 10 βουλήσοιτο y. 11 ἔφη] αὔριον F, ἔφη αὔριον D. 13 καθίστατε z. 14 ἐξαγγέλλειν G, ἐξαγγέλλῃ VAH. || καὶ om. F. 15 ἕπεσθαι G, ἔσεσθε F. || ἐὰν y. 16 δοκῇ 'τινι FV, δοκεῖ G. || [ἂν] ego. || νῦν] δύνῃ AH. 17 ἐλαύνομεν CD, ἐλαύνωμαι AH. || ἐμέ y. 18 ἡμῖν CFAHV. || δοκεῖ EFAG. 19 κτήσασθαι x.

τούτων τὸ μέρος ἑκάστῳ τῶν ἡγεμόνων ἐκέλευσεν
αὐτοὺς τούτοις κοσμεῖν τοὺς αὐτῶν φίλους, ὥσπερ,
4 ἔφη, ἐγὼ ὑμᾶς κοσμῶ. καί τις τῶν παρόντων ἐπ-
ήρετο αὐτόν, Σὺ δ', ἔφη, ὦ Κῦρε, πότε κοσμήσῃ; ὁ
δ' ἀπεκρίνατο, Οὐ γὰρ νῦν, ἔφη, δοκῶ ὑμῖν αὐτὸς
κοσμεῖσθαι ὑμᾶς κοσμῶν; ἀμέλει, ἔφη, ἢν δύνωμαι
ὑμᾶς τοὺς φίλους εὖ ποιεῖν, ὁποίαν ἂν ἔχων στολὴν
5 τυγχάνω, ἐν ταύτῃ καλὸς φανοῦμαι. οὕτω δὴ οἱ μὲν
ἀπελθόντες μεταπεμπόμενοι τοὺς φίλους ἐκόσμουν
ταῖς στολαῖς. ὁ δὲ Κῦρος νομίζων Φεραύλαν τὸν ἐκ
τῶν δημοτῶν καὶ συνετὸν εἶναι καὶ φιλόκαλον καὶ
εὔτακτον καὶ τοῦ χαρίζεσθαι αὐτῷ οὐκ ἀμελῆ, ὅς
ποτε καὶ περὶ τοῦ τιμᾶσθαι ἕκαστον κατὰ τὴν ἀξίαν
συνεῖπε, τοῦτον δὴ καλέσας συνεβουλεύετο αὐτῷ πῶς
ἂν τοῖς μὲν εὔνοις κάλλιστα ἰδεῖν ποιοῖτο τὴν ἐξ-
6 έλασιν, τοῖς δὲ δυσμενέσι φοβερώτατα. ἐπεὶ δὲ σκο-
πούντοιν αὐτοῖν τὰ αὐτὰ συνέδοξεν, ἐκέλευσε τὸν Φε-
ραύλαν ἐπιμεληθῆναι ὅπως ἂν οὕτω γένηται αὔριον
ἡ ἐξέλασις ὥσπερ ἔδοξε καλῶς ἔχειν. Εἴρηκα δέ, ἔφη,
ἐγὼ πάντας πείθεσθαί σοι περὶ τῆς ἐν τῇ ἐξελάσει
τάξεως· ὅπως δ' ἂν ἥδιον παραγγέλλοντός σου ἀκού-
ωσι, φέρε λαβών, ἔφη, χιτῶνας μὲν τουτουσὶ τοῖς τῶν

---

1 ἐκέλευεν F. 2 αὑτῶν CGH, ἑαυτῶν E, αὐτῶν F. 4 δὲ ὦ κῦρε ἔφη yz. ‖ κοσμεῖς x. 5 νῦν om. F. 7 ἂν om. y. ‖ τυγχάνω στολὴν Vzy. 8 καλῶς zF. 10 τὸν] τῶν F. 12 ἑαυτῷ y. ‖ ἀμελεῖν G, ἠμέλει AH. 13 κατ' ἀξίαν y. 14 εἶπε x. ‖ συνεβούλετο x. 15 εὔνοις ὡς κάλλιστα y. ‖ ἰδεῖν om. F. 16 σκοποῦσι τὴν αὐτὴν x. 17 ταῦτα y, τ' αὐτὰ A, τὰ αὐτὰ xGH. ‖ ἔδοξεν x. ‖ ἐκέλευε F. 18 αὔριον γένηται x. 19 ἡ om. y. ‖ ἔφη om. AHV, ἐγὼ ἔφη G. 21 δ' om. z. ‖ σου παραγγέλλοντος y. ‖ σου] που x. ‖ ἀκούσωσι y. 22 ἔφη χιτῶνας μὲν om. z, χιτῶνας μὲν om. V.

δορυφόρων ἡγεμόσι, κασᾶς δὲ τούσδε τοὺς ἐφιππίους
τοῖς τῶν ἱππέων ἡγεμόσι, δὸς δὲ καὶ τῶν ἁρμάτων τοῖς
ἡγεμόσιν ἄλλους τούσδε χιτῶνας. ὁ μὲν δὴ ἔφερε 7
λαβών· οἱ δὲ ἡγεμόνες ἐπεὶ ἴδοιεν αὐτόν, ἔλεγον,
Μέγας δὴ σύγε, ὦ Φεραύλα, ὁπότε γε καὶ ἡμῖν
τάξεις ἃ ἂν δέῃ ποιεῖν. Οὐ μὰ Δί', ἔφη ὁ Φεραύλας,
οὐ μόνον γε, ὡς ἔοικεν, ἀλλὰ καὶ συσκευοφορήσω· νῦν
γοῦν φέρω τώδε δύο κασᾶ, τὸν μὲν σοί, τὸν δὲ ἄλλῳ·
σὺ μέντοι τούτων λαβὲ ὁπότερον βούλει. ἐκ τούτου 8
δὴ ὁ μὲν λαμβάνων τὸν κασᾶν τοῦ μὲν φθόνου ἐπ-
ελέληστο, εὐθὺς δὲ συνεβουλεύετο αὐτῷ ὁπότερον λαμ-
βάνοι· ὁ δὲ συμβουλεύσας ἂν ὁπότερος βελτίων εἴη
καὶ εἰπών, Ἤν μου κατηγορήσῃς ὅτι αἵρεσίν σοι ἔδωκα,
εἰς αὖθις ὅταν διακονῶ, ἑτέρῳ χρήσῃ μοι διακόνῳ,
ὁ μὲν δὴ Φεραύλας οὕτω διαδοὺς ᾗ ἐτάχθη εὐθὺς
ἐπεμελεῖτο τῶν εἰς τὴν ἐξέλασιν ὅπως ὡς κάλλιστα
ἕκαστα ἕξοι.

Ἡνίκα δ' ἡ ὑστεραία ἧκε, καθαρὰ μὲν ἦν πάντα 9
πρὸ ἡμέρας, στοῖχοι δὲ εἱστήκεσαν ἔνθεν καὶ ἔνθεν
τῆς ὁδοῦ, ὥσπερ καὶ νῦν ἔτι ἵστανται ᾗ ἂν βασιλεὺς
μέλλῃ ἐλαύνειν· ὧν ἐντὸς οὐδενὶ ἔστιν εἰσιέναι τῶν

---

1 post δορυφόρων add. δὸς V. || κασᾶς Brodaeus, καλέσας codd. || τούσδε om. VzA. || ἐφίππους AHV. 2 δὸς ἡγεμόσι D. || ἡγεμόσι . . . τοῖς om. Vz. || δὲ om. xz. 3 δὴ ἔφερε] διέφερε G. 5 σύγε] σὺ D. || ὁπόταν D. 6 τάξεις ἃ ἂν FG corr., τάξῃς ἃ ἂν D, τὰ ἴσα ἂν xz, προστάξεις ἃ ἂν Cobet. 7 σκευοφορήσω z. 8 οὖν V. || φερέτω y. || prius τὸν] τῶν AH. || σοί] τοι AH. || τὸν δὲ . . . 9 τούτων om. z. 8 τὸν μὲν . . . ἄλλῳ et τούτων om. V. 9 λάβε codd. 10 μὲν om. F. 11 συνεβουλεύσατο Vy, συνεβούλευτο G. 12 ὁπότερον VzC. 13 δέδωκα V. 14 ἑτέρων V. || μοι χρήσῃ yG. 15 διαδιδοὺς FG. 17 ἕκαστα om. F. || ἕξει yG. 18 καθαρὰ μὲν ἦν] καθηράμενοι z. 19 στίχοι AH. || ἑστήκεσαν xz. 20 ἔτι om. F. 21 μέλλοι yC.

μὴ τετιμημένων· μαστιγοφόροι δὲ καθέστασαν οἳ
ἔπαιον, εἴ τις ἐνοχλοίη. ἔστασαν δὲ πρῶτον μὲν τῶν
δορυφόρων εἰς τετρακισχιλίους ἔμπροσθεν τῶν πυ-
λῶν εἰς τέτταρας, δισχίλιοι δ' ἑκατέρωθεν τῶν πυλῶν.
10 καὶ οἱ ἱππεῖς δὲ πάντες παρῆσαν καταβεβηκότες ἀπὸ
τῶν ἵππων, καὶ διειρκότες τὰς χεῖρας διὰ τῶν καν-
δύων, ὥσπερ καὶ νῦν ἔτι διείρουσιν, ὅταν ὁρᾷ βασι-
λεύς. ἔστασαν δὲ Πέρσαι μὲν ἐκ δεξιᾶς, οἱ δὲ ἄλ-
λοι σύμμαχοι ἐξ ἀριστερᾶς τῆς ὁδοῦ, καὶ τὰ ἅρματα
11 ὡσαύτως τὰ ἡμίσεα ἑκατέρωθεν. ἐπεὶ δ' ἀνεπετάν-
νυντο αἱ τοῦ βασιλείου πύλαι, πρῶτον μὲν ἤγοντο τῷ
Διὶ ταῦροι πάγκαλοι εἰς τέτταρας καὶ οἷς τῶν ἄλλων
θεῶν οἱ μάγοι ἐξηγοῦντο· πολὺ γὰρ οἴονται Πέρσαι
χρῆναι τοῖς περὶ τοὺς θεοὺς μᾶλλον τεχνίταις χρῆ-
12 σθαι ἢ περὶ τἆλλα. μετὰ δὲ τοὺς βοῦς ἵπποι ἤγοντο
θῦμα τῷ Ἡλίῳ· μετὰ δὲ τούτους ἐξήγετο ἅρμα λευ-
κὸν χρυσόζυγον ἐστεμμένον Διὸς ἱερόν· μετὰ δὲ τοῦ-
το Ἡλίου ἅρμα λευκόν, καὶ τοῦτο ἐστεμμένον ὥσπερ
τὸ πρόσθεν· μετὰ δὲ τοῦτο ἄλλο τρίτον ἅρμα ἐξή-
γετο, φοινικίσι καταπεπταμένοι οἱ ἵπποι, καὶ πῦρ
ὄπισθεν αὐτοῦ ἐπ' ἐσχάρας μεγάλης ἄνδρες εἵποντο
13 φέροντες. ἐπὶ δὲ τούτοις ἤδη αὐτὸς ἐκ τῶν πυλῶν
προυφαίνετο ὁ Κῦρος ἐφ' ἅρματος ὀρθὴν ἔχων τὴν
τιάραν καὶ χιτῶνα πορφυροῦν μεσόλευκον, ἄλλῳ δ'

---

3 ἔμπροσθεν δὲ πυλῶν AH, ἔ. δὲ τῶν π. V. 5 καὶ om. y. 6 διειρκότες D, διηρκότες cet. 7 διαίρουσιν x, διειροῦσιν zF. 9 ἅρματα δὲ ὡσαύτως y. 11 ἠγοῦντο x. 12 ἐς F. ‖ οἷς] τοῖς z. ‖ τῶν ἄλλων] ἄλλοις y. 13 θεοῖς F. ‖ πολὺ] πολλοὶ z. ‖ πολὺ ... 15 τἆλλα del. Lincke. 16 θύματα y. 17 τοῦτο yE, τόδε C, τὸ z, τοῦ V. 18 ἡλίου om. Vz. 19 τρίτον ἄλλο x. 22 τούτοις] τοῖς z. 23 τ' post ὀρθήν add. y. 24 ἄλλῳ ... 1 p. 405 ἔχειν del. Lincke.

οὐκ ἔξεστι μεσόλευκον ἔχειν, καὶ περὶ τοῖς σκέλεσιν
ἀναξυρίδας ὑσγινοβαφεῖς, καὶ κάνδυν ὁλοπόρφυρον.
εἶχε δὲ καὶ διάδημα περὶ τῇ τιάρᾳ καὶ οἱ συγγενεῖς
δὲ αὐτοῦ τὸ αὐτὸ τοῦτο σημεῖον εἶχον, καὶ νῦν τὸ
αὐτὸ τοῦτο ἔχουσι. τὰς δὲ χεῖρας ἔξω τῶν χειρίδων 14
εἶχε. παρωχεῖτο δὲ αὐτῷ ἡνίοχος μέγας μέν, μείων
δ' ἐκείνου εἴτε καὶ τῷ ὄντι εἴτε καὶ ὁπωσοῦν· μεί-
ζων δ' ἐφάνη πολὺ Κῦρος. ἰδόντες δὲ πάντες προσ-
εκύνησαν, εἴτε καὶ ἄρξαι τινὲς κεκελευσμένοι εἴτε καὶ
ἐκπλαγέντες τῇ παρασκευῇ καὶ τῷ δόξαι μέγαν τε
καὶ καλὸν φανῆναι τὸν Κῦρον. πρόσθεν δὲ Περσῶν
οὐδεὶς Κῦρον προσεκύνει. ἐπεὶ δὲ προῄει τὸ τοῦ 15
Κύρου ἅρμα, προηγοῦντο μὲν οἱ τετρακισχίλιοι δο-
ρυφόροι, παρείποντο δὲ οἱ δισχίλιοι ἑκατέρωθεν τοῦ
ἅρματος· ἐφείποντο δὲ οἱ περὶ αὐτὸν σκηπτοῦχοι ἐφ'
ἵππων κεκοσμημένοι σὺν τοῖς παλτοῖς ἀμφὶ τοὺς τρια-
κοσίους. οἱ δ' αὖ τῷ Κύρῳ τρεφόμενοι ἵπποι παρ- 16
ήγοντο χρυσοχάλινοι, ῥαβδωτοῖς ἱματίοις καταπεπτα-
μένοι, ἀμφὶ τοὺς διακοσίους· ἐπὶ δὲ τούτοις δισ-
χίλιοι ξυστοφόροι· ἐπὶ δὲ τούτοις ἱππεῖς οἱ πρῶτοι
γενόμενοι μύριοι, εἰς ἑκατὸν πανταχῇ τεταγμένοι.
ἡγεῖτο δ' αὐτῶν Χρυσάντας. ἐπὶ δὲ τούτοις μύριοι 17
ἄλλοι Περσῶν ἱππεῖς τεταγμένοι ὡσαύτως, ἡγεῖτο δ'
αὐτῶν Ὑστάσπας· ἐπὶ δὲ τούτοις ἄλλοι μύριοι ὡσαύ-

---

2 βυσσινοβαφεῖς AH, κυσθινοβαφεῖς G. 4 αὐτὸ δὴ τοῦτο Vz (sed Hpr δὲ). ‖ καὶ νῦν . . . ἔχουσι del. Lincke. 5 χειρίδων] χειριδίων F, θυρίδων G. 8 ἐφαίνετο F. 11 πρόσθεν . . . προσεκύνει del. Lincke. 12 ἐπεὶ δὲ] ἐπειδὴ GHpr, ἐπειδὴ δὲ y. 15 ἐφείποντο . . . 16 τριακοσίους om. zV. 17 αὖ τῷ] αὐτῷ yGH. 21 πανταχῇ εἰς ἑκατὸν y. 24 ante ὡσαύτως add. τεταγμένοι D, post ὡσαύτως F.

τως, ἡγεῖτο δ' αὐτῶν Δατάμας· ἐπὶ δὲ τούτοις
18 ἄλλοι ⟨,ι⟩, ἡγεῖτο δ' αὐτῶν Γαδάτας· ἐπὶ δὲ τού-
τοις Μῆδοι ἱππεῖς, ἐπὶ δὲ τούτοις Ἀρμένιοι, μετὰ δὲ
τούτους Ὑρκάνιοι, μετὰ δὲ τούτους Καδούσιοι, ἐπὶ
δὲ τούτοις Σάκαι· μετὰ δὲ τοὺς ἱππέας ἅρματα ἐπὶ
τεττάρων τεταγμένα, ἡγεῖτο δ' αὐτῶν Ἀρταβάτας
Πέρσης.

19 Πορευομένου δὲ αὐτοῦ πάμπολλοι ἄνθρωποι παρ-
είποντο ἔξω τῶν σημείων, δεόμενοι Κύρου ἄλλος ἄλ-
λης πράξεως. πέμψας οὖν πρὸς αὐτοὺς τῶν σκη-
πτούχων τινάς, οἳ παρείποντο αὐτῷ τρεῖς ἑκατέρωθεν
τοῦ ἅρματος αὐτοῦ τούτου ἕνεκα τοῦ διαγγέλλειν,
ἐκέλευσεν εἰπεῖν αὐτοῖς, εἴ τίς τι αὐτοῦ δέοιτο, δι-
δάσκειν τῶν ἱππάρχων τινὰ ὅ,τι τις βούλοιτο, ἐκεί-
νους δ' ἔφη πρὸς αὐτὸν ἐρεῖν. οἱ μὲν δὴ ἀπιόντες
εὐθὺς κατὰ τοὺς ἱππέας ἐπορεύοντο καὶ ἐβουλεύοντο
20 τίνι ἕκαστος προσίοι. ὁ δὲ Κῦρος οὓς ἐβούλετο μά-
λιστα θεραπεύεσθαι τῶν φίλων ὑπὸ τῶν ἀνθρώπων,
τούτους πέμπων τινὰ πρὸς αὐτὸν ἐκάλει καθ' ἕνα
ἕκαστον καὶ ἔλεγεν αὐτοῖς οὕτως· Ἤν τις ὑμᾶς διδάσκῃ
τι τούτων τῶν παρεπομένων, ὃς μὲν ἂν μηδὲν δοκῇ
ὑμῖν λέγειν, μὴ προσέχετε αὐτῷ τὸν νοῦν· ὃς δ' ἂν
δικαίων δεῖσθαι δοκῇ, εἰσαγγέλλετε πρὸς ἐμέ, ἵνα

1 δ'] δ' ἐπ' z. ‖ δατάμας . . . 2 δ' αὐτῶν om. Vz. 2 ⟨,ι⟩ ego, τοσοῦτοι vel μύριοι add. Hertlein. 3 μετὰ . . . ὑρκάνιοι om. z. 4 τούτοις G, ὑρκάνιοι . . . τούτους om. V. ‖ ἐπὶ . . . σάκαι om. xzV. 6 ἀρταβάτης codd. 8 παρείποντο πάμπολλοι ἄνθρωποι G. 9 κύρου del. Lincke. 12 post. τοῦ om. G. 14 ὑπάρχων codd. praeter x. 16 ἐβούλοντο x. 18 τῶν φίλων θεραπεύεσθαι x. ‖ ὑπὸ] ἐπὶ Gpr. 19 αὐτὸν codd. ‖ ἕνα om. x. 20 οὕτως om. Vz. 21 τῶν om. F. ‖ δοκῇ μηδὲν x. 23 εἰσάγετε F.

κοινῇ βουλευόμενοι διαπράττωμεν αὐτοῖς. οἱ μὲν δὴ 21
ἄλλοι, ἐπεὶ καλέσειεν, ἀνὰ κράτος ἐλαύνοντες ὑπ-
ήκουον, συναύξοντες τὴν ἀρχὴν τῷ Κύρῳ καὶ ἐνδει-
κνύμενοι ὅτι σφόδρα πείθοιντο· Δαϊφέρνης δέ τις
ἦν σολοικότερος ἄνθρωπος τῷ τρόπῳ, ὃς ᾤετο, εἰ μὴ
ταχὺ ὑπακούοι, ἐλευθερώτερος ἂν φαίνεσθαι. αἰσθό- 22
μενος οὖν ὁ Κῦρος τοῦτο, πρὶν προσελθεῖν αὐτὸν
καὶ διαλεχθῆναι αὐτῷ ὑποπέμψας τινὰ τῶν σκηπτού-
χων εἰπεῖν ἐκέλευσε πρὸς αὐτὸν ὅτι οὐδὲν ἔτι δέοιτο·
καὶ τὸ λοιπὸν οὐκ ἐκάλει. Ὡς δ' ὁ ὕστερον κληθεὶς 23
αὐτοῦ πρότερος αὐτῷ προσήλασεν, ὁ Κῦρος καὶ ἵπ-
πον αὐτῷ ἔδωκε τῶν παρεπομένων καὶ ἐκέλευσε τῶν
σκηπτούχων τινὰ συναπάγειν αὐτῷ ὅποι κελεύσειε.
τοῖς δὲ ἰδοῦσιν ἔντιμόν τι τοῦτο ἔδοξεν εἶναι, καὶ
πολὺ πλείονες ἐκ τούτου αὐτὸν ἐθεράπευον ἀν-
θρώπων.

Ἐπεὶ δὲ ἀφίκοντο πρὸς τὰ τεμένη, ἔθυσαν τῷ Διὶ 24
καὶ ὡλοκαύτησαν τοὺς ταύρους· ἔπειτα τῷ Ἡλίῳ καὶ
ὡλοκαύτησαν τοὺς ἵππους· ἔπειτα Γῇ σφάξαντες ὡς
ἐξηγήσαντο οἱ μάγοι ἐποίησαν· ἔπειτα δὲ ἥρωσι τοῖς
Συρίαν ἔχουσι. μετὰ δὲ ταῦτα καλοῦ ὄντος τοῦ χω- 25
ρίου ἔδειξε τέρμα ὡς ἐπὶ πέντε σταδίων [χωρίου], καὶ

---

1 διαπράττοιμεν xGHV. 4 δάτινις F, δατίνης D. 5 τὸν τρόπον y. || μὴ om. y. 6 ὑπακούοιεν F, ὑπακούοι ἂν D. 10 ὡς δ' ὁ] ὁ δὲ y. || ὕστερος F, s. v. V. 11 ὕστερος V. || ante προσήλασεν add. ὑπήκουσε xzV. || καὶ ante ὁ transp. y. 13 συναπάγειν x, συναπαγαγεῖν cet. || ὅπου yz, ὅπῃ x, corr. Dind. 14 τοῦτο om. G. 15 πλείονες εἰς τοῦτο D, ἢ πλείονες τούτου F, πλείονες G. || ἄνθρωποι yHpr. 17 ἔθυσαν] εὐθὺς αὖ F. 18 prius καὶ om. F. || ὡλοκαύτωσαν (ut 19) xzV. || post. καὶ om. x. 20 ἐξηγοῦντο y. 22 ἔδειξε . . . χωρίου om. G. || χωρίου del. Schneider, δρόμου Richards.

εἶπε κατὰ φῦλα ἀνὰ κράτος ἐνταῦθα ἀφεῖναι τοὺς
ἵππους. σὺν μὲν οὖν τοῖς Πέρσαις αὐτὸς ἤλασε καὶ
ἐνίκα πολύ· μάλιστα γὰρ ἐμεμελήκει αὐτῷ ἱππικῆς·
Μήδων δὲ Ἀρτάβαζος ἐνίκα· Κῦρος γὰρ αὐτῷ τὸν
ἵππον ἐδεδώκει· Σύρων δὲ τῶν ἀποστάντων Γαδά-
τας· Ἀρμενίων δὲ Τιγράνης· Ὑρκανίων δὲ ὁ υἱὸς τοῦ
ἱππάρχου· Σακῶν δὲ ἰδιώτης ἀνὴρ ἀπέλιπεν ἄρα τῷ
ἵππῳ τοὺς ἄλλους ἵππους ἐγγὺς τῷ ἡμίσει τοῦ δρόμου.
26 ἔνθα δὴ λέγεται ὁ Κῦρος ἐρέσθαι τὸν νεανίσκον εἰ
δέξαιτ' ἂν βασιλείαν ἀντὶ τοῦ ἵππου. τὸν δ' ἀποκρί-
νασθαι ὅτι Βασιλείαν μὲν οὐκ ἂν δεξαίμην, χάριν
27 δὲ ἀνδρὶ ἀγαθῷ καταθέσθαι δεξαίμην ἄν. καὶ ὁ Κῦ-
ρος εἶπε, Καὶ μὴν ἐγὼ δεῖξαί σοι θέλω ἔνθα κἂν
μύων βάλῃς, οὐκ ἂν ἁμάρτοις ἀνδρὸς ἀγαθοῦ. Πάν-
τως τοίνυν, ὁ Σάκας ἔφη, δεῖξόν μοι· ὡς βαλῶ γε
28 ταύτῃ τῇ βώλῳ, ἔφη ἀνελόμενος. καὶ ὁ μὲν Κῦρος
δείκνυσιν αὐτῷ ὅπου ἦσαν πλεῖστοι τῶν φίλων· ὁ δὲ
καταμύων ἵησι τῇ βώλῳ καὶ παρελαύνοντος Φεραύλα
τυγχάνει· ἔτυχε γὰρ ὁ Φεραύλας παραγγέλλων τι τακ-
τὸς παρὰ τοῦ Κύρου· βληθεὶς δὲ οὐδὲ μετεστράφη,
29 ἀλλ' ᾤχετο ἐφ' ὅπερ ἐτάχθη. ἀναβλέψας δὲ ὁ Σάκας

1 κατὰ φῦλα y, κατὰ φυλακὰς x, καὶ τὰς φυλὰς F (φυλὰς etiam VAH). || ἀφιέναι y. **3** πολύ· μάλιστα γὰρ yzV (sed zV sine semicolo), πολὺ γὰρ μάλιστα V cor., πολὺ γὰρ ἔτι (ἔτιμα E) μάλιστα x. || ἱππικῆς] ἵππου z. **4** ἀρταβάτης xzV. **5** τῶν ἀποστάντων γαδάτας Madvig, τῶν πάντων γαδάτας y, ὁ προστατῶν xzV. **6** post. δὲ om. x. **7** ἀπέλειπεν xz. **10** τοῦ om. G. **13** σοι δεῖξαι y. || θέλω FGV. **14** μύων] καμμύων y. || βάλλῃς F. || ἁμάρτῃς Fpr. || πάντας V. **15** σακᾶς F. || post ἔφη add. ἀνελόμενος xzV. **16** ταύτῃ om. Vz. || βώλῳ ἀνελὼν xzV. **19** τι] τινὶ F. || τακτὸς z, τακτικὸν y, τεταγμένον x. **20** παρὰ τοῦ] ὑπὸ y. **21** ἐρωτᾷ ὁ σακᾶς F.

ἐρωτᾷ τίνος ἔτυχεν. Οὐ μὰ τὸν Δί', ἔφη, οὐδενὸς
τῶν παρόντων. Ἀλλ' οὐ μέντοι, ἔφη ὁ νεανίσκος,
τῶν γε ἀπόντων. Ναὶ μὰ Δί', ἔφη ὁ Κῦρος, σύγε
ἐκείνου τοῦ παρὰ τὰ ἅρματα ταχὺ ἐλαύνοντος τὸν
ἵππον. Καὶ πῶς, ἔφη, οὐδὲ μεταστρέφεται; καὶ ὁ 30
Κῦρος ἔφη, Μαινόμενος γάρ τίς ἐστιν, ὡς ἔοικεν.
ἀκούσας ὁ νεανίσκος ᾤχετο σκεψόμενος τίς εἴη· καὶ
εὑρίσκει τὸν Φεραύλαν γῆς τε κατάπλεων τὸ γένειον
καὶ αἵματος· ἔρρει γὰρ αὐτῷ ἐκ τῆς ῥινὸς βληθέντι.
ἐπεὶ δὲ προσῆλθεν, ἤρετο αὐτὸν εἰ βληθείη. ὁ δὲ 31
ἀπεκρίνατο, Ὡς ὁρᾷς. Δίδωμι τοίνυν σοι, ἔφη, τοῦτον
τὸν ἵππον. ὁ δ' ἐπήρετο, Ἀντὶ τοῦ; ἐκ τούτου δὴ
διηγεῖτο ὁ Σάκας τὸ πρᾶγμα, καὶ τέλος εἶπε, Καὶ
οἶμαί γε οὐχ ἡμαρτηκέναι ἀνδρὸς ἀγαθοῦ. καὶ ὁ Φε- 32
ραύλας εἶπεν, Ἀλλὰ πλουσιωτέρῳ μὲν ἄν, εἰ ἐσωφρό-
νεις, ἢ ἐμοὶ ἐδίδους· νῦν δὲ κἀγὼ δέξομαι. ἐπεύχο-
μαι δέ, ἔφη, τοῖς θεοῖς, οἵπερ με ἐποίησαν βληθῆναι
ὑπὸ σοῦ, δοῦναί μοι ποιῆσαι μὴ μεταμέλειν σοι τῆς
ἐμῆς δωρεᾶς. καὶ νῦν μέν, ἔφη, ἀπέλα, ἀναβὰς ἐπὶ
τὸν ἐμὸν ἵππον· αὖθις δ' ἐγὼ παρέσομαι πρὸς σέ.
οἱ μὲν δὴ οὕτω διηλλάξαντο. Καδουσίων δὲ ἐνίκα
Ῥαθίνης. ἀφίει δὲ καὶ τὰ ἅρματα καθ' ἕκαστον· τοῖς 33
δὲ νικῶσι πᾶσιν ἐδίδου βοῦς τε, ὅπως ἂν θύσαντες
ἑστιῷντο, καὶ ἐκπώματα. τὸν μὲν οὖν βοῦν ἔλαβε καὶ

1 ἔτυχες z. || post ἔφη add. ὁ κῦρος y, i. mg.V. 3 σύγε] σὺ δὲ F. 5 οὐδὲ] οὐ z. 6 τίς] τί F. 7 post ἀκούσας add. δὲ D. 9 ἔρρει x, ἐρρύει AF, ἐρρύη cet. 12 καὶ ἐκ τούτου x, ἐκ τοῦ z. || δὴ om. x. 14 ὁ om. y. 17 ἔφη] πᾶσι y. 18 καταμελεῖν Gpr. 19 ἀπέλασον D. 20 ante τὸν add. τόνδε y. 21 οἱ] οὗτοι y. || νικᾷ F. 22 ῥαδίνης xzV, ῥαθίης F, ῥαθινίκης D. 23 νενικηκόσι x. || ἐδίδου et ἂν om. y.

αὐτὸς τὸ νικητήριον· τῶν δ' ἐκπωμάτων τὸ αὑτοῦ
μέρος Φεραύλᾳ ἔδωκεν, ὅτι καλῶς ἔδοξεν αὐτῷ τὴν ἐκ
34 τοῦ βασιλείου ἔλασιν διατάξαι. οὕτω δὴ τότε ὑπὸ
Κύρου κατασταθεῖσα ἡ βασιλέως ἔλασις οὕτως ἔτι καὶ
νῦν διαμένει, πλὴν τὰ ἱερὰ ἄπεστιν, ὅταν μὴ θύῃ.
ὡς δὲ ταῦτα τέλος εἶχεν, ἀφικνοῦνται πάλιν εἰς τὴν
πόλιν, καὶ ἐσκήνησαν, οἷς μὲν ἐδόθησαν οἰκίαι, κατ'
οἰκίας, οἷς δὲ μή, ἐν τάξει.
35 Καλέσας δὲ καὶ ὁ Φεραύλας τὸν Σάκαν τὸν δόντα
τὸν ἵππον ἐξένιζε, καὶ τἆλλα τε παρεῖχεν ἔκπλεω, καὶ
ἐπεὶ ἐδεδειπνήκεσαν, τὰ ἐκπώματα αὐτῷ ἃ ἔλαβε παρὰ
36 Κύρου ἐμπιμπλὰς προύπινε καὶ ἐδωρεῖτο. καὶ ὁ Σάκας
ὁρῶν πολλὴν μὲν καὶ καλὴν στρωμνήν, πολλὴν δὲ
καὶ καλὴν κατασκευήν, καὶ οἰκέτας δὲ πολλούς, Εἰπέ
μοι, ἔφη, ὦ Φεραύλα, ἦ καὶ οἴκοι τῶν πλουσίων
37 ἦσθα; καὶ ὁ Φεραύλας εἶπε, Ποίων πλουσίων; τῶν
μὲν οὖν σαφῶς ἀποχειροβιώτων. ἐμὲ γάρ τοι ὁ πατὴρ
τὴν μὲν τῶν παίδων παιδείαν γλίσχρως αὐτὸς ἐργα-
ζόμενος καὶ τρέφων ἐπαίδευεν· ἐπεὶ δὲ μειράκιον ἐγε-
νόμην, οὐ δυνάμενος τρέφειν ἀργόν, εἰς ἀγρὸν ἀπ-
38 αγαγὼν ἐκέλευσεν ἐργάζεσθαι. ἔνθα δὴ ἐγὼ ἀντέτρεφον

1 αὐτοῦ z, ἑαυτοῦ y, αὐτὸ x. 2 αὐτῷ] αὐτοῦ zV. 3 δι-αταγεῦσαι y et fortasse Hpr. || οὕτω δὴ ἡ (om. y) τότε ὑπὸ κύ-ρου κατασταθεῖσα ἔλασις (ἡ ἔλασις y) οὕτω ἔτι καὶ νῦν (ἔτι καὶ νῦν οὕτω(ς) y) διαμένει ἡ βασιλέως ἔλασις xyzV (nisi quod οὕτως . . . ἔλασις om. G, ἡ βασιλέως ἔλασις om. D et qui pro νῦν hab. εἰς ἐμὲ, x), corr. Hug. 5 post θύῃ add. ὁ βασι-λεύς x. 6 εἰς τὴν πόλιν om. GV. 7 ἐσκήνωσαν ygVpr. 9 δὲ καὶ om. ε. || <ἑαυτῷ> Boissevain. 10 τε om. EDε. 12 ἐκπιμπλὰς Vz, ἐμπιπλὰς y. || καὶ ἐδωρεῖτο del. Cobet. 15 ἔφη om. G. || ἦ] εἰ xy. 17 ἀποχειροβιότων CF. 19 ἐγι-γνόμην zV. 20 ἀπαγαγὼν εἰς ἀγρὸν x. 21 ἐκέλευεν F. || ἀντέτρεφον] ἦν τρέφων F.

ἐκεῖνον, ἕως ἔζη, αὐτὸς σκάπτων καὶ σπείρων καὶ μάλα
μικρὸν γήδιον, οὐ μέντοι πονηρόν γε, ἀλλὰ πάντων
δικαιότατον· ὅ,τι γὰρ λάβοι σπέρμα, καλῶς καὶ δικαί-
ως ἀπεδίδου αὐτό τε καὶ τόκον οὐδέν τι πολύν· ἤδη
δέ ποτε ὑπὸ γενναιότητος καὶ διπλάσια ἀπέδωκεν ὧν
ἔλαβεν. οἴκοι μὲν οὖν ἔγωγε οὕτως ἔζων· νῦν δὲ
ταῦτα πάντα ἃ ὁρᾷς Κῦρός μοι ἔδωκε. καὶ ὁ Σάκας 39
εἶπεν, Ὦ μακάριε σὺ τά τε ἄλλα καὶ αὐτὸ τοῦτο ὅτι
ἐκ πένητος πλούσιος γεγένησαι· πολὺ γὰρ οἴομαί σε
καὶ διὰ τοῦτο ἥδιον πλουτεῖν ὅτι πεινήσας χρημάτων
ἐπλούτησας. καὶ ὁ Φεραύλας εἶπεν, Ἦ γὰρ οὕτως, 40
ὦ Σάκα, ὑπολαμβάνεις ὡς ἐγὼ νῦν τοσούτῳ ἥδιον
ζῶ ὅσῳ πλείω κέκτημαι; οὐκ οἶσθα, ἔφη, ὅτι ἐσθίω
μὲν καὶ πίνω καὶ καθεύδω οὐδ' ὁτιοῦν νῦν ἥδιον
ἢ τότε ὅτε πένης ἦν. ὅτι δὲ ταῦτα πολλά ἐστι, το-
σοῦτον κερδαίνω, <ὅσον> πλείω μὲν φυλάττειν δεῖ,
πλείω δὲ ἄλλοις διανέμειν, πλειόνων δὲ ἐπιμελούμενον
πράγματα ἔχειν. νῦν γὰρ δὴ ἐμὲ πολλοὶ μὲν οἰκέται 41
σῖτον αἰτοῦσι, πολλοὶ δὲ πιεῖν, πολλοὶ δὲ ἱμάτια· οἱ δὲ
ἰατρῶν δέονται· ἥκει δέ τις ἢ τῶν προβάτων λελυκω-
μένα φέρων ἢ τῶν βοῶν κατακεκρημνισμένα ἢ νόσον
φάσκων ἐμπεπτωκέναι τοῖς κτήνεσιν· ὥστε μοι δοκῶ,
ἔφη ὁ Φεραύλας, νῦν διὰ τὸ πολλὰ ἔχειν πλείω λυ-

---

3 post γὰρ add. ἂν xzε. || λάβῃ x. 5 ἔδωκεν F. 6 οὖν] δὴ y, om. x. || οὕτως ἔγωγε zVε. 8 post ὅτι add. γε ε. 10 καὶ om. G. 11 πεπλούτηκας codd. ε, corr. Hertlein. 12 post σάκα add. ὄντως Vat 73ε, οὕτως z. 13 ὅσα z. || πλείονα y. 14 ἥδιον νῦν y. 15 τότε om. y. || πολλὰ ταῦτα y. || τοσοῦτο FV. 16 ⟨ὅσον⟩ ego. 17 πλείονα AHε. 18 δὴ] δι' x. 19 πολλοὶ δὲ πιεῖν om. zVε. 20 ἥξει et 21 ante φέρων add. σώματα Richards cf. II 3, 3. 22 ὥστε μοι] ὥστ' ἔμοιγε y. 23 διὰ τὸ νῦν x.

42 πεῖσθαι ἢ πρόσθεν διὰ τὸ ὀλίγα ἔχειν. καὶ ὁ Σάκας,
Ἀλλὰ ναὶ μὰ Δί', ἔφη, ὅταν σῶα ᾖ, πολλὰ δρῶν πολ-
λαπλάσια ἐμοῦ εὐφραίνῃ. καὶ ὁ Φεραύλας εἶπεν,
Οὔτοι, ὦ Σάκα, οὕτως ἡδύ ἐστι τὸ ἔχειν χρήματα ὡς
ἀνιαρὸν τὸ ἀποβάλλειν. γνώσῃ δ' ὅτι ἐγὼ ἀληθῆ
λέγω· τῶν μὲν γὰρ πλουτούντων οὐδεὶς ἀναγκάζεται
ὑφ' ἡδονῆς ἀγρυπνεῖν, τῶν δὲ ἀποβαλόντων τι ὄψει
43 οὐδένα δυνάμενον καθεύδειν ὑπὸ λύπης. Μὰ Δί',
ἔφη ὁ Σάκας, οὐδέ γε τῶν λαμβανόντων τι νυστά-
44 ζοντα οὐδένα ἂν ἴδοις ὑφ' ἡδονῆς. Ἀληθῆ, ἔφη,
λέγεις· εἰ γάρ τοι τὸ ἔχειν οὕτως ὥσπερ τὸ λαμβά-
νειν ἡδὺ ἦν, πολὺ ἂν διέφερον εὐδαιμονίᾳ οἱ πλού-
σιοι τῶν πενήτων. καὶ ἀνάγκη δέ τοί ἐστιν, ἔφη, ὦ
Σάκα, τὸν πολλὰ ἔχοντα πολλὰ καὶ δαπανᾶν καὶ εἰς
θεοὺς καὶ εἰς φίλους καὶ εἰς ξένους· ὅστις οὖν ἰσχυ-
ρῶς χρήμασιν ἥδεται, εὖ ἴσθι τοῦτον καὶ δαπανῶντα
45 ἰσχυρῶς ἀνιᾶσθαι. ⟨Ναὶ⟩ μὰ Δί', ἔφη ὁ Σάκας· ἀλλ'
οὐκ ἐγὼ τούτων εἰμί, ἀλλὰ καὶ εὐδαιμονίαν τοῦτο νομίζω
46 τὸ πολλὰ ἔχοντα πολλὰ καὶ δαπανᾶν. Τί οὖν, ἔφη,
πρὸς τῶν θεῶν, ὁ Φεραύλας, οὐχὶ σύγε αὐτίκα μάλα
εὐδαίμων ἐγένου καὶ ἐμὲ εὐδαίμονα ἐποίησας; λαβὼν
γάρ, ἔφη, ταῦτα πάντα κέκτησο, καὶ χρῶ ὅπως βούλει
αὐτοῖς· ἐμὲ δὲ μηδὲν ἄλλο ἢ ὥσπερ ξένον τρέφε, καὶ
ἔτι εὐτελέστερον ἢ ξένον· ἀρκέσει γάρ μοι ὅ,τι ἂν καὶ

1 post σάκας add. εἶπεν y. 2 σῶα. codd. ε. 4 οὕτως om. Vz. || ὡς] ὥσπερ y, οὔτε ὡς g 5 ἀποβαλεῖν yV. || ἐγὼ om. y. 6 μὲν om. xy. 7 ἀποβαλόντων CV cor., ἀποβαλλόντων cet. 9 οὐδέ γε] οὐδέ τι zε, οὐδ' ἔτι xV. || τι om. y. 10 ἂν om. x. || ἔφη λέγεις] δοκεῖς λέγειν G. 11 τοι] τι V. 13 ἔφη σακᾶ F, ὦ σάκα ἔφη ε. 14 post. καὶ om. x. 17 ⟨ναί⟩ Hertlein. 18 καὶ om. F. 21 εὐδαιμονῶν xzVε. 22 post χρῶ add. τε zVε. || ὅπως] ὥσπερ y. 23 ἢ om. F.

σὺ ἔχῃς τούτων μετέχειν. Παίζεις, ἔφη ὁ Σάκας. 47
καὶ ὁ Φεραύλας ὀμόσας εἶπεν ἦ μὴν σπουδῇ λέγειν. καὶ ἄλλα γέ σοι, ὦ Σάκα, προσδιαπράξομαι παρὰ Κύρου, μήτε θύρας τὰς Κύρου θεραπεύειν μήτε στρατεύεσθαι· ἀλλὰ σὺ μὲν πλουτῶν οἴκοι μένε· ἐγὼ δὲ ταῦτα ποιήσω καὶ ὑπὲρ σοῦ καὶ ὑπὲρ ἐμοῦ· καὶ ἐάν τι ἀγαθὸν προσλαμβάνω διὰ τὴν Κύρου θεραπείαν ἢ καὶ ἀπὸ στρατείας τινός, οἴσω πρὸς σέ, ἵνα ἔτι πλειόνων ἄρχῃς· μόνον, ἔφη, ἐμὲ ἀπόλυσον ταύτης τῆς ἐπιμελείας· ἢν γὰρ ἐγὼ σχολὴν ἄγω ἀπὸ τούτων, ἐμοί τέ σε οἴομαι πολλὰ καὶ Κύρῳ χρήσιμον ἔσεσθαι. τούτων οὕτω ῥηθέντων ταῦτα συνέθεντο καὶ ταῦτα 48
ἐποίουν. καὶ ὁ μὲν ἡγεῖτο εὐδαίμων γεγενῆσθαι, ὅτι πολλῶν ἦρχε χρημάτων· ὁ δ' αὖ ἐνόμιζε μακαριώτατος εἶναι, ὅτι ἐπίτροπον ἕξοι, σχολὴν παρέχοντα πράττειν ὅ,τι ἂν αὐτῷ ἡδὺ ᾖ.

Ἦν δὲ τοῦ Φεραύλα ὁ τρόπος φιλέταιρός τε καὶ 49
θεραπεύειν οὐδὲν ἡδὺ αὐτῷ οὕτως ἐδόκει εἶναι οὐδ' ὠφέλιμον ὡς ἀνθρώπους. καὶ γὰρ βέλτιστον πάντων τῶν ζῴων ἡγεῖτο ἄνθρωπον εἶναι καὶ εὐχαριστότατον, ὅτι ἑώρα τούς τε ἐπαινουμένους ὑπό τινος ἀντεπαινοῦντας τούτους προθύμως τοῖς τε χαριζομένοις πειρωμένους ἀντιχαρίζεσθαι, καὶ οὓς γνοῖεν εὐνοϊκῶς ἔχοντας, τούτοις ἀντευνοοῦντας, καὶ οὓς εἰδεῖεν φιλοῦντας αὐτούς, τούτους μισεῖν οὐ δυναμένους, καὶ γονέας δὲ πολὺ μᾶλλον ἀντιθεραπεύειν πάντων τῶν

1 ἔχεις F. 5 μενεῖς y. 6 ἐμαυτοῦ y. || ἐάν] ἄν y. 8 ἢ om. F. || ἔτι] ἐπὶ F. 13 εἰδαιμονῶν AVε, εὐδαιμόνων H, εὐδαιμονίαν G. 15 παρέξοντα y. 16 εἴη xzVε. 18 τὸ ante θεραπεύειν add. y. 21 τε om. F.

ζῴων ἐθέλοντας καὶ ζῶντας καὶ τελευτήσαντας· τὰ δ'
ἄλλα πάντα ζῷα καὶ ἀχαριστότερα καὶ ἀγνωμονέστερα
50 ἀνθρώπων ἐγίγνωσκεν εἶναι. οὕτω δὴ ὅ τε Φεραύλας
ὑπερήδετο ὅτι ἐξέσοιτο αὐτῷ ἀπαλλαγέντι τῆς τῶν ἄλ-
λων κτημάτων ἐπιμελείας ἀμφὶ τοὺς φίλους ἔχειν, ὅ
τε Σάκας ὅτι ἔμελλε πολλὰ ἔχων πολλοῖς χρῆσεσθαι.
ἐφίλει δὲ ὁ μὲν Σάκας τὸν Φεραύλαν, ὅτι προσέφερέ
τι ἀεί· ὁ δὲ τὸν Σάκαν, ὅτι παραλαμβάνειν πάντα
ἤθελε καὶ ἀεὶ πλειόνων ἐπιμελούμενος οὐδὲν μᾶλλον
αὐτῷ ἀσχολίαν παρεῖχε. καὶ οὗτοι μὲν δὴ οὕτω
διῆγον.

IV Θύσας δὲ καὶ ὁ Κῦρος νικητήρια ἑστιῶν ἐκάλεσε
τῶν φίλων οἳ μάλιστ' αὐτὸν αὔξειν τε βουλόμενοι
φανεροὶ ἦσαν καὶ τιμῶντες εὐνοϊκώτατα. συνεκάλεσε
δὲ αὐτοῖς καὶ Ἀρτάβαζον τὸν Μῆδον καὶ Τιγράνην
τὸν Ἀρμένιον καὶ τὸν Ὑρκάνιον ἵππαρχον καὶ Γω-
2 βρύαν. Γαδάτας δὲ τῶν σκηπτούχων ἦρχεν αὐτῷ,
καὶ ᾗ ἐκεῖνος διεκόσμησεν ἡ πᾶσα ἔνδον δίαιτα καθ-
ειστήκει· καὶ ὁπότε μὲν συνδειπνοῖέν τινες, οὐκ
ἐκάθιζε Γαδάτας, ἀλλ' ἐπεμελεῖτο· ὁπότε δὲ αὐτοὶ
εἶεν, καὶ συνεδείπνει· ἥδετο γὰρ αὐτῷ συνών· ἀντὶ
δὲ τούτων πολλοῖς καὶ μεγάλοις ἐτιμᾶτο ὑπὸ τοῦ
3 Κύρου, διὰ δὲ Κῦρον καὶ ὑπ' ἄλλων. ὡς δ' ἦλθον

---

1 καὶ ζῶντας om. zVε. 2 post. καὶ om. y. ‖ ἀγνωμονέστερα καὶ ἀχαριστότερα y. 5 τοὺς ἄλλους φίλους y. 6 ἤμελλεν F. 7 ὅτι om. ε. 8 τε ante πάντα add. y. 9 ἀεὶ] δὴ y. ‖ ἐπιμελομένους D. 10 οὗτοι] αὐτοὶ zVε. ‖ δὴ om. y. 12 καὶ ὁ κῦρος zF, ὁ κῦρος καὶ D, καὶ ὁ κῦρος καὶ x. 13 αὐτὸν τοῦτον ἄξειν x. 15 post μῆδον add. καὶ τιγράνην τὸν μῆδον z (sed punctis notavit G). 16 τῶν ὑρκανίων Fpr. ‖ ὕπαρχον xzV. 18 ᾗ] ὅπῃ x. 19 οὐκ x, οὐδ' cet. 20 ante αὐτοὶ add. μὴ z. 22 ἐτιμᾶτο] δώροις ἐτετίμητο y.

οἱ κληθέντες ἐπὶ τὸ δεῖπνον, οὐχ ὅπου ἔτυχεν ἕκαστον ἐκάθιζεν, ἀλλ' ὃν μὲν μάλιστα ἐτίμα, παρὰ τὴν ἀριστερὰν χεῖρα, ὡς εὐεπιβουλευτοτέρας ταύτης οὔσης ἢ τῆς δεξιᾶς, τὸν δὲ δεύτερον παρὰ τὴν δεξιάν, τὸν δὲ τρίτον πάλιν παρὰ τὴν ἀριστεράν, τὸν δὲ τέταρτον παρὰ τὴν δεξιάν· καὶ ἢν πλέονες ὦσιν, ὡσαύ-
τως. σαφηνίζεσθαι δὲ ὡς ἕκαστον ἐτίμα ⟨διὰ⟩ τοῦτο 4
ἐδόκει αὐτῷ ἀγαθὸν εἶναι, ὅτι ὅπου μὲν οἴονται ἄνθρωποι τὸν κρατιστεύοντα μήτε κηρυχθήσεσθαι μήτε ἆθλα λήψεσθαι, δῆλοί εἰσιν ἐνταῦθα οὐ φιλονίκως πρὸς ἀλλήλους ἔχοντες· ὅπου δὲ μάλιστα πλεονεκτῶν ὁ κράτιστος φαίνεται, ἐνταῦθα προθυμότατα φανεροὶ
εἰσιν ἀγωνιζόμενοι πάντες. καὶ ὁ Κῦρος δὲ οὕτως 5
ἐσαφήνιζε μὲν τοὺς κρατιστεύοντας παρ' ἑαυτῷ, εὐθὺς ἀρξάμενος ἐξ ἕδρας καὶ παραστάσεως. οὐ μέντοι ἀθάνατον τὴν ταχθεῖσαν ἕδραν κατεστήσατο, ἀλλὰ νόμιμον ἐποιήσατο καὶ ἀγαθοῖς ἔργοις προβῆναι εἰς τὴν τιμιωτέραν ἕδραν, καὶ εἴ τις ῥᾳδιουργοίη, ἀναχωρῆσαι εἰς τὴν ἀτιμοτέραν. τὸν δὲ πρωτεύοντα ἐν ἕδρᾳ ᾐσχύνετο μὴ οὐ πλεῖστα καὶ ἀγαθὰ ἔχοντα παρ' ἑαυτοῦ φαίνεσθαι. καὶ ταῦτα δὲ ἐπὶ Κύρου γενόμενα οὕτως ἔτι καὶ νῦν διαμένοντα αἰσθανόμεθα.
Ἐπεὶ δὲ ἐδείπνουν, ἐδόκει τῷ Γωβρύᾳ τὸ μὲν 6

1 ὅπου y, ὅποι Vz, ὅπῃ x. 2 μὲν om. x. 3 ἐπιβουλευτοτέρας xGD. || ταύτης] αὐτῆς y. 6 καὶ ἢν . . . ὡσαύτως del. Lincke. || πλείονες D. 7 ⟨διὰ⟩ Dind. 8 ὅτι om. Vz. || ὅπου ἔτι μὲν xz. || οἱ ἄνθρωποι z, ἄνθρωποι cet. 12 προθυμότατα] φρονιμώτατα xzV. 13 πάντες ἀγωνιζόμενοι y. || δὲ] δὴ F, μὲν δὴ D. 14 ante παρ' add. μὲν F. 18 τιμιωτάτην xzV. || τις] τι z. 19 ἐν ἕδρᾳ] ἕδραις y. 20 οὐ om. xzV. || καὶ om. D. || ἑαυτοῦ x, αὐτῷ G, αὐτοῦ V, αὐτοῦ cet. 21 δὲ ἐπὶ] δ' ὑπὸ y.

πολλὰ ἕκαστα εἶναι οὐδέν τι θαυμαστὸν παρ' ἀνδρὶ πολλῶν ἄρχοντι· τὸ δὲ τὸν Κῦρον οὕτω μεγάλα πράττοντα, εἴ τι ἡδὺ δόξειε λαβεῖν, μηδὲν τούτων μόνον καταδαπανᾶν, ἀλλ' ἔργον ἔχειν αὐτὸν δεόμενον τούτου κοινωνεῖν τοὺς παρόντας, πολλάκις δὲ καὶ τῶν απόντων φίλων ἔστιν οἷς ἑώρα πέμποντα ταῦτα αὐτὸν οἷς
7 ἡσθεὶς τύχοι· ὥστε ἐπεὶ ἐδεδειπνήκεσαν καὶ πάντα τὰ <λοιπὰ> πολλὰ ὄντα διεπεπόμφει ὁ Κῦρος ἀπὸ τῆς τραπέζης, εἶπεν ἄρα ὁ Γωβρύας, Ἀλλ' ἐγώ, ὦ Κῦρε, πρόσθεν μὲν ἡγούμην τούτῳ σε πλεῖστον διαφέρειν ἀνθρώπων τῷ στρατηγικώτατον εἶναι· νῦν δὲ θεοὺς ὄμνυμι ἦ μὴν ἐμοὶ δοκεῖν πλέον σε διαφέρειν φιλαν-
8 θρωπίᾳ ἢ στρατηγίᾳ. Νὴ Δί', ἔφη ὁ Κῦρος· καὶ μὲν δὴ καὶ ἐπιδείκνυμαι τὰ ἔργα πολὺ ἥδιον φιλανθρωπίας ἢ στρατηγίας. Πῶς δή; ἔφη ὁ Γωβρύας. Ὅτι, ἔφη, τὰ μὲν κακῶς ποιοῦντα ἀνθρώπους δεῖ ἐπι-
9 δείκνυσθαι, τὰ δὲ εὖ. ἐκ τούτου δὴ ἐπεὶ ὑπέπινον, ἤρετο ὁ Ὑστάσπας τὸν Κῦρον, Ἆρ' ἄν, ἔφη, ὦ Κῦρε, ἀχθεσθείης μοι, εἴ σε ἐροίμην ὃ βούλομαί σου πυθέσθαι; Ἀλλὰ ναὶ μὰ τοὺς θεούς, ἔφη, τοὐναντίον τούτου ἀχθοίμην ἄν σοι, εἰ αἰσθοίμην σιωπῶντα ἃ βούλοιο ἐρέσθαι. Λέγε δή μοι, ἔφη, ἤδη πώποτε καλέ-

---

4 <αὐ>τὸν δεόμενον Richards, τὸν δεόμενον y, δεόμενον Vz, τῶν ἑ(ἐ E)δομένων x, τὸν ἡδόμενον Hug, αὐτὸν ἐδόμενον Marchant. || τούτου τοῦ x. 5 τοὺς παρόντας del. Cobet. 7 ἐπειδὴ V. || τὰ πάντα πάμπολλα ὄντα y (τὰ πάντα etiam G). 8 <λοιπὰ> Hug. || διαπεπόμφει V. 10 πρόσθε AH. || μὲν om. y. || πλείστων G. 11 νῦν] τοὺς z. 12 ὄμνυμι ὑμῖν ἦ y. || δοκεῖ zCVs. 14 καὶ om. F. || ἐπιδείκνυμαί γε F, ἐπιδείκνυμί γε D, ἐπιδείκνυμι V. 15 πῶς . . . γωβρύας om. G. || δή HD, δέ AGF, δ' x. 17 δῆτα ἐπεὶ F. 18 ἐπήρετο y. || ἆρ' ἂν] ἆρα y. 22 ἔρεσθαι x.

σαυτός σου οὐκ ἦλθον; Εὐφήμει, ἔφη ὁ Κῦρος. Ἀλλ' ὑπακούων σχολῇ ὑπήκουσα; Οὐδὲ τοῦτο. Προσταχθὲν δέ τι ἤδη σοι οὐκ ἔπραξα; Οὐκ αἰτιῶμαι, ἔφη. Ὃ δὲ πράττοιμι, ἔστιν ὅ,τι πώποτε οὐ προθύμως ἢ οὐχ ἡδομένως πράττοντά με κατέγνως; Τοῦτο δὴ πάντων ἥκιστα, ἔφη ὁ Κῦρος. Τίνος μὴν ἕνεκα, ἔφη, 10 πρὸς τῶν θεῶν, ὦ Κῦρε, Χρυσάνταν ἔγραψας ὥστε εἰς τὴν τιμιωτέραν ἐμοῦ χώραν ἱδρυθῆναι; Ἦ λέγω; ἔφη ὁ Κῦρος. Πάντως, ἔφη ὁ Ὑστάσπας. Καὶ σὺ αὖ οὐκ ἀχθέσῃ μοι ἀκούων τἀληθῆ; Ἡσθήσομαι μὲν 11 οὖν, ἔφη, ἢν εἰδῶ ὅτι οὐκ ἀδικοῦμαι. Χρυσάντας τοίνυν, ἔφη, οὑτοσὶ πρῶτον μὲν οὐ κλῆσιν ἀνέμενεν, ἀλλὰ πρὶν καλεῖσθαι παρῆν τῶν ἡμετέρων ἕνεκα· ἔπειτα δὲ οὐ τὸ κελευόμενον μόνον, ἀλλὰ καὶ ὅ,τι αὐτὸς γνοίη ἄμεινον εἶναι πεπραγμένον ἡμῖν τοῦτο ἔπραττεν. ὁπότε δὲ εἰπεῖν τι δέοι εἰς τοὺς συμμάχους, ἃ μὲν ἐμὲ ᾤετο πρέπειν λέγειν ἐμοὶ συνεβούλευεν· ἃ δὲ ἐμὲ αἴσθοιτο βουλόμενον μὲν εἰδέναι τοὺς συμμάχους, αὐτὸν δέ με αἰσχυνόμενον περὶ ἐμαυτοῦ λέγειν, ταῦτα οὗτος λέγων ὡς ἑαυτοῦ γνώμην ἀπεφαίνετο· ὥστ' ἔν γε τούτοις τί κωλύει αὐτὸν καὶ ἐμοῦ ἐμοὶ κρείττονα εἶναι; καὶ ἑαυτῷ μὲν ἀεί φησι πάντα τὰ παρόντα ἀρκεῖν, ἐμοὶ δὲ ἀεὶ φανερός ἐστι σκοπῶν τί ἂν προσγενόμενον ὀνήσειεν, ἐπί τε τοῖς ἐμοῖς καλοῖς πολὺ

---

2 ante σχολῇ add. ἔφη y. 3 τι ἤδη] μοι ἤδη τι y. 4 ὃ] ἃ y. ‖ ἢ οὐχ ἡδομένως] οὐδὲ ἡδέως x. 7 χρυσάντας z. ‖ ἔγραψας] σε ἔ(τ)ρεψεν z Ec. 8 τιμιωτέραν ἕδραν ἐμοῦ ἱδρυνθῆναι y (ἱδρυνθῆναι etiam Vpr). 10 ἀχθεσθήσει F, ἀχθεσθήσῃ cet. 16 δέοι] δέον F. 19 με om. y. 21 τούτοις] τοῖς τοιούτοις y. 22 ἑαυτῷ] ἑαυτὸν z. 24 τοῖς καλοῖς μᾶλλον zV.

12 μᾶλλον ἐμοῦ ἀγάλλεται καὶ ἥδεται. πρὸς ταῦτα ὁ Ὑστά-
σπας εἶπε, Νὴ τὴν Ἥραν, ὦ Κῦρε, ἥδομαί γε ταῦτά
σε ἐρωτήσας. Τί μάλιστα; ἔφη ὁ Κῦρος. Ὅτι κἀγὼ
πειράσομαι ταῦτα ποιεῖν· ἓν μόνον, ἔφη, ἀγνοῶ, πῶς
ἂν εἴην δῆλος χαίρων ἐπὶ τοῖς σοῖς ἀγαθοῖς· πότερον
κροτεῖν δεῖ τὼ χεῖρε ἢ γελᾶν ἢ τί ποιεῖν. καὶ ὁ
Ἀρτάβαζος εἶπεν, Ὀρχεῖσθαι δεῖ τὸ Περσικόν. ἐπὶ
τούτοις μὲν δὴ γέλως ἐγένετο.
13 Προϊόντος δὲ τοῦ συμποσίου ὁ Κῦρος τὸν Γω-
βρύαν ἐπήρετο, Εἰπέ μοι, ἔφη, ὦ Γωβρύα, νῦν ἂν
δοκεῖς ἥδιον τῶνδέ τῳ τὴν θυγατέρα δοῦναι ἢ ὅτε
τὸ πρῶτον ἡμῖν συνεγένου; Οὐκοῦν, ἔφη ὁ Γωβρύας,
κἀγὼ τἀληθῆ λέγω; Νὴ Δί', ἔφη ὁ Κῦρος, ὡς ψεύ-
δους γε οὐδεμία ἐρώτησις δεῖται. Εὖ τοίνυν, ἔφη,
ἴσθι ὅτι νῦν ἂν πολὺ ἥδιον. Ἦ καὶ ἔχοις ἄν, ἔφη ὁ
14 Κῦρος, εἰπεῖν διότι; Ἔγωγε. Λέγε δή. Ὅτι τότε μὲν
ἑώρων τοὺς πόνους καὶ τοὺς κινδύνους εὐθύμως αὐ-
τοὺς φέροντας, νῦν δὲ ὁρῶ αὐτοὺς τἀγαθὰ σωφρό-
νως φέροντας. δοκεῖ δέ μοι, ὦ Κῦρε, χαλεπώτερον
εἶναι εὑρεῖν ἄνδρα τἀγαθὰ καλῶς φέροντα ἢ τὰ κακά·
τὰ μὲν γὰρ ὕβριν τοῖς πολλοῖς, τὰ δὲ σωφροσύνην
15 τοῖς πᾶσιν ἐμποιεῖ. καὶ ὁ Κῦρος εἶπεν, Ἤκουσας, ὦ
Ὑστάσπα, Γωβρύου τὸ ῥῆμα; Ναὶ μὰ Δί', ἔφη· καὶ
ἐὰν πολλὰ τοιαῦτά γε λέγῃ, πολὺ μᾶλλόν με τῆς θυ-
γατρὸς μνηστῆρα λήψεται ἢ ἐὰν ἐκπώματα πολλά μοι

2 ante ὦ κῦρε add. ἔφη y. 7 ὀρχεῖσθαι ἔφη δεῖ y. 9 ante ὁ add. καὶ y. 11 δοκεῖς F, δοκῇς D, δοκοίης xzV. || ἡδίον G. || τῶνδε] τῷδε z et qui τῳ om. F. 15 ἢ καὶ om. xzV. || ἔχεις c, ἔχειν E. || ἄν om. xAHV. 18 νῦν δὲ . . . 19 φέροντας om. F. 19 δέ om. G. 20 καλῶς] σωφρόνως F. || φέροντας F. 24 πολλά γε τοιαῦτα y. || λέγει F. || με om. G. 25 μοι om. zV.

ἐπιδεικνύῃ. Ἦ μήν, ἔφη ὁ Γωβρύας, πολλά γέ μοί 16
ἐστι τοιαῦτα συγγεγραμμένα, ὧν ἐγώ σοι οὐ φθονήσω,
ἢν τὴν θυγατέρα μου γυναῖκα λαμβάνῃς· τὰ δ'
ἐκπώματα, ἔφη, ἐπειδὴ οὐκ ἀνέχεσθαί μοι φαίνῃ,
οὐκ οἶδ' εἰ Χρυσάντᾳ τουτῳῒ δῶ, ἐπεὶ καὶ τὴν ἕδραν
σου ὑφήρπασε. Καὶ μὲν δή, ἔφη ὁ Κῦρος, ὦ Ὑστά- 17
σπα, καὶ οἱ ἄλλοι δὲ οἱ παρόντες, ἢν ἐμοὶ λέγητε,
ὅταν τις ὑμῶν γαμεῖν ἐπιχειρήσῃ, γνώσεσθε ὁποῖός
τις κἀγὼ συνεργὸς ὑμῖν ἔσομαι. καὶ ὁ Γωβρύας εἶπεν, 18
Ἢν δέ τις ἐκδοῦναι βούληται θυγατέρα, πρὸς τίνα
δεῖ λέγειν; Πρὸς ἐμέ, ἔφη ὁ Κῦρος, καὶ τοῦτο· πάνυ
γάρ, ἔφη, δεινός εἰμι ταύτην τὴν τέχνην. Ποίαν;
ἔφη ὁ Χρυσάντας. Τὸ γνῶναι ὁποῖος ἂν γάμος ἑκά- 19
στῳ συναρμόσαι. καὶ ὁ Χρυσάντας ἔφη, Λέγε δὴ
πρὸς τῶν θεῶν ποίαν τινὰ οἴει γυναῖκά μοι συναρμό-
σειν κάλλιστα. Πρῶτον μέν, ἔφη, μικράν· μικρὸς γὰρ 20
καὶ αὐτὸς εἶ· εἰ δὲ μεγάλην γαμεῖς, ἤν ποτε βούλῃ
αὐτὴν ὀρθὴν φιλῆσαι, προσάλλεσθαί σε δεήσει ὥσπερ
τὰ κυνάρια. Τοῦτο μὲν δή, ἔφη, ὀρθῶς προνοεῖς·
καὶ γὰρ οὐδ' ὁπωστιοῦν ἁλτικός εἰμι. Ἔπειτα δ', ἔφη, 21
σιμὴ ἄν σοι ἰσχυρῶς συμφέροι. Πρὸς τί δὴ αὖ τοῦ-
το; Ὅτι, ἔφη, σὺ γρυπὸς εἶ· πρὸς οὖν τὴν σιμότητα

---

1 γ' ἐμοί G. 3 ἢν] εἰ F. || λάβῃς x. 5 τουτῳῒ Hertlein, τούτῳ codd. || δῶς G. 7 prius οἱ om. y. 8 γαμεῖν ἐπιχειρήσῃ] ἐπιθυμῇ γαμήσειν F, γαμεῖν ἐπιθυμήσῃ D. 9 ἔσομαι] γενήσομαι F. 10 θυγατέρα ἐκδοῦναι βούλεται y. 13 τὸ] τῷ x. 14 συναρμόσαι y. 15 τινὰ οἴει (-ῃ F) γυναῖκα ἐμοὶ y. || οἴει om. Vz. 16 μὲν γὰρ ἔφη y. 17 εἰ] ἢν xG. || γαμήσειας xzV. || ἤν] ἐάν y. || βούλει zC. 18 ὥσπερ y, ὡς xzV. 19 τοῦτο] τούτου F. 20 καὶ γὰρ οὐδ'] οὐδὲ γὰρ x. 21 σιμὴ FG, σιμὴν AHV, μὴ post lacunam C, οὐ μὴ E, εἰ μὴ D. || συμφέρει V. || δὴ om. y.

σάφ' ἴσθι ὅτι ἡ γρυπότης ἄριστ' ἂν προσαρμόσειε.
Λέγεις σύ, ἔφη, ὡς καὶ τῷ εὖ δεδειπνηκότι ὥσπερ
καὶ ἐγὼ νῦν ἄδειπνος ἂν συναρμόττοι. Ναὶ μὰ Δί',
ἔφη ὁ Κῦρος· τῶν μὲν γὰρ μεστῶν γρυπὴ ἡ γαστὴρ
22 γίγνεται, τῶν δὲ ἀδείπνων σιμή. καὶ ὁ Χρυσάντας
ἔφη, Ψυχρῷ δ' ἄν, πρὸς τῶν θεῶν, βασιλεῖ ἔχοις ἂν
εἰπεῖν ποία τις συνοίσει; ἐνταῦθα μὲν δὴ ὅ τε Κῦρος
23 ἐξεγέλασε καὶ οἱ ἄλλοι ὁμοίως. γελώντων δὲ ἅμα
εἶπεν ὁ Ὑστάσπας, Πολύ γ', ἔφη, μάλιστα τούτου σε,
ὦ Κῦρε, ζηλῶ ἐν τῇ βασιλείᾳ. Τίνος; ἔφη ὁ Κῦρος.
Ὅτι δύνασαι καὶ ψυχρὸς ὢν γέλωτα παρέχειν. καὶ ὁ
Κῦρος εἶπεν, Ἔπειτα οὐκ ἂν πρίαιό γε παμπόλλου
ὥστε σοὶ ταῦτ' εἰρῆσθαι, καὶ ἀπαγγελθῆναι παρ' ᾗ
εὐδοκιμεῖν βούλει ὅτι ἀστεῖος εἶ; καὶ ταῦτα μὲν δὴ
οὕτω διεσκώπτετο.

24 Μετὰ δὲ ταῦτα Τιγράνῃ μὲν ἐξήνεγκε γυναικεῖον
κόσμον, καὶ ἐκέλευσε τῇ γυναικὶ δοῦναι, ὅτι ἀνδρείως
συνεστρατεύετο τῷ ἀνδρί, Ἀρταβάζῳ δὲ χρυσοῦν ἔκ-
πωμα, τῷ δ' Ὑρκανίῳ ἵππον καὶ ἄλλα πολλὰ καὶ
καλὰ ἐδωρήσατο. Σοὶ δέ, ἔφη, ὦ Γωβρύα, δώσω
25 ἄνδρα τῇ θυγατρί. Οὐκοῦν ἐμέ, ἔφη ὁ Ὑστάσπας,
δώσεις, ἵνα καὶ τὰ συγγράμματα λάβω. Ἦ καὶ ἔστι
σοι, ἔφη ὁ Κῦρος, οὐσία ἀξία τῶν τῆς παιδός; Νὴ
Δί', ἔφη, πολλαπλασίων μὲν οὖν χρημάτων. Καὶ ποῦ,

---

1 ὅτι om. G. || ἄριστ' ἂν] ἄριστα xHG. || συναρμόσειεν y. **2** τῷ om. G. **3** συναρμόζοι zy, προσαρμόσοι x. **6** δ' om. G. || βασιλεῖ post ἂν transp. G. || post θεῶν add. ἔφη y. **7** συνήσει V. || δὴ om. x. || τε om. F. **9** τούτου] τοῦτο y. || σε ἐγὼ κῦρε ζηλῶ F (num omittit D σε?), σε ζηλῶ κῦρε x. **11** δύνασαι ἔφη καὶ y. **12** ἔπειτ' y, ἐπεὶ xzVε. **13** παρ' ᾗ om. F. **14** παρευδοκιμεῖν βούλῃ F. **15** διεσκώπτοντο G. **20** σοὶ] σὺ AG.

ἔφη ὁ Κῦρος, ἔστι σοι αὕτη ἡ οὐσία; Ἐνταῦθα,
ἔφη, ὅπουπερ καὶ σὺ κάθησαι φίλος ὢν ἐμοί. Ἀρκεῖ
μοι, ἔφη ὁ Γωβρύας· καὶ εὐθὺς ἐκτείνας τὴν δεξιάν,
Δίδου, ἔφη, ὦ Κῦρε· δέχομαι γάρ. καὶ ὁ Κῦρος 26
λαβὼν τὴν Ὑστάσπου δεξιὰν ἔδωκε τῷ Γωβρύᾳ, ὁ
δ' ἐδέξατο. ἐκ δὲ τούτου πολλὰ καὶ καλὰ ἔδωκε δῶρα
τῷ Ὑστάσπᾳ, ὅπως τῇ παιδὶ πέμψειε· Χρυσάνταν
δ' ἐφίλησε προσαγαγόμενος. καὶ ὁ Ἀρτάβαζος εἶπε, 27
Μὰ Δί', ἔφη, ὦ Κῦρε, οὐχ ὁμοίου γε χρυσοῦ ἐμοί
τε τὸ ἔκπωμα δέδωκας καὶ Χρυσάντᾳ τὸ δῶρον. Ἀλλὰ
καὶ σοί, ἔφη, δώσω. ἐπήρετο ἐκεῖνος Πότε; Εἰς
τριακοστόν, ἔφη, ἔτος. Ὡς ἀναμενοῦντος, ἔφη, καὶ
οὐκ ἀποθανουμένου οὕτω παρασκευάζου. καὶ τότε μὲν
δὴ οὕτως ἔληξεν ἡ σκηνή· ἐξανισταμένων δ' αὐτῶν
ἐξανέστη καὶ ὁ Κῦρος καὶ συμπρούπεμψεν αὐτοὺς ἐπὶ
τὰς θύρας.

Τῇ δὲ ὑστεραίᾳ τοὺς ἐθελουσίους συμμάχους γε- 28
νομένους ἀπέπεμπεν οἴκαδε ἑκάστους, πλὴν ὅσοι αὐ-
τῶν οἰκεῖν ἐβούλοντο παρ' αὐτῷ· τούτοις δὲ χώραν τε
καὶ οἴκους ἔδωκε, καὶ νῦν ἔτι ἔχουσιν οἱ τῶν κατα-
μεινάντων τότε ἀπόγονοι· πλεῖστοι δ' εἰσὶ Μήδων
καὶ Ὑρκανίων· τοῖς δ' ἀπιοῦσι δωρησάμενος πολλὰ
καὶ ἀμέμπτους ποιησάμενος καὶ ἄρχοντας καὶ στρα-
τιώτας ἀπεπέμψατο. ἐκ τούτου δὲ διέδωκε καὶ τοῖς 29

---

1 αὐτὴ (αὕτη D) ante ἔστι transp. y. **2** κάθισαι FprGHcor. **5** τοῦ om. x. **6** δὲ om. xD, del V. **10** ἔδωκας F. **11** δώσω om. F. ‖ πότε . . . ἔτος] πότε; ὁ δ' εἶπεν, εἰς τριακοστὸν ἔτος F. **12** ἀναμένοντος F. ‖ ἔφη] ἔτι x. **13** παρεσκευάζου Gpr. **15** συνεξανέστη y. ‖ ξυμ(συμ- y)προύπεμψεν yz, προὔπεμψεν x. **18** ἀπέπεμψεν V. **19** ἑαυτῷ y. ‖ τε om. xz. **21** τότ'(ε) Vy, τούτων x, τούτων τότε z. **23** ἀμέμπτως x.

περὶ αὐτὸν στρατιώταις τὰ χρήματα ὅσα ἐκ Σάρδεων ἔλαβε· καὶ τοῖς μὲν μυριάρχοις καὶ τοῖς περὶ αὐτὸν ὑπηρέταις ἐξαίρετα ἐδίδου πρὸς τὴν ἀξίαν ἑκάστῳ, τὰ δὲ ἄλλα διένειμε· καὶ τὸ μέρος ἑκάστῳ δοὺς τῶν μυριάρχων ἐπέτρεψεν αὐτοῖς διανέμειν ὥσπερ
30 αὐτὸς ἐκείνοις διένειμεν. ἐδίδοσαν δὲ τὰ μὲν ἄλλα χρήματα <ἕκαστος> ἄρχων ἄρχοντας τοὺς ὑφ' ἑαυτῷ δοκιμάζων· τὰ δὲ τελευταῖα οἱ ἑξάδαρχοι τοὺς ὑφ' ἑαυτοῖς ἰδιώτας δοκιμάσαντες πρὸς τὴν ἀξίαν ἑκάστῳ ἐδίδοσαν· καὶ οὕτω πάντες εἰλήφεσαν τὸ δίκαιον μέρος.
31 ἐπεὶ δὲ εἰλήφεσαν τὰ τότε δοθέντα, οἱ μέν τινες ἔλεγον περὶ τοῦ Κύρου τοιάδε· Ἦπου αὐτός γε πολλὰ ἔχει, ὅπου γε καὶ ἡμῶν ἑκάστῳ τοσαῦτα δέδωκεν· οἱ δέ τινες αὐτῶν ἔλεγον, Ποῖα πολλὰ ἔχει; οὐχ ὁ Κύρου τρόπος τοιοῦτος οἷος χρηματίζεσθαι, ἀλλὰ διδοὺς μᾶλλον ἢ κτώμενος ἥδεται.

32 Αἰσθόμενος δὲ ὁ Κῦρος τούτους τοὺς λόγους καὶ τὰς δόξας τὰς περὶ αὐτοῦ συνέλεξε τούς φίλους τε καὶ τοὺς ἐπικαιρίους ἅπαντας καὶ ἔλεξεν ὧδε.

Ἄνδρες φίλοι, ἑόρακα μὲν ἤδη ἀνθρώπους οἳ βούλονται δοκεῖν πλείω κεκτῆσθαι ἢ ἔχουσιν, ἐλευθεριώτεροι ἂν οἰόμενοι οὕτω φαίνεσθαι· ἐμοὶ δὲ δο-

---

1 περὶ αὐτὸν xZon., περὶ ἑαυτὸν z, παρ' ἑαυτοῦ (-ῷ D) y. 3 αὐτὸν xAHD, αὑτὸν F, ἑαυτὸν G. ‖ ἑκάστου y. 5 αὐτοῖς] αὐτῷ y. 6 ἔδοσαν zV. 7 <ἕκαστος> ego. ‖ αὐτῷ G. 8 ὑφ' ἑαυτοὺς z. 10 ἐδίδοσαν x, διεδίδοσαν D, ἔδοσαν zV, διέδοσαν F. 11 ἐπειδὴ δὲ διειλήφεσαν y. ‖ post εἰλήφεσαν add. παρὰ κύρου τὰ δῶρα οἱ στρατιῶται καὶ οἱ ἄρχοντες ε. 13 ἡμῖν y. 14 ὁ κῦρος τὸν τρόπον x. 15 οἷος] ὅλος xzVε, ὅλως g, ὡς Zon. 17 αἰσθανόμενος z. 18 αὐτοῦ xz, ἑαυτοῦ D. 19 τοὺς om. x. ‖ πάντας y. 20 ante ἄνδρες add. ὦ yz. ‖ post ἤδη add. ἔφη F.

κοῦσιν, ἔφη, οὗτοι τοὔμπαλιν οὗ βούλονται ἐφέλκεσθαι·
τὸ γὰρ πολλὰ δοκοῦντα ἔχειν μὴ κατ' ἀξίαν τῆς οὐ-
σίας φαίνεσθαι ὠφελοῦντα τοὺς φίλους ἀνελευθερίαν
ἔμοιγε δοκεῖ περιάπτειν. εἰσὶ δ' αὖ, ἔφη, οἳ λεληθέναι 33
βούλονται ὅσα ἂν ἔχωσι· πονηροὶ οὖν καὶ οὗτοι τοῖς
φίλοις ἔμοιγε δοκοῦσιν εἶναι. διὰ γὰρ τὸ μὴ εἰδέναι
τὰ ὄντα πολλάκις δεόμενοι οὐκ ἐπαγγέλλουσιν οἱ φίλοι
τοῖς ἑταίροις, ἀλλὰ τητῶνται. ἁπλουστάτου δέ μοι, 34
ἔφη, δοκεῖ εἶναι τὸ τὴν δύναμιν φανερὰν ποιήσαντα
ἐκ ταύτης ἀγωνίζεσθαι περὶ καλοκἀγαθίας. κἀγὼ οὖν,
ἔφη, βούλομαι ὑμῖν ὅσα μὲν οἷόν τ' ἐστὶν ἰδεῖν τῶν
ἐμοὶ ὄντων δεῖξαι, ὅσα δὲ μὴ οἷόν τε ἰδεῖν διηγήσα-
σθαι. ταῦτα εἰπὼν τὰ μὲν ἐδείκνυε πολλὰ καὶ καλὰ 35
κτήματα· τὰ δὲ κείμενα ὡς μὴ ῥᾴδια εἶναι ἰδεῖν δι-
ηγεῖτο· τέλος δ' εἶπεν ὧδε· Ταῦτα, ὦ ἄνδρες, 36
ἅπαντα δεῖ ὑμᾶς οὐδὲν μᾶλλον ἐμὰ ἡγεῖσθαι ἢ καὶ
ὑμέτερα· ἐγὼ γάρ, ἔφη, ταῦτα ἀθροίζω οὔθ' ὅπως
αὐτὸς καταδαπανήσω οὔθ' ὅπως αὐτὸς κατατρίψω·
οὐ γὰρ ἂν δυναίμην· ἀλλ' ὅπως ἔχω τῷ τε ἀεὶ καλόν
τι ὑμῶν ποιοῦντι διδόναι καὶ ὅπως, ἤν τις ὑμῶν τι-
νος ἐνδεῖσθαι νομίσῃ, πρὸς ἐμὲ ἐλθὼν λάβῃ οὗ ἂν
ἐνδεὴς τυγχάνῃ ὤν. καὶ ταῦτα μὲν δὴ οὕτως ἐλέχθη.
῾Ηνίκα δὲ ἤδη αὐτῷ ἐδόκει καλῶς ἔχειν τὰ ἐν V

1 τοὔμπαλιν] τοῦ μὴ πάλιν F. || οὗ] ὧν x. 8 ἀλλὰ τητῶνται Dind., ἀλλὰ ἡττῶνται xz, ἀλλ' ἀπατῶνται ygV. 9 δοκεῖ ἔφη y. 13 ἐδείκνυε codd. 14 χρήματα Zon. || ῥᾴδιον Vat. 987 Zon. || διηγεῖτο τέλος δ' om. zV. 15 δ' om. ED. || post ταῦτα add. ἔφη zF. 16 ἐμὰ om. F. 18 καταδαπανήσω οὔθ' ὅπως αὐτὸς om. zV. 19 τε ἀεὶ] τέλει y. || ἀεὶ ὑμῶν καλόν τι g. 20 τινος ὑμῶν τις y. 21 οὗ] οὗ δ' F, οὐδ' D. || ἂν om. zV. 22 τυγχάνοι yE, τυγχάνει V. || δὴ om. xzV. 23 ἤδη] δὴ y, τὰ ἤθη z. || αὐτῶν z. || ἐδόκει αὐτῷ y.

Βαβυλῶνι ὡς καὶ ἀποδημεῖν, συνεσκευάζετο τὴν εἰς
Πέρσας πορείαν καὶ τοῖς ἄλλοις παρήγγειλεν· ἐπεὶ δ'
ἐνόμισεν ἱκανὰ ἔχειν ὧν ᾤετο δεήσεσθαι, οὕτω δὴ ἀν-
2 εζεύγνυε. διηγησόμεθα δὲ καὶ ταῦτα ὡς πολὺς στόλος ὢν
εὐτάκτως μὲν κατεσκευάζετο καὶ πάλιν ἀνεσκευάζετο, ταχὺ
δὲ κατεχωρίζετο ὅπου δέοι. ὅπου γὰρ ἂν στρατοπεδεύηται
βασιλεύς, σκηνὰς μὲν δὴ ἔχοντες πάντες οἱ ἀμφὶ βασιλέα
3 στρατεύονται καὶ θέρους καὶ χειμῶνος. εὐθὺς δὲ τοῦτο
ἐνόμιζε Κῦρος, πρὸς ἕω βλέπουσαν ἵστασθαι τὴν σκη-
νήν· ἔπειτα ἔταξε πρῶτον μὲν πόσον δεῖ ἀπολιπόντας
σκηνοῦν τοὺς δορυφόρους τῆς βασιλικῆς σκηνῆς· ἔπει-
τα σιτοποιοῖς μὲν χώραν ἀπέδειξε τὴν δεξιάν, ὀψο-
ποιοῖς δὲ τὴν ἀριστεράν, ἵπποις δὲ τὴν δεξιάν, ὑπο-
ζυγίοις δὲ τοῖς ἄλλοις τὴν ἀριστεράν· καὶ τἆλλα δὲ
διετέτακτο ὥστε εἰδέναι ἕκαστον τὴν ἑαυτοῦ χώραν καὶ
4 μέτρῳ καὶ τόπῳ. ὅταν δὲ ἀνασκευάζωνται, συντίθησι
μὲν ἕκαστος σκεύη οἷσπερ τέτακται χρῆσθαι, ἀνατίθεν-
ται δ' αὖ ἄλλοι ἐπὶ τὰ ὑποζύγια· ὥσθ' ἅμα μὲν πάν-
τες ἔρχονται οἱ σκευαγωγοὶ ἐπὶ τὰ τεταγμένα ἄγειν,
ἅμα δὲ πάντες ἀνατιθέασιν ἐπὶ τὰ ἑαυτοῦ ἕκαστος.
οὕτω δὴ ὁ αὐτὸς χρόνος ἀρκεῖ μιᾷ τε σκηνῇ καὶ πά-
5 σαις ἀνηρῆσθαι. ὡσαύτως οὕτως ἔχει καὶ περὶ κατα-
σκευῆς. καὶ περὶ τοῦ πεποιῆσθαι δὲ τὰ ἐπιτήδεια πάντα
ἐν καιρῷ ὡσαύτως διατέτακται ἑκάστοις τὰ ποιητέα·

---

1 post ἀποδημεῖν add. ἑαυτῷ y. ‖ τὴν om. zV. 3 ὢν] ὅσων y. ‖ ἀνεζεύγνυεν codd. cf § 28. 4 διηγησώμεθα CD. ‖ post δὲ add. ἤδη y. ‖ πολὺς στόλος D, πολύστολος cet. ‖ ὁ στόλος Lincke. 5 καὶ πάλιν ἀνεσκευάζετο add. DzVC mg.(et E?). ‖ κατεχωρίζετο δὲ ταχὺ G. 6 δέοιτο yC. 10 ὁπόσον y. 14 ἀριστερὰν τοῖς ἄλλοις x, τ. ἄλλοις om. D. ‖ δὴ F. 16 συντιθέασι Bisshop. 19 ἐξάγειν F. 20 ἐπιτιθέασιν y. 22 ὡσαύτως δὲ οὕτως y.

καὶ διὰ τοῦτο ὁ αὐτὸς χρόνος ἀρκεῖ ἑνί τε μέρει καὶ
πᾶσι πεποιῆσθαι. ὥσπερ δὲ οἱ περὶ τὰ ἐπιτήδεια θερά- 6
ποντες χώραν εἶχον τὴν προσήκουσαν ἕκαστοι, οὕτω καὶ οἱ ὁπλοφόροι αὐτῷ ἐν τῇ στρατοπεδεύσει χώραν τε εἶχον τὴν τῇ ὁπλίσει ἑκάστῃ ἐπιτηδείαν, καὶ ᾔδεσαν ταύτην ὁποία ἦν, καὶ ἐπ' ἀναμφισβήτητον πάντες
κατεχωρίζοντο. καλὸν μὲν γὰρ ἡγεῖτο ὁ Κῦρος καὶ 7
ἐν οἰκίᾳ εἶναι ἐπιτήδευμα τὴν εὐθημοσύνην· ὅταν γάρ τίς του δέηται, δῆλόν ἐστι ὅπου δεῖ ἐλθόντα λαβεῖν· πολὺ δ' ἔτι κάλλιον ἐνόμιζε τὴν τῶν στρατιωτικῶν φύλων εὐθημοσύνην εἶναι, ὅσῳ τε ὀξύτεροι οἱ καιροὶ τῶν εἰς τὰ πολεμικὰ χρήσεων καὶ μείζω τὰ σφάλματα ⟨τὰ⟩ ἀπὸ τῶν ὑστεριζόντων ἐν αὐτοῖς· ἀπὸ δὲ τῶν ἐν καιρῷ παραγιγνομένων πλείστου ἄξια πλεονεκτήματα ἑώρα γιγνόμενα ἐν τοῖς πολεμικοῖς· διὰ ταῦτα οὖν καὶ ἐπεμέλετο ταύτης τῆς εὐθημοσύνης μάλι-
στα. καὶ αὐτὸς μὲν δὴ πρῶτον ἑαυτὸν ἐν μέσῳ κατ- 8
ετίθετο τοῦ στρατοπέδου, ὡς ταύτης τῆς χώρας ἐχυρωτάτης οὔσης· ἔπειτα δὲ τοὺς μὲν πιστοτάτους ὥσπερ εἰώθει περὶ ἑαυτὸν εἶχε, τούτων δ' ἐν κύκλῳ ἐχομέ-
νους ἱππέας τ' εἶχε καὶ ἁρματηλάτας. καὶ γὰρ τούτους 9
ἰσχυρᾶς ἐνόμιζε χώρας δεῖσθαι, ὅτι οἷς μάχονται ὅπλοις οὐδὲν πρόχειρον ἔχοντες τούτων στρατοπεδεύονται, ἀλλὰ πολλοῦ χρόνου δέονται εἰς τὴν ἐξόπλισιν,

2 δὲ καὶ οἱ y. **3** ἕκαστος D. **5** τὴν ἐν τῇ y. **6** ἐπ'] εἰς y. **7** γὰρ] om. x, οὖν Suidas. **8** (et 11. 16) εὐθυμοσύνην zCF. || ὅταν γὰρ] ὅτι ἂν F, ὥστε ὅτι ἂν D. **11** φυλῶν Vz. || εἶναι εὐθυμοσύνην y. **13** ⟨τὰ⟩ Holden. **14** πλεονεκτήματα Schneider, ταῦτα κτήματα xF, τὰ κτήματα zV, ταῦτα τὰ κτήματα D, τὰ εὐτυχήματα Nitsche. **16** γοῦν x. || ἐπεμελεῖτο yE. **17** πρῶτος ἐν μέσῳ ἑαυτὸν y. **19** οὔσης ἐχυρωτάτης y. **22** ἰσχυρᾶς x, ἐχυρᾶς cet. || ante οἷς add. σὺν xy.

10 εἰ μέλλουσι χρησίμως ἕξειν. ἐν δεξιᾷ δὲ καὶ ἐν ἀρι-
στερᾷ αὐτοῦ τε καὶ τῶν ἱππέων πελτασταῖς χώρα
ἦν· τοξοτῶν δ' αὖ χώρα ἡ πρόσθεν ἦν καὶ ὄπισθεν
11 αὐτοῦ τε καὶ τῶν ἱππέων. ὁπλίτας δὲ καὶ τοὺς τὰ
μεγάλα γέρρα ἔχοντας κύκλῳ πάντων εἶχεν ὥσπερ τεῖ-
χος, ὅπως καὶ εἰ δέοι τι ἐνσκευάζεσθαι τοὺς ἱππέας,
οἱ μονιμώτατοι πρόσθεν ὄντες παρέχοιεν αὐτοῖς ἀσφα-
12 λῆ τὴν καθόπλισιν. ἐκάθευδον δὲ αὐτῷ ἐν τάξει
ὥσπερ οἱ ὁπλῖται, οὕτω δὲ καὶ οἱ πελτασταὶ καὶ οἱ
τοξόται, ὅπως καὶ ἐκ νυκτῶν, εἰ δέοι τι, ὥσπερ καὶ
οἱ ὁπλῖται παρεσκευασμένοι εἰσὶ παίειν τὸν εἰς χεῖρας
ἰόντα, οὕτω καὶ οἱ τοξόται καὶ οἱ ἀκοντισταί, εἴ τινες
προσίοιεν, ἐξ ἑτοίμου ἀκοντίζοιεν καὶ τοξεύοιεν ὑπὲρ
13 τῶν ὁπλιτῶν. εἶχον δὲ καὶ σημεῖα πάντες οἱ ἄρχον-
τες ἐπὶ ταῖς σκηναῖς· οἱ δ' ὑπηρέται ὥσπερ καὶ ἐν
ταῖς πόλεσιν οἱ σώφρονες ἴσασι μὲν καὶ τῶν πλείστων
τὰς οἰκήσεις, μάλιστα δὲ τῶν ἐπικαιρίων, οὕτω καὶ τῶν
ἐν τοῖς στρατοπέδοις τάς τε χώρας τὰς τῶν ἡγεμόνων
ἠπίσταντο οἱ Κύρου ὑπηρέται καὶ τὰ σημεῖα ἐγίγνω-
σκον ἃ ἑκάστοις ἦν· ὥστε ὅτου δέοιτο Κῦρος, οὐκ ἐζή-
14 τουν, ἀλλὰ τὴν συντομωτάτην ἐφ' ἕκαστον ἔθεον. καὶ
διὰ τὸ εἰλικρινῆ ἕκαστα εἶναι τὰ φῦλα πολὺ μᾶλλον ἦν
δῆλα καὶ ὁπότε τις εὐτακτοίη καὶ εἴ τις μὴ πράττοι

---

1 ἕξειν] ἐξοίσειν Vz. || post. ἐν om. G. 2 ἑαυτοῦ xy. || ἵππων AH. 6 καὶ om. F. 7 πρόσθεν ὄντες] προσιόντες z. 8 ἐξόπλισιν y. 9 ὥσπερ . . . καὶ] ὥσπερ καὶ οἱ ὁπλῖται οὕτως καὶ y. 10 prius καὶ om. x. || δέοι τι] δέοιτο FH. 12 ἰόντα] ἐρχόμενον x. || τοξόται καὶ οἱ om. xzV. 13 προίοιεν z. 15 ante ἐν add. οἱ F. 16 οἱ σώφρονες del. Hug. || τῶν om. x. 17 τὰς om. x. 19 ἠπίσταντο] ἐπίσταντο AH, ἠπίσταντο καὶ y. || σημεῖα δ' ἐγίγνωσκον y. 20 ἑκάστῳ y. || οὐκ] οὐδ' x. 22 τὰ φῦλα om. zV.

τὸ προσταττόμενον. οὕτω δὴ ἐχόντων ἡγεῖτο, εἴ τις
καὶ ἐπίθοιτο νυκτὸς ἢ ἡμέρας, ὥσπερ ἂν εἰς ἐνέδραν
εἰς τὸ στρατόπεδον τοὺς ἐπιτιθεμένους ἐμπίπτειν. καὶ 15
τὸ τακτικὸν δὲ εἶναι οὐ τοῦτο μόνον ἡγεῖτο εἴ τις ἐκ-
τεῖναι φάλαγγα εὐπόρως δύναιτο ἢ βαθῦναι ἢ ἐκ κέ-
ρατος εἰς φάλαγγα καταστῆσαι ἢ ἐκ δεξιᾶς ἢ ἀριστε-
ρᾶς ἢ ὄπισθεν ἐπιφανέντων πολεμίων ὀρθῶς ἐξελίξαι,
ἀλλὰ καὶ τὸ διασπᾶν ὁπότε δέοι τακτικὸν ἡγεῖτο, καὶ
τὸ τιθέναι γε τὸ μέρος ἕκαστον ὅπου μάλιστα ἐν ὠφε-
λείᾳ ἂν εἴη, καὶ τὸ ταχύνειν δὲ ὅπου φθάσαι δέοι,
πάντα ταῦτα καὶ τὰ τοιαῦτα τακτικοῦ ἀνδρὸς ἐνόμιζεν
εἶναι καὶ ἐπεμελεῖτο τούτων πάντων ὁμοίως. καὶ ἐν 16
μὲν ταῖς πορείαις πρὸς τὸ συμπῖπτον ἀεὶ διατάττων
ἐπορεύετο, ἐν δὲ τῇ στρατοπεδεύσει ὡς τὰ πολλὰ
ὥσπερ εἴρηται κατεχώριζεν.

Ἐπεὶ δὲ πορευόμενοι γίγνονται κατὰ τὴν Μηδικήν, 17
τρέπεται ὁ Κῦρος πρὸς Κυαξάρην. ἐπεὶ δὲ ἠσπάσαντο
ἀλλήλους, πρῶτον μὲν δὴ ὁ Κῦρος εἶπε τῷ Κυαξάρῃ
ὅτι οἶκος αὐτῷ ἐξῃρημένος εἴη ἐν Βαβυλῶνι καὶ ἀρ-
χεῖα, ὅπως ἔχῃ καὶ ὅταν ἐκεῖσε ἔλθῃ εἰς οἰκεῖα κατ-
άγεσθαι· ἔπειτα δὲ καὶ ἄλλα δῶρα ἔδωκεν αὐτῷ πολλὰ
καὶ καλά. ὁ δὲ Κυαξάρης ταῦτα μὲν ἐδέχετο, προσ- 18

---

1 προσταττόμενον] πραττόμενον x. 2 καὶ om. V. || ἐπί-θοιτο] πείθοιτο xz. 3 ἐμπίπτειν τοὺς ἐπι(τι D)θεμένους εἰς τὸ στρατόπεδον y. 4 μόνον τοῦτο y. 5 φάλαγγας xz. 6 ante ἀριστερᾶς add. ἐξ y. 8 τὸ om. Vz. 9 γε om. y. 10 ἂν om. y. 11 πρακτικοῦ G. 13 διάττων F 14 ὡς om. y. 16 ἐπειδὴ δὲ πορευόμενοι ἐγίγνοντο y. 17 ἐπεὶ] ἐπειδὴ y. 18 δὴ om. y. || τῷ κυαξάρῃ] πρὸς κυαξάρην x. 19 εἴη ante αὐτῷ transp. y. || ἀρχεῖα] ἢ ἀρχαῖα ὡς Ξενοφῶν Ἱστοριῶν η' Suidas. 20 ἔχοι x. || οἰκεῖα] οἰκίαν F. 22 ἐδέ-ξατο y.

ἔπεμψε δὲ αὐτῷ τὴν θυγατέρα στέφανόν τε χρυσοῦν
καὶ ψέλια φέρουσαν καὶ στρεπτὸν καὶ στολὴν Μηδι-
19 κὴν ὡς δυνατὸν καλλίστην. καὶ ἡ μὲν δὴ παῖς ἐστε-
φάνου τὸν Κῦρον, ὁ δὲ Κυαξάρης εἶπε, Δίδωμί
σοι, ἔφη, ὦ Κῦρε, καὶ αὐτὴν ταύτην γυναῖκα, ἐμὴν
οὖσαν θυγατέρα· καὶ ὁ σὸς δὲ πατὴρ ἔγημε τὴν τοῦ
ἐμοῦ πατρὸς θυγατέρα, ἐξ ἧς σὺ ἐγένου· αὕτη δ'
ἐστὶν ἣν σὺ πολλάκις παῖς ὢν ὅτε παρ' ἡμῖν ἦσθα
ἐτιθηνήσω· καὶ ὁπότε τις ἐρωτῴη αὐτὴν τίνι γαμοῖτο,
ἔλεγεν ὅτι Κύρῳ· ἐπιδίδωμι δὲ αὐτῇ ἐγὼ καὶ φερνὴν
Μηδίαν τὴν πᾶσαν· οὐδὲ γάρ ἐστι μοι ἄρρην παῖς
20 γνήσιος. ὁ μὲν οὕτως εἶπεν· ὁ δὲ Κῦρος ἀπεκρίνατο,
Ἀλλ' ὦ Κυαξάρη, τό τε γένος ἐπαινῶ καὶ τὴν παῖδα
καὶ τὰ δῶρα· βούλομαι δέ, ἔφη, σὺν τῇ τοῦ πατρὸς
γνώμῃ καὶ τῇ τῆς μητρὸς ταῦτά σοι συναινέσαι. εἶπε
μὲν οὖν οὕτως ὁ Κῦρος, ὅμως δὲ τῇ παιδὶ πάντα
ἐδωρήσατο ὁπόσα ᾤετο καὶ τῷ Κυαξάρῃ χαριεῖσθαι.
ταῦτα δὲ ποιήσας εἰς Πέρσας ἐπορεύετο.
21 Ἐπεὶ δ' ἐπὶ τοῖς Περσῶν ὁρίοις ἐγένετο πορευό-
μενος, τὸ μὲν ἄλλο στράτευμα αὐτοῦ κατέλιπεν, αὐτὸς
δὲ σὺν τοῖς φίλοις εἰς τὴν πόλιν ἐπορεύετο, ἱερεῖα
μὲν ἄγων ὡς πᾶσι Πέρσαις ἱκανὰ θύειν τε καὶ ἑστιᾶ-
σθαι· δῶρα δ' ἦγεν οἷα μὲν ἔπρεπε τῷ πατρὶ καὶ τῇ
μητρὶ καὶ τοῖς ἄλλοις φίλοις, οἷα δ' ἔπρεπεν ταῖς ἀρχαῖς

---

4 δὲ post δίδωμι add. codd. praeter xD. 8 πολλάκις σὺ y. 10 αὐτῇ ἐγὼ καὶ] αὐτῇ D, ἐγὼ αὐτὴν F. 11 τὴν om. y. 13 τε om. V. 14 τὰ om. xAH. 15 γνώμῃ post μητρὸς transp. y. ‖ εἶπε μὲν οὖν xAHF, εἶπεν οὖν D, εἶπε μὲν G. 17 καὶ τῷ om. Vz. ‖ χαρίζεσθαι zV. 18 ἐς V. 20 κατέλειπεν Hpr. 24 φίλοις ἄλλοις G. ‖ ταῖς et τοῖς (1 p. 429) om. xzV.

καὶ τοῖς γεραιτέροις καὶ τοῖς ὁμοτίμοις πᾶσιν· ἔδωκε
δὲ καὶ πᾶσι Πέρσαις καὶ Περσίσιν ὅσαπερ καὶ νῦν ἔτι
δίδωσιν ὅτανπερ ἀφίκηται βασιλεὺς εἰς Πέρσας. ἐκ δὲ 22
τούτου συνέλεξε Καμβύσης τούς τε γεραιτέρους Περσῶν
καὶ τὰς ἀρχάς, οἵπερ τῶν μεγίστων κύριοί εἰσι· παρ-
εκάλεσε δὲ καὶ Κῦρον, καὶ ἔλεξε τοιάδε.

Ἄνδρες Πέρσαι καὶ σύ, ὦ Κῦρε, ἐγὼ ἀμφοτέροις
ὑμῖν εἰκότως εὔνους εἰμί· ὑμῶν μὲν γὰρ βασιλεύω,
σὺ δέ, ὦ Κῦρε, παῖς ἐμὸς εἶ. δίκαιος οὖν εἰμι, ὅσα
γιγνώσκειν δοκῶ ἀγαθὰ ἀμφοτέροις, ταῦτα εἰς τὸ μέ-
σον λέγειν. τὰ μὲν γὰρ παρελθόντα ὑμεῖς μὲν Κῦρον 23
ηὐξήσατε στράτευμα δόντες καὶ ἄρχοντα τούτου αὐτὸν
καταστήσαντες, Κῦρος δὲ ἡγούμενος τούτου σὺν θεοῖς
εὐκλεεῖς μὲν ὑμᾶς, ὦ Πέρσαι, ἐν πᾶσιν ἀνθρώποις
ἐποίησεν, ἐντίμους δ' ἐν τῇ Ἀσίᾳ πάσῃ· τῶν δὲ συ-
στρατευσαμένων αὐτῷ τοὺς μὲν ἀρίστους καὶ πεπλού-
τικε, τοῖς δὲ πολλοῖς μισθὸν καὶ τροφὴν παρεσκεύακεν·
ἱππικὸν δὲ καταστήσας Περσῶν πεποίηκε Πέρσαις καὶ
πεδίων εἶναι μετουσίαν. ἢν μὲν οὖν καὶ τὸ λοιπὸν 24
οὕτω γιγνώσκητε, πολλῶν καὶ ἀγαθῶν αἴτιοι ἀλλήλοις
ἔσεσθε· εἰ δὲ ἢ σύ, ὦ Κῦρε, ἐπαρθεὶς ταῖς παρούσαις
τύχαις ἐπιχειρήσεις καὶ Περσῶν ἄρχειν ἐπὶ πλεονεξίᾳ
ὥσπερ καὶ τῶν ἄλλων, ἢ ὑμεῖς, ὦ πολῖται, φθονήσαντες
τούτῳ τῆς δυνάμεως καταλύειν πειράσεσθε τοῦτον τῆς
ἀρχῆς, εὖ ἴστε ὅτι ἐμποδὼν ἀλλήλοις πολλῶν καὶ ἀγα-

---

2 primum καὶ om. F. 4 τε om. xzV. 5 οἵπερ . . . εἰσι ut supervacanea del. Lincke. 7 ante κῦρε add. καὶ xy. || ἀμφοτέρους V. 11 ante κῦρον add. γὰρ F. 13 ante θεοῖς add. τοῖς y. 15 στρατευομένων x. 16 αὐτῷ om. Vz. || καὶ om. V. || πεπλούτηκε Vzy. 21 ὦ om. F. 23 καὶ om. zC.

25 θῶν ἔσεσθε. ὡς οὖν μὴ ταῦτα γίγνηται, ἀλλὰ τἀγαθά,
ἐμοὶ δοκεῖ, ἔφη, θύσαντας ὑμᾶς κοινῇ καὶ θεοὺς ἐπι-
μαρτυραμένους συνθέσθαι, σὲ μέν, ὦ Κῦρε, ἤν τις
ἐπιστρατεύηται χώρᾳ Περσίδι ἢ Περσῶν νόμους δια-
σπᾶν πειρᾶται, βοηθήσειν παντὶ σθένει, ὑμᾶς δέ, ὦ
Πέρσαι, ἤν τις ἢ ἀρχῆς Κῦρον ἐπιχειρῇ καταπαύειν
ἢ ἀφίστασθαί τις τῶν ὑποχειρίων, βοηθήσειν καὶ ὑμῖν
26 αὐτοῖς καὶ Κύρῳ καθ' ὅ,τι ἂν οὗτος ἐπαγγέλλῃ. καὶ
ἕως μὲν ἂν ἐγὼ ζῶ, ἐμὴ γίγνεται ἡ ἐν Πέρσαις βασι-
λεία· ὅταν δ' ἐγὼ τελευτήσω, δῆλον ὅτι Κύρου, ἐὰν
ζῇ. καὶ ὅταν μὲν οὗτος ἀφίκηται εἰς Πέρσας, ὁσίως
ἂν ὑμῖν ἔχοι τοῦτον θύειν τὰ ἱερὰ ὑπὲρ ὑμῶν ἅπερ
νῦν ἐγὼ θύω· ὅταν δ' οὗτος ἔκδημος ᾖ, καλῶς ἂν
οἶμαι ὑμῖν ἔχειν εἰ ἐκ τοῦ γένους ὃς ἂν δοκῇ ὑμῖν
27 ἄριστος εἶναι, οὗτος τὰ τῶν θεῶν ἀποτελοίη. ταῦτα
εἰπόντος Καμβύσου συνέδοξε Κύρῳ τε καὶ τοῖς Περ-
σῶν τέλεσι· καὶ συνθέμενοι ταῦτα τότε καὶ θεοὺς
ἐπιμαρτυράμενοι οὕτω καὶ νῦν ἔτι διαμένουσι ποιοῦν-
τες πρὸς ἀλλήλους Πέρσαι τε καὶ βασιλεύς. τούτων
δὲ πραχθέντων ἀπῄει ὁ Κῦρος.
28 Ὡς δ' ἀπιὼν ἐγένετο ἐν Μήδοις, συνδόξαν τῷ
πατρὶ καὶ τῇ μητρὶ γαμεῖ τὴν Κυαξάρου θυγατέρα,
ἧς ἔτι καὶ νῦν λόγος ὡς παγκάλης γενομένης. [ἔνιοι

---

1 οὖν om. G. 2 ἡμᾶς yAHV. ‖ ἐπιμαρτυρομένους y. 3 σὲ] σὺ F. 4 ἢ χώρᾳ xzV. ‖ ἀνασπᾶν y. 8 οὗτος om. zV. 9 ἕως] ὡς HV. ‖ ἐμὴ] ἐμοὶ x. ‖ γίγνεται y, γίγνηται cet. ‖ ἐν περσίδι x. 11 οὗτος om. y. 12 ἔχοι z, ἔχειν y, ἔχῃ x. 14 ἔχειν yzV, ἔχει E, ἔχῃ C. ‖ εἰ om. y. 15 ἐπιτελοίη y. 17 ταῦτα τότε xz, τότε ταῦτα F, ταῦτα D. 18 ἔτι om. x. 19 πρὸς ἀλλήλους om. x. 20 δὲ] τότε F. 22 καὶ τῇ μητρὶ om. zV. 23 νῦν ὁ λόγος F. ‖ παγκάλου H, παγκάλλου G, παγγάλου A. ‖ ἔνιοι . . . παῖς (3 p. 431) del. Dind.

δὲ τῶν λογοποιῶν λέγουσιν ὡς τὴν τῆς μητρὸς ἀδελφὴν ἔγημεν· ἀλλὰ γραῦς ἂν καὶ παντάπασιν ἦν ἡ παῖς.] γήμας δ' εὐθὺς ἔχων ἀνεζεύγνυεν.

Ἐπεὶ δ' ἐν Βαβυλῶνι ἦν, ἐδόκει αὐτῷ σατράπας VI ἤδη πέμπειν ἐπὶ τὰ κατεστραμμένα ἔθνη. τοὺς μέντοι ἐν ταῖς ἄκραις φρουράρχους καὶ τοὺς χιλιάρχους τῶν κατὰ τὴν χώραν φυλακῶν οὐκ ἄλλου ἢ ἑαυτοῦ ἐβούλετο ἀκούειν· ταῦτα δὲ προεωρᾶτο ἐννοῶν ὅπως εἴ τις τῶν σατραπῶν ὑπὸ πλούτου καὶ πλήθους ἀνθρώπων ἐξυβρίσειε καὶ ἐπιχειρήσειε μὴ πείθεσθαι, εὐθὺς ἀντιπάλους ἔχοι ἐν τῇ χώρᾳ. ταῦτ' οὖν βουλό- 2 μενος πρᾶξαι ἔγνω συγκαλέσαι πρῶτον τοὺς ἐπικαιρίους καὶ προειπεῖν, ὅπως εἰδεῖεν ἐφ' οἷς ἴασιν οἱ ἰόντες· ἐνόμιζε γὰρ οὕτως ἂν ῥᾷον φέρειν αὐτούς· ἐπεὶ δὲ κατασταίη τις ἄρχων καὶ αἰσθάνοιτο ταῦτα, χαλεπῶς ἂν ἐδόκουν αὐτῷ φέρειν, νομίζοντες δι' ἑαυτῶν ἀπιστίαν ταῦτα γενέσθαι. οὕτω δὴ συλλέξας 3 λέγει αὐτοῖς τοιάδε.

Ἄνδρες φίλοι, εἰσὶν ἡμῖν ἐν ταῖς κατεστραμμέναις πόλεσι φρουροὶ καὶ φρούραρχοι, οὓς τότε κατελίπομεν· καὶ τούτοις ἐγὼ προστάξας ἀπῆλθον ἄλλο μὲν μηδὲν

---

2 καὶ om. y. 3 ἔχων om. G. || αὐτὴν add. Zon. || ἀνεζεύγνυεν codd. cf. § 1, ἀνεζεύγνυον· Ξενοφῶν εἴρηκε Παιδείας η' Photios p. 129, 8 ed. Reitzenstein. 6 φρουράρχους] φυλάρχους C (φρουράρχους καὶ τοὺς in marg.), φρουράρχους καὶ φυλάρχους E. || καὶ τοὺς χιλιάρχους om. x. 7 φυλάκων y. || αὐτοῦ y. 8 ἐβουλεύετο F. 11 ἀντίπαλον ἔχοιεν τὴν χώραν x, ἀντίπαλα ἐν τῇ χώρᾳ ἔχοι y, ἀντίπαλον etiam V. 13 ἴσασιν F. || οἱ om. xF. 14 οὕτως (ἂν add. F) ῥᾷον φέρειν y, οὕτω ῥᾴδιον φέρειν (ἂν add. zV) xzV. 15 αἰσθάνοντο D. 16 δι' ἑαυτῶν] δι' αὐτὴν αὐτῶν F, διὰ τὴν αὐτῶν D. 17 γίγνεσθαι y. 20 πόλεσι φρουροὶ καὶ om. F, φρουροὶ καὶ om. D. 21 μηδὲν] om. F, οὐδὲν G.

πολυπραγμονεῖν, τὰ δὲ τείχη διασῴζειν. τούτους μὲν οὖν οὐ παύσω τῆς ἀρχῆς, ἐπεὶ καλῶς διαπεφυλάχασι τὰ προσταχθέντα· ἄλλους δὲ σατράπας πέμψαι μοι δοκεῖ, οἵτινες ἄρξουσι τῶν ἐνοικούντων καὶ τὸν δασμὸν λαμβάνοντες τοῖς τε φρουροῖς δώσουσι μισθὸν καὶ ἄλλο
4 τελοῦσιν ὅ,τι ἂν δέῃ. δοκεῖ δέ μοι καὶ τῶν ἐνθάδε μενόντων ὑμῶν, οἷς ἂν ἐγὼ πράγματα παρέχω πέμπων πράξοντάς τι ἐπὶ ταῦτα τὰ ἔθνη, χώρας γενέσθαι καὶ οἴκους ἐκεῖ, ὅπως δασμοφορῆταί τε αὐτοῖς δεῦρο, ὅταν τε ἴωσιν ἐκεῖσε, εἰς οἰκεῖα ἔχωσι κατάγεσθαι.
5 ταῦτα εἶπε καὶ ἔδωκε πολλοῖς τῶν φίλων κατὰ πάσας τὰς καταστραφείσας πόλεις οἴκους καὶ ὑπηκόους· καὶ νῦν εἰσιν ἔτι τοῖς ἀπογόνοις τῶν τότε λαβόντων αἱ χῶραι καταμένουσαι ἄλλαι ἐν ἄλλῃ γῇ· αὐτοὶ δὲ οἰκοῦσι
6 παρὰ βασιλεῖ. Δεῖ δέ, ἔφη, τοὺς ἰόντας σατράπας ἐπὶ ταύτας τὰς χώρας τοιούτους ἡμᾶς σκοπεῖν οἵτινες ὅ,τι ἂν ἐν τῇ γῇ ἑκάστῃ καλὸν ἢ ἀγαθὸν ᾖ, μεμνήσονται καὶ δεῦρο ἀποπέμπειν, ὡς μετέχωμεν καὶ οἱ ἐνθάδε ὄντες τῶν πανταχοῦ γιγνομένων ἀγαθῶν· καὶ γὰρ ἤν
7 τί που δεινὸν γίγνηται, ἡμῖν ἔσται ἀμυντέον. ταῦτ' εἰπὼν τότε μὲν ἔπαυσε τὸν λόγον, ἔπειτα δὲ οὓς ἐγίγνωσκε τῶν φίλων ἐπὶ τοῖς εἰρημένοις ἐπιθυμοῦντας ἰέναι, ἐκλεξάμενος αὐτῶν τοὺς δοκοῦντας ἐπιτη-

2 διαπεφύκασι Vz, διαπεφυλάκασι cet., corr. Buttmann. 5 τε πρώτοις φρουροῖς y. || ἄλλο] ἄλλως F, ἄλλοις οἷ D. 6 τελέσουσιν xzV. 7 μενόντων om. xzV. || παρέχων πέμπω y. 8 πράξαντας F. || τὰ ἔθνη ταῦτα G. || γενέσθαι] γε νέμεσθαι x. 9 δασμοφορῆταί (-τέ F) τε zFc, δασμοφορῆτε x, δασμοφοροῖτε D. 10 καὶ ὅταν y. 12 πόλεις] χώρας y. || καὶ ὑπηκόους om. zV. 13 εἴσιν ἔτι V cor., ἔτι εἰσὶ y, εἴσιν ἐπὶ z, εἴσιν ἔτι ἐπὶ x. 17 ᾖ ἢ ἀγαθόν y. 18 μετέχομεν y. 23 ἐπιτηδειοτάτους δοκοῦντας y.

δειοτάτους εἶναι ἔπεμπε σατράπας εἰς Ἀραβίαν μὲν
Μεγάβυζον, εἰς Καππαδοκίαν δὲ Ἀρταβάταν, εἰς Φρυ-
γίαν δὲ τὴν μεγάλην Ἀρτακάμαν, εἰς Λυδίαν δὲ καὶ
Ἰωνίαν Χρυσάνταν, εἰς Καρίαν δὲ Ἀδούσιον, ὅνπερ
ᾐτοῦντο, εἰς Φρυγίαν δὲ τὴν παρ' Ἑλλήσποντον καὶ
Αἰολίδα Φαρνοῦχον. Κιλικίας δὲ καὶ Κύπρου καὶ 8
Παφλαγόνων οὐκ ἔπεμψε Πέρσας σατράπας, ὅτι ἑκόν-
τες ἐδόκουν αὐτῷ συστρατεῦσαι ἐπὶ Βαβυλῶνα· δασμοὺς
μέντοι συνέταξεν ἀποφέρειν καὶ τούτους. ὡς δὲ τότε 9
ὁ Κῦρος κατεστήσατο, οὕτως ἔτι καὶ νῦν βασιλέως εἰσὶν
αἱ ἐν ταῖς ἄκραις φυλακαὶ καὶ οἱ χιλίαρχοι τῶν φυ-
λακῶν ἐκ βασιλέως εἰσὶ καθεστηκότες καὶ παρὰ βασιλεῖ
ἀπογεγραμμένοι. προεῖπε δὲ πᾶσι τοῖς ἐκπεμπομένοις 10
σατράπαις, ὅσα αὐτὸν ἑώρων ποιοῦντα, πάντα μιμεῖ-
σθαι· πρῶτον μὲν ἱππέας καθιστάναι ἐκ τῶν συνεπι-
σπομένων Περσῶν καὶ συμμάχων καὶ ἁρματηλάτας·
ὁπόσοι δ' ἂν γῆν καὶ ἀρχεῖα λάβωσιν, ἀναγκάζειν τού-
τους ἐπὶ θύρας ἰέναι καὶ σωφροσύνης ἐπιμελουμένους
παρέχειν ἑαυτοὺς τῷ σατράπῃ χρῆσθαι, ἤν τι δέηται·
παιδεύειν δὲ καὶ τοὺς γιγνομένους παῖδας ἐπὶ θύραις,
ὥσπερ παρ' αὐτῷ· ἐξάγειν δ' ἐπὶ θήραν τὸν σα-
τράπην τοὺς ἀπὸ θυρῶν καὶ ἀσκεῖν αὐτόν τε καὶ τοὺς
σὺν αὐτῷ τὰ πολεμικά. Ὃς δ' ἂν ἐμοί, ἔφη, κατὰ 11

1 ἔπεμψε F. 3 λυκίαν AH Zon. 4 καδούσιον x. || ὅνπερ] ὥσπερ καὶ x. 5 ᾖτουν xzV. 8 αὐτῷ om. codd. praeter x et Zon. || συστρατεύεσθαι xzV Zon. 9 ἔταξεν y. || δὲ om. Vz. 10 ὁ ante κῦρος om. codd. praeter C. || κατεσκευάσατο y. 11 αἱ om. D. || ταῖς om. y. 14 (ἑ- F)αυτὸν ἑώρων ποιοῦντα y, δυνατὸν ἑώρων ποιοῦντα ἑαυτὸν xzV. 15 καθεστάναι x. || συνεπομένων xDV. 20 ἐπιγιγνομένους y. || θύραις Reiske, θύρας codd. 21 παρ' om. F. || ἑαυτῷ y, αὐτῷ V. || ante θήραν add. τὴν xz. || θήραν] θύραν z. 22 αὐτόν xGHD. 23 αὐτῷ xD, ἑαυτῷ zF. || ἐμοί om. EF.

λόγον τῆς δυνάμεως πλεῖστα μὲν ἅρματα, πλείστους δὲ καὶ ἀρίστους ἱππέας ἀποδεικνύῃ, τοῦτον ἐγὼ ὡς ἀγαθὸν σύμμαχον καὶ ὡς ἀγαθὸν συμφύλακα Πέρσαις τε καὶ ἐμοὶ τῆς ἀρχῆς τιμήσω. ἔστων δὲ παρ' ὑμῖν καὶ ἕδραις ὥσπερ παρ' ἐμοὶ οἱ ἄριστοι προτετιμημένοι, καὶ τράπεζα, ὥσπερ ἡ ἐμή, τρέφουσα μὲν πρῶτον τοὺς οἰκέτας, ἔπειτα δὲ καὶ ὡς φίλοις μεταδιδόναι ἱκανῶς κεκοσμημένη καὶ ὡς τὸν καλόν τι ποιοῦντα καθ' ἡμέ-
12 ραν ἐπιγεραίρειν. κτᾶσθε δὲ καὶ παραδείσους καὶ θηρία τρέφετε, καὶ μήτε αὐτοί ποτε ἄνευ κόπου σῖτον παραθῆσθε μήτε ἵπποις ἀγυμνάστοις χόρτον ἐμβάλλετε· οὐ γὰρ ἂν δυναίμην ἐγὼ εἷς ὢν ἀνθρωπίνῃ ἀρετῇ τὰ πάντων ὑμῶν ἀγαθὰ διασῴζειν, ἀλλὰ δεῖ ἐμὲ μὲν ἀγαθὸν ὄντα σὺν ἀγαθοῖς τοῖς παρ' ἐμοῦ ὑμῖν ἐπίκουρον εἶναι· ὑμᾶς δὲ ὁμοίως αὐτοὺς ἀγαθοὺς ὄντας σὺν ἀγαθοῖς τοῖς μεθ' ὑμῶν ἐμοὶ συμμάχους εἶναι.
13 βουλοίμην δ' ἂν ὑμᾶς καὶ τοῦτο κατανοῆσαι ὅτι τούτων ὧν νῦν ὑμῖν παρακελεύομαι οὐδὲν τοῖς δούλοις προστάττω· ἃ δ' ὑμᾶς φημι χρῆναι ποιεῖν, ταῦτα καὶ αὐτὸς πειρῶμαι πάντα πράττειν. ὥσπερ δ' ἐγὼ ὑμᾶς κελεύω ἐμὲ μιμεῖσθαι, οὕτω καὶ ὑμεῖς τοὺς ὑφ' ὑμῶν ἀρχὰς ἔχοντας μιμεῖσθαι ὑμᾶς διδάσκετε.

14 Ταῦτα δὲ Κύρου οὕτω τότε τάξαντος ἔτι καὶ νῦν τῷ αὐτῷ τρόπῳ πᾶσαι μὲν αἱ ὑπὸ βασιλεῖ φυλακαὶ ὁμοίως φυλάττονται, πᾶσαι δὲ αἱ τῶν ἀρχόντων

---

3 φύλακα x. 4 ἔστωσαν xz. 5 ἕδραις Stephanus, ἕδρας codd. || οἱ ἄριστοι om. y. || προτετιμημένοις F, προτετιμημένοι D. 9 δὲ om. F. 10 ἄνευ κόπου x, ἄνευ πόνου z, ἄπονοι y. 12 ἂν om. F. 17 τούτων ὄντων ὧν y. 18 post νῦν add. ἐγὼ C. 20 πάντα om. G. 21 ἡμῶν G. 22 ἀρχεῖα y. 23 § 14 del. Lincke. οὕτω κύρου τάξαντος τότε x.

θύραι ὁμοίως θεραπεύονται, πάντες δὲ οἱ οἶκοι καὶ μεγάλοι καὶ μικροὶ ὁμοίως οἰκοῦνται, πᾶσι δὲ οἱ ἄριστοι τῶν παρόντων ἕδραις προτετίμηνται, πᾶσαι δὲ αἱ πορεῖαι συντεταγμέναι κατὰ τὸν αὐτὸν τρόπον εἰσί, πᾶσαι δὲ συγκεφαλαιοῦνται πολιτικαὶ πράξεις εἰς ὀλίγους ἐπιστάτας.

15 Ταῦτα εἰπὼν ὡς χρὴ ποιεῖν ἑκάστους καὶ δύναμιν ἑκάστῳ προσθεὶς ἐξέπεμπε, καὶ προεῖπεν ἅπασι παρασκευάζεσθαι ὡς εἰς νέωτα στρατείας ἐσομένης καὶ ἀποδείξεως ἀνδρῶν καὶ ὅπλων καὶ ἵππων καὶ ἁρμάτων.

16 Κατενοήσαμεν δὲ καὶ τοῦτο ὅτι Κύρου κατάρξαντος, ὥς φασι, καὶ νῦν ἔτι διαμένει· ἐφοδεύει γὰρ ἀνὴρ κατ' ἐνιαυτὸν ἀεὶ στράτευμα ἔχων, ὡς ἢν μέν τις τῶν σατραπῶν ἐπικουρίας δέηται, ἐπικουρῇ, ἢν δέ τις ὑβρίζῃ, σωφρονίζῃ, ἢν δέ τις ἢ δασμῶν φορᾶς ἀμελῇ ἢ τῶν ἐνοίκων φυλακῆς ἢ ὅπως ἡ χώρα ἐνεργὸς ᾖ ἢ ἄλλο τι τῶν τεταγμένων παραλείπῃ, ταῦτα πάντα κατευτρεπίζῃ· ἢν δὲ μὴ δύνηται, βασιλεῖ ἀπαγγέλλῃ· ὁ δὲ ἀκούων βουλεύεται περὶ τοῦ ἀτακτοῦντος. καὶ οἱ πολλάκις λεγόμενοι ὅτι βασιλέως υἱὸς καταβαίνει, βασιλέως ἀδελφός, βασιλέως ὀφθαλμός, καὶ ἐνίοτε οὐκ

---

1 οἱ om. y. 2 σμικροὶ G. ‖ πᾶσι] πάντες D. ‖ ἄριστοι ὁμοίως τῶν y. 3 τετίμηνται x. ‖ πᾶσαι codd., πᾶσι Dind. 5 πᾶσαι y, πᾶσι xzV. ‖ κεφαλαιοῦνται x. ‖ πολιτικαὶ Eichler, πολλαὶ codd. ‖ εἰς ὀλίγους ἐπιστάτας y, ὀλίγοις ἐπιστάταις xzV. 7 post ταῦτα add. δ' z. 9 τῆς ante στρατείας add. F. 10 ἐπιδείξεως Vz. ‖ καὶ ἁρμάτων om. F. 13 φασιν ἔτι καὶ νῦν διαμένοιεν y. 15 σατραπῶν] στρατιωτῶν y. ‖ ἐπικουρεῖ x. 16 σωφρονίζει xg. 17 τῶν om. G. ‖ ἐνοίκων] ἐν οἴκῳ F. 18 παραλείπῃ(-ει F) y, παραλίπῃ cet. ‖ κατευτρεπίζει xD. 19 ἀπαγγέλλει xD. 20 βουλεύηται yzV.

ἐκφαινόμενοι, οὗτοι τῶν ἐφόδων εἰσίν· ἀποτρέπεται
γὰρ ἕκαστος αὐτῶν ὁπόθεν ἂν βασιλεὺς κελεύῃ.
17 Κατεμάθομεν δὲ αὐτοῦ καὶ ἄλλο μηχάνημα ⟨προσ-
ῆκον⟩ πρὸς τὸ τῆς ἀρχῆς μέγεθος, ἐξ οὗ ταχέως
ᾐσθάνετο καὶ τὰ πάμπολυ ἀπέχοντα ὅπως ἔχοι. σκεψά-
μενος γὰρ πόσην ἂν ὁδὸν ἵππος καθανύτοι τῆς ἡμέρας
ἐλαυνόμενος ὥστε διαρκεῖν, ἐποιήσατο ἱππῶνας τοσοῦ-
τον διαλείποντας καὶ ἵππους ἐν αὐτοῖς κατέστησε καὶ
τοὺς ἐπιμελουμένους τούτων, καὶ ἄνδρα ἐφ' ἑκάστῳ
τῶν τόπων ἔταξε τὸν ἐπιτήδειον παραδέχεσθαι τὰ φερό-
μενα γράμματα καὶ παραδιδόναι καὶ παραλαμβάνειν
τοὺς ἀπειρηκότας ἵππους καὶ ἀνθρώπους καὶ ἄλλους
18 πέμπειν νεαλεῖς· ἔστι δ' ὅτε οὐδὲ τὰς νύκτας φασὶν
ἵστασθαι ταύτην τὴν πορείαν, ἀλλὰ τῷ ἡμερινῷ ἀγγέλῳ
τὸν νυκτερινὸν διαδέχεσθαι. τούτων δὲ οὕτω γιγνομένων
φασί τινες θᾶττον τῶν γεράνων τὴν πορείαν ταύτην
ἀνύτειν· εἰ δὲ τοῦτο ψεύδονται, ἀλλ' ὅτι γε τῶν ἀνθρω-
πίνων πεζῇ πορειῶν αὕτη ταχίστη, τοῦτο εὔδηλον.
ἀγαθὸν δὲ ὡς τάχιστα ἕκαστον αἰσθανόμενον ὡς τάχιστα
ἐπιμελεῖσθαι.
19 Ἐπεὶ δὲ περιῆλθεν ὁ ἐνιαυτός, συνήγειρε στρατιὰν
εἰς Βαβυλῶνα, καὶ λέγεται αὐτῷ γενέσθαι εἰς δώδεκα
μὲν ἱππέων μυριάδας, εἰς δισχίλια δὲ ἅρματα δρεπα-
20 νηφόρα, πεζῶν δὲ εἰς μυριάδας ἑξήκοντα. ἐπεὶ δὲ ταῦτα
συνεσκεύαστο αὐτῷ, ὥρμα δὴ ταύτην τὴν στρατείαν ἐν

1 οὗτοί εἰσι τῶν ἐφόδων G. 3 καταμάθωμεν G. || ⟨προσ-ῆκον⟩ ego. 4 τὸ μέγεθος τῆς ἀρχῆς yz. 6 κατανύτοι zF, κατανύτοιτο D, κατανύτῃ C, κατανύσει E. 9 τοὺς om. x. 12 καὶ ἀνθρώπους om. zV. 15 δὲ] δὴ G. 16 ταύτην τὴν πορείαν yz. 17 ἀλλ' ὅτι γε] ἀλλό τι γε F, ἀλλ' ὅτι x. 19 post δὲ add. τὸ F. 21 στρατείαν FE. 23 ἵππων xzV. 25 συν-

ᾗ λέγεται καταστρέψασθαι πάντα τὰ ἔθνη ὅσα Συρίαν
ἐκβάντι οἰκεῖ μέχρι Ἐρυθρᾶς θαλάττης. μετὰ δὲ ταῦτα
ἡ εἰς Αἴγυπτον στρατεία λέγεται γενέσθαι καὶ κατα-
στρέψασθαι Αἴγυπτον. καὶ ἐκ τούτου τὴν ἀρχὴν ὥριζεν 21
αὐτῷ πρὸς ἕω μὲν ἡ Ἐρυθρὰ θάλαττα, πρὸς ἄρκτον
δὲ ὁ Εὔξεινος πόντος, πρὸς ἑσπέραν δὲ Κύπρος καὶ
Αἴγυπτος, πρὸς μεσημβρίαν δὲ Αἰθιοπία. τούτων δὲ
τὰ πέρατα τὰ μὲν διὰ θάλπος, τὰ δὲ διὰ ψῦχος, τὰ δὲ
διὰ ὕδωρ, τὰ δὲ δι' ἀνυδρίαν δυσοίκητα. αὐτὸς δ' ἐν 22
μέσῳ τούτων τὴν δίαιταν ποιησάμενος, τὸν μὲν ἀμφὶ
τὸν χειμῶνα χρόνον διῆγεν ἐν Βαβυλῶνι ἑπτὰ μῆνας·
αὕτη γὰρ ἀλεεινὴ ἡ χώρα· τὸν δὲ ἀμφὶ τὸ ἔαρ τρεῖς
μῆνας ἐν Σούσοις· τὴν δὲ ἀκμὴν τοῦ θέρους δύο μῆ-
νας ἐν Ἐκβατάνοις· οὕτω δὴ ποιοῦντ' αὐτὸν λέγουσιν
ἐν ἐαρινῷ θάλπει καὶ ψύχει διάγειν ἀεί. οὕτω δὲ 23
διέκειντο πρὸς αὐτὸν οἱ ἄνθρωποι ὡς πᾶν μὲν ἔθνος
μειονεκτεῖν ἐδόκει, εἰ μὴ Κύρῳ πέμψειεν ὅ,τι καλὸν
αὐτοῖς ἐν τῇ χώρᾳ ἢ φύοιτο ἢ τρέφοιτο ἢ τεχνῷτο,
πᾶσα δὲ πόλις ὡσαύτως, πᾶς δὲ ἰδιώτης πλούσιος ἂν
ᾤετο γενέσθαι, εἴ τι Κύρῳ χαρίσαιτο· καὶ γὰρ ὁ Κῦ-
ρος λαμβάνων παρ' ἑκάστων ὧν ἀφθονίαν εἶχον οἱ
διδόντες ἀντεδίδου ὧν σπανίζοντας αὐτοὺς αἰσθάνοιτο.

Οὕτω δὲ τοῦ αἰῶνος προκεχωρηκότος, μάλα δὴ VII
πρεσβύτης ὢν ὁ Κῦρος ἀφικνεῖται εἰς Πέρσας τὸ ἕβδο-
μον ἐπὶ τῆς αὐτοῦ ἀρχῆς. καὶ ὁ μὲν πατὴρ καὶ ἡ

εσκευάσατο AH. || στρατιὰν AHD. || ante ἐν add. ἔχων y. 1 πάντα καταστρέψασθαι y. 2 εἰσβάντι VAHZon. || οἰκεῖται y. || θαλάσσης ἐρυθρᾶς G. 8 πέρατα| πέραν F. 12 ἡ χώρα om. x. 14 δὴ] δὲ x. 17 ὅ,τι] εἴ τι F. 18 τεχνοῖτο z. 19 ἂν] ἄρ' xH. 23 δὲ] δὴ y. 24 τὸν ἕβδομον F. 25 ante ἐπὶ add. ἤδη y. || αὐτοῦ codd.

μήτηρ πάλαι δὴ ὥσπερ εἰκὸς ἐτετελευτήκεσαν αὐτῷ· ὁ
δὲ Κῦρος ἔθυσε τὰ νομιζόμενα ἱερὰ καὶ τοῦ χοροῦ
ἡγήσατο Πέρσαις κατὰ τὰ πάτρια καὶ τὰ δῶρα πᾶσι
2 διέδωκεν ὥσπερ εἰώθει. κοιμηθεὶς δ' ἐν τῷ βασιλείῳ
ὄναρ εἶδε τοιόνδε. ἔδοξεν αὐτῷ προσελθὼν κρείττων
τις ἢ κατὰ ἄνθρωπον εἰπεῖν, Συσκευάζου, ὦ Κῦρε·
ἤδη γὰρ εἰς θεοὺς ἄπει. τοῦτο δὲ ἰδὼν τὸ ὄναρ ἐξ-
ηγέρθη καὶ σχεδὸν ἐδόκει εἰδέναι ὅτι τοῦ βίου ἡ τελευ-
3 τὴ παρείη. εὐθὺς οὖν λαβὼν ἱερεῖα ἔθυε Διί τε πα-
τρῴῳ καὶ Ἡλίῳ καὶ τοῖς ἄλλοις θεοῖς ἐπὶ τῶν ἄκρων,
ὡς Πέρσαι θύουσιν, ὧδε ἐπευχόμενος, Ζεῦ πατρῷε
καὶ Ἥλιε καὶ πάντες θεοί, δέχεσθε τάδε καὶ τελεστή-
ρια πολλῶν καὶ καλῶν πράξεων καὶ χαριστήρια ὅτι
ἐσημήνατέ μοι καὶ ἐν ἱεροῖς καὶ ἐν οὐρανίοις σημείοις
καὶ ἐν οἰωνοῖς καὶ ἐν φήμαις ἅ τ' ἐχρῆν ποιεῖν καὶ ἃ
οὐκ ἐχρῆν. πολλὴ δ' ὑμῖν χάρις ὅτι κἀγὼ ἐγίγνωσκον
τὴν ὑμετέραν ἐπιμέλειαν καὶ οὐδεπώποτε ἐπὶ ταῖς εὐτυ-
χίαις ὑπὲρ ἄνθρωπον ἐφρόνησα. αἰτοῦμαι δ' ὑμᾶς
δοῦναι καὶ νῦν παισὶ μὲν καὶ γυναικὶ καὶ φίλοις καὶ
πατρίδι εὐδαιμονίαν, ἐμοὶ δὲ οἷόνπερ αἰῶνα δεδώκατε,
4 τοιαύτην καὶ τελευτὴν δοῦναι. ὁ μὲν δὴ τοιαῦτα
ποιήσας καὶ οἴκαδε ἐλθὼν ἔδοξεν ἡδέως ἀναπαύσεσθαι
καὶ κατεκλίθη. ἐπεὶ δὲ ὥρα ἦν, οἱ τεταγμένοι προσ-

---

2 ante ἔθυσε add. ἐλθὼν καὶ y. || ἱερεῖα yg. 3 δῶρα] γέρα x. 8 ante εἰδέναι add. εὖ y. 11 πατρῷε] πάτερ x. 12 πάντες οἱ θεοί F. || τελευτήρια xF. 13 πολλῶν τε καὶ C. || καὶ καλῶν om. V. || post. καὶ om. x. || εὐχαριστήρια F. 14 ἐσημήνατε xz, ἐσημάνατέ V, ἐσημαίνετε cet. || post. ἐν om. x. || σημείοις om. xzV. 15 καὶ ἐν οἰωνοῖς om. F. || ἅ τε χρῆν D. 16 οὐ χρῆν y. 19 καὶ νῦν δοῦναι y. 21 ταῦτα xD. 22 ἀπελθὼν y. || ἔδοξεν] δόξαν Cobet. || ἡδέως om. G. || ἀναπαύσασθαι xzV, ἀναπαύεσθαι y, corr. Stephanus. 23 καὶ κατεκλίθη

ιόντες λούσασθαι αὐτὸν ἐκέλευον. ὁ δ' ἔλεγεν ὅτι ἡδέως ἀναπαύοιτο. οἱ δ' αὖ τεταγμένοι, ἐπεὶ ὥρα ἦν, δεῖπνον παρετίθεσαν· τῷ δὲ ἡ ψυχὴ σῖτον μὲν οὐ προσίετο, διψῆν δ' ἐδόκει, καὶ ἔπιεν ἡδέως. ὡς δὲ 5
καὶ τῇ ὑστεραίᾳ συνέβαινεν αὐτῷ ταὐτὰ καὶ τῇ τρίτῃ, ἐκάλεσε τοὺς παῖδας· οἱ δ' ἔτυχον συνηκολουθηκότες αὐτῷ καὶ ὄντες ἐν Πέρσαις· ἐκάλεσε δὲ καὶ τοὺς φίλους καὶ τὰς Περσῶν ἀρχάς· παρόντων δὲ πάντων ἤρχετο τοιοῦδε λόγου.

Παῖδες ἐμοὶ καὶ πάντες οἱ παρόντες φίλοι, ἐμοὶ 6
μὲν τοῦ βίου τὸ τέλος ἤδη πάρεστιν· ἐκ πολλῶν τοῦτο σαφῶς γιγνώσκω· ὑμᾶς δὲ χρή, ὅταν τελευτήσω, ὡς περὶ εὐδαίμονος ἐμοῦ καὶ λέγειν καὶ ποιεῖν πάντα. ἐγὼ γὰρ παῖς τε ὢν τὰ ἐν παισὶ νομιζόμενα καλὰ δοκῶ κεκαρπῶσθαι, ἐπεί τε ἥβησα, τὰ ἐν νεανίσκοις, τέλειός τε ἀνὴρ γενόμενος τὰ ἐν ἀνδράσι· σὺν τῷ χρόνῳ τε προϊόντι ἀεὶ συναυξανομένην ἐπιγιγνώσκειν ἐδόκουν καὶ τὴν ἐμὴν δύναμιν, ὥστε καὶ τοὐμὸν γῆρας οὐδεπώποτε ᾐσθόμην τῆς ἐμῆς νεότητος ἀσθενέστερον γιγνόμενον, καὶ οὔτ' ἐπιχειρήσας οὔτ' ἐπιθυμήσας οἶδα ὅτου ἠτύχησα. καὶ τοὺς μὲν φίλους ἐπεῖδον δι' ἐμοῦ 7
εὐδαίμονας γενομένους, τοὺς δὲ πολεμίους ὑπ' ἐμοῦ δουλωθέντας· καὶ τὴν πατρίδα πρόσθεν ἰδιωτεύουσαν ἐν τῇ Ἀσίᾳ νῦν προτετιμημένην καταλείπω· ὧν τ'

---

codd., κατεκλίνη Cobet. 1 ἐκέλευον] ἔλεγον F. 4 ἔπινεν x. ‖ ὡς om. z. 5 συνέβαινον x. ‖ ταῦτα codd., sed post ὑστεραίᾳ transp. ED, eodem ταὐτὰ ταῦτα F, corr. Zeune. 10 οἱ παρόντες om. x. 11 τὸ om. y. 12 ὡς περὶ] ὥσπερ xzε. 15 ἔπειτα ἡβήσας y. 17 ἐδόκουν ἐπιγιγνώσκειν ε. 18 post. καὶ om. y. 19 οὐπώποτε ἐπῃσθόμην y. 21 ὅτου] ὅτι x. 24 ὧν τ'] ὥστ' F.

ἐκτησάμην οὐδὲν [οἶδα] ὅ,τι οὐ διεσωσάμην. καὶ τὸν
μὲν παρελθόντα χρόνον ἔπραττον οὕτως ὥσπερ
ηὐχόμην· φόβος δέ μοι συμπαρομαρτῶν μή τι ἐν τῷ
ἐπιόντι χρόνῳ ἢ ἴδοιμι ἢ ἀκούσαιμι ἢ πάθοιμι χαλε-
πόν, οὐκ εἴα τελέως με μέγα φρονεῖν οὐδ' εὐφραίνε-
8 σθαι ἐκπεπταμένως. νῦν δ' ἢν τελευτήσω, καταλείπω
μὲν ὑμᾶς, ὦ παῖδες, ζῶντας οὕς μοι ἔδοσαν οἱ θεοὶ
γενέσθαι· καταλείπω δὲ πατρίδα καὶ φίλους εὐδαι-
9 μονοῦντας· ὥστε πῶς οὐκ ἂν ἐγὼ δικαίως μακαριζόμενος
τὸν ἀεὶ χρόνον μνήμης τυγχάνοιμι; δεῖ δὲ καὶ τὴν
βασιλείαν με ἤδη σαφηνίσαντα καταλιπεῖν, ὡς ἂν μὴ
ἀμφίλογος γενομένη πράγματα ὑμῖν παράσχῃ. ἐγὼ
δ' οὖν φιλῶ μὲν ἀμφοτέρους ὑμᾶς ὁμοίως, ὦ παῖδες·
τὸ δὲ προβουλεύειν καὶ τὸ ἡγεῖσθαι ἐφ' ὅ,τι ἂν και-
ρὸς δοκῇ εἶναι, τοῦτο προστάττω τῷ προτέρῳ γενο-
10 μένῳ καὶ πλειόνων κατὰ τὸ εἰκὸς ἐμπείρῳ. ἐπαιδεύθην
δὲ καὶ αὐτὸς οὕτως ὑπὸ τῆσδε τῆς ἐμῆς τε καὶ ὑμετέ-
ρας πατρίδος, τοῖς πρεσβυτέροις οὐ μόνον ἀδελφοῖς
ἀλλὰ καὶ πολίταις καὶ ὁδῶν καὶ θάκων καὶ λόγων
ὑπείκειν, καὶ ὑμᾶς δέ, ὦ παῖδες, οὕτως ἐξ ἀρχῆς ἐπαί-
δευον, τοὺς μὲν γεραιτέρους προτιμᾶν, τῶν δὲ νεωτέ-
ρων προτετιμῆσθαι· ὡς οὖν παλαιὰ καὶ εἰθισμένα καὶ
11 ἔννομα λέγοντος ἐμοῦ οὕτως ἀποδέχεσθε. καὶ σὺ μέν,

---

1 [οἶδα] Dind. 5 τελείως x. ‖ με om. xyV. ‖ μέγα om. zε, μέ v, sed γε s. v. V. 6 δὲ εἰ G. 7 οὕς μοι ἔδοσαν x, οὕσπερ ἔδοσάν μοι yz. 10 καὶ om. x. 11 με ἤδη] με x, om. zVε. 12 ἀμφίβολος xD. 13 δ' οὖν Hertlein, οὖν y, δὲ νῦν xzVε. ‖ μὲν] πάντας F. ‖ ὑμᾶς ἀμφοτέρους ὦ F. 14 τὸ ἡγεῖσθαι] προηγεῖσθαι y. 15 δοκεῖ FG. ‖ δοκῇ καιρὸς ED. ‖ τούτῳ y. 17 τῆσδε om. x. 20 ἐπαίδευον ὥστε τοὺς y. 21 τῶν δὲ] ὑπὸ δὲ τῶν y. 22 οὖν καὶ παλαιὰ D. ‖ παλαιὰ εἰθισμένα (om. καὶ) F. ‖ post. καὶ om. D.

ὦ Καμβύση, τὴν βασιλείαν ἔχε, θεῶν τε διδόντων καὶ
ἐμοῦ ὅσον ἐν ἐμοί· σοὶ δ', ὦ Τανaοξάρη, σατράπην
εἶναι δίδωμι Μήδων τε καὶ Ἀρμενίων καὶ τρίτων
Καδουσίων· ταῦτα δέ σοι διδοὺς νομίζω ἀρχὴν μὲν
μείζω καὶ τοὔνομα τῆς βασιλείας τῷ πρεσβυτέρῳ κατα-
λιπεῖν, εὐδαιμονίαν δὲ σοὶ ἀλυποτέραν. ὁποίας μὲν **12**
γὰρ ἀνθρωπίνης εὐφροσύνης ἐνδεὴς ἔσῃ οὐχ ὁρῶ·
ἀλλὰ πάντα σοι τὰ δοκοῦντα ἀνθρώπους εὐφραίνειν
παρέσται. τὸ δὲ δυσκαταπρακτοτέρων τε ἐρᾶν καὶ τὸ
πολλὰ μεριμνᾶν καὶ τὸ μὴ δύνασθαι ἡσυχίαν ἔχειν
κεντριζόμενον ὑπὸ τῆς πρὸς τἀμὰ ἔργα φιλονικίας καὶ
τὸ ἐπιβουλεύειν καὶ τὸ ἐπιβουλεύεσθαι, ταῦτα τῷ βασι-
λεύοντι ἀνάγκη σοῦ μᾶλλον συμπαρομαρτεῖν, ἅ σάφ'
ἴσθι τοῦ εὐφραίνεσθαι πολλὰς ἀσχολίας παρέχει. οἶσθα **13**
μὲν οὖν καὶ σύ, ὦ Καμβύση, ὅτι οὐ τόδε τὸ χρυσοῦν
σκῆπτρον τὸ τὴν βασιλείαν διασῷζόν ἐστιν, ἀλλ' οἱ
πιστοὶ φίλοι σκῆπτρον βασιλεῦσιν ἀληθέστατον καὶ
ἀσφαλέστατον. πιστοὺς δὲ μὴ νόμιζε φύσει φύεσθαι
ἀνθρώπους· πᾶσι γὰρ ἂν οἱ αὐτοὶ πιστοὶ φαίνοιντο,
ὥσπερ καὶ τἆλλα τὰ πεφυκότα πᾶσι τὰ αὐτὰ φαίνεται·
ἀλλὰ πιστοὺς τίθεσθαι δεῖ ἕκαστον ἑαυτῷ· ἡ δὲ κτῆσις
αὐτῶν ἔστιν οὐδαμῶς σὺν τῇ βίᾳ, ἀλλὰ μᾶλλον σὺν

---

1 ὦ παῖ καμβύση y. || διαδόντων G. **2** ταμβοξάρη ε. **3** τρίτων DE, τρίτον cet. **5** καταλείπειν Richards. **7** εὐφροσύνης ἀνθρωπίνης x. || ἐπιδεὴς xzVε. **9** τε om. G. || post. τὸ] τὰ y. **13** συμπαρομαρτάνειν F. || ἃ σάφ' ἴσθι] ὦ σάφα ἴϑι F. **14** τοῦ Schneider, τῷ codd. || παρέχειν xzVε. **15** οὐ τόδε] οὐ δὲ F. **16** post σκῆπτρον transp. ἐστιν y. **17** πιστοὶ] πολλοὶ xz ε. || καὶ ἀσφαλέστατον om. D. **18** φύσει D Stob., om. cet. || ἀνθρώπους φύεσθαι G. **20** τὰ ante πεφυκότα om. z ε. || φαίνεσθαι xzVε. **21** ante πιστοὺς add. τοὺς codd. praeter x. **22** ἐστὶν αὐτῶν y.

14 τῇ εὐεργεσίᾳ. εἰ οὖν καὶ ἄλλους τινὰς πειράσῃ συμ-
φύλακας τῆς βασιλείας ποιεῖσθαι, μηδαμόθεν πρότερον
ἄρχου ἢ ἀπὸ τοῦ ὁμόθεν γενομένου. καὶ πολῖταί τοι
ἄνθρωποι ἀλλοδαπῶν οἰκειότεροι καὶ σύσσιτοι ἀποσκή-
νων· οἱ δὲ ἀπὸ τοῦ αὐτοῦ σπέρματος φύντες καὶ ὑπὸ
τῆς αὐτῆς μητρὸς τραφέντες καὶ ἐν τῇ αὐτῇ οἰκίᾳ
αὐξηθέντες καὶ ὑπὸ τῶν αὐτῶν γονέων ἀγαπώμενοι
καὶ τὴν αὐτὴν μητέρα καὶ τὸν αὐτὸν πατέρα προσ-
15 αγορεύοντες, πῶς οὐ πάντων οὗτοι οἰκειότατοι; μὴ
οὖν ἃ οἱ θεοὶ ὑφήγηνται ἀγαθὰ εἰς οἰκειότητα ἀδελ-
φοῖς μάταιά ποτε ποιήσητε, ἀλλ' ἐπὶ ταῦτα εὐθὺς
οἰκοδομεῖτε ἄλλα φιλικὰ ἔργα· καὶ οὕτως ἀεὶ ἀνυπέρ-
βλητος ἄλλοις ἔσται ἡ ὑμετέρα φιλία. ἑαυτοῦ τοι
κήδεται ὁ προνοῶν ἀδελφοῦ· τίνι γὰρ ἄλλῳ ἀδελφὸς
μέγας ὢν οὕτω καλὸν ὡς ἀδελφῷ; τίς δ' ἄλλος τιμή-
σεται δι' ἄνδρα μέγα δυνάμενον οὕτως ὡς ἀδελφός;
τίνα δὲ φοβήσεταί τις ἀδικεῖν ἀδελφοῦ μεγάλου ὄντος
16 οὕτως ὡς τὸν ἀδελφόν; μήτε οὖν θᾶττον μηδεὶς σοῦ
τούτῳ ὑπακουέτω μήτε προθυμότερον παρέστω· οὐ-
δενὶ γὰρ οἰκειότερα τὰ τούτου οὔτε ἀγαθὰ οὔτε δεινὰ
ἢ σοί. ἐννόει δὲ καὶ τάδε· τίνι χαρισάμενος ἐλπίσαις
ἂν μειζόνων τυχεῖν ἢ τούτῳ; τίνι δ' ἂν βοηθήσας
ἰσχυρότερον σύμμαχον ἀντιλάβοις; τίνα δ' αἴσχιον μὴ
φιλεῖν ἢ τὸν ἀδελφόν; τίνα δὲ ἁπάντων κάλλιον προ-

2 τῆς βασιλείας συμφύλακας F. 3 τοι om. ε. 4 ἀπὸ σκηνῶν xz ε. 6 μήτρας AHpr. 7 ὑπὸ om. zVε. || αὐτῶν om. x. 10 τοῖς ἀδελφοῖς y. 11 ποιήσηται F. 13 ἄλλοις] ἀλλήλοις xzVε. 14 ἄλλο F. 16 δι'] δὴ zVεC mg., om. x. || μεγαλυνάμενον AHpr, μ.γαν δυνάμενον xH cor. 18 σοῦ om. ε. 20 τὰ om. y. || τἀγαθὰ οὔτε τὰ δεινὰ y. 21 ἐννόει δὲ xy, ἐννόει τε G, ἐννοεῖτε AH ε. 24 τίνα δὲ ... 1 p. 443 ἀδελφόν om. F. 24 προτιμᾶν πάντων καλόν D.

τιμᾶν ἢ τὸν ἀδελφόν; μόνου τοι, ὦ Καμβύση, πρω-
τεύοντος ἀδελφοῦ παρ' ἀδελφῷ οὐδὲ φθόνος παρὰ
τῶν ἄλλων ἐφικνεῖται. ἀλλὰ πρὸς θεῶν πατρῴων, ὦ 17
παῖδες, τιμᾶτε ἀλλήλους, εἴ τι καὶ τοῦ ἐμοὶ χαρίζε-
σθαι μέλει ὑμῖν· οὐ γὰρ δήπου τοῦτό γε σαφῶς δο-
κεῖτε εἰδέναι ὡς οὐδὲν ἔτι ἐγὼ ἔσομαι, ἐπειδὰν τοῦ
ἀνθρωπίνου βίου τελευτήσω· οὐδὲ γὰρ νῦν τοι τήν γ'
ἐμὴν ψυχὴν ἑωρᾶτε, ἀλλ' οἷς διεπράττετο, τούτοις αὐτὴν
ὡς οὖσαν κατεφωρᾶτε. τὰς δὲ τῶν ἄδικα παθόντων 18
ψυχὰς οὔπω κατενοήσατε οἵους μὲν φόβους τοῖς μι-
αιφόνοις ἐμβάλλουσιν, οἵους δὲ παλαμναίους τοῖς ἀν-
οσίοις ἐπιπέμπουσι; τοῖς δὲ φθιμένοις τὰς τιμὰς δια-
μένειν ἔτι ἂν δοκεῖτε, εἰ μηδενὸς αὐτῶν αἱ ψυχαὶ
κύριαι ἦσαν; οὔτοι ἔγωγε, ὦ παῖδες, οὐδὲ τοῦτο πώ- 19
ποτε ἐπείσθην ὡς ἡ ψυχὴ ἕως μὲν ἂν ἐν θνητῷ σώ-
ματι ᾖ, ζῇ, ὅταν δὲ τούτου ἀπαλλαγῇ, τέθνηκεν· ὁρῶ
γὰρ ὅτι καὶ τὰ θνητὰ σώματα ὅσον ἂν χρόνον ἐν αὐ-
τοῖς ᾖ ἡ ψυχή, ζῶντα παρέχεται. οὐδέ γε ὅπως ἄφρων 20
ἔσται ἡ ψυχή, ἐπειδὰν τοῦ ἄφρονος σώματος δίχα γέ-
νηται, οὐδὲ τοῦτο πέπεισμαι· ἀλλ' ὅταν ἄκρατος καὶ
καθαρὸς ὁ νοῦς ἐκκριθῇ, τότε καὶ φρονιμώτατον αὐτοῦ
εἰκὸς εἶναι. διαλυομένου δὲ ἀνθρώπου δῆλά ἐστιν
ἕκαστα ἀπιόντα πρὸς τὸ ὁμόφυλον πλὴν τῆς ψυχῆς·
αὕτη δὲ μόνη οὔτε παροῦσα οὔτε ἀπιοῦσα ὁρᾶται.

---

1 πρωτεύοντος] πρώτου ὄντος xzε. 3 ἀφικνεῖται codd., corr. Dind. || ὦ om. zVC. 4 τοῦ ἐμοὶ] τότε μοι zε. 5 μέλλει xy. || γε τοῦτο F. 6 ἔτι ἐγὼ ἔσομαι] εἰμι ἐγὼ ἔτι xzVε. 7 γὰρ om. y. 8 διεπέπρακτο x. 12 διαμένειν ἔτι ἂν] διανέμειν ὅτι πᾶν F (διανέμειν etiam D). 13 δοκοίητε xD. 14 οὔτοι] οὕτως y. 15 ἂν om. ε. 17 ἐν αὐτοῖς χρόνον yz. 19 σώματος om. ε. 21 καὶ om. y. || φρονιμώτερον F. || αὐτοῦ ego, αὐτὸν codd. || εἰκὸς αὐτὸν zDVε. 24 ὁρᾶτε F. □

21 ἐννοήσατε δ', ἔφη, ὅτι ἐγγύτερον μὲν τῶν ἀνθρωπίνων
θανάτῳ οὐδέν ἐστιν ὕπνου· ἡ δὲ τοῦ ἀνθρώπου ψυχὴ
τότε δήπου θειοτάτη καταφαίνεται καὶ τότε τι τῶν
μελλόντων προορᾷ· τότε γάρ, ὡς ἔοικε, μάλιστα ἐλευ-
22 θεροῦται. εἰ μὲν οὖν οὕτως ἔχει ταῦτα ὥσπερ ἐγὼ
οἴομαι καὶ ἡ ψυχὴ καταλείπει τὸ σῶμα, καὶ τὴν ἐμὴν
ψυχὴν καταιδούμενοι ποιεῖτε ἃ ἐγὼ δέομαι· εἰ δὲ μὴ
οὕτως, ἀλλὰ μένουσα ἡ ψυχὴ ἐν τῷ σώματι συναπο-
θνήσκει, ἀλλὰ θεούς γε τοὺς ἀεὶ ὄντας καὶ πάντ'
ἐφορῶντας καὶ πάντα δυναμένους, οἳ καὶ τήνδε τὴν
τῶν ὅλων τάξιν συνέχουσιν ἀτριβῆ καὶ ἀγήρατον καὶ
ἀναμάρτητον καὶ ὑπὸ κάλλους καὶ μεγέθους ἀδιήγητον,
τούτους φοβούμενοι μήποτ' ἀσεβὲς μηδὲν μηδὲ ἀνό-
23 σιον μήτε ποιήσητε μήτε βουλεύσητε. μετὰ μέντοι
θεοὺς καὶ ἀνθρώπων τὸ πᾶν γένος τὸ ἀεὶ ἐπιγιγνόμε-
νον αἰδεῖσθε· οὐ γὰρ ἐν σκότῳ ὑμᾶς οἱ θεοὶ ἀπο-
κρύπτονται, ἀλλ' ἐμφανῆ πᾶσιν ἀνάγκη ἀεὶ ζῆν τὰ
ὑμέτερα ἔργα· ἃ ἢν μὲν καθαρὰ καὶ ἔξω τῶν ἀδίκων
φαίνηται, δυνατοὺς ὑμᾶς ἐν πᾶσιν ἀνθρώποις ἀναδείξει·
εἰ δὲ εἰς ἀλλήλους ἄδικόν τι φρονήσετε, ἐκ πάντων
ἀνθρώπων τὸ ἀξιόπιστοι εἶναι ἀποβαλεῖτε. οὐδεὶς γὰρ
ἂν ἔτι πιστεῦσαι δύναιτο ὑμῖν, οὐδ' εἰ πάνυ προθυ-

---

1 τῷ ἀνθρωπίνῳ zVε. 2 οὐδέ F. 3 τι καὶ τῶν F. 7 ἃ] ὡς y. 8 ἡ ψυχὴ post σώματι transp. x. 9 γε] τε x. 10 πάντα om. F. 11 συνέχουσιν] συγκρατοῦσιν F. ‖ ἀκριβῆ xVAH. ‖ ἀκήρατον xzV, ἄκρατον D, ἀγήρατον· ἀρρενικῶς εἶπε Σοφοκλῆς, θηλυκῶς δὲ Ξενοφῶν Photios p. 16, 25 Reitz. ‖ καὶ ἀναμάρτητον om. G. 12 κάλλους] τάχους y et (inverso ordine μεγέθους καὶ τάχους E) x. 13 μήποτ'] μήποι xVAH. 14 ποιήσετε et βουλεύσετε x. ‖ βουλεύητε V. 16 αἰδεῖσθαι AE. 18 ἢν] εἰ xG. 19 ante φαίνηται add. ἔργων y. ‖ φαίνεται C, ὑποφαίνεται E. ‖ ἀποδείξει x. 20 ἐς V. 21 ἀξιόπιστον xz.

μοῖτο, ἰδὼν ἀδικούμενον τὸν μάλιστα φιλίᾳ προσήκοντα.
εἰ μὲν οὖν ἐγὼ ὑμᾶς ἱκανῶς διδάσκω οἵους χρὴ πρὸς 24
ἀλλήλους εἶναι· εἰ δὲ μή, καὶ παρὰ τῶν προγεγενη-
μένων μανθάνετε· αὕτη γὰρ ἀρίστη διδασκαλία. οἱ
μὲν γὰρ πολλοὶ διαγεγένηνται φίλοι μὲν γονεῖς παισί,
φίλοι δὲ ἀδελφοὶ ἀδελφοῖς· ἤδη δέ τινες τούτων καὶ
ἐναντία ἀλλήλοις ἔπραξαν· ὁποτέροις ἂν οὖν αἰσθάνησθε
τὰ πραχθέντα συνενεγκόντα, ταῦτα δὴ αἱρούμενοι ὀρ-
θῶς ἂν βουλεύοισθε. καὶ τούτων μὲν ἴσως ἤδη ἅλις. 25
τὸ δ' ἐμὸν σῶμα, ὦ παῖδες, ὅταν τελευτήσω, μήτε ἐν
χρυσῷ θῆτε μήτε ἐν ἀργύρῳ μήτε ἐν ἄλλῳ μηδενί,
ἀλλὰ τῇ γῇ ὡς τάχιστα ἀπόδοτε. τί γὰρ τούτου μα-
καριώτερον τοῦ γῇ μειχθῆναι, ἣ πάντα μὲν τὰ καλά,
πάντα δὲ τἀγαθὰ φύει τε καὶ τρέφει; ἐγὼ δὲ καὶ ἄλλως
φιλάνθρωπος ἐγενόμην καὶ νῦν ἡδέως ἄν μοι δοκῶ
κοινωνῆσαι τοῦ εὐεργετοῦντος ἀνθρώπους. ἀλλὰ γὰρ 26
ἤδη, ἔφη, ἐκλείπειν μοι φαίνεται ἡ ψυχὴ ὅθενπερ, ὡς
ἔοικε, πᾶσιν ἄρχεται ἀπολείπουσα. εἴ τις οὖν ὑμῶν
ἢ δεξιᾶς βούλεται τῆς ἐμῆς ἅψασθαι ἢ ὄμμα τοὐμὸν
ζῶντος ἔτι προσιδεῖν ἐθέλει, προσίτω· ὅταν δ' ἐγὼ
ἐγκαλύψωμαι, αἰτοῦμαι ὑμᾶς, ὦ παῖδες, μηδεὶς ἔτ' ἀν-
θρώπων τοὐμὸν σῶμα ἰδέτω, μηδ' αὐτοὶ ὑμεῖς. Πέρσας 27
μέντοι πάντας καὶ τοὺς συμμάχους ἐπὶ τὸ μνῆμα τοὐ-
μὸν παρακαλεῖτε συνησθησομένους ἐμοὶ ὅτι ἐν τῷ

---

1 μάλιστα] πάνυ y. 2 ἱκανῶς διδάσκω ὑμᾶς x. 4 ante ἀρίστη add. ἡ y. ‖ οἱ] εἰ x. 6 ἀδελφοὶ om. xzV. 7 ἐναντία] ἐν αἰτίᾳ xAH. ‖ ὁποτέρως y. 8 συνενεχθέντα x. ‖ δὴ z, ἂν y, δι (cum inseq. v. coniunctum: διαιρούμενοι) x. 9 βουλεύησθε x. 11 ἀργυρῷ G. ‖ μήτε A, μηδὲ cet. 12 μακαριώτατον z. 13 τοῦ] ἢ τὸ y. 14 δὲ om. G. 17 ἐκλιπεῖν xz. 18 ἔρχεται Gpr. ‖ τις] τι G. 19 βούλεται δεξιᾶς G. 20 ἐθέλοι V. 23 μέντοι] δέ τοι x.

ἀσφαλεῖ ἤδη ἔσομαι, ὡς μηδὲν ἂν ἔτι κακὸν παθεῖν,
μήτε ἢν μετὰ τοῦ θείου γένωμαι μήτε ἢν μηδὲν ἔτι
ὦ· ὁπόσοι δ' ἂν ἔλθωσι, τούτους εὖ ποιήσαντες ὁπόσα
28 ἐπ' ἀνδρὶ εὐδαίμονι νομίζεται ἀποπέμπετε. καὶ τοῦτο,
ἔφη, μέμνησθέ μου τελευταῖον, τοὺς φίλους εὐεργε-
τοῦντες καὶ τοὺς ἐχθροὺς δυνήσεσθε κολάζειν. καὶ
χαίρετε, ὦ φίλοι παῖδες, καὶ τῇ μητρὶ ἀπαγγέλλετε ὡς
παρ' ἐμοῦ· καὶ πάντες δὲ οἱ παρόντες καὶ οἱ ἀπόντες
φίλοι χαίρετε. ταῦτ' εἰπὼν καὶ πάντας δεξιωσάμενος
ἐνεκαλύψατο καὶ οὕτως ἐτελεύτησεν.

VIII [Ὅτι μὲν δὴ καλλίστη καὶ μεγίστη τῶν ἐν τῇ Ἀσίᾳ
ἡ Κύρου βασιλεία ἐγένετο αὐτὴ ἑαυτῇ μαρτυρεῖ. ὡρί-
σθη γὰρ πρὸς ἕω μὲν τῇ Ἐρυθρᾷ θαλάττῃ, πρὸς ἄρ-
κτον δὲ τῷ Εὐξείνῳ πόντῳ, πρὸς ἑσπέραν δὲ Κύπρῳ
καὶ Αἰγύπτῳ, πρὸς μεσημβρίαν δὲ Αἰθιοπίᾳ. τοσαύτη
δὲ γενομένη μιᾷ γνώμῃ τῇ Κύρου ἐκυβερνᾶτο, καὶ
ἐκεῖνός τε τοὺς ὑφ' ἑαυτῷ ὥσπερ ἑαυτοῦ παῖδας ἐτίμα
τε καὶ ἐθεράπευεν, οἵ τε ἀρχόμενοι Κῦρον ὡς πατέρα
2 ἐσέβοντο. ἐπεὶ μέντοι Κῦρος ἐτελεύτησεν, εὐθὺς μὲν
αὐτοῦ οἱ παῖδες ἐστασίαζον, εὐθὺς δὲ πόλεις καὶ ἔθνη

---

2 μετὰ . . . ἢν om. F. ‖ θείου om. V. ‖ post. ἢν] εἰ x. 3 ὅσα D. 4 νομίζετε ἀποπέμψατε x. 5 post τελευταῖον add. ἔπος y. ‖ εὐεργετοῦντες] εὖ ποιοῦντες y. 6 δυνήσεσθαι κολάζεσθαι F. 8 οἱ om. V. 10 ἐνεκαλύψατο Cobet, συνεκαλύψατο codd. Cap. VIII iam Valckenario suspectum. 11 καλλίστη καὶ μεγίστη xz, ἀρίστη. καὶ καλλίστη F, ἀρίστως καὶ καλλίστως D. 12 ἡ τοῦ κύρου G. 13 γὰρ D, μὲν cet. ε, om. V. ‖ μὲν om. xzε. 14 post πόντῳ add. καὶ προποντίδι καὶ ἑλλησπόντῳ y. 15 τῇ ante αἰθιοπίᾳ add. x. 16 τῇ τοῦ κύρου x. 18 κῦρον post ἐσέβοντο transp. F. 20 οἱ αὐτοῦ παῖδες Gpr. ‖ αὐτοῦ] αὐτοὶ xAHε. ‖ ἔθνη καὶ πόλεις y.

ἀφίσταντο, πάντα δ' ἐπὶ τὸ χεῖρον ἐτρέπετο. ὡς δ'
ἀληθῆ λέγω ἄρξομαι διδάσκων ἐκ τῶν θείων. οἶδα
γὰρ ὅτι πρότερον μὲν βασιλεὺς καὶ οἱ ὑπ' αὐτῷ καὶ
τοῖς τὰ ἔσχατα πεποιηκόσιν εἴτε ὅρκους ὀμόσαιεν, ἠμ-
πέδουν, εἴτε δεξιὰς δοῖεν, ἐβεβαίουν. εἰ δὲ μὴ τοι- 3
οῦτοι ἦσαν καὶ τοιαύτην δόξαν εἶχον, οὐδ' ἂν εἷς
αὐτοῖς ἐπίστευσεν, ὥσπερ οὐδὲ νῦν πιστεύει οὐδὲ εἷς
ἔτι, ἐπεὶ ἔγνωσται ἡ ἀσέβεια αὐτῶν. οὕτως οὐδὲ τότε
ἐπίστευσαν ἂν οἱ τῶν σὺν Κύρῳ ἀναβάντων στρατη-
γοί· νῦν δὲ δὴ τῇ πρόσθεν αὐτῶν δόξῃ πιστεύσαντες
ἐνεχείρισαν ἑαυτούς, καὶ ἀναχθέντες πρὸς βασιλέα
ἀπετμήθησαν τὰς κεφαλάς. πολλοὶ δὲ καὶ τῶν συστρα-
τευσάντων βαρβάρων ἄλλοι ἄλλαις πίστεσιν ἐξαπατη-
θέντες ἀπώλοντο. πολὺ δὲ καὶ τάδε χείρονες νῦν εἰσι. 4
πρόσθεν μὲν γὰρ εἴ τις ἢ διακινδυνεύσειε πρὸ βασι-
λέως ἢ πόλιν ἢ ἔθνος ὑποχείριον ποιήσειεν ἢ ἄλλο τι
καλὸν ἢ ἀγαθὸν αὐτῷ διαπράξειεν, οὗτοι ἦσαν οἱ τιμώ-
μενοι· νῦν δὲ καὶ ἥν τις ὥσπερ Μιθραδάτης τὸν πατέρα
Ἀριοβαρζάνην προδούς, καὶ ἥν τις ὥσπερ Ῥεομίθρης
τὴν γυναῖκα καὶ τὰ τέκνα καὶ τοὺς τῶν φίλων παῖδας
ὁμήρους παρὰ τῷ Αἰγυπτίῳ ἐγκαταλιπὼν καὶ τοὺς
μεγίστους ὅρκους παραβὰς βασιλεῖ δόξῃ τι σύμφορον
ποιῆσαι, οὗτοί εἰσιν οἱ ταῖς μεγίσταις τιμαῖς γεραιρό-

---

1 πᾶν D. ‖ ἐτρέποντο CF, ἐτρέπετο cet. ε, ἐτράπετο Zon. 2 διδάσκειν C. ‖ post οἶδα add. μὲν G. 4 ὀμόσαιεν FGV. ‖ ἐνεπέδουν yV. 6 οὐδ' . . . 7 ἐπίστευεν om. zVε. 7 ἐπίστευεν codd., corr. Hug. ‖ οὐδὲ εἷς] οὐδεὶς y. 9 ἂν om. zVε. 12 ἐπετμήθησαν G. 14 πολὺ] πολλοὶ xgD. 15 πρὸ] πρὸς CprDε. 17 ἀγαθὸν ἢ καλὸν y. 18 ἥν xz, ἄν y, εἴ ε. ‖ μιθραδάτης . . . ὥσπερ om. xzVε. 19 ῥωμίθρης xzε, ῥεωμίθρης D, λεομίθρης F. 21 τῶν ε ‖ αἰγυπτίων GHE ε. ‖ καταλιπὼν x. 22 παραβὰς] ὀμόσας παρὰ y. ‖ σύμφορόν τι ε.

5 μενοι. ταῦτα οὖν ὁρῶντες οἱ ἐν τῇ Ἀσίᾳ πάντες ἐπὶ
τὸ ἀσεβὲς καὶ τὸ ἄδικον τετραμμένοι εἰσίν· ὁποῖοί τινες
γὰρ ἂν οἱ προστάται ὦσι, τοιοῦτοι καὶ οἱ ὑπ' αὐτοὺς
ὡς ἐπὶ τὸ πολὺ γίγνονται. ἀθεμιστότεροι δὴ νῦν ἢ
πρόσθεν ταύτῃ γεγένηνται.
6 Εἴς γε μὴν χρήματα τῇδε ἀδικώτεροι· οὐ γὰρ μό-
νον τοὺς πολλὰ ἡμαρτηκότας, ἀλλ' ἤδη τοὺς οὐδὲν
ἠδικηκότας συλλαμβάνοντες ἀναγκάζουσι πρὸς οὐδὲν
δίκαιον χρήματα ἀποτίνειν· ὥστ' οὐδὲν ἧττον οἱ πολλὰ
ἔχειν δοκοῦντες τῶν πολλὰ ἠδικηκότων φοβοῦνται·
καὶ εἰς χεῖρας οὐδ' οὗτοι ἐθέλουσι τοῖς κρείττοσιν
ἰέναι. οὐδέ γε ἀθροίζεσθαι εἰς βασιλικὴν στρατιὰν
7 θαρροῦσι. τοιγαροῦν ὅστις ἂν πολεμῇ αὐτοῖς, πᾶσιν
ἔξεστιν ἐν τῇ χώρᾳ αὐτῶν ἀναστρέφεσθαι ἄνευ μάχης
ὅπως ἂν βούλωνται διὰ τὴν ἐκείνων περὶ μὲν θεοὺς
ἀσέβειαν, περὶ δὲ ἀνθρώπους ἀδικίαν. αἱ μὲν δὴ γνῶ-
μαι ταύτῃ τῷ παντὶ χείρους νῦν ἢ τὸ παλαιὸν αὐτῶν.
8 Ὡς δὲ οὐδὲ τῶν σωμάτων ἐπιμέλονται ὥσπερ πρό-
σθεν, νῦν αὖ τοῦτο διηγήσομαι. νόμιμον γὰρ δὴ ἦν
αὐτοῖς μήτε πτύειν μήτε ἀπομύττεσθαι. δῆλον δὲ ὅτι
ταῦτα οὐ τοῦ ἐν τῷ σώματι ὑγροῦ φειδόμενοι ἐνόμι-
σαν, ἀλλὰ βουλόμενοι διὰ πόνων καὶ ἱδρῶτος τὰ σώ-
ματα στερεοῦσθαι. νῦν δὲ τὸ μὲν μὴ πτύειν μηδὲ

---

1 πάντες ὡς ἐπὶ F. 2 τὸ ante ἄδικον om. G. 3 πρωτο-στάται x. 4 ὡς om. xzV. ‖ ἀθεμιστότερον V. ‖ δὴ] δὲ xzV, μὲν γὰρ δὴ y. 6 post μὴν add. δὴ zVε. 7 ἤδη καὶ τοὺς y. 9 ἀποτείνειν xFAH. 11 ante οὐδ' add. καὶ z (sed G punctis notavit) ε. 12 στρατιὰν V corr., στρατείαν cet. ε. 15 μὲν θεοὺς] τοὺς θεοὺς G. 17 ταύτῃ] ταυτὶ z (in G corr.). 18 ὥσ-περ] ὡς G. 19 αὖ] αὐτὸ F, αὐτῶν D, νῦν αὖ om. ε. ‖ δὴ om. xD. 20 ἀποπτύειν y. 22 ἱδρώτων GD. 23 τὸ om. F. ‖ μὲν om. x. ‖ μὴ om. V.

ἀπομύττεσθαι ἔτι διαμένει, τὸ δ' ἐκπονεῖν οὐδαμοῦ
ἐπιτηδεύεται. καὶ μὴν πρόσθεν μὲν ἦν αὐτοῖς μονο- 9
σιτεῖν νόμιμον, ὅπως ὅλῃ τῇ ἡμέρᾳ χρῷντο καὶ εἰς τὰς
πράξεις καὶ εἰς τὸ διαπονεῖσθαι. νῦν γε μὴν τὸ μὲν
μονοσιτεῖν ἔτι διαμένει, ἀρχόμενοι δὲ τοῦ σίτου ἡνίκα-
περ οἱ πρῳαίτατα ἀριστῶντες μέχρι τούτου ἐσθίοντες
καὶ πίνοντες διάγουσιν ἔστεπερ οἱ ὀψιαίτατα κοιμώμενοι.

Ἦν δὲ αὐτοῖς νόμιμον μηδὲ προχοΐδας εἰσφέρε- 10
σθαι εἰς τὰ συμπόσια, δῆλον ὅτι νομίζοντες τὸ μὴ
ὑπερπίνειν ἧττον ἂν καὶ σώματα καὶ γνώμας σφάλ-
λειν· νῦν δὲ τὸ μὲν μὴ εἰσφέρεσθαι ἔτι νῦ διαμένει,
τοσοῦτον δὲ πίνουσιν ὥστε ἀντὶ τοῦ εἰσφέρειν αὐτοὶ ἐκ-
φέρονται, ἐπειδὰν μηκέτι δύνωνται ὀρθούμενοι ἐξιέναι.

Ἀλλὰ μὴν κἀκεῖνο ἦν αὐτοῖς ἐπιχώριον τὸ μεταξὺ 11
πορευομένους μήτε ἐσθίειν μήτε πίνειν μήτε τῶν διὰ
ταῦτα ἀναγκαίων μηδὲν ποιοῦντας φανεροὺς εἶναι·
νῦν δ' αὖ τὸ μὲν τούτων ἀπέχεσθαι ἔτι διαμένει, τὰς
μέντοι πορείας οὕτω βραχείας ποιοῦνται ὡς μηδέν' ἂν
ἔτι θαυμάσαι τὸ ἀπέχεσθαι τῶν ἀναγκαίων.

Ἀλλὰ μὴν καὶ ἐπὶ θήραν πρόσθεν μὲν τοσαυτάκις 12
ἐξῇσαν ὥστε ἀρκεῖν αὐτοῖς τε καὶ ἵπποις γυμνάσια
τὰς θήρας· ἐπεὶ δὲ Ἀρταξέρξης ὁ βασιλεὺς καὶ οἱ σὺν
αὐτῷ ἥττους τοῦ οἴνου ἐγένοντο, οὐκέτι ὁμοίως οὔτ'
αὐτοὶ ἐξῇσαν οὔτε τοὺς ἄλλους ἐξῆγον ἐπὶ τὰς θήρας·

1 δ' ἐκπονεῖν] δὲ πονεῖν xzVε. 3 χρῶνται xD. ‖ καὶ om. solus F. 5 ἡνίκαπερ] ἡνίκα μὲν y. 6 ante μέχρι add. καὶ x. 7 ἔσγεπερ AHε. 8 μηδὲ] μὴ Athen. ‖ ἐκφέρεσθαι AHε. 9 τῷ μὴ zVε. 11 μὲν om. zVε. ‖ καταμένει F Athen., καταμένειν D. 14 αὐτοῖς om. C. 18 μηδὲν y, μηδ' xzε, corr. Stephanus. 21 αὐτοῖς τε] καὶ αὐτοῖς y. ‖ γυμνασίαν ε. 22 ἀρτοξέρξης Vz. ‖ ὁ βασιλεὺς om. F, καὶ ὁ βασιλεὺς D. 23 ἧττον ε. 24 θύρας Hpr.

ἀλλὰ καὶ εἴ τινες φιλόπονοι γενόμενοι [καὶ] σὺν τοῖς περὶ αὐτοὺς ἱππεῦσι θαμὰ θηρῷεν, φθονοῦντες αὐτοῖς δῆλοι ἦσαν καὶ ὡς βελτίονας αὐτῶν ἐμίσουν.

13 Ἀλλά τοι καὶ τοὺς παῖδας τὸ μὲν παιδεύεσθαι ἐπὶ ταῖς θύραις ἔτι διαμένει· τὸ μέντοι τὰ ἱππικὰ μανθάνειν καὶ μελετᾶν ἀπέσβηκε διὰ τὸ μὴ εἶναι ὅπου ἂν ἀποφαινόμενοι εὐδοκιμοῖεν. καὶ ὅτι γε οἱ παῖδες ἀκούοντες ἐκεῖ πρόσθεν τὰς δίκας δικαίως δικαζομένας ἐδόκουν μανθάνειν δικαιότητα, καὶ τοῦτο παντάπασιν ἀνέστραπται· σαφῶς γὰρ ὁρῶσι νικῶντας ὁπότεροι ἂν
14 πλέον διδῶσιν. ἀλλὰ καὶ τῶν φυομένων ἐκ τῆς γῆς τὰς δυνάμεις οἱ παῖδες πρόσθεν μὲν ἐμάνθανον, ὅπως τοῖς μὲν ὠφελίμοις χρῷντο, τῶν δὲ βλαβερῶν ἀπέχοιντο· νῦν δὲ ἐοίκασι ταῦτα διδασκομένοις, ὅπως ὅτι πλεῖστα κακοποιῶσιν· οὐδαμοῦ γοῦν πλείους ἢ ἐκεῖ οὔτ' ἀποθνήσκουσιν οὔτε διαφθείρονται ὑπὸ φαρμάκων.

15 Ἀλλὰ μὴν καὶ θρυπτικώτεροι πολὺ νῦν ἢ ἐπὶ Κύρου εἰσί. τότε μὲν γὰρ ἔτι τῇ ἐκ Περσῶν παιδείᾳ καὶ ἐγκρατ. ίᾳ ἐχρῶντο, τῇ δὲ Μήδων στολῇ καὶ ἁβρότητι· νῦν δὲ τὴν μὲν ἐκ Περσῶν καρτερίαν περιορῶσιν ἀποσβεννυμένην, τὴν δὲ τῶν Μήδων μαλακίαν
16 διασῴζονται. σαφηνίσαι δὲ βούλομαι καὶ τὴν θρύψιν

---

1 οἵ τινες xAG. | γένοιντο y. ‖ καὶ om. cod. Med. 55, 19, del. Dind. 2 αὐτοὺς] ἑαυτοῦ F, αὐτοὺς xzVD. ‖ θαμὰ θηρῷεν Dind., ἅμα θηρῷεν xyVG (hic αθη in ras.), μαρτυρῶεν AHε. 3 αὐτῶν D, ἑαυτῶν F, αὐτῶν xzVε. 4 τοι om. y. 5 θήραις Vz. ‖ μέντοι ἔτι τὰ y. 6 εἶναι] ἰέναι xzVε. 8 πρόσθε AH. 9 δικαιότατα F. 11 πλεῖον codd. ε. ‖ διαδῶσιν xzε. ‖ τῆς om. y. 14 διδασκόμενοι y. 15 οὖν y. 18 θρυπτικώτερον F. ‖ πολὺ νῦν] γε νῦν πολὺ y. 20 ἐγκρατίᾳ F.

αὐτῶν. ἐκείνοις γὰρ πρῶτον μὲν τὰς εὐνὰς οὐ μόνον
ἀρκεῖ μαλακῶς ὑποστρώννυσθαι, ἀλλ' ἤδη καὶ τῶν κλι-
νῶν τοὺς πόδας ἐπὶ ταπίδων τιθέασιν, ὅπως μὴ ἀντ-
ερείδῃ τὸ δάπεδον, ἀλλ' ὑπείκωσιν αἱ τάπιδες. καὶ
μὴν τὰ πεττόμενα ἐπὶ τράπεζαν ὅσα τε πρόσθεν ηὕ-
ρητο, οὐδὲν αὐτῶν ἀφῄρηται, ἄλλα τε ἀεὶ καινὰ ἐπι-
μηχανῶνται· καὶ ὄψα γε ὡσαύτως· καὶ γὰρ καινο-
ποιητὰς ἀμφοτέρων τούτων κέκτηνται. ἀλλὰ μὴν καὶ 17
ἐν τῷ χειμῶνι οὐ μόνον κεφαλὴν καὶ σῶμα καὶ πόδας
ἀρκεῖ αὐτοῖς ἐσκεπάσθαι, ἀλλὰ καὶ περὶ ἄκραις ταῖς
χερσὶ χειρῖδας δασείας καὶ δακτυλήθρας ἔχουσιν. ἔν γε
μὴν τῷ θέρει οὐκ ἀρκοῦσιν αὐτοῖς οὔθ' αἱ τῶν δέν-
δρων οὔθ' αἱ τῶν πετρῶν σκιαί, ἀλλ' ἐπὶ ταύταις ἑτέ-
ρας σκιὰς ἄνθρωποι μηχανώμενοι αὐτοῖς παρεστᾶσι.
καὶ μὴν ἐκπώματα ἣν μὲν ὡς πλεῖστα ἔχωσι, τούτῳ 18
καλλωπίζονται· ἣν δ' ἐξ ἀδίκου φανερῶς ᾖ μεμηχανη-
μένα, οὐδὲν τοῦτο αἰσχύνονται· πολὺ γὰρ ηὔξηται ἐν
αὐτοῖς ἡ ἀδικία τε καὶ αἰσχροκέρδεια.

Ἀλλὰ καὶ πρόσθεν μὲν ἐπιχώριον ἦν αὐτοῖς μὴ 19
ὁρᾶσθαι πεζῇ πορευομένοις, οὐκ ἄλλου τινὸς ἕνεκα ἢ
τοῦ ὡς ἱππικωτάτους γίγνεσθαι· νῦν δὲ στρώματα
πλείω ἔχουσιν ἐπὶ τῶν ἵππων ἢ ἐπὶ τῶν εὐνῶν· οὐ

---

1 *μὲν οὐκέτι τὰς εὐνὰς μόνον* y Athen. 2 *ἤρκει* F. ‖ *ὑποστρώννυσθαι* xV, *ὑπεστρωννύσθαι* D, *ὑπεστορνύσθαι* F, *ὑποστόρ(-στρό-* G)*νυσθαι* z. 3 *ταπίδων* xyV, *ταπήτων* G, *ταπήδων* AH, *δαπίδων* Dind. 4 *τάπιδες* yxHpr, *δάπιδες* cet., *δαπίδες* Dind. 5 *πρόσθεν*] *πρότερον* Athen. ‖ *εὕροιτο* xD Athen. 6 *καινὰ αἰεὶ* Athen. 8 *μὴν* om. Athen. 9 *σώματα* F. 10 *αὐτοῖς ἀρκεῖ* Athen. ‖ *περὶ* om. xzVε. 13 *ἐπὶ* ego, *ἐν* codd. 14 *σκιάδας* y Athen., del. Kaibel. 16 *ἀδίκων* Athen. 17 *τούτῳ* Athen. 18 *αἰσχροκερδία* V. 19 *ἦν ἐπιχώριον* xz. 20 *πορευομένους* F. 22 *εὐνῶν* om. G.

γὰρ τῆς ἱππείας οὕτως ὥσπερ τοῦ μαλακῶς καθῆσθαι
20 ἐπιμέλονται. τά γε μὴν πολεμικὰ πῶς οὐκ εἰκότως νῦν τῷ παντὶ χείρους ἢ πρόσθεν εἰσίν; οἷς ἐν μὲν τῷ παρελθόντι χρόνῳ ἐπιχώριον εἶναι ὑπῆρχε τοὺς μὲν τὴν γῆν ἔχοντας ἀπὸ ταύτης ἱππότας παρέχεσθαι, οἳ δὴ καὶ ἐστρατεύοντο εἰ δέοι στρατεύεσθαι, τοὺς δὲ φρουροῦντας πρὸ τῆς χώρας μισθοφόρους εἶναι· νῦν δὲ τούς τε θυρωροὺς καὶ τοὺς σιτοποιοὺς καὶ τοὺς ὀψοποιοὺς καὶ οἰνοχόους καὶ λουτροχόους καὶ παρατιθέντας καὶ ἀναιροῦντας καὶ κατακοιμίζοντας καὶ ἀνιστάντας, καὶ τοὺς κοσμητάς, οἳ ὑποχρίουσί τε καὶ ἐντρίβουσιν αὐτοὺς καὶ τἆλλα ῥυθμίζουσι, τούτους πάντας ἱππέας οἱ δυνάσται πεποιήκασιν, ὅπως μισθο-
21 φορῶσιν αὐτοῖς. πλῆθος μὲν οὖν καὶ ἐκ τούτων φαίνεται, οὐ μέντοι ὄφελός γε οὐδὲν αὐτῶν εἰς πόλεμον· δηλοῖ δὲ καὶ αὐτὰ τὰ γιγνόμενα· κατὰ γὰρ τὴν χώραν αὐτῶν ῥᾷον οἱ πολέμιοι ἢ οἱ φίλοι ἀναστρέφονται.
22 καὶ γὰρ δὴ ὁ Κῦρος τοῦ μὲν ἀκροβολίζεσθαι ἀποπαύσας, θωρακίσας δὲ καὶ αὐτοὺς καὶ ἵππους καὶ ἓν παλτὸν ἑκάστῳ δοὺς εἰς χεῖρα ὁμόθεν τὴν μάχην ἐποιεῖτο· νῦν δὲ οὔτε ἀκροβολίζονται ἔτι οὔτ' εἰς
23 χεῖρας συνιόντες μάχονται. καὶ οἱ πεζοὶ ἔχουσι μὲν γέρρα καὶ κοπίδας καὶ σαγάρεις ὥσπερ ⟨οἱ⟩ ἐπὶ Κύρου

1 οὕτως] μόνον οὕτως y. ‖ ὥσπερ] ὡς F Athen. 2 τὰ πολεμικὰ F. 4 εἶναι ὑπῆρχε] ἦν y. 6 εἰ δέοι στρατεύεσθαι huc colloc. Nitsche, post παρέχεσθαι x, post φρουροῦντας y, om. Vz. 8 τὰς ὀψοποιοὺς y. 9 καὶ ante λουτροχόους om. Athen. 12 post τἆλλα add. ἃ F. 16 κατὰ τὴν χώραν γὰρ G. 17 ῥᾴδιον xzVε. ‖ οἱ ante φίλοι om. zε. ‖ ἀνατρέφονται zε. 20 δοὺς. ἑκάστῳ ε. ‖ χεῖρας yE. 21 ἔτι om. x. 22 μὲν ἔχουσι ε. 23 ante γέρρα add. δή y. ‖ σαγάρις F. ‖ ⟨οἱ⟩ Nitsche.

τὴν μάχην ποιησάμενοι· εἰς χεῖρας δὲ ἰέναι οὐδ' οὗτοι
ἐθέλουσιν. οὐδέ γε τοῖς δρεπανηφόροις ἅρμασιν ἔτι 24
χρῶνται ἐφ' ᾧ Κῦρος αὐτὰ ἐποιήσατο. ὁ μὲν γὰρ
τιμαῖς αὐξήσας τοὺς ἡνιόχους καὶ ἀγαστοὺς ποιήσας
εἶχε τοὺς εἰς τὰ ὅπλα ἐμβαλοῦντας· οἱ δὲ νῦν οὐδὲ
γιγνώσκοντες τοὺς ἐπὶ τοῖς ἅρμασιν οἴονται σφίσιν
ὁμοίους τοὺς ἀνασκήτους τοῖς ἠσκηκόσιν ἔσεσθαι. οἱ 25
δὲ ὁρμῶσι μέν, πρὶν δ' ἐν τοῖς πολεμίοις εἶναι οἱ
μὲν ἄκοντες ἐκπίπτουσιν, οἱ δ' ἐξάλλονται, ὥστε ἄνευ
ἡνιόχων γιγνόμενα τὰ ζεύγη πολλάκις πλείω κακὰ τοὺς
φίλους ἢ τοὺς πολεμίους ποιεῖ. ἐπεὶ μέντοι καὶ αὐτοὶ 26
γιγνώσκουσιν οἷα σφίσι τὰ πολεμιστήρια ὑπάρχει, ὑφίεν-
ται, καὶ οὐδεὶς ἔτι ἄνευ Ἑλλήνων εἰς πόλεμον καθ-
ίσταται, οὔτε ὅταν ἀλλήλοις πολεμῶσιν οὔτε ὅταν
Ἕλληνες αὐτοῖς ἀντιστρατεύωνται· ἀλλὰ καὶ πρὸς τού-
τους ἐγνώκασι μεθ' Ἑλλήνων τοὺς πολέμους ποιεῖσθαι.
Ἐγὼ μὲν δὴ οἶμαι ἅπερ ὑπεθέμην ἀπείργασταί 27
μοι. φημὶ γὰρ Πέρσας καὶ τοὺς σὺν αὐτοῖς καὶ ἀσε-
βεστέρους περὶ θεοὺς καὶ ἀνοσιωτέρους περὶ συγγενεῖς
καὶ ἀδικωτέρους περὶ τοὺς ἄλλους καὶ ἀνανδροτέρους
τὰ εἰς τὸν πόλεμον νῦν ἢ πρόσθεν ἀποδεδεῖχθαι. εἰ δέ
τις τἀναντία ἐμοὶ γιγνώσκοι, τὰ ἔργα αὐτῶν ἐπισκο-
πῶν εὑρήσει αὐτὰ μαρτυροῦντα τοῖς ἐμοῖς λόγοις.]

1 ποιησάμενοι xz ε. 2 θέλουσιν y. 4 ἀγαστοὺς Dind., ἀγαθοὺς codd. ε. 5 εἶχέ τε F, εἶχέ γε D. 9 ἄκοντες Muretus, ἑκόντες codd. ε. || ἄνευ τῶν ἡνιόχων y. 10 κακὰ] καὶ κατὰ G. 11 ποιεῖν F. 13 ἄνευ τῶν Ἑλλήνων zVεCD. 14 ἀλλήλοις] ἀόπλοις F. || ὅταν] ἄν ποτε y, ὅταν οἱ xz. 15 τούτους D, τούτοις cet. ε. 16 τοὺς πολέμους om. G. || πολεμίους codd. praeter DG. 17 ἅπερ] ὥσπερ F. || ἀπείργασταί xF, ἀπεργάσασθαί D, ἀπειργάσθαι zV Suidas s. v. ἀπειργάσθαι· ἀντὶ τοῦ ἀποδεδεῖχθαι. Ξενοφῶν. 19 ἀνομωτέρους y. 22 τἀναντία] ἀντία F. || γιγνώσκει yE.

INDEX NOMINUM

tur a Cyro VII. 2, 26. tradit thesauros VII. 3, 1. 4, 12. monet Cyrum ne nimis sit liberalis VIII. 2, 15.

Cyaxares, Astyagis filius et avunculus Cyri, vituperat Cyrum I. 4, 9. ignavus I. 4, 22 succedit Astyagi patri I 5, 2. contra Assyrios auxilium petit a Persis I. 5, 4. timidus queritur de paucitate Persarum II. 1, 7. 8. recenset hostium copias II. 1, 5. reprehendit Cyrum, quod non splendida veste Medica sit indutus II. 4, 5. proficiscitur cum Cyro adversus Assyrios III. 3, 25. intempestiva eius cum hoste confligendi cupiditas refutatur a Cyro III. 3, 29. ob livorem et ignaviam non vult Cyrum persequi hostes IV. 1, 13. in castris captis Assyriorum indulget vino et ignorat Medos abire cum Cyro IV. 5, 8. re comperta tandem ira percitus minitatur, furit, frustra et mittit qui Medos revocet ibid. delectatur formosis mulieribus IV. 5, 52. arcessitus a Cyro in castra V. 5, 1. queritur graviter de Cyro V. 5, 8. sed tandem reconciliatus deducitur in tabernaculum egregie instructum 37, ubi genio, more suo, indulget 44. apud eum fit consultatio de bello continuando VI. 1, 6. ipse, dum Cyrus proficiscitur contra Croesum, domi remanet cum tertia Medorum parte VI. 3, 2. offert Cyro filiam et Mediam dotis loco VIII. 5, 19.

Cyllene VII. 1, 45.

Cyme VII. 1, 45.

Cyprus est terminus imperii Persici occidentem versus VIII. 6, 21. 8, 1. Hinc dicuntur Cyprii, socii Croesi VI. 2, 10. cur ad eos non mittatur satrapa VII. 4, 2. VIII. 6, 8.

Cyrenaicus currus VI. 1, 27. 2, 8.

Cyrus, Cambysis ex Mandane Astyagis filia filius I. 2, 1. annos 12 natus cum matre proficiscitur ad avum I. 3, 1. orat matrem ut ipsum relinquat I. 3, 13. narrat iudicium a se puero exercitum 17. benevolos sibi reddit aequales I. 4, 1. amat et colit avum 2. cur paulo loquacior ab initio fuerit 3. studet aemulari praestantiores 4. equitare discit ibid. venatione delectatur 5. mittitur venatum cum Cyaxare I. 4, 7. cum Astyage ipso exit venatum 14. annos 16 natus specimen artis imperatoriae edit I. 4, 16. redeuntem in Persidem deducunt Medi 25. mittitur cum exercitu auxilio Cyaxari I. 5, 5. milites hortatur 7. disserit cum patre de officio imperatoris 6, 1 ss. nova arma suos capere iubet II. 1, 11. meditationes campestres instituit II. 1, 20. arcessitus a Cyaxare dat responsum legatis Indorum II. 4, 8. Armeniorum regem capit III. 1., et amicum sociumque fidelem reddit 31. Chaldaeos Armeniis amicos et sibi socios reddit III. 2. legatum mittit ad Indum de pecunia III. 2, 28. cum Cyaxare educit copias contra Assyrios III. 3, 20. quos victos in castra fugat III. 3, 60. castra illa occupat IV. 1, 9. Cyaxarem, qui negat hostes esse perse-

Rheomithres, Persa, homo perfidus VIII. 8, 4.

Rubrum mare terminus imperii Persici orientem versus VIII. 6, 20. 21.; 8, 1.

Sabaris, Armeniae regis filius natu minor III. 1, 2.

Sacae, finitimi Hyrcaniis vexantur ab Assyriis V. 2, 25. fiunt Cyro socii V. 3, 22. Horum pedites ducit Datamas 38.

Sacas, pocillator Astyagis I. 3, 8. contemnitur a Cyro puero 11.

Sacas, homo plebeius, equum praemii loco accipit VIII. 3, 25. quem donat Pheraulae 31. a quo fit particeps omnium bonorum 35.

Sambaulas, centurio Persa, adolescentem deformem amat II. 2, 28.

Sardes, urbs opulentissima Asiae secundum Babylonem VII. 2, 11. capitur a Cyro VII. 2, 3. ibi praesidium Persicum relinquitur VII. 4, 12.

Sciritae Lacedaemoniorum IV. 2, 1.

Scythae, gens magna I. 1, 4.

Soli sacrificat Cyrus equos VIII. 3, 12. 24. Conf. VIII. 7, 3.

Susis degit Cyrus tres menses vernos VIII. 6, 23.

Syria (Assyria) V. 4, 51. VI. 1, 27. 2, 19. VIII. 3, 24. VIII. 6, 20. ferax frumenti, ovium, palmarum fructiferarum VI. 2, 22. barbari infra Syriam VI. 2. 11. Syri ab Assyriis, Persis, Arabibus, Phoenicibus et Babyloniis distinguuntur I. 1, 4. V. 2, 12.

Tanaoxares, Cyri filius natu minor, constituitur a patre moriente satrapa Medorum, Armeniorum et Cadusiorum VIII. 7, 11.

Terra, ei sacrificat Syrus VIII. 3, 24.

Thambradas praeest Sacarum peditibus V 3, 38.

Thymbrara VI. 2, 11. VII. 1, 45.

Tigranes Armeniorum regis filius natu maior III. 1, 7. patris causam agit 14. amat uxorem 36. amatur ab eadem 41. uxore secum ducta, praeest Armeniis in exercitu Cyri 42 V. 3, 42. se Cyro addictum fatetur V. 1, 26. victoriam in certamine equestri reportat VIII. 3, 25. vocatur ad cenam a Cyro VIII. 4, 1. eius uxor donatur a Cyro 24.

Troianus currus VI. 1, 27. 2, 8.

Vesta I. 6, 1. VII. 5, 57.

ADDENDA ET CORRIGENDA

I AD TEXTVM

p. I.

V, 17: Lege ἀπίης (ἀπύης) καὶ οἴσεις (οἴσης) x (sec. March.).

VII, 6: Lege θεωρῶν z, quoniam in F inde a IV 2, 20 magna exstat lacuna.

XXIII, 13: Pro appendice finem operis epilogum dicere maluerim, cum hoc quoque caput Xenophontis esse mihi persuasum sit (cf. H. Haberkorn, Beiträge zur Beurteilung der Perser in der griechischen Literatur, Diss. Greifswald 1939, 32–44).

XXIV, 2: Liceat hic addere cetera quae enumeravit Pack fragmenta papyracea:

Fragm. Oxyrh. s. III (I 4, 15, 17–20; 6, 3). P. Oxy., ed. A. S. Hunt, vol. XVII, nr. 2101, London 1927

Fragm. Fayum (?) s. III (I 6, 6–8, 9–10; IV 5, 41–42, 47–48; V 2, 35; 3, 2–3; VII 2, 6–8, 12–15). Pap. Varsov. 1. Charisteria Gustavo Przychocki a discipulis oblata, Warschau 1934, 108–115 (G. Manteuffel)

Fragm. Oxyrh. s. III (I 6, 45 – II 1, 1). P. Oxy., ed. Grenfell et Hunt, vol. IV, nr. 698, London 1904

Fragm. Hawara s. II (IV 5, 41–44). J. G. Milne, Archiv f. Papyrusforschg. 5, 1913, 378

15, 12: Pro πλέα praeferendum esse καταπλέα (quod exhibent y et Athen.) censet Perss. 123/4, cf. Cyr. VIII 3, 30.

17, 15: Lege ἐκεκράγειτε cum codd. (praeter R) et plerisque editoribus.

p. l.

23, 12, 13: Haud scio an legendum sit *καὶ πρὸς τὸ σκυλακῶδες τὸ πᾶσιν προσπίπτειν οὔκεθ' ὁμοίως προπετῶς εἶχεν.*

26, 14: Lege *ἐπεδείκνυε*, cum thematicam formam Gem. praeferre soleat, e. g. 131, 4; 144, 2; 333, 9.

30, 3: Cum papyrus (Ox. Pap. XVII. 2101) exhibeat lectionem *ἀθήρευτα ὄντα*, legendum esse *εἶναι ἅτε* (sic y!) *ἀθήρευτα ὄντα* iudicat Hunt, The Oxyrhynchus Papyri XVII, London 1927, 165.

31, 22: *κτήματα* pro *χρήματα* legi maluerim et hic et p. 32, 19, cum illo loco respondente nostro in papyro (Ox. Pap. XVII. 2101) *κτήματα* legamus; cf. Burs. 230, 1931, 21.

44, 9, 10: Haud scio an legendum sit *ὡς οὐδένα λήσαντα.*

45, 6: *τῶν* ante *θεῶν* delendum esse censet Perss. 26^3.

45, 8: Lege *ὅτε ἄριστα πράττοι* (cf. Perss. 26, 27).

46, 19: Cum papyro *αὐτὸς καλός τε κἀγαθὸς* legi mavult Perss. 22.

49, 16: Pro *ἔχωσι* praeferri mavult *ἔχῃς*, quod exhibet papyrus, Perss. 22.

50, 9: *ἔχοντα* defendit Horn 69, 70.
σῖτον supplere necesse non esse mihi videtur, quoniam *πορίζεσθαι* post 49, 9 (*πορ. τὰ ἐπιτήδεια*) etiam sine obiecto intellegitur.

55, 1: Perss. (p. 147) mavult *εἴς τό γε προθυμίαν*, quia apud Stobaeum legitur *εἴς τό γ' ἐνθυμίαν.*

99, 5: Lege *προυκεχωρήκει*; ad numerum cf. Schwyzer, Gr. Gramm. II 607/8, Kühner-Gerth 1, 64–66, ad augmentum Kühner-Blaß II 1, 21.

105, 3: *σαλεύων* (y) pro *κελεύοντι* praeferendum esse puto, quod lectio difficilior est et cum hoc verbum hoc loco Cyri animi affectui optime convenire mihi videatur.

142, 10: ⟨*στὰς*⟩ supplere non necesse est; cf. VIII 5, 22 (p. 429, 10)

158, 5: Lege *προσεμίγνυε* (cf. Add. ad 26, 14).

p. l.

159, 7: Pro ἱππεῖς lege ἱππέας; cf. Schwyzer, Gr. Gramm. I 563, 2.
163, 22: Lege κατελέλειπτο (cf. Add. ad 99, 5).
166, 17: Ad [ὥσθ'] cf. III 3, 47 (p. 154, 9).
198, 20: Lege σύνεσιν; cf. Schwyzer, Gr. Gramm. II 487[2].
207, 5: Lege προυφάνησαν cum aliis edd.
228, 9: νῷ delendum esse censet Castiglioni; cf. Gnomon 2,1926, 654.
235, 10: Lege ἱππέας ut 159, 7.
242, 7: Lege ἱππέας ut 159, 7.
260, 6: Post φέρων, quod exhibent codd., καὶ ἄγων servandum esse censet Horn 32, fort. recte.
261, 3: Lege ἱππέας (cf. ad 159, 17).
289, 11: Haud scio an εἰσὶ δὲ τριακόσιοι οὗτοι legendum sit.
290, 14: Pro συνηθείας lege συνουσίας, quam lectionem codd. yg defendit Cobet N. L. 397.
316, 16: Lege οἶμαι (cum nisi sic quid sibi velit adnotatio intellegi non possit).
319, 12: Lege Κῦρε pro ὦ Κῦρε (cf. adn.).
341, 4: Lege κατεδεδραμήκεσαν (cf. Add. ad 99, 5).
421, 5: Lege τὴν τοῦ Ὑστάσπου δεξιὰν ut apud alios edd.
460, 23: Lege Pactolus, amnis Lydiae, circa quem . . .

II AD APPARATVM CRITICVM

2, 8 ad p. 2, 24: adde ἑωρακότας cet.
3, 6 ad p. 3, 22: adde οὔτε αὐτῷ cet.
6, 9 ad p. 6, 23: ὅτι iam Stob. (cf. Perss. 146).
7, 2 ad p. 7, 6: adde ὃν . . . ἐγκαλοῦντα cet.
7, 4 ad p. 7, 11: pro **12** καὶ add. lege **11** ante τοῦτον add. καὶ
9, 3 ad p. 9, 10: lege ἐν τῷ πολέμῳ xAHR, ἐν πολέμῳ cet.
9, 4 ad p. 9, 11: τὸ (sc. ante εἰκός).
10, 2 ad p. 10, 8: lege φυλῇ yG, τῶν φυλῶν cet.

p. l.

10, 3 ad p. 10, 13: adde δεήσῃ cet.

11, 1 ad p. 11, 1: οἱόνπερ ... ἔχοντες om. et Stob. et Zon. (cf. Perss. 147).

12, 2 ad p. 12, 7: adde οἳ δ' ἂν αὖ ἐν τοῖς παισὶ μὴ διαγένωνται ἢ ἐν τοῖς ἐφήβοις οὐκ ἔρχονται εἰς τοὺς τελείους Stob., quod accipi vult Perss. 147.

15, 3 ad p. 15, 10: sec. Perss. 123 ἀποκαθαίρῃ G et Ath., ἀποκαθαίρεις yxAHR.

17, 5 ad p. 17, 12: March. in app.: ὑμᾶς ἔφη Ry, in textu νὴ Δί' ὑμᾶς (om. ἔφη).

27, 7 ad p. 27, 19: λέγειν post εἰμὶ cet.

30, 1 ad p. 30, 2: accuratius αὐτῶν xAHRpr. (Perss. 8[4]).

30, 1 ad p. 30, 3: τῶν et Rpr. (Perss. 8[4]).

31, 8 ad p. 31, 18: τοῖς ἵπποις οὕτως ἠρεμοῦντες (in uncis suprapositis punctis) Oxyrh. Pap. XVII. 2101, τοῖς ἵπποις ἠρεμοῦσι ibid. corr. (cf. Burs. 230, 1931, 21).

32, 2 ad p. 32, 3: ἐκεῖνοι servandum esse censet Horn 22.

40, 5 ad p. 40, 13: R non omittit ἐν (Perss. 8[4]).

40, 8 ad p. 40, 20: adde χείρονες cet.

40, 8 ad p. 40, 22: pro μὲν lege μέντοι.

42, 3 ad p. 42, 7: adde ἡμᾶς cet.

45, 6 ad p. 45, 9: formam μεμνοῖτο defendit Perss. 27sq.

45, 12 ad p. 45, 19: ἐπιμελομένους yΠR, quod praeferri iubet Perss. 27.

46, 2 ad p. 46, 2: adde τἀγαθὰ codd.

46, 2 ad p. 46, 4: rectius σου ταυτα ακουσας Πpr., ταυτα ακουσας σου Πcorr. (Perss. 25).

47, 8 ad p. 47, 11: in papyro legitur [ναι τοιουτους υποπ] ον[τας
τη [ξαι sec. Perss. 25[4], qui supra priorem lacunam αυτους additum fuisse verisimillimum putat.

47, 9 ad p. 47, 14: adde τούτῳ Castiglioni 170sq., fort. recte.

48, 14 ad p. 48, 16: adde τοῦτο (ante ὦ παῖ) et cod. Phillippsianus (olim Meermannianus) 1627 (=M Dind.); cf. Perss. 8.

p. l.

49, 3 ad p. 49, 6: adde κοινῇ σὺν Κυαξάρει (-άρῃ DR) codd. (Perss. 21).

49, 9 ad p. 49, 15: apud Stobaeum legitur: ἐάν τινα βούλῃ τῇ δυνάμει ἢ εὖ ποιῆσαι ἢ κακῶς, quod accipi vult Perss. 147.

50, 6 ad p. 50, 8: ποιοῦντας in *Π* non legitur, quoniam magna ibi exstat lacuna 33 fere litterarum δυ[....]φε-λεῖσθαι (Perss. 25[1]).

50, 9 ad p. 50, 10: lege πορίζειν *Π*corr. yR (Perss. 26[1]).

52, 9 ad p. 52, 19: adde ἔξειν μετ' ἐμαυτοῦ ἄνδρας cet.

56, 8 ad p. 56, 21: adde ἐθέλουσιν cet.

59, 7 ad p. 59, 24: adde γε om. xzR (Perss. 28).

59, 8 ad p. 59, 24: accuratius: προς τους φιλους τε και τους φιλους $Π_2$, ... και τους πολειτας $Π_2$ corr. et Stob., πρὸς τοὺς φίλους τε καὶ πρὸς τοὺς πολίτας y, πρὸς τοὺς φίλους τε καὶ πολίτας xzR (Perss. 28).

61, 2 ad p. 61, 9: adde τοὺς ante ἐχθρούς om. cet.

62, 1 ad p. 62, 2: adde ἐν τοιούτῳ Heindorf.

63, 9 ad p. 63, 20: καινῶν pro τῶν mavult Mesk (Burs. 230, 1931, 22).

68, 1 ad p. 68, 5: *Π* = Pap. Oxyrh. IV. 698 s. III (cf. Perss. 30).

69, 1 ad p. 69, 1: cf. Add. ad 68, 5.

70, 7 ad p. 70, 20: μάραγδον exhibet et cod. Vat. 129 (Breun.)

74, 4 ad p. 74, 8: adde συμμάχεσθαι cet.

76, 3 ad p. 76, 2: lege y et Vat. 129 (Breun.).

77, 3 ad p. 77, 10: sec. March. μηθενὸς xz.

78, 8 ad p. 78, 7: adde δόξειαν cet.

81, 10 ad p. 81, 8: τὰ μὲν sc. ante παρατιθέμενα.

82, 7 ad p. 82, 15: adde ὁ μάγειρος ἀπ' ἐμοῦ x (sec. March., qui in textu omittit ὁ μάγειρος ut Dind.).

84, 3 ad p. 84, 4: adde ⟨εἰς⟩ τὰς τάξεις Mesk (Burs. 230, 1931, 22).

84, 4 ad p. 84, 9: adde ᾤμην cet.

p. l.

85, 5 ad p. 85, 15: adde ἔχομεν ἄνδρας cet.

86, 7 ad p. 86, 20: sc. σφόδρ' ἂν ἡμῖν ἐμέμφου in codd. post ποιεῖν (20).

90, 4 ad p. 90, 13: lectionem codd. yG πάνυ πράως ἀεὶ ἐᾷ τὸν βουλόμενον πλέον ἔχειν exhibet et Vat. 129 (Breun.), fort. recte.

91, 10 ad p. 91, 17: adde ἀνθρώπων om. cet.

92, 2 ad p. 92, 6: lege ὅσοι y, οἵ cet.

93, 12 ad p. 93, 21: cod. Vat. 129 eundem ordinem verborum exhibet atque y (Breun.).

94, 11 ad p. 94, 13: lectionem classis z defendit Horn 58sq.

96, 11 ad p. 96, 12 et 16: adde ἐπίστανται xz (utroque loco) sec. March.

98, 6 ad p. 98, 10: adde οὐδεὶς τούτων cet.

104, 8 ad p. 104, 22: adde σε om. cet.

125, 2 ad p. 125, 7: adde οἶμαι cet.

126, 2 ad p. 126, 10: adde αὐτῷ codd.

129, 4 ad p. 129, 5: ad coniecturam ἀκρατεστέρας cf. H. Erbse, (Rh. Mus. 103, 1960, 150–52), qui conferri iubet Mem. 3, 9, 4 (ubi inveniuntur variae lectiones ἀκρατεῖς et ἀμαθεῖς) et 1, 2, 1.

131, 3 ad p. 131, 4: adde ἐδείκνυ Dind., Hug.

133, 6 ad p. 133, 24: λιθοτόμοι iam Pollux VII 118 (cf. Perss. 94).

141, 10 ad p. 141, 14: lege δὴ codd., δ' Hug.

154, 2 ad p. 154, 2: ἂν post εὐπετῶς cet.

155, 5 ad p. 155, 7: adde ποιήσῃς cet.

159, 9 ad p. 159, 20: ἱκετεύουσι ut anacoluthiae formam defendit Horn 32.

174, 9 ad p. 174, 16: adde καὶ om. cet.

179, 7 ad p. 179, 15: adde ἐκέλευεν cet.

184, 9 ad p. 184, 13: lege πῶς Jacob, ποίους codd.

p. l.

193, 11 ad p. 193, 16: *ἔξω* x sc. pro *ἔξωθεν*.

194, 2 ad p. 194, 4: lege *τοιαῦτα* xD, *τὰ τοιαῦτα* cet.

195, 2 ad p. 195, 3: adde *γε* om. cet.

200, 1 ad p. 200, 1: adde *ἄν* cet.

200, 3 ad p. 200, 7: adde *πλέονά* cet.

200, 7 ad p. 200, 24: adde *θέλωσιν* cet.

203, 5 ad p. 203, 13: *καὶ ἐμπόρους* exhibent et Hawara Pap. 15 (Perss. 31) et Vat. 129 (Breun.).

203, 6 ad p. 203, 13: *ὅ τι ἔχει ἕκαστος* praebet et Hawara Pap. 15 (Perss. 31).

203, 12 ad p. 203, 21: *ὑμῖν* et Hawara Pap. 15 (?); cf. Perss. 31.

215, 4 ad p. 215, 7: tertium *οὔτε*] *οὐδὲ* Castiglioni; cf. Gnomon 2, 1926, 653.

224, 10 ad p. 224, 13: adde *ἀσφαλέστατα* cet.

226, 5 ad p. 226, 10: cod. Peiresc. = codex Turonensis sive Peirescianus, in quo exstant *Ἐκλογαὶ περὶ ἀρετῆς καὶ κακίας* (cf. March., Praef. p. VIII).

226, 6 ad p. 226, 15: adde *κἀγαθοὶ* cet.

229, 2 ad p. 229, 3: adnotationem liceat interpretari: *αὐτῷ* pro *αὐτῶν* (l. 1) et *παρατίθεσθαι* pro *παρασκευάζεσθαι* hic legendum esse apparet, quoniam hae lectiones respondent § 16 *ἐνόμιζε* (= *αὐτῷ ἔδοξε*) et *παρατιθεμένων*.

229, 7 ad p. 229, 17: *ἑκάτεροι* defendit Perss. 35, conf. V 4, 25, III 3, 28, VII 4, 1.

229, 9 ad p. 229, 22: lege *προσιων* Ppr. (Pcorr. habet *προϊων*) (Perss. 36).

229, 10 ad p. 229, 22: papyrus exhibet *εσκοπει*^{το}*ει*^{ει}*δυνατον* (sec. Wessely); sed pro *ει* s. l. *τι* legendum esse suspicatur Perss. 36.

230, 12 ad p. 230, 18: sec. Perss. 33: „*λέξατε δή μοι* xz, *δή* om. Py“ (y hic solus D), i. e. sec. Perss. in P et D omittitur *δή* post *λέξατε*, sec. Gem. *δὴ* post *ἐνταῦθα*; utrum rectum sit, diiudicare non possum.

p. l.

233, 5 ad p. 233, 8: adde ἐνεγένετο cet.

233, 10 ad p. 233, 22: ad coniecturam cf. VI 4, 20.

236, 1 ad p. 236, 3: in papyro quoque *πανυ* legendum esse putat Perss. 32[1].

236, 3 ad p. 236, 6: sec. Perss. 32: [*φιαλων πι*]*νομεν* P(?).

237, 7 ad p. 237, 13: accuratius: *οποτε τοινυν σοι καλως δοκει εχειν* P (Perss. 32).

237, 10* ad p. 237, 15: lectionem Py praebet et Vat. 129 (Breun.).

237, 14 ad p. 237, 16: adde ἡμῖν (ἡμῶν) om. cet. (Perss. 32).

238, 1 ad p. 238, 3: ⟨πολλοῦ⟩ sc. ante πρίαιτο.

240, 3 ad p. 240, 3: adde ἐξαγγελῶν Dfg (sec. March.).

240, 4 ad p. 240, 4: sec. Perss. 37 *της τ ευτειας* Ppr., *πιστευτειας* Pcorr. codd., sec. March. *της τ ευηθειας* P, *πιστευθεις* P s. v. cet.; Perss. ante 'codd.' omisisse πιστευθεὶς verisimile est.

240, 9 ad p. 240, 15: lege καταλιπών P corr. Dxz (Perss. 37).

240, 10 ad p. 240, 15: σοῦ defendit Perss. 34[2], cf. Λακ. πολ. IV 7.

240, 12 ad p. 240, 18: sc. *τοιουτωι* P in marg. pro τῷ ... τοιούτῳ (Perss. 37); lectio P corr. ergo *τοιουτους τοιουτωι εργωι*.

240, 13 ad p. 240, 19: lege πειρασόμεθα Pyx (Perss. 34).

241, 2 ad p. 241, 2: lege ἐκέκτησο Pxz, ἐκτήσω y, *εκτησω*(?) Pmg. (Perss. 38).

241, 4 ad p. 241, 3: lege (προσθεῖ Pxz) sec. Perss. 35.

242, 10 ad p. 242, 18: adde εἰς cet.

248, 13 ad p. 248, 16: adde ὁμοίως διὰ τὸ codd.

251, 1 ad p. 251, 1: sec. March. δέοῖτο H, unde δέοιτο A.

258, 1 ad p. 258, 5: adde ἄν cet.

258, 6 ad p. 258, 17: adde ἂν cet.

259, 1 ad p. 259, 1: adde ἂν cet.

263, 11 ad p. 263, 20: adde ᾠόμην cet.

264, 15 ad p. 264, 17: pro Cyr. 3, 7 lege Cyneg. III 7.

p. l.

279, 2 ad p. 279, 7: lege ⟨λόγον⟩ Cobet, ⟨βουλὴν⟩ Hertlein. (cf. Castiglioni 164 et ad hunc locum et ad 336, 17, 356, 19, 369, 6, 384, 16).

287, 10 ad p. 287, 19: ἀεὶ D (sec. March.).

288, 10 ad p. 288, 18: lege τε om. y (sec. March.).

292, 3 ad p. 292, 10: adde οἴομαι cet.

295, 6 ad p. 295, 21: adde ἐκείνῳ codd.

296, 7 ad p. 296, 10: adde γενέσθαι codd.

302, 6 ad p. 302, 16: adde ἡμᾶς cet.

308, 9 ad p. 308, 20: adde πορεύεσθαι codd.

309, 1 ad p. 309, 4: adde χώραν codd.

319, 6 ad p. 319, 14: lege ὁ om. DF (sec. March.).

319, 6 ad p. 319, 16 sq: haec adnotatio quid sibi velit non liquet, cum et in textu eadem verba legantur; an Gem. ταὐτὰ legi maluit?

322, 7 ad p. 322, 16: κατέκλιναν καὶ, quod exhibet et Pollux, defendit Perss. 94 sq.

330, 7 ad p. 330, 19: adde πάντως cet.

336, 6 ad p. 336, 17: ἀποροῦντας iam Madvig et veteres scriptores Graeci.

336, 8 ad p. 336, 17: adde March. (in app.): fort. ἀφορῶντας τὸ πρόσθεν.

348, 5 ad p. 348, 12: (πυνθάνωνται) et Prisc. et Vat. 129 (Breun.); defendit Perss. 153.

356, 8 ad p. 356, 19: lege ⟨ἀντ'⟩ Anonymus apud Bornemann.

365, 4 ad p. 365, 4: adde ἄλλ' Castiglioni, ἄγ' Maas (Gnomon 2, 1926, 654).

370, 4 ad p. 370, 5: adde σίτοις cet.

375, 4 ad p. 375, 11: adde τε om. cet.

375, 7 ad p. 375, 18: adde ⟨εἰς⟩ ἃ ἂν βούλωνται Castiglioni, quod probat Gemoll (Phil. Wochenschr. 45, 1925, 900).

393, 6 ad p. 393, 12: lege ⟨ἕψει⟩ ego, πέττει y, om. cet.

408, 7 ad p. 408, 13: adde ἐθέλω cet.

412, 1 ad p. 412, 2: adde σᾶ e. g. Dind., Hug.

p. l.

419, 5 ad p. 419, 14: adde *συναρμόσειε* cet.

423, 3 ad p. 423, 13: adde *ἐδείκνυ* e. g. Dind., Hug; sed cf. Add. ad textum p. 26, 14.

424, 2 ad p. 424, 3: } adde *ἀνεζεύγνυ* e. g. Dind., Hug;
431, 2 ad p. 431, 3: } sed cf. Add. ad textum p. 26, 14.

432, 6 ad p. 432, 12: adde *χώρας* et Vat. 129 (Breun.).

438, 8 ad p. 438, 22sq.: *δόξαν* . . . *ἀναπαύσασθαι* . . . *κατεκλίνη* legi vult Cobet N. L. 398.

443, 2 ad p. 443, 3: *ἐφικνεῖται* iam apud Stob., cf. Sturz, Lexicon Xenophonteum s. v. *ἀφικνεῖσθαι* 4: ,,Stobaeus habet *ἐφικνεῖται*, quod probatur Stephano et Hutchinsono propter genitivos, quos tamen pro absolute positis haberi atque adeo *ἀφικ.* defendi posse fatetur ipse Hutchinsonus" (cf. Perss. 146[2]).

443, 8 ad p. 443, 21: adde *αὐτὸν* ⟨*ἑαυτοῦ*⟩ Castiglioni (cf. Burs. 230, 1931, 900).

447, 2 ad p. 447, 4: adde *ὀμόσειαν* cet.

451, 4 ad p. 451, 3sq.: adde *ταπίδων* et *τάπιδες* Athen. quoque (Perss. 123).

451, 5 ad p. 451, 5: lege *ηὕρητο* Fz, *εὕροιτο* Dx, *εὕρητο* Athen. et Konst. (sec. Perss. 122).

452, 4 ad p. 452, 9: lege *καὶ λουτροχόους* om. Athen. (sec. Perss. 123).

453, 9 ad p. 453, 19: lege *ἀνομωτέρους* y et Vat. 129 (Breun.).